国家金融安全的系统性研究

刘晓星 李绍芳 尹 威 著

科学出版社

北 京

内 容 简 介

本书研究的总体问题和研究对象是建立健全新时代基于系统性金融风险的国家金融安全体系。本书共17章,分为四篇。第1章为绪论,主要从研究背景与意义,研究思路、内容结构与研究方法等角度介绍了本书的研究内容;第一篇(第2~5章)介绍国家金融安全的理论基础,并从信用货币、网络结构关联和货币政策三个维度,围绕国家金融安全的系统网络进行研究;第二篇(第6~10章)研究新时代国家金融安全的系统结构,重点研究了金融安全的机构关联网络系统、银行系统、金融市场系统、宏观经济系统和金融制裁对金融安全系统的影响效应;第三篇(第11~14章)研究基于系统性金融风险的国家金融安全测度,重点研究了金融安全的系统宏观测度、系统压力测度、市场风险测度和指数化测度;第四篇(第15~17章)研究基于系统性金融风险的新时代国家金融安全体系构建。

本书可作为高等院校金融学、经济学及相关专业的教材,也可为对金融安全领域感兴趣的研究人员提供分析参考。

图书在版编目(CIP)数据

国家金融安全的系统性研究 / 刘晓星, 李绍芳, 尹威著. -- 北京:
科学出版社, 2024. 12. -- ISBN 978-7-03-077527-6

Ⅰ. F830.9

中国国家版本馆 CIP 数据核字第 2024PS1881 号

责任编辑:陈会迎 / 责任校对:贾娜娜
责任印制:张 伟 / 封面设计:有道设计

科 学 出 版 社 出版

北京东黄城根北街 16 号
邮政编码:100717
http://www.sciencep.com

北京建宏印刷有限公司印刷
科学出版社发行 各地新华书店经销

*

2024 年 12 月第 一 版 开本:720×1000 1/16
2024 年 12 月第一次印刷 印张:31 3/4 插页:2
字数:650 000

定价:298.00 元
(如有印装质量问题,我社负责调换)

作 者 简 介

刘晓星，博士，国家级人才计划特聘教授，东南大学首席教授、二级教授，金融学专业和网络空间安全专业博士生导师，东南大学金融系主任，教育部高等学校金融学类专业教学指导委员会委员，江苏省经济学类研究生教育指导委员会委员，江苏高校"青蓝工程"中青年学术带头人，中国金融学年会理事，江苏省资本市场研究会副会长，江苏省国际金融学会常务理事，江苏省科技创业导师，东南大学金融安全大数据实验室主任（部级），江苏省金融科技大数据重点实验室主任，东南大学金融工程研究中心主任，东南大学人文社会科学学部委员，《计量经济学报》编委。研究方向：金融工程与风险管理、金融理论与政策、金融安全与金融智能。主持在研国家自然科学基金面上项目 1 项，主持完成国家社会科学基金重大专项一项、国家自然科学基金面上项目 4 项。在《中国社会科学》、《经济研究》、《金融研究》、《世界经济》、《管理科学学报》、*Journal of International Financial Markets, Institutions and Money*（SSCI）、*Resources Policy*（SSCI）、*Finance Research Letters*（SSCI）、*International Journal of Finance & Economics*（SSCI）、*Energy*（SCI）、《管理工程学报》、《系统工程理论与实践》等国内外学术期刊发表论文 200 余篇，获得 6 项技术专利，出版专著 5 部。

李绍芳，博士，东南大学金融系教授，金融学专业和网络空间安全专业博士生导师。研究方向：金融安全、金融风险、资产定价、金融智能。主持国家级项目 2 项，省部级课题 5 项，作为核心成员参与完成国家社会科学基金重大项目、国家自然科学基金项目等 10 项。在 *International Review of Financial Analysis*、*Finance Research Letters*、*Journal of Multinational Financial Management*、《系统工程理论与实践》、《金融评论》等国内外学术期刊发表论文 20 余篇，出版英文专著 2 部。

尹威，博士，东南大学金融系副教授，金融学专业和网络空间安全专业博士生导师，东南大学经济管理学院党委副书记、副院长，江苏高校"青蓝工程"优秀青年骨干教师，江苏省"双创计划"人选，东南大学"至善青年学者"，江苏省国际金融学会理事，江苏省资本市场研究会理事。研究方向：金融安全与金融科技、金融风险管理等。主持国家级项目 2 项，省部级课题 3 项，作为核心成员参与完成国家社会科学基金重大专项课题 1 项。在 *Applied Soft Computing*、*Heliyon*、*Journal of Cleaner Production*、*PLoS One*、*Applied Economics*、*Emerging Markets Finance and Trade*、《管理科学》、《管理世界》、《金融论坛》、《现代经济探讨》、《世界经济》、《金融评论》等国内外高水平期刊发表论文 20 余篇，担任国际期刊 *International Journal of Innovation and Entrepreneurship* 副主编。

前　言

党的十九大报告明确指出，"中国特色社会主义进入了新时代"①。新时代赋予新内涵，报告从"夺取中国特色社会主义伟大胜利""全面建设社会主义现代化强国""实现全体人民共同富裕""实现中华民族伟大复兴中国梦""为人类作出更大贡献"等五个方面对新时代作了深刻阐释，这是对我国发展新阶段的一个重大科学解析，为我们理解中国特色社会主义新时代的科学内涵提供了基本依据。中国特色社会主义新时代需要我们深入思考中国特色社会主义建设的历史性成就和历史性变革，致力于社会主要矛盾的解决，求解新的时代课题，履行好新时代的发展使命，实现理论上的新高度，开创实践中的新局面。

党的二十大报告把国家安全提到了"民族复兴的根基"②这一全新高度，并把"推进国家安全体系和能力现代化，坚决维护国家安全和社会稳定"作为推进中国式现代化的重要部分，开辟专章阐述，指出"必须坚定不移贯彻总体国家安全观，把维护国家安全贯穿党和国家工作各方面全过程"，这彰显了国家安全在新时代新征程党和国家工作大局中的极端重要性，标志着中国特色国家安全理论达到了新的高度、中国式现代化的国家安全道路进入了新的阶段。

习近平总书记在二十届中央国家安全委员会第一次会议上强调，"要全面贯彻党的二十大精神，深刻认识国家安全面临的复杂严峻形势，正确把握重大国家安全问题，加快推进国家安全体系和能力现代化，以新安全格局保障新发展格局"③。统筹发展和安全，增强忧患意识，做到居安思危，正确把握重大国家安全问题，加快推进国家安全体系和能力现代化，实现在发展中平稳化解风险，在化解风险中优化发展，开创在发展中巩固和维护国家安全的崭新局面。

新时代伴随新的机遇与挑战，近年来全球面临百年未有之大变局，大国间博

---

① 习近平在中国共产党第十九次全国代表大会上的报告. http://www.china.com.cn/19da/2017-10/27/content_41805113.htm[2017-10-27].

② 高举中国特色社会主义伟大旗帜　为全面建设社会主义现代化国家而团结奋斗——在中国共产党第二十次全国代表大会上的报告. https://www.gov.cn/gongbao/content/2022/content_5722378.htm[2022-10-25].

③ 习近平主持召开二十届中央国家安全委员会第一次会议. https://news.cctv.com/2023/05/30/ARTIFkNHVCUNvKH1TuQcsChk230530.shtml[2023-05-30].

弈强度增加，社会经济发展面临诸多挑战，我国因此适时提出构建基于"双循环"的新发展格局，着力科技创新与经济发展质量的提升。金融作为现代经济的制高点，是驱动国家社会经济发展的关键力量。随着人工智能、区块链、大数据、云计算等新兴技术与金融业态的深度融合，金融科技在金融领域得到了广泛深入的应用，极大地推动了金融业态的创新和发展，助力国家经济发展的新一轮腾飞。但与此同时，国际金融市场的不确定性波动给我国带来了显著的外部性冲击，国家间竞争逐渐集中表现在金融和科技领域，我国新时代面临的系统性金融风险日益增加，国家金融安全面临新的问题和挑战。

习近平总书记在主持 2017 年 4 月中共中央政治局集体学习时强调，"金融安全是国家安全的重要组成部分，是经济平稳健康发展的重要基础。维护金融安全，是关系我国经济社会发展全局的一件带有战略性、根本性的大事"①。党的二十大报告提出，"深化金融体制改革，建设现代中央银行制度，加强和完善现代金融监管，强化金融稳定保障体系，依法将各类金融活动全部纳入监管，守住不发生系统性风险底线"②。由此凸显出立足系统性金融风险维护国家金融安全加强金融监管的重要性。在新时代背景下维护国家金融安全，首先要系统地分析其演化机制，在此基础上探讨国家金融安全的系统性研究，构建基于系统性金融风险的国家金融安全测度、预警及其监控体系。近几十年来的系列经济金融危机表明，防范系统性金融风险、维护国家金融安全是各国未来中长期要面对的理论现实问题。

如何正确认识与分析系统性金融风险和国家金融安全的内在联系及影响机理，建立健全新时代我国新型的国家金融安全体系，实现国家金融安全，已经成为新时代必须面对的重大现实问题。习近平在第五次全国金融工作会议上强调，"金融是实体经济的血脉，为实体经济服务是金融的天职，是金融的宗旨，也是防范金融风险的根本举措""防止发生系统性金融风险是金融工作的永恒主题"③。我们要把主动防范化解系统性金融风险放在更加重要的位置，科学防范，早识别、早预警、早发现、早处置，着力防范化解重点领域风险，着力完善金融安全防线和风险应急处置机制。

值此百年变局加速演进，国际环境风云变幻之际，国家安全问题的联动性、跨国性、多样性日益突出，迫切需要我们从系统的视角，坚持底线思维，审时度势，科学统筹发展和安全，推动发展和安全深度融合，推进国家安全体系和能力

---

① 习近平主持中共中央政治局第四十次集体学习. http://www.gov.cn/xinwen/2017-04/26/content_5189103.htm [2017-04-26].

② 习近平：高举中国特色社会主义伟大旗帜　为全面建设社会主义现代化国家而团结奋斗——在中国共产党第二十次全国代表大会上的报告. https://www.rmzxb.com.cn/c/2022-10-25/3229500_3.shtml[2022-10-25].

③ 全国金融工作会议在京召开. http://www.gov.cn/xinwen/2017-07/15/content_5210774.htm[2017-07-15].

现代化，加快建设国家安全风险监测预警体系，通过筑牢安全防线为国家发展保驾护航。本书的出版恰逢其时，希望能为此贡献绵薄之力。

本书研究的总体问题和研究对象是建立健全新时代基于系统性金融风险的国家金融安全体系。本书分四个研究主题进行研究，共四篇。第 1 章是绪论部分，主要从研究背景与意义，研究思路、内容结构与研究方法等角度介绍了本书的框架体系。

第一篇首先阐述了国家金融安全的理论基础，然后从信用货币、网络结构关联和货币政策三个维度，围绕国家金融安全的系统网络进行研究，包括第 2～5 章。第 2 章分析了金融安全的演进及其内涵，阐释了金融安全监控的相关理论研究；第 3 章从货币表现形式、货币信用性质和货币信用创造规模三方面分析了货币信用对金融安全的影响机制；第 4 章基于金融市场的视角，探究国家金融安全的网络结构演化机理，建立了我国金融市场间的网络结构模型，使用最小生成树、t-Copula 方法对我国金融市场间的金融安全风险传导渠道进行实证分析，发现线性和尾部相关性网络的中心化程度均随着时间推移变大，网络中介节点的作用在不断被削弱，整体网络的金融安全风险连通性在提高；第 5 章通过构建区制转换全球向量自回归（regime-switching global vector autoregressive，RSGVAR）模型，基于关联网络方法，测度并比较分析了二十国集团（Group of 20，G20）成员国在 2016～2020 年各金融子市场压力溢出的时变特征，并在此基础上实证检验了货币政策因素对各金融子市场压力溢出的长短期影响。

第二篇研究新时代国家金融安全的系统结构，重点研究了金融安全的机构关联网络系统、银行系统、金融市场系统、宏观经济系统和金融制裁对金融安全系统的影响效应，包括第 6～10 章。第 6 章从尾部风险和溢出效应的视角，以 2007～2017 年我国上市金融机构数据为研究样本，基于动态尾部事件驱动网络（tail-event driven networks，TENET）模型构建了我国金融机构体系的关联网络，解构了金融系统、金融部门间及金融机构间的时变关联特征，分析了金融机构关联水平与系统性风险间的影响关系。第 7 章利用 2008～2018 年中国上市商业银行数据，基于面板计量模型实证检验了商业银行创新对系统性风险的影响。第 8 章在利用条件自回归风险值（conditional autoregressive value at risk，CAViaR）模型对金融市场尾部风险进行准确测度的基础上，基于格兰杰（Granger）因果关系网络模型和滚动估计法，分别从静态角度和动态角度两个维度刻画不同国家间金融市场尾部风险的跨市场传染路径及影响机制。第 9 章构建时变参数因子扩展向量自回归（time-varying parameter factor-augmented vector autoregression，TVP-FAVAR）模型并估计 151 种宏观经济指标对系统性风险冲击的时变响应，采用风险吸收强度和吸收持续期刻画经济韧性，运用区制转换模型考察其影响因素。第 10 章从理论层面研究了金融制裁的传导机制,并选取 1945～2017 年全球 303 起金融制裁案例,实证检验影响制裁有效性的因素。

第三篇研究基于系统性金融风险的国家金融安全测度,包括第 11～14 章,重点研究了金融安全的系统宏观测度、系统压力测度、市场风险测度和指数化测度。第 11 章利用时变随机波动率向量自回归(time-varying parameter stochastic volatility vector autoregressive,TVP-SV-VAR)模型,选取 2006～2018 年的月度数据,分析了人民币利率冲击和汇率波动对金融安全的时变效应。研究发现,三者之间的联动关系具有明显的时变特征,且不同时期和不同政策背景下的影响程度不同。利率冲击对金融安全的影响极为微弱,其与金融市场的传导机制效应不明显。汇率波动对金融安全的影响更为显著,整体上呈现出下降趋势。第 12 章基于全球向量自回归(global vector autoregressive,GVAR)模型,从关联网络的视角构建了金融市场压力溢出效应模型,考察信贷市场、资本市场、外汇市场、债券市场和货币市场等五个金融子市场压力在不同国家与市场间的传导及其动态演变。第 13 章利用四种风险测度指标建立我国系统性金融风险测度体系,基于模糊评价方法与基分类器构建集成分类算法,结合孤立森林对风险的分类来预警系统性金融风险,并深入分析预警指标的特征重要性及其对系统性金融风险的影响。第 14 章采用模糊综合评价法,从金融安全质量、稳定、生态、竞争力和监管等五个维度构建了金融安全指数测度体系。利用马尔可夫区制转换回归(Markov regime-switching regression,MRSR)模型分析了中国、美国等 21 个全球主要国家的金融安全指数和各国金融安全状态的变化情况,并进一步测度了五个维度指数的相互影响及对金融安全指数的冲击效应。

第四篇研究基于系统性金融风险的新时代国家金融安全体系构建,包括第 15～17 章。首先,从我国金融体系的风险状况、我国金融监管体系存在的问题和基于大国博弈的外部金融冲击三个维度,深入分析了我国金融安全所面临的问题与挑战;其次,比较借鉴了发达国家和地区的金融安全经验与启示;再次,提出了新时代国家金融安全体系构建的原则,建立了体系组织框架,构建了包括金融安全法制系统、预警系统、运行系统、监控系统、反制系统、决策系统和应急系统等子系统的国家金融安全体系;最后,对国家金融安全体系中实施的主体、举措、优化与完善、实施支撑体系等方面提出了相应的方案和政策建议。

本书源自作者团队主持的国家社会科学基金重大项目"新时代基于系统性金融风险的国家金融安全体系研究"(编号:18VSJ035)、国家自然科学基金面上项目"流动性循环与金融系统安全:影响机制及其监控研究"(编号:72173018)、国家社会科学基金一般项目"'双循环'新发展格局下我国金融系统安全风险测度及防范对策研究"(编号:23BJY221)、国家重点研发计划项目(编号:

2021QY2100）等项目的部分研究成果。本书部分内容已在 *Finance Research Letters*、*Journal of International Financial Markets, Institutions and Money*、*International Journal of Finance & Economics*、*Applied Economics*、《中国社会科学》、《经济研究》等国内外权威学术期刊发表。本书的完成吸收借鉴了许多专家学者的研究工作，参考文献都有列出，如有挂一漏万之处，敬请海涵。尽管我们努力想为读者呈现一部较为满意的关于国家金融安全系统性研究的学术著作，但由于水平有限，日常事务繁多，书中难免有疏漏或不足之处，恳请读者提出宝贵意见，以便今后进一步修改和完善。

　　本书的写作过程中，团队核心成员李守伟教授、张颖教授和朱冬梅副教授等老师，以及团队老师指导的研究生张旭、石广平、许从宝、刘骏斌、汤淳、王拓、邱龙淼、田婧倩、杨广义、周东海、田思华、谷沁恩、陈宁、李雪梅、张晨曦等做了大量的分析整理工作，在此一并表示感谢！

　　本书的出版得到了东南大学社科处和东南大学经济管理学院以及科学出版社的大力支持，东南大学金融安全大数据实验室、东南大学金融工程研究中心、东南大学金融工程与金融智能实验室等机构为我们的研究提供了良好的学术支持和氛围环境。在此衷心感谢！

刘晓星　李绍芳　尹　威

甲辰龙年春于南京东南大学九龙湖畔

目　　录

第一篇　国家金融安全的演化机理研究

第1章 绪　论

1.1　研究背景与意义

人类社会已步入互联网大数据时代，金融创新层出不穷，金融业态日新月异，如何动态地理解和认识系统性金融风险与国家金融安全的内在联系至关重要。在2017 年第五次全国金融工作会议上，习近平强调，"金融是实体经济的血脉，为实体经济服务是金融的天职，是金融的宗旨，也是防范金融风险的根本举措""防止发生系统性金融风险是金融工作的永恒主题"[①]。这表明我们需要站在全新的防范系统性金融风险的视角，审视、认知国家金融安全的演化机制、系统性特征、内外属性、外在表现、识别测度和防范体系，从而达到运用金融手段实现国家利益最大化，保障国家安全的目标。

党的二十大报告强调，"深化金融体制改革，建设现代中央银行制度，加强和完善现代金融监管，强化金融稳定保障体系，依法将各类金融活动全部纳入监管，守住不发生系统性风险底线"[②]。这是习近平新时代中国特色社会主义思想在金融领域的根本要求，是我们做好新时代金融工作的根本遵循和行动指南，要把主动防范化解系统性金融风险放在突出位置。防范系统性金融风险是国家金融安全管理的核心和基础，是现代金融理论研究和实务应用的重要构成与热点领域。随着我国经济进入新常态，宏观体系日益复杂化，金融动态性、开放性和复杂性使金融系统脆弱性增加，全球环境下频繁爆发的系列金融危机表明系统性金融风险正以超越传统金融理论预想的速度、强度和规模影响着宏观系统稳定。大数据技术和互联网金融技术的兴起为研究基于系统性金融风险的国家金融安全体系提供了稳定且连续的数据支撑，使得基于系统性金融风险的国家金融安全测度、监控和防范的技术方法得以革新。中国作为新型的市场经济转型国家，亟须与时俱进，结合新时代特征和党的二十大精神指引，及时把握国家金融安全风险的动态

---

① 全国金融工作会议在京召开. http://www.gov.cn/xinwen/2017-07/15/content_5210774.htm[2017-07-15].

② 习近平：高举中国特色社会主义伟大旗帜　为全面建设社会主义现代化国家而团结奋斗——在中国共产党第二十次全国代表大会上的报告. https://www.rmzxb.com.cn/c/2022-10-25/3229500_3.shtml[2022-10-25].

变化，深入研究国家金融安全风险测度理论方法，构建基于系统性金融风险的国家金融安全体系，捍卫国家核心利益，助力中华民族的伟大复兴。金融是国家安全的重要支持力量，金融安全是国家安全的重要组成部分，防范系统性金融风险是保障金融安全的核心工作，金融安全事关中国梦的实现和社会主义核心价值观的传播。因此，本书的系列研究顺应了现实需要，对系统地深入研究我国金融安全问题具有重大的理论和现实意义。

1.1.1　研究的学术价值

金融安全是国家安全的重要组成部分，是经济平稳健康发展的重要基础。维护金融安全，是关系我国经济社会发展全局的一件带有战略性、根本性的大事。金融活，经济活；金融稳，经济稳。必须充分认识金融在经济发展和社会生活中的重要地位和作用，切实把维护金融安全作为治国理政的一件大事，扎扎实实把金融工作做好[①]。国家安全在国内外理论界一直都是颇具争议的概念，"民为邦本，本固邦宁"，只有人民安居乐业，国家才能长治久安。《苏联大百科全书》认为，"保卫国家安全，即保卫现行国家制度、社会制度、领土不可侵犯和国家独立不受敌对国家的间谍特务机构及国内现行制度的敌人破坏所采取的措施的总和"。美国最早提出国家安全概念的学者李普曼则指出"当无须为避免战争而牺牲利益，或能够通过战争来保护其利益时，这个国家就处于安全状态"（Lippmann，1943）。近年来，中国学者围绕国家安全也进行了诸多研究，但我国的研究主要侧重于对宏观大概念进行比较粗放的阐释，缺乏深入的理论学术研究。尤其是如何切合新时代金融发展业态和金融创新来深入阐释国家金融安全理论的研究就更少，叙事报道性质的文献居多。系统性金融风险往往是国家金融安全的集中表现，国家金融安全和系统性金融风险一样，理论研究经历了从简单到复杂、由粗糙到精准的历史演化过程。尤其在当今大数据信息时代，基于系统性金融风险的国家金融安全状态转换速度提高，生成和传导的冲击强度与范围已经超越了传统理论的分析范畴。随着金融新业态和金融科技的创新发展及互联网信息平台的普及，社会经济体系运行中出现的新问题已难以甚至不能用传统金融安全理论来阐释和求解。现代新型的数据挖掘技术和数据结构化技术的兴起，为我国基于系统性金融风险的国家金融安全体系研究提供了新的技术基础和分析方法，党的二十大精神为我国大国金融安全研究指引了新方向，为基于系统性金融风险的国家金融安全理论

---

① 习近平主持中共中央政治局第四十次集体学习. https://www.gov.cn/xinwen/2017-04-26/content_5189103. htm[2017-04-26].

体系研究提供了方向目标。本书研究的学术价值主要体现在三个方面：①通过研究新时代特征和解读党的二十大精神，结合系统性金融风险的历史演进，揭示驱动国家金融安全理论体系发展的内在动力，重新审视大国金融安全的理论内涵，解析未来国家金融安全的系统演化机制和发展趋势；②建立系统性金融风险动态形成机制，构建系统性金融风险影响国家金融安全的机制理论模型；③结合互联网大数据技术，构建新时代国家金融安全系统测度的理论方法体系。

1.1.2　研究的应用价值

美国白宫历年发布的《国家安全战略》均明确强调是以捍卫国家利益为宗旨。事实上，正是得益于对国家安全的顶层设计与运筹帷幄，作为 2008 年全球金融危机震源地的美国，在错综复杂的后金融危机时代却"一枝独秀"。通过国家安全战略与金融手段的密切配合，美国成功地向全世界输出价值判断，集全球之力助其渡过次贷危机难关，同时综合运用金融、外交、国防、情报、科技和其他方面的优势，极力维护美国国家安全，最大化国家利益。最终，当全球其他经济体仍处在错综复杂的复苏环境、下行风险相对严峻之际，美国经济却实现了稳健复苏。强大的国家安全战略体系让美国不仅没被危机打倒，反而利用危机实现了经济结构调整，踏向新的增长轨道。党的十八大以来，我国有序推进金融领域改革，金融体系日益完善，金融监管体制逐渐成熟，金融机构实力持续增强，我国已发展成重要的世界金融大国。中央高层会议反复强调防控金融风险，牢牢守住不发生系统性金融风险底线，采取一系列措施加强金融监管，防范和化解金融风险，在百年未有之大变局中维护我国金融安全和稳定。习近平在中央国家安全委员会第一次会议上创造性提出"总体国家安全观"①，可见国家安全是一个有机整体，外延扩展而内涵收敛，始终围绕着国家利益这个核心在运转。作为最大化国家利益的关键手段，金融不仅仅是国家安全的一个子系统，更是贯穿于实现"总体国家安全观"的各个层面和进程始终。金融已发展成为推动社会经济发展的重要力量，实现资源配置和宏观调控的重要工具。金融集中体现了国家利益的核心内容、全球趋势的主流方向、社会发展的关键诉求、和平崛起的重要手段和寻梦追梦的可行路径。总体国家安全观的时代内涵以金融手段为核心，是当下中国追求国家利益最大化、实现国家安全的必然选择。本书研究的应用价值主要体现在基于系统性金融风险具有的复杂性、突发性、传播快、波及广等特征，构建了包括金融安

---

① 中央国家安全委员会第一次会议召开　习近平发表重要讲话. http://www.gov.cn/xinwen/2014-04/15/content_2659641.htm[2014-04-15].

全法制系统、预警系统、运行系统、监控系统、反制系统、决策系统和应急系统等子系统的国家金融安全体系。

1.1.3 研究的社会意义

党的二十大报告把国家安全提到了"民族复兴的根基"这一全新高度，并把推进国家安全体系和能力现代化作为推进中国式现代化的重要部分，开辟专章阐述，指出"必须坚定不移贯彻总体国家安全观，把维护国家安全贯穿党和国家工作各方面全过程"[①]，彰显了新时代国家安全工作在党和国家工作大局中的重要地位，标志着中国特色国家安全理论达到了新的高度、中国式现代化的国家安全道路进入了新的阶段。

金融是现代市场经济的制高点，是社会经济各领域发展的基石。金融安全是国家安全的重要组成部分，没有金融安全，包括政治安全、国土安全、军事安全、经济安全、文化安全、社会安全、科技安全、信息安全、生态安全、资源安全、核安全等的国家安全体系就难以得到有效支撑。金融对国家安全的重要性绝不局限于金融市场，而是国家安全的前提条件和重要保障。

习近平指出，"维护金融安全，是关系我国经济社会发展全局的一件带有战略性、根本性的大事"[②]，是推进国家治理体系和治理能力现代化的重要方面。这为我国防范系统性金融风险、促进金融服务实体经济、构建新型的国家金融安全体系指明了方向。当前及未来一段时期，我国社会经济发展面临的内外部环境变得更加复杂多变，我们需要更加明确研究国家金融安全重大问题的理论价值，维护国家金融安全的重大现实意义。本书围绕党的二十大文件精神，紧密结合我国未来社会经济发展和中华民族伟大复兴的金融安全需求，以系统性金融风险为切入点，研究我国新时代的国家金融安全体系。通过深入解读领会党的二十大精神，比较分析金融安全的历史演进和国家经验，围绕中华民族伟大复兴的国家战略，揭示新时代我国金融安全的系统演化机制和未来发展趋势。结合金融与总体国家安全观，根据坚决守住不发生系统性金融风险底线的要求，研究国家金融安全的社会经济系统性影响、系统性金融风险影响国家金融安全的作用机制，构建基于系统性金融风险的国家金融安全测度理论方法体系和国家金融安全的运行体系。通过本书的研究，有利于我们更好地贯彻执行党的二十大文件精神，进一步地深

---

① 高举中国特色社会主义伟大旗帜 为全面建设社会主义现代化国家而团结奋斗——在中国共产党第二十次全国代表大会上的报告. https://www.gov.cn/gongbao/content/2022/content_5722378.htm[2022-10-25].

② 习近平主持中共中央政治局第四十次集体学习. https://www.gov.cn/xinwen/2017-04/26/content_5189103.htm [2017-04-26].

化理解国家金融安全战略的理论内涵和有效实施。

1.2　研究思路、内容结构与研究方法

1.2.1　总体问题与研究思路

习近平强调，"金融安全是国家安全的重要组成部分""准确判断风险隐患是保障金融安全的前提"[①]。系统性金融风险是当前最大的风险隐患，也是影响国家金融安全稳定最主要的因素。当前我国社会经济发展正在进入一个新的历史发展时期，防范系统性金融风险所面临的国内挑战很多，如国内经济面临转型升级、"中等收入陷阱"隐患犹存、结构失衡问题突出、金融系统违法违规等潜在风险隐患正在积累、金融脆弱性明显上升等；在经济全球化和社会信息化趋势日益增强的背景下，我国面临的国外环境也更加复杂多变，大国博弈日益激烈，金融风险的全球传染和冲击的影响力日趋扩大，通过金融手段的全球暗战和渗透也层出不穷。国内外的复杂冲击和影响使得国家金融安全问题表现出明显的系统性特征。基于系统性金融风险来研究国家金融安全问题是必要的、科学的和与时俱进的。

本书研究的总体问题和研究对象是建立健全新时代基于系统性金融风险的国家金融安全体系。具体通过这些问题展开：党的二十大精神引领下的我国金融安全观未来如何演化？如何系统性分析国家金融安全体系的内在构成与外在系统冲击？我国系统性金融风险是如何形成与传导扩散的？系统性金融风险是如何影响国家金融安全的？如何基于系统性金融风险有效测度我国的金融安全？如何从大国博弈视角构建基于系统性金融风险的国家金融安全体系？解决以上问题的基础是了解和把握新时代国家金融安全的演化机制，解析国家金融安全内在的系统性结构，探究系统性金融风险对国家金融安全的影响机制，建立基于资金网络和大数据系统结构的国家金融安全动态测度体系，研究构建基于新时代背景防范系统性金融风险的国家金融安全体系。

本书研究秉持"演化规律—系统分析—机制研究—方法创新—系统构建"的总体逻辑思路，以党的十八大以来系列会议精神为指引来研究新时代的国家金融安全演化机制和系统结构，系统性金融风险的生成传导及其对国家金融安全的影响机制。在此基础上，进一步研究基于系统性金融风险的国家金融安全测度理论方法体系，健全完善新时代的国家金融安全体系。

---

① 习近平：金融活经济活 金融稳经济稳. http://www.xinhuanet.com/politics/2017-04/26/c_1120879349.htm [2017-04-26].

1.2.2 研究的主要内容结构

根据总体问题和研究思路，本书分四个研究主题进行深入研究，每个研究主题是一个研究部分，包括17章，共四篇。

第1章是绪论，介绍本书的研究背景、研究思路、研究内容及文献综述。

第一篇研究国家金融安全的演化机制，首先阐述了国家金融安全的理论基础，其次从信用货币、网络结构关联和货币政策三个维度，围绕国家金融安全的系统网络进行研究，包括第2～5章。第2章分析了金融安全的演进及其内涵，阐释了金融安全监控的相关理论研究；第3章从货币表现形式、货币信用性质和货币信用创造规模三方面分析了货币信用对金融安全的影响机制；第4章基于金融市场的视角，探究国家金融安全的网络结构演化机理，建立了我国金融市场间的网络结构模型，使用最小生成树、t-Copula 方法对我国金融市场间的金融安全风险传导渠道进行实证分析，发现线性和尾部相关性网络的中心化程度均随着时间推移变大，网络中介节点的作用在不断被削弱，整体网络的金融安全风险连通性在提高；第5章基于 RSGVAR 模型和关联网络方法，测度并比较分析了 G20 国家在2016～2020 年各金融子市场压力溢出的时变特征，并在此基础上研究了货币政策因素对各金融子市场压力溢出的长短期影响。

第二篇研究新时代国家金融安全的系统结构，包括第6～10章，重点研究了金融安全的机构关联网络系统、银行系统、金融市场系统、宏观经济系统和金融制裁对金融安全系统的影响效应。第6章从尾部风险和溢出效应的视角，基于 TENET 模型构建了我国金融机构体系的关联网络，解构了金融系统、金融部门间及金融机构间的时变关联特征，研究了金融机构关联水平与系统性风险之间的关系。第7章利用 2008～2018 年中国上市商业银行数据，基于面板计量模型实证检验了商业银行创新对系统性风险的影响。第8章在利用 CAViaR 模型对金融市场尾部风险进行准确测度的基础上，基于 Granger 因果关系网络模型和滚动估计法，分别从静态和动态角度两个维度刻画不同国家间金融市场尾部风险的跨市场传染路径及影响机制。第9章构建 TVP-FAVAR 模型并估计 151 种宏观经济指标对系统性风险冲击的时变响应，采用风险吸收强度和吸收持续期刻画经济韧性，运用区制转换模型考察其影响因素。第10章从理论层面探讨金融制裁的传导机制，结合 1945～2017 年全球 303 起金融制裁案例，实证检验影响制裁有效性的因素。研究发现，金融制裁有效性与目标国被制裁成本、多边制裁等因素显著正相关，与目标国政治经济不稳定性等因素显著负相关。

第三篇研究基于系统性金融风险的国家金融安全测度，包括第11～14章。第11章利用 TVP-SV-VAR 模型，选取 2006～2018 年的月度数据，分析了人民币利率冲击和汇率波动对金融安全的时变效应。研究发现,三者之间的联动关系具有明显的时变特征,且不同时期和不同政策背景下的影响程度不同。利率冲击对金融安全的影响极为微弱,其与金融市场的传导机制效应不明显。汇率波动对金融安全的影响更为显著,整体上呈现出下降趋势。第 12 章基于 GVAR 模型,从关联网络的视角构建了金融压力溢出效应模型,考察信贷市场、资本市场、外汇市场、债券市场和货币市场等五个金融子市场压力在不同国家与市场间的传导及其动态演变。第 13 章利用四种风险测度指标建立我国系统性金融风险测度体系,基于模糊评价方法与基分类器构建集成分类算法,结合孤立森林对风险的分类来预警系统性金融风险,并深入分析预警指标的特征重要性及其对系统性金融风险的影响。第 14 章采用模糊综合评价法,从金融安全质量、稳定、生态、竞争力和监管五个维度构建了金融安全指数测度体系。利用马尔可夫区制转换回归模型分析了中国、美国等 21 个全球主要国家的金融安全指数和各国金融安全状态的变化情况,并进一步测度了五个维度指数的相互影响及对金融安全指数的冲击效应。

第四篇研究基于系统性金融风险的新时代国家金融安全体系构建。当前国际形势纷繁复杂,美国已有针对性地对我国展开各方面的攻击;构建基于“双循环”的新发展格局,金融安全是其中的重要基石。该篇包括第 15～17 章,深入探讨了新时代国家金融安全体系的构建,首先,从我国金融体系的风险状况、我国金融监管体系存在的问题和基于大国博弈的外部金融冲击三个维度深入分析了我国金融安全所面临的问题与挑战。其次,总结和借鉴了发达国家与地区金融安全的经验及启示。再次,提出了新时代国家金融安全体系构建的原则,建立了体系组织框架,提出了部门职责构成,设计了方案的实施与评价及国际协调与合作的方法和机制;构建了包括金融安全法制系统、预警系统、运行系统、监控系统、反制系统、决策系统和应急系统等子系统的国家金融安全体系。最后,对国家金融安全体系中实施的主体、举措、优化与完善、实施支撑体系等方面提出了相应的方案和政策建议。

1.2.3　研究的主要方法

本书是政治经济学、金融学、经济学、管理学、政治学、国际关系学、数学、统计学、计算机科学等多学科交叉综合性研究,涉及货币银行学、金融工程学、投资学、金融风险管理、概率论与数理统计和计量经济学等相关理论,本书研究方法运用得正确与否将直接影响到结果的准确性,有必要对研究方法进行全面、系统的设计。具体而言,本书研究拟采取的主要研究方法有以下几种。

（1）运用定性研究法、事件研究法、历史分析法、案例分析法等进行理论研究，从战略高度探讨我国金融与总体国家安全观的理论内涵和内在关联，分析金融对国家安全战略的支撑作用。

（2）探讨和分析系统性金融风险防范的供给侧结构性改革，研究国家金融安全的系统性机理，以及国家金融安全各个子系统在外部冲击下的相互关联、相互影响和状态演化过程的深层次规律与未来发展趋势。

（3）利用关联分析法、Granger 因果检验法、向量自回归（vector autoregression，VAR）等方法研究金融系统如何服务于实体经济和社会经济增长，分析防范系统性金融风险与总体国家安全的内在关联；基于系统视角，运用危机理论、事件研究方法、动态随机一般均衡（dynamic stochastic general equilibrium，DSGE）模型、广义自回归条件异方差（generalized autoregressive conditional heteroskedasticity，GARCH）模型、复杂网络模型、TVP-SV-VAR 模型等理论和方法，研究系统性风险对国家金融安全的系统冲击。

（4）关于国家金融安全的系统性金融风险影响机制研究，采用模糊聚类分析、关联性风险、支持向量机（support vector machines，SVM）及粗糙集理论等方法分类和集成引发系统性金融风险的诸多因素；利用 DSGE 模型研究内外双重因素影响下系统性金融风险的一般生成机制。

（5）从宏观视角利用 DSGE 模型、复杂网络模型、线性因果关系检验模型、动态条件相关多变量广义自回归条件异方差（dynamic conditional correlation multivariate GARCH，DCC-MGARCH）模型等研究系统性金融风险诱发因素的敏感程度、变化方向、幅度大小和相互作用机制；运用复杂网络、结构向量自回归（structural vector autoregression，SVAR）模型、动态空间面板数据模型理论分析宏微观金融主体行为对系统性金融稳定的影响效应。

1.3　国内外相关研究综述

2017 年 4 月，在中共中央政治局集体学习时，习近平强调，"金融安全是国家安全的重要组成部分，是经济平稳健康发展的重要基础。维护金融安全，是关系我国经济社会发展全局的一件带有战略性、根本性的大事"[①]。2017 年 10 月，习近平在十九大报告中提出，"健全金融监管体系，守住不发生系统性金融风险

---

① 习近平主持中共中央政治局第四十次集体学习. http://www.gov.cn/xinwen/2017-04/26/content_5189103. htm[2017-04-26].

的底线"[①]，再次强调从防范系统性金融风险角度维护国家金融安全的重要性。新时代背景下，国家金融安全的维护首先要系统地分析其演化机制，在此基础上对国家金融安全进行深入研究，进而基于系统性金融风险理论构建国家金融安全的测度、预警及监控体系。近几十年来的系列经济金融危机表明，防范系统性金融风险、维护国家金融安全是各国未来中长期要面对的理论现实问题。各国经济理论界、世界组织、金融机构及监管部门高度重视，已经在理论和实践方面进行了诸多研究与探索，主要体现在以下几个方面。

1.3.1　关于新时代的国家金融安全演化机制研究

在经济全球化深入发展、中国特色社会主义进入新时代及全面推进"一带一路"建设的背景下，我国各方面实力进入世界前列，国际地位也实现了前所未有的提升。另外，在国际经济形势变幻莫测、地方保护主义有抬头趋势，以及我国金融创新改革进一步深化、金融对外开放程度进一步扩大的新形势下，我国金融安全面临很多新机遇及新挑战。学术界对金融安全的认识不断更新，王斌和方晨曦（2012）认为当一国的金融系统能够抵御并化解所面临的内外部风险并保证金融系统的稳定运行时，才能说明该国金融系统处于安全状态。杨涛（2016）指出开放条件下我国构建高效金融安全保障机制的重要性，分别从金融机构、金融市场、金融产品、支付清算基础设施、征信体系与金融信息、金融软硬件设施等层面具体分析我国金融安全在开放条件下可能面临的问题。刘晓星（2017a）指出金融安全的主要影响因素是大国博弈和国家利益，是追求资源配置和风险防控的改善。他指出应树立整体金融安全观，维护国家核心价值；认清金融安全问题，坚持金融安全底线思维；统筹金融监管，维护金融秩序；加强金融机构内控制度建设，构建全面风险管理体系；拓宽实体经济融资渠道，夯实金融安全基础；加强国际交流合作，建立健全维护我国金融安全的机制；坚持金融科技创新，保障金融服务稳定。张维（2017）认为我国金融体系对外开放进程不断加快，金融行业和市场创新发展，国际做空势力可能会对我国金融体系造成冲击，因此，要利用国家金融审计创新方法保障国家金融安全。宁薛平和何德旭（2018）认为不断加速的金融改革和创新不仅加深了我国金融业对外开放的程度，还进一步维护和保障了我国金融安全。朱孟楠和段洪俊（2019）认为一国对外金融安全要具有两个功能，即维持本币汇率稳定和抵御国际资本流动性冲击风险，要持有具有高流动

[①] 习近平：决胜全面建成小康社会 夺取新时代中国特色社会主义伟大胜利——在中国共产党第十九次全国代表大会上的报告. http://www.gov.cn/zhuanti/2017-10/27/content_5234876.htm[2017-10-27].

性资产的外汇储备，以应对金融安全风险。李萌和宁薛平（2020）认为债务风险是国家经济发展过程中存在的重要问题，对金融安全有重大影响，过度债务容易触发系统性金融风险，并引发金融安全问题。

在大数据科技及互联网金融快速发展的背景下，关于大数据与金融安全的相关性研究最近也有了一些新的进展。Rubin 等（2014）首次将大数据应用于国家安全中。Zhu 和 Huang（2014）为银行提供了在大数据背景下如何拓宽其借贷业务的新方法，找到新的利润增长点，从而应对互联网借贷所带来的新挑战。董纪昌等（2014）认为客户信息具有数据量大、数据价值高、数据泄露破坏性强三个新特点，而大数据金融的发展会对银行客户信息保护产生威胁。杨虎等（2014）将大数据管理工具和分析方法应用于互联网金融风险管理过程中。Chen 等（2015）介绍了大数据在阿里巴巴的应用，其利用用户行为和海量数据，使用机器学习进行分析，捕获欺诈信号，并建立实时风险监控及管理体系。Tian 等（2015）首先分析了大数据给金融领域带来的新挑战，然后从多层次角度分析探讨如何应对这些挑战。保建云（2016）认为大数据技术和互联网金融的快速发展促进了地区和全球的大数据金融生态系统的形成，而基于大数据金融生态系统的社会超群博弈推动了金融体系与金融交易的演化。陈菲（2016）结合美国等发达国家的相关经验，指出大数据在国家安全治理中的应用，包括对传统安全及非传统安全的讨论，并给出对中国相应的启示。吕喜明（2017）以网贷之家评级认证的前百强互联网金融点对点（peer to peer，P2P）网贷平台风险管控作为研究对象，提出指标评价体系应考虑流动性风险、市场风险和信用风险三个维度，并通过聚类分析降维，得出核心指标体系。汪可等（2017）以中国商业银行数据为样本，实证检验金融科技（FinTech）对商业银行风险承担影响的大小。

1.3.2　关于国家金融安全的系统性研究

在国家金融安全观内涵方面，王元龙（1998）指出一国的金融安全就是该国的资金融通安全，金融安全应该考虑关系货币流通的经济活动。因此，国际收支、货币资金的流动、外商直接投资与外债等也都属于金融安全的范畴，并直接影响着经济安全。郑汉通（1999）指出金融安全就是国家金融主权独立、金融体系正常运转不受破坏，能够抵御各种威胁和化解各类风险。梁勇（1999）对金融安全的表述更加详细，认为维护核心金融价值就是在维护金融安全，主要涉及维护金融核心价值的能力和信心两个维度。何为核心金融价值？首先，体现在国家金融财富的安全，没有面临较大损失的风险，金融制度完善，金融体系较为稳定。其次，表现为金融安全对其他领域的影响，如政治安全、经济安全等。最后，核心金融价值要避免本国金融财富价值外流，防止外部冲击对本国金融制度和体系的影响，维护好本国金融主权。雷家骕（2000）认为若一国的金融体系处于安全状态，则应当能抵御金融体系所面临的内外部威胁，维护本国金融体系的稳定。卢文刚（2003）研究认为若一国在内外部冲击的影响下，仍能够保持本国经济和金融市场不遭受重大损害，如金融财富稳定、经济增速不下滑等，金融相关制度体系也能保持正常运转的状态并且能够继续维持这种状态，则可以称为金融安全，并能够获得政治、经济等方面的安全。贺力平（2007）认为金融安全主要考虑外部冲击和政策失误等原因对金融系统造成的影响，或是某些金融机构产生危机并以难以遏制的趋势在社会体系中持续蔓延的局面。刘宁（2018）认为随着金融体系的不断发展，会逐渐形成地区金融，这将加强构筑地区金融安全网络，维护地区金融安全。

在国家金融安全的系统构成方面，李翀（2000）与部分学者的观点不一样，认为信贷风险、利率风险等微观金融风险不是国家金融风险，整个国家面临的爆发金融危机的风险才可以称为金融安全风险，而金融安全风险的产生是自由化国际资本流动及金融市场迅速发展的结果。时吴华（2015）研究认为金融影响涉及政治安全、公共安全、国防安全、金融安全和网络安全等多个方面，共同构成了国家金融安全。刘锡良（2004）认为金融安全的主体是一国的金融系统，如果金融功能可以正常发挥，则该国处于金融安全状态，即微观、中观和宏观的金融资产、金融机构及金融发展的安全都能得到保障。Rubio 和 Yao（2020）认为在低利率环境下应更积极地实施反周期缓冲。

在国家金融安全发展方面，李文良（2014）研究认为中国国家安全体制包括国家安全职能划分、国家安全机构管理制度、国家安全人力资源管理制度、权责机制和法律保障等基本要素。唐永胜和李冬伟（2014）认为中国崛起既是国际体系变迁的重要影响变量，也是体系变迁的重要结果之一，中国的发展与变革本身就构成了国际变局不可或缺的重要组成部分。万喆（2017）研究认为国家金融安全与"一带一路"建设相辅相成。于志强（2017）利用马斯洛个体心理需求理论，认为国家金融安全需求包括基本需求和发展需求两个阶段，在不同阶段影响和制约需求的因素不同，如金融稳定性、自主权和国际金融话语权等。

1.3.3 关于系统性金融风险对国家金融安全的影响机制研究

历史经验表明，系统性金融风险会对金融稳定造成重大威胁，给宏观经济稳定发展和社会财富造成巨大损失。次贷危机之后，学者再次开始对主流金融危机理论进行分析和思考。如果不能对系统性金融风险的生成、传染与扩散机制进行有效分析，将难以破解金融危机爆发的内在机理和传播路径，构建系统性金融风险防范体系并保障国家金融安全就无从谈起。本节在分析以往研究的基础上，对系统性金融危机生成、传染和扩散机制，以及系统性金融风险的监测和度量进行了比较系统的总结。

关于系统性金融风险的生成机制，G20（2008）华盛顿金融峰会将次贷危机引发的全球金融危机的原因主要归纳为三个方面：①在经济高速增长时期，资本流动性日益增强，市场参与者热衷于高收益，风险评估不足，未能有效履行相应责任；②不健全的风险管理行为，日益复杂和不透明的金融产品，以及由此引发的交易过度，最终导致系统的脆弱性增加；③决策者、监管机构和管理者没有充分地意识到金融市场正在扩大的风险，未能及时实施金融革新、采取应对措施。

系统性风险的成因包括内部因素和外部因素两部分，金融体系的内在不稳定性主要源于金融的脆弱性、经济主体的有限理性、异质性和资产价格波动等因素，费雪、凯恩斯等学者分别从货币职能、货币供求、宏观经济周期对金融周期的影响等方面进行了相关研究，代表性的金融不稳定假说（Minsky，1978）、戴蒙德-戴维格银行挤兑模型（Diamond and Dybvig，1983）的安全边界假说（Kregel，1997）等相继提出，逐渐构成了金融脆弱性理论的基础。Adrian 等（2018）认为在 2008年金融危机前，信贷和市场风险较高的银行更有可能进行资产证券化。银行为了获得资本减免而利用证券化的优势，变得更加危险并增加了系统性风险。同时，金融市场的过度创新、金融杠杆的非正常运用等因素增加了金融产品和交易过程的复杂性，削弱了金融体系的风险防御能力，加大了金融风险的顺周期效应。王桂虎和郭金龙（2019）认为宏观杠杆率过高可能引发系统性金融风险，需要引入宏观审慎政策来化解高杠杆风险，维护金融安全。金融机构间的资产负债等业务关联性和同质化较大，导致风险同质化成为系统性风险的重要来源。Su 等（2019）认为中国金融稳定性与房地产价格波动之间的相互关系是双向的，但金融稳定性对房地产价格波动的影响更大。Chakravorti（2000）认为金融机构间相互持有头寸，以及机构间持有具有相似结构的资产组合会导致系统性金融风险。Oet 等（2013）认为银行间业务、资产头寸的关联性是导致银行脆弱性的主要原因，并且极易放大风险。杨子晖和李东承（2018）研究了银行个体风险、传染性风险及系统性金融风险的影响因素，发现在我国银行系统的整体风险中，传染性风险的影响逐年增大。Ha 和 Kim（2021）认为适度的银行多元化可以提高银行的稳定性，但过度多元化会产生不利影响。李绍芳和刘晓星（2018）发现中国金融系统总体关联度（total connectedness，TC）呈现了周期性的变化，银行的风险溢出效应最高，银行与证券部门容易受到其他部门风险溢出效应的影响。金融稳定委员会

（Financial Stability Board，FSB）认为系统重要性金融机构正成为系统性金融风险的重要来源，影子银行增加了风险传染的可能性，助推了系统性风险的爆发（FSB，2011，2012）。2010 年，金融稳定委员会将系统重要性金融机构界定为规模、复杂性和系统关联性等原因导致经营失败，进而会给整个金融系统乃至实体经济带来显著破坏的金融机构。作为系统重要性金融机构，一旦爆发风险，将迅速对密切关联的相关机构形成风险传染，引发系统性金融风险。由于金融体系内部广泛存在的道德风险，Corsetti 等（1999）与 Sarno 和 Taylora（1999）建立了货币危机的道德风险模型，认为金融机构由于道德风险会出现承担过度风险。

外部因素主要包括经济周期变化和政策干预影响两个方面。经济周期影响主要体现在：①经济不景气时，企业和个人的财务状况引发金融机构不良贷款上升，资产质量下降，存款人或投资者预期信心受到影响，可能引发银行挤兑或恐慌性资产抛售，最终导致系统性金融风险；②金融行业资本充足率监管、贷款损失拨备等指标存在显著的顺周期性，金融体系对实体经济的信贷供给在经济上行期增加，在经济下行期减少（谢平和邹传伟，2010）。Anginer 等（2018）认为股东友好型的公司治理会导致大型银行和处于国家金融安全网的银行面临更高的风险，因为银行试图将风险转移给纳税人。由于宏观经济有着自我运行的内在规律，政府短期内的政策干预虽然可能会缓解经济的周期性波动，但是长期来看，往往会带来系统性风险的过度积累。例如，Zingales 和 Cochrane（2009）、Taylor（2009，2010）等认为 2008 年次贷危机正是美国联邦政府政策长期干预的结果，金融危机往往是金融体系的内在脆弱性和外部因素共同演化与互相促进的结果。Jan 等（2019）认为储备金要求、监管和住房市场政策可用于宏观审慎目的中央银行政策，可用于保持金融稳定而不导致国民经济放缓。李若杨（2019）认为主权信用评级对一国的金融安全有重大影响，如果主权信用评级突然下降会导致市场恐慌，进而引发金融动荡。Phan 等（2021）认为经济政策不确定性增加会使金融稳定性降低，监管资本较低和金融体系较小的国家，经济政策不确定性对金融稳定性的负面影响更大。系统性金融风险的传导扩散特征包括内部传导和跨境传导两个方面，内部传导主要通过系统业务流程、金融机构支付清算、银行间市场同业市场、金融机构结构同质化等渠道。跨境传导主要通过实体经济和国际金融市场的相互关联来传导。

系统性风险的扩散主要通过信贷紧缩机制、流动性紧缩机制和资产价格波动等方面来实现。Reinhart 和 Rogoff（2009）认为金融危机会带来信贷紧缩、产出减少，资产贬值，提高贷款违约率，倒逼银行信贷萎缩，进而加剧产出下滑和债务违约的恶性循环。市场环境恶化导致流动性下降，金融机构陷入资产价格下跌、市值缩水、大幅抛售、价格再跌的恶性循环。资产价格波动通过财富效应影响消费需求，通过托宾 Q 效应[①]影响投资需求，又可从金融机构的资产负债表渠道、信贷渠道和流动性渠道等方面放大风险传导。

系统性金融危机的测度方法经历了几个不同的发展阶段。1997 年亚洲金融危机爆发前，已有学者做出了相关研究成果。例如，Frankel 和 Rose（1996）提出了金融危机预警的 FR（Frankel-Rose）概率模型，Sachs 等（1996）构建了 STV（Sachs-Tornell-Velasco）横截面回归模型，Lau 和 Park（1995）使用主观概率模型方法成功预测了东南亚金融危机。

1.3.4　关于系统性金融风险的国家金融安全测度研究

金融风险识别是金融风险度量的基础，只有有效识别与诊断金融风险才能准确地把握风险的类型和风险源，进而选择或采用科学可靠的风险度量方法，为合理实施风险管理措施打好基础。在这方面，已有的国内外研究形成了良好的研究基础。闫建军（2002）通过分析金融风险的内涵和表现形式，分别从安全性、流动性和盈利性三个方面考察金融风险的识别与监控问题。张玉喜（2004）指出风险识别技术只是侧重于风险的反映、检测功能，同时本身在对风险进行定量分析时也存在模型风险和估计风险。张维（2004）通过建立风险预警机制和控制机制，指出风险等级评价体系对事前主导型控险或事后督导型化险都十分重要，并能提高运作金融资源的效率，使金融主体的功能达到耦合和高效。魏宇等（2010）选择利用多标度分形谱构建指标体系并测度市场风险，进而弥补了在非有效市场条件下传统风险测度指标的不足之处。周铭和郑智（2007）认为金融风险最本质的属性为复杂性，并利用模糊数学方法构建了我国房地产市场面临的金融风险。温红梅和姚凤阁（2007）则是构建了三层次结构的金融风险测度模型，进而证明了金融风险系统中的混沌现象。

2008 年国际金融危机发生后，更多学者开始深入研究识别系统性金融风险。陈守东等（2009）认为金融风险集中于货币危机、银行危机和资产泡沫危机中，基于此构建了我国金融风险预警模型，利用马尔可夫区制转换向量自回归（Markov regime-switching vector autoregressive，MS-VAR）模型测度金融风险状态的变化情况。金融风险的运行常常受到经济周期性和随机事件的干扰，吴正光（2009）指出由于金融行为的有效理性及过度的金融创新和监管不当，市场会形成高度非线性的"过度顺周期性"。魏国雄（2010）认为系统性金融风险、风险集中度和金融危机并不相同，三者之间既有联系又有区别；强调监管部门应加强

[①] 如果通货膨胀对实际产出存在正向影响，则认为经济中存在托宾 Q 效应。

对金融机构风险集中度的监控，督促银行建立严格的风险防控机制。张建平和张伟（2011）认为，风险防控应当包括风险识别、风险管理和风险影响三方面，可进行分层分类，运用现代金融风险管控方法，构建有效风险管理模式，明确风险类型，有助于各部门做出有效的风险管理决策。Peng 等（2011）建立了一个金融风险预测的两步骤分类评估算法，并通过构建评分系统来对分类算法的表现打分，引入三种多准则决策方法，如优劣解距离法、偏好顺序结构评估法、多属性决策法，对分级器进行排序，根据六个国家七项真实信贷风险和违约风险的数据进行实证分析。Andersen 等（2013）认为应加强多维度条件的风险即时跟踪，强化对市场风险与宏观经济基础之间联系的深入理解，关注股本回报率波动、真实增长率与真实增长率波动的问题。方琳（2014）从理论方面阐述了流动性状态转换的过程和机理，并从转换幅度和转换时间两方面对冲击效果进行了分析，而后以美国次贷危机和欧债危机为例，详细探究了两大危机中流动性状态发展、转变的过程及其对金融稳定的影响。Toma 和 Dedu（2014）对比分析了金融和保险中风险评估的各种技术，包括在险价值（value-at-risk，VaR）、条件尾部期望（conditional tail expectation，CTE）、条件在险价值（conditional VaR，CoVaR）、纵向在险价值（longitudinal VaR，LVaR）等。卜林和李政（2016）认为系统性金融风险主要分为宏观和微观两个层面，宏观层面主要是研究整个金融体系的系统性金融风险测度，微观层面则主要是考虑金融机构的风险测度与传染性。亚洲金融危机之后到 2008 年国际金融危机之前，各国学者利用不同的方法对系统性金融风险进行监测度量。第一，许多学者选择利用综合指标法，旨在构建科学合理的指标测度体系，全面反映金融体系的风险状况。例如，2006 年，国际货币基金组织（International Monetary Fund，IMF）提出金融稳健指标、金融压力指数（financial stress index，FSI）（Illing and Liu，2003）、金融稳定状况指数（van den End，2005）等。第二，随着人工智能技术的不断发展，有学者提出了利用人工神经网络（artificial neural network，ANN）模型测度金融风险。第三，金融安全状态的变化识别也十分重要，因此，许多学者提出马尔可夫状态转换法，建立金融危机预警模型，并在此基础上衍生出了众多改进模型（Jeanne and Masson，2000；Fratzscher，2003）。第四，利用宏观经济、金融数据进行预测，如 Kumar 等（2003）构建了简单逻辑回归投机冲击预测模型，预测了投机性货币的冲击。

新的研究测度方法在 2008 年后出现。第一，研究风险传染性和金融机构关联程度的方法。IMF（2009）列举了四种分析系统关联性的定量分析方法，包括网络分析法（network analysis approach）（Allen and Babus，2008；Allen and Gale，2000；Freixas et al.，2000；Nier et al.，2007）、共同风险模型法（Brunnermeier et al.，2009）、困境依赖矩阵法（Segoviano and Goodhart，2009）和违约强度模型

法（default intensity model）（Azizpour and Giesecke，2008）。第二，评估系统性风险损失及损失概率的方法，包括 VaR（Schumacher and Bléjer，1998）、CoVaR（Adrian and Brunnermeier，2016）、边际期望损失（marginal expected shortfal，MES）法（Acharya et al.，2017）、系统性期望损失（systemic expected shortfall，SES）法（Acharya et al.，2017）、或有权益分析（contingent claims analysis，CCA）法（Gray and Jobst，2010）、困境保费（distressed insurance premium，DIP）法（Huang et al.，2009）等。第三，2008 年金融危机之后，在全球范围广泛采用的是压力测试法。Alfaro 和 Drehmann（2009）提出了 GDP 压力测试法，即预测各个国家的 GDP 增长率，将最差的预测进行压力测试，计算出 GDP 增长率的最大可能降幅，然后衡量金融体系内现存风险的大小。Hirtle 等（2009）也在监管资本评估项目的压力情景中采用 GDP 增长率、失业率等宏观经济变量，进而评估整个金融体系的风险。Duffie（2014）对 Hirtle 等（2009）的方法加以改进，并提出衡量金融体系风险的"10×10×10"方法，衡量对于某一特定风险，金融机构的联合风险暴露。第四，国际组织、各国政府机构、货币监管部门等都提出了金融风险监管预测方法，如系统性风险早期预警系统（IMF，2010）、欧洲中央银行的改进的综合指数法（Hollo et al.，2012）、美国国家金融状况指数（Brave and Butters，2011）和英国系统性机构风险评估系统等。

在充分借鉴国内外学者研究的基础上，我国学者也尝试建立了我国金融风险监测、预警指标体系。例如，唐旭和张伟（2002）认为金融风险预测要综合考虑预警方法、指标、模型和制度安排等方面因素，综合评估整体金融安全状态。张元萍和孙刚（2003）运用信号分析法得出国际游资冲击和银行体系风险可能会对我国金融安全造成影响。刘晓星（2007）基于 VaR 理论方法构建了商业银行的系统性风险测度体系。王春丽和胡玲（2014）综合考虑外汇市场、银行业及股票市场的影响因素，构建我国金融压力指数，利用马尔可夫区制转换模型对我国金融风险进行了预测。范小云等（2011）以 MES 模型对我国金融机构系统性风险贡献度进行测算，建议对边际风险贡献和杠杆率较高的金融机构加强监管。刘晓星等（2011）考虑到金融资产具有尖峰厚尾的性质，通过极值理论（extreme value theory，EVT）选取收益率序列的上下阈值，并以此求得股票收益率的边缘分布函数，通过引入 Copula 函数求得 CoVaR 值，该文献的贡献主要在于极值理论相比正态分布具有更好的拟合优度。宫晓琳（2012）以未定权益分析方法分析我国经济各部门的风险敞口动态变化情况，测度我国宏观金融风险。方意等（2012）利用动态条件相关广义自回归条件异方差（dynamic conditional correlation GARCH，DCC-GARCH）模型和随机模拟法对我国金融机构系统性风险进行测度，认为决定我国系统性金融风险的重要因素包括金融机构资产规模、杠杆率和 MES。李志辉等（2016）采用非参数统计方法，设计了基于风险相依结构的系统性风险监测指标。苟文均等（2016）发现债务杠杆和股权投资导致了国民经济各部门风险水平升高，加速了系统性风险的生成与传导。郭娜等（2018）采用因子分析方法构建了我国的区域金融安全指数，并基于马尔可夫区制转换模型识别我国区域金融安全的变化情况。杨森和雷家骕（2019）选取九个分指数构造我国宏观金融安全指标体系，运用变异系数法对指标赋权，并合成中国宏观金融安全总指数。

随着大数据、云计算、深度学习、区块链等新金融科技的发展，新时代国家金融安全面临着很多新挑战。由此，各界关于金融风险测度的研究也更加深入。吴朝平（2011）结合"基于风险的客户尽职调查"与具体的反洗钱实践，基于客户所在国家或地区因素、客户所处行业因素、客户交易金融机构因素、客户自身因素等方面的不同二级指标，并选用相应权重构建综合评价客户洗钱风险等级分类的指标体系。杜一帆和薛耀文（2014）将"一法四规"与相关的行政法规中关于反洗钱监测的已有标准中的模糊条款进行了量化处理，并对现有监测条件下资金异常流动活动中金融与时间、账户数等参数之间的关系进行了分析，由此确定了相应条件下资金流动的绝对上限。陈靖（2014）运用多目标决策线性加权法结合各子系统构建了银行业反洗钱资金流动测度体系相关模型。周婧（2013）在确定银行反洗钱外部公共产品属性的基础上，从事前、事中、事后进行全方位控制，建立了有效的评价体系。吴朝平（2016）针对我国在"互联网+"高速发展背景下，洗钱风险也随之增长这一现实特征，提出了应推进反洗钱监测体系、客户身份识别制度及交易记录保存制度等反洗钱核心工作的改革。丁庄荣（2010）则是基于外资银行反洗钱信息管理系统，根据客户的资金流行为建立监测准则。王仁东（2013）基于数据挖掘技术，通过交易金额过滤洗钱交易，构建监测模型。杜翔宇等（2015）重构了金融交易数据流动态监测的可疑金融交易识别体系，主要包括识别流程的优化及识别技术的改进。谢端纯（2010）利用因素分析法，研究了房地产领域的洗钱手段，构建了房地产可疑资金转移监测模型。宋媚等（2011）利用计算机仿真技术，提出了跨组织、多层次监测的思路。周素红和李凌（2016）指出有必要将民间借贷相关的资金流动纳入资金监测体系。Song 等（2017）利用接近度兼容性原理和契约理论，将决策支持系统（decision support system，DSS）应用于整合和分离处理信息，发现 DSS 对金融或非金融信息处理方式的改变会提高系统对风险绩效评估的有效性。滑冬玲（2019）对大数据的分析显示中国金融系统风险总体可控，金融体系较为安全，但是仍需高度关注金融科技的迅速发展、泡沫经济、金融法治体系不完善等问题带来的金融风险。宋爽等（2020）认为数字资产创新为金融业发展带来新希望，要加紧建立数字稳定币监管法规体系并推动自身数字货币解决方案的制订，在与金融手段相关的其他安全维度果断立法打击利用数字资产开展的恐怖主义融资活动。

1.3.5 关于系统性金融风险的国家金融安全体系构建研究

国家金融安全体系关系重大，随着我国金融创新的不断深入，金融市场的不确定性因素日益增多，如何构建有效的金融安全体系成为热点话题，而构建有效可行的预警系统则是第一道重要的防线。肖斌卿等（2015a）指出金融安全预警研究从预警对象看有针对金融危机及金融风险的，从预警范围看有研究特定金融机构和整个金融体系稳定性的，界定并不清晰。本书主要聚焦于关于整个金融体系稳定性及金融危机的相关研究。相关的预警方法主要有基于 VAR 模型的研究、基于宏观经济金融数据的概率 t 模型和逻辑模型、基于人工神经网络的研究等。Krkoska（2001）利用 VAR 模型进行了金融安全测度评价。Caggiano 等（2014）用早期预警系统（early warning system，EWS）研究了非洲低收入国家的系统性银行危机，提出多项 logit 方法来改善 EWS 的预测能力。Comelli（2014）比较了logit（固定效应）和 Probit EWS 对新兴市场货币危机在样本内与样本外的预测能力，发现 logit 与 Probit EWS 在样本内的预测表现非常相似，而且 EWS 的表现对估计样本的大小及对危机的定义非常敏感。人工神经网络（Nag，1999；Matilla-García and Argüello，2005）、模糊神经网络（Lin et al.，2012）等模型也被广泛应用于金融安全风险预警。肖斌卿等（2015a）利用优化的人工神经网络构建了我国金融安全预警系统，并指出与径向基神经网络等方法相比，该方法具有更好的拟合精度。肖斌卿等（2015b）利用神经网络构建了涵盖我国金融安全内部与外部各种因素的预警系统。其他相关的研究包括：杨丽荣等（2008）借助熵的概念，使用层次分析法（analytic hierarchy process，AHP）确定金融安全预警指标，并探讨如何通过对权重的调整增强其合理性和科学性。沈悦等（2009）使用改进的熵值法和 KLR 信号法，对我国金融安全进行了实证研究。张安军（2015）也利用 KLR 信号法，从先导性、免疫性与总体警情三个维度对我国金融安全进行了动态定量测算分析，在此基础上完善了国家金融安全预警指标体系。梁琪等（2018）以主成分分析（principal component analysis，PCA）方法构建了两种金融安全状态指数，分别为整体指数和分维度指数，另外，利用马尔可夫状态转换模型找出金融安全状态拐点。

2008 年国际金融危机发生后，各国都显著加强了宏观审慎监管，以宏观与微观审慎监管有机结合的方式防范系统性金融风险。随着金融创新、金融科技与金融技术的发展，分业机构监管、金融功能混业化及影子银行体系在广度和深度的扩展，我国金融安全监管体系所面临的风险挑战越来越大。Masciandaro（1999）、

Masciandaro 和 Filotto（2001）以博弈论方法得出反洗钱活动与监管之间存在反向关系的结论。李文泓（2009）指出要引入逆周期政策工具来缓解系统性风险。巴曙松等（2010）指出中国的宏观审慎监管应更多地关注政府融资、银行不良贷款等资产泡沫问题，同时应完善我国微观审慎监管体系。刘德林（2015）借鉴美国众筹融资反洗钱经验，指出众筹融资可能带来的主要洗钱模式，结合我国众筹融资状况，给出反洗钱监管的经验和启示。刘晓星（2015）基于系统视角构建了中国新型的金融监管体系。Freixas 等（2007）认为要充分考虑金融系统的全球化和风险国际溢出效应的影响，并提出了评估和实施宏观审慎政策的新框架。Bruno 等（2017）通过使用国内宏观审慎政策和资本流动管理（capital flow management，CFM）政策数据库，对 2004～2013 年 12 个亚太经济体宏观审慎政策的有效性进行了比较评估，结果表明宏观审慎政策在通过加强货币紧缩来补充货币政策，而不是采取相反方向的做法时更为成功。薛永明和王鹏飞（2017）则是考虑了反洗钱法律体系、监管架构、监管方式、监管处罚四个维度的影响因素，对比中美两国的反洗钱模式，提出了我国银行稳健经营的政策建议。王锦阳和刘锡良（2017）认为需要从监管定位、信息披露、市场数据监控等方面加强对影子银行的监管，完善宏观审慎监管政策。张萌萌和叶耀明（2017）选择用主成分分析法测度我国金融监管制度的改革进程，认为金融监管制度改革对宏观经济环境变动是有效的，但其促进作用有限，没有提升资本效率。冯普超等（2013）运用较为前沿的大数据技术研究金融风险监控系统。

　　许多相关研究结合所面临复合系统的结构功能，从协同管理理论视角入手，讨论如何基于可持续发展的期望目标对系统实现有效管理，产生协同效应。Hart 和 Estrin（1990）提出了基于问题的信息系统协同设计模型。在分业经营背景下，Merton 和 Bodie（1993）提出了功能性监管的金融监管协调模式。潘开灵等（2007）提出了管理协同机制的过程模型，同时提出要素属性之间的匹配性或互补性所产生的相互作用的强相互关系是协同倍增本质的观点。李冬等（2013）在考虑协同理论和跟踪审计理论的基础上，构建了现实思维层面上的跟踪审计目标体系。刘超和陈彦（2013）利用所构建的协同度模型对我国金融监管系统中的三个监管子系统进行了实证分析。王淑慧等（2014）依据协同理论，针对信托公司提出了"净资本-经济资本"双重资本监管模型。Or 和 Aranda-Jan（2017）从动态视角监测了国家和非国家行为体在金融危机后协同治理中的能动作用，研究结果显示金融危机治理不存在最佳治理模式，因为它是动态之中的混合产物。Bodin 等（2017）通过构建协同管理网络发现，密集的协作结构提高了网络的整体性。

　　综上所述，基于系统性风险研究国家金融安全具有十分重要的现实意义。现有研究中学界对部分问题已经达成共识。例如，国家金融安全应从战略高度把握，新时代背景下国家金融安全维护面临很多新挑战，需进一步完善监控体系的构建。但与此同时，学界在一些问题上仍然存在分歧与争议。例如，新时代背景下我国金融安全的系统演化研究，如何实现基于"反洗钱、反恐怖融资、反逃税"的资金网络安全测度，如何构建大国博弈背景下金融安全反制策略系统等。另外，随着金融科技发展，社会个体之间的联系越发复杂紧密，由此，系统性金融风险的相关影响应得到充分重视。因此，立足系统性金融风险，全面准确认识国家金融安全所面临问题，分析把握国家金融安全状态的动态机制，构建有效的国家金融安全体系无疑具有非常重要的理论现实意义。

第一篇 国家金融安全的演化机理研究

货币信用是现代市场经济的核心要素,金融安全是国家安全的重要组成部分。本篇首先阐释了国家金融安全的理论基础,然后从信用货币、网络结构关联和货币政策三个维度系统研究了国家金融安全的演化机理,包括第 2~5 章。第 2 章分析了金融安全的演进及其内涵,阐释了金融安全监控的相关理论研究;第 3 章从货币表现形式、货币信用性质和货币信用创造规模三方面分析了货币信用对金融安全的影响机制;第 4 章基于金融市场的视角,探究国家金融安全的网络结构演化机理,建立了我国金融市场间的网络结构模型,使用最小生成树、t-Copula 方法对我国金融市场间的金融安全风险传导渠道进行实证分析,发现线性和尾部相关性网络的中心化程度均随着时间推移变大,网络中介节点的作用在不断被削弱,整体网络的金融安全风险连通性在提高;第 5 章基于RSGVAR 模型和关联网络方法,测度并比较分析了 G20 国家在 2016~2020 年各金融子市场压力溢出的时变特征,并在此基础上研究了货币政策因素对各金融子市场压力溢出的长短期影响。

第 2 章 国家金融安全的理论基础

随着金融科技和金融业态的飞速发展，大量资金跨行业、跨市场、跨国流动，游离于实体经济之外，引发一系列的金融问题。习近平强调，"金融安全是国家安全的重要组成部分，是经济平稳健康发展的重要基础"[①]。随着国家金融安全的理论和实践研究的不断发展，形成了金融安全演进、金融安全内涵和金融安全监控的理论框架。国家金融安全理论和实践研究的发展为一国金融安全监控和管理系统的完善奠定了坚实的基础。

2.1 金融安全演进

西方国家对于金融安全并没有统一的定义，而与之相关的概念有金融稳定、金融危机、金融风险等。较为经典的金融风险概念是由费雪提出的，他在《繁荣与萧条》一书中指出，在金融风险爆发时刻，积压的债务及通货紧缩往往会并发，从而最终摧毁整个金融体系。Minsky（1992）基于费雪的理论提出了金融脆弱性概念，指出银行系统资产与负债的天然不对称为其带来天然的脆弱性，这种脆弱性与银行危机及经济周期性三者有着内在关联。日本 1980 年发布的《国家综合安全报告》中首次提出国家经济安全一词。随着金融行业的体量和影响力日趋扩大，在 2008 年金融危机之后，世界上主要国家都开始重视保障金融安全。

改革开放以后，金融行业逐渐发展和壮大，关于金融安全的定义也处于不断的演进之中。例如，王斌和方晨曦（2012）将金融安全定义为一国的金融体系具有抵御和化解来自内外部的各种风险，从而保持国内外经济与社会秩序稳定运行的能力。杨涛（2016）从金融机构、金融市场、金融产品、支付清算基础设施、征信体系与金融信息、金融软硬件设施等不同层面具体分析在开放条件下，我国金融安全所面临的可能问题，并指出涉外金融安全管理是开放视角下构建

---

① 习近平：金融活经济活 金融稳经济稳. http://www.xinhuanet.com/politics/2017-04/26/c_1120879349.htm [2017-04-26].

高效金融安全保障机制的核心内容之一。刘晓星（2017a）认为在金融安全的背后是大国博弈和国家利益，是对一个国家资源配置效率和风险防控能力的考验，他指出应树立整体金融安全观，维护国家核心价值；认清金融安全问题，坚持金融安全底线思维；统筹金融监管，维护金融秩序；加强金融机构内控制度建设，构建全面风险管理体系；拓宽实体经济融资渠道，夯实金融安全基础；借鉴国际经验，建立健全我国金融安全审查机制；坚持金融科技创新，保障金融服务稳定。

国内关于金融安全的数量分析大多集中在金融安全指标体系构建方面。例如，刘锡良（2004）使用因子分析法，针对中国1991～2001年的金融安全状态使用了16个金融经济的指标来衡量，得出中国金融安全指数走势图。此后，汪祖杰和吴江（2006）引入国际冲击视角，从影响国家金融安全水平的内外因素中选定了金融安全指标。罗慧英和南旭光（2007）基于突变理论，运用金融安全非线性综合评价模型测量了中国1993～2005年的国家金融安全情况。汤凌霄（2010）基于微观机构、中观行业和宏观环境三个层面，从银行市场、股票价格泡沫、国际市场冲击及宏观经济波动等多个角度，构建了包含4个子系统16个指标的中国金融安全预警指标评价体系。随着影响国家金融安全的因素范围扩大，以何德旭和娄峰（2012）与顾海兵等（2012）为代表的研究者，在总结前人研究的基础上，扩大了指标选取范围。何德旭和娄峰（2012）将来自国外对国内的冲击也加入到整个宏微观金融安全风险体系内，并且在四个维度上选择了多个指标数据集勾勒出1985～2011年的中国金融安全指数，其中大量使用了基本成分分析和自我评估方法；顾海兵等（2012）则在以往研究的基础上，加入了微观金融、中介风险和国际市场金融风险，构建中国金融安全管理体系，通过层次分析法得出1995～2009年的中国金融安全指数体系。郭娜等（2018）在构建金融指数的基础上，使用MS-VAR模型对不同时期中国的金融安全状态进行了识别，结果表明，2007～2008年我国金融安全情况较差，2009～2015年我国金融安全水平中等，2016年以后中国金融安全状态较好。除了指数构建外，基于金融市场风险的视角来分析金融安全的研究也逐渐增多。例如，朱孟楠和段洪俊（2019）利用非参数方法估计了时变Copula模型，并结合主权债交易价差估计方法对债券市场流动性及其世界不同市场之间的流动性风险的相关性进行检验，表明了对世界主要主权债市场来说，流动性风险的相关性在各个主权债市场内具有一定的稳定性和周期性特点，但各个国际市场的流动性风险相对独立。

此外，随着金融科技的发展，其衍生的风险效应也被纳入金融安全的分析范畴。例如，陈菲（2016）结合美国等发达国家的相关经验，指出大数据在国家安全治理中的应用，包括对传统安全及非传统安全的讨论，并给出对中国相应的启示。赵莹（2020）围绕法定数字货币的法定性做了诠释，并基于积极维护金融安全、促进金融创新、发展监管科技等原则，提出了有效监管法定数字货币风险的应对措施。

2.2　金融安全内涵

在国家金融安全观内涵方面，王元龙（1998）认为金融安全的范畴包含了多个层次，与国内外货币流通及社会信用相关的经济行为体现了金融安全的内涵。同时，不仅是国内融资活动的安全，一国国际收支和资本流动的各个方面也都属于金融安全的范畴，该国资本流动的稳定性和脆弱性直接影响着经济安全。

郑通汉（1999）将金融安全定义为一国金融市场体系遭受内部及外部因素破坏和威胁的抵御危机能力。梁勇（1999）认为金融安全是一种对本国核心金融价值的维护，而核心金融价值就是金融核心价值、国家核心价值及国际核心价值的统一：金融核心价值代表一国国内金融秩序的稳定和金融市场的健康运行；国家核心价值代表除了金融系统外的其他系统如政治体系和军事体系，一国应对金融影响因素的能力；国际核心价值代表外来冲击对本国金融体系带来冲击时，避免金融财富外流，维护内部稳定的能力。这些价值能力都包含两个层次的含义：金融核心价值维护的实际能力及对此能力的信心。卢文刚（2003）研究认为国家金融安全这种维持金融体系基本正常运行的状态，可以反过来帮助一国抵御内外的威胁和冲击，保持金融制度弹性和金融体系的稳定性，同时使一国获得金融体系以外的政治、军事、经济的安全感。贺力平（2007）认为金融安全主要指当某些外来冲击、政策应对失误使一国金融体系的基本功能出现丧失或紊乱时，能保证个别金融机构的危机在短时间内难以传导到整个金融体系使整个国家面临爆发金融危机风险的能力。

在国家金融安全的系统构成方面，李翀（2000）认为，国家金融风险并非简单描述为一国的主权信用风险、利率风险和汇率风险等微观金融风险，而是包括了整个国家所面临的系统性金融危机的风险在内的所有金融安全风险，究其原因是国际上追求自由资本市场和资本流动所带来的大国市场体系的迅速膨胀。而刘锡良等（2012）认为，可以从宏观、中观和微观三个层次来分析金融安全体系，其分类依据是国家金融安全主体的金融职能不同。这种分类方法从侧面定义金融资产、金融机构及金融发展的层次与角度。时吴华（2015）研究认为金融影响涉及政治安全、公共安全、国防安全、金融安全和网络安全等多个方面，共同构成了国家金融安全。

在系统性金融风险和国家安全的关联方面，严海波（2018）指出，为追求超额利润，短期国际资本在资本流动管制较为开放的发展中国家迅速流通，快出快进，这使发展中国家的金融市场和监管体系疲于应付从而对其产生剧烈冲击，甚至爆发全面金融危机。1997 年东南亚金融危机之后，发展中国家严格限制了由国际资本流动造成的本国金融脆弱性的增长。而中国在那场危机中得以保全，正是因为当时中国严格的控制资本流动政策。能够有效防范系统性金融风险的主要原因是金融服务于实体经济，胡伟（2017）指出 2007~2008 年国际金融危机恰恰证明了一些国家脱离实体经济的"自给自足"式金融产业潜在的极大危机；在这些国家，本国金融体系的发展不仅没有将利润输送到实体经济，还完全成为展现贪婪人性的逐利工具，并最终蔓延到整个经济体系，爆发了自身的危机。郭娜等（2020）用随机波动率时变向量自回归（stochastic volatility time-varying parameter vector autoregressive，SV-TVP-VAR）模型对中国系统性金融风险指数进行测度分析，发现国内外货币政策对系统性金融风险存在显著影响。戴淑庚和余博（2020）利用 TVP-FAVAR 模型在七个维度中构建中国系统性金融风险指数，在理论分析的基础上得出了资本账户自由开放对系统性金融风险的时变影响特征，并提出应该逐步分层次推动资本账户开放，为防范系统性金融风险，还应同时加强对短期资本流动的审慎管理。从当前的实践来看，宏观审慎监管是防范系统性金融风险、保障金融安全的重要手段（苗文龙和闫娟娟，2020）。

2.3　金融安全监控

伴随着金融危机而来的是学术界对金融危机的监测、预警和管控研究的重视，国外的相关研究开始较早。Abiad（2003）基于体制转换的模型分析了亚洲金融危机期间受影响最显著的五个国家，结果显示，在预警准确度方面，体制转换模型较为理想，符合要求。Davis 和 Karim（2008）利用模型结果分析出定性相依变量模型能更好地防控全球范围内的金融风险，以及针对单个国家金融系统的预警，使用非参数信号模型效果较符合要求。Cardarelli 等（2009）采用构建金融压力指数的方法，涵盖了银行市场、债券市场、股票市场、汇率市场等多个市场，分析了 17 个国家的金融压力指数走势。Gramlich 等（2010）基于前人经典模型的成果，用压力测试的方法对系统金融风险进行衡量，根据金融系统的具体风险数值反映金融危机发生的概率。除了金融市场的视角外，Delas 等（2015）从企业金融角度出发，认为企业的财务安全是国家安全的重要组成部分之一，各国需要不断地控制企业的财务状况，以避免财务危机和随之而来的破产。需要积极地对企业财务进行金融安全评估，了解其评估的方法和指标、影响金融安全的因素及金融安全的水平。Scheubel 和 Stracca（2019）则提供了用来评价金融安全的数据库，该数据库为涵盖了 1960 年到 2014 年 150 多个国家的全球金融安全网（global financial safety net，GFSN）（涵盖外汇储备、IMF 融资、中央银行互换额度和区域融资安排四个方面）的综合数据库。

虽然中国的金融市场发展起步较晚，但对金融风险监控的研究同样是热点。郑振龙（1998）主要研究金融安全的预警系统，在 1970 年到 1996 年发生的多次货币市场危机和银行市场危机的基础上，构建了符合货币市场和银行市场的预警系统，研究结果表明，预警系统分别提前 15 个月和 7 个月发出货币市场与银行市场的预警信号。刘志强（1999）根据国内当时实际情况建立了包含金融中介机构的资产质量、机构经营情况的稳健性、银行机构的信贷增长、利率波动和汇率指数波动等因素的金融危机预警指标体系。冯芸和吴冲锋（2002）采用综合指标的方法，并借鉴了新的多时标预警流程，将时间划分为短、中、长三个期间，利用 1997 年亚洲金融危机来论证模型，结果表明，该多时标预警流程具有准确预警的功能。徐道宣和石璋铭（2007）在世界金融危机前，根据我国金融经济体系实际情况完善了 KLR 模型，并将其应用于我国货币金融体系进行实证研究，结果表明，我国金融经济体系存在一定概率发生金融危机，具有一定的前瞻性。

2007～2008 年全球金融危机后，面对人民币国际化的需求，有关金融风险预警和管控的研究进一步深化。例如，沈悦等（2013）分析了金融风险在人民币国际化过程中的传染机制，并基于此构建出金融安全预警体系。贾晓俊和李孟刚（2015）利用主成分分析法制作出国家金融安全整体指数，指数走势图对 2005 年 1 月到 2014 年 3 月的中国金融安全情况进行分析，并提出了金融安全风险防控政策建议。黄琪轩（2016）从资本项目自由化角度来思考中国的金融安全防护，在"三元悖论"的基础上，分析了面对亚洲金融危机五个国家不同的政策效率效果后，总结得出采用固定的汇率制度和独立的货币政策可以更好地维护中国金融安全。罗素梅等（2017）以金融安全与国家利益为视角，围绕外汇储备的细分、安全第一原则构建模型分析测算出符合国家金融安全的外汇储备数值，并提出管理部门更应着重于提高外汇储备的使用效率。张发林和张巍（2018）从国际货币体系角度出发思考我国金融安全风险防控思路，他们认为国际货币体系改革存在"均衡困境"，我国在后金融危机时代面临非安全的金融环境。滑冬玲（2019）从新时代的金融安全观的角度，利用模型数据得出我国金融风险可控的结论，同时针对影响中国金融安全的多种因素提出防控建议。除了管理的视角，还有学者从法律的视角对金融安全管控提出建议，如武长海（2020）建议实行"国家金融安全审查制度",我国应当借鉴美英等国际主要发达经济体的经验,以法律和规范确定金融安全审查的范围,在我国监管系统中设立独立的金融安全审查机构,重点审查关键基础设施、关键技术和金融数据安全,以强化一国应对危机和危机事后处理的能力。

第3章　国家金融安全的货币演化机理研究

货币是金融运行的命脉，而金融安全是国家安全的重要组成部分。随着货币形式的演变，货币创造和信用创造的规模不断扩大，深刻改变了社会的金融结构和经济效率，进而对金融安全产生重大影响。主流经济学对货币、信用及其与宏观经济关系的认识在经历了一个长期的历程后，大多认为货币中性的作用只在于降低市场交易成本从而最大化个人收益，即货币和信用只是覆盖在宏观经济上的一层面纱（刘磊，2019）。但经历了2008年全球金融危机后，经济学家目睹了信用膨胀催生的资产泡沫和信用收缩造成的债务危机对宏观经济的重要影响，开始监测货币和信用的关键指标以测度系统性金融风险（殷剑峰，2018）。事实上，通过对比1929年经济大萧条、1971年布雷顿森林体系崩溃与2008年全球金融危机，可以发现，货币和信用创造对实体经济的支撑及对宏观经济的影响已经被忽略得太久。

中华民族从站起来、富起来到强起来的崛起是合乎历史发展逻辑的必然，中国的崛起必须动员一切可以利用的战略资源，其中，金融资源是重要的国家战略资源，因此，维护金融安全是一件战略性、根本性的大事。从金融核心价值的角度来说，凡是与货币和信用相关的经济活动都属于金融安全范畴。纵观中国历史，货币信用与金融安全息息相关。从宋朝"关子行，物价翔踊"、明朝"银不足耳"再到国民党政府统治时期的"金圆券改革"，货币不稳定会造成货币信用下降，社会生产混乱，甚至从金融危机演变为政权更迭。1949年新中国成立标志着中国的金融制度进入了由政府高度控制和垄断的阶段（马长林，2008）。改革开放后，所有制结构发生了巨大变化，但金融业市场化改革却相对滞后，货币政策体系仍处于形成和完善过程中。

在国际社会中，以金融手段谋取国家利益最大化的情况广泛存在，其中最典型的例子就是美国。美国以军事力量支撑美元的全球控制力，从而实现对全球贸易流通中绝大部分关键节点的控制。对于国家安全而言，如何实现核心价值安全、军事国防安全、政治社会安全、经济金融安全、科学技术安全、生态资源安全这六个方面的国家利益最大化是与金融的本质相契合的。金融可以通过资金融通的方式为这六个方面提供有力支持。金融还可以通过金融制裁、提高融资成本、冻结资金、反洗钱等方式主动出击。

　　与西方发达国家"利率—资产—信贷—汇率"货币传导机制不同,我国在改革开放初期从国情现实出发,通过调控信贷规模落实货币政策取向,充分发挥银行信用创造货币的功能(王国刚,2019)。这一机制的优势在于容易聚集和动员社会资源,以金融为工具贯彻国家意志,体现以金融服务实体、以金融造福百姓的价值观。随着我国社会经济进入高质量增长模式,原本被高速增长掩盖的结构性矛盾逐渐暴露,货币政策有效性对维护金融安全更为重要,我国货币政策传导机制也逐步向利率、资产和汇率等扩展。目前,我国正处于国内外风险挑战明显上升的复杂局面,美国在全球范围内发起的贸易战对我国的金融安全产生挑战。美国在金融人才体系、法律制度、多元市场方面都具有较大的优势,以美元霸权向全球征收铸币税。因此,我国必须坚持中国特色的金融价值观,保持币值稳定,维护金融安全,确保不发生系统性金融风险。

3.1　货币不同表现形式对金融安全的影响

　　从信用视角看货币职能,经济学家有信用媒介论和信用创造论两种观点(刘成,2017)。前者以约翰·穆勒为代表,认为信用不能无中生有地创造财富,而只能转移现有的沉淀资本,促进资源的分配利用;后者则以德国学者哈恩为代表,认为信用的扩张可以促进资本的形成和生产的扩大。二者的共识是信用能够节约流通费用,加快货币流动。二者的区别在于信用媒介论认为真正的货币只能是贵金属,贵金属以外发挥作用的只是货币的替代物;而信用创造论认为无论货币的形态如何,其本质是可以流转的债权债务关系,能被人们接受的都是货币。本章讨论的信用创造,是将符合共识规则的类货币的高流动性金融资产全部看作货币(M)的构成,并以此为基础增加实体经济货币资金供应的信用总量的过程(姚前,2018)。

　　从信用创造角度看,货币形态经历了从贵金属货币阶段向不兑现信用货币阶段逐渐演变的过程,货币的信用创造能力、规模和影响范围不断改变。近年来,信息技术的发展又在催生新的货币形态,各类私人数字货币活跃于全球交易市场,我国中央银行也从2014年起开始前瞻性地研究发行主权数字货币。在未来的数字货币阶段,货币信用创造又将产生新的变化。

3.1.1 贵金属货币阶段

古典学派的货币创造理论坚持货币外生，货币供应量受到黄金存量和开采量等客观因素限制，发行银行券的数量同样需要挂钩黄金；而制度学派则认为，货币是天生的债务，货币性质与其自身材质和使用价值无关。贵金属的稀缺性使其很难被伪造，因而是最好的记账载体。人类社会如何发展至贵金属货币阶段不在本章的讨论范围之内，但可以发现这两种观点都认可贵金属货币的存在对应生活中实际存在的价值——商品的价值或债权债务的价值。这种一一对应的关系使贵金属货币本身就具有信用的基础，即可以给予人类个体信任和安全感。

以流通中的实际货币总量划分信用创造能力，贵金属货币阶段可以分为三个时期。

第一个时期是完全的贵金属货币制度，此时 M0 即为贵金属量，流通中只有贵金属发挥货币的作用，人们买卖东西、缴纳税费、支付债务等都需要直接使用金币，在观念中和实际中都不接受其他东西作为货币。在完全的贵金属流通情况下，信用创造不会发生，这时候信用的发生只能转移购买力而不能增加购买力，只能转移货币而不能创造货币。货币供应量取决于贵金属数量，实际流通的货币就是贵金属数量去掉发挥储藏作用的贵金属货币。此时，既没有发生信用创造，人们也没有创造信用的意识。

第二个时期类似于后来的 100%的发行准备金阶段，银行券等替代品出现，此时 M0 为银行券加贵金属，但被社会认可的货币仍然只有贵金属。一家银行要进行经营和信用创造，必须先拥有贵金属货币作为兑现的保证金，银行信用的创造需要以完全等值的实物商品货币为基础和依托。此时，信用的发生只是间接地补充了货币，提高了货币的流通速度。但此时一个需要重视的重大改变是人们可以不再使用贵金属作为交易和支付中介，而采用一个有信誉的人或机构的债务凭证作为交易和支付中介。尽管只是贵金属偶尔的替身，银行券的出现为货币制度的进一步发展提供了技术基础。

第三个时期是贵金属货币阶段与不兑现信用货币阶段的过渡时期，实际货币总量上升为 M1，即 M0 加活期存款。在这个阶段，铸币仍是主要的货币形式，但具有现代意义的银行开始出现，银行通过贷款活动发放代金券，为实体经济注入了新的类货币金融资产。具体来说，因为流通中不必使用金币，银行发放贷款时只需开出银行券而不必从库房中拿出同等数量的金币。长期经营后，银行发现存户不会一起取出金币，库房中总有一部分金币常年不动。因此，银行可以将这部分金币作为基础发放贷款，银行券的发行数量可以超过库房中金币的总数。只要银行对未来向客户兑现有足够的保证，就会不断地向新的需要资金的人发放贷款，并相应增加银行券或存款。

可以说，信用创造是以特定的资产为基础，按照一定的倍数创造出与基础资产一样发挥货币功能的信用工具。从金融运行的角度看，信用货币流通一旦出现，作为其发行基础的那部分贵金属货币实际上就退出了流通。银行贷款的规模就是其新增的货币供应量的规模，在这个时期，银行是信用的唯一供应者，因此，这时的社会融资总额就等于银行贷款总额。随后，中央银行制度建立，即中央银行发行的银行券被认可为货币的自然组成部分。当中央银行作为专门的发行银行后，银行券的发行和创造与存款的创造分离开来，流通中的贵金属被集中于中央银行成为货币发行的基础和币值稳定的保证，即货币的锚。即使在货币信用时代，贵金属的稀少特性仍使其扮演信用货币的"压舱石"角色，但这同时也制约了货币功能的发挥，即信用创造规模无法匹配经济运行的现实需要，导致经济通缩。这一内在矛盾间接导致了 20 世纪 70 年代布雷顿森林体系的完全崩溃，从那时起，贵金属与货币体系在世界范围内失去了最后的联系，世界各国货币真正成为不兑现法币（fiat money）。

3.1.2　信用货币阶段

在任何一个静态的时点，整个社会的财富和货币的数量是对应的。但随着纸币逐渐脱离贵金属成为纯信用货币，这既使货币政策操作成为可能，又说明经济循环运转的过程中新创造出的货币没有对应的储蓄，具有不确定性。在信用货币阶段，货币已经与商品价值脱钩，成为由信用与清算构成的一套体系。这一理论符合历史和现实的证据。从历史人类学的角度来看，太平洋雅浦岛的费币（Fei）就是对信用的一种有形记录。从现实情况来看，截至 2020 年 6 月，我国人民币发行量（M2）总量为 213.49 万亿元，其中流通中的现金（M0）是 7.95 万亿元，即作为各类银行账户中各类存款的中国记账货币，已超过 96%，这一比例在美国和英国也分别达到了 90% 和 97%。

现代经济是信用经济，所有的货币都是通过信用关系创造的，一种金融工具只要用于支付并具有普遍接受性就可以成为货币，货币与其他金融产品之间的区别是一个模糊地带。信用不仅表现为银行贷款，还可以是其他非银行金融机构和非金融部门持有或发行的债券、证券化产品等资产。信用创造的矛盾在于，在实物货币制度下，信用与货币是分开的，货币仅仅是信用的载体，信用行为本身不能创造货币，不能改变货币量。但随着经济发展对流动性的需求提高，不足值的实物货币及银行券等高流动性资产在观念中被逐步认同为货币，随即刚刚建立的货币范畴就面临新的货币替代品的产生，这就导致中央银行总是无法完全控制信用创造，货币政策的有效性会随着时间弱化。

在完全的信用货币制度下，商业银行信用不再以贵金属为保证，而是以中央银行的国家信用作为依托，即货币作为一种符号，其价值源于政府权威，而非自身价值。现代货币理论（modern money theory，MMT）、贷款创造存款理论等大多采用金字塔形结构，它们将信用创造分为三个层次。第一层是中央银行发行的基础货币，中央银行可以通过货币政策工具调控广义货币创造。第二层是商业银行的广义货币创造。在信用货币制度下，商业银行通过贷款、证券净投资等方式"凭空"创造货币信用。外汇占款、政府支出及其他项目，也构成广义货币的组成部分。银行作为以营利为目的的企业，在拥有国家信用背书后可以创造成为公共品的货币，这一天然矛盾导致银行有过度创造货币的倾向。在货币供应理论盛行的高峰期，各国中央银行从未实现过事先宣布的货币供应量目标，这一事实也证明在商业银行存款日益成为货币主要组成部分的情况下，货币监管部门对货币总量的控制能力越来越弱（贵斌威，2014）。商业银行道德风险和弱化的中央银行控制力最终导致金融风险上升，引发金融危机。第三层是金融机构和实体经济的信用创造。商业银行的融资行为以货币创造达到信用创造效果，而非银行金融机构和民间融资以货币转移实现信用创造。通常来说，一国的金融结构影响其信用创造的主要方式，金融监管体系也会影响金融机构和实体经济的信用创造行为。2008 年金融危机后，《巴塞尔协议Ⅲ》对银行监管提出了更高要求，这就促使商业银行以非银行金融机构业务为通道从事监管以外的信用创造，使得金融市场中的信用创造规模逐渐脱离监管，对金融安全提出挑战。

3.1.3　数字货币的发展趋势

自 2008 年中本聪提出比特币设想后，私人数字货币的支持者认为这是一场对抗全球货币监管部门不断量化宽松（quantitative easing，QE）造成的通货膨胀和货币幻觉的货币革命，可以使哈耶克提出的"货币的非国家化"成为现实。但比特币价格的大幅波动使其无法行使货币的价值尺度职能，大部分投资者将其作为投资品而非货币。随后泰达币（Tether USD，USDT）等稳定币出现，采用中心化资产抵押发行方式，宣称每发行 1 枚 USDT 都会将 1 美元存于银行，以此保证稳定币锚定法币并围绕其价格小幅波动（刘瑾，2019）。然而，由于缺乏必要的监管和信息披露制度，USDT 的发行机制已逐渐受到公众质疑。

IMF 将数字货币定义为价值的数字表达。如果我们认同货币的本质是一种债务关系，再考虑到以非实物形态存在的信贷关系远早于贵金属货币出现，货币的电子化和数字化便颇有"返璞归真"之意。然而，从共识货币被大规模群体接受的角度来看，在贵金属货币阶段，贵金属本身具有的稀缺性使铸币税为零；信用货币阶段，中央银行代替公众取得铸币税，并最终通过公众财政渠道使社会公众共享。因此，这两种货币形态都能够被大规模群体接受，被确立为货币制度，并开展信用创造活动以支撑实体经济发展。然而，目前受到投资市场追捧的私人发行的数字货币无法满足大规模群体的一致同意规则，因为它既无稀缺性（任何私人机构都可发行），也无法像法定货币一样实现成员间的均等利益共享（区块链的分叉造成利益不平等）。随着群体规模扩大及交易笔数增加，私人数字货币需要解决内存爆满、交易延迟、平均交易手续费不断上升等问题。

私人发行加密货币的热潮意味着公众对算法信用的接受，其倡导的价值的点对点转移是去中心化的典型要求。但法定货币需要明确的中心化和组织与稳定的币值，因此，以国家信用为担保的法定数字货币更能得到法律的保障。2019 年 6 月，脸书（Facebook）发布数字货币 Libra 白皮书，全球中央银行开始积极研发各自的数字货币。中国人民银行从 2014 年开始研究数字货币的发行模式，从大量技术进展、开放的应用环境和公众对无现金支付的适应程度来看，中国人民银行可能成为首个发行数字货币的中央银行。

中国中央银行数字货币（digital currency electronic payment，DCEP）的主要功能是作为具有价值特征的数字支付工具。使用数字货币的直观体验和目前大众熟悉的支付工具差别不大，其优势在于拥有中央银行背书，且点对点支付模式可以在网络不佳的地方实现支付，因此，数字货币被广泛接受后可能会对支付机构形成冲击。为有效降低对市场的不利影响，中国中央银行准备以双层运营体系发行和推广数字货币，先由中央银行按照百分之百准备金制将数字货币兑换给商业银行，再由商业银行与公众对接。双层运营体系更适合中国复杂的金融货币运行环境和新时代的金融安全要求。由各商业银行基于各自业务发展状况适时调整数字货币的运营，可以及时进行风险隔离，控制风险范围，最小化市场风险；各商业银行将在中央银行预设轨道上充分竞争，保证数字货币发展方向符合中央银行预期和社会需要，并充分防范可能发生的系统性风险。

需要注意的是，根据目前公布的方案，中国的数字货币将重点替代 M0，本质上是一种新型的中央银行负债，具有无限法偿性。从信用创造来看，中央银行数字货币将保持纸钞的货币属性和主要价值特征，保障现有货币体系中债务债权关系的纯粹性，不会对现有银行货币体系带来重大冲击。之所以不替代 M1 和 M2，是因为基于商业银行账户体系的 M1 和 M2 已经实现了电子化与数字化，用数字货币对 M1 和 M2 进行替代，一方面会浪费现有电子资源，另一方面也不保证支付效率提升。基于商业银行账户体系的关联本质，中央银行数字货币的投放需要考虑到影响商业存款信用扩张和货币乘数效应的因素，避免扰乱现有货币体系的正常运行。

放眼世界主要经济体对数字货币的关注，欧盟将比特币定义为经济性财产，在重视其运用的同时关注反洗钱和逃税风险。德国 2019 年发布区块链战略，认为比特币为德国发展通证经济（token economy）提供了一个前景甚好的起点，并强调要在技术运用过程中扩大德国的领先地位，建立德国及欧洲的数字主权。Libra 的野心在于先让全球至少 3 亿用户养成使用数字货币的习惯，获取全球 5% 人口的货币共识，随后开展借贷业务，从而在事实上拥有货币乘数工具，其从本质上不会受任何一个有强大信用货币体系的国家欢迎。货币具有极强的网络外部性，一旦某种境外数字货币成为主流，将会限制主权国家的中央银行货币政策，从本国货币向境外数字货币的迁移类似货币的美元化过程。种种迹象表明，未来金融市场，在数字货币领域，尤其是在数字货币的交易和支付市场，国家级别的竞争将不可避免。因此，我国应适应数字经济的时代需求，将法定数字货币的研发引向深入，谋取人民币在数字货币时代的战略地位。

3.2　货币不同信用性质对金融安全的影响

货币的阶级性随着社会制度的改变而改变。从秦兼并六国统一币制开始，封建社会重视的是集中铸币，从而把握国家经济，保证统治；在资本主义社会中，货币是向一切劳动者征收贡物的凭证；而在社会主义社会中，货币是工人阶级手中用来建设社会主义的工具。基于皇权、资本主义和社会主义的不同国家性质，货币分别服务于个人、资本和社会，展现出不同的信用性质，对金融安全的影响也有所区别。

3.2.1　基于皇权的货币信用

在皇权社会，货币的信用性质服务于封建统治者个人。我国的青铜器时代，铲币、刀币、圆形方孔钱等陆续出现，多国分裂的状态也就诞生了无数种钱币的形态，直到秦始皇时期才陆续被统一。汉武帝在位期间，虽然货币已经统一，然而铸币权又分落中央和地方。因此，公元前 113 年左右，汉武帝回收所有地方造币权，集中于中央。通过确定货币的品名（五铢钱）、品质、式样等，将铸币权收归国有、高度集中，并以法令方式保护货币的流通使用，以严峻法令禁止铸造私币，国家规制化货币从此诞生。

皇权时代的国家规制化货币以贵金属货币为主。虽然在封建社会后期也出现了交子、银票等类似纸币形态的货币，但此时的纸币只是贵金属货币日常流通的替代物，属于贵金属货币的纸币（王永利，2017）。按照前文分析，此时属于贵金属货币的第二阶段，信用创造尚未发生，货币总量不仅受限于自然资源，还受到封建朝廷指令对市场需求缓慢响应的负面影响。当统治者为一己私利或穷兵黩武导致财政收入紧张时，可能会主动选择铸币减重、铸造大面额货币和掺杂低值原料，严重破坏货币信誉，使百姓在使用货币进行交易的过程中不断提高货币数量，造成严重的通货膨胀甚至经济动荡，蔓延至整个社会，最终导致大量平民无法购买生活必需品，百姓民不聊生，最终揭竿而起。皇权时代的货币信用缺失使封建社会统治者缺乏有效工具调节货币投放量，统治者个人的决定可以从根本上影响整个社会流通的货币，导致金融安全极不稳定，也极容易导致全社会的经济混乱。在中国历史上，封建王朝末期的民生凋敝、政治混乱和社会动荡通常都伴随着严重的经济通货膨胀。

3.2.2　基于资本主义的货币信用

在资本主义社会中，货币的信用性质服务于资本的诉求。资本主义国家的运行类似一个公司，其运转和经营目标是股东，即财阀的利益最大化。在资本主义社会中，由于制定货币政策的官员和政治家追求个人利益，而非以社会利益最大化为目标，其制定的政策将不可避免地受到政治斗争和财阀势力的影响。中央银行体现着国家属性，其所谓的独立性是有限的。在以信用为基础的金融体系中，产业资本与金融资本主要通过银行融资进行关联，如日本的产业资本和金融资本同属一个企业集团。在以资本市场为基础的金融体系中，产业资本与金融资本间的利益关系清晰，主要通过债券和股票市场融资。国家货币政策不是纯粹的经济问题，中央银行在应对危机时所选择的货币政策往往体现着阶级斗争的结果，是国家性质的具体反映（王婷等，2018）。

以美国为例，20 世纪 80 年代后，美国总统里根和美国联邦储备局（以下简称美联储）主席沃尔克共同主导了"里根大循环"，即以金融资本主义主宰全球化经济秩序，金融繁荣与实业凋零并存，财富集中与中产空虚并存。金融资本迅速崛起，处于统治地位，产业资本占比逐渐下降；社会阶级结构由纺锤形演化为超级金字塔形，社会财富两极分化，作为社会中坚力量的中产阶级逐渐衰落，工人阶级的整体生存空间受到挤压。货币的信用创造过程大多在金融系统内空转而无法进入实体经济，逐步构成对金融安全的挑战，并最终酿成金融危机。2008 年国际金融危机前，美国收入两极分化达到历史高点，前 1%最富裕人群的收入占到全部人群收入的 18%左右，这一指标在经济平稳增长期通常低于 10%。在缺乏新的经济增长点以供其投资的情况下，高收入者将财富投资到房地产、收藏品、自然资源等稀缺品，引发资产泡沫；高收入者的行为又会影响社会的风气，带动低收入者不切实际的需求，有碍社会稳定；而金融机构为了增加收入，通过抵押信贷满足低收入者的需求，导致金融资产质量的下降和泡沫的扩张。贫富差距过大带来的心理落差容易让人们铤而走险。股票市场中有"一把梭哈"的玩笑之语，当"一夜暴富"的传奇在普通人之间口耳相传，宽松的监管政策和审批制度便会使玩笑成为现实。这些行为将会加强金融的顺周期属性，增大经济的不确定性，对金融安全造成负面影响。

3.2.3　基于社会主义的货币信用

在社会主义社会中，货币的信用性质是以人为本，服务于社会共同富裕。国家金融天然带有价值取向，据此分化成以营利为目的的商业金融和非营利性的普惠金融。商业金融是利己行为的产物，往往涉及价值判断和资源的有序分配。它推崇的是效率和激励，强调优质资源向高效领域融通，会导致强者愈强的马太效应。普惠金融则是利他的，往往体现国家和社会意志。它强调公益性，现实中多体现为政策性的开发金融工具，致力于调节贫富差距，扶持小微和弱势群体。货币信用创造作为最基础的货币工具，也体现着社会的价值观取向。事实上，好的货币信用创造应当能够提升社会经济活力，提高社会经济资源的分配效率，提升整个社会的福利水平，扩展帕累托最优边界，每个人都会从中受益。货币信用创造不应该是重新切分蛋糕的过程，而是将社会福利做大，通过跨时间、跨空间两个维度来分配社会经济资源，让每个金融参与者有更多的经济选择，让未来整个社会有更多的产品和服务，让整个社会的福利边界，即帕累托最优边界能够上升，这是金融的初心和使命。

货币信用创造的过程最终是为华尔街服务还是为整个社会服务，体现了整个社会的价值观。不得不承认，中国的金融在启蒙阶段具有一定的功利性（王巍，2019）。尽管金融为企业服务，为社会服务始终是理想目标，但 20 世纪末金融改革的初衷还是力图摆脱中央财政控制和各地政府干预，建立话语权和一定的独立空间，后来跟进的各种改革更多是满足企业股权改造、金融机构上市和与国际市场对接等现实需求，这样的改革适应了中国经济集约化高速增长的节奏，但一代金融从业者和监管者未能从容地了解金融体系对产业、企业和消费者的影响，就有可能会对全社会的金融价值取向造成负面影响。

我国正处于并将长期处于社会主义初级阶段，同时还面临百年未有之大变局。因此，中国金融应不断巩固党的执政基础，以更加充分、平衡的发展满足人民日益增长的美好生活需要。新时代的中国金融不仅要关注自身安全，还要充分发挥金融安全效应，多维度服务国家利益。通过丰富信用创造渠道、降低信用创造到达实体经济的成本，是社会对金融业的货币信用创造始终如一的要求。新时代的中国金融要体现普惠价值观，不断适应技术进步和市场竞争要求，降低金融成本，让有意愿、有能力参与金融活动的人分享金融发展果实。不忘初心，就是要求金融服务提供者、监管者把握好简单和清晰的金融服务规则，而不是用各种表面形式来阻碍信用创造渠道的畅通或提高金融成本，满足其自身的各种利益。

3.3　货币不同信用创造规模对金融安全的影响

3.3.1　货币信用创造规模过剩诱发资产泡沫

明斯基根据"收入–债务"关系划分出三种融资方式：一是对冲性（债务人的现金流足以覆盖本金+利息）；二是投机性（债务人的现金流仅足以覆盖利息，可看作短期资金为长期头寸融资）；三是庞氏融资（债务人常常面临出售资产或者借新还旧的紧迫需求）。其中，第二种与第三种需要以宽松的信贷环境、不断上涨的资产价格为可持续发展的前提条件。随着信用扩张和监管弱化，市场中的第二种和第三种融资模式占比增大，提高了爆发系统性风险的可能。

现有文献通常从宏观、中观、微观三个视角出发来划分流动性（杨雪峰，2014）。其中，宏观流动性以中央银行基础货币供应量和官方利率度量。中观流动性指金融市场流动性，即一个流动市场中参与者能够迅速大量交易且对价格影响很小。微观流动性指金融机构流动性，可用融资成本替代，因为通常来说金融机构的融资成本会在一个相对狭窄的区域内波动，如果融资成本大幅度提高，则极有可能是因为流动性出现困难。货币流动性是流动性的源头，即正常情况下中央银行是流动性的控制者。金融机构既是金融市场流动性的提供者，也是金融市场流动性的需求者，二者之间存在双向影响。

在经济发展正常时期，中央银行通常会使用常规货币政策工具，使事前准备金的需求大于供给，从而创造结构性、流动性短缺，使中央银行处于贷方的有利地位，掌握流动性管理的主动权。短暂的流动性不足也为交易者创造了获利机会，市场交易量自发增加，在提高流动性的同时实现了价格发现作用。但是，随着金融体系不断膨胀，信贷规模也逐渐扩大，市场中的流动性不断增强。在美国次贷危机发生之前，美联储为了使经济从21世纪初的互联网泡沫破裂中恢复过来，实施了长期低利率政策，这使得市场资金充裕，金融机构数量快速增加，信用体系扩张具备内在驱动。金融创新、乐观预期和监管真空等因素叠加，使新一轮信用扩张通过资产价格效应放大了流动性过剩的顺周期性。在繁荣时期，一方面，市场的乐观预期使投资品的风险溢价降低，另一方面，资产价格上升使投资收益上升，这两个因素使资产价格泡沫不断变大，吸引更多投资，从而使市场乐观预期得到证实和增强，资产价格进一步上升。

流动性过剩的另一个重要原因是金融创新产品和金融结构的变化。以银行为基础的金融中介体系逐渐转变为以资本市场为基础的金融体系。银行对资产负债表中的资产由原先的"发起—持有"策略转变为"贷款—证券化"策略。以抵押贷款为例，在"发起—持有"策略中，发起机构会谨慎对待承销风险，严格执行风控环节；但在"贷款—证券化"策略中，即使对手方违约，发起机构最多是名誉受损，其资产负债表不会受到任何影响。在这个过程中，投资者预期通过高评级债券获得高收益，银行成功将风险最高的贷款移出了账面，监管者认为公司盈利增加而借款成本减少，但没有任何一方对风险负责。

3.3.2　货币信用创造规模不足引致流动性危机

在过度的信用膨胀中，流动性可能在短期内由过剩到不足。由上述分析可知，信用扩张伴随着金融系统复杂度的增加，金融机构资产重复抵押、互持债权的情况普遍存在，因而单一事件引发的流动性缺口容易传染至多个金融机构甚至整个金融市场。第一种情况是由单一金融机构流动性危机引发的流动性危机传染。例如，当市场出现关于机构 A 基本面的不利传言，该金融机构将遭遇挤兑，随即无法从市场得到资金，同时面临提高的保证金标准和更多的抵押品要求，使得机构 A 资金基本面确实开始恶化。此时，市场也开始关注与机构 A 业务联系较多的机构，对其财务状况和清偿能力提出质疑。在挤兑时，机构 A 不得不以很低的折扣价格出售资产以应付存款提取，导致资产价格下跌，侵蚀其股本基础，导致偿付能力下降，传言发展为现实。与机构 A 业务联系较多的机构 B、机构 C、机构 D财务状况受到影响，有关其清偿能力的担忧在市场中传递。机构 A 的挤兑甚至破产使市场对交易对手风险的担心达到顶峰，资产良好的金融机构开始拒绝交易，逃离市场，由此在短期内产生流动性黑洞。第二种情况是众多金融机构在同一时点产生流动性需求引发的金融市场流动性危机。当市场中"黑天鹅"事件的不利传闻与外汇占款减少、假期现金需求、税收集中清缴等因素叠加时，可能会使得各个金融机构选择窖藏流动性，由于投资者信心下降，资金流量和流向出现迅速转变。不断透明的信息披露机制和类似的金融风险模型使羊群效应加强，市场出现流动性需求急剧上升但流动性供给以几何级数下降的情形，在短期内由流动性过剩转变为流动性不足。此时，如果作为最后贷款人的中央银行没有及时介入，市场可能会陷入长期混乱而无法从流动性危机中恢复的困境。

传统货币政策工具通常创造结构性流动性短缺，使中央银行掌握流动性管理的主动权。在危机背景下诞生的流动性便利工具则相反，其目的在于主动构建结构性流动性过剩，从而降低实体经济融资成本。大量流动性便利工具的创设从短期来看对市场有积极作用，但从中长期来看对经济的影响存在分歧（彭兴韵，2009；肖曼君和代雨杭，2017）。从信用创造的视角，流动性便利工具可在短期内支撑资产价格以避免资产负债表衰退，缓解银行部门资金紧张的局面，满足经济运行对货币资金的需要；但长期来看，过低的利率会助长风险偏好，与过剩的流动性一起助长资产价格泡沫的膨胀，推动杠杆率上升，导致新一轮危机的累积循环。另外，没有配套改革的货币宽松政策导致金融领域中出现自我循环的信用创造，进一步加剧贫富分化，出现宽货币无法传导至宽信用的现象。

3.4　新时代中国金融安全的货币信用挑战

随着我国社会经济进入高质量发展阶段，原本被高速增长掩盖的结构性矛盾逐渐暴露，从宽货币到宽信用的传导效率降低（石建勋，2017）。张杰（2019）提出，旧动能转型升级需要低成本长周期外部资金，但我国以银行为核心的间接融资型金融体系在风险管理方面较为保守，倾向于追求短期利润，使得宽松货币政策无法传导至实体部门。从我国金融结构来看，商业银行导向、政府干预为主形成的金融抑制在改革前期对经济增长有正面影响的斯蒂格利茨效应，但后期会逐渐演变为负面的麦金农效应（黄益平，2018）。随着我国由要素驱动的经济增长向创新驱动转型，政府必须同时完成职能转换，创造稳定的货币信用环境，使货币信贷投放的"量"和"度"与经济增长的客观需求相适应。金融体系的结构变化使 M2 与信用脱钩，是维护我国金融安全过程中的不稳定因素。

3.4.1　金融体系的结构性矛盾

2009 年以前，我国金融运转处于自我平衡状态，金融部门（包括中央银行、银行和非银行金融机构）只是居民部门资金净融出与企业和政府部门资金净融入的转换者；2009 年后，居民储蓄增速放缓，企业部门负债增速加快，使得我国的间接金融体系转变为需要依靠金融部门为赤字部门（企业和政府）创造越来越多的额外信用的状态。这一转变固然反映了我国金融体系开始由货币信用的转换者变为创造者，但也说明，实体经济部门的负债日益值得关注，金融体系的健康运转日益重要。对于具有新兴加转轨特征的经济体而言，经济结构性矛盾往往更加突出。

金融体系的结构性矛盾首先体现在金融资源的内部循环与外部创造上。随着非银行金融机构的不断崛起，信用创造活动本身开始发生变化，为金融机构自身提供货币等高流动性资产成了一些其他金融机构的主业。因此，就金融机构来说，资金投入实体经济领域和投入金融体系内部，形成了事实上的竞争。由于金融体系比实体经济中的套利机会更多、更容易发现和实现，金融领域内开始出现自我循环的创造，这种以投机交易为目的的信用创造已经远高于金融对实体经济创新的支持，导致金融产业出现脱实向虚的趋势。

金融体系的结构性矛盾还体现在对竞争中性原则的背离。长期以来，以大银行为主的间接融资体系和以国有控制为主的银行体系对国有企业贷款的"父爱主义"造成了国企的高负债率与投资冲动，却无法从根本上适应中小微企业和世界级先进制造业集群发展的客观要求（张杰，2019）。新产业的创新升级需要多层次直接融资型资本市场和全能型商业银行接力式的全方位外部融资，但目前的信用创造体系无法使宽松的货币政策传导至实体部门，从而阻碍了中国全要素生产率的可持续提升和经济增长的内生动力。

金融体系发展必须符合社会发展特征。我国人口结构正不断老龄化，老龄人口增多意味着更多人口需要消费以往的储蓄，劳动力减少意味着不再需要相当多与之配合的资本，因此，银行负债中最为稳定的居民存款占比不断下降，负债端呈现短期化；而投资端容易识别、回报稳定的资产业务越来越少，长期依赖"土地金融"模式的信用创造体系使资产端越来越长期化（殷剑峰，2018）。资产与负债的期限不匹配使金融部门需要承担更多责任，对金融安全提出了更高要求。

3.4.2　货币锚的实质性缺失

货币锚是指一个国家要获得稳定的货币环境，必须要有一个调整国内货币发行的参照基准。迄今为止，世界经历了两种类型的货币锚：实物锚（如贵金属）与信用锚（如美元）。黄金作为实物锚可能造成全球通货紧缩，经济大萧条结束后，各国都推出了金本位制度，使用积极的宏观政策刺激经济。布雷顿森林体系将美元规定为全球信用锚，美元供给总量与全球对锚货币的需求总量决定信用锚价值的稳定程度。因此，如果美元发行量超过了世界对储备资产的需求量，就会带来全球性的通货膨胀。布雷顿森林体系解体后，国际货币体系逐渐呈现多元化趋势，统一的国际汇率制度安排也不复存在。发达国家汇率制度走向浮动，欧洲推出欧元，成立最优货币区，美元作为全球货币信用锚的地位被欧元、日元等其他世界货币不断弱化，全球汇率制度安排中信用锚存在实质性缺失（王作功和韩壮飞，2019）。从这个角度看，2008 年全球金融危机就是国际信用本位不可持续的一个自然结果。

理想的货币锚应当具有价值稳定性，从而具有降低一国及世界贸易和金融往来中交易费用的潜力（巴曙松和杨现领，2011）。能否成为货币锚的决定因素在于货币的网络外部性，即使用的人越多，该货币锚就越有价值，由于路径依赖而无法退出。正因如此，虽然布雷顿森林体系在 20 世纪 70 年代就已经崩溃，但美元仍保持着世界范围内的霸权地位。美元在国际货币体系中的地位与美国在全球经济中享有的霸权同时存在，美元作为最主要的国际储备货币和贸易结算货币，为美国带来了巨大的经济利益，使美国可以突破制度约束和通货膨胀约束大量发行美元。因此，冷战后，美国积极向各国推行金融自由化，并推进金融全球化。在这个过程中，作为国际货币发钞国的美国，通过货币扩张来维持自己持续的繁荣，使美联储可以通过货币政策手段转移危机使风险外溢。每一轮美元强势上涨通常都伴随着新兴市场国家资金外逃、货币贬值、经济危机等问题。

3.4.3　影子银行的顺周期效应

影子银行是一个将不流动的金融资产转化为流动性资产的体系，与货币高度类似，被金融体系作为可替代货币的高流动性资产持有的金融工具，构成了影子银行体系的货币。影子银行中的机构和活动各自承担部分功能，形成一个巨大的联合体来发挥传统银行期限转换、信用转换、流动转换和杠杆化等职能。但是影子银行体系里创造的大量的高流动性信用工具并不直接形成对实体经济的资金供应，其信用创造主要是为自身创造高流动性的影子货币。对实体经济而言，影子银行的作用主要在于融通资金，尤其是提高民企和小微企业的资金可得性，从而提高资源配置效率。

影子银行的一个重要特征是始终有商业银行的参与，这一点在中国尤其突出。不少人直接将中国商业银行为规避调控而开展的表外理财等业务通称为影子银行业务。在宏观经济调控和金融监管措施不断强化的背景下，各国中央银行通过控制信贷总量和提高资本充足率要求抑制了商业银行的信贷投放行为。一方面，商业银行通过转让信贷资产和发放信托贷款将自身信贷资产转移出去，使得商业银行表内资产直接转移至表外，或将信贷资产间接转化为银行理财产品，从而提升自身资本充足率，间接突破宏观部门有关信贷总量的宏观审慎管理。另一方面，商业银行与投资银行和证券公司加强合作，对于资产负债表中的资产由原先的"发起—持有"策略转变为"贷款—证券化"策略。以抵押贷款为例，在"发起—持有"策略中，商业银行会谨慎对待承销风险，严格执行风控环节；但在"贷款—证券化"策略中，即使对手方违约，商业银行资产负债表也不会受到任何影响，因此可能会产生大量不合规的贷款。在这个过程中，银行将风险最高的贷款移出了账面，从而规避了中央银行的资本充足率要求。因此，影子银行体系中的恐慌会对传统银行业产生溢出效应，进而蔓延至整个金融体系。

顺周期和逆周期，都扩大了影子银行对货币供应的影响。我们看到，在发达国家的影子银行体系下，随着经济逐步进入繁荣周期，金融机构和实体经济的信心都明显增强，影子银行体系的信用创造机器一个个被逐步打开，越来越多的信用创造机器启动并创造流动性资产，社会流动性越来越高。对货币这个信用创造的基础资产而言，单位货币对应的高流动资产也越来越多。顺周期的阀门都被打开，资产价格上涨刺激更多的资产进行证券化，更多的资产的证券化需要更多的高流动性金融资产，最后形成倒金字塔的金融资产结构不断膨胀。那些膨胀最厉害的部分正是压垮整个金融体系的最后一根稻草。而一旦到达明斯基时刻，一切逆转过来。信心的丧失导致对流动性的囤积，流动性的囤积导致资产价格的下降，资产价格的下降导致更多的流动性的"兑现"，形成资产追逐货币的高潮。2008年全球金融危机蔓延如此之快，其中部分原因便是影子银行的快速发展。

3.5　新时代中国金融安全的货币信用发展建议

金融安全是新时期国家安全的重要支撑，是新时期总体国家安全观的重要内涵。狭义的金融安全通常是指一国货币资金融通的安全和整个金融体系的稳定。而广义的金融安全是指影响金融体系本身健全性及其运转规范性的所有变量，以及与货币和信用有关的所有经济活动，都处于安全的状态，包括 GDP 增长率、固定资产投资增长率、通货膨胀率、M2 增长率、经常账户差额/GDP、外汇储备/外债总额、财政赤字/GDP 等变量（曾令美，2013）。货币和信用作为金融系统的基础，对调整资源配置、提高运行效率、提供关键信息有重要作用。在中国经济转型升级的关键时期，金融安全是高质量增长的保证，也是产业创新的推动力。

值得注意的是，金融安全的反义词是金融不安全，而不是金融风险（卢文刚和刘沛，2001）。金融风险指金融资产损失和盈利的可能性，这种可能性伴随在一切金融活动之中。只要有金融活动，就必然存在金融风险，这是经济运行的常态。但如果金融风险不断积累和蔓延，由量变引起质变，演变为系统性金融危机，就产生了金融不安全，可能会导致金融主权受到侵犯，金融体制遭到破坏，金融财富会大量流失，金融体系无法正常运行，进而严重影响社会经济发展，甚至危及国家政治和军事安全（黄国桥，2013）。金融系统如果不能支持实体经济的发展或者失去了货币政策的独立性，也是不安全的。因此，本章在厘清货币信用的演变历史，借鉴货币信用对全球金融危机的影响的基础上，基于货币信用创造对新时代中国金融安全的挑战提出以下三点建议。

3.5.1　金融安全要求构建有效的货币政策传导机制

基于我国公有制为主体、多种所有制经济共同发展的社会主义基本经济制度，在货币信用创造方面，我国应坚持以银行为主导的金融体系，同时也需要多元化的资本市场。最优金融结构要与实体经济对金融服务的需要相匹配，从而有效发挥货币信用创造制度在动员储蓄、配置资金和降低系统性风险方面的比较优势，促进企业成长和经济发展模式转型升级。未来需要打破银行间债券市场与交易所市场的分割，逐步实现市场化资金定价，增强资源配置中市场机制的作用。

正如上文讨论的，我国的影子银行体系还没有发展至西方发达国家金融市场的成熟度，目前是从属于银行的"银行的影子"的角色。我国影子银行体系可能会对货币政策传导产生影响。首先，影子银行体系使得融资行为"脱媒"，贷款通过各种理财产品形式包装、销售或转移等，对传统信贷产生替代作用，降低了数量型货币政策的可控性。其次，影子银行通过理财产品等方式进行投资，可能对政策利率产生扰动，影响货币政策正常传导。从公开市场操作来看，影子银行丰富了金融产品市场，增加了市场深度和广度，但同时也带来了金融市场新的波动，引发不确定性冲击，影响利率期限结构的调控能力。

影子银行在金融系统中的稳定性需要合同规则和监管制度安排来实现，如在短期借款的交易中公布担保品范围等（Bernanke，2012）。影子银行杠杆率高，且游离于常规监管之外，因此有必要对商业银行的金融创新业务及其有关会计报表处理进行全面调查统计，从而全面判断影子银行创造的货币供应量和信用规模。在制定货币政策时，需要科学测度影子银行对资产价格变化、流动性水平和社会融资规模的影响，构建更为有效的货币政策传导机制。

3.5.2　金融安全要求坚持人民币国际化战略

20 世纪 90 年代以来，支撑全球经济增长的主要是双循环机制：中心国家（西方发达国家）吸收短期资本，输出长期投资，产生和释放流动性；外围国家（新兴市场国家）推行出口导向型战略，为了促进出口必须钉住中心国家货币并低估本币汇率，增加贸易顺差，再购买中心国家国债，将顺差以外汇储备的形式流回中心国家。我国加入世界贸易组织（World Trade Organization，WTO）后推行的出口创汇模式，也属于这个双循环的一部分。我国对美国的双顺差，事实上是用自身强大的工业制造能力和国际产业链中的地位强化了美元的霸权地位。现在全球金融格局处于"恐怖平衡"之中，以中国为代表的新兴市场国家不可能在不损害本国利益的前提下停止为美国融资（项卫星和王冠楠，2014）。要确保我国金融安全，逐步提高我国在国际金融市场中的话语权和主动性，就必须坚持人民币国际化战略，减少对美元的依赖。从推行跨境贸易人民币计价结算、推出人民币原油期货再到"一带一路"倡议，在人民币逐步替换美元的过程中，不仅需要主动克服美元依赖，还必将受到美国的恶意打压。因此，我国必须提高资源配置主动权与能力，增强货币政策独立性和提高国际经济话语权与舆论引导权。

各国正在研发的法定数字货币可能成为我国推进人民币国际化的机遇。我国在数字货币和区块链的技术探索保持着强监管下的快速发展。从 2016 年起，中央银行 4 家机构已申请了 84 条与数字货币相关的专利；《福布斯》2018 年 6 月发布的全球公司 2000 强区块链名单中，中国有 4 家银行进入前十，并且中国工商银行和中国建设银行分别排第一、第二位。与世界主要发达国家比较，支持中国中央银行数字货币的技术体系暂处上风。除了技术因素，更重要的是坚持以经济建设为中心，发展生产力，保持人民币价值稳定。货币演化从贵金属货币到信用货币，货币自身的价值属性不断倾向于交易便利性。然而，旨在降低交易成本的货币初心，逐渐因为交易成本增加成了威胁金融安全的原因。布雷顿森林体系解体后，全球经济和金融的结构性失衡与特里芬难题仍待求解。因此，中国中央银行寻求新的突破，率先发行法定数字货币，希望能在数字经济时代有力推动人民币国际化，把握先机，避免让别国数字货币（如 Libra）抢占市场，出现类似部分发展中国家货币美元化的货币替代，确保我国的货币主权和金融安全。

3.5.3　金融安全要求货币信用创造监管具有前瞻性和系统性

各国普遍认识到货币稳定是金融稳定的必要不充分条件，监管者不仅要控制货币供应量，还要从结构上对货币信用创造开展前瞻性和系统性的宏观审慎管理。要对通货膨胀进行前瞻性管理。考虑到货币信用创造导致的资产泡沫使通胀呈现结构化特点，宏观调控应将资产价格纳入物价变动的监管框架。随着现代生产技术的不断进步，一般消费品价格大幅上涨的可能性降低，消费价格指数（consumer price index，CPI）的上涨可能主要与资产价格上涨引发的财富效应及能源、粮食等初级产品价格上行有关。因此，CPI 在衡量周期变化方面会相对滞后。

要对货币需求进行系统性考察。首先，潜在产出可能影响货币需求。随着就业从第二产业向第三产业转移，总劳动生产率下降但就业规模稳定，这意味着潜在经济增速下降，因此，要审慎使用扩张性的货币工具，防止削弱我国制造业的比较优势。

其次，金融资源容易流向软约束部门和房地产领域，在政府信用和抵押品的推动下，融资量大幅增加，推升利率水平，导致价格杠杆扭曲，对其他经济主体尤其是民营经济形成挤出效应。我国推出的中期借贷便利（medium-term lending facility，MLF）、定向中期借贷便利（targeted medium-term lending facility，TMLF）等结构化货币创新工具是定向满足货币需求的一种有益尝试。

要对系统重要性机构实施差别化监管政策。从规模、可替代性和关联性角度对金融系统内机构进行考察，对其信用创造过程附加资本要求和杠杆率要求，最终达到降低其倒闭可能性的目标。但同时也要注意，一旦金融机构自认为"大而不倒"可能会增加道德风险，放松了内部控制，反而增加了对金融安全的潜在威胁。因此，存款保险制度的建立标志着我国下定决心打破刚性兑付，抑制大型银行道德风险，逐步改造商业银行的理财业务。

最后，要合理协调货币政策目标与周期监管目标之间的矛盾。货币监管部门与监管者可能在经济增速和通胀水平容忍度方面存在差异，因此，货币监管部门要权衡货币政策目标，实现金融体系稳健和宏观经济稳定。我国还应主动参与和塑造全球金融监管协作机制，以积极姿态应对外部风险冲击，通过不同监管部门间的协同，发挥逆周期监管工具的稳定性与自我调节作用，维持金融体系安全稳定，真正做到金融服务于社会经济发展。

第4章　国家金融安全的网络结构
演化机理研究

随着我国金融业发展及经济全球化的推进，金融综合化经营趋势明显，产品创新加快，国际关联不断加强。金融系统的日益扩张及其复杂程度的上升，使得有效监管成为一大难题。同时，近年来金融体系内部各市场间的关联程度上升，使得风险在金融体系内部的传播速率显著提高。因此，以守住不发生系统性金融风险为底线的宏观审慎监管体系建设得到高度重视。监控和防范风险在金融系统内部的传播扩散，需要从整体的高度及系统的角度来分析。

金融风险具有潜在性、复杂性、负外部性、系统性、传染性等特征，并且呈现出全局性、多层面传播扩散态势，以往的单一传导机制分析无法全面刻画风险的全局传导机制。随着金融体系内部关联的增强，各金融市场间的尾部风险结构特征更加明显，即极端情况下出现多市场同步超跌的可能性增加，进而容易引发市场恐慌情绪，进一步促进了风险的系统性传播。

因此，本章选用2015～2018年的经济数据，构建我国金融体系市场网络结构，并结合最小生成树算法对我国金融系统关联性结构中的重要节点及风险传播过程中的重要中介节点进行识别分析。本章的创新之处在于利用Copula模型计算并构建了金融市场之间的尾部风险网络，对皮尔森线性网络分析形成有效的补充，可以使风险的传播扩散得到更为全面的刻画，进而为宏观审慎监管及风险防控提供理论依据。

4.1　文　献　综　述

基于复杂网络的金融安全研究是一个新的课题，其体现出的不仅是研究方法上的创新，还是研究视角和理念的一次突破。在全球金融危机之后，金融机构"大而不倒"的观念正逐步被"太关联而不倒"或者网络结构的"太复杂而不倒"代替。监管机构和学界开始从整体及系统的视角，对新时期金融系统的风险进行重新审视。早期，Allen 和 Gale（2000）和 Freixas 等（2000）开创性地将复杂网络理论与金融安全研究相结合，Allen 和 Gale 通过分析流动性风险在银行网络结构中的传播，得出了网络结构的完全程度对金融系统稳定性的影响；而 Freixas 等研究发现银行间信贷网络的关联性可以提高金融系统的风险应对弹性。目前，该领域研究总体上可以分为两个方向：一是生成随机网络，采用仿真模拟方法进行相关研究；二是根据实际关联交易特征，运用复杂网络的测量指标对风险进行测度（欧阳红兵和刘晓东，2015）。现实中由于数据的可得性，两种方法均具有较高的实际意义。

在已有的研究中，Miller 和 Ratti（2009）研究了股票、货币及债券等金融市场间的风险传导关系。徐国祥和李波（2017）研究了中国股票市场、债券市场、外汇市场等子市场间的风险溢出关系。刘晓星和夏丹（2014）基于银行间信贷数据，构建银企间信贷风险传染网络。徐涛等（2017）构建了银行间市场多渠道风险传染模型，发现系统重要性银行在受到冲击时所形成的影响要远超一般银行。Huang 等（2016）指出金融网络的结构与系统性风险之间并不是单纯的线性关系，紧密的网络更容易引发风险在金融体系内的传染。同时，也有部分学者结合马尔可夫状态转换、最小生成树、平面极大过滤图等方法对网络分析进行了有效的补充，使其可以更好地识别系统重要性机构及风险传导的路径（江红莉等，2018）。

已有的研究涉及机构、市场、跨国传播等方面，层次结构较为丰富，但将尾部相关性与复杂网络结合的文章依然较少。龚朴和邹冬（2018）利用尾部相关性刻画了国内金融机构间的关联网络，而关于市场间的尾部相关网络研究仍然处于空缺之中，因此，本章通过线性和尾部相关性网络等方法对金融市场网络结构及风险传导进行了分析研究，进一步丰富了该领域的有关研究。

4.2　模型和数据

由于金融市场的多样和复杂性，本章采取了多种模型对其进行分析，并且基于 Copula 理论进一步刻画了金融市场间的尾部风险相关性。具体内容包括基于复杂网络理论对国内金融市场的网络拓扑结构进行分析，基于 t-Copula 函数构造了金融市场的尾部相关性网络，以及基于 DCC-GARCH 模型对主要金融市场节点间的动态相关性进行了刻画。

4.2.1　金融市场间的线性网络拓扑结构构建

金融体系内包含众多市场大类，各个市场大类内部包含不同层次的子市场，各个子市场之间的相互作用共同构成了金融市场的变动。本章在考虑了传统的金融市场之外，还包含了大宗商品市场、黄金市场和房地产市场，具体市场分类如表 4-1 所示。

表 4-1　金融市场指标分类

市场	一级市场	二级市场	指标
金融市场	资本市场	股票	上证指数
			深证指数
			中小板指数
			沪市融资融券余额
			深市融资融券余额
		债券	中债企业债总指数
			中债银行间债券总指数
			中债国债总指数
		基金	上证基金指数
			深证基金指数
	货币市场	同业拆放市场	银行间 7 天同业拆放利率
		回购市场	银行间 7 天加权回购利率
	外汇市场		英镑对人民币
			美元对人民币
			欧元对人民币
			新加坡元对人民币
			日元对人民币
	大宗商品市场		南华工业品
			南华农产品
			南华金属
			南华能化指数
	黄金市场		黄金加权价格（AU9995 黄金现货价格）
	房地产市场		申万房地产指数

针对选取的子市场指标，每个子市场 i 在第 t 日的收益水平 $r_i(t)$ 可以表示为

$$r_i(t) = \ln p_i(t) - \ln p_i(t-1) \tag{4-1}$$

其中，$p_i(t)$ 表示每个子市场的当天收盘价；$p_i(t-1)$ 表示前一天的收盘价。各个子市场间的皮尔森相关系数为

$$r = \frac{\sum_{i=1}^{n}(X_i - \overline{X})(Y_i - \overline{Y})}{\sqrt{\sum_{i=1}^{n}(X_i - \overline{X})^2}\sqrt{\sum_{i=1}^{n}(Y_i - \overline{Y})^2}} \tag{4-2}$$

由于在本章的模型中选取的变量维度较多，不同变量之间的相关性可能为负值，因此在计算后对其取绝对值处理，即仅考虑各变量之间的相关性，而不考虑方向性。根据刘超等（2017）的推导，可将线性相关系数矩阵转化为欧氏距离矩阵，具体函数如式（4-3）所示。

$$d_{ij} = \sqrt{2(1-c_{ij})} \tag{4-3}$$

其中，d_{ij} 表示不同节点间的欧氏距离；c_{ij} 表示不同节点间的线性相关系数。根据计算出的距离矩阵，利用克鲁斯卡尔（Kruskal）算法构建最小生成树。

4.2.2 金融市场尾部相关性网络构建

在实际中，由于各个市场间的关联并不是一直保持类线性相关性，因此，在复杂网络模型中普遍使用的皮尔森相关系数网络模型虽然可以直接表现出各个市场间的总体相关网络结构，但却损失了极端尾部情况下的网络关联结构信息。因此，本章在皮尔森相关系数网络的基础上，考虑到金融市场数据分布的高峰肥尾特点，并基于 Copula 理论，利用 t-Copula 函数估计了各个子市场两两之间的尾部相关性，进而构建出基于 Copula 的尾部相关性网络，达到对皮尔森相关系数网络分析的补充和完善。二元 Copula 函数是指满足下列性质的函数 $C(U,V)$。

（1）$C(U,V)$ 的定义域为 $[0,1] \times [0,1]$。

（2）$C(U,V)$ 有零基面，并且是二维递增的。

（3）对任意 $U, V \in [0,1]$，满足 $C(U,1)=U$，$C(1,V)=1$。

零基面是指至少存在一个 $U_0 \in [0,1]$ 和一个 $V_0 \in [0,1]$ 使得 $C(U_0,V) = C(U,V_0)=0$。二维递增是指对任意 $0 \leqslant U_1 \leqslant U_2 \leqslant 1$ 和 $0 \leqslant V_1 \leqslant V_2 \leqslant 1$，有

$$C(U_2,V_2) - C(U_2,V_1) - C(U_1,V_2) - C(U_1,V_1) \geqslant 0 \tag{4-4}$$

假设 $F(X)$ 和 $G(Y)$ 是连续分布的一元分布函数，令 $U = F(X)$，$V = G(Y)$，可知 U, V 均服从在 $[0,1]$ 上的均匀分布，则 $C(U,V)$ 是一个边缘分布均为在 $[0,1]$ 上均

匀分布的二元联合分布函数，对于定义域内任意一点 (U,V)，有 $0 \leqslant C(U,V) \leqslant 1$。

二元分布的 Sklar 定理：令 $H(X,Y)$ 为具有边缘分布 $F(X)$ 和 $G(Y)$ 的二元联合分布函数，则存在一个 Copula 函数 $C(U,V)$，满足

$$H(X,Y) = C[F(X),G(Y)] \tag{4-5}$$

若 $F(X)$ 和 $G(Y)$ 是连续函数，则 $C(U,V)$ 唯一确定；反之，若 $F(X)$ 和 $G(Y)$ 为一元分布函数，$C(U,V)$ 是一个 Copula 函数，则由式（4-5）确定的 $H(X,Y)$ 是具有边缘分布 $F(X)$ 和 $G(Y)$ 的二元联合分布函数。二元 t-Copula 分布函数和密度函数的表达式分别为

$$C(U,V;\rho,\lambda) = \int_{-\infty}^{T_\lambda^{-1}(U)} \int_{-\infty}^{T_\lambda^{-1}(V)} \frac{1}{2\pi\sqrt{1-\rho^2}} \left[1 + \frac{s^2 + t^2 - 2\rho st}{\lambda(1-\rho)^2} \right]^{\frac{-(\lambda+2)}{2}} \mathrm{d}s\mathrm{d}t \tag{4-6}$$

$$C(U,V;\rho,\lambda) = \rho^{-\frac{1}{2}} \frac{\gamma\left(\dfrac{\lambda+2}{2}\right)\gamma\left(\dfrac{\lambda}{2}\right)\left[1 + \dfrac{\xi_1^2 + \xi_2^2 - 2\rho\xi_1\xi_2}{\lambda(1-\rho)^2}\right]^{\frac{-(\lambda+2)}{2}}}{\left[\gamma\left(\dfrac{\lambda+1}{2}\right)\right]^2 \prod_{i=1}^{2}\left(1 + \dfrac{\xi_i^2}{\lambda}\right)^{\frac{-(\lambda+2)}{2}}} \tag{4-7}$$

其中，ρ 表示对角线上的元素全为 1 的 N 阶对称正定矩阵。二元 t-Copula 函数的尾部相关性系数为

$$\lambda^{up} = \lambda^{ln} = 2 - 2t_{k+1}\left[\frac{\sqrt{k+1}\sqrt{1-\rho}}{\sqrt{1+\rho}}\right] \tag{4-8}$$

其中，k 表示自由度；ρ 表示估计出的线性相关参数；u、p、l、n 分别代表样本中各个子市场。根据节点间的尾部相关性系数可以构建整体网络的尾部相关性矩阵。

4.3　实　证　分　析

4.3.1　皮尔森线性相关性网络结构

根据式（4-1）和式（4-2），构建了金融市场的皮尔森线性相关性网络，目前测度金融网络中节点重要性的指标主要包括点度中心度、中介中心度等（Freeman，1978），因此，本章通过 Ucinet 对各个节点所对应的点度中心度进行计算分析，网络结构并未对相关性系数大小进行约束。

总体来看，房地产板块 2015 年曾经在网络中占据较为重要位置（节点度排名

第三），但之后随着地产调控政策的出台及购房政策的收紧，房地产板块与其他板块的关联性有所下降，但依然处于前部位置。股票和基金市场常年处于节点度较大的位置，股票主要由于体量较大，其收益水平的波动会对其他板块产生明显的影响；基金市场收益水平主要受其投资的标的影响，因而其与其他市场的关联较为密切。银行间市场的拆借和回购利率由于主要体现为短期市场流动性的变化，其与市场上主要资产的收益变化相关性较低。在 2015～2018 年的股票市场缓慢上涨过程中，网络中心度出现了阶段性的上升，而网络密度则总体呈现出上升的态势，体现出各个市场间的关联性正在逐渐增强，具体结果如表 4-2 和表 4-3 所示。

表 4-2　2017～2018 年线性网络节点度

2017 年		2018 年	
指标名称	节点度	指标名称	节点度
深证基金指数	6.614	上证指数	7.150
深证指数	6.178	深证指数	7.101
上证指数	6.166	中小板指数	7.078
中小板指数	6.126	深证基金指数	6.852
上证基金指数	5.336	上证基金指数	6.776
申万房地产指数	4.528	申万房地产指数	5.995
南华能化指数	3.888	南华工业品	5.290
深市融资融券余额	3.720	南华金属	5.013
沪市融资融券余额	3.675	沪市融资融券余额	4.941
南华工业品	3.674	南华能化指数	4.755
中债企业债总指数	3.449	深市融资融券余额	4.516
南华金属	3.443	日元对人民币	3.711
新加坡元对人民币	3.355	新加坡元对人民币	3.682
中债银行间债券总指数	3.329	中债国债总指数	3.017
南华农产品	2.752	中债银行间债券总指数	2.888
黄金加权价格	2.366	欧元对人民币	2.789
中债国债总指数	2.282	黄金加权价格	2.775
日元对人民币	2.212	中债企业债总指数	2.669
欧元对人民币	2.000	英镑对人民币	2.294
美元对人民币	1.965	南华农产品	1.915
银行间 7 天同业拆放利率	1.628	美元对人民币	1.787
英镑对人民币	1.571	银行间 7 天同业拆放利率	1.645
银行间 7 天加权回购利率	1.547	银行间 7 天加权回购利率	1.572
网络中心度	15.35%	网络中心度	14.85%
网络密度	0.1617	网络密度	0.1901

表4-3 2015～2016年线性网络节点度

2015 年		2016 年	
指标名称	节点度	指标名称	节点度
深证基金指数	6.009	深证基金指数	7.056
上证指数	5.860	上证指数	6.850
申万房地产指数	5.762	深证指数	6.774
上证基金指数	5.664	中小板指数	6.716
中小板指数	5.483	上证基金指数	6.667
南华工业品	5.301	申万房地产指数	6.236
南华金属	4.947	沪市融资融券余额	5.429
南华能化指数	4.937	深市融资融券余额	5.419
沪市融资融券余额	4.779	南华工业品	3.592
南华农产品	3.950	中债银行间债券总指数	3.338
中债银行间债券总指数	3.394	南华能化指数	3.329
中债企业债总指数	3.318	黄金加权价格	3.320
新加坡元对人民币	3.310	南华金属	3.090
日元对人民币	3.272	中债企业债总指数	3.090
欧元对人民币	3.134	新加坡元对人民币	3.090
英镑对人民币	3.081	英镑对人民币	2.775
黄金加权价格	2.869	中债国债总指数	2.726
中债国债总指数	2.407	欧元对人民币	2.520
美元对人民币	2.032	日元对人民币	2.475
深市融资融券余额	1.865	美元对人民币	2.241
银行间 7 天加权回购利率	1.832	南华农产品	2.224
银行间 7 天同业拆放利率	1.439	银行间 7 天加权回购利率	1.465
深证指数	0.731	银行间 7 天同业拆放利率	1.391
网络中心度	12.00%	网络中心度	15.36%
网络密度	0.1687	网络密度	0.1808

4.3.2 中介中心度测度

为考察各个市场间的传播结构及整个市场的传播路径长度，需要对节点间的相关性进行约束。由于各个板块处于不同市场，相关性水平相较其他研究同类市场中不同标的股票的相关性水平要低，因此设置相关性阈值为 0.15，低于其他类似研究中常用的 0.3 阈值。

图 4-1 为设置相关性阈值后，各个年度的系统相关性网络结构图，可以直观地了解各个年度的网络总体结构情况。通常节点间在不存在直接联系的情况下需

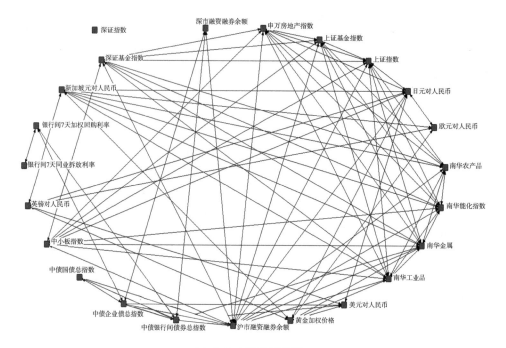

（a）2015 年相关性网络

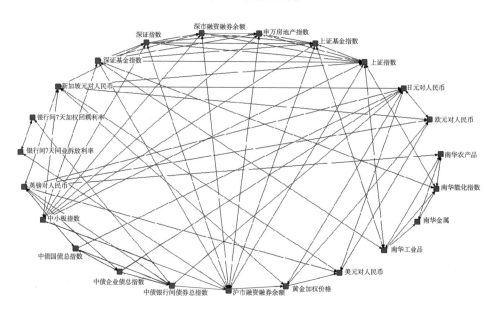

（b）2016 年相关性网络

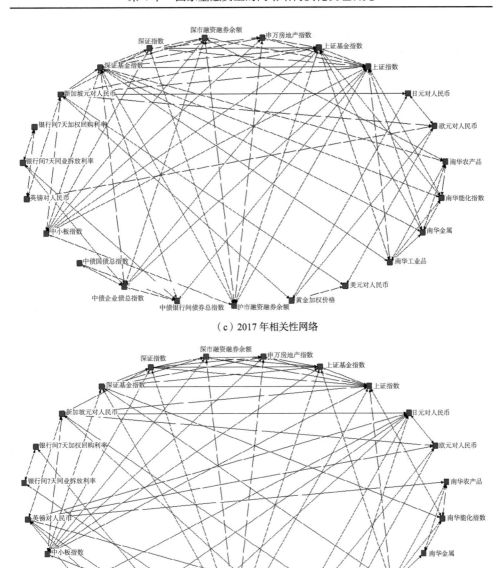

（c）2017 年相关性网络

（d）2018 年相关性网络

图 4-1　线性相关性网络图

要通过其他节点传递信息，类似于金融市场的风险传导过程中两个不同节点间的风险需要通过某一中介进行扩散。因此，可以通过测度各个节点的中介中心度体现该节点在网络中的中间性地位，通常节点具有较高的中介中心度则意味着更多的其他节点需要通过该节点才能发生联系，即该节点为系统中的关键传导环节。相比于点度中心度测度的节点间直接联系，中介中心度测度的间接传导联系可以作为整体分析的一个有效补充。

假设点 X 和 Y 之间的捷径条数为 G_{XY}，点 X 和 Y 之间存在的经过第三个点 N 的捷径数目用 $G_{XY(N)}$ 表示。第三个点 N 能控制此两点间交往的能力用 $b_{XY(N)}$ 表示，其等于 N 处于点 X 和 Y 之间的捷径上的概率，即

$$b_{XY(N)} = \frac{G_{XY(N)}}{G_{XY}} \tag{4-9}$$

将点 N 相对于全图所有点对的中间度加总，就可以得到该点的绝对中介中心度 $C_{XY(N)}$。

$$C_{XY(N)} = \sum_{X}^{N} \sum_{Y}^{N} b_{XY(N)} \tag{4-10}$$

根据表 4-4 和表 4-5 计算的结果，2015 年股灾期间，由于大规模的融资融券业务，沪市融资融券余额处于中介中心度最高的节点，而股灾导致的大跌，使得上证指数和深证指数在当年的中介中心度较低。外汇、债券、股票、基金市场一直处于节点中介中心度的前列，一方面，由于作为主要投资工具的股票、债券与基金在整个资本市场占据较大体量，其收益率的变化对其他市场的溢出效应较大。另一方面，随着国内市场开放和全球市场的联系加强，国际市场的波动通过汇率波动传导至国内的现象更加明显，因此，外汇市场在整个金融体系中的中介与传导作用变得更加突出。同时，货币市场的利率水平在整体网络中的中介作用也得到体现，在各个年度均处于中部水平，相较其之前的直接关联性指标点度中心度有大幅提升。房地产市场的中间传导作用在 2016～2018 年较弱，虽然其点度中心度较高，但并没有成为不同节点间传导的关键节点，而是作为系统中的一个重要元素。

表 4-4　2017～2018 年线性网络中介中心度

2017 年		2018 年	
指标名称	中介中心度	指标名称	中介中心度
新加坡元对人民币	85.486	新加坡元对人民币	45.925
深证基金指数	48.206	中债国债总指数	43.900
上证指数	36.173	上证基金指数	38.523
中债企业债总指数	27.952	上证指数	28.690
上证基金指数	21.702	欧元对人民币	25.333
中债银行间债券总指数	14.383	日元对人民币	22.129
英镑对人民币	12.475	南华工业品	14.580
银行间7天同业拆放利率	10.418	中债银行间债券总指数	13.833

续表

2017 年		2018 年	
指标名称	中介中心度	指标名称	中介中心度
深市融资融券余额	6.132	银行间 7 天同业拆放利率	10.100
中小板指数	4.225	南华能化指数	7.195
深证指数	4.225	银行间 7 天加权回购利率	4.733
银行间 7 天加权回购利率	3.893	深证指数	3.406
欧元对人民币	3.762	中小板指数	3.406
南华农产品	1.000	深证基金指数	3.406
南华金属	0.450	南华金属	1.774
南华工业品	0.450	沪市融资融券余额	1.632
南华能化指数	0.450	黄金加权价格	0.433
黄金加权价格	0.333	美元对人民币	0
沪市融资融券余额	0.143	南华农产品	0
申万房地产指数	0.143	英镑对人民币	0
美元对人民币	0	深市融资融券余额	0
日元对人民币	0	中债企业债总指数	0
中债国债总指数	0	申万房地产指数	0

表 4-5　2015~2016 年线性网络中介中心度

2015 年		2016 年	
指标名称	中介中心度	指标名称	中介中心度
沪市融资融券余额	54.203	新加坡元对人民币	67.809
中债银行间债券总指数	29.437	英镑对人民币	43.095
日元对人民币	22.641	上证指数	33.018
南华金属	21.857	南华农产品	22.324
银行间 7 天加权回购利率	20.000	沪市融资融券余额	21.624
中债企业债总指数	15.863	中债银行间债券总指数	18.579
美元对人民币	13.617	日元对人民币	16.463
新加坡元对人民币	9.939	中小板指数	14.549
黄金加权价格	7.562	深证指数	14.549
南华工业品	6.449	南华工业品	12.869
南华能化指数	2.319	银行间 7 天同业拆放利率	11.077
上证指数	2.205	深证基金指数	10.517
申万房地产指数	2.205	银行间 7 天加权回购利率	8.827
南华农产品	1.944	南华能化指数	7.610
英镑对人民币	1.769	上证基金指数	4.550
中小板指数	1.739	黄金加权价格	4.456
上证基金指数	0.125	欧元对人民币	0.543
深证基金指数	0.125	美元对人民币	0.543
中债国债总指数	0	中债国债总指数	0
欧元对人民币	0	南华金属	0
深市融资融券余额	0	深市融资融券余额	0
银行间 7 天同业拆放利率	0	中债企业债总指数	0
深证指数	0	申万房地产指数	0

4.3.3 最小生成树模型

将筛选后的数据代入式(4-3)，计算出各个节点间的距离大小，并利用 Kruskal 的最小生成树算法计算各年份网络的最小生成树结构。根据定义，连通无向图 $G=(V,E)$，每条边上有非负权 $L(e)$。一棵生成树所有树枝上权的总和称为这个树的权，具有最小权的生成树称为最小生成树。在 Kruskal 算法中实现步骤如下。

（1）选取 $e_1 \in E(G)$，使得 $w(e_1)=$min （选取 e_1 的权值最小）。

（2）若 $e_1,e_2,\cdots,e_i$ 已选好，则从 $E(G)-\{e_1,e_2,\cdots,e_i\}$ 中选取 e_{i+1}，使 $G[\{e_1,e_2,\cdots,e_i,e_{i+1}\}]$ 中无圈，且 $w(e_{i+1})=$min。

（3）直到选到 e_{n-1} 为止。

图 4-2 为各个年份的最小生成树结构，节点 1～节点 23 分别代表 23 个节点，序号顺序按照表 4-1 中市场指标分类自上而下排列。其中处于中心的节点对整个系统的影响更大，因为其波动可以较快传导到整个体系中的其他节点处。

2018 年，处于关键位置的节点分别为节点 1（上证指数）、节点 2（深证指数）、节点 9（上证基金指数）、节点 17（日元对人民币）、节点 15（欧元对人民币）等，主要包括股票、基金、外汇市场。

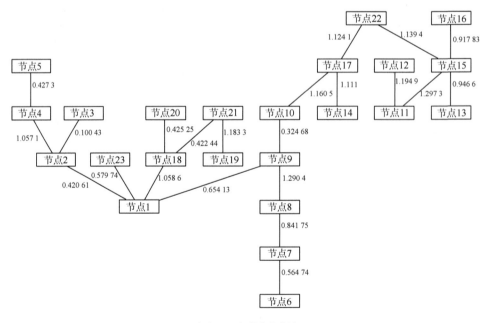

（a）2018 年最小生成树

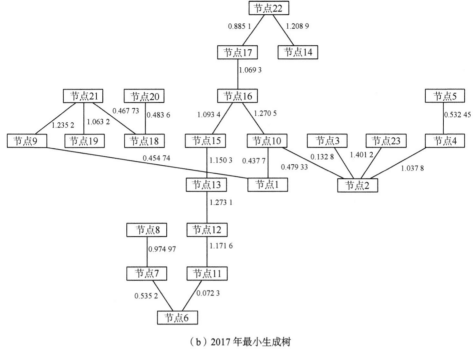

（b）2017 年最小生成树

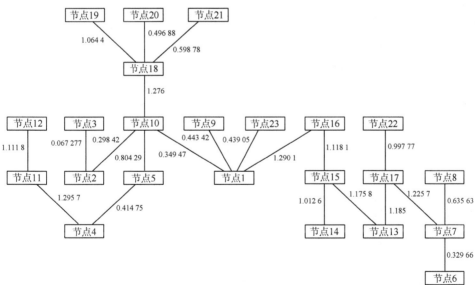

（c）2016 年最小生成树

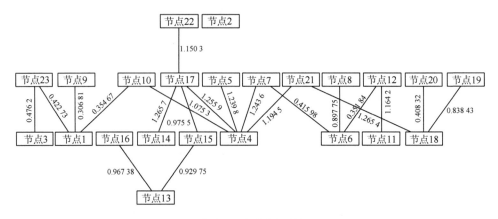

（d）2015 年最小生成树

图 4-2　最小生成树结构

2017 年，处于关键位置的节点分别为节点 1（上证指数）、节点 10（深证基金指数）、节点 2（深证指数）、节点 16（新加坡元对人民币）、节点 21（南华能化指数），包括股票、基金、外汇市场、大宗商品市场。

2016 年，处于关键位置的节点分别为节点 1（上证指数）、节点 15（欧元对人民币）、节点 17（日元对人民币）、节点 7（中债银行间债券总指数）、节点 10（深证基金指数）、节点 18（南华工业品），包括股票、债券、基金、外汇市场、大宗商品市场。

2015 年，处于关键位置的节点分别为节点 1（上证指数）、节点 4（沪市融资融券余额）、节点 17（日元对人民币）、节点 6（中债企业债总指数）、节点 18（南华工业品），包括股票、债券、外汇市场、大宗商品市场。

4.3.4　尾部相关性网络

根据模型部分的算法，计算出各个年度的节点对间的尾部相关性系数，对于不存在尾部相关性的节点对，取 0 值代替。根据计算的尾部相关性系数矩阵，以系数大小作为边权重，利用 Ucinet 构建尾部相关性网络。

图 4-3 为各个年度的节点间尾部相关性情况，利用 Ucinet 分别计算各个年份网络结构的节点度、网络中心度和网络密度，结果分别如表 4-6 和表 4-7 所示。

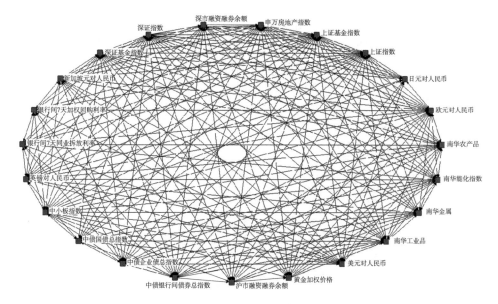

（a）2018 年尾部相关性网络

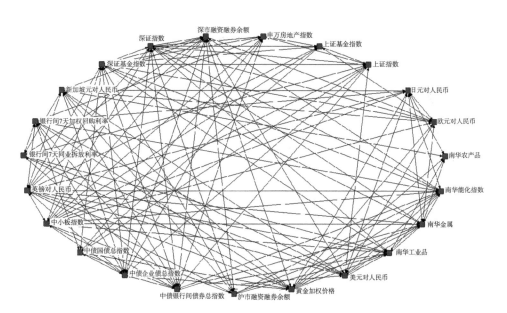

（b）2017 年尾部相关性网络

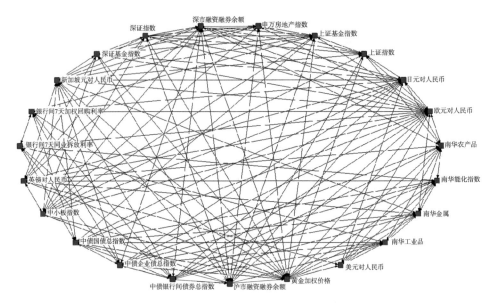

（c）2016 年尾部相关性网络

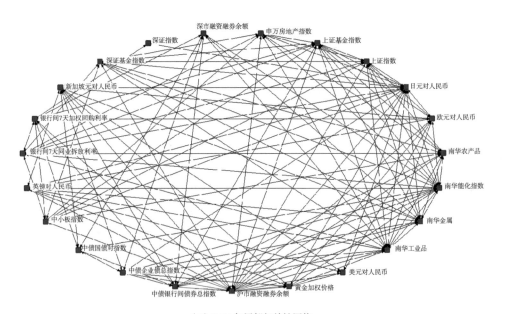

（d）2015 年尾部相关性网络

图 4-3　尾部相关性网络图

表 4-6　2017～2018 年尾部相关性网络节点度

2017 年		2018 年	
指标名称	节点度	指标名称	节点度
南华工业品	3.329	深证基金指数	4.447
中小板指数	3.259	中小板指数	3.824
上证基金指数	2.567	深证指数	3.784
黄金加权价格	1.892	申万房地产指数	3.379
中债银行间债券总指数	1.856	上证指数	3.254
中债企业债总指数	1.641	上证基金指数	3.027
深证基金指数	1.603	美元对人民币	2.373
南华金属	1.595	银行间 7 天加权回购利率	2.057
南华能化指数	1.555	南华农产品	2.017
申万房地产指数	1.425	深市融资融券余额	1.979
深证指数	1.405	南华工业品	1.914
深市融资融券余额	1.385	南华能化指数	1.511
欧元对人民币	1.355	中债银行间债券总指数	1.391
英镑对人民币	1.214	欧元对人民币	1.370
南华农产品	1.147	新加坡元对人民币	1.245
银行间 7 天同业拆放利率	1.102	南华金属	1.159
上证指数	0.975	中债企业债总指数	0.792
新加坡元对人民币	0.974	沪市融资融券余额	0.671
中债国债总指数	0.590	银行间 7 天同业拆放利率	0.446
沪市融资融券余额	0.487	英镑对人民币	0.404
美元对人民币	0.254	中债国债总指数	0.369
日元对人民币	0.048	日元对人民币	0.322
银行间 7 天加权回购利率	0	黄金加权价格	0.303
网络中心度	10.10%	网络中心度	13.04%
网络密度	0.0624	网络密度	0.0831

表 4-7　2015～2016 年尾部相关性网络节点度

2015 年		2016 年	
指标名称	节点度	指标名称	节点度
上证基金指数	3.247	深证指数	5.248
深证基金指数	3.192	中小板指数	4.802
中小板指数	2.969	深市融资融券余额	4.138
申万房地产指数	2.424	上证指数	4.038
上证指数	2.374	深证基金指数	3.974
南华金属	2.032	申万房地产指数	3.712
南华工业品	1.917	南华农产品	3.145
南华能化指数	1.899	上证基金指数	2.920
南华农产品	1.488	日元对人民币	2.838
日元对人民币	1.470	沪市融资融券余额	2.241
沪市融资融券余额	1.387	南华能化指数	2.105
新加坡元对人民币	1.329	南华工业品	2.075

续表

2015 年		2016 年	
指标名称	节点度	指标名称	节点度
欧元对人民币	1.325	英镑对人民币	1.930
中债银行间债券总指数	1.204	银行间 7 天加权回购利率	1.828
中债企业债总指数	0.945	欧元对人民币	1.674
深证指数	0.516	南华金属	1.601
中债国债总指数	0.488	中债企业债总指数	1.523
黄金加权价格	0.297	黄金加权价格	1.514
银行间 7 天同业拆放利率	0.210	新加坡元对人民币	1.487
美元对人民币	0.173	中债银行间债券总指数	1.443
深市融资融券余额	0.106	银行间 7 天同业拆放利率	1.012
银行间 7 天加权回购利率	0	中债国债总指数	0.898
英镑对人民币	0	美元对人民币	0.185
网络中心度	12.49%	网络中心度	8.08%
网络密度	0.0604	网络密度	0.1113

根据表 4-6 和表 4-7 计算结果可见，在 2015 年股灾期间，总体市场的中心度较高，达到 12.49%。在 2017～2018 年，随着总体市场的发展深化，总体网络中心度上升，这体现了各个市场间的尾部相关性联系逐渐加强。在整体网络中，股票、基金、房地产市场、大宗商品市场节点度相对较高，体现出其在极端情况下对经济系统的溢出作用或受其他市场影响的程度更大、更强烈。同时，2015 年后，货币市场指标银行间 7 天加权回购利率和银行间 7 天同业拆放利率的重要性也总体呈现增加趋势，这两个指标主要体现出市场中流动性的变化，其重要程度的增加体现出流动性短缺会在极端情况下造成超出正常预期的影响，这在资本市场融合联动不断加强的今天体现得尤其明显。而外汇市场由于存在一定的政策管制和干预，其波动幅度相对较小，因此在极端情况下与其他市场的资产尾部相关性相对较低。

表 4-8 和表 4-9 为尾部相关性网络各个年度的中介中心度数值。2015 年，大规模的融资融券业务使当年的沪市融资融券余额具有较高的中介中心度，大量资金通过该环节进出市场，从而间接对其他资产价格产生影响。而房地产市场由于长期的调控，在 2015～2017 年并没有具备明显的传导中介作用，但 2018 年政策有所放松，尾部风险通过房地产市场传导到其他市场的可能性加大。外汇市场在尾部风险传播过程中依然扮演重要角色，并且随着经济的发展，各个市场指标间的尾部风险中介中心度总体呈现降低的态势，体现出整体网络的连通度在不断上升，单一节点成为核心的概率不断降低，尾部风险在整体网络上的扩散会更加迅速。

表 4-8　2017～2018 年尾部相关性网络节点中介中心度

2017 年		2018 年	
指标名称	中介中心度	指标名称	中介中心度
黄金加权价格	11.850	上证指数	4.652
中债银行间债券总指数	11.547	深证指数	4.652
深证基金指数	9.774	上证基金指数	4.652
中小板指数	9.471	欧元对人民币	4.004
英镑对人民币	9.170	中小板指数	3.823
深证指数	6.740	深证基金指数	3.726
南华工业品	6.729	申万房地产指数	3.546
南华金属	6.559	英镑对人民币	2.719
新加坡元对人民币	6.426	中债银行间债券总指数	2.056
美元对人民币	5.858	中债企业债总指数	1.979
中债企业债总指数	5.156	新加坡元对人民币	1.847
银行间 7 天加权回购利率	5.000	南华农产品	1.828
深市融资融券余额	4.935	深市融资融券余额	1.741
上证指数	4.671	南华能化指数	1.698
欧元对人民币	4.179	美元对人民币	1.387
南华能化指数	4.079	南华工业品	1.191
日元对人民币	3.938	南华金属	0.981
中债国债总指数	2.090	沪市融资融券余额	0.749
银行间 7 天同业拆放利率	1.905	黄金加权价格	0.729
上证基金指数	1.750	中债国债总指数	0.602
申万房地产指数	1.676	银行间 7 天同业拆放利率	0.548
沪市融资融券余额	1.087	日元对人民币	0.531
南华农产品	0.411	银行间 7 天加权回购利率	0.359

表 4-9　2015～2016 年尾部相关性网络节点中介中心度

2015 年		2016 年	
指标名称	中介中心度	指标名称	中介中心度
日元对人民币	31.170	欧元对人民币	21.601
南华能化指数	17.188	黄金加权价格	21.447
沪市融资融券余额	13.457	日元对人民币	8.303
银行间 7 天加权回购利率	11.348	新加坡元对人民币	6.534
南华工业品	10.788	沪市融资融券余额	5.580
中债银行间债券总指数	6.375	中债银行间债券总指数	5.488
南华金属	6.236	中债国债总指数	5.367
欧元对人民币	6.205	英镑对人民币	4.990
新加坡元对人民币	5.515	深市融资融券余额	4.612
上证基金指数	4.997	中债企业债总指数	4.387
黄金加权价格	2.890	南华农产品	3.980
中债企业债总指数	2.803	上证基金指数	2.801
上证指数	2.053	南华工业品	2.605
银行间 7 天同业拆放利率	1.898	南华能化指数	2.537

2015 年		2016 年	
指标名称	中介中心度	指标名称	中介中心度
英镑对人民币	1.840	南华金属	2.061
南华农产品	1.768	上证指数	1.546
中小板指数	1.438	银行间 7 天加权回购利率	1.152
深市融资融券余额	1.260	美元对人民币	0.947
中债国债总指数	1.060	中小板指数	0.813
深证基金指数	0.990	深证指数	0.813
申万房地产指数	0.555	深证基金指数	0.813
深证指数	0.167	银行间 7 天同业拆放利率	0.622
美元对人民币	0	申万房地产指数	0

4.4　结论与建议

本章利用皮尔森相关系数及 t-Copula 估计出的尾部相关性系数分别构建了国内金融市场 2015~2018 年的线性网络结构及尾部相关性网络结构,并在此基础之上结合点度中心度、中介中心度、网络中心度、最小生成树等指标对两个网络分别进行分析。得出的结论如下:①在皮尔森线性相关性网络中,股票、基金、房地产市场处于相对重要的位置,外汇市场在中介中心度方面处于整体前列,其中介传导作用明显。在最小生成树构建的最短传播途径中,股票、基金、外汇市场、大宗商品市场节点处于关键传导位置。②在尾部相关性网络中,股票、基金、房地产市场、大宗商品市场处于较为重要位置,这与线性相关性网络具有一定相似性,随着利率市场化的发展,货币市场的重要性不断提升,并且外汇市场在尾部风险传播中扮演重要的传导中介角色。③两个网络结构的网络中心度及节点中介中心度指标的变化表明,整体市场结构在不断集中,各个市场间的联系的紧密程度在不断上升。这符合经济发展过程中各个子系统间联系更加密切的状况。

根据以上结论提出如下政策建议:①对金融风险的管控要从宏观系统层面着手,金融系统整体联系正在不断加强,风险在各个市场间的传播速度将会随着经济发展不断加快。因此,有关风控措施和政策需要及时跟上金融系统发展的速度。②需要针对系统中的重要节点给予更高的关注,如股票、房地产、基金市场,前两个市场可以对其他大多数市场产生溢出作用,而基金市场则是因为标的价格变化会受到其他市场的广泛影响。同时也要重点加强对处于关键传导中介位置市场的监控,如货币市场和外汇市场,通过控制市场中的流动性水平及外汇市场波动可以间接对其他金融市场形成有效的干预和影响,以便于在风险扩散过程中形成有效的管控,起到调节和防火墙的作用,进而可以有效控制或延缓风险的系统性传播过程。

第5章　国家金融安全的货币政策
演化机理研究

2008 年全球金融危机后，金融风险的全球传染特征已成为各国监管机构和学术界的共识，历史上一系列重大金融事件的爆发进一步验证金融风险的传染速度之快、波及范围之广、冲击力度之大。2020 年新冠疫情对各国经济造成了巨大的负面影响，2020 年 3 月国际原油价格暴跌引发美国股票市场 4 次熔断，进而导致全球股票市场震荡，更说明了金融风险跨市场传染的特性。为有效应对新冠疫情所带来的经济下行风险并缓解金融风险的传染，全球各国颁布了积极的货币政策。新冠疫情期间，我国监管机构采取的稳健灵活适度的货币政策，对加强疫情防控、稳定金融市场、促进经济有效复苏起到了关键作用，因此，实施恰当的货币政策是控制和缓解金融风险传染的有效手段。2021 年以来，全球主要经济体新冠疫情得到了有效控制，经济呈现缓慢复苏态势，但以美国为代表的发达经济体持续的宽松货币政策又引发了对其所带来的负面冲击的担忧，如国际资本外流、通胀压力增大、外汇贬值、国债收益率剧烈波动等。在此背景下，研究货币政策调控对金融市场风险溢出效应的影响，在实现经济稳定发展的同时对有效保障金融市场的稳定，具有极其重要的理论价值和现实意义。

5.1　文　献　综　述

以往关于货币政策的研究往往强调其在价格稳定中的作用，但 Goodhart（1988）指出，现代金融监管体系设置中央银行的根本目标是通过货币政策实现金融市场的稳定，而直接钉住资产价格的货币政策不仅不利于金融市场稳定，而且会引起更大的经济波动（Bernanke and Gertler，2001）。2008 年全球金融危机后，大量文献主要从理论角度对货币政策治理金融危机及其传染的作用进行了研究。Adrian 和 Shin（2008）通过构建包括多市场的金融体系模型，发现金融市场是货币政策传导的主要路径，并且货币政策与金融市场稳定密切相连。Catte 等

（2011）利用全球计量模型（national institute global econometric model，NiGEM）对全球主要经济体的宏观经济进行仿真分析，研究结果发现，过度宽松的货币政策和缺乏有效的宏观审慎监管是引发金融危机的主要原因，而金融市场波动又进一步导致全球经济衰退。与 Catte 等（2011）不同的是，Stein（2012）基于一国金融市场主体特征，通过构建包括家庭、银行和投资者在内的理论模型，系统分析了货币政策的传导及对金融稳定的影响。Smets（2014）指出传统的标准化货币政策会引发金融体系不均衡，但金融危机期间使用的非标准化货币政策工具（如准备金制度、担保制度和政府采购等）也无法准确地实现宏观审慎监管的目标，并有可能成为危机传导的新路径。Angeloni 等（2015）同时考虑了银行部门脆弱性和金融加速器效应的影响，并借此考察了金融风险条件下的货币政策传导机制，其模拟分析结果表明，货币政策传导的风险承担渠道将明显放大传统机制下的金融加速器效应。在经济危机时期，由于调控目标的差异，货币政策和宏观审慎政策有时会呈现相反的市场操作，而这也进一步增加了货币政策在稳定金融市场中的难度（Collard et al.，2017）。

另外，部分理论研究还基于 DSGE 模型衡量了货币政策的效果。例如，Gertler 和 Karadi（2011，2013）通过构建 DSGE 模型分析了金融危机背景下量化宽松的货币政策缓解金融危机冲击的效果。Dedola 等（2013）指出，开放经济及金融一体化进一步加剧了量化宽松政策在不同经济体间的传导。康立和龚六堂（2014）也通过一个小国开放 DSGE 模型讨论了量化宽松政策缓和经济危机的多部门传递的作用。中央银行在制定货币政策时，一般面临着两类不同的决策目标，即通胀与产出稳定、通胀与金融稳定，而货币政策则会产生两类完全相反的效应，即稳定效应与约束效应，而对于独立的中央银行而言，无法同时实现低通胀和金融稳定双重目标（Cao and Chollete，2017）。余建干和吴冲锋（2017）在考虑金融摩擦和金融冲击的条件下发现，对货币政策规则的正确选择在缓解甚至解决金融危机中发挥了关键的作用。葛奇（2016）则在讨论了是否和如何将金融稳定纳入中央银行的货币政策目标后，提出了货币政策应该如何对金融稳定程度的变化做出反应及二者间的相互作用。董兵兵等（2021）提出中央银行在货币政策规则中应钉住宏观杠杆率，并根据调控目标和调控政策，灵活选择利率和杠杆率的内生机制。

关于货币政策与金融稳定之间关系的实证研究，主要包括两个方面：一是货币政策在金融市场的溢出效应。Kazi 等（2013）利用 TVP-FAVAR 模型发现美国货币政策显著降低了世界主要经济体的利率，并且通过资产价格、利率和贸易渠道对其他经济体产生正向冲击。何国华和彭意（2014）发现美国和日本两国扩张性的货币政策对我国均有负面的冲击，而美国主要通过输入性通货膨胀和资本市场等渠道传导，日本则通过国际贸易渠道影响我国金融市场稳定。刘兰芬和韩立岩（2014）分析了全球五大代表性经济体量化宽松货币政策对中国和巴西的冲击，发现五大经济体量化宽松货币政策是引起我国和巴西货币供应量增加的原因，同时对两国股票市场资产泡沫均有正向溢出效应。二是货币政策对金融危机的影响。金融危机之后，多数研究指出，2008 年金融危机和 1929 年金融危机的形成均是由美联储长期实行的低利率政策引起的，低利率导致资产价格泡沫和信贷膨胀，并成为引致危机的关键政策（White，2008；Baily et al.，2008；张怀清和刘明，2009；昌忠泽，2010）。另外，相关研究如 Klingelhöfer 和 Sun（2019）、Zhang等（2020a）等，分析了货币政策对中国系统性金融风险的影响，发现紧缩性的货币政策与系统性金融风险水平正相关，并且货币政策通过影响资产价格来影响金融稳定，其短期影响尤为显著。另外，相关研究分析了货币政策对不同金融市场的影响，如信贷市场（胡莹和仲伟周，2010；张雪兰和何德旭，2012；Levieuge et al.，2021）、股票市场（Ammer et al.，2010；王曦等，2017）、债券市场（Marfatia，2015；李力等，2020；林木材和牛霖琳，2020）、外汇市场（Maćkowiak，2007；Baxa et al.，2013；Jin and Xiong，2021）等，认为货币政策对各金融市场的稳定有着非常重要的影响。

纵观以往研究文献可以发现，虽然关于货币政策与金融稳定的理论和实证研究已经存在，但在全球经济的框架下探讨不同货币政策与金融市场压力溢出之间内生性关系的研究还比较缺乏。尤其需要指出的是，目前还没有研究在考虑各金融子市场相互影响的前提下，将本国货币政策、美国货币政策和欧元区货币政策对金融市场压力溢出的影响纳入统一的模型框架中进行讨论。有鉴于此，本章在尝试构建全球金融市场网络模型的前提下，量化不同货币政策（本国货币政策、美国货币政策和欧元区货币政策）对全球主要经济体各金融子市场的影响，分析货币政策对各类经济体金融市场压力溢出的影响，探讨本国货币政策及美国货币政策和欧元区货币政策对不同经济体金融市场稳定冲击的传导路径及长短期效应。

本章在考虑区制转换的条件下，基于 GVAR 模型（Chen and Semmler，2018）将 G20 国家纳入统一分析框架中，利用金融压力溢出模型（Diebold and Yilmaz，2014）测度各国金融子市场压力溢出水平，并在此基础上对不同水平的货币政策与金融压力溢出关系开展深入研究。具体而言，本章首先深入分析了各金融子市场压力溢出在不同货币周期下的动态演变关系，并考虑了不同国家间、不同市场间压力溢出水平的差异。其次，在考虑各国自身宏观经济周期的前提下，本章实证检验了本国货币政策、美国货币政策和欧元区货币政策对各国金融子市场压力溢出的影响。最后，本章进一步研究了国内外货币政策对各国金融子市场压力溢出影响的长短期效果。在此基础上，对完善中国货币政策制度和防范跨境货币政策冲击提出了若干建议。

5.2 研 究 设 计

5.2.1 样本选择

考虑到样本的代表性与数据的可获得性，本章以 2016~2020 年 G20 国家的信贷市场、股票市场、债券市场、外汇市场和货币市场为研究对象，在构建金融压力溢出指数并测度金融压力溢出效应的基础上，研究货币政策对金融市场压力溢出的影响机制。其中，与金融压力溢出指数构建相关的日频数据来源于 Datastream 数据库。结合杨子晖（2008）、林木材和牛霖琳（2020）、费兆奇和刘康（2020）等研究，本章利用短期利率作为货币政策的代理变量[①]。短期利率及控制变量等宏观数据来自经济合作与发展组织（Organization for Economic Co-operation and Development，OECD）数据库。

5.2.2 RSGVAR 模型构建

传统的 VAR 模型仅考虑两两主体间的相关关系，而忽略了国际金融市场和全球经济一体化这一背景的影响，导致分析结果出现显著偏差。鉴于本章基于全球金融市场刻画和分析 G20 国家各金融子市场压力的溢出效应并研究货币政策对其冲击，并且在样本周期内存在不同的货币周期和金融市场周期（王曦等，2017），本章在 Binder 和 Gross（2013）、Chen 和 Semmler（2018）研究的基础上，构建了 RSGVAR 模型。

假定全球金融市场中有 N 个国家，对于国家 i 而言，货币政策对金融市场压力溢出的影响符合两区制 VAR 模型，如低利率水平状态与高利率水平状态。根据以上假定，国家 i 两区制 VAR 模型定义如式（5-1）所示：

$$Y_{i,t} = \alpha_{i,S_{i,t}} + \sum_{l=1}^{p_{i,S_{i,t}}} A_{i,l,S_{i,t}} Y_{i,t-l} + \sum_{l=1}^{q_{i,S_{i,t}}} A_{i,l,S_{i,t}}^* Y_{i,t-l}^* + \sum_{l=1}^{\varsigma_{i,S_{i,t}}} \Psi_{i,l,S_{i,t}} E_{i,t-l} + \varepsilon_{i,S_{i,t}}$$

$$\varepsilon_{i,S_{i,t}} \sim (0, \sum S_{i,t})$$

$$S_{i,t} = \begin{cases} 1, & f_{i,t-d} > \tau_i \\ 2, & f_{i,t-d} \leqslant \tau_i \end{cases} \tag{5-1}$$

[①] 本书采取短期利率为货币政策的代理变量主要包括两个原因：第一，短期利率（月度）是与官方政策利率密切相关的利率，采用短期利率月度数据能够确保中央银行的政策决策可以准确反映在货币政策中（吴锦顺，2020）；第二，在双支柱的调控框架下，我国货币政策框架从数量型转向价格型，而短期利率为货币政策传导的主要渠道，具有较好的代表性（郭豫媚等，2018；徐忠和贾彦东，2019）。

其中，$f_{i,t-d}$ 表示 $t-d$ 时刻金融压力门槛观测值；$S_{i,t}$ 表示状态变量，当 $f_{i,t-d}>\tau_i$ 时取值为 1（高金融压力状态），当 $f_{i,t-d}\leqslant\tau_i$ 时取值为 2（低压力状态）；$Y_{i,t-1}$ 表示包括国家 i 多个金融子市场压力溢出指数的 k_i 维向量；$Y_{i,t-1}^*$ 表示其他国家对应变量的加权平均的 k_i^* 维向量；$E_{i,t-l}$ 表示全球外生变量的 k_i^s 维向量；$\alpha_{i,S_{i,t}}$、$A_{i,l,S_{i,t}}$、$A_{i,l,S_{i,t}}^*$ 和 $\Psi_{i,l,S_{i,t}}$ 分别表示不同区制下对应变量的系数；p_i、q_i 和 ς_i 分别表示 Y_i、Y_i^* 和 E_i 的滞后阶数；$\varepsilon_{i,S_{i,t}}$ 表示区制依赖的残差矩阵。

相对于传统的 VAR 模型，GVAR 模型最突出的优势主要体现在对单个国家 VAR 模型进行估计的基础上，进一步估计国家内部、不同国家间和全球范围的溢出效应，而这正与本章需要构建的 G20 国家五个不同金融子市场压力溢出模型的目标一致。GVAR 模型下 N 个区制状态向量 S_t 可以表示为 $S_t=\left(S_{1,t},S_{2,t},\cdots,S_{N,t}\right)$。给定状态向量 S_t，国家 i 的区制转换向量自回归（regime-switching vector autoregressive，RSVAR）模型可以表达为

$$Y_{i,t}=\alpha_{i,S_{i,t}}+\sum_{l=1}^{p_{i,S_{i,t}}}A_{i,l,S_{i,t}}Y_{i,t-l}+\sum_{l=1}^{q_{i,S_{i,t}}}A_{i,l,S_{i,t}}^*Y_{i,t-l}^*+\sum_{l=1}^{\varsigma_{i,S_{i,t}}}\Psi_{i,l,S_{i,t}}E_{i,t-l}+\varepsilon_{i,S_{i,t}}$$

$$=\alpha_{i,S_{i,t}}+\sum_{l=1}^{p_{i,S_{i,t}}}A_{i,l,S_{i,t}}Y_{i,t-l}+\sum_{l=1}^{q_{i,S_{i,t}}}A_{i,l,S_{i,t}}^*\left(w_{i,1},\cdots,w_{i,i-1},0,w_{i,i+1},\cdots,w_{i,N}\right)\begin{pmatrix}Y_{1,t-l}\\Y_{2,t-l}\\\vdots\\Y_{N,t-l}\end{pmatrix} \quad (5\text{-}2)$$

$$+\sum_{l=1}^{\varsigma_{i,S_{i,t}}}\Psi_{i,l,S_{i,t}}E_{i,t-l}+\varepsilon_{i,S_{i,t}}$$

将 N 个样本国家的 RSVAR 模型叠加，可以得到 RSGVAR 模型，其表达形式如下：

$$\begin{pmatrix}Y_{1,t}\\Y_{2,t}\\\vdots\\Y_{N,t}\end{pmatrix}=\begin{pmatrix}\alpha_{1,S_{i,t}}\\\alpha_{2,S_{i,t}}\\\vdots\\\alpha_{N,S_{i,t}}\end{pmatrix}+\sum_{l=1}^{P}\begin{pmatrix}A_{1,l,S_{1,t}}&0&\cdots&0\\0&A_{2,l,S_{2,t}}&\cdots&0\\\vdots&\vdots&&\vdots\\0&0&\cdots&A_{N,l,S_{N,t}}\end{pmatrix}\begin{pmatrix}Y_{1,t-l}\\Y_{2,t-l}\\\vdots\\Y_{N,t-l}\end{pmatrix}$$

$$+\sum_{l=1}^{q}\begin{pmatrix}A_{1,l,S_{1,t}}^*&0&\cdots&0\\0&A_{2,l,S_{2,t}}^*&\cdots&0\\\vdots&\vdots&&\vdots\\0&0&\cdots&A_{N,l,S_{N,t}}^*\end{pmatrix}\begin{pmatrix}0&w_{1,2}&\cdots&w_{1,N}\\w_{2,1}&0&\cdots&w_{2,N}\\\vdots&\vdots&&\vdots\\w_{N,1}&w_{N,2}&\cdots&0\end{pmatrix}\begin{pmatrix}Y_{1,t-l}\\Y_{2,t-l}\\\vdots\\Y_{N,t-l}\end{pmatrix}$$

$$+\sum_{l=1}^{\varsigma}\begin{pmatrix}\Psi_{1,l,S_{1,t}} & 0 & \cdots & 0\\ 0 & \Psi_{2,l,S_{2,t}} & \cdots & 0\\ \vdots & \vdots & & \vdots\\ 0 & 0 & \cdots & \Psi_{N,l,S_{N,t}}\end{pmatrix}\begin{pmatrix}E_{1,t-l}\\ E_{2,t-l}\\ \vdots\\ E_{N,t-l}\end{pmatrix}+\begin{pmatrix}\varepsilon_{1,S_{1,t}}\\ \varepsilon_{2,S_{2,t}}\\ \vdots\\ \varepsilon_{N,S_{N,t}}\end{pmatrix} \quad （5\text{-}3）$$

其中，P 表示所有国家和区制中最大滞后项。定义 $Y_t=\left(Y_{1,t},Y_{2,t},\cdots,Y_{N,t}\right)^{\mathrm{T}}$，$\alpha_{S_t}=\left(\alpha_{1,S_t},\alpha_{2,S_t}\cdots,\alpha_{N,S_t}\right)^{\mathrm{T}}$，$\Psi_{S_t}=\left(\Psi_{1,l,t},\Psi_{2,l,t},\cdots,\Psi_{N,l,t}\right)^{\mathrm{T}}$，$E_t=\left(E_{1,t},E_{2,t},\cdots,E_{N,t}\right)^{\mathrm{T}}$，$\varepsilon_{S_t}=\left(\varepsilon_{1,S_t},\varepsilon_{2,S_t},\cdots,\varepsilon_{N,S_t}\right)^{\mathrm{T}}$，

$$G_{l,S_t}=\begin{pmatrix}A_{1,l,S_{1,t}} & 0 & \cdots & 0\\ 0 & A_{2,l,S_{2,t}} & \cdots & 0\\ \vdots & \vdots & & \vdots\\ 0 & 0 & \cdots & A_{N,l,S_{N,t}}\end{pmatrix}$$

$$+\begin{pmatrix}A_{1,l,S_{1,t}}^{*} & 0 & \cdots & 0\\ 0 & A_{2,l,S_{2,t}}^{*} & \cdots & 0\\ \vdots & \vdots & & \vdots\\ 0 & 0 & \cdots & A_{N,l,S_{N,t}}^{*}\end{pmatrix}\begin{pmatrix}0 & w_{1,2} & \cdots & w_{1,N}\\ w_{2,1} & 0 & \cdots & w_{2,N}\\ \vdots & \vdots & & \vdots\\ w_{N,1} & w_{N,2} & \cdots & 0\end{pmatrix}$$

式（5-3）可以表示为

$$Y_t=\alpha_{S_t}+\sum_{l=1}^{P}G_{l,S_t}Y_{t-l}+\sum_{l=1}^{\varsigma}\Psi_{l,S_t}E_{t-l}+\varepsilon_{S_t} \quad （5\text{-}4）$$

单个国家 RSVAR 模型中包括两个变量——各金融子市场压力溢出指数 $[\mathrm{TOTO}(\mu)]$ 和货币政策水平（Money）。$Y_{i,t}$ 和 $Y_{i,t}^{*}$ 可表示为

$$Y_{i,t}=\left(\mathrm{TOTO}(\mu)_{i,t},\ \mathrm{Money}_{i,t}\right)^{\mathrm{T}}$$

$$Y_{i,t}^{*}=\left(\sum_{j=1,j\neq i}^{N}w_{i,j}\,\mathrm{TOTO}(\mu)_{i,t},\ \sum_{j=1,j\neq i}^{N}w_{i,j}\mathrm{Money}_{i,t}\right)^{\mathrm{T}}$$

其中，$w_{i,j}$ 表示针对国家 i 而言，其他 N–1 个国家中第 j 个国家的权重。

单个国家 RSVAR 模型估计过程如下：针对国家 i，首先确定货币利率在不同利率状态间转换的临界值 τ，利用赤池信息量准则（Akaike information criterion，AIC）统计值分别确定不同区制下 p_i 和 q_i^{*} 最优组合，从而定义单个国家不同区制下最优 RSVAR 模型。

5.2.3　统计分析

1. 金融市场压力溢出指数统计分析

本章利用金融市场日数据，基于滚动回归的方法动态测度了 G20 国家样本周期内各金融子市场压力溢出指数，预测期设为向前 10 期，滚动窗口设为 60 天[①]。鉴于美国金融市场在全球金融市场中的地位，图 5-1 刻画了 2016～2020 年美国各金融子市场压力溢出指数动态变化示意图。从总体特征来看，美国股票市场和债券市场的溢出水平显著高于其他子市场。2016 年 6 月，由于英国进行全民公投并决定正式脱欧，美国各金融子市场压力溢出指数均显著上升（事件 1）。样本周期内，美联储在 2016 年 12 月至 2018 年 9 月连续 7 次上调基准利率（事件 2～事件 9）：2016 年 12 月上调基准利率当期，债券市场压力溢出指数达到局部极值，随后，股票市场、外汇市场、信贷市场压力溢出指数也均出现上涨趋势；加息周期内，股票市场、债券市场压力溢出指数维持在较高水平，在 2018 年 12 月 10 日最后一次加息到 2019 年 7 月 10 日降息前，股票市场、债券市场、货币市场和外汇市场压力溢出指数达到了局部极值。2017 年 9 月 21 日，美联储宣布从 10 月开始启动渐进式缩表（事件 5），股票市场、外汇市场、债券市场和信贷市场压力溢出指数出现小幅增加。

2019 年 7 月 10 日、9 月 19 日和 10 月 31 日（事件 10～事件 12），美联储连续三次降息，降息周期内，各金融子市场压力溢出指数出现总体下降的趋势。2020 年 1 月至 3 月，由于新冠疫情在全球范围内的扩散及对经济的冲击，全球主要经济体第一季度经济严重下滑，叠加美股在 3 月内连续熔断四次，股票市场压力溢出指数达到样本周期内的极值。3 月 15 日，美联储宣布大幅降息 100 基点至"零下限"并推出 7000 亿美元的量化宽松计划（事件 13），3 月 23 日又进一步出台了包括无限量化宽松在内的一揽子刺激性货币政策。与此同时，为了有效应对新冠疫情对实体经济的冲击，3 月 6 日至 3 月 27 日，美国国会通过了三项主要立法，为市场推出了超 2 万亿美元的纾困计划。在一系列的财政政策和货币政策推出后，虽然股票市场和信贷市场压力溢出指数此后有所降低，但由于无限量化宽松所带来的通胀预期，其他金融子市场压力溢出指数呈现攀升趋势。

---

① 为进一步验证分析结果的鲁棒性，本书同时将预测期设为 15 期，滚动窗口设为 120 天并进行动态分析，样本国家各金融子市场压力溢出指数的变化趋势总体一致，结果稳健。

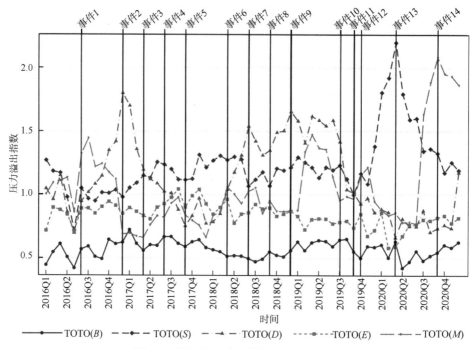

图 5-1　美国各金融子市场压力溢出指数

TOTO(B)为信贷市场压力溢出指数；TOTO(S)为股票市场压力溢出指数；TOTO(D)为债券市场压力溢
出指数；TOTO(E)为外汇市场压力溢出指数；TOTO(M)为货币市场压力溢出指数

　　2020 年 5 月后,由于量化宽松的货币政策和财政政策并未有效刺激美国经济,同时, 每日新冠疫情确诊人数不断攀升,美元指数不断下跌,并在 9 月下跌至局部极值且出现横盘（事件 14）,而受此影响,美国货币市场压力溢出指数自 2020 年 7 月开始迅速攀升,并在 9 月达到极值,此后维持在较高水平,而信贷市场和外汇市场压力溢出指数也出现小幅上涨。

　　图 5-2 显示了其他 8 个发达国家各金融子市场金融压力动态溢出。从各国金融子市场压力溢出指数的动态变化可以看出,加拿大、法国、德国、意大利和日本呈现与美国基本一致的变化趋势: 股票市场［TOTO(S)］和债券市场［TOTO(D)］压力溢出水平较高,在全球加息周期内（2016～2018 年）,各金融子市场压力溢出指数有所增加,2020 年新冠疫情及美股的多次熔断导致股票市场压力溢出指数急增。与其他发达国家不同的是,澳大利亚、韩国和英国货币市场压力溢出指数一直维持在较高水平。

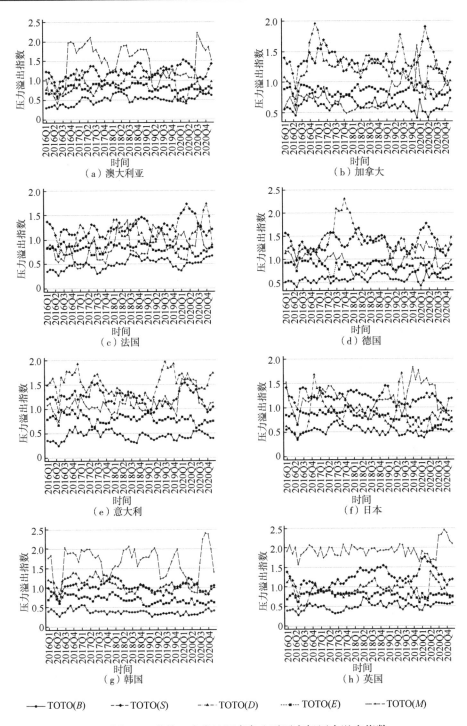

（a）澳大利亚　　　　　　　　　　（b）加拿大

（c）法国　　　　　　　　　　（d）德国

（e）意大利　　　　　　　　　　（f）日本

（g）韩国　　　　　　　　　　（h）英国

—●— TOTO(B)　　- ▲- TOTO(S)　　-▲- TOTO(D)　　··■·· TOTO(E)　　-- TOTO(M)

图 5-2　其他 8 个发达国家各金融子市场压力溢出指数

从 G20 国家发展中国家各金融子市场压力动态溢出来看（图5-3），发展中国家各金融子市场压力溢出呈现出不同的特征。印度尼西亚、俄罗斯和沙特阿拉伯整体压力溢出较低；阿根廷、巴西和中国在样本周期内各金融子市场压力溢出指数波动显著，并且股票市场［TOTO(S)］、债券市场［TOTO(D)］和货币市场［TOTO(M)］压力溢出一直保持在较高水平；印度、墨西哥、南非、土耳其四国债券市场［TOTO(D)］和股票市场［TOTO(S)］为主要的金融压力溢出渠道。各金融子市场压力溢出变化周期性特征与美国基本一致。值得注意的是，发展中国家信贷市场［TOTO(B)］和外汇市场［TOTO(E)］压力溢出指数波动显著高于发达国家，这进一步说明了发展中国家信贷市场和外汇市场对国际金融市场变化更为敏感。

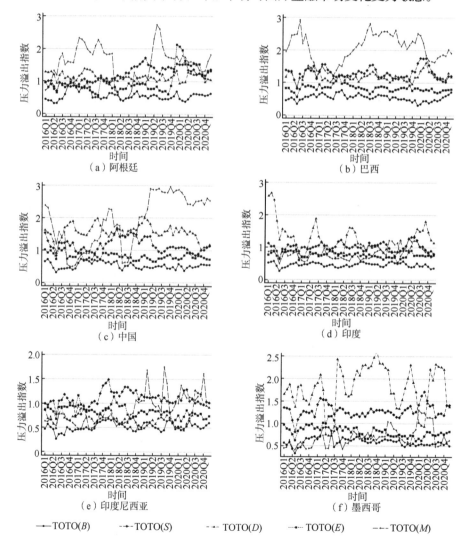

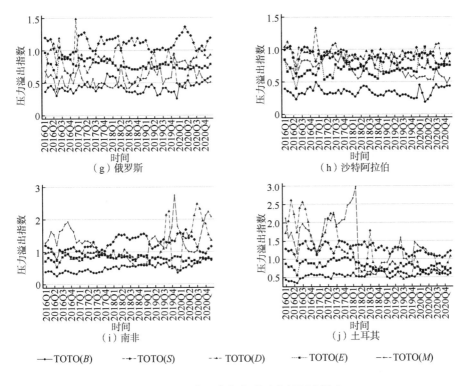

图 5-3　发展中国家各金融子市场压力溢出

2. 样本国家货币利率水平分析及各国 RSVAR 模型参数估计

基于 G20 国家利率的相关数据，利用式（5-1）对各国 RSVAR 模型进行估计，RSVAR 模型相关参数估计如表 5-1 所示。针对样本国家而言，两区制 RSVAR 模型相比单区制 VAR（one regime VAR，ORVAR）模型而言，参数有效性可以得到提升（AIC 统计指标显著降低）。通过发展中国家（图 5-4）和发达国家（图 5-5）利率水平及区制 1（低利率水平）概率相关关系图也可以发现，2016～2020 年，样本国家货币利率处于 2 个显著的区间内，尤其是 2020 年新冠疫情期间，处于显著的低利率水平（区制 1）。

表 5-1　各个国家 RSVAR 模型参数估计

发展中国家						发达国家					
国家	ORVAR	RSVAR					国家	ORVAR	RSVAR			
	AIC	$\rho_{i,1}$	$\rho_{i,2}$	q_i	τ_i	AIC		AIC	$\rho_{i,1}$	$\rho_{i,2}$	q_i	τ_i	AIC
阿根廷	8.427	1	1	1	40.00	7.082	澳大利亚	1.799	1	2	1	0.75	0.181
巴西	5.718	1	2	1	8.25	4.419	加拿大	1.869	1	2	1	1.25	0.250
印度	2.731	1	1	1	5.00	1.846	德国	−2.341	1	2	1	−0.38	−2.923

续表

发展中国家						发达国家					
国家	ORVAR	RSVAR					国家	ORVAR	RSVAR			
	AIC	$\rho_{i,1}$	$\rho_{i,2}$	q_i	τ_i	AIC		AIC	$\rho_{i,1}$	$\rho_{i,2}$	q_i	τ_i	AIC
中国	−0.351	1	1	1	4.05	−2.465	法国	−2.341	1	1	1	−0.38	−2.923
印度尼西亚	2.732	1	1	1	5.15	1.189	意大利	−2.341	1	1	1	−0.38	−2.923
墨西哥	3.826	1	1	1	5.50	2.335	日本	1.432	1	1	2	1.22	1.053
俄罗斯	4.347	1	2	1	7.50	3.504	韩国	1.055	2	1	1	0.75	−0.414
沙特阿拉伯	1.947	1	1	1	1.00	0.975	英国	0.126	1	2	1	0.25	−1.103
南非	3.352	2	1	1	4.25	0.663	美国	2.472	1	1	2	1.38	1.229
土耳其	6.534	1	1	1	14.00	5.056							

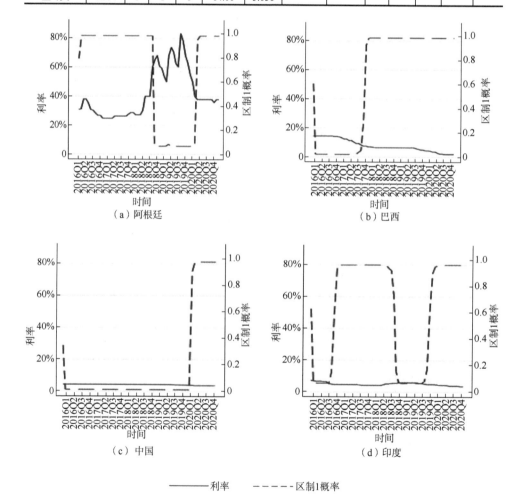

（a）阿根廷　　（b）巴西

（c）中国　　（d）印度

———— 利率　　----- 区制1概率

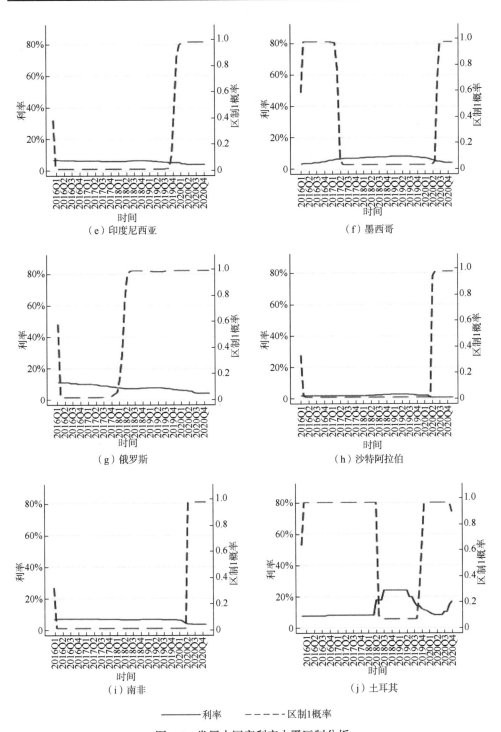

图 5-4　发展中国家利率水平区制分析

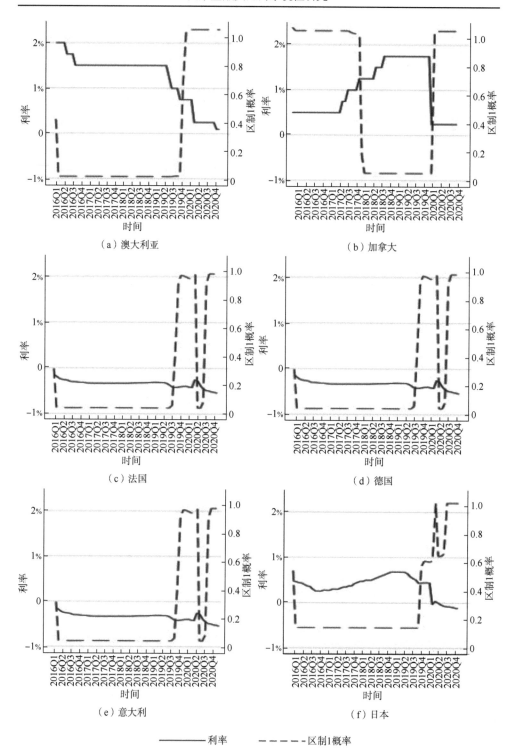

（a）澳大利亚　　　　　　　　　　　（b）加拿大

（c）法国　　　　　　　　　　　　　（d）德国

（e）意大利　　　　　　　　　　　　（f）日本

———— 利率　　　　- - - - 区制1概率

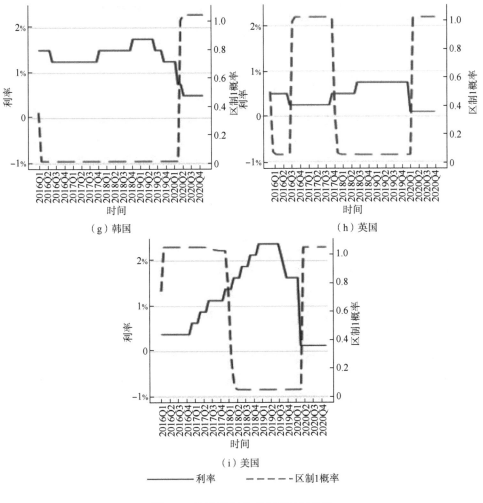

图 5-5　发达国家利率水平区制分析

5.3　货币政策对金融市场压力溢出的影响机制分析

为了考察货币政策对金融市场压力溢出的影响机制，在前文金融市场压力溢出指数构建和金融压力溢出测度的基础上，本节进一步分析了货币资金政策和财政政策对金融压力溢出的影响机制。考虑到经济周期波动、经济体间各国政策传导等影响因素，参考 Abad 等（2010）、郑挺国和刘堂勇（2018）、费兆奇和刘康（2020）等的研究，本节首先利用回归分析的方法，设定各金融子市场间压力溢出的时变特征由本国货币政策、本国经济周期、全球金融市场主要经济体货币政策（美国货币政策、欧元区货币政策）等因素共同决定，具体函数表达形式如式（5-5）所示。

$$TOTO(\mu)_{i,t} = \varphi_0 + \alpha_1 TOTO(\mu)_{i,t-1} + \varphi_1 Money_{i,t-1} + \varphi_2 Money_{US,t-1}$$
$$+ \varphi_3 Money_{EU,t-1} + \sum \tau Control_{i,j,t-1} + \varepsilon_t \qquad (5-5)$$

其中，$TOTO(\mu)_{i,t}$ 表示各金融子市场压力溢出；$Money_i$、$Money_{US}$ 和 $Money_{EU}$ 分别表示样本国本国货币政策、美国货币政策、欧元区货币政策；控制变量 Control 包括货币供应量增长率（M2 growth）、通胀水平（Inflation）和经济增长率（GDP growth），用于控制一国宏观经济周期的影响。

5.3.1　全样本期间货币政策的影响分析

表 5-2 首先报告了全样本期间货币政策对我国各金融子市场压力溢出水平的解释程度及相关参数。从相关参数的估计可以看出，我国货币政策 $Money_i$ 对股票市场和货币市场的影响显著，这说明我国紧缩性的货币政策对股票市场和货币市场的压力溢出具有正向影响；美国货币政策 $Money_{US}$ 对我国股票市场、债券市场、外汇市场和货币市场压力溢出具有显著的正向解释能力；欧元区货币政策 $Money_{EU}$ 对我国股票市场、外汇市场和货币市场具有显著正向解释能力。由此可见，我国货币政策通过影响股票市场和货币市场影响金融市场压力溢出，而股票市场、外汇市场和货币市场则是美国货币政策与欧元区货币政策影响我国金融市场压力溢出的主要路径。

表 5-2　货币政策对中国各金融子市场压力溢出的影响分析

变量	（1）TOTO(B)	（2）TOTO(S)	（3）TOTO(D)	（4）TOTO(E)	（5）TOTO(M)
$Money_{i,t-1}$	0.214	0.373*	−0.324	−0.202	2.322**
	（0.66）	（1.78）	（−1.53）	（−0.58）	（2.07）
$Money_{US,t-1}$	−0.080 3	0.031 0**	0.122**	0.005 29***	0.388**
	（−1.55）	（2.41）	（2.20）	（3.09）	（2.14）
$Money_{EU,t-1}$	−0.156	0.263***	0.356	0.449*	1.897***
	（−0.49）	（3.52）	（0.58）	（1.87）	（2.63）
M2 growth$_{i,t-1}$	−0.019 3	0.057 5	−0.014 2	−0.008 77	−0.170**
	（−0.83）	（1.55）	（−0.33）	（−0.36）	（−2.20）
Inflation$_{i,t-1}$	−0.062 4**	0.079 6	0.057 5	0.005 96	−0.193
	（−2.02）	（1.59）	（0.98）	（0.17）	（−1.66）

续表

变量	（1）TOTO(B)	（2）TOTO(S)	（3）TOTO(D)	（4）TOTO(E)	（5）TOTO(M)
GDP growth$_{it-1}$	−0.049 9	0.131**	0.047 8	0.003 61	−0.274**
	（−1.67）	（2.44）	（0.84）	（0.11）	（−2.36）
TOTO(B)$_{it-1}$	0.646***				
	（6.07）				
TOTO(S)$_{it-1}$		0.557***			
		（4.61）			
TOTO(D)$_{it-1}$			0.677***		
			（6.49）		
TOTO(E)$_{it-1}$				0.302**	
				（2.17）	
TOTO(M)$_{it-1}$					0.717***
					（9.53）
常数项	0.777	−4.104	1.440	1.809	18.720***
	（0.39）	（−1.36）	（0.38）	（0.85）	（2.70）
N	59	59	59	59	59
R^2	0.523	0.725	0.646	0.314	0.903

***、**和*分别代表在 1%、5%和 10%的水平下显著

表 5-3 描述了货币政策对美国各金融子市场压力溢出的影响。与对我国影响不同的是，美国紧缩性的货币政策 Money$_i$ 显著增加了本国的股票市场和外汇市场压力溢出，但在一定程度上降低了货币市场和债券市场压力溢出，这在一定程度上说明股票市场和外汇市场是美国货币政策效应传导的主要路径。而欧元区货币政策的影响也显著与我国不同：欧元区紧缩性货币政策显著增加了美国股票市场的压力溢出，但却降低了货币市场的压力溢出，说明欧元区紧缩性货币政策在一定程度上缓解了美国货币市场的压力。

表 5-3　货币政策对美国各金融子市场压力溢出的影响分析

变量	（1）TOTO(B)	（2）TOTO(S)	（3）TOTO(D)	（4）TOTO(E)	（5）TOTO(M)
Money$_{it-1}$	0.024 1	0.079 2**	−0.042 0***	0.051 4**	−0.131**
	（1.30）	（2.20）	（−2.78）	（2.18）	（−2.03）
Money$_{EU,t-1}$	−0.445	0.485***	0.321	−0.399	−0.595**
	（−0.62）	（3.33）	（0.70）	（−0.90）	（−2.08）
M2 growth$_{it-1}$	−0.009 62	0.060 9***	−0.008 01	−0.005 86	−0.015 9
	（−1.52）	（2.95）	（−0.42）	（−0.78）	（−0.73）

续表

变量	（1） TOTO(B)	（2） TOTO(S)	（3） TOTO(D)	（4） TOTO(E)	（5） TOTO(M)
Inflation$_{i,t-1}$	−0.043 0	−0.083 2	0.065 9	−0.127***	0.181*
	（−1.58）	（−1.61）	（0.86）	（−3.35）	（1.93）
GDP growth$_{i,t-1}$	0.028 6	−0.851***	−0.106	0.483***	−0.043 6
	（0.22）	（−3.40）	（−0.29）	（3.04）	（−0.11）
TOTO(B)$_{i,t-1}$	0.250*				
	（2.00）				
TOTO(S)$_{i,t-1}$		0.608***			
		（5.38）			
TOTO(D)$_{i,t-1}$			0.866***		
			（9.61）		
TOTO(E)$_{i,t-1}$				0.174	
				（1.31）	
TOTO(M)$_{i,t-1}$					0.707***
					（7.47）
常数项	0.368***	0.405***	0.240	0.736***	0.047 4
	（4.91）	（2.74）	（1.38）	（6.09）	（0.32）
N	59	59	59	59	59
R^2	0.333	0.820	0.763	0.550	0.760

***、**和*分别代表在 1%、5%和 10%的显著性水平下显著

表 5-4 详细给出了货币政策对 G20 国家中除中国和美国外其他发展中国家和发达国家各金融子市场压力溢出的影响。根据表 5-4 的 A 部分中本国货币政策（Money$_i$）、美国货币政策（Money$_{US}$）和欧元区货币政策（Money$_{EU}$）的结果可以发现，本国紧缩性的货币政策（Money$_i$）和美国货币政策（Money$_{US}$）显著增加了发展中国家信贷市场的压力溢出，而欧元区货币政策对非欧元区国家信贷市场压力溢出总体并不显著。可以发现，发展中国家信贷市场压力溢出主要受本国货币政策和美国货币政策的影响。由表 5-4 的 B 部分可以看出，发展中国家股票市场压力溢出不仅受本国货币政策影响，欧元区货币政策也是其压力增加的重要来源。表 5-4 的 C 部分中对债券市场的影响说明，本国货币政策对债券市场压力溢出有显著负向影响；美国货币政策和欧元区货币政策显著增加了发展中国家债券市场的压力溢出。表 5-4 的 D 部分和表 5-4 的 E 部分中关于外汇市场和货币市场的结果说明，美国货币政策显著增加了发展中国家外汇市场和货币市场的压力溢出。

表 5-4　货币政策对其他发展中国家和发达国家各金融子市场压力溢出影响分析

A　货币政策对各国信贷市场压力溢出的影响

变量	发展中国家								
	阿根廷	巴西	印度	印度尼西亚	墨西哥	俄罗斯	沙特阿拉伯	南非	土耳其
$Money_{i,t-1}$	−0.001 52	0.000 550**	−0.399	0.003 44**	0.047 6**	0.062 2**	0.002 40	0.081 7	0.074 2***
	(−1.24)	(2.12)	(−1.09)	(2.25)	(2.21)	(2.57)	(0.33)	(1.28)	(3.37)
$Money_{US,t-1}$	−0.037 3	0.002 82	0.094 9*	0.012 5***	0.032 4*	0.087 4**	−0.012 8	0.075 8**	−0.068 5
	(−1.63)	(0.19)	(1.96)	(2.61)	(1.68)	(2.36)	(−0.75)	(2.53)	(−0.22)
$Money_{EU,t-1}$	−0.343	−0.288	0.076 9	0.005 70	0.147	−0.086 7	−0.051 5**	−0.249	0.022 7
	(−1.06)	(−1.46)	(0.25)	(0.04)	(0.54)	(−0.35)	(−2.23)	(−1.37)	(0.12)

变量	发达国家							
	澳大利亚	加拿大	法国	德国	意大利	日本	韩国	英国
$Money_{i,t-1}$	0.042 6	0.021 8	−0.066 8	−0.172	−0.037 3	−0.148	0.024 7	−0.086 3
	(1.23)	(0.47)	(−0.38)	(−0.84)	(−0.23)	(−0.95)	(0.38)	(−1.11)
$Money_{US,t-1}$	−0.016 7	0.027 7	0.014 8	0.001 38	0.019 1	−0.016 9	−0.029 0	0.039 8
	(−0.92)	(0.68)	(0.82)	(0.06)	(0.96)	(−1.03)	(−1.05)	(1.33)
$Money_{EU,t-1}$	−0.373	−0.217				−0.040 2	−0.338*	−0.117
	(−1.53)	(−1.19)				(−0.23)	(−1.87)	(−0.64)

B　货币政策对各国股票市场压力溢出的影响

变量	发展中国家								
	阿根廷	巴西	印度	印度尼西亚	墨西哥	俄罗斯	沙特阿拉伯	南非	土耳其
$Money_{i,t-1}$	0.000 167**	−0.012 5	0.107***	0.069 7***	−0.075 5	0.019 0	0.000 486	0.038 1	−0.006 30
	(2.13)	(−1.27)	(3.29)	(2.68)	(−1.15)	(1.59)	(0.04)	(0.80)	(−0.15)
$Money_{US,t-1}$	0.072 0	0.020 6	0.003 76	−0.039 7**	0.081 0	0.074 7	0.027 2	0.003 23***	0.077 3
	(0.92)	(0.66)	(0.05)	(−2.13)	(1.51)	(1.46)	(1.19)	(3.08)	(1.22)
$Money_{EU,t-1}$	0.647*	0.691***	−0.190	0.748**	0.276	1.320***	0.197***	0.648**	0.640*
	(1.89)	(2.64)	(−0.37)	(2.44)	(0.59)	(3.86)	(2.59)	(2.61)	(1.68)

变量	发达国家							
	澳大利亚	加拿大	法国	德国	意大利	日本	韩国	英国
$Money_{i,t-1}$	0.016 2	−0.223**	0.698**	0.674*	0.081 1***	0.125	0.291	0.222*
	(0.26)	(−2.23)	(2.04)	(1.80)	(4.28)	(1.37)	(0.99)	(1.83)
$Money_{US,t-1}$	0.050 9	−0.232***	−0.063 6*	−0.035 8*	0.008 12	0.001 56	−0.116***	−0.049 9**
	(1.48)	(−3.04)	(−1.83)	(−1.98)	(0.23)	(0.07)	(−2.77)	(−2.07)
$Money_{EU,t-1}$	−0.164	−0.242				0.022 4	0.293	0.210***
	(−0.39)	(−0.70)				(0.09)	(1.19)	(3.70)

续表

C 货币政策对各国债券市场压力溢出的影响

变量	发展中国家								
	阿根廷	巴西	印度	印度尼西亚	墨西哥	俄罗斯	沙特阿拉伯	南非	土耳其
$Money_{i,t-1}$	-0.000 705	0.005 68	-0.185	-0.000 989	-0.074 0***	-0.012 3	-0.005 30**	0.029 1	-0.246**
	(-0.48)	(0.63)	(-0.42)	(-0.02)	(-3.38)	(-0.11)	(-2.24)	(0.43)	(-2.19)
$Money_{US,t-1}$	0.047 1	-0.012 2	0.109**	0.188**	0.029 5**	0.138***	0.129**	-0.079 1	0.133
	(0.68)	(-0.41)	(2.17)	(2.28)	(2.03)	(3.80)	(2.45)	(-1.39)	(0.84)
$Money_{EU,t-1}$	0.645*	0.196**	0.428*	-0.766	-0.545	2.018*	-0.587	0.478**	-0.139
	(1.71)	(2.51)	(1.75)	(-1.21)	(-1.25)	(1.67)	(-0.89)	(2.44)	(-0.13)

变量	发达国家							
	澳大利亚	加拿大	法国	德国	意大利	日本	韩国	英国
$Money_{i,t-1}$	-0.074 8***	-0.009 16***	-1.298**	-0.357	-0.890	-0.521***	-0.337	-0.238
	(-5.89)	(-3.09)	(-2.51)	(-0.74)	(-1.06)	(-2.97)	(-0.97)	(-1.56)
$Money_{US,t-1}$	0.003 10	0.027 8	0.217***	0.072 9	-0.056 1	-0.038 4	0.149	0.067 9
	(0.07)	(0.31)	(3.23)	(1.56)	(-1.21)	(-0.85)	(1.09)	(1.21)
$Money_{EU,t-1}$	-1.305**	0.654				1.488***	0.052 4	1.238
	(-2.26)	(1.62)				(2.94)	(0.19)	(1.43)

D 货币政策对各国外汇市场压力溢出的影响

变量	发展中国家								
	阿根廷	巴西	印度	印度尼西亚	墨西哥	俄罗斯	沙特阿拉伯	南非	土耳其
$Money_{i,t-1}$	0.002 27***	-0.005 40	-0.117	-0.034*	-0.009 86	0.052 9**	0.024 4***	-0.166	-0.003 76
	(3.88)	(-0.97)	(-0.45)	(-1.74)	(-0.21)	(2.17)	(3.54)	(-0.87)	(-0.15)
$Money_{US,t-1}$	0.031 9***	0.039 8**	-0.012 4	0.032 1	0.010 3	0.089 6**	0.027 2*	0.196***	0.020 9
	(2.65)	(2.17)	(-0.22)	(1.25)	(0.45)	(2.36)	(1.93)	(4.07)	(0.56)
$Money_{EU,t-1}$	-0.817	0.164	-0.409	0.426	0.104	-0.133	0.301***	0.277	0.184
	(-1.22)	(0.74)	(-1.23)	(0.79)	(0.30)	(-0.51)	(3.58)	(0.95)	(0.75)

变量	发达国家							
	澳大利亚	加拿大	法国	德国	意大利	日本	韩国	英国
$Money_{i,t-1}$	0.040 4	0.044 0**	0.000 880	0.034 4	0.146	0.036 2	-0.036 2	0.042 9***
	(1.12)	(2.04)	(0)	(0.14)	(0.77)	(0.44)	(-0.44)	(4.61)
$Money_{US,t-1}$	0.017 4	-0.009 39	0.021 5	0.037 0	0.033 1	0.034 0	0.001 02**	0.018 8
	(0.91)	(-0.26)	(0.97)	(1.46)	(1.42)	(1.10)	(2.03)	(0.73)

续表

变量	D　货币政策对各国外汇市场压力溢出的影响							
	发达国家							
	澳大利亚	加拿大	法国	德国	意大利	日本	韩国	英国
$Money_{EU,t-1}$	−0.006 41	0.069 8				−0.260	0.075 7	0.090 2
	(−0.03)	(0.43)				(−1.58)	(0.36)	(0.55)

变量	E　货币政策对各国货币市场压力溢出的影响								
	发展中国家								
	阿根廷	巴西	印度	印度尼西亚	墨西哥	俄罗斯	沙特阿拉伯	南非	土耳其
$Money_{i,t-1}$	−0.009 90	0.009 73***	0.662*	0.018 8	0.089 4	0.016 7	−0.009 14*	0.073 9	−0.331***
	(−0.96)	(3.55)	(1.77)	(0.58)	(0.83)	(0.41)	(−1.69)	(1.38)	(−3.11)
$Money_{US,t-1}$	0.035 8***	−0.008 41**	−0.254	−0.082 0	0.035 3	0.020 4	0.002 47**	0.020 6***	0.492***
	(3.55)	(−2.18)	(−1.43)	(−1.55)	(0.67)	(0.32)	(2.09)	(4.48)	(3.22)
$Money_{EU,t-1}$	−0.120	0.718	1.068*	0.649*	0.170**	0.630**	−0.138	0.244	1.790*
	(−0.13)	(1.16)	(1.93)	(1.72)	(2.21)	(2.38)	(−0.35)	(0.89)	(1.94)

变量	发达国家							
	澳大利亚	加拿大	法国	德国	意大利	日本	韩国	英国
$Money_{i,t-1}$	−0.106	−0.001 02	0.799	0.883	0.392**	0.005 20	0.098 5	−0.079 1
	(5.66)	(−0.02)	(1.45)	(0.69)	(2.14)	(0.72)	(0.27)	(−0.46)
$Money_{US,t-1}$	−0.112	−0.076 1	−0.080 0**	0.097 4	−0.016 0**	−0.073 8*	0.075 6**	0.007 40
	(−1.37)	(−1.47)	(−2.46)	(0.90)	(−2.38)	(−1.92)	(2.48)	(0.12)
$Money_{EU,t-1}$	−1.152	0.391				−0.529**	−1.339	−1.022**
	(−1.08)	(1.43)				(−2.23)	(−1.32)	(−2.22)

***、**和*分别代表在 1%、5%和 10%的显著性水平下显著

5.3.2　量化宽松期间货币政策的影响分析

2019 年下半年开始，全球开始新一轮量化宽松。美联储 2019 年 8 月至 10 月连续三次降息并于 10 月启动扩表。与此同时，欧洲中央银行于 2019 年 9 月 12 日宣布将欧元区隔夜存款利率下调 10 个基点，并从 11 月重启资产购买计划，继续保持量化宽松[①]。日本推出大规模经济刺激计划，中国人民银行自 2019 年 1 月

---

① Mario Draghi, President of the ECB, Luis de Guindos, Vice-President of the ECB, Frankfurt am Main, 12 September 2019. https://www.ecb.europa.eu/press/pressconf/2019/html/ecb.is190912~658eb51d68.en.html[2023-08-20].

开始连续三次降准①。新冠疫情发生后全球经济更是遭受巨大的冲击，各国进一步持续量化宽松。美联储在 2020 年 3 月 15 日推出 7000 亿美元量化宽松后，3 月 23 日开启无限量化宽松，即不限量购买，每个交易日都将购买 750 亿美元国债和 500 亿美元住房抵押支持证券（mortgage-backed securities，MBS），其规模远超 2008 年金融危机期间的规模。其他各经济体不断采取新的量化宽松政策②。

考虑到 2019 年下半年以来量化宽松的货币政策的特殊性，本节重点分析了本轮量化宽松的货币政策（2019 年 8 月～2020 年 12 月）对比紧缩性货币政策期间（2016 年 1 月与 2019 年 7 月）对金融市场压力溢出影响的特殊性。为了有效测度量化宽松时期货币政策影响的特殊性，本节首先定义了量化宽松变量（QE Dummy），在全球新一轮量化宽松期间（2019 年 8 月～2020 年 12 月）其取值为 1。表 5-5 与表 5-6 分别报告了不同货币周期条件下货币政策对发达国家和发展中国家金融市场压力溢出的影响。从表 5-5 和表 5-6 相关结果可以看出，在量化宽松期间，发达国家量化宽松货币政策有效降低了本国债券市场压力溢出；美国量化宽松货币政策显著降低了发达国家的债券市场压力溢出；而欧元区的量化宽松货币政策也有效降低了发展中国家股票市场和外汇市场的压力溢出。

表 5-5　货币政策对发达国家金融市场压力溢出的影响：紧缩与量化宽松货币政策

变量	（1）TOTO(B)	（2）TOTO(S)	（3）TOTO(D)	（4）TOTO(E)	（5）TOTO(M)
$Money_{i,t-1}$	−0.010 9	−0.008 44	0.005 65	−0.011 1	−0.040 9*
	（−1.31）	（−0.58）	（0.27）	（−1.19）	（−1.69）
$Money_{US,t-1}$	0.002 91	−0.000 797	0.007 94	−0.010 5*	0.007 65
	（0.60）	（−0.09）	（0.65）	（−1.94）	（0.54）
$Money_{EU,t-1}$	−0.046 4	−0.326***	0.472***	−0.008 94	−0.414**
	（−0.76）	（−2.86）	（2.99）	（−0.13）	（−2.31）
$Money_{EU,t-1} \times QE\ Dummy$	0.005 67	0.043 2*	−0.024 7	−0.003 25	−0.051 4
	（0.43）	（1.87）	（−0.72）	（−0.22）	（−1.31）
$Money_{i,t-1} \times QE\ Dummy$	−0.016 3	0.092 4***	−0.053 8*	0.022 6*	0.003 69
	（−1.37）	（4.50）	（−1.78）	（1.69）	（0.11）
$Money_{US,t-1} \times QE\ Dummy$	−0.022 7	0.142**	−0.162**	0.130***	0.090 5
	（−0.72）	（2.43）	（−1.97）	（3.50）	（0.97）

① 货币政策工具. http://www.pbc.gov.cn/zhengcehuobisi/125207/125213/index.html[2023-08-20].

② POLICY RESPONSES TO COVID-19. https://www.imf.org/en/Topics/imf-and-covid19/Policy-Responses-to-COVID-19[2023-08-20].

续表

变量	（1） TOTO(B)	（2） TOTO(S)	（3） TOTO(D)	（4） TOTO(E)	（5） TOTO(M)
M2 growth$_{i,t-1}$	−0.000 909	0.001 80	0.000 294	0.000 030 9	0.000 317
	（−0.69）	（0.78）	（0.09）	（0.02）	（0.08）
Inflation$_{i,t-1}$	0.005 92**	0.005 56	0.006 61	0.005 89*	0.008 55
	（1.99）	（1.09）	（0.89）	（1.77）	（1.00）
GDP growth$_{i,t-1}$	−0.049 2	−0.175***	0.045 0	0.025 4	−0.044 4
	（−1.40）	（−2.83）	（0.50）	（0.64）	（−0.43）
TOTO(B)$_{i,t-1}$	0.689***				
	（21.95）				
TOTO(S)$_{i,t-1}$		0.753***			
		（26.30）			
TOTO(D)$_{i,t-1}$			0.798***		
			（29.60）		
TOTO(E)$_{i,t-1}$				0.514***	
				（14.07）	
TOTO(M)$_{i,t-1}$					0.768***
					（28.48）
常数项	0.147***	0.183***	0.355***	0.409***	0.132**
	（5.99）	（3.09）	（6.04）	（10.57）	（1.99）
N	583	583	583	583	583
R^2	0.540	0.649	0.647	0.381	0.629

***、**和*分别代表在 1%、5%和 10%的显著性水平下显著

表 5-6　货币政策对发展中国家金融市场压力溢出的影响：紧缩与量化宽松货币政策

变量	（1） TOTO(B)	（2） TOTO(S)	（3） TOTO(D)	（4） TOTO(E)	（5） TOTO(M)
Money$_{i,t-1}$	−0.000 170	0.001 59*	−0.001 37	0.000 940	0.000 605
	（−0.33）	（1.93）	（−0.83）	（1.29）	（0.34）
Money$_{US,t-1}$	−0.000 267	0.000 600	−0.008 79	−0.031 4***	0.021 1
	（−0.05）	（0.07）	（−0.50）	（−4.01）	（1.13）
Money$_{EU,t-1}$	−0.031 8	0.154***	−0.165	0.207***	−0.048 5
	（−0.86）	（2.65）	（−1.40）	（3.76）	（−0.38）
Money$_{EU,t-1}$ × QE Dummy	−0.037 5	−0.361***	0.455*	−0.213**	−0.074 9
	（−0.51）	（−3.06）	（1.93）	（−2.04）	（−0.30）
Money$_{i,t-1}$ × QE Dummy	−0.000 738	0.001 40	−0.001 32	0.003 47***	−0.001 35
	（−0.97）	（1.16）	（−0.54）	（2.70）	（−0.51）

续表

变量	（1）	（2）	（3）	（4）	（5）
	TOTO(*B*)	TOTO(*S*)	TOTO(*D*)	TOTO(*E*)	TOTO(*M*)
Money$_{US,t-1}$×QE Dummy	0.002 21	0.049 4***	−0.056 8	0.027 8	0.018 2
	（0.18）	（2.59）	（−1.46）	（1.61）	（0.43）
M2 growth$_{i,t-1}$	0.000 029 2	−0.003 65**	−0.002 06	−0.002 48*	−0.000 282
	（0.03）	（−2.50）	（−0.70）	（−1.92）	（−0.09）
Inflation$_{i,t-1}$	−0.000 593	−0.001 37	−0.000 044 0	0.002 43**	0.000 153
	（−0.77）	（−1.13）	（−0.00）	（2.21）	（0.06）
GDP growth$_{i,t-1}$	−0.011 0	−0.202**	0.021 7	−0.016 6	0.035 5
	（−0.18）	（−2.15）	（0.11）	（−0.20）	（0.17）
TOTO(*B*)$_{i,t-1}$	0.742***				
	（25.52）				
TOTO(*S*)$_{i,t-1}$		0.714***			
		（23.89）			
TOTO(*D*)$_{i,t-1}$			0.757***		
			（28.39）		
TOTO(*E*)$_{i,t-1}$				0.648***	
				（18.12）	
TOTO(*M*)$_{i,t-1}$					0.854***
					（38.32）
常数项	0.124***	0.252***	0.472***	0.260***	0.114
	（4.41）	（4.24）	（4.92）	（5.40）	（1.20）
N	590	590	590	590	590
R^2	0.562	0.621	0.625	0.596	0.736

***、**和*分别代表在 1%、5%和 10%的显著性水平下显著

5.3.3　脉冲响应分析

前文的实证分析验证了货币政策对金融市场压力溢出存在影响，但关于货币政策影响的长短期效应，同时也是货币政策制定和防范跨境风险冲击需要关注的重点问题。为了进一步分析不同状态下货币政策对金融市场压力溢出的冲击，利用脉冲响应分析，分别研究本国货币政策、美国货币政策、欧元区货币政策变动对 G20 国家各金融子市场的影响，从而综合考察不同水平货币政策与金融市场稳定的动态关联机制。所有脉冲响应结果基于 5.2.2 节对 RSGVAR 模型的定义及对相关模型参数的估计得到，为了保证估计模型的稳健性，本节使用自助（bootstrap）法进行仿真实验，仿真模拟 10 000 次，基于 95%的置信区间

进行分析①。脉冲响应图中的纵轴表示变量与其稳态数值的百分比偏离,横轴表示考察期数,冲击的大小均为一个标准差（以下简称一单位）。

1. 国内货币政策影响

本节首先分析了不同状态下国内货币政策对本国金融市场压力溢出的影响。图 5-6～图 5-9 分别汇报了信贷市场、股票市场、债券市场、外汇市场和货币市场五个子市场的累计脉冲响应结果②。图 5-6 和图 5-7 为低利率水平（状态 1）下发展中国家和发达国家各金融子市场压力溢出对货币政策的脉冲响应。总体来看,在低利率水平下,发展中国家货币政策变动虽然在短期内导致信贷市场、股票市场和外汇市场压力溢出出现小幅上升,债券市场和货币市场压力溢出小幅下降,但是从长期来看,货币政策冲击显著增加了发展中国家股票市场和货币市场的压力溢出。对于发达国家而言,当本国处于低利率水平时,货币政策变动显著增加了股票市场、外汇市场和货币市场的压力溢出。

图 5-8 与图 5-9 展示了高利率水平下（状态 2）本国货币政策对各金融子市场压力溢出的冲击。在高利率水平下,虽然本国货币政策变动在短期内对发展中国家各个金融子市场压力溢出均有一定程度的影响,但从长期来看,总体上无显著影响。对于发达国家而言,本国货币政策冲击显著降低了股票市场、债券市场和外汇市场的压力溢出,但对货币市场压力溢出却呈现显著正影响。

上述结果说明,不同利率水平下本国货币政策的变动对发展中国家和发达国家各金融子市场的影响存在显著差异。在低利率水平下,货币政策变动可以有效地调节发展中国家股票市场和货币市场及发达国家股票市场、外汇市场和货币市场的压力溢出;而在高利率水平下,货币政策工具仅对发达国家的股票市场、债券市场、外汇市场和货币市场有效。

2. 美国货币政策的冲击

图 5-10～图 5-13 分别报告了不同利率水平下美国货币政策对 G20 国家各金融子市场压力溢出的冲击。总体来看,当美国货币利率处于低水平状态（状态 1）时,美国货币政策冲击在期初显著增加了发展中国家信贷市场、股票市场、债券市场、外汇市场和货币市场的压力溢出,但从长期来看,对债券市场的影响却显著变化为负;对于发达经济体而言,美国货币政策的冲击对股票市场、债券市场

---

① 具体 bootstrap 的估计过程及具体说明详见 Chen 和 Semmler（2018）。

② 为了更清晰地展示各个子市场脉冲响应的结果,本书相关脉冲响应图仅汇报了累计脉冲响应结果,5%和95%置信水平下的结果未进行汇报。

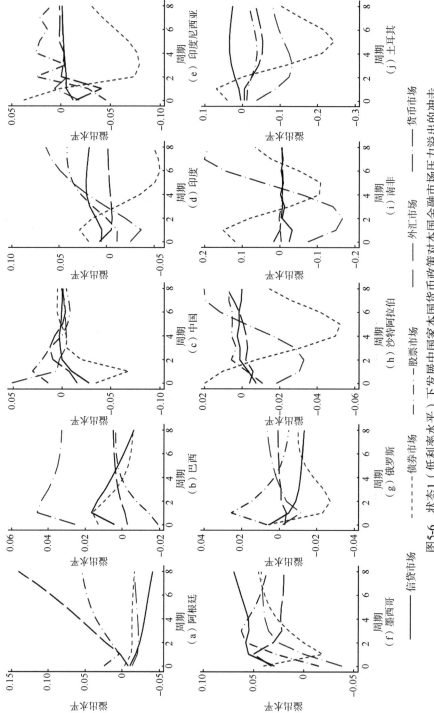

图5-6 状态1（低利率水平）下发展中国家本国货币政策对本国金融市场压力溢出的冲击

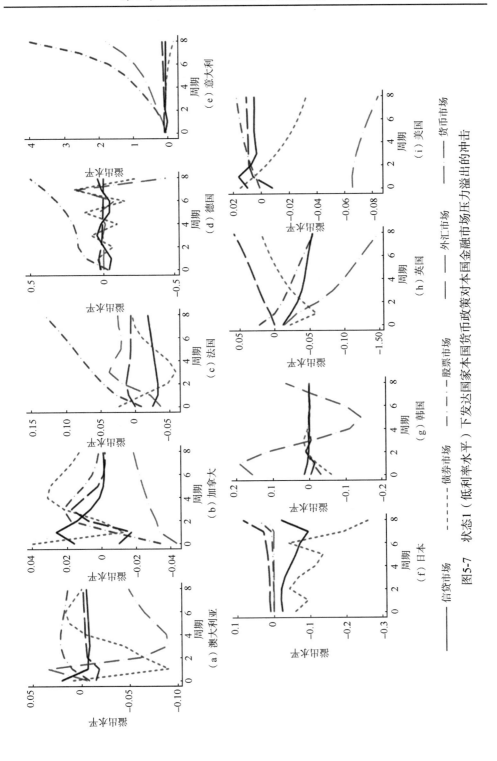

图5-7　状态1（低利率水平）下发达国家本国货币政策对本国金融市场压力溢出的冲击

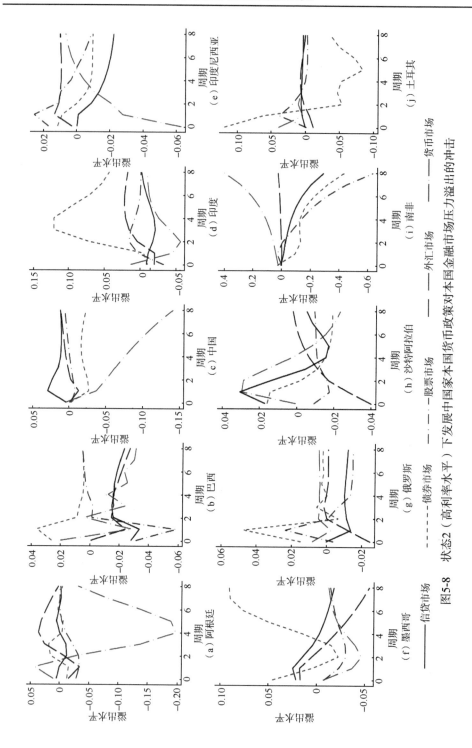

图5-8　状态2（高利率水平）下发展中国家本国货币政策对本国金融市场压力溢出的冲击

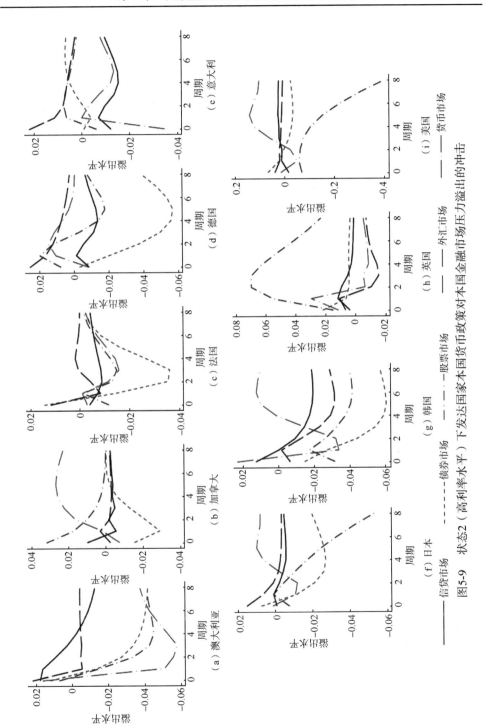

图5-9　状态2（高利率水平）下发达国家本国货币政策对本国金融市场压力溢出的冲击

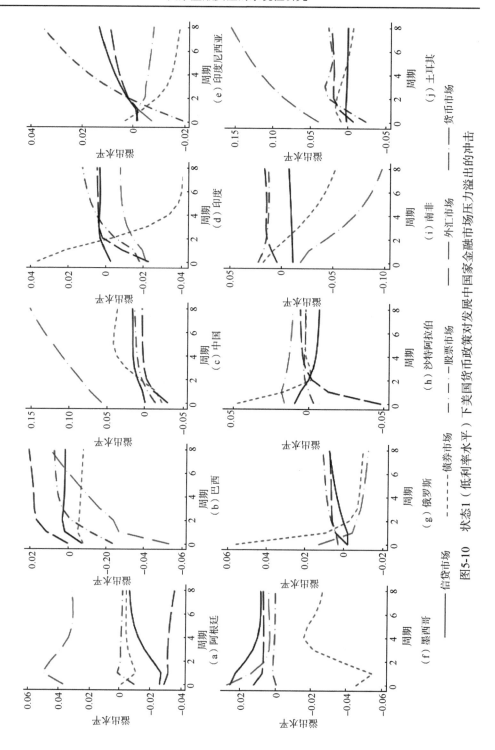

图5-10　状态1（低利率水平）下美国货币政策对发展中国家金融市场压力溢出的冲击

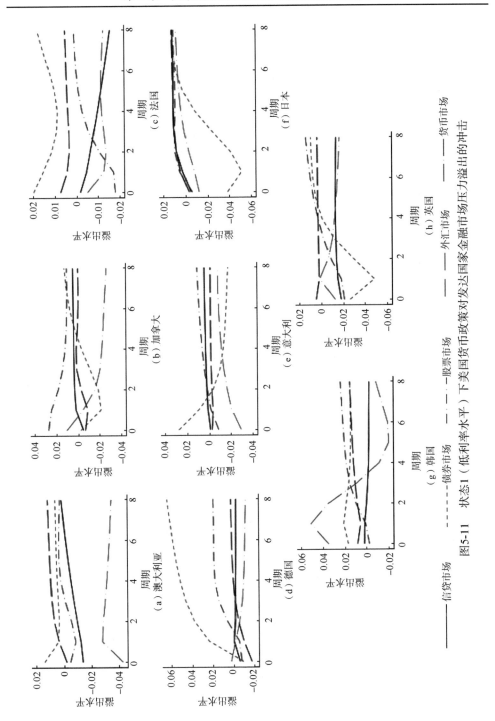

图5-11　状态1（低利率水平）下美国货币政策对发达国家金融市场压力溢出的冲击

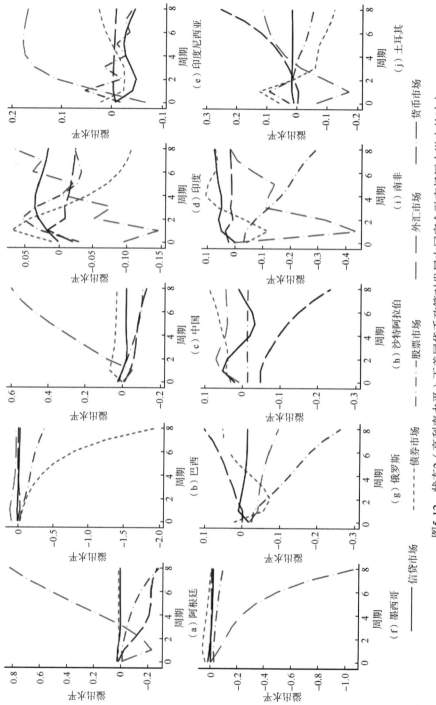

图5-12　状态2（高利率水平）下美国货币政策对发展中国家金融市场压力溢出的冲击

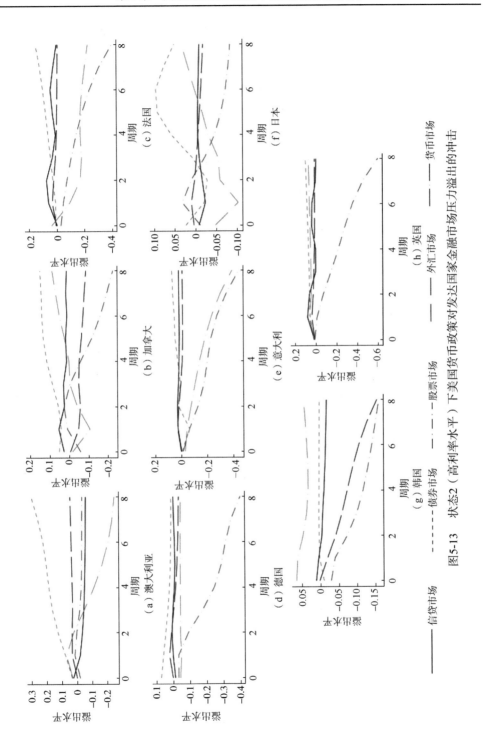

图5-13　状态2（高利率水平）下美国货币政策对发达国家金融市场压力溢出的冲击

和外汇市场压力溢出呈现显著的正影响，对货币市场压力溢出显著为负，并且总体影响比较平稳。

当美国货币利率处于高水平状态（状态2）时，一单位美国货币冲击显著降低了发展中国家股票市场的压力溢出，并对信贷市场无显著影响，显著增加了债券市场压力溢出（巴西、印度和土耳其除外）和货币市场压力溢出（墨西哥、俄罗斯除外）。而对于发达国家而言，高利率状态下美国货币政策冲击则显著降低了发达国家股票市场压力溢出，增加了债券市场压力溢出，对其他市场并无显著影响。

综合美国货币政策的影响可以发现，当美国处于低利率水平时，美国监管机构可以通过调节利率水平，通过信贷市场、股票市场、债券市场、外汇市场和货币市场等五个金融子市场影响发展中国家金融市场稳定，通过股票市场、债券市场、外汇市场和货币市场影响其他发达国家金融市场稳定；当美国处于高利率水平时，信贷市场影响渠道无法发挥作用，美国货币政策仅可以通过股票市场和债券市场（针对发展中国家和发达国家均有效）影响全球金融市场稳定。

3. 欧元区货币政策的冲击

图5-14~图5-17分别报告了不同利率水平下欧元区货币政策的冲击。总体来看，在低利率水平下（状态1），欧元区货币政策冲击对发展中国家信贷市场和外汇市场无显著影响，在期初显著增加了股票市场和债券市场的压力溢出，但长期趋于不显著，显著增加了货币市场的压力溢出，并且总体而言较为显著。对于发达经济体而言，欧元区货币政策对美国、英国和加拿大的股票市场压力溢出有显著正向冲击，对日本和韩国货币市场压力溢出存在显著正向影响。

在高利率水平下（状态2），欧元区货币政策在期初增加了发展中国家债券市场和货币市场的压力溢出，降低了信贷市场、股票市场和外汇市场的压力溢出，但从长期来看，其影响均趋于零。对于发达国家而言，欧元区货币政策虽然在期初增加了信贷市场、股票市场、外汇市场和货币市场的压力溢出，降低了债券市场的压力溢出，但其影响并不显著，并且在长期内影响趋于零。

根据上述结论可以发现，当欧元区利率水平较低时，欧元区货币政策通过影响发展中国家货币市场及发达经济体股票市场和货币市场影响其金融市场稳定，当欧元区利率水平较高时，虽然短期内货币政策调整会对发达国家和发展中国家的金融市场稳定造成一定程度的影响，但是长期影响并不显著。

表5-7总结了不同利率水平下本国货币政策、美国货币政策和欧元区货币政策对G20国家中发展中国家及发达国家金融市场压力溢出的冲击。结果表明，当处于低利率水平下时，发展中国家货币政策通过股票市场和货币市场渠道影响本国金融市场稳定；而美国货币政策通过信贷市场、股票市场、债券市场、外汇

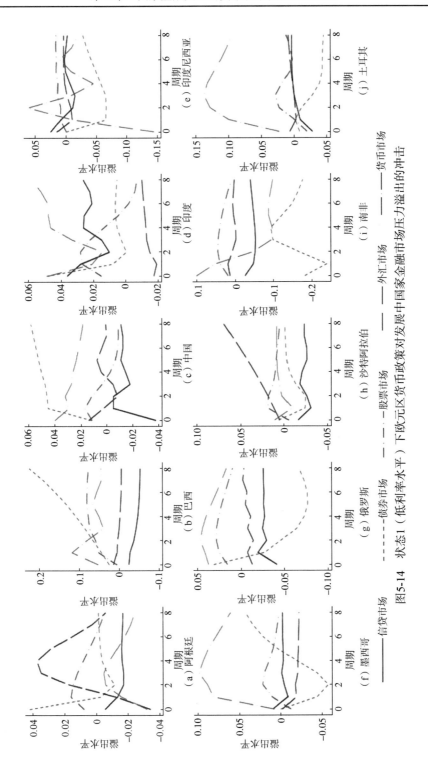

图5-14　状态1（低利率水平）下欧元区货币政策对发展中国家金融市场压力溢出的冲击

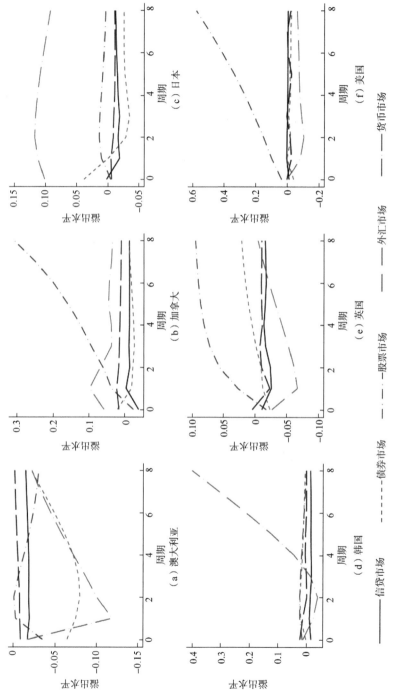

图5-15　状态1（低利率水平）下欧元区货币政策对发达国家金融市场压力溢出的冲击

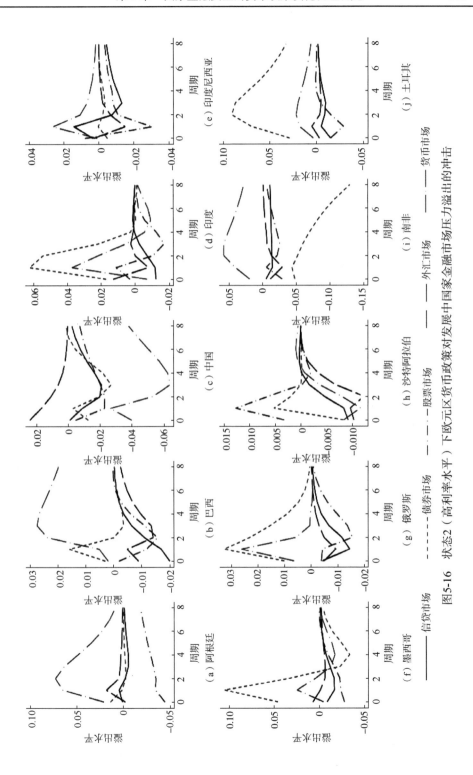

图5-16　状态2（高利率水平）下欧元区货币政策对发展中国家金融市场压力溢出的冲击

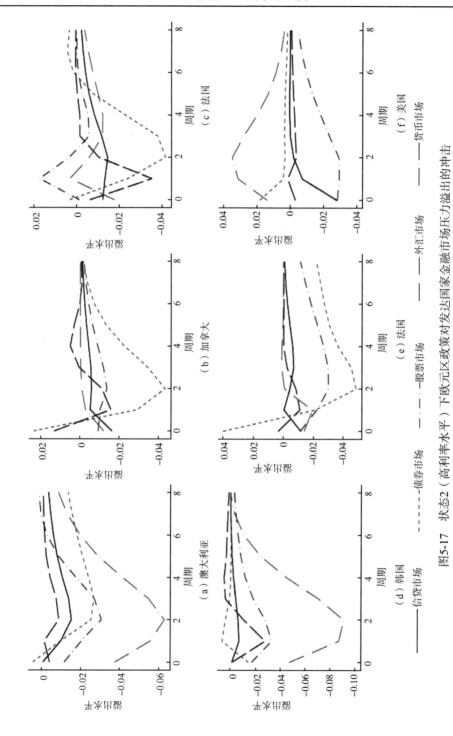

图5-17　状态2（高利率水平）下欧元区政策对发达国家金融市场压力溢出的冲击

市场和货币市场，欧元区货币政策通过货币市场分别对发展中国家的金融市场稳定造成一定程度的冲击。综合来看，本国货币政策、美国货币政策和欧元区货币政策对发展中国家金融市场稳定影响的传导渠道存在相同之处（货币市场），其主要原因是发展中国家货币政策在总体上跟随美国货币政策和欧元区货币政策进行调整，其对货币市场压力溢出的影响总体一致。而由于货币政策的独立性及货币政策工具的差异，本国货币政策、美国货币政策及欧元区货币政策对发达国家金融市场的影响与发展中国家金融市场相比存在显著差异。发达国家本国紧缩性的货币政策在短期内会增加股票市场、外汇市场和货币市场的压力溢出，而美国货币政策则通过股票市场、债券市场、外汇市场和货币市场四个渠道影响其他发达国家金融市场稳定，欧元区货币政策通过股票市场和货币市场两个渠道影响发达国家金融市场稳定。

表 5-7 不同利率水平下货币政策对金融市场压力溢出的冲击

A 低利率水平下货币政策对金融市场压力溢出的冲击									
货币政策	发展中国家					发达国家				
	信贷市场	股票市场	债券市场	外汇市场	货币市场	信贷市场	股票市场	债券市场	外汇市场	货币市场
本国货币政策	—	↑	—	—	↑	—	↑	—	↑	↑
美国货币政策	↑	↑	↓	↑	↑	↑	↑	↑	↑	↓
欧元区货币政策	—	↑	—	—	↑	—	↑	—	—	↑

B 高利率水平下货币政策对金融市场压力溢出的冲击									
货币政策	发展中国家					发达国家				
	信贷市场	股票市场	债券市场	外汇市场	货币市场	信贷市场	股票市场	债券市场	外汇市场	货币市场
本国货币政策	—	—	—	—	—	—	↓	↓	↓	↑
美国货币政策	—	↓	↑	—	↑	—	↓	↑	—	—
欧元区货币政策	—	—	—	—	—	—	—	—	—	—

当各国货币利率处于高利率水平时，本国货币政策和欧元区货币政策变动对发展中国家金融市场稳定并不存在显著影响，而美国货币政策则主要通过发展中国家的股票市场、债券市场和货币市场对其产生显著影响。其主要原因是当发展中国家利率处于高水平时，由于货币工具的局限性，通过调整利率水平无法对金融市场产生影响，货币政策失灵；同时，考虑到欧元区货币政策相对滞后于美国货币政策调整，发展中国家金融市场在美国货币政策变动的影响下，已经对未来欧元区货币政策的变动进行了预期调整，因此，当欧元区货币政策变动时，发展中国家金融市场压力并未显著变化。对于发达国家而言，美国货币政策通过影响

发达国家股票市场和债券市场影响其金融市场稳定。本国货币政策在高利率水平下对股票市场、债券市场、外汇市场存在负向影响，其原因主要还是发达国家金融市场对美国货币政策存在过度反应，以及本国货币政策和调整的相对滞后，因此，当其本国货币政策实施后，金融市场压力溢出通过长期调整回归合理区间。

5.4 结论与政策建议

本章通过构建 RSGVAR 模型并基于关联网络方法，测度并比较分析了 G20 国家在 2016~2020 年各金融子市场压力溢出的时变特征，并在此基础上研究了货币政策因素（本国货币政策、美国货币政策和欧元区货币政策）对各金融子市场压力溢出的长期、短期影响。研究结果发现，美国、加拿大、法国、德国、意大利和日本等发达国家股票市场和债券市场压力溢出水平较高，在全球加息周期内（2016~2018 年），各金融子市场压力溢出有所增加，2020 年新冠疫情及美股的多次熔断导致股票市场压力溢出急增；发展中国家各金融子市场压力溢出变化周期性特征与美国基本一致，但其信贷市场和外汇市场压力溢出波动要显著高于发达国家。

考虑到不同利率水平下货币政策的影响，结果表明，当处于低利率水平时，发展中国家货币政策通过股票市场和货币市场渠道影响本国金融市场稳定；而美国货币政策通过信贷市场、股票市场、债券市场、外汇市场和货币市场，欧元区货币政策通过货币市场分别对发展中国家的金融市场稳定造成一定程度的冲击。综合来看，本国货币政策、美国货币政策和欧元区货币政策对发展中国家金融市场稳定影响的传导渠道存在相同之处（货币市场），其主要原因是发展中国家货币政策在总体上跟随美国货币政策和欧元区货币政策进行调整，其对货币市场压力溢出的影响总体一致。而由于货币政策的独立性及货币政策工具的差异，本国货币政策、美国货币政策及欧元区货币政策对发达国家金融市场的影响与发展中国家金融市场相比存在显著差异。发达国家本国紧缩性的货币政策在短期内会增加股票市场、外汇市场和货币市场的压力溢出，而美国货币政策则通过股票市场、债券市场、外汇市场和货币市场四个渠道影响其他发达国家金融市场稳定，欧元区货币政策通过股票市场和货币市场两个渠道影响发达国家金融市场稳定。

当利率处于高水平时，本国货币政策和欧元区货币政策变动对发展中国家金融市场稳定并不存在显著影响，而美国货币政策则主要通过发展中国家的股票市场、债券市场和货币市场对其产生显著影响。其主要原因是当发展中国家利率处于高水平时，由于货币工具的局限性，通过调整利率水平无法对金融市场产生影响，货币政策失灵；同时，考虑到欧元区货币政策相对滞后于美国货币政策调整，发展中国家金融市场在美国货币政策变动的影响下，已经对未来欧元区货币政策的变动进行了预期调整，因此，当欧元区货币政策变动时，发展中国家金融市场压力并未显著变化。对于发达国家而言，美国货币政策通过影响发达国家股票市场和债券市场影响其金融市场稳定。本国货币政策在高利率水平下对股票市场、债券市场、外汇市场存在负向影响，其原因主要还是发达国家金融市场对美国货币政策存在过度反应，以及本国货币政策和调整的相对滞后，因此，当其本国货币政策实施后，金融市场压力溢出通过长期调整回归到合理区间。

根据以上研究发现，本章得到以下几点启示：①全球金融市场压力溢出周期性变化与美国货币周期基本一致，但发达国家和发展中国家存在显著差异。因此，我国监管机构在对跨境风险进行防控时，需要重点关注发达国家股票市场和债券市场的波动及发展中国家信贷市场和外汇市场波动对我国金融市场的冲击，在有效预期美国货币政策影响的前提下，根据不同国家、不同市场的波动对货币政策的力度和方向进行及时调整，有效防范由跨境风险对我国金融市场的冲击所引发的系统性金融风险。②在不同利率水平下，货币政策因素（本国货币政策、美国货币政策和欧元区货币政策）对发展中国家和发达国家的影响存在显著差异。因此，针对发展中国家而言，由于受美国货币政策的影响较为显著，短期内价格型政策工具（利率）无法显著改变金融市场状况（董兵兵等，2021），应灵活使用数量型货币调控政策，防止金融体系出现局部风险短期激增等突发性事件，维护金融市场稳定。③考虑到美国货币政策和欧元区货币政策影响的非对称对性，并鉴于我国正在逐步实现金融市场的全面开放，在应对其他国家货币政策对我国金融市场的冲击时，不仅要进一步健全我国各金融子市场并提升应对外部冲击的能力，还要针对主要经济体货币政策的影响进行有针对性的评估，构建长期有效的货币政策影响评估体系，并制定针对性的反馈机制，实现对发达国家货币政策长期影响的有效应对。

第二篇 新时代国家金融安全的系统结构研究

　　本篇包括第 6～10 章，这五章重点研究了金融安全的机构关联网络系统、银行系统、金融市场系统、宏观经济系统和金融制裁对金融安全系统的影响效应。第 6 章从尾部风险和溢出效应的视角，以 2007～2017 年我国上市金融机构数据为研究样本，基于 TENET 模型构建了我国金融机构体系的关联网络，解构了金融系统、金融部门间及金融机构间的时变关联特征，分析了金融机构关联水平与系统性风险间的影响关系。第 7 章利用 2008～2018 年中国上市商业银行数据，基于面板计量模型实证检验了商业银行创新对系统性风险的影响。第 8 章在利用 CAViaR 模型对金融市场尾部风险进行准确测度的基础上，基于 Granger 因果关系网络模型和滚动估计法，分别从静态角度和动态角度两个维度刻画不同国家间金融市场尾部风险的跨市场传染路径及影响机制。第 9 章构建 TVP-FAVAR 模型并估计 151 种宏观经济指标对系统性风险冲击的时变响应，采用风险吸收强度和吸收持续期刻画经济韧性，运用区制转换模型分析其影响因素。第 10 章从理论层面研究了金融制裁的传导机制，并选取 1945～2017 年全球 303 起金融制裁案例实证检验影响制裁有效性的因素。

第6章　金融安全的机构关联网络系统研究

随着金融创新的不断发展和全球化水平的不断提高，金融机构间面临的共同风险也在不断增加，这在一定程度上加强了金融机构间的关联性，扩大了负面冲击在金融体系网络中的溢出效应（Adrian and Brunnermeier，2016）。2007年全球金融危机的爆发及雷曼兄弟等金融机构的倒闭迫使学术界和监管部门对系统性风险重新进行评估和认识。全球金融危机发生之前，监管机构主要根据金融机构的规模对系统重要性金融机构进行划分，强调对"大而不倒"的金融机构的风险监管（Morrison，2011）。而后金融危机时代，国际监管机构如金融稳定委员会、巴塞尔银行监管委员会（Basel Committee on Banking Supervision，BCBS）和IMF等开始认识到金融体系的关联性在风险传染过程中的作用，"太关联而不能倒下"的重要性开始受到国际监管机构和各国监管部门的重视，而金融机构间的关联水平也成为识别全球系统重要性银行（global systemically important banks，G-SIBs）的重要影响因素之一（IMF et al.，2009）。

近年来，我国金融市场创新程度不断提升，金融部门内和跨部门间创新业务的发展也进一步提升了不同金融部门间业务联系的复杂性和关联水平。金融系统关联水平的提高在一定程度上加剧了负面冲击在金融机构间、跨部门间及金融系统与实体经济之间的传播扩散速度，扩大了负面冲击的破坏力和影响范围，放大了风险传染的可能性及传染的程度，提高了系统性金融风险发生的概率。因此，基于我国金融体系的发展状况，准确测度和把握金融机构之间、跨部门间及金融系统整体等不同层次的关联水平，对识别我国金融体系系统重要性金融机构和系统性风险，提高我国金融体系的综合监管水平，构建宏观审慎政策框架具有重要意义。

本章通过构建 TENET 模型分析了 2007~2017 年我国金融系统关联网络的动态变化，并对金融系统整体、部门间及金融机构间的关联水平进行了测度和分析。研究样本包括银行、证券、保险和多元金融等 77 家上市金融机构。研究结果表明，金融系统总体关联度在样本期间内呈现了周期性的变化，并在以下三个时点达到最大：金融危机期间（2008~2010 年），欧债危机期间（2011~2014 年）和新一轮货币宽松周期时期（2016~2017 年）。金融部门间的关联度表明银行部门的溢出效应最强，而银行和证券部门受到溢出效应的影响最大。在我国金融系统中，银行和保险机构是引起系统性风险的重要诱因，也是受系统性风险影响最大的部门；全球系统重要性银行［中国工商银行（以下简称工商银行）、中国建设银行（以下简称建设银行）、中国银行和中国农业银行（以下简称农业银行）］和全球系统重要性保险机构（global systemically important insurers，G-SIIs）（中国平安）在我国金融体系关联网络中的"重要地位"也得到了进一步确认。值得注意的是，一些规模较小的金融机构，由于其与其他金融机构的高度关联性，也可能成为引发系统性金融风险的诱因。

本章主要从以下几个方面对以往的研究进行了改进：①从模型构造上看，Adrian 和 Brunnermeier（2016）的 CoVaR 模型在进行系统性风险估计时，仅仅考虑了单一环境下两家金融机构之间的相互影响。而在现实的金融市场中，二者之间的相互作用往往也会受到第三方金融机构的影响，或者形成相互影响的网络结构；同时，CoVaR 模型假设金融机构之间的相互影响为线性，但 Chao 等（2014）则指出，对于任何两种金融资产而言，其相互影响都是非线性的，这种非线性影响在市场不稳定的条件下更为显著。TENET 模型在 CoVaR 模型的基础上基于单指数分位数回归（single-index quantile regression），在考虑非线性关联影响的基础上引入了更多的影响因素，从而能更准确地刻画金融机构间的相互影响和关联水平。②TENET 模型采用了市场交易数据对金融机构之间的关联水平和系统性风险进行测度，通过构建时变 VaR 和 CoVaR 模型，能更准确地刻画金融机构关联水平的动态变化。③本章通过构造金融体系总体关联度指标、金融部门的影响输入强度（in-strength of sector，ISS）与影响输出强度（out-strength sector，OSS）及金融机构的影响输入强度（in-strength of institution，ISI）与影响输出强度（out-strength of institution，OSI）等指标体系，分别从金融系统、金融部门间和金融机构间三个层面对金融体系的关联水平进行了测度与分析，研究了不同经济周期下金融体系在不同层面关联水平的动态变化，并在此基础上构建系统性风险接收者（systemic risk receiver，SRR）指数和系统性风险发送者（systemic risk emitter，SRE）指数来测度单个金融机构对系统性风险的贡献，探讨金融机构关联水平与系统性风险的关系，并对系统重要性金融机构进行识别。

6.1　文　献　综　述

2008 年金融危机后，金融机构间的关联性及系统性金融风险引起了更多的关注，国内外学者分别从理论和实证两个方面进行了一系列的研究。相关文献基于金融机构的市场表现数据，包括股票价格、信用违约互换（credit default swaps，

CDS）和信用违约互换价差等信息，分别从不同角度构建了测度金融机构关联水平的模型，并在此基础上利用关联水平模型对系统性金融风险进行测度（谢平和邹传伟，2010）。相关模型根据其研究方法的差异可以归纳为以下几种。

第一种方法是利用金融机构资产间收益的相关性（asset return correlations）来测度金融机构的违约概率，常用的有金融机构收益率的相关系数和主成分分析法。例如，Huang 等（2009）利用信用违约互换和单个银行的股价日交易信息构建了保险价格分析法，利用各银行发行的债务工具组成的投资组合不受财务困境损失影响的保险费用的理论值来衡量银行系统性风险。Patro 等（2013）通过对金融机构股票收益相关系数的变化趋势和波动幅度进行研究，发现金融机构股票收益相关系数可以作为系统性风险的有效指标。国内学者如刘红忠等（2011）也利用金融机构股票月度收益率的相关系数来测度系统性风险。Kritzman 等（2011）在主成分分析法的基础上定义了吸收率，并用吸收率测度金融市场间的关联程度，刻画国外资本市场的变化与金融混乱的动态关联。Billio 等（2012）将吸收率进行标准化转换，结合资产价格变化和金融市场动荡情况进行分析，通过观察移动窗口解释其随时间改变的潜在变化。

第二种方法是主要利用金融机构间的尾部依赖度量单个金融机构间的风险溢出效应和对系统性风险的边际贡献。Zhou（2010）在 Segoviano 和 Goodhart（2009）研究的基础上构造了系统性影响指数（systemic impact index，SII）和波动指数（vulnerability index，VI），并利用极值理论（extreme value theory）分析单一金融机构的倒闭引发其他金融机构倒闭的概率，以该概率作为指标，考量其对系统性风险的贡献程度。鉴于 VaR 仅考虑单个金融机构的风险水平而忽略了不同金融机构间风险传染的事实（Girardi and Ergün，2013），Adrian 和 Brunnermeier（2016）基于 VaR 提出了 CoVaR，以特定机构陷入困境作为给定条件，计算其他机构或者整个金融系统的 VaR，以此衡量系统性风险溢出效应和金融机构间的风险传染程度。Acharya 等（2017）在期望损失（expected shortfall，ES）（Yamai and Yoshiba，2005）的基础上提出了 SES 和 MES 方法：MES 通过构建金融体系的预期损失模型，以单个金融机构的预期损失反映其对系统性风险的边际贡献，而 SES 则衡量在金融系统陷入危机时，单个金融机构权益资产低于目标资产时面临的损失。Acharya 等（2012）、Brownlees 和 Engle（2017）根据 MES 的定义，将金融机构的负债、规模和关联性纳入预期资本的衡量中，构建了系统性风险指数。系统性风险指数不仅考虑了金融机构资产和负债的影响，也利用审慎资本比率刻画了单个金融机构对系统性风险的贡献度，还通过长期边际期望损失法（long run marginal expected shortfall，LRMES）测度了金融危机中单个金融机构与金融系统的尾部相关性。MES 没有考虑金融机构规模等其他因素的影响，同时也无法测度单个金融机构对系统性风险的贡献率，因此 Banulescu 和 Dumitrescu（2015）提出了成分预期损失（component expected shortfall，CES），用 MES 乘以资产规模来衡量单个金融机构对系统性风险的贡献。国内对以上研究方法的应用主要包括刘晓星等（2011）、肖璞等（2012）、梁琪等（2013）、陈建青等（2015）。

　　第三种方法主要是利用网络分析理论测度金融机构间的关联性（interconnectedness），并以此定义系统性风险。网络分析法通过定义金融关联网络中的节点（nodes）和连线（edges），对金融系统的内在结构和网络复杂性进行测度（Battiston et al.，2016；Levy-Carciente et al.，2015）。Billio 等（2012）利用 Granger 因果关系网络模型分析了金融系统中四个部门间的相互关联度和系统性风险。Diebold 和 Yilmaz（2014）通过方差分解的方式，构建有向权重波动溢出网络关联图，对金融机构间的相互关联度进行测度。在考虑非线性参数和多影响变量选择的条件下，Härdle 等（2016）对 CoVaR 模型进行了拓展，通过构建 TENET 网络模型，在考虑单个金融机构与其他多个金融机构相互关联度的条件下测度单个金融机构对系统性风险的贡献。国内研究方面，高波和任若恩（2013）基于金融机构异质风险的 Granger 因果关系构建金融系统的有向网络模型，分析银行、证券、保险和信托等金融部门在不同市场状态下的因果网络特征，并且根据关联度和资产规模评估金融机构的系统重要性。李政等（2016）基于信息溢出的视角，利用 Granger 因果关系网络研究了金融机构的总体关联性及部门内和部门间的关联特征。方意（2016）基于银行资产负债表构建了包含银行破产机制和去杠杆机制的直接关联网络模型，并在此基础上定义了脆弱性指标和传染性指标等风险指标。朱波和马永谈（2018）利用网络拓扑结构中的特征向量中心性方法，基于关联网络和冲击度量方法测度了各个行业的系统性风险。

　　对比金融机构资产收益相关系数和主成分分析法与 CoVaR 和 MES 方法可以发现，资产收益相关系数和主成分分析法属于无条件度量方法，通过测度金融机构资产收益率的相关性来衡量其违约的概率；而 CoVaR 和 MES 则属于条件方法，通过测度极端条件下金融机构的依赖性和损失规模来衡量金融系统发生系统性风险的可能性（刘吕科等，2012）。在金融系统稳定时期，CoVaR 和 MES 无法准确捕捉金融系统的变化所引起的关联性动态变动，进而无法观察到系统性风险的积累过程；而无条件度量方法则能够有效测度金融系统各个部门之间关联的变动。但是，资产收益相关系数和主成分分析法等无条件度量方法只关注金融机构间的局部关联水平，而忽略了金融系统整体的网络结构特征，而且未能考虑金融机构间相互关联性的方向及金融机构之间、跨部门之间关联性的非对称性，而关联方向对于判定金融机构和部门在金融系统中的重要性至关重要。总的来看，网络分析法可以在一定程度上弥补以上两类方法的不足。本章根据 Härdle 等（2016）的研究，基于 TENET 模型构建我国金融系统关联网络模型，与 Granger 因果关系网络模型相比，TENET 模型的特征有：①TENET 为有向加权网络（directed and weighted network）模型，而 Granger 因果关系网络模型则为有向无权网络（directed and unweighted network）模型；②TENET 模型为尾部风险相互依赖网络（tail risk interdependence network）模型，而 Granger 因果关系网络模型则为均值溢出网络（mean-spillover network）模型。因此，作为有向权重关联网络，TENET 模型不仅可以度量更多因素的影响，还可以更有效地捕捉极端风险或尾部事件对金融机构关联网络的影响。

6.2　研究方法

6.2.1　金融机构关联网络的构建

本节基于 Härdle 等（2016）的研究思路，首先对 CoVaR 模型进行定义，在此基础上构建 TENET 模型，并依据 TENET 模型对金融机构关联网络的关联特征进行刻画并定义测度指标。

1. CoVaR 模型

VaR 表示在一定的持有期间内和给定的置信水平下，由于市场波动或者宏观经济环境的发展变化，金融产品或者金融机构可能面临的潜在最大损失。

$$\Pr\left(X_i \leqslant \mathrm{VaR}_{i,q}\right) = q \tag{6-1}$$

其中，X_i 表示金融机构 i 的最大损失；$\mathrm{VaR}_{i,q}$ 表示在 q 分位数上，金融机构 i 在市场发生剧烈波动时的预期损失。

Adrian 和 Brunnermeier（2016）定义了 $\mathrm{CoVaR}_{j|C(X_i),q}$，指的是当金融机构 i 处于某种情况 $C(X_i)$ 时金融机构 j 的 VaR。

$$\Pr\left(X_j \leqslant \mathrm{CoVaR}_{j|C(X_i),q} \mid C(X_i)\right) = q \tag{6-2}$$

为表述方便，下文以 $\mathrm{CoVaR}_{j|i,q}$ 代替 $\mathrm{CoVaR}_{j|C(X_i),q}$。

根据 Adrian 和 Brunnermeier（2016），利用式（6-3）和式（6-4）并基于分位数回归模型估计时变 VaR 和 CoVaR。

$$X_{i,t} = \alpha_i + \gamma_i M_{t-1} + \varepsilon_{i,t} \tag{6-3}$$

$$X_{j,t} = \alpha_{j|i} + \gamma_{j|i} M_{t-1} + \beta_{j|i} X_{i,t} + \varepsilon_{j|i,t} \tag{6-4}$$

在对式（6-3）和式（6-4）进行估计的基础上，$\mathrm{VaR}_{i,t,q}$ 和 $\mathrm{CoVaR}_{j|i,t,q}$ 可定义为

$$\widehat{\mathrm{VaR}}_{i,t,q} = \hat{\alpha}_i + \hat{\gamma}_i M_{t-1} \tag{6-5}$$

$$\widehat{\mathrm{CoVaR}}_{j|i,t,q} = \hat{\alpha}_{j|i} + \hat{\gamma}_{j|i} M_{t-1} + \hat{\beta}_{j|i} \widehat{\mathrm{VaR}}_{i,t,q} \tag{6-6}$$

由式（6-6）可以看出，金融机构 j 的风险由宏观状态变量 M_{t-1} 和金融机构 i 的 $\mathrm{VaR}_{i,t,q}$ 决定。其中，系数 $\hat{\beta}_{j|i}$ 表示尾部风险条件下金融机构 i 对金融机构 j 的影响。

2. TENET 模型

经典的 CoVaR 模型在进行系统性风险估计时，仅通过配对的方式考虑了单一环境下金融机构之间的双向影响关系。而在现实的金融市场中，金融机构间更可能呈现出网络状的相互影响关系（Wang et al., 2018）。同时，CoVaR 假设金融机构之间的相互关联为线性关联，但 Chao 等（2015）则强调对于任何两种金融资产而言，其相互关联均是非线性的，并且非线性关联在市场不稳定的条件下更为显著。因此，基于单指数分位数回归模型，Härdle 等（2016）利用高维数据在考虑非线性关联关系的基础上引入了更多的影响因素，并构建了 TENET 模型。

TENET 模型利用式（6-3）和式（6-5）对各金融机构在 q 分位数下的 $\mathrm{VaR}_{i,t,q}$ 进行估计，并基于单指数分位数回归模型，构建风险关联网络模型。具体模型设定为

$$X_{j,t} = g\left(\beta_{j|R_j}^{\mathrm{T}} R_{j,t}\right) + \varepsilon_{j,t}$$

$$\widehat{\mathrm{CoVaR}}_{j|\tilde{R}_j,t,q}^{\mathrm{TENET}} \equiv \hat{g}\left(\hat{\beta}_{j|\tilde{R}_j}^{\mathrm{T}} \tilde{R}_{j,t}\right) \tag{6-7}$$

$$\hat{\boldsymbol{D}}_{j|\tilde{R}_j} \equiv \frac{\partial \hat{g}\left(\tilde{\beta}_{j|\tilde{R}_j} \tilde{R}_{j,t}\right)}{\partial R_{j,t}} \left| \frac{\partial \hat{g}\left(\tilde{\beta}_{j|\tilde{R}_j} \tilde{R}_{j,t}\right)}{\partial R_{j,t}} \right|_{R_{j,t}=\tilde{R}_{j,t}} = \hat{g}'\left(\hat{\beta}_{j|\tilde{R}_j}^{\mathrm{T}} \tilde{R}_{j,t}\right) \hat{\beta}_{j|\tilde{R}_j} \tag{6-8}$$

式（6-7）和式（6-8）中，$R_{j,t} = \left\{X_{-j,t}, M_{t-1}, B_{j,t-1}\right\}$ 为解释变量集，其中，$X_{-j,t} = \left\{X_{1,t}, X_{2,t}, \cdots, X_{N,t}\right\}^{\mathrm{T}}$ 表示除了金融机构 j 外其他 $N-1$ 个金融机构的收益，N 表示金融机构样本总数；M_{t-1} 表示 $t-1$ 时刻的状态变量集；$B_{j,t-1}$ 表示 $t-1$ 时刻金融机构 j 的特征控制变量集。$\beta_{j|R_j} = \left\{\beta_{j|-j}, \beta_{j|M}, \beta_{j|B_j}\right\}^{\mathrm{T}}$ 为解释变量集 $R_{j,t} = \left\{X_{-j,t}, M_{t-1}, B_{j,t-1}\right\}$ 对应的系数集。$\hat{\beta}_{j|\tilde{R}_j} = \left\{\hat{\beta}_{j|-j}, \hat{\beta}_{j|M}, \hat{\beta}_{j|B_j}\right\}^{\mathrm{T}}$ 为解释变量集 $\tilde{R}_{j,t} = \left\{\widehat{\mathrm{VaR}}_{-j,t,q}, M_{t-1}, B_{j,t-1}\right\}$ 对应的系数集，其中，$\widehat{\mathrm{VaR}}_{-j,t,q}$ 表示除了金融机构 j

外其他 $N-1$ 个金融机构 $\mathrm{VaR}_{i,t,q}$ 的估计值。

式（6-8）中，$\widehat{\mathrm{CoVaR}}_{j|\tilde{R}_{j,t,q}}^{\mathrm{TENET}}$ 表示 TENET 模型下的条件在值风险，而函数 $g(\cdot)$ 刻画了金融机构之间相互关联的非线性关系。$\hat{\boldsymbol{D}}_{j|\tilde{R}_j} = \left\{\hat{D}_{j|-j}, \hat{D}_{j|M}, \hat{D}_{j|B_j}\right\}^{\mathrm{T}}$ 为梯度矩阵，刻画了协变量的边际影响。$\hat{D}_{j|-j}$ 表示其他 $N-1$ 个金融机构对金融机构 j 的溢出效应，同时，$\hat{D}_{j|-j}$ 可以表示为 $\hat{D}_{j|-j} = \left\{\hat{D}_{j|i} | 1 \leqslant i \leqslant N, i \neq j\right\}$，$\hat{D}_{j|i}$ 表示金融机构 i 对金融机构 j 的影响。因此，通过以上步骤，可以得到基于 TENET 模型定义的带权邻接矩阵（weighted adjacency matrix）。定义带权邻接矩阵 $\boldsymbol{A}$ 为

$$\boldsymbol{A} = \left(\left|\hat{D}_{j|i}\right|\right)_{N \times N} \tag{6-9}$$

其中，$\left|\hat{D}_{j|i}\right|$ 表示 $\hat{D}_{j|i}$ 的绝对值，当 $j=i$ 时，$\left|\hat{D}_{j|i}\right|=0$，$\left|\hat{D}_{j|i}\right|$ 刻画了金融机构 i 对金融机构 j 的尾部风险溢出效应水平。

为了刻画金融机构 j 对系统性金融风险的贡献，本章根据 Härdle 等（2016）的定义，构造了系统性风险接收者指数和系统性风险发送者指数。系统性风险接收者指数和系统性风险发送者指数的定义分别如式（6-10）和式（6-11）所示。

$$\mathrm{SRR}_j = \mathrm{MC}_j \sum i \in E_j^{\mathrm{IN}} \left(\hat{D}_{j|i} \middle| \mathrm{MC}_i\right) \tag{6-10}$$

$$\mathrm{SRE}_j = \mathrm{MC}_j \sum i \in E_j^{\mathrm{OUT}} \left(\hat{D}_{i|j} \middle| \mathrm{MC}_i\right) \tag{6-11}$$

其中，$\left|\hat{D}_{j|i}\right|$（$\left|\hat{D}_{i|j}\right|$）表示金融机构 i（j）对金融机构 j（i）的影响，即金融机构 j 的流入（流出）尾部关联；E_j^{IN}（E_j^{OUT}）表示所有通过流入（流出）连线与金融机构 j 相连的其他金融机构；MC_i 表示金融机构 i 的市值。由系统性风险接收者和系统性风险发送者的定义可以看出，系统性风险接收者和系统性风险发送者这两个指数不仅考虑了金融机构间的关联网络对系统性风险的影响，还考虑了金融机构规模的影响。

3. 金融机构间关联网络的特征刻画及测度

为了研究 TENET 网络模型下金融系统总体关联度、不同金融部门间的关联度及单个金融机构间的关联水平，本章分别利用三类指标对其关联特征进行刻画和测度。

首先，针对整个金融系统网络的关联水平，本章使用总体关联度这一指标进行测度。总体关联度将整个金融系统作为一个整体，同时考虑每个节点的尾部风险溢出效应，等于所有节点溢出效应之和，总体关联度表示为

$$\text{TC} = \sum_{j=1}^{N} \sum_{i=1, i \neq i}^{N} \left| \hat{D}_{j|i} \right| \tag{6-12}$$

其次，本章根据 Wang 等（2017）的定义，采用单个金融机构的影响输入强度和影响输出强度来测度单个金融机构的关联水平。在有向关联网络中，金融机构 j 的影响输入强度表示其他金融机构通过流入连线对金融机构 j 的溢出效应之和，而影响输出强度则是金融机构 j 通过流出连线对其他金融机构的溢出效应之和，单个金融机构的影响输入强度和影响输出强度表达式分别为

$$\text{ISI}_j = \sum_{i=1, i \neq j}^{N} \left| \hat{D}_{j|i} \right| \quad \text{OSI}_j = \sum_{i=1, i \neq j}^{N} \left| \hat{D}_{i|j} \right| \tag{6-13}$$

最后，为了刻画金融机构各部门内部及不同部门间的关联水平，本章首先定义了部门的影响输入强度和影响输出强度。其中，部门 A 的影响输入强度表示其他金融机构 i 通过流入连线对所有属于部门 A 的金融机构 j 的溢出效应之和，如式（6-14）所示。

$$\text{ISS}_A = \sum_{j \in S_A} \sum_{i=1}^{N} \left| \hat{D}_{j|i} \right| \tag{6-14}$$

部门 A 的影响输出强度表示所有属于部门 A 的金融机构 j 通过流出连线对其他金融机构 i 的溢出效应之和，如式（6-15）所示。

$$\text{OSS}_A = \sum_{i=1}^{N} \sum_{j \in S_A} \left| \hat{D}_{i|j} \right| \tag{6-15}$$

其中，S_A 表示所有属于部门 A 的金融机构的集合，A 取值分别为 1、2、3 和 4，分别对应银行、证券、保险和多元金融四种金融机构。

为了进一步衡量各个部门之间的关联水平，本章定义了部门间关联强度（strength of cross sector，SCS），其表达式为

$$\text{SCS}_{B|A} = \frac{1}{N_B N_A} \sum_{i=S_B}^{N} \sum_{j \in S_A}^{N} \left| \hat{D}_{i|j} \right| \tag{6-16}$$

其中，N_A 和 N_B 分别表示部门 A 和部门 B 中金融机构的数量。当考虑部门内部的关联强度时，$S_A = S_B$，$N_B = N_A - 1$，并且 $i \neq j$。

6.2.2　研究样本

为了分析金融机构尾部风险对我国上市金融机构关联网络的影响及其动态变化过程，本章选取了我国 2007 年 1 月 1 日至 2017 年 12 月 31 日 77 家上市金融机构作为研究样本，数据来源于国泰安数据库。根据申银万国证券股份有限公司的

行业分类标准,本章将上市金融机构分为银行、证券、保险和多元金融四种类型。由于样本中部分金融机构的上市时间晚于 2007 年,因此不同年度内的研究样本数量存在着差异。表 6-1 给出了各年度样本的行业构成、样本数量及总体样本数量,表 6-2 给出了各个金融机构的部门分布和收益分布相关描述性统计结果。

表 6-1　上市金融机构部门和时间分布(单位:家)

部门	2007 年	2008 年	2009 年	2010 年	2011 年	2012 年	2013 年	2014 年	2015 年	2016 年	2017 年
银行	14	14	14	16	16	16	16	16	16	21	25
证券	7	9	13	17	19	23	23	23	28	29	32
保险	4	4	5	5	5	6	6	6	6	6	6
多元金融	12	12	12	12	13	14	14	14	14	14	14
总计	37	39	44	50	53	59	59	59	64	70	77

表 6-2　上市金融机构样本、部门分布及收益分布

名称	均值	最小值	最大值	方差	雅克-贝拉检验
银行(25 家)					
平安银行	0	−0.639 5	0.217 3	0.066 2	6 663.0
浦发银行	−0.000 9	−0.313 4	0.225 6	0.059 3	606.3
华夏银行	0.000 5	−0.377 6	0.270 6	0.058 0	609.8
民生银行	−0.000 2	−0.202 0	0.236 1	0.048 9	230.4
招商银行	0.001 2	−0.287 9	0.174 2	0.050 3	283.4
工商银行	0.000 2	−0.132 8	0.200 7	0.035 5	340.1
中国银行	−0.000 4	−0.139 4	0.181 2	0.036 2	376.7
兴业银行	−0.000 6	−0.657 5	0.209 1	0.065 6	13 000.0
中信银行	−0.001 1	−0.269 8	0.258 6	0.051 0	341.1
交通银行	−0.001 5	−0.239 8	0.283 2	0.046 3	1 451.0
宁波银行	−0.000 6	−0.219 1	0.185 6	0.053 2	86.7
南京银行	−0.001 8	−0.627 8	0.209 1	0.059 6	16 000.0
北京银行	−0.002 3	−0.270 5	0.203 3	0.050 9	462.0
建设银行	−0.000 4	−0.158 3	0.201 4	0.037 8	382.3
农业银行	0.000 9	−0.165 7	0.174 6	0.029 4	829.8
光大银行	0.000 2	−0.197 5	0.339 8	0.043 4	3 571.0
江苏银行	−0.005 5	−0.099 2	0.126 3	0.033 9	47.7
贵阳银行	−0.001 5	−0.109 3	0.338 9	0.051 6	2 088.0
江阴银行	−0.002 5	−0.277 7	0.414 4	0.098 9	156.9
无锡银行	−0.002 8	−0.423 7	0.285 4	0.090 7	146.8
常熟银行	0.002 3	−0.152 0	0.382 5	0.079 4	163.3

名称	均值	最小值	最大值	方差	雅克-贝拉检验
银行（25 家）					
杭州银行	−0.011 9	−0.363 9	0.092 8	0.060 2	1 112.0
上海银行	−0.009 8	−0.267 6	0.054 6	0.047 4	652.4
吴江银行	−0.012 4	−0.273 1	0.092 8	0.067 6	41.8
张家港行	0.009 6	−0.280 2	0.477 0	0.123 3	42.4
多元金融（14 家）					
民生控股	0.001 7	−0.421 9	0.289 3	0.076 6	203.2
陕国投 A	−0.000 7	−0.699 5	0.215 9	0.086 7	4 610.0
海德股份	0.003 3	−0.488 2	0.381 8	0.083 1	466.0
越秀金控	−0.001 0	−0.498 1	0.476 9	0.079 5	3 121.0
九鼎投资	0.002 5	−0.272 9	0.476 9	0.082 8	892.2
新力金融	0.001 7	−0.832 3	0.381 4	0.106 0	2 811.0
五矿资本	0.000 9	−0.500 2	0.450 8	0.093 5	319.3
爱建集团	0.000 7	−0.489 0	0.391 6	0.082 8	517.6
绿庭投资	0.002 0	−0.421 7	0.293 8	0.075 3	290.4
熊猫金控	0.001 8	−0.421 5	0.391 2	0.088 9	283.0
安信信托	0.001 3	−0.843 0	0.476 0	0.098 5	11 000.0
中油资本	−0.000 7	−0.526 4	0.283 4	0.082 2	744.9
中航资本	0.004 6	−0.647 2	0.998 4	0.109 3	10 000.0
民盛金科	0.005 2	−0.498 6	0.272 3	0.070 9	1 595.0
证券（32 家）					
锦龙股份	0.002 8	−0.770 2	0.293 5	0.095 6	4 343.0
中信证券	−0.000 7	−0.448 7	0.344 8	0.072 0	983.1
国投资本	0.002 9	−0.457 4	0.477 2	0.086 3	604.8
华鑫股份	0.002 2	−0.513 9	0.314 1	0.075 9	1 087.0
海通证券	0.001 1	−1.003 1	0.476 0	0.088 7	24 000.0
东北证券	−0.000 5	−0.734 6	1.275 9	0.098 5	77 000.0
国金证券	−0.002 6	−0.704 0	0.397 4	0.094 0	5 649.0
国元证券	−0.002 7	−0.454 4	0.284 9	0.073 4	1 166.0
宝硕股份	0.003 2	−0.254 8	0.285 9	0.078 3	57.1
长江证券	−0.003 1	−0.749 6	0.293 2	0.080 9	5 686.0
西南证券	−0.001 8	−0.735 1	0.458 0	0.079 6	6 122.0
太平洋	−0.005 0	−0.433 8	0.273 7	0.073 4	763.4
光大证券	−0.001 4	−0.434 3	0.322 4	0.065 0	1 130.0
招商证券	−0.001 4	−0.354 0	0.250 2	0.058 6	598.4

续表

名称	均值	最小值	最大值	方差	雅克-贝拉检验
证券（32 家）					
广发证券	−0.002 7	−0.738 1	0.355 6	0.075 6	10 000.0
华泰证券	−0.000 5	−0.362 4	0.476 6	0.065 2	1 493.0
兴业证券	−0.002 2	−0.687 2	0.311 0	0.074 9	6 524.0
国海证券	−0.003 1	−0.829 5	0.275 0	0.087 5	9 625.0
山西证券	−0.000 8	−0.438 4	0.261 6	0.066 0	767.8
方正证券	0.000 4	−0.422 4	0.347 5	0.069 2	780.1
东吴证券	0.001 3	−0.454 1	0.211 8	0.065 7	797.5
国盛金控	0.002 9	−0.502 1	0.454 8	0.076 5	2 008.0
西部证券	−0.000 6	−0.859 7	0.448 4	0.092 7	9 683.0
国信证券	−0.001 4	−0.367 9	0.476 5	0.075 1	1 251.0
申万宏源	−0.008 0	−0.359 2	0.139 6	0.059 1	851.4
东兴证券	−0.002 0	−0.413 4	0.381 0	0.085 1	312.7
东方证券	−0.001 6	−0.357 5	0.352 9	0.075 6	386.0
国泰君安	−0.004 9	−0.296 7	0.104 4	0.053 1	834.6
第一创业	−0.006 6	−0.486 3	0.348 7	0.104 5	218.1
华安证券	−0.009 4	−0.128 6	0.137 7	0.048 6	28.1
中原证券	−0.004 4	−0.134 3	0.189 4	0.063 1	58.7
中国银河	−0.002 5	−0.103 9	0.193 8	0.059 8	12.6
保险（6 家）					
天茂集团	0.001 8	−0.721 3	0.476 6	0.087 3	3 439.0
西水股份	0.001 7	−0.814 6	0.476 3	0.093 5	4 167.0
中国人寿	−0.000 5	−0.201 3	0.240 9	0.054 9	88.9
中国平安	0.000 8	−0.819 0	0.197 2	0.065 2	48 000.0
中国太保	−0.000 3	−0.171 2	0.166 5	0.053 4	14.2
新华保险	0.003 0	−0.259 4	0.213 0	0.059 0	83.1

6.2.3 变量定义及统计数据分析

1. 金融机构收益率

本章使用上市金融机构每周的收盘价计算得到上市金融机构的收益率 $X_{j,t}$，$X_{j,t} = \ln(P_{j,t}/P_{j,t-1})$，其中，$P_{j,t}$ 表示金融机构 j 在第 t 周最后一个交易日的收盘价。从表 6-2 的统计数据可以看出，样本周期内大多数银行和证券机构的收益率均值小于 0。值得注意的是，在 77 家样本中，有 54 家金融机构的最大亏损（收益率最小值）的绝对值高于最大收益的绝对值（收益率最大值），这表明对于上市金融机构而言，其收益分布的左尾面临更高的极端风险。通过雅克-贝拉检验发现，各个金融机构的周收益率序列均在 1% 显著水平上拒绝了传统的正态分布假设。

2. 状态变量选取

根据 Adrian 和 Brunnermeier（2016）、Fang 等（2018）的研究，并结合我国资本市场的发展状况，本章分别从不同角度定义了 7 个状态变量，具体包括：①短期流动性利差（M_1），定义为 3 个月期上海银行间同业拆放利率（Shanghai interbank offered rate，Shibor）与 3 个月期的国债到期收益率的利差；②3 个月期国债收益率变化（M_2）；③期限利差（M_3），定义为 10 年国债到期收益率与 3 个月国债到期收益率的利差；④信用利差变动（M_4），定义为 10 年期 AAA 公司债券收益率与 10 年期国债到期收益率利差的变动；⑤沪深 300 指数收益（M_5）；⑥市场波动（M_6），定义为沪深 300 指数的 GARCH（1,1）的波动率；⑦房地产行业收益（M_7），定义为沪深 300 地产指数的周收益率。

3. 金融机构特征控制变量

本章根据 Adrian 和 Brunnermeier（2016）、Härdle 等（2016）的相关研究，利用金融机构的相关财务指标控制金融机构经营特征对收益率的影响，包括：①杠杆率（leverage），定义为资产的账面价值与权益账面价值之比；②期限错配（mismatch），定义为（短期负债–短期投资–现金）/总负债；③市账比（MB），定义为权益市值与账面价值之比；④规模（size），定义为权益账面价值的对数。由于上市金融机构的财务报表为季度数据，借鉴 Härdle 等（2016）的研究方法，研究采用三次样条插值（cubic spline interpolation）法将季度数据转化为每周数据。

相关变量的描述性统计结果如表 6-3 所示。从表 6-3 可以看出，上市金融机构收益率的均值为-0.0001，研究周期内样本收益率波动较大，方差为 0.0734。从金融机构特征控制变量来看，金融机构间的杠杆率、期限错配、市账比和规模均存在较大差异，均值和中值、最小值和最大值均存在显著差异。

表 6-3　主要变量描述性分析

变量	样本量	均值	方差	最小值	25 分位点	中值	75 分位点	最大值
收益率	29 606	−0.000 1	0.073 4	−1.003 1	−0.030 8	0	0.031 4	1.275 9
M_1	29 683	1.220 0	0.603 3	0.109 2	0.773 4	1.116 3	1.556 2	3.158 4
M_2	29 683	0.000 9	0.042 3	−0.272 1	−0.018 6	0	0.019 4	0.286 7
M_3	29 683	0.969 7	0.610 7	−1.413 3	0.587 4	0.806 6	1.269 5	2.501 7

续表

变量	样本量	均值	方差	最小值	25 分位点	中值	75 分位点	最大值
M_4	29 683	1.336 8	0.320 3	0.230 0	1.105 4	1.377 4	1.591 8	2.311 8
M_5	29 683	−0.000 1	0.017 8	−0.084 6	−0.006 4	0.000 4	0.007 8	0.071 2
M_6	29 683	0.018 1	0.003 3	0	0.015 8	0.017 8	0.019 7	0.026 0
M_7	29 683	−0.014 5	0.543 9	−1.383 8	−0.450 1	−0.000 3	0.338 5	1.407 4
杠杆率	29 683	7.455 1	6.878 9	−1.623 2	2.112 0	4.052 1	13.919 9	45.370 3
期限错配	29 683	0.005 1	1.047 4	−17.528 7	0	0	0.015 8	2.419 9
市账比	29 683	3.298 2	4.304 3	−4.692 7	1.294 4	2.125 0	3.794 7	84.230 9
规模	29 683	24.377 3	1.889 4	19.801 1	22.748 5	24.419 7	25.780 2	28.692 0

6.3　实证结果分析

6.3.1　金融体系总体关联水平分析

在对 $\mathrm{VaR}_{i,t,q}$ 和 $\widehat{\mathrm{CoVaR}}^{\mathrm{TENET}}_{j|\bar{R}_{j,t,q}}$ 进行估计时，本章设定分位数水平 $q=0.01$[22]。由于样本周期内各个年度的样本总数和构成存在明显差异（表 6-1），为了降低不同年度由样本差异所引起的估计偏差，本章以年度为样本周期分别对 $\mathrm{VaR}_{i,t,q}$ 和 $\widehat{\mathrm{CoVaR}}^{\mathrm{TENET}}_{j|\bar{R}_{j,t,q}}$ 进行估计。通过 TENET 模型对金融机构间尾部风险溢出效应的识别，本章得到样本期间内各个年度金融体系的关联网络结构图。图 6-1 显示了样本周期内金融体系总体关联度的动态变化趋势。图 6-2 分别给出了 2007 年、2008 年、2011 年、2012 年、2014 年和 2016 年金融机构的关联网络图[①]。图 6-1 说明金融危机期间，金融机构尾部风险的溢出效应明显，金融系统关联网络的总体关联度升高。通过对比金融危机前（2007 年）和金融危机中（2008~2010 年）的总体关联度可以发现，在金融危机发生前，37 家金融机构的总体关联度为 119.9，而在金融危机中，金融系统的总体关联度则高于 450。这说明在金融危机条件下，金融机构之间的关联水平显著增强。2008~2010 年金融危机期间，我国经济增速明显放缓，金融机构的资产质量不断下降，金融体系所面临的风险敞口进一步放大，金融机构之间的关联水平不断提升，极端事件所引发的风险传染和溢出效应更为显著。同时，在金融危机中，由于对资产市场信心的丧失和风险厌恶水平的提升，投资者对负面信息更为敏感，金融机构股价的合理波动都有可能引起投资者的大

---

① 因篇幅所限，本书仅给出了 2007 年、2008 年、2011 年、2012 年、2014 年和 2016 年上市金融机构的关联网络图。

幅抛售，造成整个金融市场的恐慌，从而加剧市场波动。2011 年，随着全球经济进入后金融危机时代，金融系统的总体关联程度有所下降，但由于欧债危机的爆发，其总体关联度依然高于金融危机前。图 6-2 中不同年份上市金融机构关联网络图也显示了金融危机期间金融系统的关联水平要高于 2007 年。

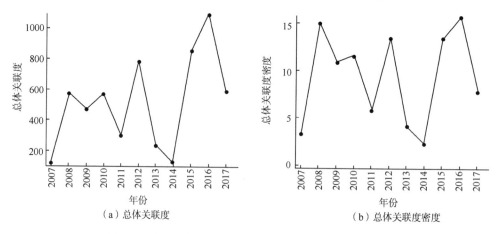

（a）总体关联度　　　　　（b）总体关联度密度

图 6-1　我国上市金融机构总体关联度和总体关联度密度

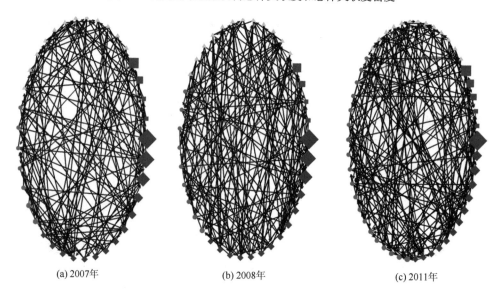

(a) 2007年　　　　　(b) 2008年　　　　　(c) 2011年

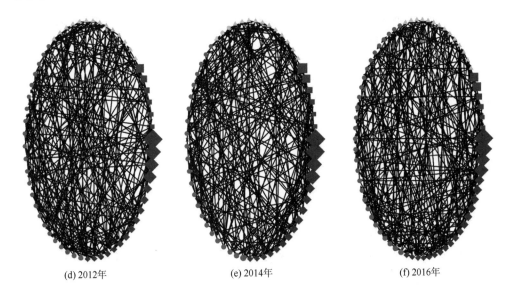

(d) 2012年　　　　　　　　(e) 2014年　　　　　　　　(f) 2016年

图 6-2　我国上市金融机构关联网络图

注：按顺时针顺序，正方形节点、菱形节点、圆形节点、三角形节点分别表示保险、银行、证券、多元金融四类机构；节点半径越大表明金融机构的市值越大

　　2011～2012 年，欧债危机不断恶化，而国际三大评级机构下调欧债五国主权评级事件也对我国资产市场上投资者的信心产生了一定的冲击（杨飞，2014）。2012 年，金融机构的总体关联水平显著提升。2014 年，我国开始实施新一轮的宽松货币政策。2014 年至 2015 年上半年，在资本市场经历暴涨急跌后，2015 年下半年开始房地产市场资产价格不断攀升①，地产泡沫日趋严重，加重了金融机构尤其是银行的风险承担。2017 年 3 月，随着国家对房地产行业调控政策的不断出台，地产泡沫得到了一定程度的控制。由图 6-1 可以看出，2014 年开始，随着宽松货币周期的开始，金融机构的总体关联度不断提高，2016 年达到最高值；2017 年，随着房地产调控政策的实施，虽然总体关联度有一定程度的回落，但仍然维持在高位水平。

　　因此，从金融机构总体关联度的变化趋势来看，2014 年以来，我国金融系统网络的总体关联度显著提高，金融系统中潜在的系统性风险不断积累。图 6-2 中上市金融机构关联网络图的动态变化也进一步验证了这一结论。同时，鉴于样本期间内各年度样本数量存在明显差异，本章根据网络密度的构建思路（李政等，2016），采用总体关联度与各个金融机构间最大可能有向连接数据的比值作为总

---

　　① 2014 年至 2015 年上半年，沪深 300 指数由 2014 年 6 月 6 日的 2135 点上涨至 2015 年 6 月 8 日的 5370 点，而在经历了 2015 年 6 月 15 日到 7 月 8 日和 8 月 18 日到 26 日的两轮暴跌后，跌至 2952 点，资本市场经历了"过山车"式的暴涨急跌。

体关联度水平的测度，并将其定义为总体关联度密度，总体关联度密度 WTC 可

表示为 $\mathrm{WTC} = \dfrac{\mathrm{TC}}{N \times (N-1)}$。样本周期内总体关联度密度的变化趋势如图 6-1（b）

所示。对比发现，总体关联度和总体关联度密度的变化趋势总体一致，进一步验证了本章的研究结论。

6.3.2　金融机构部门间关联水平分析

本章的研究样本中包含了银行、证券、保险和多元金融四类金融机构，本节对这四类金融机构部门内和部门间的关联特征进行了测度与分析。

首先，图 6-3 显示了样本期间不同部门的影响输入强度和影响输出强度的动态变化。由于金融机构总体关联度等于各部门影响输入强度或者影响输出强度之和，即 $\mathrm{TC} = \sum_{A=1}^{4} \mathrm{ISS}_A = \sum_{A=1}^{4} \mathrm{OSS}_A$，因此，各部门影响输入强度和影响输出强度的变化可以在一定程度上解释总体关联度的变化。从影响输入强度的变化趋势可以发现，2008～2011 年，总体关联度的变化主要是由证券部门影响输入强度的变化趋势决定的，尤其是在 2009～2011 年，在证券部门的影响输入强度变化趋势与其他三个部门的影响输入强度变化趋势相反的条件下，总体关联度与证券部门的影响输入强度变化趋势一致。2012～2014 年，总体关联度的变化由四个部门共同决定，其中银行部门的影响最大。2015 年，金融机构总体关联度的增强主要受证券部门影响输入强度的影响。2016～2017 年，金融机构总体关联度则主要受银

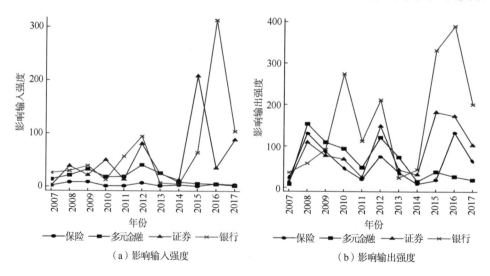

（a）影响输入强度　　　　　　（b）影响输出强度

图 6-3　我国上市金融机构各部门影响输入强度和影响输出强度动态变化图

行部门影响输入强度的影响。从影响输出强度的变化来看，样本期间内金融机构总体关联度主要是由银行部门的影响输出强度决定。从各部门影响输入强度和影响输出强度与总体关联度的变化趋势可以看出，在我国上市金融机构的关联网络中，银行是尾部风险溢出效应主要的影响输出者，银行和证券部门则是尾部风险溢出效应主要的影响输入者。

其次，图 6-4 给出了样本期间内金融机构各部门内部不同部门间关联水平的变化趋势。银行内部的平均关联度在各部门中最高，为 68.3，高于证券内部的 53.8、保险内部的 4.4 和多元金融内部的 17.5。从总体趋势来看，银行与各部门的关联水平要显著高于其他三个部门。从部门间的关联水平来看，银行对证券的关联度均值达到了 102.3，远远高于对保险、多元金融的 17.1 和 42.2。就证券而言，证券内部的关联水平高于证券对其他部门的关联度。而保险和多元金融对证券的关联水平也高于其他部门。同时，金融机构部门间的网络关联度具有明显的非对称性，银行、保险和多元金融对证券的平均关联度分别为 102.3、24.8 和 31.3，远高于证券对银行、保险和多元金融的关联度，这进一步验证了在我国金融机构关联网络中，证券更容易受到其他金融部门尾部风险溢出效应的影响。

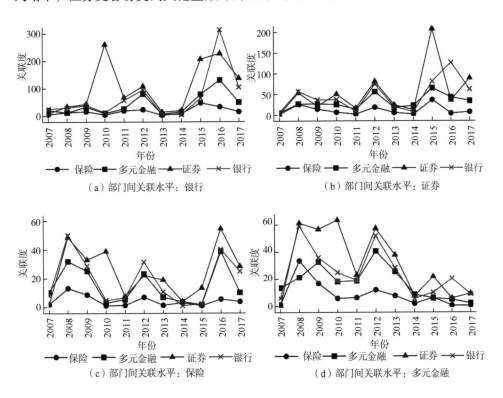

图 6-4　我国上市金融机构部门间关联水平变化图

通过对图 6-4 结果的进一步分析,从时间维度可以看出,金融危机期间(2008~2010 年),证券部门内的关联水平为四个部门内最高的;从部门间的关联水平来看,多元金融对其他部门的跨部门关联度最高,证券其次。2011~2014 年,不同部门内、跨部门间的关联水平波动较大,趋势特征并不显著。2014 年以来,由于宽松货币政策的实施,部门内及跨部门间的关联水平总体呈现一定的上升趋势,其中,银行和证券部门内、银行对证券部门间和证券对银行部门间的关联水平上升趋势显著,是推动整个金融机构关联网络总体关联度上升的关键因素。由于房地产行业泡沫的不断扩大,2016 年,银行部门内证券对银行部门间的关联度达到了极值,并且其强度远远超过金融危机时期的水平,虽然在 2017 年房地产市场经历了一系列的调控后,关联度有所下降,但依然停留在较高的水平。

综上所述,通过对金融机构部门间关联水平的特征分析可以看出,近年来我国金融机构的总体关联水平在不断上升,系统性金融风险在不断积累,而银行和证券部门内部及银行与证券跨部门间溢出效应的增加则有可能成为引发系统性金融风险的重要诱因。

6.3.3 金融机构间关联水平分析

最后,本章从单个金融机构层面分析了尾部风险的溢出效应。图 6-5 和图 6-6 分别显示了样本期间内各个金融机构的影响输入强度和影响输出强度。

从图 6-5 各个金融机构的影响输入强度的取值和变化趋势来看,样本期间内,大部分金融机构的影响输入强度值较低,只有个别金融机构受到较大程度的影响,而且绝大部分集中在近几年。金融危机期间(2008~2010 年),金融机构的影响输入强度总体呈现上升趋势,其中,兴业证券、海通证券、宝硕股份和建设银行受尾部风险溢出效应的影响最大。

2011~2014 年,金融机构的影响输入强度总体呈现先增长后下降的趋势,与金融机构总体关联度变化趋势一致。受尾部风险溢出效应影响最大的前 10 家金融机构包括 7 家银行(平安银行、北京银行、光大银行、宁波银行、中信银行、农业银行、华夏银行)、2 家证券机构(锦龙股份、国盛金控)和 1 家多元金融机构(中航资本),其中,只有 2 家金融机构(平安银行和中航资本)在 2011 年受影响程度最大,其余 8 家均在 2012 年达到峰值。2014~2017 年,在新一轮宽松货币周期中,金融机构的影响输入强度总体呈现不断上升的趋势。值得注意的是,在此期间,尾部风险溢出效应对各个金融机构的影响总体也与宏观经济发展一致。2015 年,我国资本市场经历了暴涨急跌的过程,前 10 家受溢出效应影响最大的机构中,3 家证券机构(国泰君安、东兴证券、申万宏源)受溢出效应的影响均

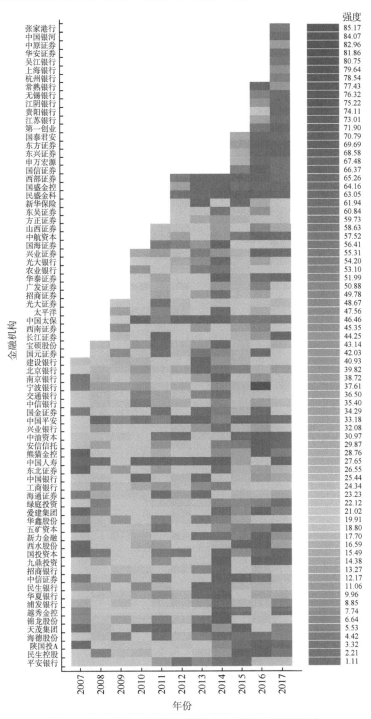

图 6-5　各个上市金融机构的影响输入强度（见彩图）

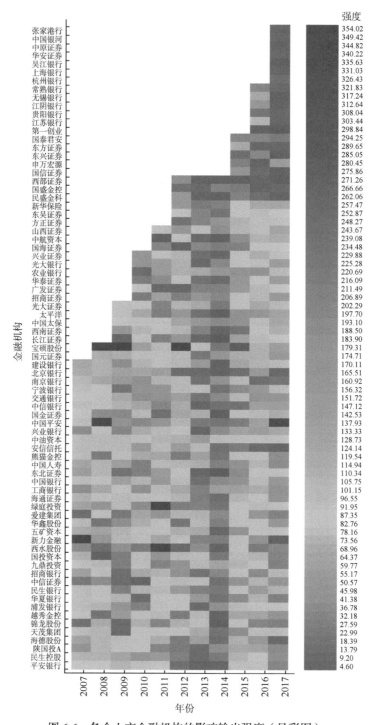

图 6-6 各个上市金融机构的影响输出强度（见彩图）

在 2015 年达到峰值；而 2016 年房地产行业泡沫的急剧增加，也使得 6 家银行（宁波银行、无锡银行、中国银行、贵阳银行、中信银行、兴业银行）受溢出效应的影响在 2016 年达到峰值。

而图 6-6 中各个金融机构对其他金融机构的影响输出强度则呈现出与图 6-5 不同的变化趋势。总体来讲，各个金融机构的影响输出强度要高于其受影响输入强度，金融机构的影响输出强度在 2014 年总体较低。在金融危机期间，影响输出强度最大的 10 家金融机构包括 3 家证券机构（宝硕股份、国投资本、国元证券）、3 家多元金融机构（绿庭投资、新力金融、越秀金控）、2 家保险机构（中国平安、中国人寿）和 2 家银行（农业银行、光大银行）。2011～2014 年，各个金融机构的影响输出强度总体呈现下降趋势，影响强度最大的 10 家金融机构包括 4 家银行（中信银行、中国银行、农业银行、光大银行）、3 家证券机构（宝硕股份、山西证券、东北证券）、2 家多元金融机构（绿庭投资、九鼎投资）和 1 家保险机构（西水股份），并且有 7 家金融机构的影响输出强度在 2011 年达到最大。2014～2017 年，各个金融机构的影响输出强度处于总体上升的趋势，在 2016 年达到峰值，并在 2017 年有一定程度的下降，其中，影响强度最大的 10 家金融机构包括 3 家证券机构（国泰君安、国投资本、国信证券）和 1 家保险机构（中国平安）。通过以上分析可以发现，在样本期间内，银行对其他金融机构的影响在不断扩大，而中国平安作为我国唯一一家进入全球系统重要性保险机构名单的保险机构，其影响输出强度一直保持较高水平。

在构建 TENET 模型的过程中，Härdle 等（2016）指出金融机构间关联程度并不能有效地解释其对金融体系系统性风险的贡献，因此，根据 Härdle 等（2016）的相关研究，本章在考虑金融机构相互关联水平的基础上同时引入了金融机构规模的影响，基于单个金融机构的影响构造了两个系统性风险指数：系统性风险接收者指数和系统性风险发送者指数。在样本期间内，各个金融机构的系统性风险接收者指数和系统性风险发送者指数变化分别如图 6-7 和图 6-8 所示。从图 6-7 系统性风险接收者指数的变化趋势可以看出，在金融危机期间，建设银行、工商银行、招商银行和中国人寿为最大的系统性风险接收者；在欧债危机期间（2011～2014 年），农业银行、中国银行和工商银行则成为受系统性风险影响最大的前 3 家金融机构；而 2014～2017 年，受系统性风险影响最大的前 3 家金融机构变为中国银行、工商银行和建设银行。图 6-8 系统性风险发送者指数的变化趋势则说明，金融危机期间，中国银行、中国人寿和中国平安对其他金融机构的系统性影响最大；2011～2014 年，对其他金融机构系统性影响最大的 3 家金融机构分别为工商银行、交通银行和中国人寿；在新一轮宽松货币周期下（2014～2017 年），农业银行、工商银行和中国银行的系统性影响最为显著。考虑到金融机构作为系统性

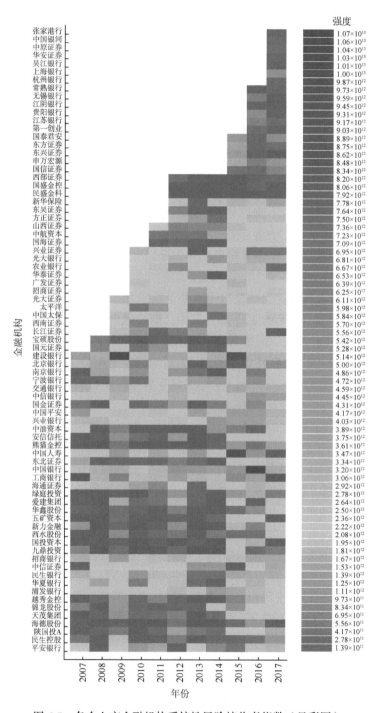

图 6-7　各个上市金融机构系统性风险接收者指数（见彩图）

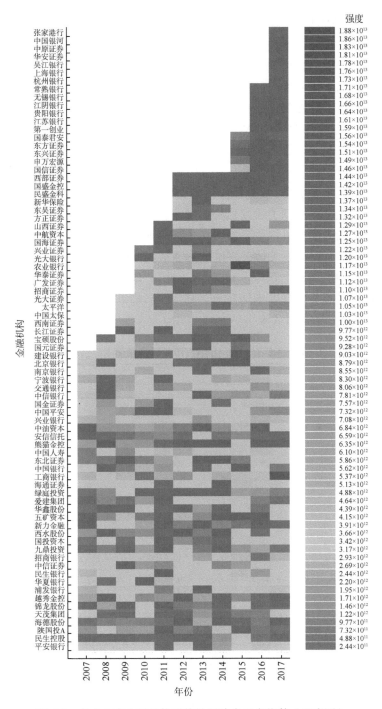

图 6-8 　 各个上市金融机构系统性风险发送者指数（见彩图）

风险接收者和系统性风险发送者的部门间差异，从总体来讲，银行部门系统性风险发送者指数要高于系统性风险接收者指数，证券部门系统性风险发送者指数则低于系统性风险接收者指数，而银行部门系统性风险发送者指数和系统性风险接收者指数远远高于证券部门。为了进一步分析各个金融机构之间的直接影响，根据金融体系总体关联度变化趋势，表 6-4 分别给出了 2008 年、2012 年、2014 年和 2016 年四个年度中直接关联度（direct connectedness）最高的前 10 组金融机构的相关信息。从表 6-4 可以看出，2008 年金融危机期间，直接关联度最强的是中国平安对宝硕股份的影响，达到了 10.53。在前 10 组关联强度最高的直接关联中，包含了 4 家多元金融机构、3 家证券机构、2 家银行和 1 家保险机构；而受影响的金融机构中，太平洋受到了 3 家机构的影响，南京银行受到 2 家机构影响。2012年欧债危机期间，影响机构主要集中在 6 家商业银行，而受影响机构主要集中在证券。2014 年，金融体系总体关联度达到了最低，其中，影响机构主要为银行（5家），而受影响机构则主要为光大证券[①]。2016 年，随着新一轮宽松货币政策的实施，金融体系总体关联度达到最大，其中，影响机构主要为银行（7 家），受影响机构主要也为银行（6 家）。

表 6-4　不同年度前 10 组直接关联度最强的金融机构

排名	年份	影响机构 i	受影响机构 j	$|\hat{D}_{ji}|$	市值/亿元（市值在上市企业中排名）
1	2008	中国平安	宝硕股份	10.53	1 953.05（6）
2	2008	国投资本	太平洋	6.86	14.72（34）
3	2008	新力金融	太平洋	4.88	9.85（38）
4	2008	南京银行	海通证券	3.68	154.10（19）
5	2008	海德股份	中国银行	3.35	5.61（39）
6	2008	五矿资本	海通证券	3.20	10.05（37）
7	2008	锦龙股份	南京银行	2.50	17.73（31）
8	2008	浦发银行	中信银行	2.50	750.13（11）
9	2008	陕国投 A	太平洋	2.43	26.77（27）
10	2008	宝硕股份	南京银行	2.38	27.35（26）
1	2012	中国银行	西部证券	11.84	8 151.10（4）
2	2012	国金证券	国盛金控	6.82	230.86（29）
3	2012	建设银行	西部证券	5.78	11 500.51（2）

[①] 2013 年 8 月 16 日，光大证券策略投资部的套利策略系统由于设计缺陷出现故障，出现价值 234 亿元的错误买盘，成交约 72 亿元，并造成了 1.94 亿元的损失。受此次事件影响，2013 年光大证券净利润同比下滑 79.48%，2014 年光大证券的股价大幅缩水。

续表

排名	年份	影响机构 i	受影响机构 j	$\|\hat{D}_{ji}\|$	市值/亿元（市值在上市企业中排名）
4	2012	九鼎投资	绿庭投资	4.03	33.08（46）
5	2012	民盛金科	国盛金控	3.81	14.83（56）
6	2012	交通银行	北京银行	3.41	3 668.58（6）
7	2012	光大银行	西部证券	3.27	1 233.26（15）
8	2012	工商银行	光大银行	2.77	14 508.91（1）
9	2012	农业银行	光大证券	2.26	9 094.24（3）
10	2012	山西证券	锦龙股份	2.12	175.91（35）
1	2014	国盛金控	光大银行	1.05	27.80（54）
2	2014	中国银行	光大证券	0.97	11 959.80（4）
3	2014	农业银行	光大证券	0.97	12 049.86（3）
4	2014	浦发银行	光大证券	0.93	2 926.73（14）
5	2014	宁波银行	光大证券	0.75	511.20（33）
6	2014	兴业银行	光大证券	0.69	3 143.64（12）
7	2014	中国平安	光大证券	0.66	6 412.07（6）
8	2014	海德股份	平安银行	0.56	16.93（58）
9	2014	新华保险	光大证券	0.47	1 546.05（19）
10	2014	东吴证券	光大证券	0.39	605.34（31）
1	2016	农业银行	宁波银行	39.08	10 068.62（4）
2	2016	中信银行	宁波银行	20.54	3136.72（11）
3	2016	兴业证券	无锡银行	16.86	512.30（39）
4	2016	兴业银行	无锡银行	15.66	3 075.05（12）
5	2016	交通银行	越秀金控	14.15	4 284.96（8）
6	2016	招商证券	常熟银行	12.36	1 094.02（27）
7	2016	招商银行	越秀金控	11.82	4 438.69（7）
8	2016	中国平安	越秀金控	11.60	6 476.69（6）
9	2016	建设银行	贵阳银行	9.83	13 600.60（2）
10	2016	民生银行	越秀金控	9.54	3 312.87（10）

由此可见，从金融机构的直接关联度来看，在金融危机期间，溢出效应较强的金融机构和受影响的金融机构所处部门相对比较分散；而金融危机后（2012～2017 年），溢出效应较强的金融机构主要为银行，而受影响较大的金融机构则主要为银行和证券机构。

表 6-5 给出了 2008 年、2012 年、2014 年和 2016 年四个年度中金融机构的影响输入强度和影响输出强度最大的前 10 家金融机构的相关信息。从金融机构的影

响输入强度来看，2008 年金融危机期间，影响输入强度最大的 10 家金融机构包括 4 家证券机构（海通证券、宝硕股份、国金证券、国元证券）、3 家银行（中信银行、交通银行、建设银行）、2 家多元金融机构（海德股份、五矿资本）和 1 家保险机构（天茂集团），除 3 家银行外，其余金融机构市值都相对较小。2012 年，影响输入强度最大的 10 家金融机构主要集中在 6 家银行（北京银行、光大银行、宁波银行、中信银行、农业银行、华夏银行）和 4 家证券机构（国盛金控、锦龙股份、宝硕股份、光大证券）。2014 年，影响输入强度最大的前 10 家金融机构包括 6 家证券机构（宝硕股份、光大证券、西南证券、海通证券、长江证券、山西证券）、3 家保险公司（新华保险、西水股份、天茂集团）和 1 家银行（中国银行）。2016 年，影响输入强度最大的前 10 家金融机构则全部为银行。从金融机构的影响输出强度来看，2008 年、2012 年和 2014 年影响输出强度最大的 10 家金融机构的部门分布相对比较分散，而 2016 年全部为银行部门。纵向对比金融机构的影响输入强度和影响输出强度的部门分布可以发现，当金融体系总体关联度较小时（如 2014 年），银行部门受影响输入强度较小（仅 1 家）；而当总体关联度较大时（如 2016 年），银行部门受影响输入强度较大（10 家），这表明银行部门受影响强度与金融体系总体关联度的动态变化基本一致。此外，值得注意的是，在金融危机后，尤其是近年来，银行部门的影响输出强度在不断增加，而证券部门的影响输出强度基本保持稳定。另外，结果显示，金融机构的影响输出强度和影响输入强度的程度与其市值规模并不存在必然的因果联系。

表 6-5   不同年度影响输入强度和影响输出强度最大的前 10 家金融机构

年份	排名	机构名称	影响输入强度	市值/亿元（市值在上市企业中排名）	机构名称	影响输出强度	市值/亿元（市值在上市企业中排名）
2008	1	海通证券	11.34	667.28（13）	宝硕股份	301.10	27.35（26）
2008	2	宝硕股份	8.07	27.35（26）	中国平安	240.65	1 953.05（6）
2008	3	中信银行	5.33	1 506.69（8）	国投资本	237.11	14.72（34）
2008	4	海德股份	5.33	5.61（39）	绿庭投资	105.09	28.00（25）
2008	5	天茂集团	5.29	22.00（29）	新力金融	96.10	9.85（38）
2008	6	交通银行	5.14	2 322.33（5）	五矿资本	62.58	10.05（37）
2008	7	五矿资本	4.38	10.05（37）	南京银行	58.03	154.10（19）
2008	8	国金证券	4.38	119.03（20）	国元证券	51.17	156.95（18）
2008	9	建设银行	4.04	8 950.29（2）	锦龙股份	50.04	17.73（31）
2008	10	国元证券	3.83	156.95（18）	陕国投 A	34.99	26.77（27）

续表

年份	排名	机构名称	影响输入强度	市值/亿元（市值在上市企业中排名）	机构名称	影响输出强度	市值/亿元（市值在上市企业中排名）
2012	1	北京银行	13.56	818.41（20）	宝硕股份	348.94	15.63（55）
2012	2	国盛金控	12.82	14.36（57）	九鼎投资	125.68	33.08（46）
2012	3	光大银行	11.37	1 233.26（15）	山西证券	104.58	175.91（35）
2012	4	宁波银行	10.91	307.42（25）	交通银行	73.00	3 668.58（6）
2012	5	中信银行	10.44	2 007.18（11）	中国太保	62.66	2 038.95（10）
2012	6	农业银行	8.94	9 094.24（3）	工商银行	56.94	14 508.91（1）
2012	7	华夏银行	8.27	708.95（21）	国金证券	56.43	230.86（29）
2012	8	锦龙股份	6.68	49.73（43）	民盛金科	47.03	14.83（56）
2012	9	宝硕股份	6.36	15.63（55）	光大银行	43.12	1 233.26（15）
2012	10	光大证券	6.15	481.94（24）	五矿资本	40.05	17.03（54）
2014	1	宝硕股份	4.59	27.66（55）	国盛金控	30.53	27.80（54）
2014	2	光大证券	3.29	975.50（25）	宝硕股份	13.73	27.66（55）
2014	3	西南证券	2.19	629.15（29）	九鼎投资	11.35	36.85（53）
2014	4	中国银行	1.57	11 959.80（4）	工商银行	10.73	17 118.63（1）
2014	5	海通证券	1.55	2 306.08（15）	国元证券	9.19	612.21（30）
2014	6	新华保险	1.21	1 546.05（19）	农业银行	8.94	12 049.86（3）
2014	7	长江证券	1.11	797.68（26）	方正证券	8.45	1159.90（23）
2014	8	西水股份	0.94	75.92（45）	南京银行	8.23	434.95（36）
2014	9	山西证券	0.66	403.00（37）	浦发银行	7.50	2 926.73（14）
2014	10	天茂集团	0.64	55.50（47）	陕国投 A	6.92	152.68（41）
2016	1	宁波银行	85.17	648.93（32）	贵阳银行	232.92	362.72（45）
2016	2	无锡银行	51.82	202.00（58）	招商银行	146.59	4 438.69（7）
2016	3	中国银行	23.16	10 126.94（3）	农业银行	136.36	10 068.62（4）
2016	4	贵阳银行	20.14	362.72（45）	交通银行	124.14	4 284.96（8）
2016	5	中信银行	17.90	3 136.72（11）	无锡银行	123.17	202.00（58）
2016	6	兴业银行	14.97	3 075.05（12）	宁波银行	96.88	648.93（32）
2016	7	光大银行	14.74	1 825.15（15）	江苏银行	96.83	1 111.73（26）
2016	8	江苏银行	14.66	1 111.73（26）	民生银行	92.08	3 312.87（10）
2016	9	华夏银行	14.55	1 159.39（25）	兴业银行	82.87	3 075.05（12）
2016	10	江阴银行	10.16	191.23（60）	中信银行	79.00	3 136.72（11）

　　最后，为了进一步分析各个金融机构对系统性金融风险的贡献，表 6-6 给出了 2008 年、2012 年、2014 年和 2016 年四个年度中系统性风险接收者指数和系统性风险发送者指数排名前 10 的金融机构的相关信息。2008 年金融危机期间，系

统性风险接收者指数最大的 10 家金融机构包括 6 家银行（建设银行、工商银行、中国银行、中信银行、招商银行、浦发银行）、2 家证券机构（海通证券、中信证券）和 2 家保险机构（中国人寿、中国平安），其中，工商银行、建设银行和中国银行为全球系统重要性银行（FSB，2017），中国平安则为全球系统重要性保险机构（FSB，2017）。2012 年，系统性风险接收者指数最大的 10 家金融机构全部为银行，其中，农业银行（同样也属于全球系统重要性银行）受到系统性风险的影响最大。2014 年，系统性风险接收者指数最大的 10 家金融机构包括全部 4 家全球系统重要性银行（中国银行、建设银行、工商银行、农业银行）、4 家证券机构（光大证券、海通证券、西南证券、广发证券）和 2 家保险机构（新华保险、中国平安）。而 2016 年，系统性风险接收者指数最大的 10 家金融机构则集中在银行（8 家）和保险（2 家）机构。从系统性风险发送者指数来看，四个年份前十大金融机构主要集中在银行和保险部门。综合系统性风险接收者指数和系统性风险发送者指数的相关信息可以看出，在我国金融体系中，银行和保险机构既是系统性风险的主要来源，也是受系统性风险影响最为显著的部门。同时，各个金融机构的系统性风险指数（系统性风险接收者指数和系统性风险发送者指数）大小也与其市值存在一定的关系，其中，市值较大的金融机构的系统性风险指数相对要高于市值较小的金融机构；但是，一些规模较小的金融机构，如光大证券、西南证券、宁波银行等，由于其影响输入强度或影响输出强度较高，其所对应的系统性风险指数也相对较高。

表 6-6　不同年度前 10 家系统性风险指数和最大的金融机构

年份	排名	机构名称	系统性风险接收者指数	市值/亿元（市值在上市企业中排名）	机构名称	系统性风险发送者指数	市值/亿元（市值在上市企业中排名）
2008	1	建设银行	1.11×10^{12}	8 950.29（2）	中国平安	3.32×10^{12}	1 953.05（6）
2008	2	工商银行	9.06×10^{11}	11 824.27（1）	浦发银行	2.09×10^{11}	750.13（11）
2008	3	中国银行	8.89×10^{11}	7 539.02（3）	建设银行	1.19×10^{11}	8 950.29（2）
2008	4	海通证券	3.41×10^{11}	667.28（13）	工商银行	1.10×10^{11}	11 824.27（1）
2008	5	中信银行	2.26×10^{11}	1 506.69（8）	南京银行	1.09×10^{11}	15 4.10（19）
2008	6	招商银行	1.45×10^{11}	1 788.39（7）	民生银行	9.07×10^{10}	766.10（10）
2008	7	浦发银行	9.66×10^{10}	750.13（11）	中信证券	7.68×10^{10}	1 191.50（9）
2008	8	中国人寿	6.57×10^{10}	5 271.37（4）	国元证券	5.48×10^{10}	156.95（18）
2008	9	中信证券	6.37×10^{10}	1 191.50（9）	招商银行	4.19×10^{10}	1 788.39（7）
2008	10	中国平安	6.02×10^{10}	1 953.05（6）	海通证券	3.56×10^{10}	667.28（13）
2012	1	农业银行	4.51×10^{12}	9 094.24（3）	工商银行	7.09×10^{12}	14 508.91（1）
2012	2	中国银行	3.54×10^{12}	8 151.10（4）	交通银行	2.71×10^{12}	3 668.58（6）
2012	3	工商银行	2.31×10^{12}	14 508.91（1）	中国人寿	2.56×10^{12}	6 048.65（5）
2012	4	建设银行	1.39×10^{12}	11 500.51（2）	农业银行	2.55×10^{12}	9 094.24（3）

续表

年份	排名	机构名称	系统性风险接收者指数	市值/亿元（市值在上市企业中排名）	机构名称	系统性风险发送者指数	市值/亿元（市值在上市企业中排名）
2012	5	交通银行	1.13×10^{12}	3 668.58（6）	中国平安	1.15×10^{12}	3 585.22（7）
2012	6	中信银行	1.09×10^{12}	2 007.18（11）	中国太保	1.15×10^{12}	2 038.95（10）
2012	7	光大银行	9.34×10^{11}	1 233.26（15）	光大银行	7.10×10^{11}	1 233.26（15）
2012	8	招商银行	8.17×10^{11}	2 966.78（8）	浦发银行	4.65×10^{11}	1 850.42（12）
2012	9	浦发银行	7.19×10^{11}	1 850.42（12）	兴业银行	2.90×10^{11}	1 800.25（13）
2012	10	北京银行	6.86×10^{11}	818.41（20）	民生银行	2.49×10^{11}	2 229.54（9）
2014	1	中国银行	1.89×10^{12}	11 959.80（4）	工商银行	2.06×10^{12}	17 118.63（1）
2014	2	建设银行	9.31×10^{11}	16 825.74（2）	农业银行	1.49×10^{12}	12 049.86（3）
2014	3	光大证券	5.46×10^{11}	975.50（25）	中国银行	6.00×10^{11}	11 959.80（4）
2014	4	新华保险	5.21×10^{11}	1 546.05（19）	交通银行	3.86×10^{11}	5 049.87（7）
2014	5	海通证券	4.66×10^{11}	2 306.08（15）	中国人寿	3.86×10^{11}	9 652.40（5）
2014	6	工商银行	3.70×10^{11}	17 118.63（1）	民生银行	2.63×10^{11}	3 715.86（11）
2014	7	中国平安	2.95×10^{11}	6 412.07（6）	浦发银行	2.31×10^{11}	2 926.73（14）
2014	8	西南证券	2.66×10^{11}	629.15（29）	中国太保	2.06×10^{11}	2 927.03（13）
2014	9	农业银行	1.19×10^{11}	12 049.86（3）	兴业银行	1.41×10^{11}	3 143.64（12）
2014	10	广发证券	1.13×10^{11}	1 536.06（20）	方正证券	1.25×10^{11}	1 159.90（23）
2016	1	中国银行	1.07×10^{13}	10 126.94（3）	招商银行	1.06×10^{13}	4 438.69（7）
2016	2	宁波银行	3.82×10^{12}	648.93（32）	农业银行	8.58×10^{12}	10 068.62（4）
2016	3	中信银行	3.30×10^{12}	3 136.72（11）	中国平安	6.45×10^{12}	6 476.69（6）
2016	4	中国人寿	3.30×10^{12}	6 808.97（5）	交通银行	6.36×10^{12}	4 284.96（8）
2016	5	中国平安	2.22×10^{12}	6 476.69（6）	民生银行	4.08×10^{12}	3 312.87（10）
2016	6	兴业银行	2.05×10^{12}	3 075.05（12）	中信银行	2.64×10^{12}	3 136.72（11）
2016	7	工商银行	1.91×10^{12}	15 717.52（1）	兴业银行	1.78×10^{12}	3 075.05（12）
2016	8	招商银行	1.37×10^{12}	4 438.69（7）	新华保险	8.95×10^{11}	1 365.74（20）
2016	9	光大银行	1.20×10^{12}	1 825.15（15）	建设银行	8.84×10^{11}	13 600.60（2）
2016	10	民生银行	1.16×10^{12}	3 312.87（10）	宁波银行	8.54×10^{11}	648.93（32）

6.4　结论及启示

基于 Härdle 等（2016）的 TENET 模型，本章构建了 2007～2017 年我国上市金融机构的动态关联网络，并基于金融系统、金融部门间及金融机构间三个层面分析了我国金融体系的时变关联特征。研究结果表明，金融系统总体关联度在样本期间呈现了周期性的变化，并分别在金融危机期间（2008～2010 年）、欧债危机期间（2011～2014 年）和新一轮货币宽松周期时期（2016～2017 年）达到峰值。

金融部门间的关联强度表明银行部门溢出效应的输出强度最大，而银行和证券部门受到溢出效应的影响最大。银行和保险机构是引起系统性风险的重要诱因，同时也是受最大系统性风险影响的部门；全球系统重要性银行（工商银行、建设银行、中国银行和农业银行）和全球系统重要性保险机构（中国平安）在我国金融体系关联网络中的"重要地位"也得到了进一步确认；同时，值得进一步关注的是，一些金融机构虽然规模较小，但由于其与其他金融机构的高度关联性，也可能成为引发系统性金融风险的重要诱因。

　　基于以上研究结论，本章的政策启示主要有以下几个方面。首先，金融体系关联网络的动态变化特征表明，近年来，我国金融系统的总体关联度处于高位，且远远高于金融危机时期。而 2008 年的金融危机表明，监管部门不仅应该提升各个金融机构自身的风险管理水平，还应该利用宏观审慎手段加强对系统性风险的防范（Acharya et al.，2014；Cerutti et al.，2017；Gauthier et al.，2012）。因此，我国金融监管部门应当加强宏观审慎管理，减缓金融机构间的风险传染和溢出效应对金融系统稳定性的冲击，防范因金融体系关联水平上升而引发系统性金融风险的可能。其次，从金融体系部门内和部门间关联度的变化趋势可以看出，银行和证券部门内、银行与证券跨部门间关联度的上升是推动后金融危机时代我国金融体系总体关联度上升的重要因素。因此，监管部门应当在现有的分业监管的体系下，提高对金融体系的整体监管力度，加强对金融机构不同部门间关联性的监督，降低跨部门的关联程度并阻断系统性风险在不同部门间的传染渠道。最后，在我国金融系统中，银行和保险机构是引起系统性金融风险的主要来源，而一些规模较小的金融机构由于其与其他金融机构的高度关联性，也可能成为诱发系统性金融风险的诱因。金融监管部门除了要关注系统重要性金融机构外，还应根据各个金融机构在金融关联网络中的影响对其重要性进行识别，通过对系统重要性机构的监管，降低其发生尾部风险的可能性，并缩小风险传染和溢出效应的影响范围，提高金融系统的稳定性。

第7章　影响金融安全的银行系统性
风险机理研究

在当前构建基于"双循环"的新发展格局下，以大数据、区块链为代表的新技术的发展成为推动国内大循环的一个重要支点，新模式新业态的涌现正倒逼着中国商业银行通过创新实现转型。然而，2008年次贷危机充分暴露了由商业银行创新滋生系统性风险的负面性。党的十九大报告将防范化解重大风险列为三大攻坚战之一，同时明确指出要"守住不发生系统性金融风险的底线"[①]。党的二十大报告指出要"守住不发生系统性风险底线"。在此背景下，有必要关注国内银行创新对系统性风险的影响。

为防范化解系统性风险，我国提出了"分类施策、精准拆弹"的方针[②]。就银行层面而言，实施这一方针的前提则在于明确银行创新对系统性风险的影响关系。现有文献对上述问题虽已展开了一定的研究，但在具体的影响方向上尚存在较大分歧。这类文献多集中于线性关系的讨论，本章考虑这种结论差异或源于商业银行创新对系统性风险的非线性影响。鉴于此，本章通过主成分分析法和非线性分析方法分别刻画商业银行创新水平和系统性风险大小，进而利用包含创新水平二次项的回归方程更加深入地研究这种影响关系。

与现有文献相比，本章从以下三个方面做了补充。首先，基于非线性视角检验了银行创新对系统性风险的倒"U"形影响，同时利用样本分布图和分组回归揭示了这种影响关系的动态特征，并进一步检验了该影响的异质性。其次，考虑到中国商业银行对信贷业务的高度依赖性，本章检验了信贷风险在上述影响关系中的调节作用。最后，通过理论分析和实证结果比对就二者关系进一步提出了"N"形假设。

---

① 习近平：决胜全面建成小康社会 夺取新时代中国特色社会主义伟大胜利——在中国共产党第十九次全国代表大会上的报告. http://www.gov.cn/zhuanti/2017-10/27/content_5234876.htm[2017-10-27].

② 正确认识和把握防范化解重大风险（人民观点）. http://opinion.people.com.cn/n1/2022/0210/c1003-32348857.html[2022-02-10].

7.1　文献综述与理论分析

7.1.1　银行创新与系统性风险的度量研究

广义的金融创新往往包括业务、市场和制度三个方面的创新，就银行层面而言，商业银行创新主要指对业务品种及金融工具的创造性开发（巴曙松和严敏，2010）。由于这种创造性开发最终会在收入端体现为非利息收入的变化，因而在实证研究中，非利息收入占比是对银行创新的最直观刻画，其实质反映了银行创新水平的高低。以该指标为基础，相关度量方法可分为以下两种：一是通过直接计算非利息收入占比得到的单一测度（胡文涛等，2019）；二是兼顾各种收入结构的综合测度，如同时计算非利息收入占比及利息收入占比的赫芬达尔-赫希曼指数（Herfindahl-Hirschman index，HHI）（成力为等，2018）和熵指数（孙秀峰等，2018）、对不同收入占比进行降维处理的主成分分析测度（罗萍，2020）。

对于系统性风险，根据 Hart 和 Zingales（2009）的定义，系统性风险是指一家机构违约使得多家机构相继违约，并最终造成严重实际损失的风险。根据此定义，系统性风险生成的重要根源是金融机构间形成的高度关联性，因而很多研究侧重于从金融机构相互关联的角度度量系统性风险。在这类方法中，以 ΔCoVaR 方法和MES方法最具代表性。ΔCoVaR 方法自下而上，反映了一家机构处于极端状态下对其他机构或整个系统的负外部性溢出（Adrian and Brunnermeier，2016）；MES方法则自上而下，以估算出的整体系统性风险为基准，通过某种分配方式将总体风险分配给单个金融机构（Acharya et al.，2016）。

7.1.2　银行创新对系统性风险的影响研究

银行创新对风险的影响一直是研究的热点，但相较于系统性风险，更多研究关注的是创新对个体风险的影响。这类研究在结论上存在较大差异，部分研究对银行创新持负面态度，Apergis（2014）认为创新与银行脆弱性密切相关；González等（2016）研究发现创新对银行稳定性存在负面影响，尤其是证券化业务的使用会导致破产风险的增加。部分研究则认为创新有助于降低银行风险，Williams 和 Prather（2010）、Lee 等（2014）分别利用澳大利亚和亚洲商业银行数据研究发现，非利息收入业务的发展有助于发挥风险分散作用。另外，也有研究认为二者关系不明确或者呈现非线性。例如，赵胜民和申创（2016）的研究表明从全样本角度，非利息收入对国内银行风险不存在显著影响。DeYoung 和 Torna（2013）、孙秀峰等（2018）则分别从非利息收入来源、银行规模角度认为银行创新对个体风险的影响是非线性的。

随着金融机构间关联性的增强，个体机构开始表现出较强的负外部性，银行创新对系统性风险的影响开始受到关注。与上述文献类似，这类研究也无统一定论。Lee 等（2020b）认为金融工具创新本身就引入了系统性风险。张晓玫和毛亚琪（2014）则认为非利息收入业务的发展可以减轻宏观经济周期性波动对银行的冲击，从而有助于降低系统性风险。另外，也有研究认为银行创新对系统性风险的影响关系依赖于其他因素而呈非线性，如银行规模因素（朱波等，2016）、经济发展阶段因素（罗萍，2020）。

总结而言，现有研究在银行创新水平及系统性风险的度量上已经相对成熟。同时，在研究对象上，从个体风险向系统性风险的延伸正成为相关研究的趋势。然而，这类研究多考虑的是创新的线性影响，或是基于某种特质因素的门槛效应得出的非线性结论，鲜有研究基于真正的非线性视角。考虑到已有文献的结论差异，Lee 等（2020b）证实银行对创新的反应程度会随着自身发展水平的变化而变化，因此有必要从非线性的视角深入分析银行创新对系统性风险的影响。

7.1.3　银行创新对系统性风险的非线性影响分析

伴随着商业银行创新水平的提高，其产品及业务特征会发生转变。依赖于这种变化，本章认为，银行创新对系统性风险的影响关系存在以下阶段性特征。

首先，在创新初始阶段，一方面，银行往往面临市场误判、需求不足、产品叫停等问题（朱毅峰，2004），创新水平提高的同时也增大了前期投资受损的可能性，从而造成风险在银行内部积聚，加剧极端情形下单个银行对系统的负外部性溢出。另一方面，早期的银行创新多集中于代收代缴等低附加值业务，产品关联程度高，同质化现象严重（成力为等，2018），这非但难以通过产品的多样化实现风险分散，在某家商业银行产品暴雷时，反而会通过一系列连锁反应增加系统性风险暴露的可能性。因此在此阶段，创新水平的提高会导致系统性风险的上升。

其次，随着创新水平的提高，银行步入转型阶段。在此阶段，产品开始逐渐多元化，尤其是银行在表外业务及基于人民币衍生产品等方面的创新将有助于银行规避由汇率波动等产生的系统性风险（巴曙松和严敏，2010）。在此阶段，银行创新水平的提高能有效降低系统性风险。

最后，在成熟阶段，银行的非利息收入业务会逐渐以投资银行等高附加值业务为主。一方面，投资银行业务的顺周期性会使得银行在经济向好时逐渐放松其风险约束（Fang et al.，2013）；另一方面，高水平的创新会提高银行在一级、二级市场的风险投资偏好，加剧银行体系的不稳定性（Kero，2013），创新分散风险的边际效应会逐渐减弱，故创新水平的提高又会激增系统性风险，美国次贷危机的爆发就是一个很好的例证。

综上所述，从初始阶段到转型阶段再到成熟阶段，银行创新水平的提高对系统性风险的影响方向先正后负再转正，从而长期会呈现"N"形影响关系。但考虑到国内银行创新尚处于转型阶段，创新水平尚不成熟，本章认为银行创新对系统性风险在中国仅会呈现前两个阶段的影响关系，即倒"U"形关系。为了检验该影响关系，本章在面板回归模型中引入了创新水平的二次项，并进一步利用样本分布图和分组回归检验这种影响的动态性。另外，本章还尝试通过实证结果的比对论证"N"形关系存在的合理性。

7.2　研　究　设　计

7.2.1　样本选取及数据来源

考虑到本章需考察较长时间内银行创新对系统性风险的影响，同时也受限于数据的可得性（2008 年之前的部分数据缺失严重），本章选择的研究区间为 2008～2018 年。在样本的选择上，本章选取了财务数据相对完整的 16 家商业银行，包括 4 家国有银行、9 家股份制银行及 3 家城市商业银行。其中，债券收益率数据来自中国债券信息网，上海银行间同业拆放利率数据来自上海银行间同业拆放利率官网，其余所有数据均来自国泰安数据库。

7.2.2　银行创新水平的测度

相比单一测度指标，综合测度更能客观准确地刻画银行创新水平的变化。因而本章利用主成分分析法对净利息收入占比、手续费收入占比、其他业务收入占比等指标进行降维处理，通过提取这些指标间的交叉重叠信息，综合构建商业银行创新水平测度指标。

经观测，对于这 16 家商业银行，前两个主成分的累计解释百分比均达到 85%以上，符合主成分分析的要求，因而我们统一用前两个主成分来构建各银行的创新指标。另外，我们发现，对于各家银行，在其合成指标的第一主成分中，均只有净利息收入占比的权重方向为负，这表明其为合成指标的抵减项。由于净利息收入占比的下降意味着创新水平的提高，因而我们认为合成指标数值的增加代表创新水平的提高。

7.2.3　系统性风险的测度

由于我们更关注单个银行对外部的负溢出效应，而 ΔCoVaR 恰好提供了这种统计口径，故我们用 ΔCoVaR 度量系统性风险。设 $\text{CoVaR}_q^{\text{system}|i}$ 为银行 i 陷入危机时整个银行系统遭受的最大损失，则其用公式可表示为

$$P\left(R^{\text{system}} \leqslant \text{CoVaR}_q^{\text{system}|i} \big| R^i = \text{VaR}_q^i\right) \tag{7-1}$$

其中，R^{system}、R^i 分别表示银行系统和银行 i 的收益率；VaR_q^i 表示在险价值；则同理 $\text{CoVaR}_{0.5}^{\text{system}|i,\text{median}}$ 表示银行 i 处于正常状态时整个银行系统遭受的最大损失，其用公式可表示为

$$P\left(R^{\text{system}} \leqslant \text{CoVaR}_{0.5}^{\text{system}|i,\text{median}} \big| R^i = \text{median}^i\right) = q_{\text{median}} \tag{7-2}$$

那么，ΔCoVaR_q^i 为 $\text{CoVaR}_q^{\text{system}|i}$ 与 $\text{CoVaR}_{0.5}^{\text{system}|i,\text{median}}$ 的差额，其表示单个银行陷入危机时对银行系统的风险溢出。

在具体测算上，首先，设 P_t^i 为商业银行 i 在 t 时刻的收盘价，P_t^{system} 为中证银行指数在 t 时刻的收盘价，则收益率计算公式为

$$R_t^i = 100 \times \ln\left(P_t^i \big/ P_{t-1}^i\right) \tag{7-3}$$

$$R_t^{\text{system}} = 100 \times \ln\left(P_t^{\text{system}} \big/ P_{t-1}^{\text{system}}\right) \tag{7-4}$$

其次，对 P_t^i、P_t^{system} 进行 q 分位数水平的分位数回归（本章分位数 q 统一取 5%，以下公式中均省略了分位数下标）。

$$R_t^i = \alpha^i + \gamma^i M_{t-1}^i + \varepsilon^i \tag{7-5}$$

$$R_t^{\text{system}} = \alpha^{\text{system}|i} + \beta^{\text{system}|i} R_t^i + \gamma^{\text{system}|i} M_{t-1}^i + \varepsilon^{\text{system}|i} \tag{7-6}$$

其中，M_{t-1}^i 表示滞后一期的状态变量，本章选取的状态变量包括市场波动率、流动性利差、期限利差及信用利差，其具体定义如表 7-1 所示。

表 7-1　状态变量定义及计算方法

变量	名称	计算方法
M_1	市场波动率	由 GARCH 模型计算得到的沪深 300 指数的条件方差
M_2	流动性利差	半年期上海银行间同业拆放利率－半年期国债收益率
M_3	期限利差	10 年期国债收益率－1 年期国债收益率
M_4	信用利差	1 年期企业债收益率－1 年期国债收益率

将分位数回归参数代入式（7-5）、式（7-6）可得

$$\mathrm{VaR}_t^i = \hat{\alpha}^i + \hat{\gamma}^i M_{t-1}^i \qquad\qquad (7\text{-}7)$$

$$\mathrm{CoVaR}_t^{\mathrm{system}} = \hat{\alpha}^{\mathrm{system}|i} + \hat{\beta}^{\mathrm{system}|i} R_t^i + \hat{\gamma}^{\mathrm{system}|i} M_{t-1}^i \qquad (7\text{-}8)$$

最后，参照上述方法进行中位数水平的分位数回归，可得到 $\mathrm{CoVaR}_t^{\mathrm{system}|i,\,\mathrm{median}}$，进而

$$\Delta\mathrm{CoVaR}_t^i = \mathrm{CoVaR}_t^{\mathrm{system}|i} - \mathrm{CoVaR}_t^{\mathrm{system}|i,\,\mathrm{median}} \qquad (7\text{-}9)$$

7.3　模 型 设 定

为研究商业银行创新对系统性风险的影响，本章构建了回归模型，如式（7-10）所示。

$$\Delta\mathrm{CoVaR}_{it} = \alpha_0 + \alpha_1\mathrm{Innov}_{it} + \alpha_2\mathrm{S\text{-}Innov}_{it} + \sum_{j=3}^{8}\alpha_j\mathrm{Control}_{j,it} + \mu_i + \lambda_t + \varepsilon_{it} \qquad (7\text{-}10)$$

其中，$\Delta\mathrm{CoVaR}_{it}$ 表示被解释变量；Innov_{it} 及 $\mathrm{S\text{-}Innov}_{it}$ 表示核心解释变量，$\mathrm{S\text{-}Innov}_{it}$ 表示 Innov_{it} 的二次项；$\mathrm{Control}_{j,it}$ 表示各控制变量。本章选择了 6 个控制变量（表 7-2），其中，Size、NPL、EM、ROA 及 CAR 均为银行层面指标，GDP 为宏观指标。μ_i 和 λ_t 分别表示个体效应和时间效应，ε_{it} 表示随机误差项。另外，为使 $\Delta\mathrm{CoVaR}_{it}$ 与其他季频数据相匹配且能直观反映系统性风险大小，这里对其取季度均值后再取绝对值。

表 7-2　各变量定义及计算方法

类型	名称	符号	计算方法
被解释变量	系统性风险	$\Delta\mathrm{CoVaR}$	由 7.2.3 节计算得到
解释变量	银行创新水平	Innov	由 7.2.3 节计算得到
	创新二次项	S-Innov	$\mathrm{S\text{-}Innov} = \mathrm{Innov}^2$
控制变量	银行规模	Size	银行资产取对数
	不良贷款率	NPL	不良贷款率 × 100%
	权益负债比	EM	权益/负债 × 100%
	资产收益率	ROA	净利润/总资产 × 100%
	资本充足率	CAR	资本/风险资产
	GDP 增长率	GDP	GDP 同比增长率

7.4　实证结果及分析

7.4.1　商业银行创新水平及系统性风险分析

图 7-1 为 16 家样本商业银行创新水平及系统性风险的动态变化情况。该图结果表明，首先，主成分分析测度与非利息收入占比测度之间呈现了较为趋同的一致变化性。由于非利息收入是衡量商业银行创新的最重要标准，非利息收入占比的上升意味着创新水平的提高，因而这里进一步证实了该合成测度数值的增加意味着创新水平的提高。其次，相较于非利息收入占比这一单一测度，主成分分析法在综合提取信息后起到了明显的平滑作用。最后，ΔCoVaR 两个较为明显的峰值分别出现在 2008 年和 2015 年，符合次贷危机及股灾事件的发生事实，这表明 ΔCoVaR 对系统性风险的刻画是相对准确的。

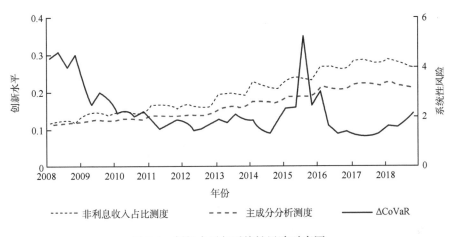

图 7-1　创新水平与系统性风险时序图

7.4.2　回归结果分析

表 7-3 列示了基准模型的回归结果。如表 7-3 所示，在仅引入一次项时，模型（1）中 Innov 项的系数并不显著，这表明基于线性视角并不能很好地刻画银行创新对系统性风险的影响关系。当加入了创新平方项后，模型（2）中创新项系数均在 1%水平下显著，同时其余各项的系数方向及显著性并未发生明显改变，这表明我们进一步考虑非线性影响是合理且必要的。从创新项系数方向来看，模型（2）中二次项显著为负，这表明随着银行创新水平的提高，其对系统性风险的影响先

正后负，即呈显著的倒"U"形影响，这一结果与前文理论分析是相符的。

表7-3 基准模型回归结果

变量	（1）同期	（2）同期	（3）滞后一期	（4）滞后两期	（5）滞后四期
Innov	−1.0829 （−0.75）	−10.0963*** （−2.70）	−12.2494*** （−3.23）	−12.4231*** （−3.22）	−6.0445 （−1.42）
S-Innov		−26.3152*** （−2.62）	−33.5168*** （−3.22）	−34.5978*** （−3.30）	−20.0735* （−1.74）
Size	−0.9088*** （−8.54）	−0.9150*** （−8.63）	−0.7942*** （−7.12）	−0.8221*** （−7.22）	−0.4554*** （−3.93）
NPL	0.7081*** （9.75）	0.7871*** （10.04）	0.7957*** （10.00）	0.5309*** （6.79）	0.0569 （0.76）
EM	−0.1229*** （−2.58）	−0.1446*** （−3.00）	−0.1292*** （−2.61）	−0.0825* （−1.69）	−0.0733 （−1.53）
ROA	0.1961* （1.85）	0.1581 （1.49）	0.1977* （1.83）	0.4688*** （4.44）	0.3439*** （3.48）
CAR	4.2429 （1.39）	6.2090** （1.98）	6.5769** （2.06）	5.5740* （1.77）	1.6155 （0.53）
GDP	−7.1043*** （−2.63）	−6.9238** （−2.57）	−1.5644 （−0.57）	−6.1778** （−2.31）	−6.1284** （−2.41）
个体效应	控制	控制	控制	控制	控制
时间效应	控制	控制	控制	控制	控制
R^2	0.37	0.37	0.35	0.28	0.08
N	684	684	668	652	620

注：括号内为 t 值

***、**和*分别表示在1%、5%和10%水平上显著

倒"U"形关系成立还需满足两个条件，一是转折点在解释变量的取值范围内，二是转折点两侧均有一定量的解释变量样本，因此，我们对转折点两侧的样本做了进一步检验。以模型（2）为例，经检验，该模型转折点在Innov项的取值范围内，并且在684个样本中，转折点左右两侧样本占比分别为39%和61%。由此，我们认为上述倒"U"形关系成立。

以上结果揭示了银行创新水平提高对系统性风险的同期影响，模型（3）和模型（4）的结果则进一步表明，这种非线性影响不仅具有同期性，银行创新水平的提高也会对未来一至两期（季度）的系统性风险产生影响。但在滞后四期（一年）后，模型（5）中各项系数大小及显著性变得不稳定，表明这种影响在显著减弱。上述结果也同时表明，在剔除了同期可能存在的互为因果的内生性问题后，银行创新对系统性风险的倒"U"形影响依然显著。

进一步，为深入揭示商业银行创新对系统性风险的动态影响，我们观察了银

行创新水平的样本分布情况。由图 7-1 可知，样本银行的创新水平在总体上稳步提高，其并不像一些市场变量一样具有均值回归特性。那么，样本在转折点两侧的分布是否存在阶段性特征？换言之，在不同年份，样本是否会集中分布在转折点的某一侧？为此，我们将研究区间进行了等分，并绘制了每个时间段内的样本分布情况。这里为清晰呈现样本在解析式对应的倒 "U" 形抛物线上的分布情况，将数据间隔做了等比例放大，如图 7-2 所示。

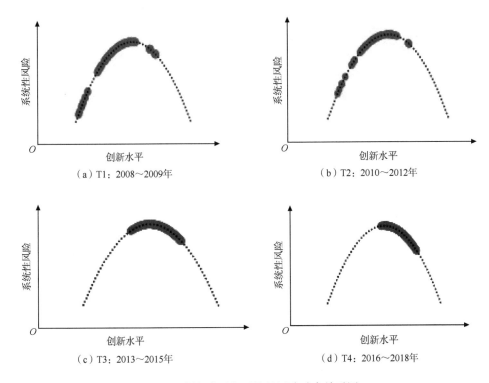

（a）T1：2008～2009年　　　　　　　（b）T2：2010～2012年

（c）T3：2013～2015年　　　　　　　（d）T4：2016～2018年

图 7-2　创新水平与系统性风险动态关系图

图 7-2 结果表明，在 T1 阶段（2008～2009 年），绝大部分样本位于抛物线左半轴，此时创新水平的提高正向影响系统性风险。T2 阶段（2010～2012 年）的样本分布情况及变化规律与 T1 阶段较为类似，但在该阶段，随着创新水平的提高，左侧远离转折点的样本开始明显减少。在 T3 阶段（2013～2015 年），样本开始集中分布在转折点两侧，此时二者呈非线性的倒 "U" 形关系。在 T4 阶段（2016～2018 年），随着创新水平的进一步提高，样本点开始基本落在转折点右侧，创新对系统性风险的分散功能开始突显。这一结果证实了商业银行创新对系统性风险的影响的确具有阶段性规律，同时表明现阶段商业银行创新水平的提高可有效抵御系统性风险。

表 7-4 进一步检验了不同类型商业银行创新对系统性风险的异质性影响。我们分别将样本银行按性质分为国有银行和非国有银行，按规模分为大中型银行和地方性小型银行。子样本的回归结果表明，非国有银行、地方性小型银行创新对系统性风险的倒 "U" 形影响更为显著。对此的一个解释是，相较于国有银行或是大中型银行，非国有银行或地方性小型银行占据着更少的存贷资源，因而其创新意愿更为强烈，其必须通过创新寻找新的盈利增长点。这种创新投入使其更容易经历早期投资受损的风险，也更易于分享到转型期风险分散的红利，因而对于这些银行而言，创新对系统性风险的阶段性影响更为明显。

表 7-4　异质性检验结果

变量	（1）	（2）	（3）	（4）
	国有银行	非国有银行	大中型银行	地方性小型银行
Innov	−11.4077	−8.8910**	−7.7817*	−44.8676**
	（−1.05）	（−2.14）	（−1.94）	（−2.48）
S-Innov	−17.2285	−26.3290***	−18.7582*	−157.3036***
	（−0.57）	（−2.80）	（−1.77）	（−2.93）
Size	−2.3463***	−0.9552***	−1.0256***	−1.1040***
	（−4.87）	（−8.04）	（−7.16）	（−4.78）
NPL	0.4652**	0.7131***	0.7629***	0.7242***
	（2.31）	（7.60）	（9.05）	（2.58）
EM	0.4364**	−0.1887***	−0.0645	−0.2201**
	（2.46）	（−3.51）	（−1.01）	（−2.36）
ROA	0.2296	0.1693	0.1749	0.2305
	（0.13）	（1.29）	（1.46）	（1.09）
CAR	6.2838	7.3636**	1.2282	18.3595***
	（0.54）	（2.18）	（0.24）	（3.97）
GDP	−9.2745*	−6.3010*	−6.8103**	−3.0863
	（−1.72）	（−1.94）	（−2.25）	（−0.54）
个体效应	控制	控制	控制	控制
时间效应	控制	控制	控制	控制
R^2	0.33	0.36	0.37	0.30
N	166	518	552	132

注：括号内为 t 值

***、**和*分别表示在 1%、5%和 10%水平上显著

7.4.3　稳健性检验

为验证上述结论的稳健性，本章做了以下两部分稳健性检验。

首先，我们将前文中的被解释变量及解释变量分别记为 C_1、I_1。进而，我们

对 C_1 计算过程中的状态变量进行了如表 7-5 所示的替换，并将新计算得到的 ΔCoVaR 记为 C_2；同时，我们将 I_1 测度中主成分信息提取标准提高至 95%，并将新测度下的变量记为 I_2。为不失结论的一般性，我们在表 7-5 中列示了各种测度交叉组合下的回归结果，其中，模型（1）～模型（3）为同期结果，模型（4）～模型（6）为滞后一期结果。如表 7-5 所示，除模型（1）外，各模型的创新水平一次项及二次项均显著为负。同时经检验，在各模型中，转折点均在解释变量取值范围内，且各转折点两侧均有一定量的样本分布，这表明银行创新对系统性风险的倒"U"形影响依然成立。

表 7-5　测度改变下的稳健性检验结果

变量	（1）	（2）	（3）	（4）	（5）	（6）
	$C_1 \times I_1$	$C_2 \times I_1$	$C_2 \times I_2$	$C_1 \times I_1$	$C_2 \times I_1$	$C_2 \times I_2$
Innov	−6.3896*	−10.8025***	−7.3450**	−9.0280**	−13.1350***	−9.9417***
	（−1.73）	（−2.91）	（−2.00）	（−2.40）	（−3.43）	（−2.63）
S-Innov	−13.4430	−27.9682***	−15.9029*	−21.6993**	−34.9248***	−23.7805**
	（−1.37）	（−2.80）	（−1.66）	（−2.15）	（−3.37）	（−2.37）
Size	−0.8659***	−0.9131***	−0.8633***	−0.7361***	−0.7820***	−0.7237***
	（−8.31）	（−8.67）	（−8.34）	（−6.73）	（−7.04）	（−6.64）
NPL	0.7597***	0.7966***	0.7706***	0.7698***	0.8038***	0.7791***
	（9.78）	（10.22）	（9.98）	（9.75）	（10.14）	（9.91）
EM	−0.1277***	−0.1653***	−0.1500***	−0.1162**	−0.1421***	−0.1303***
	（−2.61）	（−3.45）	（−3.09）	（−2.32）	（−2.89）	（−2.61）
ROA	0.1649	0.1333	0.1389	0.2031*	0.1825*	0.1868*
	（1.55）	（1.26）	（1.31）	（1.87）	（1.70）	（1.73）
CAR	5.0790	8.0026**	6.9750**	5.6930*	7.9270**	7.1230**
	（1.60）	（2.57）	（2.21）	（1.76）	（2.49）	（2.21）
GDP	−7.0399***	−8.0143***	−8.1045***	−1.5465	−2.3161	−2.2791
	（−2.61）	（−3.00）	（−3.02）	（−0.56）	（−0.85）	（−0.84）
个体效应	控制	控制	控制	控制	控制	控制
时间效应	控制	控制	控制	控制	控制	控制
R^2	0.37	0.38	0.37	0.35	0.35	0.35
N	684	684	684	668	668	668

注：括号内为 t 值

***、**和*分别表示在 1%、5%和 10%水平上显著

其次，我们以图 7-2 中 T3 阶段的不同时间点为界将样本进行分组。图 7-2 结果表明，在银行创新对系统性风险的影响关系中，T3 阶段为分水岭，在该阶段前，系统性风险随创新水平的变化而同向变化，在该阶段后则反向变化。故本章在不引入二次项的条件下，对此影响关系做进一步验证。为保证汇报的简洁性，表 7-6 仅列示了各分组回归中 Innov 项的系数大小及显著性，其中，奇数列为分界点左

侧的结果，偶数列为分界点右侧的结果。如表 7-6 所示，模型（1）、模型（3）、模型（5）各项均在 1% 水平下显著为正，而模型（2）、模型（4）、模型（6）各项均在 1% 水平下显著为负。这一结果从实证的角度验证了图 7-2 的样本动态分布情况，同时进一步证实了前文的倒"U"形结论。另外，表 7-6 的结果也表明样本区间选择的不同会对结论产生显著影响，这也在一定程度上解释了相关文献在本章研究问题结论上的差异性。

表 7-6　分组稳健性检验结果

模型	组合	（1）	（2）	（3）	（4）	（5）	（6）
		分界点：2013Q2		分界点：2014Q2		分界点：2015Q2	
同期	$C_1 \times I_1$	9.9199*** （3.62）	−9.5679*** （−3.45）	9.3615*** （4.73）	−12.7714*** （−3.61）	6.3461*** （4.01）	−14.7741*** （−3.28）
	$C_1 \times I_2$	9.9779*** （3.59）	−9.7368*** （−3.46）	9.4484*** （4.64）	−13.0845*** （−3.62）	6.0770*** （3.78）	−15.2239*** （−3.28）
	$C_2 \times I_1$	9.8654*** （3.50）	−9.3401*** （−3.41）	8.3501*** （4.18）	−12.8444*** （−3.67）	5.9363*** （3.71）	−14.8911*** （−3.37）
	$C_2 \times I_2$	9.8939*** （3.37）	−9.4486*** （−3.40）	8.3680*** （4.07）	−13.1352*** （−3.67）	5.6423*** （3.46）	−15.3244*** （−3.36）
滞后一期	$C_1 \times I_1$	13.1621*** （4.68）	−8.3984*** （−2.82）	8.8550*** （4.44）	−10.3936*** （−2.70）	9.4267*** （3.95）	−11.5870*** （−2.86）
	$C_1 \times I_2$	13.6393*** （4.67）	−8.4179*** （−2.78）	9.0640*** （4.43）	−10.5326*** （−2.67）	9.0176*** （3.72）	−11.5004*** （−2.74）
	$C_2 \times I_1$	12.1282*** （4.22）	−8.2330*** （−2.80）	7.8053*** （3.87）	−10.5736*** （−2.79）	8.8313*** （3.71）	−11.5275*** （−2.91）
	$C_2 \times I_2$	12.4900*** （4.18）	−8.1818*** （−2.74）	7.9454*** （3.84）	−10.6993*** （−2.75）	8.3980*** （3.47）	−11.4812*** （−2.79）

注：括号内为 t 值

***表示在 1% 水平上显著

7.4.4　进一步分析

1. 考虑信贷风险的调节作用

对信贷业务的高度依赖是中国商业银行的一个鲜明特点。在银行创新水平较低时，尽管非利息收入业务开始发展，但是银行业务结构仍以信贷业务为主，且初始阶段的银行创新多与传统信贷挂钩（如信用卡和代收代缴业务等）。因此，有必要考虑信贷风险是否在银行创新对系统性风险的影响关系中发挥了调节作用。

本节利用不良贷款率来量化银行信贷风险，通过引入创新水平与不良贷款率的交乘项以考察信贷风险的调节作用。参考图 7-2 的结果,我们以 2014 年二季度左侧数据作为创新初期的样本,同时,为保证主效应系数的稳定,我们对交乘项中每一观测值进行去均值处理。涉及的回归方程如式(7-11)所示:

$$\Delta \mathrm{CoVaR}_{it} = \alpha_0 + \alpha_1 \mathrm{Innovt}_{it} + \alpha_2 (\mathrm{Innov}_{it} - \overline{\mathrm{Innov}}) \times (\mathrm{NPL}_{it} - \overline{\mathrm{NPL}})$$
$$+ \sum_{j=3}^{8} \alpha_j \mathrm{Control}_{j,it} + \mu_i + \lambda_t + \varepsilon_{it} \tag{7-11}$$

为避免结果的偶然性,我们在表 7-7 中列示了两种完全不同的测度组合($C_1 \times I_1$、$C_2 \times I_2$)的回归结果,其中,模型(1)和模型(3)为同期结果,模型(2)和模型(4)为滞后一期结果。该表结果表明,信贷风险的调节效应在同期影响中较为显著,而在滞后一期后略有减弱。从具体的影响方向来看,根据模型(1),$\dfrac{\partial \Delta \mathrm{CoVaR}}{\partial \mathrm{Innov}} \approx 8.1657 + 1.8722 \mathrm{NPL}$,这表明银行承担的信贷风险越高,则创新水平提高导致的系统性风险越大,即信贷风险会在早期银行创新对系统性风险的影响关系中发挥负面调节作用。对此的一个解释是,在银行创新初期,信贷业务仍占据了绝对比重,银行通过信贷业务与经济周期波动建立了紧密的关联。银行承担的信贷风险越高,其对经济波动越敏感,越会加剧银行创新导致的系统性风险。另外,我们进一步对分界点右侧数据进行检验后发现,交互项不再显著。这表明随着创新水平的提高,信贷业务比重下降,信贷风险的影响会逐渐减弱,这种调节效应不再发挥显著作用。

表 7-7　信贷风险调节效应的检验结果

变量	(1) $C_1 \times I_1$	(2) $C_1 \times I_1$	(3) $C_2 \times I_2$	(4) $C_2 \times I_2$
Innov	8.1657*** (4.13)	7.5844*** (3.78)	7.3733*** (3.70)	6.7132*** (3.33)
Innov × NPL	1.8722*** (3.60)	1.2320** (2.33)	1.8360*** (3.37)	1.0947** (1.98)
Size	−1.6998*** (−14.03)	−1.5611*** (−12.56)	−1.6883*** (−13.88)	−1.5466*** (−12.43)
NPL	0.7166*** (9.26)	0.7167*** (9.09)	0.7105*** (9.17)	0.7050*** (8.95)
EM	−0.1484*** (−3.34)	−0.1620*** (−3.58)	−0.1742*** (−3.88)	−0.1780*** (−3.94)
ROA	0.4035*** (4.77)	0.2954*** (3.43)	0.3775*** (4.40)	0.2742*** (3.20)
CAR	4.2867* (1.76)	7.0432*** (2.83)	6.4235*** (2.60)	8.6054*** (3.43)

续表

变量	（1）	（2）	（3）	（4）
	$C_1 \times I_1$	$C_1 \times I_1$	$C_2 \times I_2$	$C_2 \times I_2$
GDP	−4.8991***	−2.2243	−6.0066***	−3.3573*
	（−2.65）	（−1.15）	（−3.21）	（−1.71）
个体效应	控制	控制	控制	控制
时间效应	控制	控制	控制	控制
R^2	0.73	0.71	0.73	0.71
N	396	396	396	396

注：括号内为 t 值

***、**和*分别表示在 1%、5%和 10%水平上显著

2. 讨论"N"形关系的合理性

我们对理论分析部分提出的长期"N"形关系的合理性做出论证。张晓玫和毛亚琪（2014）研究发现，美国银行非利息收入占比对系统性风险呈正"U"形影响，这与本章的倒"U"形关系并不相符。对此，本章认为上述不同一方面可从中美两国创新水平差异解释，另一方面也为"N"形关系的存在提供了例证。相比国内银行，美国银行在非利息业务拓展、多元化经营等方面成熟度高、产品覆盖面广，同时经营业务以投资银行业务等高附加值业务为主，因此，两国银行处于不同的创新发展阶段。如图 7-3 所示，当前国内银行业平均非利息收入占比约为 0.30，仍远低于美国银行"U"形关系临界值 0.57，故与本章刻画的创新初期及转型阶段的影响关系不同，该研究揭示的是转型阶段及成熟阶段的影响关系。而这种在成熟阶段呈现的正向影响也符合我们的理论分析，遵循这一影响规律，随着国内银行创新水平的进一步提高，其与系统性风险曲线之间会存在另一个拐

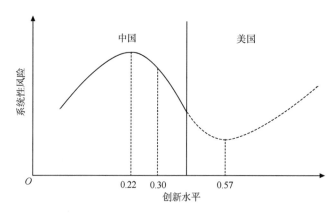

图 7-3　研究结论对比

点，在此拐点之后，创新水平的提高会增加系统性风险，从而使得银行创新对系统性风险的影响关系长期呈现"N"形。由此我们认为，本章提出的长期"N"形关系具备一定的理论及现实基础。

7.5　研究结论及建议

本章通过主成分分析法和 ΔCoVaR 方法分别构造了银行创新水平及系统性风险的度量指标，并基于非线性视角分析了前者对后者的影响关系。本章研究表明，第一，中国商业银行创新对系统性风险具有倒"U"形影响，银行创新水平存在临界值，在临界值两侧创新水平的提高对系统性风险具有相反的影响方向；第二，银行创新水平具有递增特性，现阶段全样本银行创新水平均已高于临界值水平，当前银行创新有助于抵御系统性风险；第三，不同类型商业银行创新对系统性风险的影响存在异质性，非国有银行、地方性小型银行的倒"U"形影响更为显著；第四，信贷风险在上述关系中发挥调节作用，银行承担的信贷风险越高，则初期银行创新导致的系统性风险越大；第五，长期来看，商业银行创新对系统性风险或具有"N"形影响。

针对以上结论，本章提出以下几点建议。首先，在当前构建基于"双循环"的新发展格局下，面对金融科技快速发展的大趋势，商业银行应积极抓住机遇，将大数据等新技术有效服务于银行的多元化经营，不断提高创新水平，进而发挥银行创新的风险分散功能。其次，从监管的角度来看，在"分类施策、精准拆弹"的方针指引下，基于本章提出的"N"形关系推论，监管层对商业银行创新不宜实行一刀切管理。当前阶段，除鼓励商业银行创新外，也需防范随着创新水平的进一步提高可能带来的第二个拐点。未来监管层应当重点关注银行的创新活动是否导致了产品的过度复杂化，又是否增强了其在一级、二级市场的风险偏好，从而有效防范过度的银行创新带来的负外部性。

第8章　影响金融安全的金融市场系统性风险机理研究

2020 年席卷全球的新冠疫情对全球金融市场产生了极大的冲击，引发金融市场尾部风险在全球金融市场间急速传播，极易引发系统性金融风险。国际金融组织和各国监管部门采取了一系列的财政政策与货币政策保障金融市场稳定，防范系统性金融风险的发生及在全球范围内蔓延（Feyen et al., 2021）。2021 年 7 月，G20 财政部部长和中央银行行长第三次会议指出，虽然全球经济全局有所改善，但要维护金融稳定，防范金融体系负面溢出效应及经济下行风险。习近平在中央财经委员会第十次会议上也进一步强调，"要夯实金融稳定的基础，处理好稳增长和防风险的关系，巩固经济恢复向好势头，以经济高质量发展化解系统性金融风险，防止在处置其他领域风险过程中引发次生金融风险"[①]。如何在保证经济稳定增长的同时，防范重大突发事件对金融市场的冲击，有效化解系统性金融风险，已经成为当前监管部门和学术研究关注的重点问题。

2008 年的全球金融危机虽然始于次级贷款市场，但通过股票市场、债券市场和衍生品市场在全球范围蔓延，后金融危机时代全球金融市场间关联性显著增强（Elliott et al., 2014）。我国金融市场也呈现出相似特征：金融机构系统性风险水平不断积累，金融机构与金融市场间关联程度高于金融危机时期，关联网络更为复杂（李绍芳和刘晓星，2018；方意等，2020）。而 2020 年突如其来的新冠疫情对中国乃至全球经济带来前所未有的冲击，虽然各国政府实施了一系列的货币政策和财政政策稳定经济发展与金融市场，但全球经济仍处于深度调整期，长期矛盾和短期问题相互交织，结构性因素和周期性因素相互作用。

系统性金融风险的形成及影响可以分为两个动态过程：第一，某个或者某些金融机构受到金融冲击面临极端风险，这在一定程度上刻画了风险的规模和程度，从统计学的角度来看，可以利用尾部风险来进行描述；第二，单个金融机构和整体金融系统均存在明显的尾部共振现象，机构间的风险溢出会加速极端风险在金

---

① 习近平主持召开中央财经委员会第十次会议. http://www.gov.cn/xinwen/2021-08-17/content_5631780.htm [2021-08-17].

融机构和金融体系间传染和蔓延，最后危及金融体系、实体经济和全球宏观系统（蒋涛等，2014；刘春航，2020）。因此，构建合适的尾部风险测度指标，进而探究金融市场间系统性风险传染的联动效应，全面刻画金融市场风险传染机制，对于维护金融体系的安全与稳定至关重要（周开国等，2021）。

借鉴杨子晖等（2020b）和陈守东等（2020）等相关研究，本章利用尾部风险对金融市场的系统性风险进行测度，基于金融市场尾部风险网络关联性对系统性风险的影响机制进行分析。本章以全球金融市场中的主要经济体 G20 国家为研究对象，利用 CAViaR 模型对 G20 国家金融市场尾部风险进行有效测度，并运用 Granger 因果关系网络模型和滚动估计分析法，分别从静态和动态角度分析发达国家与发展中国家的股票市场、外汇市场、债券市场跨国跨市场的尾部风险传染路径及影响机制。具体而言，本章的研究贡献主要包括以下四个方面。第一，本章利用每日交易数据对 G20 国家的股票市场、外汇市场和债券市场尾部风险进行测度，基于 CAViaR 模型的尾部风险测度可以有效反映重大事件对金融市场的影响，相对于以往研究，更能实现对金融市场尾部风险的准确刻画（郝毅等，2017；许启发等，2018）。第二，本章利用 Granger 因果关系模型对金融市场间尾部风险的溢出效应进行分析。由于金融市场间与金融主体间复杂关系网络的影响，金融市场尾部风险呈现显著的非线性特征，而当风险跨市场传染时，其传染强度与影响方法也会呈现非线性变化，因此，利用 Granger 因果关系网络模型可以准确捕捉尾部风险在不同金融市场间的传染特征。第三，为了更准确刻画样本周期内金融市场关联网络结构的动态变化，本章构建金融市场尾部风险动态传染模型，以期更加准确地描述样本周期内金融市场尾部风险传染的动态演化机制。第四，以往研究较少基于全球金融体系的框架对系统性风险的传染进行讨论，而随着全球金融市场一体化程度的加剧，各国金融市场受到跨境金融风险冲击的强度与频率愈加显著（Devereux and Yu，2019），因此，对跨市场的风险传染问题进行探讨具有重要意义。

8.1　文　献　综　述

系统性金融风险具有传导和放大扩散的特征，其机制分为内部传导和跨境传导。内部传导既包括金融机构通过支付清算系统和银行间市场同业往来形成的相互敞口，也包括金融机构因为持有相同的资产或资产结构而形成的共同敞口。Freixas 等（2000）认为系统性金融风险有两个主要传导渠道，一是直接业务关联，如同业往来和衍生产品合约；二是金融机构之间没有直接业务关联，但拥有同样性质的业务或资产组合，即具有共同的风险暴露。跨境传导主要有两个渠道，一是通过实体经济的联系进行传导，最主要的是对外贸易和投资；二是通过国际金融市场的相互关联传导（Tonzer，2015；方意等，2021）。

随着全球金融市场一体化程度提高，金融市场间关联特征愈加显著（Elliott et al.，2014；刘超等，2017），新冠疫情进一步凸显了系统性金融风险在全球各金融市场间跨市场传染的特性（Gunay et al.，2021；Chevallier，2020），各个国家金融市场间关联网络成为系统性金融风险传染的重要载体（Chaudhary et al.，2020）。刘程程等（2020）利用高维矩阵值因子模型对全球主要股票市场间风险传染进行研究，发现全球股票市场间风险传染具有时变特征，并有效刻画了全球股票市场间风险传染路径。杨子晖等（2020a）基于非线性关联网络方法对全球19个主要国家或地区的股票市场与外汇市场的风险传染进行研究，发现两者存在双向非对称传染效应，并且在金融危机期间全球金融市场的风险传染效应加剧。张卓群和张涛（2018）以中国、美国、英国、德国、日本五国股指作为研究对象，采用半参数 C-Vine Copula 模型对金融危机前后市场之间的相关结构和相关程度进行了测度。袁薇和王培辉（2020）基于"8·11"汇率改革这一特殊事件，使用广义因果关系检验，检验了汇率改革前后中美两国股票市场、债券市场、外汇市场和货币市场间的风险溢出特征，并发现中美金融市场间存在复杂关联和互动关系，既有线性关系，也有非线性关系。早期关于金融市场间风险溢出的研究主要集中在发达国家单一金融市场间风险溢出（Aghion et al.，2000；Acharya and Yorulmazer，2008；刘晓星等，2011），近年来开始不断关注发达金融市场与新兴经济体金融市场间风险的传染（史永东等，2013；Apostolakis and Papadopoulos，2015；杨子晖和周颖刚，2018；Zhang et al.，2020b）。

准确测度金融市场尾部风险是刻画系统性金融风险传染效应的有效前提，以往对金融市场尾部风险的测度大多采用 VaR 模型（Zhang et al.，2020c；Li and Wang，2019），或者基于 VaR 模型构建如 CoVaR 指标（Adrian and Brunnermeier，2016）等。VaR 已成为衡量金融市场尾部风险的基础工具，广泛适用于衡量包括利率风险、汇率风险、商品价格风险及衍生金融工具风险在内的各种市场风险。但是，VaR 模型严格假定市场连续交易日间的独立性，当金融市场出现极端情况，历史数据较少时，该模型将无法准确测度金融市场尾部风险。而 Engle 和 Manganelli（2004）构建的 CAViaR 模型为测度金融市场尾部风险提供了更有效的方法。该模型利用分位数回归构建动态分位数模型，有效规避了对金融市场连续交易日独立分布的假设，满足了金融市场收益序列波动性聚类的特征，可以更加准确地测度金融市场尾部风险，对系统性金融风险的跨市场研究也更加合理有效。Peng（2021）基于 CAViaR 模型研究了欧洲国家金融市场的违约风险与银行违约风险之间的传导机制，有效地刻画了欧债危机期间违约风险在不同国家银行体系和债务市场间的传染效应。Wu（2020）利用 CAViaR 模型分析了 2004～2020 年中国股票市场的风险波动规律，估计结果与实际情况吻合较好，证明了该模型的有效性。杨子晖等（2020b）采用 CAViaR 模型测度了全球 45 个主要国家（地区）股票市场与外汇市场的尾部风险，拟合效果符合金融市场特征。

关于新冠疫情冲击下金融市场间尾部风险传染行为，国内外部分学者也进行了一定的探讨。Gunay 等（2021）通过动态条件相关分形单整广义自回归条件异方差（dynamic conditional correlation fractionally integrated generalized autoregressive conditional heteroscedastic，DCC-FIGARCH）、修正的迭代累积平方和（modified iterative cumulative sum of squares，M-ICSS）和马尔可夫区制转换等模型研究了我国和澳大利亚两国股票市场间的尾部风险传染特征，并考察了不同板块间风险传染特征的结构性突变。Chaudhary 等（2020）利用 GARCH 模型分析了新冠疫情期间全球 10 个重要股票市场间的风险传染，而 Topcu 和 Gulal（2020）则评估了新冠疫情暴发对亚洲国家和其他发达国家股票市场的影响，结果发现新冠疫情对金融市场的冲击不仅在股票市场内部，而且通过股票市场在全球范围内传染。国内学者如杨子晖等（2020c）利用因子增广向量自回归模型研究了新冠疫情对我国宏观经济与金融市场的冲击，并采用风险溢出网络方法，研究了新冠疫情全球扩散下我国金融市场各部门间风险传导关系的动态演变；徐宏和蒲红霞（2021）运用事件研究方法，实证检验了新冠疫情对股票市场的冲击及其传导机制；蔚立柱等（2021）通过 VAR-BEKK-GARCH（vector autoregssive Baba-Engle- Kraft-Kroner generalized autoregressive conditional heteroscedastic）模型分析了新冠疫情期间人民币与其他非美货币间的波动溢出，并发现在新冠疫情不同阶段不同货币间波动溢出特征发生结构性变化；Yu 等（2021）利用关联网络模型和方差分解从短期、中期和长期三个视角分析了新冠疫情期间 G20 国家股票市场间风险溢出效应及特征。

8.2　模　型　设　计

8.2.1　基于 CAViaR 的时间序列模型

Engle 和 Manganelli（2004）基于自回归过程和回归分位数构建的时变 CAViaR 模型，在考虑金融资产收益率序列随时间变化而呈现明显的波动聚集现象的基础上，可以更为准确地测度金融市场的尾部风险。CAViaR 模型定义如式（8-1）所示：

$$\text{VaR}_t(\beta) = \beta_0 + \sum_{i=1}^{p} \beta_i \text{VaR}_{t-i}(\beta) + \sum_{i=1}^{q} \beta_j l(r_{t-j}) \qquad (8\text{-}1)$$

其中，β 表示维度，$\beta=p+q+1$；$l(\cdot)$ 表示一个依赖于有限个滞后观测值的函数；

$\sum_{i=1}^{p} \beta_i \text{VaR}_{t-i}(\beta)$ 表示自回归项，确保 VaR 随时间平滑变化。在此基础上，Engle

和 Manganelli（2004）根据参数的差异，定义了四类 CAViaR 模型。

（1）对称绝对值模型：

$$\text{VaR}_t(\beta) = \beta_0 + \beta_1 \text{VaR}_{t-1}(\beta) + \beta_2 |r_{t-1}| \qquad (8\text{-}2)$$

（2）非对称斜率模型：

$$\text{VaR}_t(\beta) = \beta_0 + \beta_1 \text{VaR}_{t-1}(\beta) + \beta_2 (r_{t-1})^+ + \beta_3 (r_{t-1})^- \qquad (8\text{-}3)$$

（3）间接 GARCH 模型：

$$\text{VaR}_t(\beta) = \left[\beta_0 + \beta_1 \text{VaR}_{t-1}^2(\beta) + \beta_2 (r_{t-1}^2) \right]^{1/2} \qquad (8\text{-}4)$$

（4）自适应模型：

$$\text{VaR}_t(\beta_1) = \text{VaR}_{t-1}(\beta_1) + \beta_1 \left\{ \left[1 + \exp\left(F\left[r_{t-1} - \text{VaR}_{t-1}(\beta_1) \right] \right) \right]^{-1} - \beta \right\} \qquad (8\text{-}5)$$

上述公式中，$(r_{t-1})^+ = \max(r_{t-1}, 0)$；$(r_{t-1})^- = -\min(r_{t-1}, 0)$；$F$ 表示一个正的有限数。

此外，为了更加准确测度金融市场的尾部风险，Engle 和 Manganelli（2004）定义了动态分位数检验（dynamic quantile test，DQ 检验）来验证估计 CAViaR 模型的有效性，并以此作为模型选择的依据。DQ 检验统计量如式（8-6）所示。

$$\text{DQ} = \frac{\hat{\alpha}_{\text{ols}}^{\text{T}} X^{\text{T}} X \hat{\alpha}_{\text{ols}}}{\theta(1-\theta)} \overset{\alpha}{\sim} \chi^2(p+n+2) \qquad (8\text{-}6)$$

其中，X 和 α 分别表示 VaR 击中序列（hit sequence）中矩阵向量和对应的估计参数，详见 Engle 和 Manganelli（2004）。

当 DQ 检验统计量在 1% 水平上不显著时，使用非对称斜率模型来估计金融市场的 VaR。否则，依次使用间接 GARCH(1,1) 模型、对称绝对值模型和自适应模型。

8.2.2　Granger 因果关系网络模型

以往一系列的研究表明，Granger 因果关系网络模型可以更有效地刻画金融市场间尾部风险的传染效应（杨子晖等，2020a；田婧倩和刘晓星，2019）。本章基于各金融子市场尾部风险测度指标 CAViaR，定义 Granger 因果关系网络模型分别如式（8-7）和式（8-8）所示。

$$\text{CAViaR}_{t+1}^i = a^i\,\text{CAViaR}_t^i + b^{ij}\,\text{CAViaR}_t^j + e_{t+1}^i \qquad (8\text{-}7)$$

$$\text{CAViaR}_{t+1}^j = a^j\,\text{CAViaR}_t^j + b^{ji}\,\text{CAViaR}_t^i + e_{t+1}^j \qquad (8\text{-}8)$$

其中，e_{t+1}^i 和 e_{t+1}^j 是不相关的白噪声过程。如果 $b^{ij} \neq 0$ 显著成立，则 CAViaR_t^j 是 CAViaR_t^i 的 Granger 原因。如果 $b^{ji} \neq 0$ 显著成立，则 CAViaR_t^i 是 CAViaR_t^j 的 Granger 原因。如果两者同时成立，则在两个序列之间存在双向影响。

定义市场 i 和 j 的因果关系指标 $E_{j \to i}$：如果 CAViaR_t^i 是 CAViaR_t^j 的 Granger 原因，则 $E_{j \to i}=1$，利用从 i 到 j 的有向线段连接两个市场；否则，不再使用从 i 到 j 的有向线段连接两个市场，定义 $E_{j \to i}=0$。

检验任意两个序列 CAViaR_t^i 和 CAViaR_t^j 的 Granger 因果关系，$i,j=1,2,\cdots,n$。以样本国家各个金融市场作为网络节点，以其尾部风险的 Granger 因果关系作为有向边，构建样本国家间股票市场、外汇市场和债券市场间的 Granger 因果关系网络。基于上述分析，定义金融市场关联网络指标如下。

1. 关联数

关联数刻画了网络系统中个体的对外溢出效应及自身受到的外部冲击，其计算公式分别如式（8-9）和式（8-10）所示。

$$\text{Out}(i) = \sum_{j=1,i \neq j}^{N} E_{i \to j} \qquad (8\text{-}9)$$

$$\text{In}(i) = \sum_{j=1,i \neq j}^{N} E_{j \to i} \qquad (8\text{-}10)$$

其中，Out 表示出度，衡量了由市场 i 作为 Granger 原因引起的 Granger 因果关系的总和，出度越大，说明市场 i 的溢出效应越大；In 表示入度，用于计算市场 j 作为 Granger 原因，市场 i 所受到的来自其他市场导致的因果关系的总和，入度越高，说明市场 i 越容易受到外部冲击。

2. 相对影响

相对影响（relative influence，RI）衡量了某一市场尾部风险对外溢出的相对大小，由市场 i 的出度与入度的差值占自身总连接数的比重得到，计算公式为

$$\text{RI}(i) = \frac{\text{Out }(i) - \text{In}(i)}{\text{Out }(i) + \text{In}(i)} \qquad (8\text{-}11)$$

其中，$\text{RI}(i) \in [-1,1]$；当 $\text{Out }(i) + \text{In}(i)$ 为 0 时，定义 $\text{RI}(i) \equiv 0$。$\text{RI}(i)$ 越大（越小），

则意味着市场 i 的尾部风险溢出效应越大（越小）。

8.2.3　数据选择与来源说明

为了保证样本周期内数据的完整性和指标的一致性及数据的可获得性，本章选取 2017～2020 年 G20 中的 18 个国家为样本[①]，研究全球股票市场、外汇市场与债券市场间尾部风险传染机制。定义各个国家代表性的股指涨跌幅为股票市场收益[②]，定义各个国家外汇市场有效汇率指数的涨跌幅为外汇市场收益，定义各个国家十年期国债涨跌幅[③]为债券市场收益（李绍芳和刘晓星，2020；方意等，2020）。股票市场与债券市场数据来源于英为财情（investing.com）数据库，外汇市场数据来源于国际清算银行。

本章利用每日数据对股票市场、债券市场和外汇市场进行有效刻画。为了有效分析新冠疫情冲击对全球主要金融市场的影响并考虑数据的完整性，本章的样本周期为 2017 年 1 月 1 日～2020 年 12 月 31 日，并采用邻近点的平均值方法对缺失值进行填补。

表 8-1 对样本周期内各个国家金融市场收益率进行了描述性统计。由表 8-1 可知，样本国家各金融市场每日的收益率数据都呈现尖峰厚尾分布，对于大部分国家来说，其股票市场的波动性均大于外汇市场。其中，巴西股票市场作为拉丁美洲最大和全球主要的证券市场之一，波动性最大，标准差达到 1.7%，超过 G20 国家股票市场波动性的均值；沙特阿拉伯股票市场波动性最小，仅为 0.8%。各个国家外汇市场的收益率相对稳定，均值为 0，标准差均值为 0.4%，远远小于股票市场的波动性。但是，土耳其外汇市场收益率波动最大，这主要源于在样本周期内美元指数持续走高的情况下，土耳其货币里拉多次出现大幅贬值，外汇储备偿还能力较低。对于债券市场而言，法国十年期国债收益率在 2019 年 12 月 13 日收盘价为 0.002，12 月 16 日收盘价达到 0.022，涨幅高达 1000%，这主要是因为市

---

① 样本周期内 G20 包含 19 个国家和欧盟组织，鉴于欧盟组织中包含德国、法国等 G20 包含的国家，所以本书不考虑欧盟。此外，阿根廷的债券市场数据缺失严重，考虑到数据的一致性及可获得性，本书主要考察除阿根廷以外的 18 个国家，即澳大利亚、巴西、加拿大、中国、法国、德国、印度、印度尼西亚、意大利、日本、韩国、墨西哥、俄罗斯、沙特阿拉伯、南非、土耳其、英国、美国。

② 样本国家具体指数为：澳大利亚的为 S&P_ASX200 指数，巴西的为 IBOVESPA 指数，加拿大的为多伦多 S&P_TSX 综合指数，中国的为沪深 300 指数，法国的为 CAC40 指数，德国的为 DAX30 指数，印度的为孟买 30 指数，印度尼西亚的为雅加达综合指数，意大利的为意大利富时指数，日本的为日经 225 指数，韩国的为 KOSPI 指数，墨西哥的为 S&P_BMV IPC 指数，俄罗斯的为 MOEX Russia 指数，沙特阿拉伯的为 TASI 指数，南非的为南非 40 指数，土耳其的为伊斯坦堡 100 指数，英国的为英国富时 100 指数，美国的为标准普尔 500 指数。

③ 因为十年期国债是以国家信用为担保的长期债券，其他债券也会以此为锚，叠加各自的信用风险形成各自的预期收益率，十年期国债收益率已经成为金融市场的基准利率，是投资者判断市场趋势的风向标。

场对欧盟经济前景普遍持乐观态度。而 2020 年 6 月 12 日，法国十年期国债价格突然暴涨，导致国债收益率跌幅达 2190.5%，收益率由正转负，这主要源于新冠疫情在全球蔓延，全球避险情绪高涨及宽松货币政策的推动，政府债券受到投资者青睐。德国十年期国债收益率虽然在 2019 年 3 月 27 日高达 440%，但在 4 月 12 日，国债价格暴涨，收益率跌幅高达 812.5%，波动较为剧烈。日本债券市场收益率均值最大，作为长期实行负利率的国家，其国债吸引力不高。

表 8-1　样本国家各金融市场收益率的描述性统计

国家		观测值	各子市场	均值	标准差	最小值	最大值	偏度	峰度
发展中国家	巴西	1044	股票市场	0.001	0.017	−0.148	0.139	−1.166	21.663
		1044	外汇市场	0.000	0.008	−0.059	0.049	−0.327	9.773
		1044	债券市场	0.000	0.019	−0.108	0.272	4.217	59.927
	俄罗斯	1044	股票市场	0.000	0.011	−0.083	0.077	−0.835	16.570
		1044	外汇市场	0.000	0.007	−0.054	0.051	−0.297	16.956
		1044	债券市场	0.000	0.010	−0.059	0.101	1.530	24.157
	墨西哥	1044	股票市场	0.000	0.011	−0.064	0.049	−0.477	7.889
		1044	外汇市场	0.000	0.007	−0.045	0.032	−0.333	8.792
		1044	债券市场	−0.001	0.011	−0.095	0.102	0.390	21.976
	南非	1044	股票市场	0.000	0.012	−0.099	0.095	−0.357	15.663
		1044	外汇市场	0.000	0.007	−0.032	0.024	−0.366	4.590
		1044	债券市场	0.000	0.010	−0.055	0.103	1.560	23.423
	沙特阿拉伯	1044	股票市场	0.001	0.008	−0.077	0.071	−0.225	19.860
		1044	外汇市场	0.000	0.002	−0.011	0.010	−0.086	5.630
		1044	债券市场	0.000	0.001	−0.017	0.016	−1.629	113.787
	印度	1044	股票市场	0.001	0.012	−0.132	0.090	−1.530	29.611
		1044	外汇市场	0.000	0.003	−0.013	0.014	0.290	5.595
		1044	债券市场	0.000	0.007	−0.039	0.049	−0.013	8.721
	印度尼西亚	1044	股票市场	0.010	0.066	−0.066	0.102	0.125	16.592
		1044	外汇市场	0.000	0.003	−0.034	0.026	−0.765	22.287
		1044	债券市场	0.000	0.008	−0.063	0.044	−0.526	10.398
	中国	1044	股票市场	0.001	0.012	−0.079	0.059	−0.391	8.041
		1044	外汇市场	0.000	0.002	−0.008	0.011	0.198	6.727
		1044	债券市场	0.000	0.007	−0.062	0.043	−0.722	11.570
	土耳其	1044	股票市场	0.001	0.013	−0.081	0.060	−0.643	6.723
		1044	外汇市场	0.000	0.009	−0.099	0.069	−0.808	29.362
		1044	债券市场	0.000	0.019	−0.136	0.103	−0.029	9.576

续表

国家		观测值	各子市场	均值	标准差	最小值	最大值	偏度	峰度
发达国家	澳大利亚	1044	股票市场	0.000	0.011	−0.097	0.070	−1.272	19.406
		1044	外汇市场	0.000	0.004	−0.016	0.022	0.216	6.507
		1044	债券市场	0.000	0.031	−0.175	0.265	1.244	15.557
	德国	1044	股票市场	0.000	0.013	−0.122	0.110	−0.667	20.575
		1044	外汇市场	0.000	0.001	−0.007	0.006	0.053	5.485
		1044	债券市场	−0.010	0.428	−8.125	4.400	−11.134	237.507
	法国	1044	股票市场	0.000	0.012	−0.123	0.084	−1.060	20.603
		1044	外汇市场	0.000	0.001	−0.005	0.005	0.109	5.260
		1044	债券市场	−0.040	1.324	−21.905	10.000	−7.621	139.978
	韩国	1044	股票市场	0.000	0.011	−0.084	0.086	−0.141	15.245
		1044	外汇市场	0.000	0.003	−0.013	0.015	0.103	5.446
		1044	债券市场	0.000	0.017	−0.098	0.131	0.292	10.695
	加拿大	1044	股票市场	0.000	0.011	−0.123	0.120	−1.395	50.101
		1044	外汇市场	0.000	0.003	−0.015	0.015	0.346	6.030
		1044	债券市场	0.000	0.039	−0.262	0.428	1.422	23.482
	美国	1044	股票市场	0.001	0.013	−0.120	0.094	−0.745	23.357
		1044	外汇市场	0.000	0.003	−0.014	0.014	−0.034	6.308
		1044	债券市场	0.001	0.037	−0.236	0.445	3.012	45.943
	日本	1044	股票市场	0.000	0.011	−0.061	0.080	0.022	10.167
		1044	外汇市场	0.000	0.004	−0.031	0.022	0.024	9.525
		1044	债券市场	0.069	1.635	−19.500	30.000	8.912	191.392
	意大利	1044	股票市场	0.000	0.014	−0.169	0.089	−2.131	31.420
		1044	外汇市场	0.000	0.001	−0.006	0.005	0.072	5.381
		1044	债券市场	0.000	0.041	−0.211	0.464	2.006	26.949
	英国	1044	股票市场	0.000	0.011	−0.109	0.090	−1.027	21.103
		1044	外汇市场	0.000	0.004	−0.016	0.030	0.479	8.148
		1044	债券市场	0.002	0.083	−0.310	0.747	2.025	17.795

8.3 实证分析

本节基于 CAViaR 模型对样本国家各金融市场的尾部风险进行测度，并在此基础上运用 Granger 因果关系网络模型和滚动估计分析法分别从静态和动态角度分析样本国家各金融市场间尾部风险传染效应。

8.3.1　样本国家各金融子市场尾部风险（CAViaR）统计分析

在置信水平为 1%的条件下，CAViaR 模型分析结果（表 8-2）显示，除土耳其股票市场、澳大利亚外汇市场外，其他国家的 DQ 检验统计量的 P 值均不显著，考虑到模型选择的一致性，本章选取非对称斜率模型对金融市场尾部风险进行测度。以我国金融市场为例，我国股票市场和债券市场的波动性都高于外汇市场，这与我国实行有管理的浮动汇率制度有一定关系。我国股票市场尾部风险均值最大，这说明我国股票市场的尾部风险明显大于外汇市场和债券市场。此外，我国三个金融子市场尾部风险均呈现尖峰厚尾特征，外汇市场和股票市场呈现右偏分布，债券市场呈现左偏分布。对于美国而言，其金融市场风险特征与我国相似，但股票市场尾部风险低于我国平均水平，三个金融子市场尾部风险波动高于我国金融市场，这说明美国金融市场尾部风险虽然总体水平较低，但波动性显著。增广迪基-富勒（augmented Dickey-Fuller，ADF）检验的结果显示，样本国家各金融子市场尾部风险序列都至少在 10%的置信水平上显著，所以拒绝存在单位根的原假设，均属于平稳序列。图 8-1 显示了以美国和日本为代表的发达国家及以中国和俄罗斯为代表的发展中国家股票市场尾部风险的特征。通过股票市场尾部风险的变化可以发现，2018 年 2 月 6 日，美股引爆全球股灾，中日俄股票市场的尾部风险值都出现了局部极值（<1>）。2018 年 3 月，美联储加息、中美贸易摩擦、美国加征钢铁关税等事件，使得美国股票市场出现明显波动（<2>）。2018 年 10 月，受美联储加息及美国国债收益率上升等因素影响，标普 500 出现五连跌，股票市场尾部风险增加（<3>）。2018 年 12 月 3 日，美国 5 年期/3 年期国债收益率出现倒挂。2018 年 12 月 19 日，美联储年内第四次加息，致使股票市场出现波动，尾部风险溢出增强（<4>）。2019 年 5 月及 8 月，中美贸易摩擦进一步升级，美国对中国进口商品关税税率由 10%增加到 25%，人民币对美元汇率"破 7"。同时，美债 10 年期/2 年期出现倒挂等事件导致市场下挫（<5>与<6>）。而新冠疫情的暴发均对样本国家的股票市场造成了剧烈冲击。2020 年 3 月 9 日至 18 日，短短 10 天时间，美股出现 4 次"熔断"（<7>）。2020 年 6 月 11 日，美国第二波疫情的暴发引发市场恐慌情绪，隔夜美股低开低走，标普 500 跌幅 5.89%（<8>）。2020 年 9 月 4 日，标普 500 收跌 3.5%，11 个板块全部下跌（<9>）。2020 年 11 月 4 日，美国单日新增新冠疫情病例确诊记录达到新高，同时，美国宣布退出《巴黎协定》的缔约方（<10>）。

表 8-2　样本国家各金融市场 CAViaR 值的描述性统计

国家		各子市场	均值	标准差	偏度	峰度	ADF 检验	DQ 检验
发展中国家	巴西	股票市场	0.039	0.024	6.501	65.292	0.0000***	0.0664*
		外汇市场	0.019	0.002	2.640	15.809	0.0000***	0.9895
		债券市场	0.000	0.019	4.217	59.927	0.0000***	0.9903
	俄罗斯	股票市场	0.025	0.014	3.616	21.201	0.0009***	0.9893
		外汇市场	0.020	0.008	2.644	13.631	0.0000***	0.9896
		债券市场	0.000	0.010	1.530	24.157	0.0000***	0.0342**
	墨西哥	股票市场	0.029	0.016	2.654	12.258	0.0000***	0.9887
		外汇市场	0.018	0.007	2.026	10.536	0.0000***	0.9848
		债券市场	−0.001	0.011	0.390	21.976	0.0000***	0.9953
	南非	股票市场	0.033	0.018	3.595	23.418	0.0000***	0.9946
		外汇市场	0.021	0.004	1.450	6.124	0.0000***	0.0849*
		债券市场	0.000	0.010	1.560	23.423	0.0000***	0.0400**
	沙特阿拉伯	股票市场	0.023	0.006	3.436	24.081	0.0000***	0.9862
		外汇市场	0.005	0.001	0.766	3.699	0.0004***	0.9850
		债券市场	0.000	0.001	−1.629	113.787	0.0000***	0.3597
	印度	股票市场	0.026	0.022	3.875	21.389	0.0035***	0.0512*
		外汇市场	0.007	0.001	−0.217	4.015	0.0001***	0.0627*
		债券市场	0.000	0.007	−0.013	8.721	0.0000***	0.0515*
	印度尼西亚	股票市场	0.022	0.007	4.057	26.531	0.0000***	0.9894
		外汇市场	0.010	0.009	3.658	22.533	0.0001***	0.9884
		债券市场	0.000	0.008	−0.526	10.398	0.0000***	0.9942
	中国	股票市场	0.034	0.004	0.933	6.743	0.0000***	0.0307**
		外汇市场	0.006	0.000	0.852	3.404	0.0098***	0.9800
		债券市场	0.000	0.007	−0.722	11.57	0.0000***	0.0455**
	土耳其	股票市场	0.031	0.014	2.000	10.417	0.0000***	0.0073***
		外汇市场	0.026	0.016	2.667	12.271	0.0320**	0.9948
		债券市场	0.000	0.019	−0.029	9.576	0.0000***	0.9911
发达国家	澳大利亚	股票市场	0.027	0.023	4.496	27.589	0.0029***	0.0447**
		外汇市场	0.011	0.002	1.722	6.258	0.0586*	0.0000***
		债券市场	0.000	0.031	1.244	15.557	0.0000***	0.9939
	德国	股票市场	0.031	0.021	3.908	25.684	0.0001***	0.9796
		外汇市场	0.004	0.001	0.768	4.999	0.0078***	0.9871
		债券市场	−0.010	0.428	−11.134	237.507	0.0000***	0.1089
	法国	股票市场	0.030	0.019	4.255	28.94	0.0002***	0.9907
		外汇市场	0.003	0.001	0.303	3.446	0.0125**	0.9884
		债券市场	−0.040	1.324	−7.621	139.978	0.0000***	0.0414**
	韩国	股票市场	0.024	0.011	4.361	33.775	0.0000***	0.9926
		外汇市场	0.009	0.001	1.621	6.373	0.0001***	0.9777
		债券市场	0.000	0.017	0.292	10.695	0.0000***	0.9811

续表

国家		各子市场	均值	标准差	偏度	峰度	ADF 检验	DQ 检验
发达国家	加拿大	股票市场	0.021	0.027	6.815	61.347	0.0000***	0.0255**
		外汇市场	0.009	0.001	0.926	4.931	0.0001***	0.0179**
		债券市场	0.000	0.039	1.422	23.482	0.0000***	0.0260**
	美国	股票市场	0.024	0.018	4.777	34.777	0.0001***	0.9977
		外汇市场	0.007	0.002	1.226	6.074	0.0004***	0.9865
		债券市场	0.001	0.037	3.012	45.943	0.0000***	0.9946
	日本	股票市场	0.025	0.012	2.725	15.243	0.0002***	0.9936
		外汇市场	0.011	0.004	2.792	14.377	0.0000***	0.0412**
		债券市场	0.069	1.635	8.912	191.392	0.0000***	0.9952
	意大利	股票市场	0.036	0.028	5.864	59.354	0.0000***	0.0441**
		外汇市场	0.003	0.001	0.536	4.133	0.0130**	0.9880
		债券市场	0.000	0.041	2.006	26.949	0.0000***	0.1551
	英国	股票市场	0.026	0.018	4.126	28.451	0.0008***	0.9861
		外汇市场	0.010	0.001	2.577	14.434	0.0000***	0.7034
		债券市场	0.002	0.083	2.025	17.795	0.0000***	0.9930

*、**、***分别表示在 10%、5%、1%的置信水平上显著

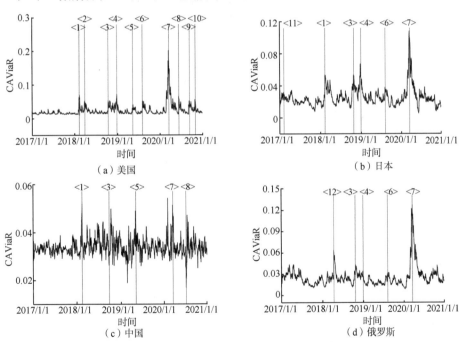

图 8-1　美国、日本、中国和俄罗斯股票市场尾部风险

对于日本股票市场而言，2017 年 1 月 10 日，受日元强势影响，日经 225 指数下跌 0.88%，尾部风险出现局部极值（<11>）。而俄罗斯股票市场在 2018 年 4

月尾部风险突然增加，主要源于 4 月 9 日，美国逆全球化政策使得俄罗斯诸多企业遭受美国制裁，导致俄罗斯股票市场、外汇市场和期货市场全面崩盘，市场波动剧烈，尾部风险较高（<12>）。而在中国金融市场上，由于监管部门采取了多种定向的财政政策和货币政策，新冠疫情对中国股票市场的影响远远小于对其他国家股票市场的冲击，这一研究结果也与杨子晖等（2020c）的研究结果一致。

　　对于外汇市场尾部风险而言，从图 8-2 可以看出，由于 2017 年第一季度开始美元指数持续回落（<13>），美国、日本和我国的外汇市场尾部风险呈现短期激增的特征。2017 年 9 月 8 日，美元指数最低跌至全年最低点 91.01（<14>），美国外汇市场尾部风险出现局部增大特征。2018 年 6 月 14 日，美联储宣布将联邦基金利率目标区间上调 25 个基点到 1.75%～2%（<15>），超出市场预期，美国和日本外汇市场风险呈现明显波动。2019 年 9 月 14 日，由于原油价格突破高点（<16>），日本外汇市场尾部风险显著增加。而由于新冠疫情的冲击，美国、日本、中国和俄罗斯外汇市场尾部风险均在 2020 年 3 月显著增加。总体而言，日本外汇市场尾部风险波动较为显著，主要是因为日本进出口业务主要以美元结算，日元为重要避险货币，外汇市场较易受到外部因素的影响，波动较为频繁。

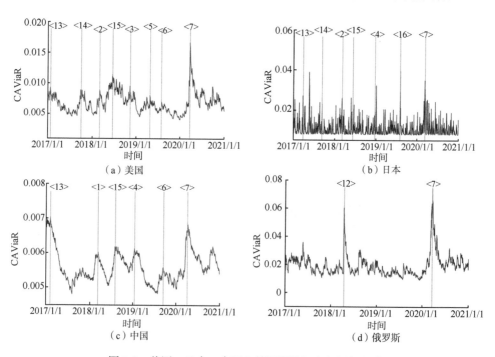

图 8-2　美国、日本、中国和俄罗斯外汇市场尾部风险

美国、日本、中国和俄罗斯债券市场尾部风险如图 8-3 所示，与股票市场和外汇市场相比，重大事件对债券市场的冲击相对较小。对于日本债券市场而言，由于国债所占比例较高，存在结构性问题，品种创新、发行规模、交易活跃度均较低，并且长期的实际负利率对日本经济和金融市场影响较小（张伊丽，2020）。2017 年 9 月，由于美元指数出现暴跌（<14>），日本国债遭遇疯狂抛售，尾部风险激增。2018 年 12 月 20 日，美联储加息也引发日本债券市场尾部风险出现极值（<4>）。新冠疫情在全球范围内的持续扩散也导致各个国家的债券市场尾部风险出现显著波动（<7>）。

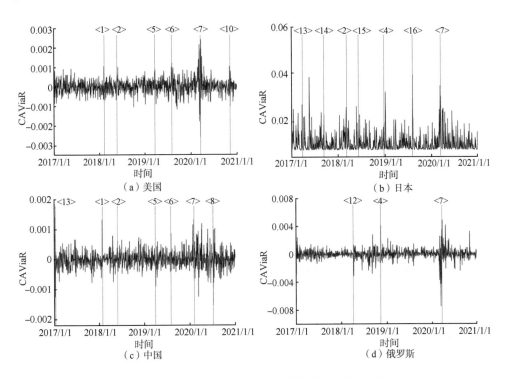

图 8-3　美国、日本、中国和俄罗斯债券市场尾部风险

综合图 8-1～图 8-3 的尾部风险值 CAViaR，可以看出，以美国和日本为代表的发达国家金融市场尾部风险值显著高于以中国和俄罗斯为代表的新兴经济体，这进一步验证了国际金融体系中发达国家金融市场对外风险输出与其受其他市场风险的影响均处于较高水平，发达国家金融市场不仅会对其他国家金融市场造成明显的冲击，也易受到国际环境的影响（杨子晖和王姝黛，2021）。

8.3.2　全球金融市场关联网络特征静态分析

为了进一步分析尾部风险在全球各金融市场间的传染路径及其特征,本章运用 Granger 因果关系网络模型刻画了新冠疫情发生前后样本国家金融市场尾部风险跨国跨市场的传染特征。本章借鉴蔚立柱等（2021）的研究,将 2020 年 1月 20 日定义为疫情开始时点,将样本周期分为疫情发生前（不含 1 月 20 日）和疫情发生后（含 1 月 20 日）两个阶段,构建疫情发生前后 18 个样本国家股票市场、外汇市场和债券市场间的 Granger 因果关系网络。

表 8-3 和表 8-4 总结了新冠疫情发生前后样本国家各金融市场的出度、入度及相对影响。通过相关指标可以发现,新冠疫情发生前,全球金融市场关联网络中,股票市场入度最高,其次为外汇市场,这说明各国股票市场最易受到其他国家金融市场尾部风险的冲击。在 18 个样本国家中,日本和意大利股票市场总入度最大（总入度为 21）,其次为澳大利亚和中国（总入度为 20）,意大利股票市场易受其他国家债券市场的影响,澳大利亚和中国股票市场易受其他国家股票市场的影响。从出度来看,发达国家中,美国和英国的股票市场、外汇市场和债券市场对其他市场的影响都较高,加拿大的股票市场和债券市场也呈现较高的风险溢出;而发展中国家中,巴西的股票市场和债券市场、印度尼西亚的外汇市场和债券市场以及南非的股票市场、外汇市场和债券市场溢出水平较高。从相对影响来看,日本债券市场在新冠疫情发生前溢出效应最为显著（1.00）。

表 8-3　疫情发生前样本国家各金融市场网络特征统计

国家		各子市场	入度			总入度	出度			总出度	相对影响
			股票市场	外汇市场	债券市场		股票市场	外汇市场	债券市场		
发展中国家	巴西	股票市场	4	6	4	14	14	10	1	25	0.28
		外汇市场	3	3	2	8	3	0	2	5	−0.23
		债券市场	7	0	0	7	5	6	3	14	0.33
	俄罗斯	股票市场	3	3	8	14	2	2	0	4	−0.56
		外汇市场	3	4	2	9	0	1	1	2	−0.64
		债券市场	0	4	0	4	10	6	1	17	0.62
	墨西哥	股票市场	6	0	4	10	1	1	2	4	−0.43
		外汇市场	1	3	7	11	4	1	0	5	−0.38
		债券市场	0	2	5	7	5	3	4	12	0.26
	南非	股票市场	5	2	10	17	9	2	1	12	−0.17
		外汇市场	2	4	5	11	2	9	0	11	0
		债券市场	5	0	3	8	14	8	3	25	0.52

续表

国家		各子市场	入度			总入度	出度			总出度	相对影响
			股票市场	外汇市场	债券市场		股票市场	外汇市场	债券市场		
发展中国家	沙特阿拉伯	股票市场	3	2	2	7	0	4	2	6	−0.08
		外汇市场	1	4	2	7	0	0	1	1	−0.75
		债券市场	2	1	1	4	0	0	3	3	−0.14
	印度	股票市场	5	1	7	13	6	1	3	10	−0.13
		外汇市场	6	1	2	9	1	4	1	6	−0.20
		债券市场	0	0	1	1	1	1	4	6	0.71
	印度尼西亚	股票市场	7	5	2	14	6	1	1	8	−0.27
		外汇市场	3	2	6	11	8	5	0	13	0.08
		债券市场	2	4	8	14	12	4	3	19	0.15
	中国	股票市场	11	3	6	20	3	1	2	6	−0.54
		外汇市场	3	2	0	5	1	3	1	5	0
		债券市场	6	1	4	11	10	8	0	18	0.24
	土耳其	股票市场	5	0	8	13	1	1	2	4	−0.53
		外汇市场	1	4	6	11	6	2	2	10	−0.05
		债券市场	1	1	3	5	5	3	1	9	0.29
发达国家	澳大利亚	股票市场	12	1	7	20	1	1	1	3	−0.74
		外汇市场	1	3	2	6	1	0	1	2	−0.50
		债券市场	1	1	6	8	11	2	1	14	0.27
	德国	股票市场	6	1	11	18	8	1	2	11	−0.24
		外汇市场	1	4	1	6	0	0	1	1	−0.71
		债券市场	1	0	0	1	6	1	0	7	0.75
	法国	股票市场	3	2	12	17	8	1	2	11	−0.21
		外汇市场	1	4	1	6	1	0	1	2	−0.50
		债券市场	0	4	0	4	1	0	2	3	−0.14
	韩国	股票市场	9	1	8	18	9	1	1	11	−0.24
		外汇市场	2	4	2	8	6	0	0	6	−0.14
		债券市场	2	1	8	11	9	6	2	17	0.21
	加拿大	股票市场	9	2	6	17	14	4	3	21	0.11
		外汇市场	3	0	5	8	1	0	0	1	−0.78
		债券市场	0	0	4	4	13	5	6	24	0.71
	美国	股票市场	6	3	10	19	11	1	3	15	−0.12
		外汇市场	1	3	6	10	5	3	3	10	0
		债券市场	0	0	2	2	11	2	9	22	0.83

续表

国家		各子市场	入度			总入度	出度			总出度	相对影响
			股票市场	外汇市场	债券市场		股票市场	外汇市场	债券市场		
发达国家	日本	股票市场	9	4	8	21	2	2	2	6	−0.56
		外汇市场	3	1	9	13	4	9	0	13	0
		债券市场	0	0	0	0	3	1	0	4	1.00
	意大利	股票市场	6	5	10	21	11	2	1	14	−0.20
		外汇市场	1	4	1	6	0	1	1	2	−0.50
		债券市场	1	0	3	4	4	1	4	9	0.38
	英国	股票市场	5	1	11	17	6	2	1	9	−0.31
		外汇市场	1	1	1	3	0	13	3	16	0.68
		债券市场	1	1	2	4	14	3	6	23	0.70

表 8-4　疫情发生后样本国家各金融市场网络特征统计

国家		各子市场	入度			总入度	出度			总出度	相对影响
			股票市场	外汇市场	债券市场		股票市场	外汇市场	债券市场		
发展中国家	巴西	股票市场	11	4	4	19	9	12	5	26	0.16
		外汇市场	13	3	6	22	11	1	2	14	−0.22
		债券市场	6	7	12	25	17	8	8	33	0.14
	俄罗斯	股票市场	17	7	9	33	11	14	2	27	−0.10
		外汇市场	7	4	5	16	10	7	3	20	0.11
		债券市场	3	2	8	13	17	6	12	35	0.46
	墨西哥	股票市场	16	11	10	37	3	13	1	17	−0.37
		外汇市场	13	6	10	29	9	5	2	16	−0.29
		债券市场	0	2	13	15	17	4	13	34	0.39
	南非	股票市场	1	1	5	7	6	14	2	22	0.52
		外汇市场	11	2	9	22	7	0	3	10	−0.38
		债券市场	0	1	5	6	17	3	7	27	0.64
	沙特阿拉伯	股票市场	2	1	2	5	14	13	10	37	0.76
		外汇市场	0	0	1	1	0	1	2	3	0.50
		债券市场	2	2	6	10	0	1	0	1	−0.82
	印度	股票市场	16	10	3	29	6	11	2	19	−0.21
		外汇市场	16	1	1	18	4	1	1	6	−0.50
		债券市场	5	2	9	16	0	2	0	2	−0.78
	印度尼西亚	股票市场	18	6	2	26	5	16	2	23	−0.06
		外汇市场	5	7	12	24	16	0	5	21	−0.07
		债券市场	13	2	9	24	17	3	3	23	−0.02

续表

国家		各子市场	入度			总入度	出度			总出度	相对影响
			股票市场	外汇市场	债券市场		股票市场	外汇市场	债券市场		
发展中国家	中国	股票市场	7	5	12	24	0	7	1	8	−0.50
		外汇市场	18	3	3	24	4	1	4	9	−0.45
		债券市场	15	12	10	37	12	0	1	13	−0.48
	土耳其	股票市场	7	2	3	12	9	13	4	26	0.37
		外汇市场	2	1	9	12	0	1	0	1	−0.85
		债券市场	5	11	4	20	16	4	6	26	0.13
发达国家	澳大利亚	股票市场	16	11	11	38	2	13	3	18	−0.36
		外汇市场	7	2	13	22	2	3	2	7	−0.52
		债券市场	11	5	9	25	13	7	2	22	−0.06
	德国	股票市场	15	1	1	17	10	14	4	28	0.24
		外汇市场	17	0	1	18	2	5	2	9	−0.33
		债券市场	13	0	4	17	9	2	7	18	0.03
	法国	股票市场	0	0	2	2	14	14	4	32	0.88
		外汇市场	17	0	4	21	2	4	1	7	−0.50
		债券市场	18	3	5	26	3	1	2	6	−0.63
	韩国	股票市场	5	2	11	18	6	12	2	20	0.05
		外汇市场	4	3	13	20	8	1	4	13	−0.21
		债券市场	3	3	13	19	1	2	2	5	−0.58
	加拿大	股票市场	12	9	12	33	12	14	5	31	−0.03
		外汇市场	7	6	10	23	3	3	4	10	−0.39
		债券市场	7	3	13	23	16	4	7	27	0.08
	美国	股票市场	0	1	5	6	14	14	4	32	0.68
		外汇市场	8	1	7	16	6	3	4	13	−0.10
		债券市场	1	4	8	13	9	4	10	23	0.28
	日本	股票市场	0	0	1	1	12	14	2	28	0.93
		外汇市场	2	1	0	3	14	2	2	18	0.71
		债券市场	18	3	10	31	0	3	2	5	−0.72
	意大利	股票市场	17	3	7	27	14	13	13	40	0.19
		外汇市场	17	3	0	20	2	6	2	10	−0.33
		债券市场	15	7	0	22	17	5	8	30	0.15
	英国	股票市场	2	6	6	14	11	14	4	29	0.35
		外汇市场	0	1	1	2	1	1	7	9	0.64
		债券市场	2	3	3	8	13	3	6	22	0.47

　　新冠疫情发生后，样本国家各金融市场的出度和入度总体上显著高于疫情发生前，这表明新冠疫情发生后各国金融市场间尾部风险溢出显著高于疫情暴发前。

从发达国家来看，股票市场出度总体高于其他市场，而美国、法国、意大利和加拿大等发达国家股票市场出度超过 30，这说明疫情期间其股票市场尾部风险对过半以上的金融市场产生了显著的冲击，股票市场是发达国家金融市场尾部风险溢出的主要渠道；对于发展中国家而言，债券市场尾部风险的冲击要高于其他市场。美国股票市场的溢出效应显著增加，相对影响系数由疫情发生前的–0.12 增加到疫情发生后的 0.68，其总出度中对全球其他股票市场和外汇市场的溢出占比达到 80%以上，英国各金融子市场相对影响系数也均在 0.35 及以上。这意味着，在重大事件发生的条件下，各国金融市场除受本国自身的特质因素影响外，更易受到跨市场尾部风险的冲击，金融市场尾部风险跨国跨市场特征显著。

图 8-4 描绘了新冠疫情发生前后全球金融市场的网络结构特征。新冠疫情发生前，样本国家金融市场间网络密度为 37.53%；疫情发生后金融市场间网络密度为 70.65%，说明新冠疫情的暴发进一步加剧了各金融市场间尾部风险传染强度，加大了金融市场尾部风险的溢出水平，使得全球主要金融市场间的联动性更强，导致系统性金融风险的跨市场传染特征更为显著。通过疫情前后全球各金融子市场溢出效应的变化可以看出，疫情发生后美国股票市场的溢出效应显著增强，我国外汇市场和债券市场的溢出效应明显减弱，这说明我国股票市场受新冠疫情的影响较弱，但由于新冠疫情在全球范围内暴发，国际金融市场尾部风险溢出效应增强，对我国金融市场冲击增加（杨子晖等，2020c）。从全球视角来看，疫情发

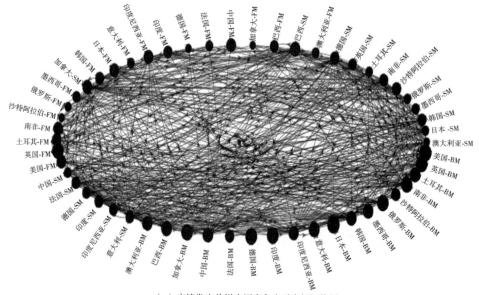

（a）疫情发生前样本国家各金融市场网络图

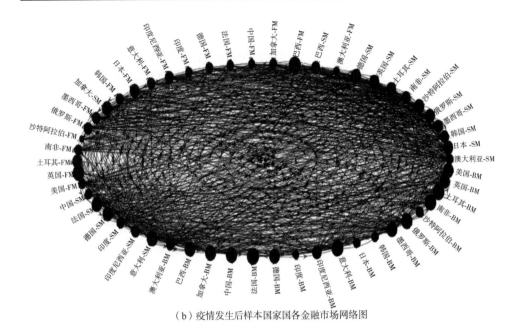

（b）疫情发生后样本国家国各金融市场网络图

图 8-4　疫情发生前后样本国家各金融子市场关联网络图

节点大小表示相对影响指标，节点越大表示溢出效应越大；SM、FM、BM 分别表示股票市场、
外汇市场、债券市场

生前，金融市场间尾部风险传染强度较低，并且股票市场更易受到其他金融市场尾部风险的冲击；而疫情发生后，全球金融市场间尾部风险溢出水平显著上升，发达国家通过其股票市场影响其他国家金融市场稳定，而发展中国家则通过其债券市场形成风险溢出。

8.3.3　全球金融市场尾部风险传染的动态演化分析

考虑到样本周期内国际金融市场的波动及重大事件的冲击，为了更准确地刻画样本周期内金融市场关联网络结构的动态变化，本节利用滚动回归分析构建尾部风险动态传染模型，计算各个国家金融市场的动态风险溢出指数，以期更加准确地描述样本周期内各个国家金融市场尾部风险传染的动态变化特征。鉴于本章所使用的数据为日频数据，所以本章将窗口长度设为 30 天[①]，选取 5% 的显著性水平。

----

① 为了保证分析结果的稳健性，本书同时使用 60 天和 90 天滚动窗口长度进行稳健性建议，结论总体一致，结果备索。同时，鉴于篇幅所限，本节重点分析了七国集团及其他金砖国家与我国金融市场间尾部风险的动态溢出。

1. 七国集团金融市场尾部风险对我国金融市场的影响

本节首先分析了以七国集团为代表的发达国家金融市场尾部风险对我国金融市场的冲击。图 8-5 刻画了七国集团股票市场尾部风险对我国金融市场的影响。相关结果显示，2017 年 9 月，飓风厄玛（Irma）对美国经济造成重大影响，受此次事件影响，发达国家股票市场尾部风险增强，七国集团股票市场尾部风险对我国金融市场的溢出达到局部极值。2018 年 4 月和 2019 年 6 月，中美贸易摩擦持续升级，并对全球金融市场造成负面影响，引发股票市场和外汇市场剧烈波动。2019 年 3 月和 2019 年 10 月，英国脱欧期限两次推迟，其脱欧前景不明，给市场带来消极效应，风险溢出效应明显增加。2020 年 3 月，新冠疫情的暴发对我国股票市场及外汇市场的影响较小，这主要是由于我国在疫情前期有效控制了疫情的蔓延，并采取了一系列有效的财政政策和货币政策，降低了国外疫情对我国金融市场的冲击，这与其他研究的结论基本一致（杨子晖和王姝黛，2021）。而七国集

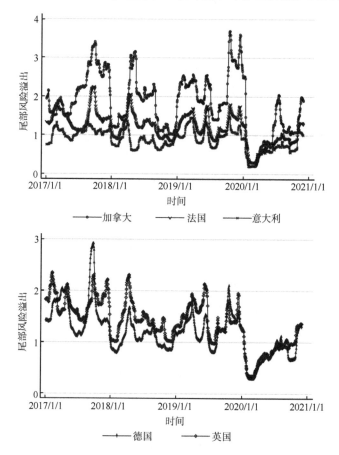

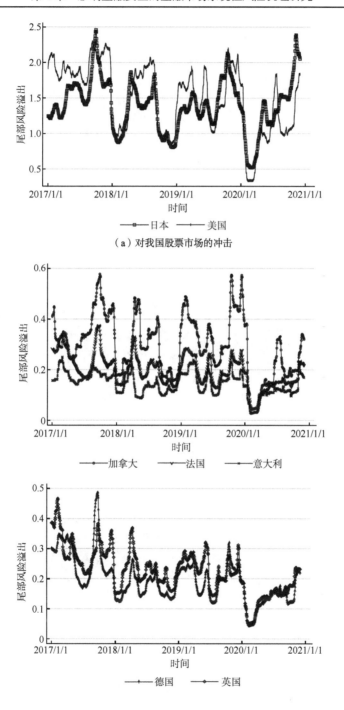

（a）对我国股票市场的冲击

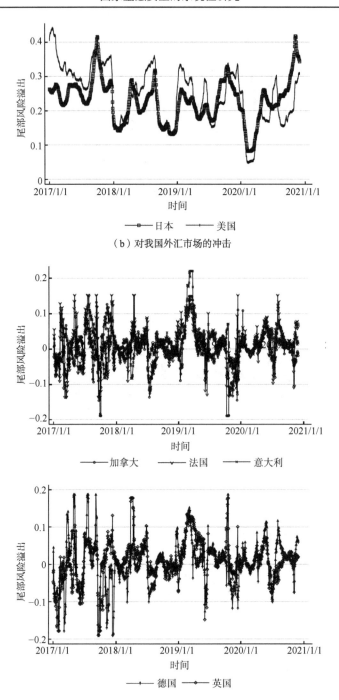

（b）对我国外汇市场的冲击

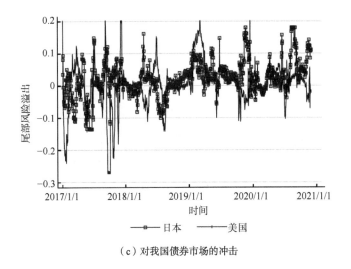

（c）对我国债券市场的冲击

图 8-5　七国集团股票市场尾部风险对我国股票市场、外汇市场和债券市场的冲击

团股票市场尾部风险溢出对我国债券市场的影响较小，这主要是由于我国债券市场投资者结构较为单一、流动性较低、对外开放程度不高，并且债券市场与其他市场之间的互动较弱。

从股票市场间的风险传染可以看出，美国股票市场大跌后伴随着我国股票市场大跌，表明美国股票市场对我国股票市场存在正向冲击，而且美国股票市场对我国股票市场的冲击要远远高于其对我国债券市场的冲击。究其原因，新冠疫情对股票市场和债券市场的冲击主要通过调整机构投资者资产配置形成，债券市场机构投资者占比较高，而股票市场个体投资者占比较高，其风险溢出主要由投资者情绪传染形成。同时，面临新冠疫情等突发性公共事件时，投资者为了避险会选择撤出股票市场而转向风险水平较低的债券市场，这也符合极端风险事件背景下金融资产从高风险向低风险转移的特征。同时，我国和美国金融市场间存在着高度的风险联动效应，且美国金融市场尾部风险主要通过我国股票市场产生冲击。在股票市场资本外流的影响下，我国外汇市场风险显著增大，且外汇市场风险受影响的幅度大于股票市场（方意等，2019）。

图 8-6 刻画了七国集团外汇市场尾部风险对我国各金融子市场的动态溢出。从图中动态溢出序列的变化可以看出，2017 年 5 月，全球暴发的勒索病毒对全球多个国家的企业造成了巨大冲击，进而影响了各国之间的进出口业务，外汇市场的风险溢出效应也达到局部峰值。此外，欧美暴发的流感疫情、法国的"黄背心"运动、美国宣布退出《巴黎协定》、澳大利亚森林大火等重大事件的发生，也是引发七国集团外汇市场尾部风险溢出增强的原因。

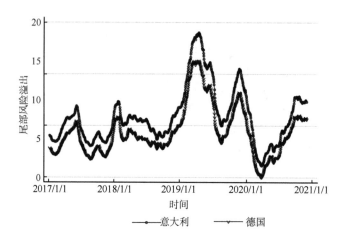

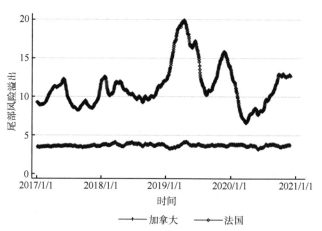

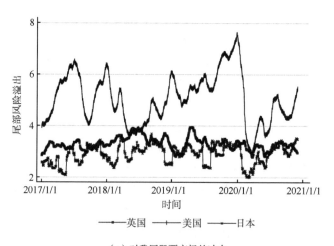

（a）对我国股票市场的冲击

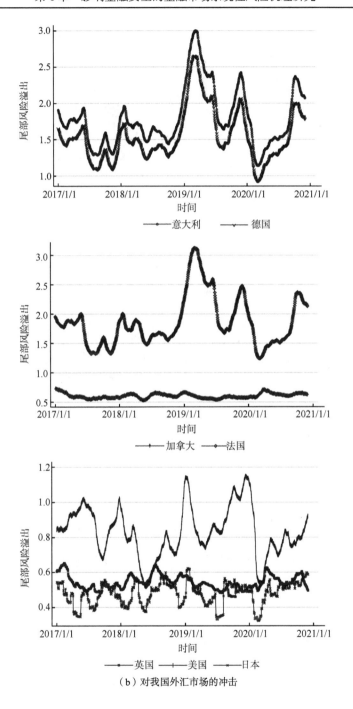

（b）对我国外汇市场的冲击

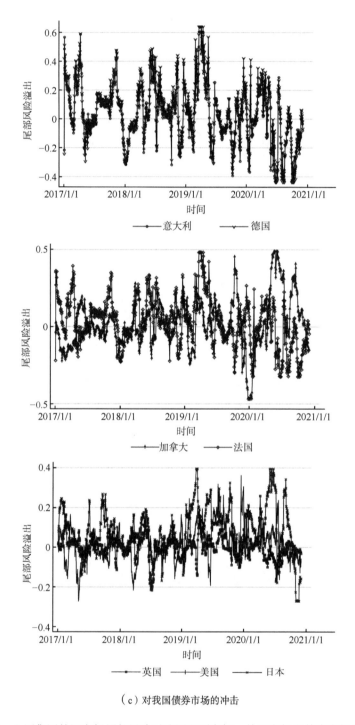

（c）对我国债券市场的冲击

图 8-6　七国集团外汇市场尾部风险对我国股票市场、外汇市场和债券市场的冲击

针对七国集团债券市场尾部风险对我国金融市场的冲击,从图 8-7 可以看出,美国债券市场尾部风险对我国金融市场的冲击最为显著。2017 年 11 月 30 日,美国反对中国在 WTO 获得市场经济地位,并拒绝承认中国的市场经济地位,引发债券市场动荡。2018 年 8 月,中美贸易摩擦升级。2018 年 8 月 7 日,美国贸易代表办公室宣布对从中国进口的商品加征 25%的关税,中国予以反制,同样对从美进口的产品加征 25%的关税,并与美方同步实施。2018 年 6 月,七国集团其他成员国、欧盟委员会成员国、印度等国家均开始对美国的钢铁、铝等产品加征报复性关税。2018 年 6 月 14 日,美联储宣布年内第二次加息 25 个基点,市场对经济预期不乐观,引发债券市场尾部风险增加,溢出效应达到局部极值。2020 年 1 月 21 日,美国宣布确诊首例新冠疫情病例,引发市场担忧。七国集团债券市场尾部风险对我国债券市场的冲击要大于其对股票与外汇市场的影响,债券市场的尾部风险溢出主要表现为跨国传染。

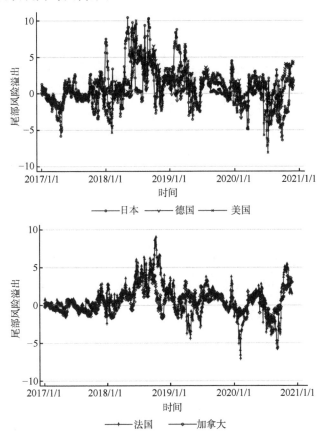

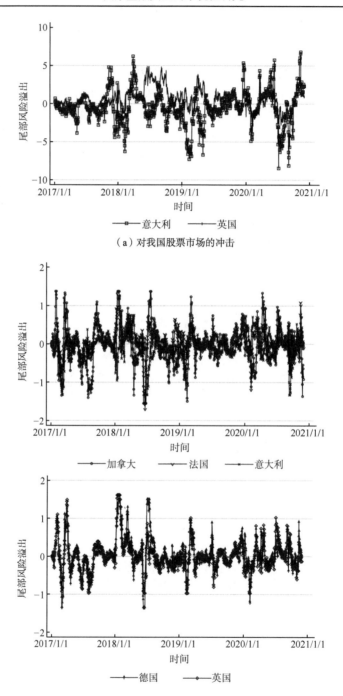

（a）对我国股票市场的冲击

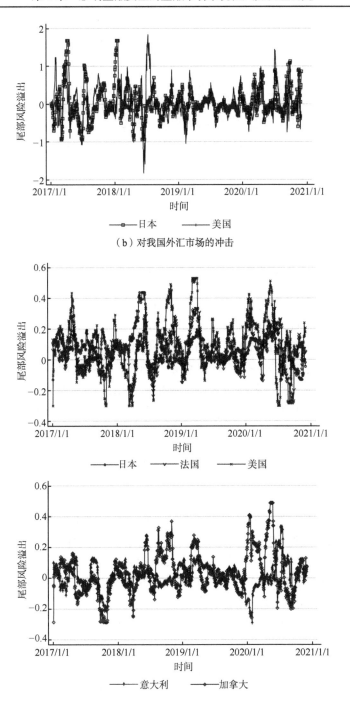

（b）对我国外汇市场的冲击

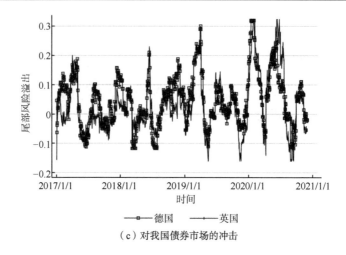

（c）对我国债券市场的冲击

图 8-7　七国集团债券市场尾部风险对我国股票市场、外汇市场和债券市场的冲击

通过上述分析可以发现，以七国集团为代表的发达国家金融市场主要通过影响我国股票市场从而对我国金融市场造成冲击，并且其股票市场和外汇市场尾部风险对我国股票市场的溢出水平更为显著。样本周期内发达国家金融市场尾部风险溢出水平的动态变化进一步表明，由于我国股票市场发展水平的不断提升及金融市场的全面开放，我国股票市场与全球重要股票市场和外汇市场一体化程度进一步增强，发达国家股票市场和外汇市场尾部风险冲击成为引发我国股票市场波动的重要诱因之一。

2. 其他金砖国家金融市场尾部风险对我国金融市场的影响

本节分析了以其他金砖国家为代表的发展中国家金融市场尾部风险对我国金融市场的冲击。从图 8-8 可以看出，其他金砖国家股票市场尾部风险对我国金融市场的冲击主要也受美国及其他主要发达国家股票市场风险波动的影响。例如，2017 年 3 月及 2017 年 9 月美联储加息，2018 年 7 月美国遭到多国对其商品加征关税的反制措施，2019 年 3 月英国脱欧前景不明等事件，使得印度、俄罗斯、南非的股票市场风险溢出效应显著增加。

从外汇市场尾部风险的影响来看，其他金砖国家国外汇市场尾部风险对我国金融市场的冲击波动较小（图 8-9）。其中，相对其他三个国家而言，印度外汇市场尾部风险对我国金融市场影响最为显著，这主要由于印度长期一直采用钉住英镑或美元的汇率制度。虽然从 1993 年开始实施管理浮动汇率制度，但是仍在一定程度上参考美元。2019 年 3 月开始，其他金砖国家外汇市场对中国三个金融市场的影响有所增加，主要是源于 2019 年 3 月 22 日美国十年期和三个月国债收益率

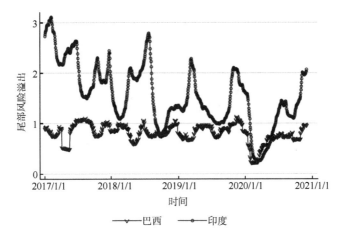

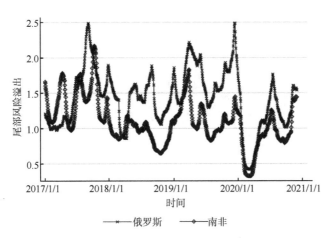

（a）对我国股票市场的冲击

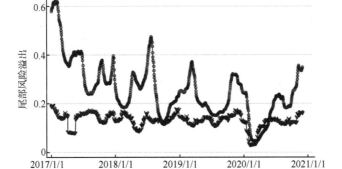

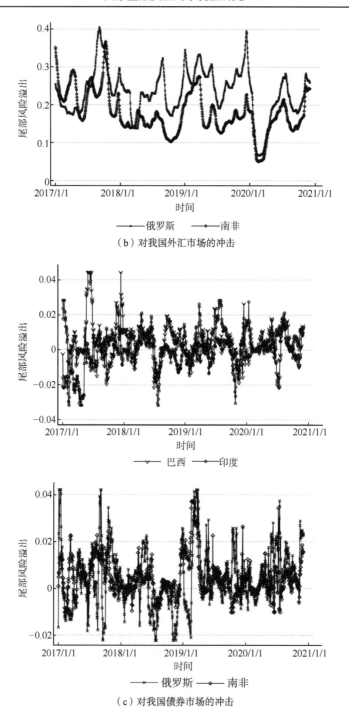

（b）对我国外汇市场的冲击

（c）对我国债券市场的冲击

图 8-8　其他金砖国家股票市场尾部风险对我国股票市场、外汇市场和债券市场的冲击

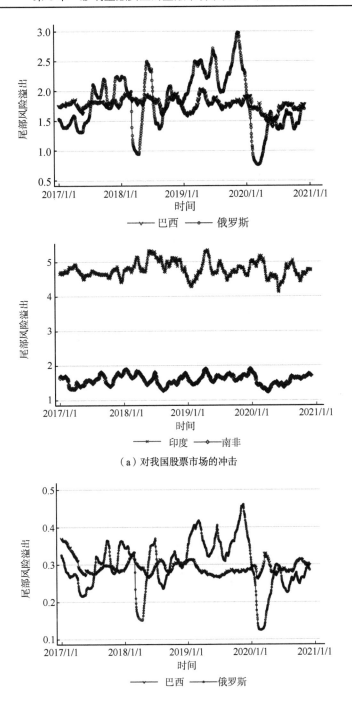

（a）对我国股票市场的冲击

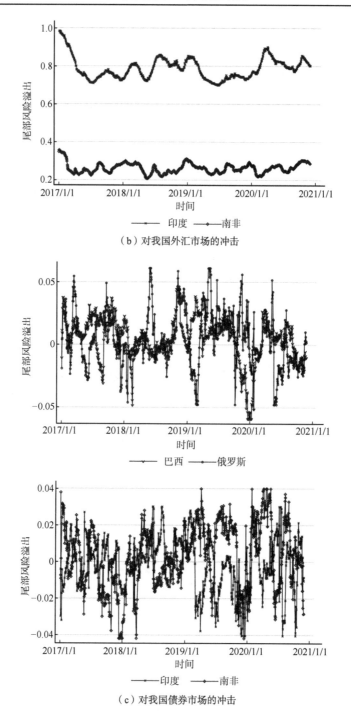

（b）对我国外汇市场的冲击

（c）对我国债券市场的冲击

图 8-9　其他金砖国家外汇市场尾部风险对我国股票市场、外汇市场和债券市场的冲击

出现倒挂，引发市场对经济衰退的担忧，形成悲观预期。

　　针对溢出水平而言，其他金砖国家债券市场尾部风险对我国金融市场的溢出水平要高于股票市场和外汇市场（图 8-10）。样本周期内，其他金砖国家债券市场尾部风险溢出水平除受中美贸易摩擦等重大事件影响外，新兴市场国家自身的特质也是重要驱动因素。其他金砖国家中，印度债券市场尾部风险对我国股票市场和外汇市场的影响最为显著。2020 年 1 月，印度债券市场对中国债券市场的风险溢出显著提高，这主要是由于 2020 年 1 月 8 日印度出现大罢工，印度债券市场交易规模及活跃程度相对其外汇市场和股票市场都比较高，所以其债券市场的溢出水平较高，此次罢工使印度债券市场的尾部风险对我国债券市场的溢出增加。

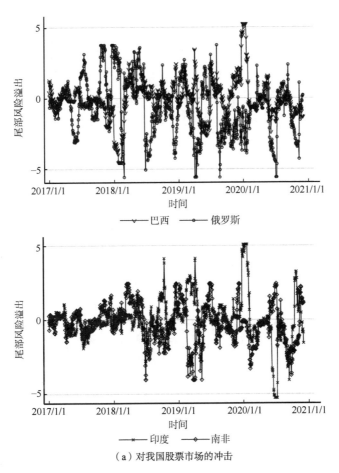

（a）对我国股票市场的冲击

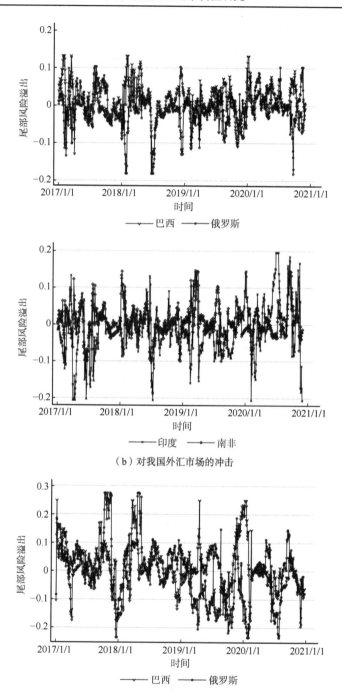

（b）对我国外汇市场的冲击

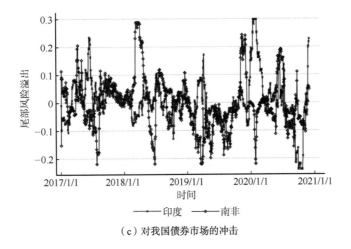

（c）对我国债券市场的冲击

图 8-10 其他金砖国家国债券市场尾部风险对我国股票市场、外汇市场和债券市场的冲击

对比七国集团和其他金砖国家金融市场尾部风险的溢出特征可以发现，虽然各国均通过影响我国股票市场对我国金融市场稳定产生冲击，但发达国家的股票市场和外汇市场是其尾部风险的主要输出者，而发展中国家的债券市场尾部风险同时影响我国股票市场和外汇市场，发达国家和发展中国家金融市场尾部风险溢出的路径存在显著差异。

3. 我国金融市场尾部风险对七国集团金融市场的影响

图 8-11～图 8-13 分别刻画了我国金融市场尾部风险对七国集团金融市场的动态溢出。

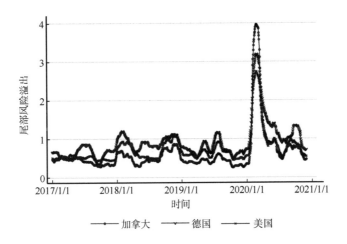

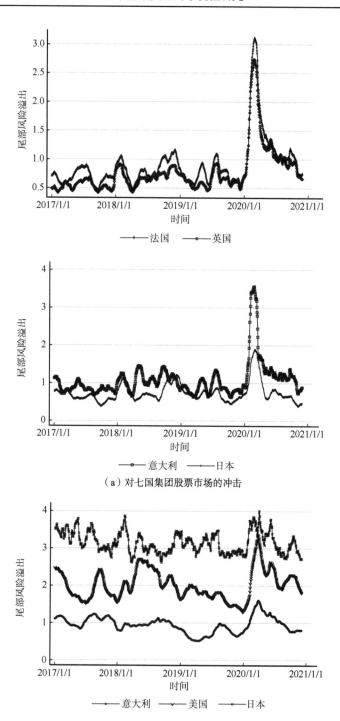

（a）对七国集团股票市场的冲击

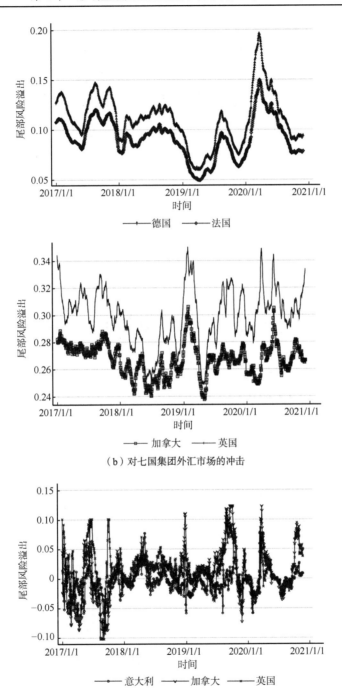

（b）对七国集团外汇市场的冲击

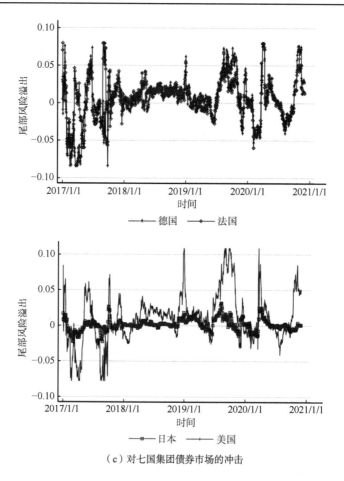

（c）对七国集团债券市场的冲击

图 8-11　我国股票市场尾部风险对七国集团股票市场、外汇市场和债券市场的冲击

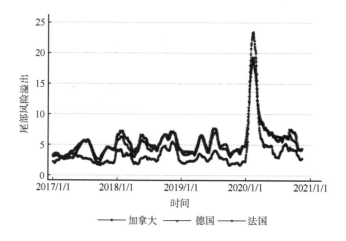

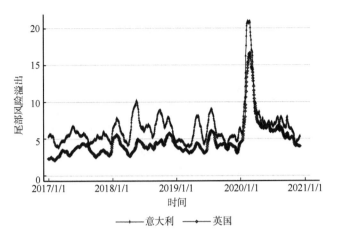

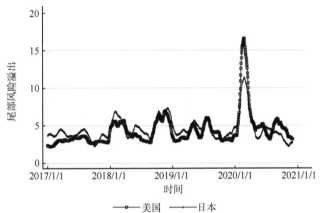

（a）对七国集团股票市场的冲击

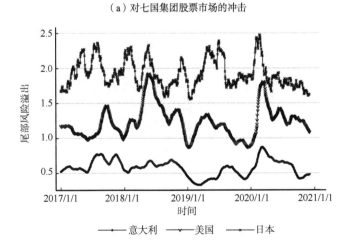

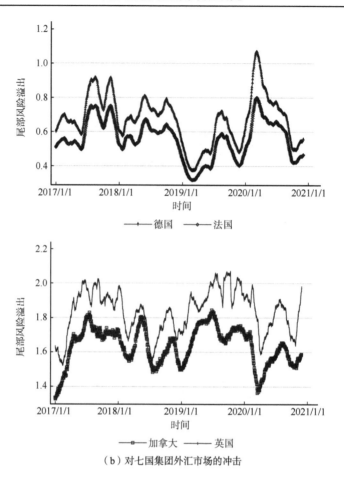

（b）对七国集团外汇市场的冲击

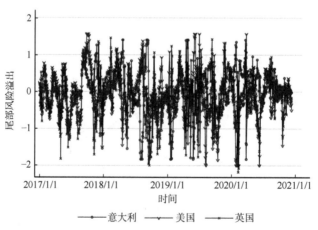

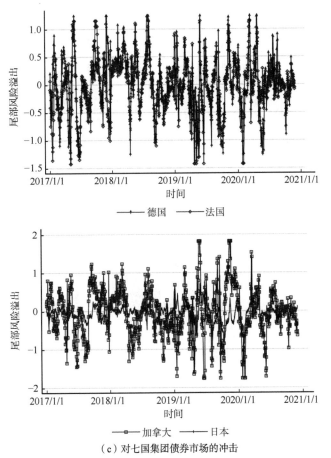

（c）对七国集团债券市场的冲击

图 8-12　我国外汇市场尾部风险对七国集团股票市场、外汇市场和债券市场的冲击

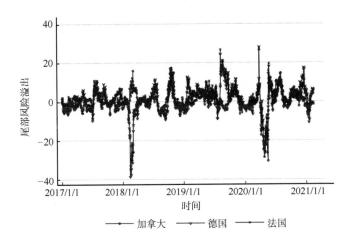

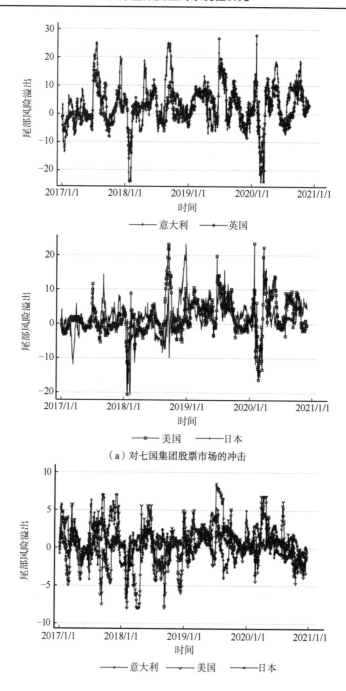

（a）对七国集团股票市场的冲击

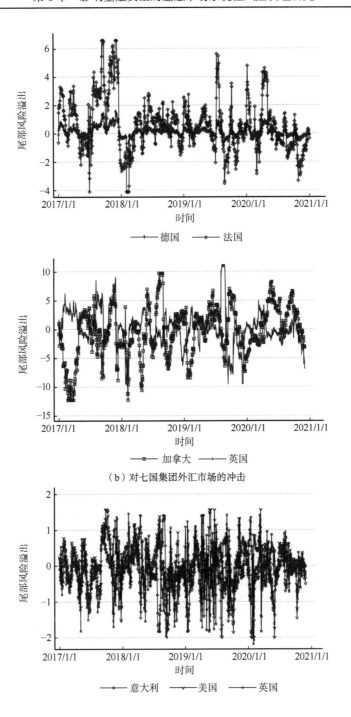

（b）对七国集团外汇市场的冲击

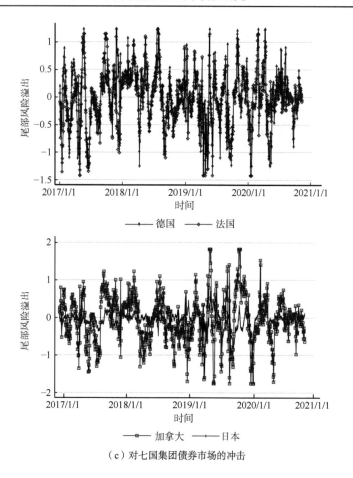

（c）对七国集团债券市场的冲击

图 8-13　我国债券市场尾部风险对七国集团股票市场、外汇市场和债券市场的冲击

　　我国股票市场尾部风险对七国集团金融市场的动态溢出指标呈现明显的时变特征，对各国金融市场影响的演化趋势也较为一致（图 8-11）。2020 年 1 月，新冠疫情暴发，此次重大公共卫生事件对我国金融市场造成了重大影响，金融市场尾部风险显著增加，七国集团股票市场均受到一定冲击，溢出水平向上攀升。我国股票市场尾部风险对七国集团外汇市场和债券市场的影响明显滞后于其对股票市场的影响。由于我国采取了严格的疫情防控政策，并实施了有效的财政政策和货币政策，及时遏制新冠疫情的蔓延及其对金融市场的冲击，由新冠疫情引发的我国股票市场尾部风险溢出水平突变影响时间相对较短，我国股票市场尾部风险对七国集团债券市场的冲击并不显著。在新冠疫情暴发期间，我国外汇市场对七国集团金融市场的溢出水平要显著高于股票市场（图 8-12），并且主要影响发达国家股票市场，这主要源于近年来人民币国际化水平不断提高，并在跨境结算、

跨境贸易支付、跨境信贷及跨境证券交易中使用人民币的范围不断扩大。因此，国际金融市场对我国外汇市场尾部风险的波动更为敏感[①]。我国债券市场尾部风险对七国集团金融市场的影响相对较小（图 8-13），我国十年期国债的活跃程度明显低于股票市场及外汇市场，债券市场长期处于风险净输入者的地位，其风险溢出效应相对较弱。

4. 我国金融市场尾部风险对其他金砖国家金融市场的影响

图 8-14～图 8-16 分别刻画了我国金融市场尾部风险对其他金砖国家金融市场的动态溢出。由图 8-14 可以看出，我国股票市场尾部风险对其他金砖国家金融市场的冲击主要发生在 2020 年 2～3 月。2020 年 2 月 3 日，由于新冠疫情，我国 A 股市场出现千股跌停，股票市场遭受重创，而我国股票市场尾部风险对其他金砖国家金融市场的溢出水平也在 2020 年 2 月开始急剧上升。我国股票市场尾部风险对俄罗斯外汇市场的影响在 2018 年 3 月突然增加，这主要是由于美国在 2018 年 3 月 22 日对中国产品加征惩罚性关税后，中国随即宣布拟对约 30 亿美元的美国进口商品加征关税。我国股票市场尾部风险没有对印度外汇市场造成显著影响，这主要源于印度对外汇市场实行严格管制。我国外汇市场尾部风险对其他金砖国家金融市场的影响与我国股票市场的影响呈现相同的趋势，虽然其冲击滞后于股票市场，但外汇市场的溢出水平要显著高于股票市场，与其对发达国家的影响特征一致（图 8-15）。对比股票市场和外汇市场，我国债券市场尾部风险对其他金砖国家金融市场的影响相对较小（图 8-16）。

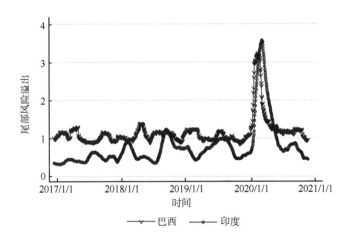

① 详情可参考 IMF 2021 年 7 月发布的官方外汇储备货币构成（Currency Composition of Official Foreign Exchange Reserves，COFER）数据。

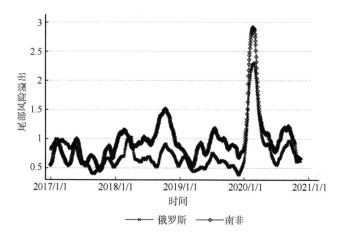

（a）对其他金砖国家股票市场的冲击

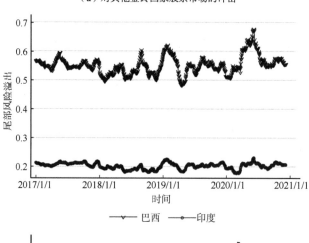

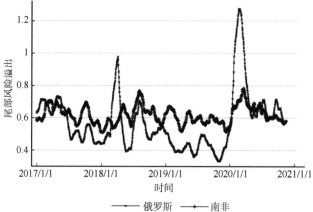

（b）对其他金砖国家外汇市场的冲击

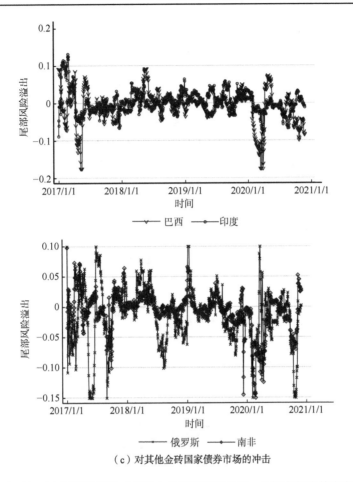

（c）对其他金砖国家债券市场的冲击

图 8-14　我国股票市场尾部风险对其他金砖国家股票市场、外汇市场和债券市场的冲击

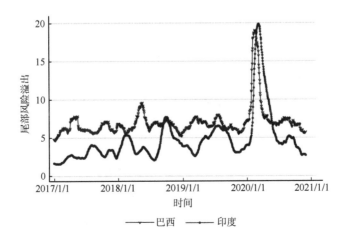

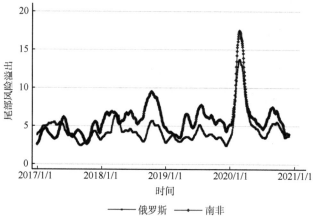

（a）对其他金砖国家股票市场的冲击

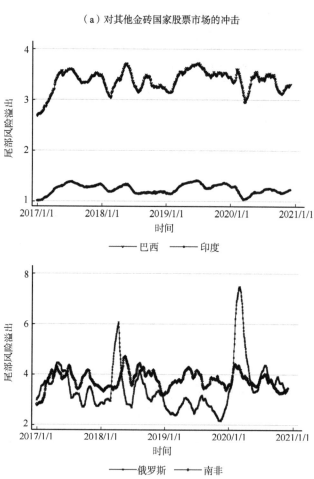

（b）对其他金砖国家外汇市场的冲击

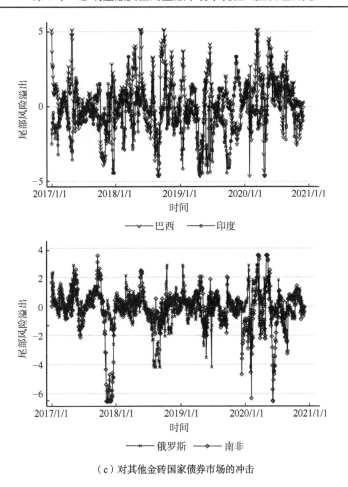

（c）对其他金砖国家债券市场的冲击

图 8-15　我国外汇市场尾部风险对其他金砖国家股票市场、外汇市场和债券市场的冲击

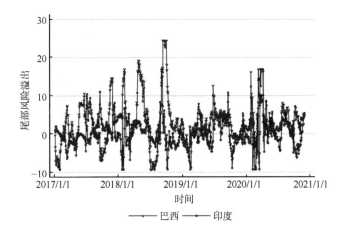

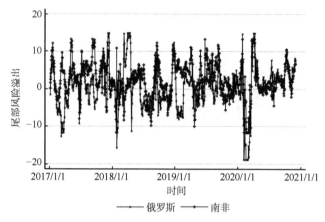

（a）对其他金砖国家股票市场的冲击

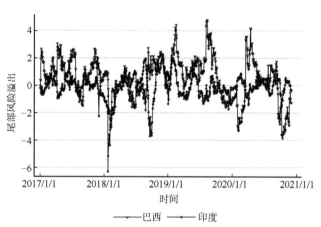

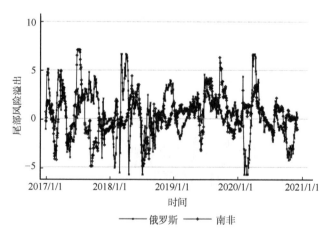

（b）对其他金砖国家外汇市场的冲击

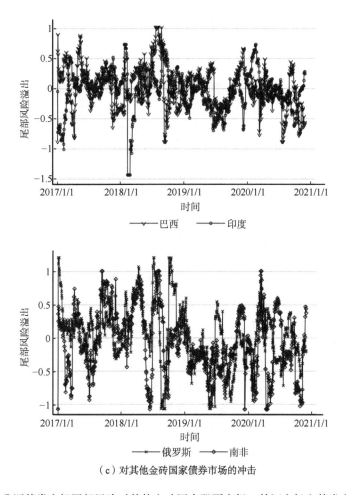

（c）对其他金砖国家债券市场的冲击

图 8-16　我国债券市场尾部风险对其他金砖国家股票市场、外汇市场和债券市场的冲击

　　总结上述分析可以发现，我国金融市场尾部风险主要通过外汇市场对其他国家的股票市场产生冲击，并形成较高水平的风险溢出，而且对发达国家和发展中国家金融市场的影响基本一致，主要源于我国人民币国际化水平不断提高，人民币在全球金融市场上的影响力不断增强。

8.3.4　新冠疫情期间金融市场不同时期尾部风险变化及其冲击演化特征分析

　　自新冠疫情出现以来，新冠病毒已在全球范围内经历了多次变异[①]。根据世界卫生组织（World Health Organization，WHO）对新冠病毒变异毒株的特征分析，考虑到疫情期间不同新冠病毒变异毒株的影响范围、传染强度及致死率等存在显著差异，本章选取变异毒株 Delta（德尔塔）和 Omicron（奥密克戎）作为代表。本节基于 2020 年 1 月以来新冠疫情期间样本国家金融市场数据，以新冠疫情全球暴发（2020 年 3 月）、新冠病毒变异毒株 Delta 首次发现（2020年 10 月印度）和新冠病毒变异毒株 Omicron 首次发现（2021 年 11 月南非）作为三个特殊节点，重点分析疫情期间新冠病毒变异所引发的金融市场尾部风险变化及其跨市场传染特征演化。

　　图 8-17～图 8-19 刻画了新冠疫情期间七国集团和金砖五国金融市场尾部风险的动态演化。从新冠疫情期间各国不同市场尾部风险 CAViaR 变化可以看出，新冠疫情在全球暴发初期，由于各国防控体系尚不成熟，各国金融市场的尾部风险均有较大增加。随着新冠疫情影响的持续，全球主要国家在新冠疫情防控等方面形成了成熟的应对体系，各国实施的货币政策和财政政策成效开始显现，金融市场参与者风险态度稳健（Amstad et al.，2020），新冠病毒毒株变异并未引起金融市场尾部风险发生显著性波动，这一结果与蒋海等（2021）的发现一致。

　　图 8-20 展示了新冠疫情期间三个不同时期（新冠疫情全球暴发初期、Delta毒株变异期间和 Omicron 毒株变异期间）样本国家各金融子市场关联网络图。由图 8-20 可以看出，新冠疫情暴发初期，样本国家各金融市场间的联动性明显增强。虽然以 Delta 和 Omicron 为代表的变异毒株传染性增强，但由于致死率的降低及各国新冠疫情防控逐渐步入常态化，样本国家金融市场间的关联网络密度逐渐降低［与袁梦怡和胡迪（2021）结论一致］，并且发达国家主要通过股票市场形成风险溢出，发展中国家主要通过债券市场形成风险溢出，与前文分析结果一致。

[①] 新冠病毒毒株变异详细信息可参见世界卫生组织专题报告。

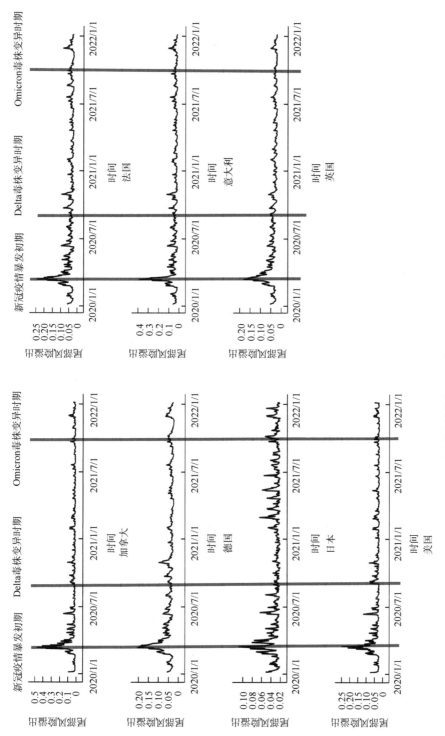

（a）新冠疫情期间七国集团股票市场尾部风险

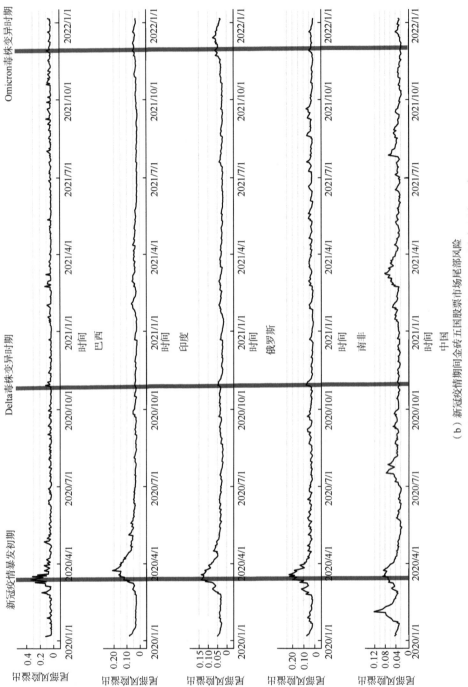

（b）新冠疫情期间七国集团与金砖五国股票市场尾部风险

图8-17　新冠疫情期间金砖五国股票市场尾部风险

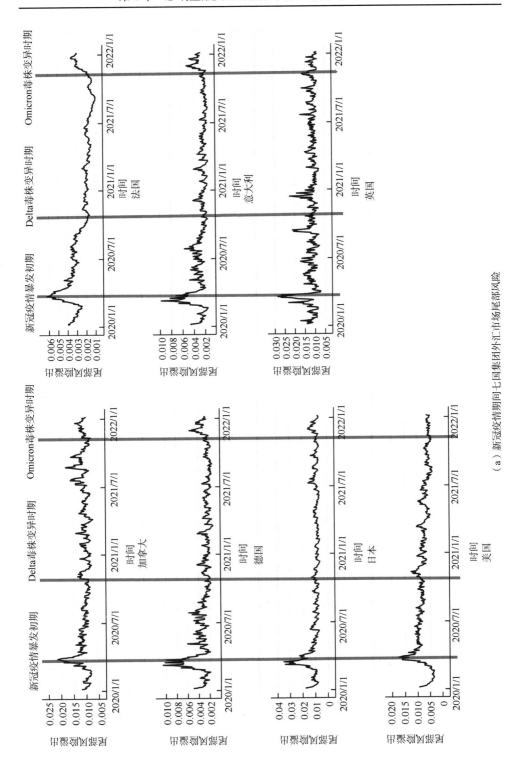

（a）新冠疫情期间七国集团外汇市场尾部风险

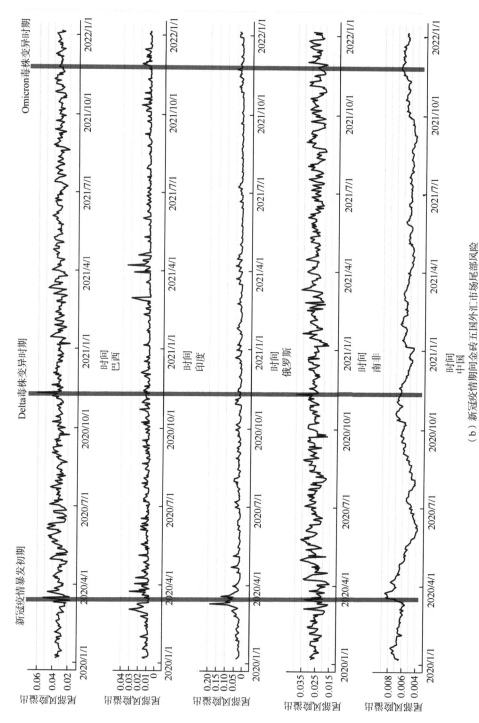

（b）新冠疫情期间金砖五国外汇市场尾部风险

图8-18　新冠疫情期间七国集团与金砖五国外汇市场尾部风险

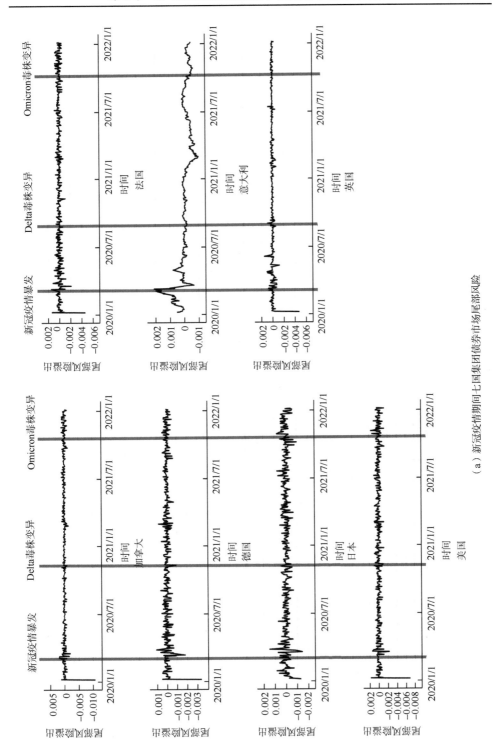

（a）新冠疫情期间七国集团债券市场尾部风险

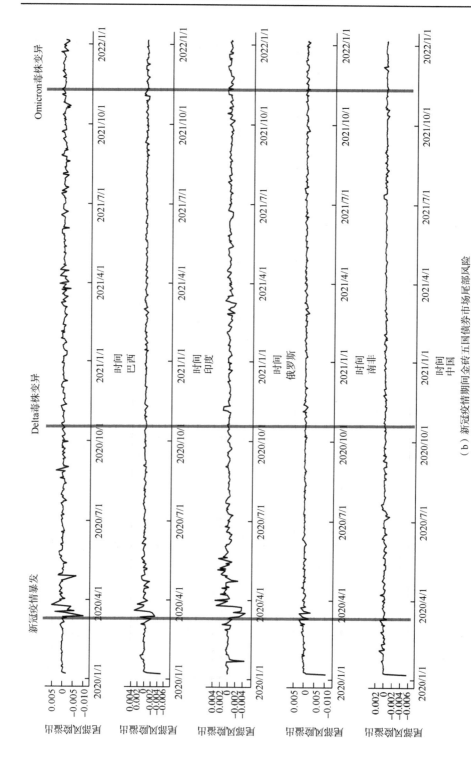

（b）新冠疫情期间金砖五国债券市场尾部风险

图8-19 新冠疫情期间七国集团与金砖五国债券市场尾部风险

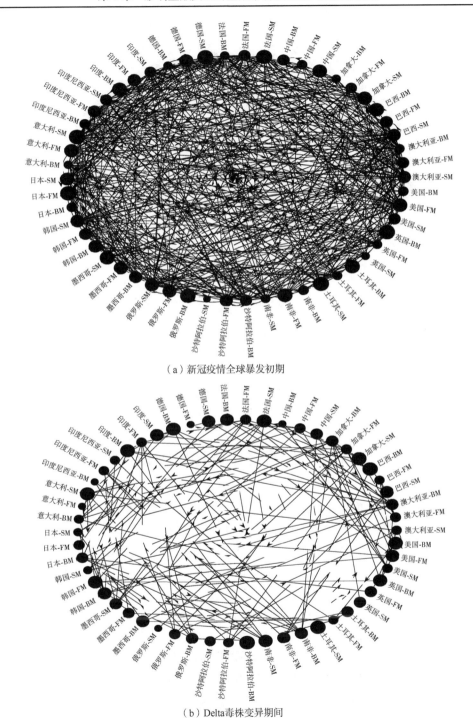

（a）新冠疫情全球暴发初期

（b）Delta毒株变异期间

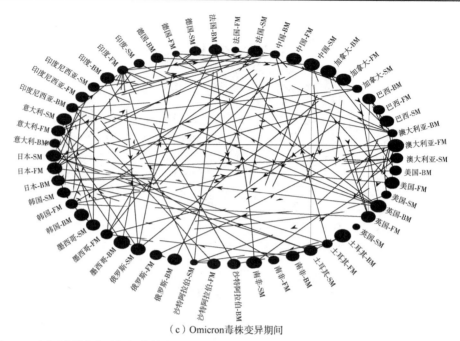

（c）Omicron毒株变异期间

图 8-20 新冠疫情期间（新冠疫情全球暴发初期、Delta 毒株变异期间、Omicron 毒株变异期间）
国家各金融子市场关联网络图

节点大小表示相对影响指标，节点越大表示溢出效应越大；SM、FM、BM 分别表示股票市场、
外汇市场、债券市场

8.4 研究结论与政策建议

本章以 2017～2021 年国家股票市场、外汇市场和债券市场为分析对象，在利用 CAViaR 模型对金融市场尾部风险进行准确测度的基础上，利用 Granger 因果关系网络模型和滚动估计法，分别从静态和动态角度分析不同国家间金融市场尾部风险的跨市场传染路径及其影响机制。研究结果表明，以新冠疫情为代表的重大突发性公共事件加剧了金融市场间风险的传播，疫情发生前，金融市场间尾部风险传染强度较低，并且股票市场更易受到其他金融市场尾部风险的冲击；而疫情发生后，全球金融市场间尾部风险溢出水平显著上升，发达国家通过其股票市场影响其他国家金融市场稳定，而发展中国家则通过其债券市场形成风险溢出。

动态分析结果表明，由于我国股票市场不断发展及金融市场的全面开放，我国股票市场与全球重要股票市场和外汇市场一体化程度进一步增强，发达国家股票市场和外汇市场尾部风险冲击成为引发我国股票市场波动的重要诱因之一；而发展中国家债券市场尾部风险则同时影响我国股票市场和外汇市场。发达国家和发展中国家金融市场尾部风险溢出路径存在显著差异。我国金融市场尾部风险主要通过外汇市场对其他国家的股票市场产生冲击，形成较高水平的风险溢出，这主要是由于我国人民币国际化水平提高。

后疫情时代，全球经济低迷，产业链和供应链因重大公共事件面临冲击，国际贸易和投资大幅萎缩，发达经济体宽松货币政策溢出效应持续显现；虽然我国经济呈现恢复态势，金融风险整体可控，但是区域性金融风险隐患仍然存在，部分企业债务违约风险加大，个别中小银行风险较为突出，防范系统性金融风险仍是未来金融风险防控的重点。基于系统性金融风险在全球金融市场间跨市场传染特征及其影响机制，各国金融监管机构应从全球金融市场多边合作的视角出发，加强各国金融监管机构间的协同合作和风险防控机制建设，增进金融监管信息共享，协调各国货币金融政策，共同应对区域性乃至全球性金融风险与危机，实现共享共赢。

第9章 影响金融安全的宏观经济系统韧性研究

党的十九大报告明确提出，"我国经济已由高速增长阶段转向高质量发展阶段，正处在转变发展方式、优化经济结构、转换增长动力的攻关期，建设现代化经济体系是跨越关口的迫切要求和我国发展的战略目标"[①]。在经济高质量发展阶段，保持实体经济平稳、健康运行是实现经济高质量发展的重要保障。因此，在经济增长新旧动能转换攻关期，准确识别经济发展过程中出现的风险冲击、科学评估经济系统的风险吸收能力、探索提升实体经济韧性的路径是比较突出的课题。

近年来，国际政治与经济环境日益复杂多变。新贸易保护主义和反全球化有所抬头，由此产生的信息冲击对国际和国内金融市场产生显著负向影响，而这进一步通过金融传导机制影响实体经济，引致经济波动。在我国面临内部经济动能转换、外部不确定性冲击双重环境下，增强国内大循环和国内国际双循环经济系统的风险吸收能力、激发经济活力对实现经济增长新旧动能转换和高质量发展战略目标至关重要。

改革开放以来，中国经济保持了高速增长，并成为全球第二大经济体，在这一发展进程中，中国经济在面对全球金融风险冲击时展现出的强大恢复力同样令人瞩目。如图9-1所示，中国经济在历次金融市场动荡时期（如1997年亚洲金融危机、2008年全球金融危机、2020年全球新冠疫情）均能先于其他国家从风险冲击中复苏，展示出强大的经济韧性。中国经济展示出的强劲韧性是成功应对各种不确定性冲击的关键。正如习近平在2020年年初指出的，"中国经济韧性强劲，内需空间广阔，产业基础雄厚，我们有信心、有能力实现今年经济社会发展目标，特别是抓好决胜全面建成小康社会、决战脱贫攻坚的重点任务"[②]。

[①] 习近平：决胜全面建成小康社会 夺取新时代中国特色社会主义伟大胜利——在中国共产党第十九次全国代表大会上的报告. https://www.gov.cn/zhuanti/2017-10/27/content_5234876.htm[2017-10-27].

[②] 习近平同英国首相约翰逊通电话. http://jhsjk.people.cn/article/31593127[2020-02-18].

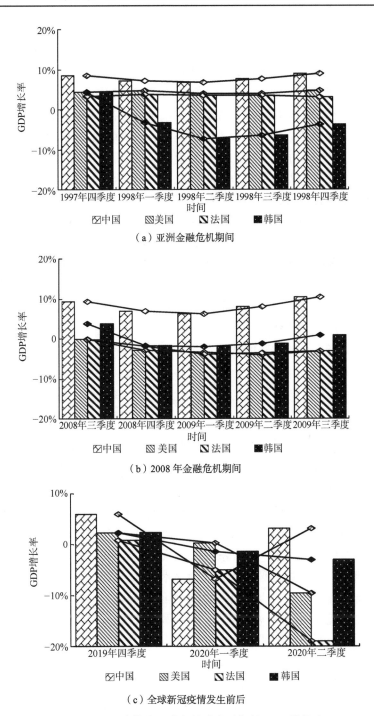

（a）亚洲金融危机期间

（b）2008 年金融危机期间

（c）全球新冠疫情发生前后

图 9-1　主要经济体在不确定性冲击时期的 GDP 增长率

资料来源：圣路易斯联邦储备银行经济数据库（https://fred.stlouisfed.org/）

　　韧性是一个物理学概念,表示材料在塑性变形和破裂过程中吸收能量的能力。韧性的核心内涵是物体保持原样时所承受的最大冲击力。经济韧性是指韧性在经济学中的概念拓展,指经济系统通过调整经济结构和增长方式,抵御外部冲击、实现经济可持续发展的能力。然而,目前有关经济韧性的文献以定性研究为主,相关的定量研究处于起步阶段。现有的定量研究存在一些局限,如经济韧性的测度方法多关注少数核心指标,相关研究集中于区域层面,缺少从时间维度的动态研究。有鉴于此,本章在韧性的概念和内涵启发下,多维度定量评估经济系统对金融市场系统性风险冲击的吸收能力。以此为出发点提出的问题包括:①如何测度金融市场系统性风险及我国的系统性风险现状?②如何衡量经济系统对系统性风险冲击的吸收能力?③什么因素影响经济系统的风险吸收能力及如何提升我国宏观经济韧性?为回答上述问题,本章采用 117 种金融市场价格指数测度金融子市场的系统性风险,在此基础上构建 TVP-FAVAR 模型,运用 151 种宏观经济指标估计经济系统对系统性风险冲击的时变脉冲响应,构建中国经济韧性两个维度的测度指标(风险吸收强度和风险吸收持续期),讨论经济韧性在金融子市场、经济子系统、区域、产业及行业等层面的差异,并通过马尔可夫区制转换模型动态分析中国经济韧性的影响因素。

9.1　文献综述

　　从文献来看,与本章相关的系统性风险及经济韧性研究主要沿着三条脉络展开。第一条研究脉络侧重于系统性风险度量,相关的文献聚焦于系统性风险的定义和风险值的度量方法改进与拓展。实体经济为金融市场提供必要的基本面支撑,金融市场也"反哺"实体经济,发挥"晴雨表"的作用,因而,金融市场中系统性风险对实体经济的影响演变为与本章相关的第二条研究脉络。第三条研究脉络主要关注经济韧性,侧重于经济系统抵御风险冲击的能力[①]。

　　2008 年以来,系统性风险逐渐成为学术界和监管部门关注的热点问题,系统性风险的定义和度量则成为该领域的核心问题。然而,学术界并未就系统性金融风险范畴的准确界定达成一致意见(杨子晖和周颖刚,2018;Girardi and Ergün,2013)。因此,对系统性风险的概念和分析视角进行界定是有效测度系统性风险的前提条件。

　　合理地度量系统性金融风险并甄别其影响因素关系到未来金融监管政策的选择与安排(杨子晖和李东承,2018)。系统性金融风险的度量方法可以归纳为三

---

① 这里的风险不仅指金融风险,还包含政治风险、自然灾害(如地震、气象灾害)等。

类。第一类是结构化方法，该方法使用金融机构间的业务关联数据测算风险；第二类是基于金融数据的综合指数方法；第三类则是基于市场数据的简约化方法。结构化方法主要包括网络分析法和矩阵法，通过银行间的资产负债数据测算银行间的关联关系，再运用危机模拟方法衡量银行间的风险传染性（马君潞等，2007；范小云等，2012；Upper，2011；Mistrulli，2011）。然而，这类方法具有明显缺陷，结构化方法使用的银行间风险敞口数据难以获取，通过最大熵方法估计的结果会高估或低估风险传染，使得该方法的适用性大大降低（卜林和李政，2016）。系统性风险的综合指数测度方法通过将多个反映金融系统状况的指标按照某种模型、方法或原则进行合成，代表性指数包括金融压力指数、金融状况指数（financial conditions index，FCI）等（Oet et al.，2015；Koop and Korobilis，2014；陶玲和朱迎，2016；何青等，2018）。综合指数方法具有简单清晰、可操作性强等优点，但其无法刻画系统性风险的传染性和关联性，具有显著的局限性。系统性风险简约化度量方法通过金融市场数据推导出系统性风险的关联关系，相关的研究沿着自下而上（bottom-up）、自上而下（up-bottom）两支脉络展开（梁琪和李政，2014）。早期的研究更多关注个体风险，其中，VaR 是应用较为广泛的代表性方法，该方法衡量在给定的置信水平下，金融资产可能遭受的最大损失。虽然 VaR 具有计算简便和易于评估等优点，但其无法准确刻画金融市场的整体风险，并且可能低估个体的风险溢出效应（Adams et al.，2014）。2008 年，全球金融危机改变了各国金融监管部门和学者对风险与金融监管的认识，系统性风险和宏观审慎监管得到广泛关注。自下而上的系统性风险分析方法以单个个体发生风险为条件来估计系统性风险，代表性方法包括 CoVaR 和 ΔCoVaR（Adrian and Brunnermeier，2016）。该方法可以通过分位数回归方法或者多元 GARCH 模型实现测算系统性风险的目的。然而，自下而上的方法不具备可加性，难以通过加总方法评估金融系统面临的整体系统性风险。为克服这一缺陷，一些学者提出先假定系统性风险后推导个体风险分布，这种称为自上而下的度量方法。其中，Acharya 等（2017）在期望损失的基础上使用 SES 和 MES 测度系统性风险。该方法具有可加性，解决了 CoVaR 存在的缺陷，同时，该方法能够为宏观审慎监管提供技术支持。Banulescu 和 Dumitrescu（2015）针对 MES 没有考虑各金融机构资产规模的问题，使用成分期望损失加以改进。为克服 MES 没有考虑金融机构的杠杆问题，Brownlees 和 Engle（2017）提出系统性金融风险指数用以衡量金融机构在严重市场衰退时的资本缺口，并将其作为系统性风险的衡量指标。鉴于简约化系统性风险度量方法在适用性、时效性、简便性等方面的优势，2008 年全球金融危机以来，此类方法受到学术界和监管部门的广泛推崇。

经济是肌体，金融是血脉，两者共生共荣。①作为现代经济的核心，金融系统内部生成的风险故而会对经济产生深远影响。关于系统性金融风险对经济的影响效应，现有文献多集中于基于 DSGE 模型的作用机制分析和基于核心经济变量的动态效应分析。基于 DSGE 模型的文献侧重于单次危机对经济的影响机制研究。例如，Christiano 等（2010）发现，经济异质性风险在银行部门和金融市场集聚后形成系统性风险是引起宏观经济波动的重要原因。Gertler 和 Kiyotaki（2010）认为，金融市场不完美性及银行部门存在的委托代理风险引发金融机构破产，进而演变为金融危机，并对实体经济产生负面冲击。Jin 和 Zeng（2014）发现银行风险的变化会导致经济波动，可以将银行风险冲击的宏观经济效应分解为纯粹的违约效应和规避风险效应，违约效应导致就业下降 3.40%。王擎和田娇（2016）研究发现，源于资本监管的顺周期性，系统性金融风险经历三个阶段的传递后，实体经济状况并未得到有效改善，并且资本监管的顺周期性会经过金融体系传至实体经济。Ge 等（2020）研究发现，由金融冲击引起的银行资产负债表恶化会放大并持续影响实际活动，由资本质量冲击和银行流动性冲击引起的银行净资产的破坏会导致家庭贷款、房价和产出下降。基于 DSGE 的研究文献侧重于金融危机对实体经济的传导机制，忽视了系统性风险对经济系统的动态影响。因而，一些学者考虑从时间维度探讨系统性风险与实体经济的关系。例如，邓创和徐曼（2014）发现我国金融周期对宏观经济的影响具有时变性和非对称性。Kubinschi 和 Barnea（2016）运用随机波动性的时变参数向量自回归（time-varying parameter vector autoregression，TVP-VAR）模型估计了欧元区系统性风险对实体经济的动态影响，研究发现，系统性风险冲击在金融危机之后对经济体的影响减弱。张勇等（2017）发现系统性金融风险较高时风险的释放加剧经济波动。然而，这些研究大都基于综合指数方法测度的金融状况指数或金融压力指数展开研究，缺乏对系统性风险的精确度量。此外，欧阳资生等（2019）借鉴 Giglio 等（2016）的研究思路，运用偏最小二乘分位数回归构造了系统性金融风险综合指标，研究系统性风险对宏观经济的影响，发现单个系统性金融风险指数中机构极值风险类别下的指标对宏观经济的影响最大。

近年来，经济韧性在空间经济学领域得到广泛关注。关于经济韧性的研究文献，可以将其总结为两个阶段。第一阶段（2002～2009 年）属于概念形成与起步发展阶段。此阶段学界并没有形成对经济韧性内涵的统一认识，相关研究试图将有关概念嫁接到区域经济学、发展经济学的理论中。在该阶段，Reggiani 等（2002）较早地将韧性引入空间经济学范畴。第二阶段（2010 年至今）为探索研究阶段。

---

① 习近平主持中共中央政治局第十三次集体学习并讲话. http://www.gov.cn/xinwen/2019-02/23/content_53679 53.htm[2019-02-23].

这一阶段虽尚未建立起完整的理论体系，但相较于先前的研究，无论是对经济韧性内涵和外延的认识，还是对相关实证研究方法的运用，都已经取得了实质性进展（孙久文和孙翔宇，2017）。Boschma（2015）提出了关于区域弹性的进化观点。他不仅将经济韧性概念化为一个区域抵御冲击的能力，而且将其扩展到区域发展新增长路径的长期能力。在该阶段出现了比较有影响力的实证研究。例如，Bristow 和 Healy（2018）研究了欧洲区域经济在 2007～2008 年经济危机中的韧性，发现在危机发生时被确定为创新领导者的地区更有可能从危机中迅速恢复。徐圆和张林玲（2019）采用反事实实验的方法测度了我国 230 个城市的经济韧性，发现拥有多样化产业结构的大城市更能抵御风险。Brown 和 Greenbaum（2017）也提供了相似的证据。金融危机并不是经济韧性唯一冲击载体，自然灾害如地震、洪水等也是经济韧性研究的重要考量。Zhou 等（2020）计算了 2008 年汶川地震最严重地区的经济韧性指数，并采用数据包络分析模型和曼奎斯特（Malmquist）生产率指数分析年度灾后恢复的效率与效果，研究发现，地震在受灾地区造成了短期经济衰退，工业经济的弹性不如农业和服务业。Bondonio 和 Greenbaum（2018）运用美国县域数据研究当地经济对罕见自然灾害的抵御能力，研究发现，所有受影响的县都经历了短期的经济下降，从长远来看，灾前社会经济水平较低县的增长仍然滞后，特别是在高强度灾害情况下。然而，目前的研究集中于区域经济韧性，侧重于单次冲击的影响，忽视了动态变化特征。此外，从经济韧性的测度方法来看，现有文献往往关注某个核心变量，如失业率、经济增长率等，忽视了经济系统其他变量的重要性。

　　基于以上分析，本章认为，与系统性风险及经济韧性相关的研究还存在以下几点不足。首先，关于系统性风险的定义和测度，现有的文献大多以股票价格数据为基础，侧重于银行系统风险，而根据资本资产定价理论，市场组合不仅包括普通股，还包括其他风险资产，如债券、期货、期权、不动产等，因此，在界定和测度金融市场系统性风险时应尽可能多地纳入金融子市场（Reilly and Brown，2012）。其次，现有的经济韧性评估方法均属于事后评估，侧重于单一金融危机或自然灾害冲击的影响，缺少从时间维度的动态评估，因而无法考察经济韧性的动态特征。再次，经济韧性的测度方法侧重于风险冲击的影响大小，而对经济复苏速度和风险吸收速度的考量不足，此外，现有方法主要关注核心变量，因而在变量选择和效应评估方面具有局限性。最后，现有的文献主要基于少数经济指标，对经济韧性的异质性考察不足。

　　针对现有文献研究存在的不足，本章主要从以下几个方面进行研究创新。第一，使用股票市场、金融衍生品市场、国际金融市场、外汇市场、债券市场、商品市场中的 117 种资产价格指标合成金融市场价格指数，进一步使用动态评估方法测度金融市场系统性风险；第二，选取 10 个经济子系统总计 151 个宏观经济指标，并运用 TVP-FAVAR 模型估计我国金融市场系统性风险对经济系统的动态影响效应；第三，在已有的经济韧性测度方法基础上，基于时变脉冲响应函数构建反映经济韧性的风险吸收强度和风险吸收持续期两个动态指标；第四，从整体性和异质性两个维度分析我国经济系统对系统性风险冲击的吸收能力及其影响因素。

9.2　模型构建和数据说明

9.2.1　系统性风险测度

1. 金融市场价格指数合成

测度金融市场系统性风险的关键在于准确地测算金融市场价格指数。根据资本资产定价理论，市场组合应包含所有的风险资产，因此，本章尽可能多地纳入不同类型的金融资产，即选择股票市场、金融衍生品市场、国际金融市场、外汇市场、债券市场、商品市场构建金融市场价格指数的指标体系。鉴于金融市场收益率数据均为"快速"指标（Bernanke et al.，2005），且具有较强的易变性和较大的波动性，本章进一步采用 Koop 和 Korobilis（2014）提出的具有时变因子载荷的动态因子模型，即 TVP-FAVAR 模型估计金融市场价格指数（Oet et al.，2015；陶玲和朱迎，2016；何青等，2018）。该模型可以表示为

$$x_t = \lambda_t f_t + \mu_t \tag{9-1}$$

$$\begin{bmatrix} y_t \\ f_t \end{bmatrix} = c_t + B_{t,1} \begin{bmatrix} y_{t-1} \\ f_{t-1} \end{bmatrix} + \cdots + B_{t,p} \begin{bmatrix} y_{t-p} \\ f_{t-p} \end{bmatrix} + \varepsilon_t \tag{9-2}$$

其中，x_t 表示 $n \times 1$ 维金融市场价格指数变量，用于构建金融市场价格指数；y_t 表示 $s \times 1$ 维宏观变量；p 表示 VAR 模型的滞后阶数；λ_t 表示时变因子载荷。模型中，潜在因子 f_t 即本章测算的金融市场价格指数。μ_t、ε_t 分别表示具有时变方差矩阵 V_t、Q_t 的零均值高斯扰动项。

为了估计模型的时变系数 λ_t，模型假定时变系数具有以下迭代过程。

$$\lambda_t = \lambda_{t-1} + v_t \tag{9-3}$$

$$\beta_t = \beta_{t-1} + \eta_t \tag{9-4}$$

其中，$\beta_t = \left(c_t^{\mathrm{T}}, \mathrm{vec}(B_{t,1})^{\mathrm{T}}, \cdots, \mathrm{vec}(B_{t,p})^{\mathrm{T}} \right)^{\mathrm{T}}$，$v_t \sim N(0, W_t)$，$\eta_t \sim N(0, K_t)$。

2. 金融市场系统性风险测度

系统性风险的测度方法可以归纳为两大类：自上而下和自下而上测度方法。鉴于本章研究的特点，选择自上而下的测度方法。Acharya 等（2016，2017）提出的 MES 和 SES 是应用较为广泛的测度指标。该方法用于测度金融市场未发生危机时和发生系统性危机时金融机构对整个金融系统的风险（或损失）的边际贡献程度。

假设金融市场体系由 N 个金融机构或市场组成，那么整个金融市场体系的收益 R 可以分解为单个机构或资产收益 r_i 的加权和，即 $R=\sum w_i r_i$，其中，w_i 为单个机构或资产 i 占整个金融市场体系的权重。在 $1-\alpha$ 置信水平下，单个金融机构或资产对整个金融市场体系风险（或损失）的边际贡献为

$$\mathrm{MES}_{\infty}^{i} = \frac{\partial \mathrm{ES}_{\infty}}{\partial w_{\infty}} = -E\left[r_i \mid R \leqslant -\mathrm{VaR}_{\infty} \right] \tag{9-5}$$

其中，ES_{∞} 表示整个金融市场体系的期望损失。$\mathrm{MES}_{\infty}^{i}$ 度量当市场出现极端情况时，单个机构或资产 i 对整个金融市场体系的边际风险贡献，它没有考虑金融机构的杠杆率、规模及其法定资本充足率等因素。

MES 的计算方法有两种，即 Acharya 等（2017）提出的静态结构化估计方法及 Brownlees 和 Engle（2017）提出的基于双变量 DCC-GARCH 模型的动态估计方法（Kubinschi and Barnea，2016）。鉴于动态方法具有准确性高、频度高、灵活性强等优点，本章选择后者度量系统性风险。

Benoit 等（2017）证明在二元 GJR-DCC-GARCH[①]模型下，MES 存在以下形式，即

$$\mathrm{MES}_{i,t}(C) = E_{t-1}\left(r_{i,t} \mid r_{m,t} < C \right)$$
$$= -\sigma_{i,t} \rho_{i,t} E_{t-1}\left(\varepsilon_{m,t} \mid \varepsilon_{m,t} < C/\sigma_{m,t} \right) + \sigma_{i,t} \sqrt{1-\rho_{i,t}^2} E_{t-1}\left(\zeta_{i,t} \mid \varepsilon_{m,t} < C/\sigma_{m,t} \right)$$
$$\tag{9-6}$$

其中，$r_{m,t}$ 表示市场指数收益率；$r_{i,t}$ 表示第 i 个资产的收益率；$\sigma_{m,t}$ 表示市场指数收益率的条件标准差；$\sigma_{i,t}$ 表示资产 i 收益率的条件标准差；$\rho_{i,t}$ 表示市场和单个资产收益率之间的动态条件相关系数；$\varepsilon_{m,t}$、$\zeta_{i,t}$ 表示均值为 0，方差为 1，协方差为 0 的扰动项。

式（9-6）中，两个尾部条件期望 $E_{t-1}\left(\varepsilon_{m,t} \mid \varepsilon_{m,t} < C/\sigma_{m,t} \right)$ 和 $E_{t-1}(\zeta_{i,t} \mid \varepsilon_{m,t} < C/\sigma_{m,t})$ 可以简单地通过满足 $\varepsilon_{m,t} < c\left(c = C/\sigma_{m,t} \right)$ 条件下残差序列 $\left(\varepsilon_{m,t}, \zeta_{i,t} \right)$ 的均值

---

① GJR 表示 Glosten（格洛斯顿）、Jagannathan（贾甘纳森）和 Runkle（朗克尔）。

计算得出。波动率 $\sigma_{m,t}$、$\sigma_{i,t}$ 和动态条件相关系数 $\rho_{i,t}$ 可通过单变量 GARCH 模型与 DCC-GARCH 模型及极大似然方法估计得到。

设定一个二元条件异方差 DCC-GARCH 模型来刻画资产和市场收益率的动态特征。假设 $r_{m,t}$ 和 $r_{i,t}$ 服从以下过程。

$$r_{m,t} = \sigma_{m,t}\varepsilon_{m,t} \tag{9-7}$$

$$r_{i,t} = \sigma_{i,t}\rho_{i,t}\varepsilon_{m,t} + \sigma_{i,t}\sqrt{1-\rho_{i,t}^2}\,\zeta_{i,t} \tag{9-8}$$

$$\left(\varepsilon_{m,t}, \zeta_{i,t}\right) \sim F \tag{9-9}$$

其中，F 表示一个未指定具体分布的二元分布过程。运用极大似然估计方法便可以得到式（9-7）～式（9-9）中的参数，该参数即为计算系统性风险 MES 过程的重要数值。

9.2.2　系统性风险冲击下的经济韧性界定与度量

1. 经济韧性概念界定

经济韧性的内涵可以追溯到物理学中与冲击韧性（或抗冲击强度）相关的概念。冲击韧性是指物体在冲击载荷作用下吸收变形功和断裂功的能力，反映物体内部的缺陷和对外来冲击负荷的抵抗能力。冲击韧性一般由冲击韧性值和冲击功表示。经济韧性反映的是经济系统内部对外部冲击的抵御能力，这种能力即为经济系统面对外部冲击的韧性。可见，经济韧性与物理学中冲击力相关的概念具有一脉相承的特点。因此，可以借助冲击韧性的相关理论构建经济韧性度量方法。

冲击韧性的内涵是在保持物体原样的情况下，尽可能吸收或抵抗外部冲击力的能力。然而，这种概念很难直接运用到经济学中。经济系统中，在假设外部冲击变量和经济系统变量具有相关性的条件下，外部冲击促使经济变量发生改变，因此，很难直接地运用冲击韧性的测度方法。冲击韧性核心思想是保持物体原样，因此，可以通过观察经济变量在受到外部冲击时恢复原始水平的能力，这种能力可理解为经济系统的风险吸收（或风险抵御）能力。这种受到冲击时恢复原始水平的能力可以从风险吸收的数值大小和风险吸收的"速度"两个维度进行考察[①]。本章将风险吸收的数值大小定义为风险吸收强度，而风险吸收的"速度"则定义为风险吸收持续期（或者平均期限）。在一般情况下，风险吸收强度和风险吸收

---

① 现有的经济韧性测度方法只考察经济系统在受到冲击时的风险吸收数值大小，忽视了时间维度的恢复"速度"。

持续期具有一定的相关性，但在一些特殊情况下，两者存在很大差异。如图 9-2（a）所示，尽管经济系统在两次冲击之后的吸收强度相同，但经济吸收风险的持续期存在显著差异；而如图 9-2（b）所示，在风险吸收持续期相同的情况下，风险吸收强度却存在显著差异。

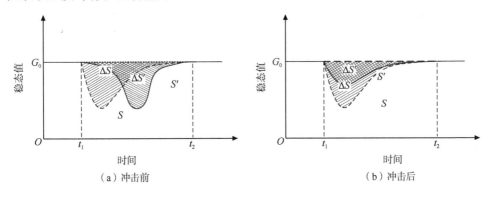

图 9-2　系统性风险冲击前后稳态经济运行轨迹

2. 经济韧性测度方法构建

经济系统受到外部冲击时会偏离原始运行轨迹。由于是暂时性冲击，其对经济的影响主要体现在短期，在长期，经济增长由其长期影响因素决定。如图 9-2（a）所示，阴影部分是由风险冲击导致的损失，本章在 Zhou 等（2020）、徐圆和张林玲（2019）方法的基础上，构建以下反映经济韧性的系统性风险吸收强度指标。

$$\text{Resilence}^P = \frac{S - \Delta S}{S} \tag{9-10}$$

其中，Resilence^P 表示风险吸收强度；ΔS 为阴影区域面积，表示经济损失；S 表示未发生风险冲击时的经济状态。该指标侧重于经济系统风险吸收的数值大小，反映经济系统的风险吸收强度。

测算经济系统对系统性风险冲击的吸收能力需要得到经济变量对外部冲击的反应函数，而脉冲响应函数恰好提供了这样一种模式。因此，本章借助时变脉冲响应函数构建经济系统的系统性风险吸收能力指标。

假设在时刻 t，经济变量 i 对系统性风险 j 冲击的第 n 期的响应为 $\Phi_{t,i \leftarrow j}^n$，式（9-10）可以用时变脉冲响应表示为

$$\text{Resilence}_{t,i \leftarrow j}^P = \frac{N\bar{h} - \sum_{n=1}^{N} \Phi_{t,i \leftarrow j}^n}{N\bar{h}} \tag{9-11}$$

其中，N 表示脉冲响应期数；$\bar{h}$ 表示可选择的脉冲响应参考值[①]。该指标反映经济变量在受到系统性风险冲击后恢复原始水平强度。

经济系统的风险吸收持续期可以理解为经济系统吸收风险的平均期限，持续期越长，表示经济恢复原始水平的时间越长，经济系统面临的不确定性越大，对经济的影响越深远。此外，风险吸收持续期还可以反映经济受到冲击后的运行轨迹，从图 9-2（a）可以看出，吸收持续期越长，意味着冲击影响的"重心"越延迟。为此，本章构建风险吸收持续期指标，如式（9-12）所示。

$$\text{Resilence}_{t,i\leftarrow j}^{D} = \left(\sum_{n=1}^{N} n\Phi_{t,i\leftarrow j}^{n}\right) \bigg/ \left(\sum_{n=1}^{N} \left|\Phi_{t,i\leftarrow j}^{n}\right|\right) \tag{9-12}$$

该指标以单期的脉冲响应比重为权数，从"速度"维度衡量系统性风险对经济系统的影响。鉴于本章选取的经济指标均为"慢速"指标，此处使用 Korobilis（2013）提出的具有静态因子载荷的动态因子模型计算脉冲响应函数。本章构建的模型为

$$\text{Macro}_t = \lambda^f f_t^{\text{Macro}} + v_t \tag{9-13}$$

$$\begin{bmatrix} \text{Risk}_t^i \\ f_t^{\text{Macro}} \end{bmatrix} = \alpha_t + G_{t,1} \begin{bmatrix} \text{Risk}_{t-1}^i \\ f_{t-1}^{\text{Macro}} \end{bmatrix} + \cdots + G_{t,q} \begin{bmatrix} \text{Risk}_{t-q}^i \\ f_{t-q}^{\text{Macro}} \end{bmatrix} + \eta_t \tag{9-14}$$

其中，Macro_t 表示 $m \times 1$ 维宏观经济变量，用于构建宏观经济因子；q 表示 VAR 模型的滞后阶数；λ^f 表示静态因子载荷。模型中，潜在因子 f_t^{Macro} 即为本章测算的宏观经济因子；v_t、η_t 分别表示具有时变方差矩阵 H_t、R_t 的零均值高斯扰动项。在估计时，假设模型的时变系数均服从一阶自回归过程。

9.2.3　数据说明

现有文献通常采用金融机构的股价作为衡量系统性风险的指标，这类指标忽视了其他金融市场在金融市场系统性风险中的边际贡献。为此，本章选择股票市场、金融衍生品市场、国际金融市场、外汇市场、债券市场、商品市场 6 类金融资产价格指数，共计 117 种指数测度系统性风险，指标体系如表 9-1 所示。本章对金融市场分类指数取对数后合成金融市场价格指数。本章在计算系统性风险时使用的是对数收益率。

[①] 为使风险吸收强度在时间维度具有可比性，本书选择样本期内最大的脉冲响应值衡量 h。

表 9-1　金融市场价格指数指标体系

市场类别	指标名称				
股票市场	上证综合指数	全指能源指数	全指电信指数	亏损股价指数	家用电器业指数
	深圳成分指数	全指材料指数	全指公用指数	新股指数	食品饮料业指数
	中小板指数	全指工业指数	高市盈率指数	农林牧渔指数	纺织服装业指数
	创业板指数	全指可选指数	中市盈率指数	采掘业指数	轻工制造业指数
	富时 A50 指数	全指消费指数	低市盈率指数	化工业指数	医药生物业指数
	上证 50 指数	全指医药指数	高股价指数	钢铁业指数	公共事业指数
	B 股指数	全指金融指数	中股价指数	有色业指数	交通运输业指数
	沪深 300 指数	全指信息指数	低股价指数	电子业指数	房地产业指数
	商业贸易业指数	休闲服务业指数	综合行业指数	银行业指数	券商业指数
	保险业指数	电力业指数			
金融衍生品市场	上期金融指数	中证 500 股指期货当月连续	中证 500 股指期货下季连续	上证 50 交易所基金指数	上证 50 股指期货当季连续
	国债期货	上证 50 股指期货	中证 500 股指期货隔季连续	沪深 300 交易所基金指数	中证 500 股指期货下月连续
	股指期货				
国际金融市场	美国原油期货	黄金现货价格	道琼斯工业指数	纳斯克指数	日经 225 指数
	欧洲斯托克 50 指数				
外汇市场	名义有效汇率	英镑/人民币	日元/人民币	美元/人民币	澳元/人民币
	实际有效汇率	欧元/人民币	加元/人民币		
债券市场	中债综合指数	地方债总指数	信用债指数	同业存单指数	短期债指数
	国债总指数	金融债指数	企业债指数	短融指数	央票指数
商品市场	大豆价格	聚丙烯价格	豆油价格	铝价格	镍价格
	玉米价格	甲醇价格	棉花价格	金价格	铅价格
	铁矿石价格	菜油价格	玻璃价格	沥青价格	螺纹价格
	焦炭价格	精对苯二甲酸价格	白糖价格	铜价格	锡价格
	聚乙烯价格	强麦价格	原油价格	燃油价格	锌价格
	棕榈油价格	动力煤价格	银价格	热轧卷价格	聚氯乙烯价格
	焦煤价格	玉米淀粉价格	硅铁价格	锰硅价格	橡胶价格

对于宏观经济数据，本章选取 151 个指标。这些指标包含 10 个大类，分别为物价体系、消费体系、进出口体系、景气指数体系、利率体系、货币和信贷体系、资本市场体系、财政体系、产出体系、投资体系。对于总量性指标，本章选取同

比增长率。对于季度数据，本章首先使用即时拆分方法转换成月度数据，然后再计算同比增长率。本章使用平均方法得到区域 CPI，使用加总方法得到区域生产总值数据。宏观经济系统指标体系如表 9-2 所示。本章使用的数据来源于上海证券交易所、深圳证券交易所、国家统计局、中国人民银行、中国债券信息网、Wind 金融数据库、国泰安数据库和锐思金融研究数据库等。

表9-2 宏观经济系统指标体系

一级指标	指标名称		
物价体系	PPI：全部工业品	CPI	CPI：交通和通信
	PPIRM	CPI：食品_当月同比	CPI：教育文化和娱乐
	东部地区 CPI	CPI：食品烟酒_粮食	CPI：医疗保健
	中部地区 CPI	CPI：食品烟酒_水产品	城市 CPI
	西部地区 CPI	CPI：食品烟酒_蛋类	城市 CPI：食品_粮食
	华北地区 CPI	CPI：衣着	城市 CPI：食品_蛋
	华中地区 CPI	CPI：衣着_服装	城市 CPI：食品_水产品
	华东地区 CPI	CPI：居住	城市 CPI：衣着
	华南地区 CPI	CPI：生活用品及服务	城市 CPI：医疗保健
	西北地区 CPI	农村 CPI：食品_粮食	城市 CPI：交通通信及服务
	西南地区 CPI	农村 CPI：食品_蛋	城市 CPI：教育文化和娱乐
	东北地区 CPI	农村 CPI：食品_水产品	城市 CPI：居住
	农村 CPI：交通通信及服务	农村 CPI：医疗保健	农村 CPI
	GDP：平减指数	RPI：服装、鞋帽	农村 CPI：衣着
	GDP：平减指数：第一产业	RPI：纺织品	农村 CPI：教育文化和娱乐
	GDP：平减指数：第二产业	RPI：家用电器及音像器材	农村 CPI：居住
	GDP：平减指数：第三产业	RPI：日用品	RPI：金银珠宝
	RPI	RPI：化妆品	RPI：中西药品及医疗保健用品
	RPI：食品	36 个大中城市 RPI	RPI：书报杂志及电子出版物
	RPI：饮料、烟酒	CGPI	RPI：燃料_当月同比
	CGPI：农产品	CGPI：煤油电	出口价格指数（HS2）：总指数
	CGPI：矿产品	农业生产资料价格指数：总指数	进口价格指数（HS2）：总指数
消费体系	消费总额	消费者信心指数	消费者满意指数
	消费者预期指数		
进出口体系	进出口总额	进口总额	出口总额
景气指数体系	宏观经济景气指数：一致指数	宏观经济景气指数：先行指数	宏观经济景气指数：滞后指数
利率体系	银行间回购利率（7 天）	银行间回购利率（90 天）	银行间回购利率（240 天）
	银行间回购利率（14 天）	银行间回购利率（120 天）	银行间回购利率（270 天）
	银行间回购利率（21 天）	银行间回购利率（150 天）	银行间回购利率（300 天）

续表

一级指标	指标名称		
利率体系	银行间回购利率（30 天）	银行间回购利率（180 天）	银行间回购利率（330 天）
	银行间回购利率（60 天）	银行间回购利率（210 天）	银行间回购利率（360 天）
	银行间同业拆放（7 天）		
货币和信贷体系	人民币存款准备金率：中小型存款类金融机构	国内信贷总额	金融机构：各项贷款余额
	人民币存款准备金率：大型存款类金融机构	国内信贷：对非金融部门债权	金融机构：短期贷款余额
	M0：同比	M1：流通中货币	金融机构：中长期贷款余额
	M1：同比	M1：单位活期存款	金融机构：各项存款余额
	M2：同比	准货币：单位定期存款	金融机构：企业存款余额
	货币乘数	准货币：个人存款	金融机构：财政存款余额
	国外净资产	金融机构：储蓄存款余额	
资本市场体系	股票市场总市值	股票市场流通市值	股票市场成交量
财政体系	公共财政收入	税收收入	
产出体系	工业增加值：股份制企业	农林牧渔业	其他行业 GDP
	工业增加值：外商及港澳台投资企业	工业 GDP	东部地区生产总值
	工业增加值：国有及国有控股企业	建筑业 GDP	中部地区生产总值
	GDP：不变价：当季值	批发和零售业 GDP	西部地区生产总值
	GDP：不变价_第一产业_当季值	交通运输、仓储和邮政业 GDP	华北地区生产总值
	GDP：不变价_第二产业_当季值	住宿和餐饮业 GDP	华中地区生产总值
	GDP：不变价_第三产业_当季值	金融业 GDP	华东地区生产总值
	西北地区生产总值	房地产业 GDP	华南地区生产总值
	西南地区生产总值	东北地区生产总值	工业增加值
投资体系	第一产业固定投资额	新建固定投资额	固定资产投资额
	第二产业固定投资额	扩建固定投资额	
	第三产业固定投资额	改建固定投资额	

注：PPI 表示 producer price index for industrial products（工业生产者出厂价格指数）；PPIRM 表示 purchasing price index of raw material（工业生产者购进价格指数）；RPI 表示 retail price index（商品零售价格指数）；CGPI 表示 corporate goods price index（企业商品交易价格指数）

9.3 实证结果与分析

本节实证内容包含四部分，即合成金融市场价格指数、测度并分析金融市场系统性风险、估计时变脉冲响应函数、测算并分析中国宏观经济韧性的度量指标。

9.3.1 金融市场价格指数合成结果与分析

为避免不同指标趋势性因素造成的影响，使用资产价格指数的周期性成分构建金融市场价格指数[①]。在估计金融市场价格指数时，使用 Koop 和 Korobilis（2014）提出的两阶段方法，借鉴他们的做法，运用方差折算方法和卡尔曼滤波方法估计模型系数，并选取第一个主成分作为金融市场价格指数的代理变量[②]。

图 9-3 绘制了金融市场价格指数合成结果。为稳健起见，可以看出，在样本初期，三种方法估计的结果呈现出较大差异，而在 2000 年以后则表现出较为一致的变动趋势。比较而言，静态主成分方法在指数转换时点的灵活性较差，静态载荷–动态因子模型在样本期初对市场波动的刻画不够准确，综合来看，Koop 和 Korobilis 提出的动态载荷–动态因子模型表现最好。从图 9-3 还可以看出，金融市

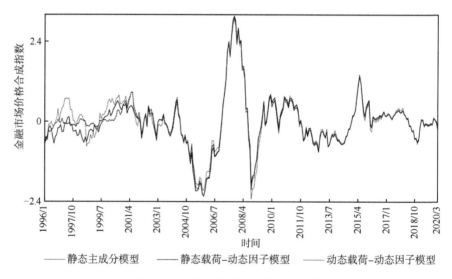

图 9-3 金融市场价格指数合成结果

[①] 本书首先对资产价格指数取自然对数，然后使用 H-P（Hodrick-Prescott）滤波方法获取周期成分。

[②] Koop 和 Korobilis（2014）提出的动态因子模型不仅设置 VAR 模型系数时变，还允许因子载荷具有时变性，因此，该模型更易捕捉金融市场的动态特征。

场价格指数与宏观经济周期的运行趋势较为一致,特别是在 2008 年全球性资产价格泡沫期间,金融市场价格指数达到样本期内最大值。在 2015 年股票市场牛市时期,由于其他资产价格上涨有限,因而,总体指数也没有出现与 2008 年类似的上涨幅度,这一点充分说明单一金融子市场并不能代表整体金融市场体系,也间接暗示出在测度金融市场系统性风险时需要综合考虑各种金融市场。

9.3.2　系统性风险测度结果与分析

本章进一步运用 DCC-GARCH 模型测算每一个金融资产指数的系统性风险 MES 数值,在此基础上加总后平均得到股票市场、债券市场、外汇市场、金融衍生品市场、商品市场、国际金融市场和金融市场总体系统性风险,计算结果如图 9-4 和图 9-5 所示。可以看出,总体系统性风险 MES 在样本期内呈现出较大的波动性和时变性。在 2008 年金融危机期间,系统性风险达到最大值,而在 2015 年股票市场大幅波动期间,系统性风险也达到了局部高点。从趋势上来看,在 2008 年金融危机之后,我国金融市场总体系统性风险呈现出波动下降的趋势。值得一提的是,在新冠疫情期间(样本期为 2020 年 1 月至 2020 年 3 月),我国金融市场总体系统性风险并没有显著上升,这与我国股票市场、外汇市场、债券市场和商品市场的平稳运行密切相关,反映出我国金融市场抵御外部冲击的能力显著增强,表现出较强的韧性。

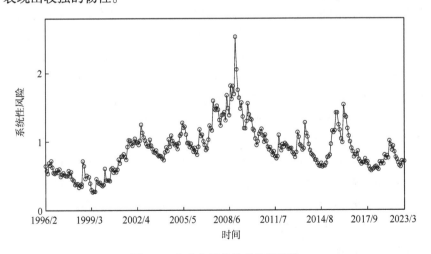

图 9-4　金融市场总体系统性风险

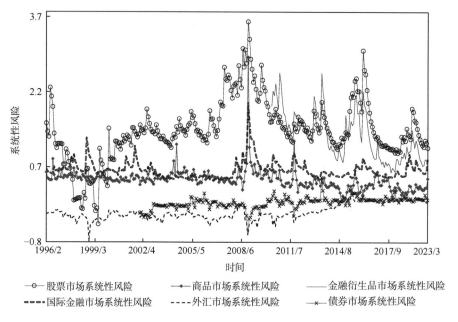

图 9-5　金融子市场系统性风险

从图 9-5 的金融子市场系统性风险测度结果可以看出，股票市场和金融衍生品市场的系统性风险相对较高，并且与总体系统性风险的走势较为接近，这说明股票市场和金融衍生品市场在金融市场系统性风险形成过程中占主导地位。在2015 年股价大幅波动时期，股票市场和金融衍生品市场的系统性风险显著上升，但因其他市场的系统性风险并没有显著上升，总体系统性风险也没有大幅上升。在 2014 年之后，金融衍生品市场的系统性风险对总体系统性风险的边际贡献开始小于股票市场（个别月份除外）。商品市场的系统性风险对总体系统性风险的贡献相对较小，其数值大小较为稳定，并且在样本期呈现出下降趋势。外汇市场的系统性风险与其他市场有较大区别，其在 2008 年金融危机期间能够起到削弱系统性风险的作用。债券市场也具有抑制金融市场风险的作用，特别是在 2008 年，债券市场与股票市场间的"跷跷板"效应在一定程度上抵消了金融市场风险，但这种抵消作用相对有限（史永东等，2013）。与此类似，国际金融市场对总体系统性风险的边际贡献也比较小，并且表现出周期性特征。总体来看，股票市场、金融衍生品市场对金融市场系统性风险边际贡献起主导作用，其他金融子市场对系统性风险的边际贡献相对较小。

9.3.3　中国经济韧性测度结果与分析

1. 系统性风险冲击下的经济韧性整体性分析

为分析经济系统对系统性风险冲击的吸收能力，本章分别计算反映风险吸收能力的两个度量指标：吸收强度和吸收持续期。具体来说，本章首先构建 151 个宏观变量指标池，然后分别选取 6 个金融子市场系统性风险值和总体系统性风险值构建 TVP-FAVAR 模型，并使用马尔可夫链蒙特卡罗（Markov chain Monte Carlo，MCMC）模拟方法对模型参数进行估计[①]。在得到参数估计结果的基础上，分别计算经济系统对每个系统性风险指标冲击的响应值[②]，然后根据式（9-11）和式（9-12）计算 10 个经济子系统对系统性风险冲击的吸收强度与吸收持续期。

本章对 151 个宏观经济变量关于不同金融子市场系统性风险冲击的吸收强度和吸收持续期取平均值作为经济系统风险吸收能力的两类评价指标[③]。图 9-6 描绘了经济系统对系统性风险冲击的吸收强度。整体上来看，经济系统对不同金融子市场系统性风险冲击的吸收强度表现出较为相似的变动趋势，在样本期均呈现出"V"状态。经济系统对总体系统性风险冲击的吸收强度在 2008 年金融危机期间显著下降，之后呈现出波动上升的趋势，这说明我国宏观经济韧性在金融危机之后稳步提升。经济系统对股票市场系统性风险冲击的吸收强度在最近几年也呈现出稳步上升趋势。然而，在 2004 年和 2008 年股票市场大幅波动期间，经济系统的风险吸收强度显著降低，这说明股票市场下跌时经济系统的风险吸收能力也在降低。对于商品市场系统性风险冲击，经济系统的风险吸收强度在最近几年上升明显，这说明我国经济抵御商品市场风险冲击的能力在提升。值得注意的是，经济系统对外汇市场系统性风险吸收强度在 2005 年开始下降，略微早于其他市场，一种可能的解释是人民币汇率制度改革导致人民币汇率长期呈现出下降趋势，引致经济系统的风险吸收强度下降。自 2016 年之后，经济系统对外汇市场系统性风险冲击的吸收强度有所下降。对于债券市场系统性风险冲击，宏观经济的吸收强度普遍高于其他市场，并且具有长期上升趋势，这暗示我们需要进一步提升债券市场发展规模和发展质量。经济系统对金融衍生品市场系统性风险的吸收强度小于股票市场，并且在 2019 年后呈现出明显的下降，而这种下降明显与解除股指期

[①] 在使用马尔可夫链蒙特卡罗方法时设定参数抽取次数为 10 000 次，预烧值设定为 2000，使用剩余的 8000 次抽取结果计算参数估计值。

[②] 为使计算结果在时间维度和指标层面具有可比性，此处设置冲击大小为单位 1。

[③] 鉴于经济数据的可获得性，与金融衍生品市场系统性风险相关的实证分析样本起始期设定为 2010 年 5 月，与债券市场系统性风险相关的实证分析样本起始期设定为 2002 年 4 月，其他的实证分析样本起始期设定为 1999 年 1 月。

货交易限制有关，因此，需引起足够重视。近几年，我国经济系统对国际金融市场系统性风险的吸收强度稳步提升，这说明我国经济抵御外部不确定性冲击的韧性逐步增强。整体而言，我国经济系统对系统性风险冲击的吸收强度呈现出上升趋势，经济韧性稳步增强，但其仍受到风险类别、金融危机等因素影响。

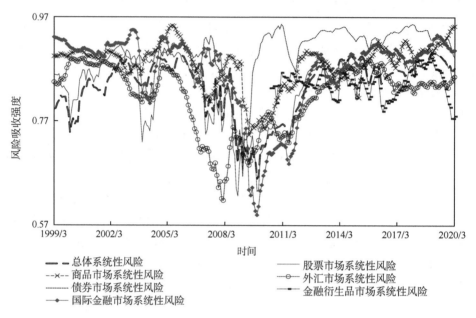

图 9-6 经济系统的风险吸收强度

本章构建的吸收持续期指标反映了经济变量从系统性风险冲击中恢复的平均期限，吸收持续期越短说明经济从风险冲击中恢复的速度就越快，反之亦然。图9-7描绘了经济系统对系统性风险冲击的吸收持续期。与吸收强度类似，经济系统对不同金融子市场系统性风险冲击的吸收持续期具有一致的变动趋势，并且呈现稳步缩短趋势，这表明我国宏观经济从系统性风险冲击中恢复的速度显著提升。并且，经济恢复的速度还受到金融危机、经济周期等因素影响，在2008年金融危机期间经济系统的风险吸收持续期显著上升。从子市场来看，经济系统对股票市场系统性风险冲击的吸收持续期波动缩短，并且大于其对金融衍生品市场风险冲击的吸收持续期。经济系统对商品市场风险冲击的吸收持续期相对较短，并且在最近几年显著降低。相对来说，对于债券市场系统性风险冲击，经济系统的风险吸收持续期最短，这说明经济系统从债券市场风险冲击中复苏的速度最快。对于国际金融市场系统性风险冲击，我国宏观经济的风险吸收平均时间自2017年之后有所降低，这意味着我国经济从国际金融市场风险冲击中恢复的速度稳步提升。综合来看，经济系统从金融市场系统性风险冲击恢复的速度在稳步提升，其中，从债券市场、商品市场和国际金融市场风险中恢复的速度提升更为明显。

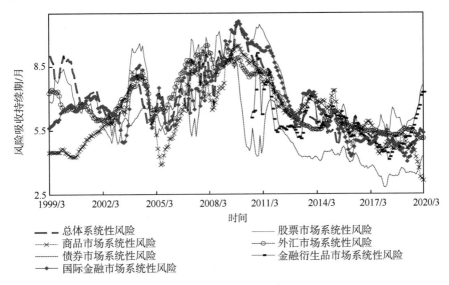

图 9-7　经济系统的风险吸收持续期

图 9-8 描绘了经济子系统对不同金融子市场系统性风险冲击的吸收强度。从图 9-8 可以看出，对于股票市场系统性风险冲击，物价体系、产出体系、财政体系、资本市场体系及消费体系的风险吸收强度在 2008 年达到阶段低点，随后稳步提升，同时伴随着波动性大幅降低。进出口体系的风险吸收强度保持稳步上升趋势，特别是 2015 年股票市场大幅波动时期，并没有出现显著下降，这说明进出口体系在股票市场大幅波动时期具有较强的风险吸收强度。利率体系、货币和信贷体系的风险吸收强度呈现出"W"形状态，在 2008 年金融危机及经济复苏期间，其表现出双底形态，随后逐渐提升。然而，利率体系的风险吸收强度在 2008 年后并未达到之前的水平，一种可能的解释是利率市场化增加了利率波动性，使得风险吸收能力降低。从吸收强度的大小来看，景气指数体系、物价体系、财政体系的风险吸收强度较高，产出体系、资本市场体系、进出口体系、货币和信贷体系次之，利率体系的风险吸收强度最小。对于商品市场系统性风险冲击，经济子系统的吸收强度变化趋势较为一致，在 2002 年、2006 年和 2009 年均有显著下降，但自 2015 年之后则有明显提升。从吸收强度的大小来看，产出体系的风险吸收强度较低，这说明商品市场风险对产出的影响较大。对于外汇市场系统性风险冲击，经济子系统的吸收强度存在较大差异，其中，投资体系、消费体系和产出体系的风险吸收强度变动较为一致，利率体系和财政体系的风险吸收强度则在最近几年显著增强，财政体系和进出口体系在股价大幅波动期间的风险吸收能力显著增强，

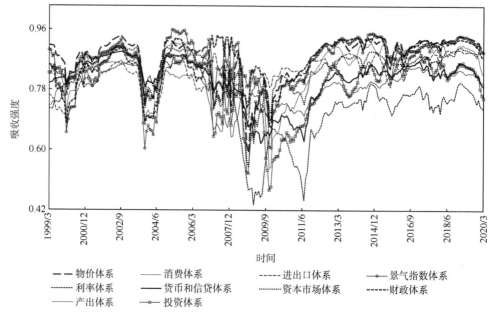

（a）经济子系统对股票市场系统性风险冲击的吸收强度

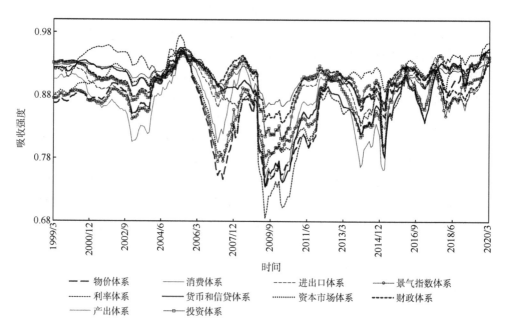

（b）经济子系统对商品市场系统性风险冲击的吸收强度

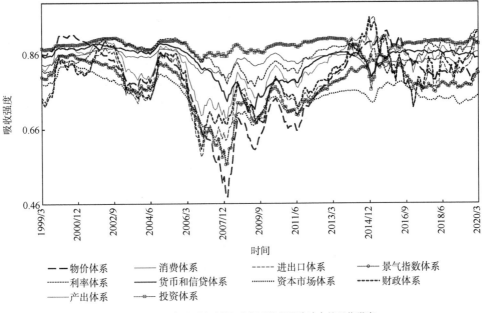

（c）经济子系统对外汇市场系统性风险冲击的吸收强度

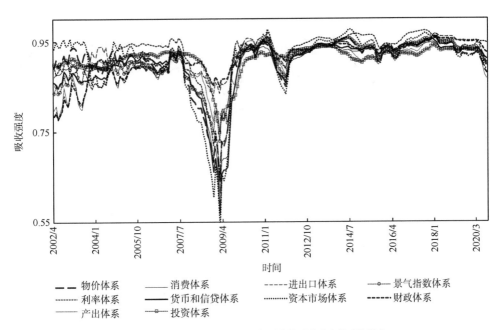

（d）经济子系统对债券市场系统性风险冲击的吸收强度

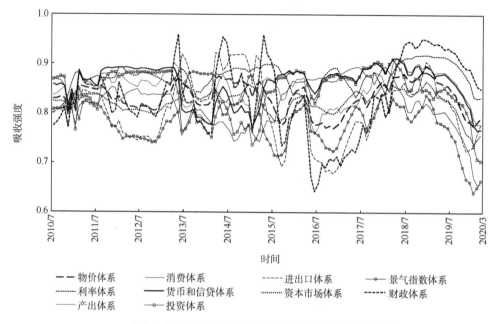

（e）经济子系统对金融衍生品市场系统性风险冲击的吸收强度

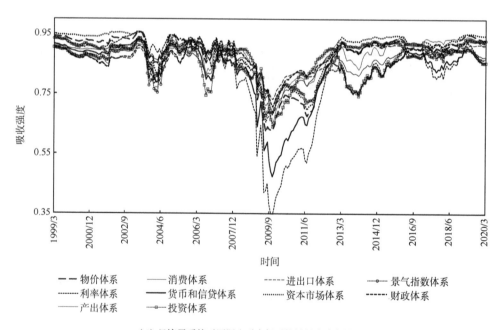

（f）经济子系统对国际金融市场系统性风险冲击的吸收强度

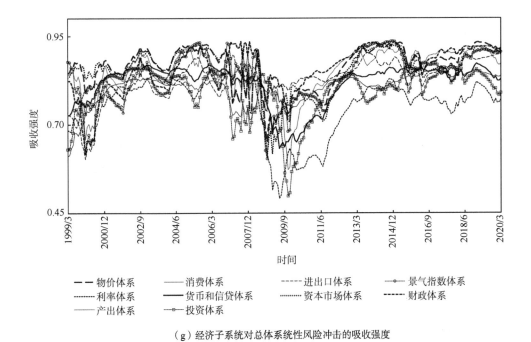

（g）经济子系统对总体系统性风险冲击的吸收强度

图 9-8 经济子系统的风险吸收强度

而物价体系的吸收强度波动最大。在排除 2008 年金融危机之后，经济子系统对于债券市场系统性风险冲击的吸收强度保持相对平稳的态势，利率体系的风险吸收强度在 2015 年股票市场大幅波动期间未出现显著下降，产出体系、财政体系和进出口体系的风险吸收强度在样本期内显著增强。对于金融衍生品市场系统性风险冲击，财政体系的吸收强度波动最大。而对于国际金融市场系统性风险冲击，利率体系、货币和信贷体系的风险吸收强度波动最大，进出口体系、产出体系的风险吸收强度呈现出显著的增强趋势。对于总体系统性风险冲击，物价体系保持了较高的吸收强度，消费体系、产出体系和进出口体系的风险吸收强度保持了较快的上升趋势，而消费体系的吸收强度波动性最小。综合来看，近几年，我国宏观经济子系统的风险吸收强度维持在高位，且波动较小，这说明我国经济各子系统的风险抵御能力稳步增强。

图 9-9 描绘了经济子系统对不同金融子市场系统性风险冲击的吸收持续期。可以看出，对于股票市场系统性风险冲击，进出口体系及资本市场体系的风险吸收持续期在样本期内呈现出稳步缩短趋势，这说明经济系统吸收风险冲击的平均期限在稳步缩短。物价体系、产出体系、利率体系及货币和信贷体系的风险吸收持续期在全球金融危机期间达到最大值后呈现出"L"形状态。从吸收持续期长

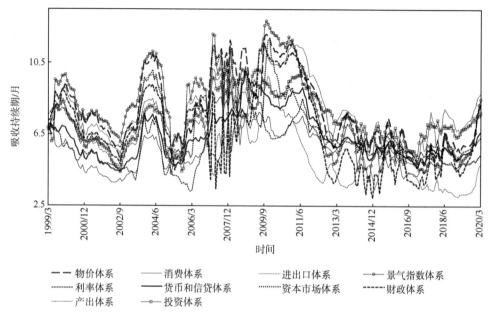

（a）经济子系统对股票市场系统性风险冲击的吸收持续期

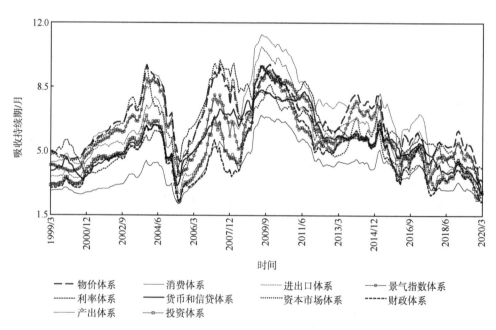

（b）经济子系统对商品市场系统性风险冲击的吸收持续期

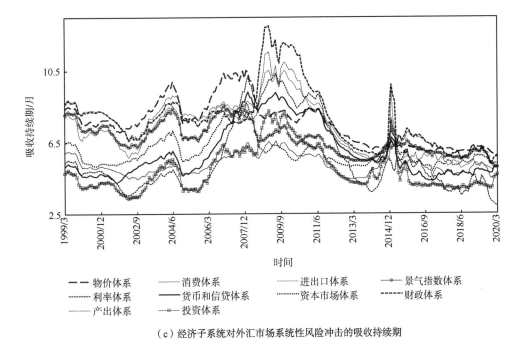

（c）经济子系统对外汇市场系统性风险冲击的吸收持续期

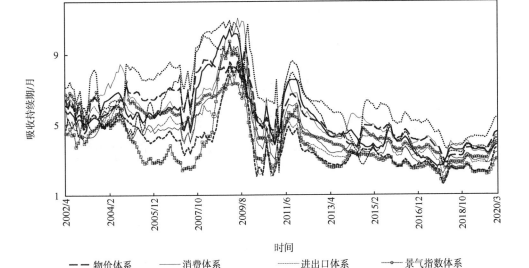

（d）经济子系统对债券市场系统性风险冲击的吸收持续期

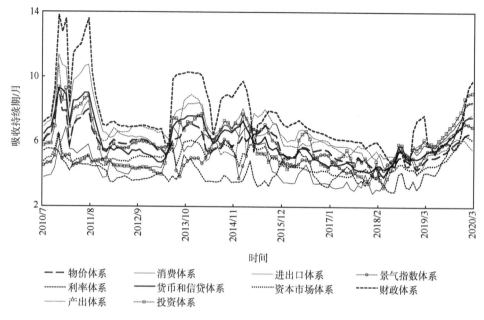

（e）经济子系统对金融衍生品市场系统性风险冲击的吸收持续期

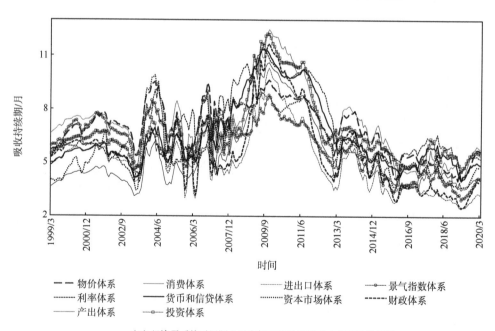

（f）经济子系统对国际金融市场系统性风险冲击的吸收持续期

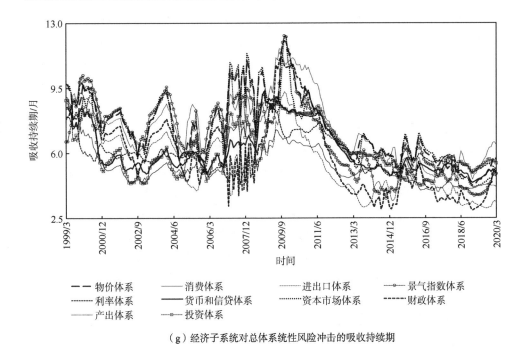

（g）经济子系统对总体系统性风险冲击的吸收持续期

图9-9　经济子系统的风险吸收持续期

短来看，产出体系和投资体系的持续期较长，而进出口体系的持续期较短。对于商品市场系统性风险冲击，产出体系的吸收持续期在全球金融危机期间显著延长，消费体系的风险吸收持续期在样本期内最短。对于外汇市场系统性风险冲击，除投资体系、货币和信贷体系外，其他经济子系统的吸收持续期均呈现出缩短趋势。对于金融衍生品市场系统性风险冲击，财政体系的吸收持续期最长，利率体系的吸收持续期最短。对于国际金融市场系统性风险冲击，进出口体系和产出体系的风险吸收持续期长度呈现出显著的缩短趋势。在2008年金融危机之后，财政体系和进出口体系的吸收持续期最短，利率体系、货币和信贷体系的吸收持续期较长。而对于总体系统性风险冲击，财政体系和进出口体系的吸收持续期较短，产出体系和物价体系的吸收持续期较长。整体来看，2008年金融危机之后，各个经济子系统的风险吸收持续期稳步缩短，展示出较快的经济恢复速度，但不同的经济子系统之间也存在一定的差异。

2. 系统性风险冲击下的经济韧性异质性分析

本章使用的TVP-FAVAR模型的优势是可以同时考察多维变量的动态特征，

这为异质性分析提供了便利[①]。本章根据测算得到的经济系统风险吸收强度和吸收持续期，从地区、产业、行业层面分析物价和产出对系统性风险冲击的异质性吸收能力[②]。其中，区域指标类别不仅包括东部地区、中部地区、西部地区，还包括地理区域分类，即华北地区、华中地区、华南地区、华东地区、东北地区、西北地区、西南地区[③]。

1）地区生产总值韧性的异质性

图 9-10 描绘了地区生产总值对金融市场系统性风险冲击的吸收强度。可以看出，对于总体系统性风险和股票市场系统性风险冲击，不同地区生产总值的吸收强度较为接近，但在 2008 年金融危机之后，地区差异开始显现。从平均值来看，东部地区生产总值的风险吸收强度大于中部地区，西部地区生产总值的风险吸收强度最小。从地理区域看，西南地区生产总值的风险吸收强度最大，西北地区生产总值的风险吸收强度最小，华东地区和华北地区生产总值的风险吸收强度相对较大。对于商品市场系统性风险冲击，西部地区生产总值的风险吸收强度最大，中部地区生产总值的风险吸收强度次之，东部地区生产总值的风险吸收强度最小，这种差异在吸收强度下降阶段更加明显。从地理区域看，西南地区生产总值的风险吸收强度最大，华北地区生产总值的风险吸收强度次之，华东地区和华南地区生产总值的风险吸收强度最小。对于外汇市场系统性风险冲击，中部地区生产总值的风险吸收强度最大，西部地区生产总值的风险吸收强度次之，东部地区生产总值的风险吸收强度最小，这种差异在吸收强度下降阶段进一步放大。从地理区域看，东北地区生产总值的风险吸收强度最大，华南地区生产总值的风险吸收强度最小。对于金融衍生品市场系统性风险冲击，不同地区生产总值的风险吸收强度存在较大差异，东部地区和中部地区生产总值的风险吸收强度较为接近，而西部地区生产总值的风险吸收强度最小。对于国际金融市场系统性风险冲击，西部地区生产总值的风险吸收强度最大，东部地区生产总值的风险吸收强度次之，而中部地区生产总值的风险吸收强度最小。从地理区域看，东北地区生产总值的

---

① 本节的异质性分析主要关注区域、产业和行业间的个体差异，不包含共性的趋势、波动等特征分析。

② 本节分别根据区域、产业及行业分类对所包含经济变量的韧性指标取平均作为区域、产业及行业韧性指标。

③ 根据《中共中央 国务院关于促进中部地区崛起的若干意见》《关于西部大开发若干政策措施的实施意见》，东部地区包括北京、天津、河北、上海、江苏、浙江、福建、山东、广东和海南；中部地区包括山西、安徽、江西、河南、湖北和湖南；西部地区包括内蒙古、广西、重庆、四川、贵州、云南、西藏、陕西、甘肃、青海、宁夏和新疆；东北地区包括黑龙江、吉林、辽宁。华北地区包括北京、天津、河北、山西、内蒙古；华东地区包括上海、江苏、浙江、山东、安徽；东北地区包括辽宁、吉林、黑龙江；华中地区包括湖北、湖南、河南、江西；华南地区包括广东、广西、海南、福建；西南地区包括四川、重庆、贵州、云南、西藏；西北地区包括陕西、甘肃、新疆、青海、宁夏。

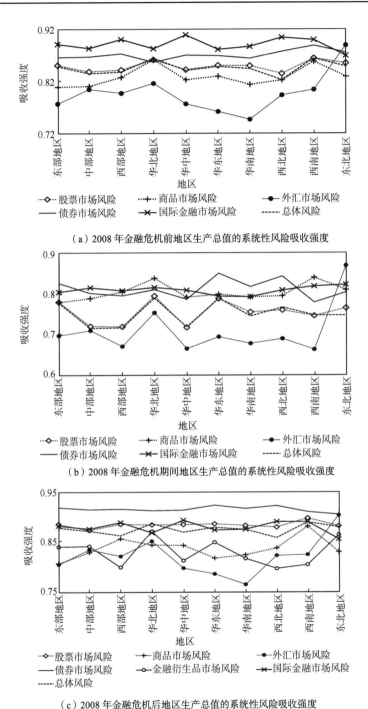

（a）2008 年金融危机前地区生产总值的系统性风险吸收强度

（b）2008 年金融危机期间地区生产总值的系统性风险吸收强度

（c）2008 年金融危机后地区生产总值的系统性风险吸收强度

图 9-10　地区生产总值的系统性风险吸收强度

风险吸收强度显著小于其他地区。综合来看，不同地区生产总值对来自不同金融子市场系统性风险冲击的吸收强度存在较大差异，这种差异在金融危机期间更加明显。

图9-11描绘了地区生产总值对金融子市场系统性风险冲击的吸收持续期。可以看出，对于股票市场和总体系统性风险冲击，不同地区生产总值的吸收持续期在2008年金融危机之后明显降低，这说明我国经济子系统从风险冲击中恢复的速度显著提升。从平均值来看，东部地区生产总值的风险吸收持续期最短，西部地区生产总值的风险吸收持续期次之，中部地区生产总值的风险吸收持续期最长。从地理区域看，西北地区生产总值的风险吸收持续期最短，东北地区生产总值的风险吸收持续期最长。对于商品市场系统性风险冲击，东部地区生产总值的风险

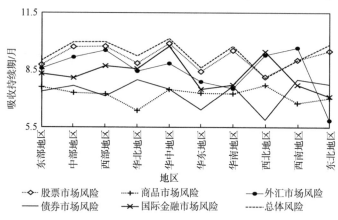

（a）2008年金融危机前地区生产总值的系统性风险吸收持续期

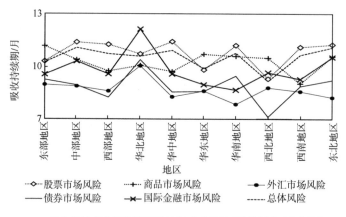

（b）2008年金融危机期间地区生产总值的系统性风险吸收持续期

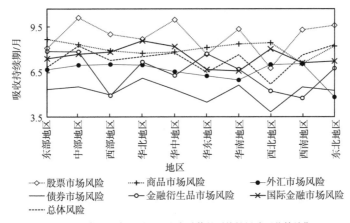

（c）2008 年金融危机后地区生产总值的系统性风险吸收持续期

图 9-11　地区生产总值的系统性风险吸收持续期

吸收持续期最长，中部地区生产总值的风险吸收持续期次之，西部地区生产总值的风险吸收持续期最短，这种差异在吸收持续期上升阶段更加明显。从地理区域看，西南地区生产总值的风险吸收持续期最短，西北地区生产总值的风险吸收持续期最长。对于外汇市场系统性风险冲击，东部地区生产总值的风险吸收持续期最短，中部地区生产总值的风险吸收持续期次之，西部地区生产总值的风险吸收持续期最长。从地理区域看，东北地区生产总值的风险吸收持续期最短，且与其他地区差异较大，西北地区和西南地区生产总值的风险吸收持续期较长。对于债券市场系统性风险冲击，中部地区生产总值的风险吸收持续期最长，西部地区生产总值的风险吸收持续期最短。从地理区域看，西北地区生产总值的风险吸收持续期最短，华北地区生产总值的风险吸收持续期最长。对于金融衍生品市场系统性风险冲击，西部地区和西南地区生产总值的风险吸收持续期最短，华东地区生产总值的风险吸收持续期最长。综合来看，不同地区生产总值对来自不同金融子市场系统性风险冲击的吸收持续期存在较大差异，反映出不同地区经济复苏的速度存在差异，这种差异在 2008 年金融危机期间更加明显。

2）产业 GDP 韧性的异质性

不同的产业或行业在生产方式方面存在较大差异。为验证这种差异是否会对经济韧性产生影响，本章分别从产业 GDP 和产业价格两个方面探究经济韧性在产业或行业层面的结构性差异。

本章进一步绘制出不同产业 GDP 对系统性风险冲击的吸收强度和持续期，结果分别如图 9-12 和图 9-13 所示。对于股票市场和总体系统性风险冲击，在 2008 年金融危机之前，第一产业 GDP 的风险吸收强度最小，而第三产业 GDP 的吸收

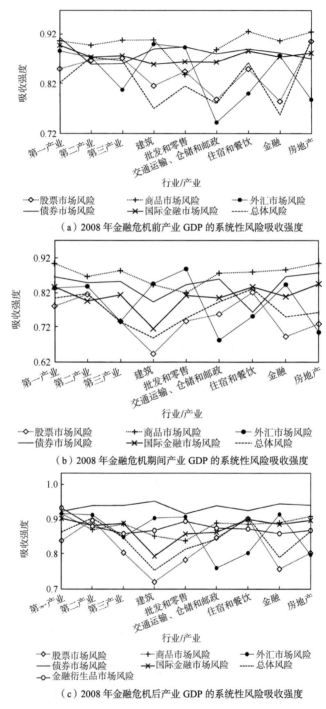

（a）2008 年金融危机前产业 GDP 的系统性风险吸收强度

（b）2008 年金融危机期间产业 GDP 的系统性风险吸收强度

（c）2008 年金融危机后产业 GDP 的系统性风险吸收强度

图 9-12　产业 GDP 的系统性风险吸收强度

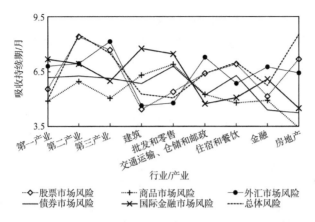

（a）2008 年金融危机前产业 GDP 的系统性风险吸收持续期

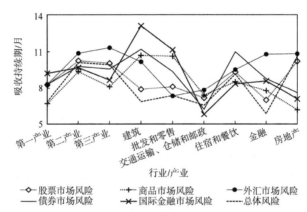

（b）2008 年金融危机期间产业 GDP 的系统性风险吸收持续期

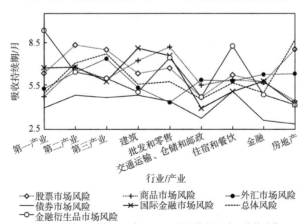

（c）2008 年金融危机后产业 GDP 的系统性风险吸收持续期

图 9-13　产业 GDP 的系统性风险吸收持续期

强度则显著小于其他产业。从行业看,建筑业和金融业 GDP 的风险吸收强度较小,住宿和餐饮业 GDP 的风险吸收强度相对较大。对于商品市场系统性风险冲击,第二产业 GDP 风险吸收强度最小,第一产业 GDP 的风险吸收强度最大,这种差异在 2008 年金融危机期间更加明显。从行业来看,批发和零售业 GDP 的风险吸收强度最小,房地产业 GDP 的风险吸收强度最大。对于外汇市场系统性风险冲击,第三产业 GDP 的风险吸收强度显著小于其他产业,第二产业 GDP 的风险吸收强度最大。从行业看,建筑业、批发和零售业、金融业 GDP 的风险吸收强度较大,而交通运输、仓储和邮政业 GDP 的风险吸收强度最小。对于债券市场系统性风险冲击,不同产业 GDP 的风险吸收强度在 2008 年金融危机前后发生显著变化。其中,建筑业、住宿和餐饮业 GDP 的风险吸收强度在金融危机期间降幅最大。综合来看,不同产业或行业 GDP 对金融子市场系统性风险冲击的吸收强度存在较大差异,其中,第二产业 GDP 的风险吸收强度最强,第一产业和第三产业 GDP 的风险吸收强度的相对大小关系因风险来源不同而变化。

　　图 9-13 描绘了不同产业 GDP 对不同市场系统性风险冲击的吸收持续期。对于股票市场和总体系统性风险冲击,第一产业 GDP 的风险吸收持续期最短,第三产业 GDP 的风险吸收持续期次之,第二产业 GDP 的风险吸收持续期最长。从行业来看,金融业、建筑业以及交通运输、仓储和邮政业 GDP 的风险吸收持续期较短,而房地产业 GDP 的风险吸收持续期较长,这说明系统性风险对房地产业的影响更加深远。对于商品市场系统性风险冲击,第二产业 GDP 的风险吸收持续期最长,第一产业 GDP 的风险吸收持续期最短。从行业来看,批发和零售业、建筑业 GDP 的风险吸收持续期较长,而房地产业 GDP 的风险吸收持续期较短。对于外汇市场系统性风险冲击,第一产业 GDP 的风险吸收持续期显著小于其他产业,第三产业 GDP 的风险吸收持续期最长。从行业来看,交通运输、仓储和邮政业以及金融业 GDP 的风险吸收持续期较长,而建筑业、批发和零售业 GDP 的吸收持续期较短。对于债券市场系统性风险冲击,不同产业或行业 GDP 的风险吸收持续期的相对大小在 2008 年金融危机前后发生显著变化。对于金融衍生品市场系统性风险冲击,第一产业 GDP 的风险吸收持续期最长,而第二产业和第三产业 GDP 的风险吸收持续期较为接近。从行业来看,批发和零售业、住宿和餐饮业 GDP 的风险吸收持续期较长,而房地产业 GDP 的风险吸收持续期较短。在 2008 年金融危机之后,对于国际金融市场系统性风险冲击,第三产业 GDP 的风险吸收持续期最短,而第一产业和第二产业 GDP 的风险吸收持续期较为接近。从行业来看,建筑业 GDP 的风险吸收持续期较长,交通运输、仓储和邮政业以及房地产业 GDP 的风险吸收持续期较短。综合来看,第二产业 GDP 的风险吸收持续期相对较长,第一产业和第三产业 GDP 的风险吸收持续期相对较短,这说明第二产业从衰退中复

苏的速度较慢，而第一产业和第三产业复苏的速度较快。

3）区域 CPI 韧性的异质性

图 9-14 描绘了区域 CPI 对不同金融子市场系统性风险冲击的吸收强度。可以看出，金融危机发生后，对于股票市场系统性风险冲击，中部地区 CPI 的风险吸收强度最大，东部地区、西部地区 CPI 的风险吸收强度较为接近。从地理区域看，西北地区 CPI 的风险吸收强度最低，而西南地区和东北地区 CPI 的风险吸收强度较强。对于商品市场系统性风险冲击，西部地区 CPI 的风险吸收强度最大，东部地区 CPI 的风险吸收强度最小。从地理区域看，华中地区 CPI 的风险吸收强度最大，东北地区 CPI 的风险吸收强度显著小于其他地区。对于外汇市场系统性风险冲击，东部地区 CPI 的风险吸收强度最小，中部地区 CPI 的风险吸收强度较大，

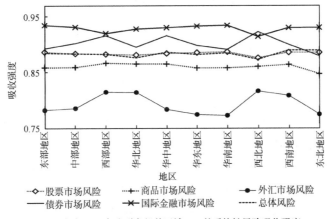

（a）2008 年金融危机前区域 CPI 的系统性风险吸收强度

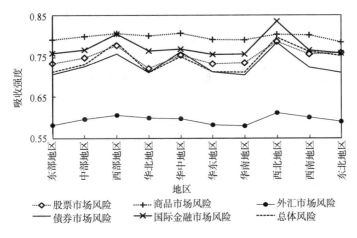

（b）2008 年金融危机期间区域 CPI 的系统性风险吸收强度

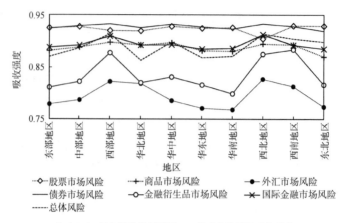

（c）2008 年金融危机后区域 CPI 的系统性风险吸收强度

图 9-14　区域 CPI 的系统性风险吸收强度

西部地区 CPI 的风险吸收强度最大。从地理区域看，西北地区 CPI 的风险吸收强度最大，华南地区和华东地区 CPI 的风险吸收强度最小。对于债券市场系统性风险冲击，不同地区 CPI 的风险吸收强度在 2008 年金融危机之前具有显著的差异，而金融危机之后逐渐地趋于一致。对于金融衍生品市场系统性风险冲击，西部地区 CPI 的风险吸收强度最大，中部地区 CPI 的风险吸收强度次之，东部地区 CPI 的风险吸收强度最小。从地理区域看，西南地区、西北地区 CPI 的风险吸收强度较大，华南地区 CPI 的风险吸收强度最弱。对于国际金融市场系统性风险冲击，西部地区 CPI 的风险吸收强度在 2008 年金融危机之前相对较弱，而在 2008 年之后开始大于中部地区和东部地区 CPI 的风险吸收强度。从地理区域看，西北地区 CPI 的风险吸收强度最大，东北地区 CPI 的风险吸收强度最小。对于总体系统性风险冲击，西部地区 CPI 的风险吸收强度最大，东部地区 CPI 的风险吸收强度最小。从地理区域看，西北地区、西南地区、东北地区和华中地区 CPI 的风险吸收强度较大，而较发达地区如华北地区、华东地区和华南地区 CPI 的风险吸收强度较小。综合来看，不同地区 CPI 对来自不同金融子市场系统性风险冲击的吸收强度存在较大差异，其中，西部地区 CPI 的风险吸收强度最大，中部地区 CPI 的风险吸收强度次之，东部地区 CPI 的风险吸收强度最小。

图 9-15 描绘了区域 CPI 的风险吸收持续期。可以看出，在 2008 年金融危机前和金融危机期间，在股票市场系统性风险冲击下，西部地区 CPI 的吸收持续期最短，中部地区次之，东部地区最长。从地理区域看，华北地区 CPI 的吸收持续期最长，西北地区较短。在商品市场系统性风险冲击下，西部地区 CPI 的吸收持续期最长，而东部地区最短。从地理区域看，东北地区 CPI 的吸收持续期显著小

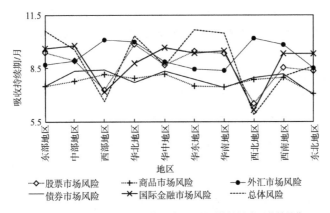

（a）2008 年金融危机前区域 CPI 的系统性风险吸收持续期

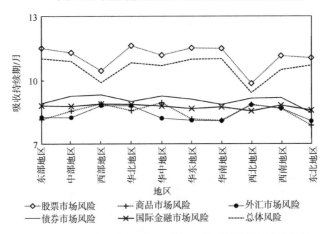

（b）2008 年金融危机期间区域 CPI 的系统性风险吸收持续期

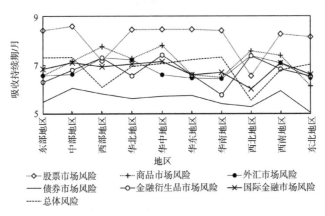

（c）2008 年金融危机后区域 CPI 的系统性风险吸收持续期

图 9-15　区域 CPI 的系统性风险吸收持续期

于其他地区，华中、西南和西北地区相对较长。在外汇市场系统性风险冲击下，东部地区 CPI 的吸收持续期最短，中部地区次之，西部地区最长。从地理区域划分来看，西北地区 CPI 的吸收持续期最长，东北、华南和华东地区较短。在债券市场系统性风险冲击下，东部地区 CPI 的风险吸收持续期最短，中部地区和西部地区较为接近。在金融衍生品市场系统性风险冲击下，西部地区 CPI 的风险吸收持续期最长，中部地区次之，东部地区最短。分区域来看，华中和西北地区 CPI 的吸收持续期最长，华南地区最短。在 2008 年金融危机之前，在国际金融市场系统性风险冲击下，西部地区 CPI 的吸收持续期最短，中部地区最长。在总体系统性风险冲击下，西部地区 CPI 的吸收持续期较短，东部地区最长，分地理区域看，西北地区最短，而较发达的地区如华北、华东和华南地区较长。综合风险吸收强度和吸收持续期的结果来看，西部地区的物价韧性最强，中部地区次之，东部地区最弱，反映出我国物价体系抵御外部冲击的能力由东至西逐渐增强。

4）类别 CPI 韧性的异质性

近年来，CPI 中的成分指数开始出现异质性变化态势，特别是食品价格指数，其变化趋势与其他 CPI 分类指数呈现出显著差异。为更为全面地反映物价指数对系统性风险冲击的异质性吸收能力，本章选取 CPI 分类指数并测算其韧性水平，结果如图 9-16 所示①。

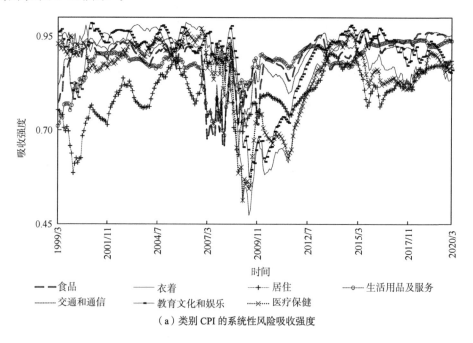

（a）类别 CPI 的系统性风险吸收强度

---

① CPI 的类别包括食品、衣着、居住、生活用品及服务、交通和通信、教育文化和娱乐、医疗保健。

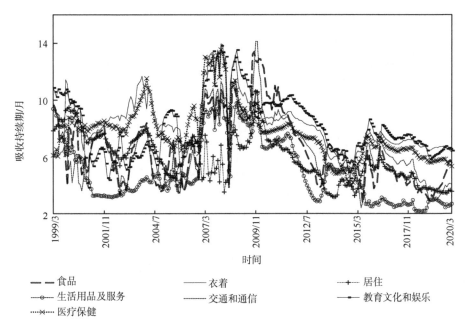

（b）类别 CPI 的系统性风险吸收持续期

图 9-16　类别 CPI 的系统性风险吸收强度和吸收持续期

　　从图 9-16（a）可以看出，食品、生活用品及服务物价对总体系统性风险冲击的吸收强度较大，而居住、衣着和医疗保健物价的风险吸收强度较小，这也符合我们的理论预期。根据金融资产的财富效应理论，系统性风险导致金融资产价格下降，降低居民消费水平。由于食物为缺乏收入弹性的商品，收入下降对食品的支出影响较小，而对其他弹性较大的商品支出影响较大，这些作用机制会通过物价反馈出来。从图 9-16（b）来看，衣着、医疗保健物价的风险吸收持续期较长，而生活用品及服务、食品物价的风险吸收持续期相对较短。此外，不同类别 CPI 的吸收持续期的排序在 2008 年金融危机前后发生了结构性的变化，这进一步说明金融危机对物价系统产生深刻影响。

　　5）城乡 CPI 韧性的异质性

　　为比较城市与农村经济韧性的差异，本章进一步绘制城市 CPI 和农村 CPI 的风险吸收强度和吸收持续期，如图 9-17 所示。整体来看，城市 CPI 的风险吸收强度和农村 CPI 的风险吸收强度具有显著的周期变动趋势。在 2008 年之前，城市 CPI 的风险吸收强度与农村 CPI 的风险吸收强度比较接近，但在 2008 年之后，农村 CPI 的总体风险吸收强度开始强于城市 CPI 的风险吸收强度，特别是在金融危机期间，两者之间的差异开始明显。从吸收持续期来看，在 2008 年金融危机之前，城市 CPI 的风险吸收持续期显著大于农村 CPI 的风险吸收持续期，而在 2008 年之后，两者的大小较为接近，但在 2013～2014 年，城市 CPI 的风险吸收持续期显著增加，并超过农村 CPI 的风险吸收持续期。综合来看，城乡物价水平对系统性风险冲击的抵御能力在 2008 年金融危机前后呈现出显著的结构性变化。

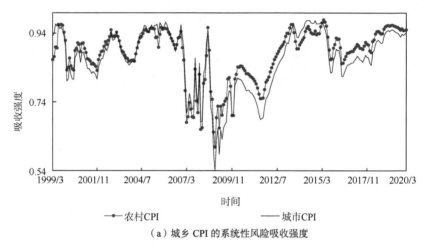

（a）城乡 CPI 的系统性风险吸收强度

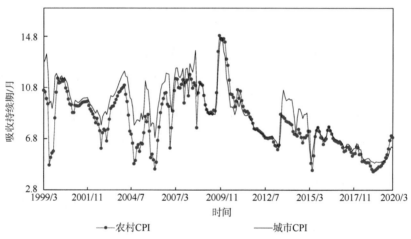

（b）城乡 CPI 的系统性风险吸收持续期

图 9-17　城乡 CPI 的系统性风险吸收强度和吸收持续期

6）产业物价韧性的异质性

为进一步验证产业差异对物价系统风险吸收能力的影响，本章绘制出分产业 GDP 平减指数的风险吸收强度和吸收持续期，结果分别如图 9-18 和图 9-19 所示。对于股票市场、外汇市场及总体系统性风险冲击，第一产业和第三产业 GDP 平减

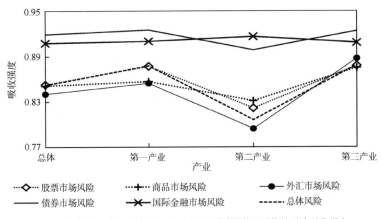

（a）2008 年金融危机前产业 GDP 平减指数的系统性风险吸收强度

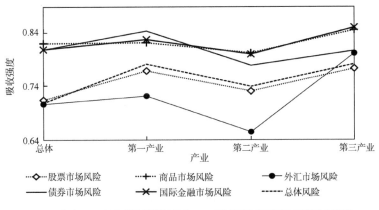

（b）2008 年金融危机期间产业 GDP 平减指数的系统性风险吸收强度

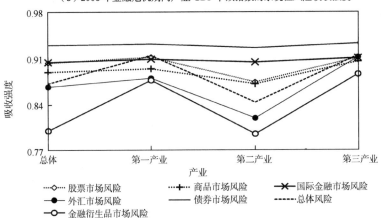

（c）2008 年金融危机后产业 GDP 平减指数的系统性风险吸收强度

图 9-18　产业 GDP 平减指数的系统性风险吸收强度

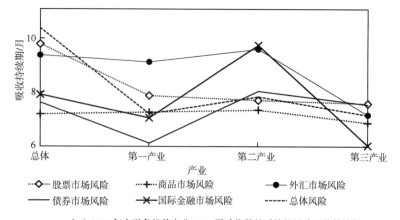

（a）2008 年金融危机前产业 GDP 平减指数的系统性风险吸收持续期

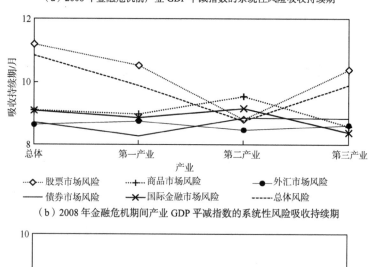

（b）2008 年金融危机期间产业 GDP 平减指数的系统性风险吸收持续期

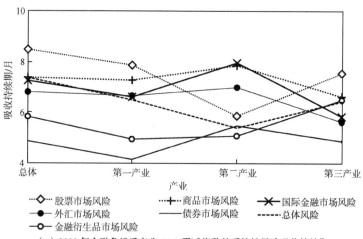

（c）2008 年金融危机后产业 GDP 平减指数的系统性风险吸收持续期

图 9-19　产业 GDP 平减指数的系统性风险吸收持续期

指数的吸收强度相对较大,并且具有相似的变化趋势,第二产业 GDP 平减指数的吸收强度较小。对于商品市场系统性风险冲击,第三产业 GDP 平减指数的吸收强度最大,第一产业 GDP 平减指数的吸收强度次之,第二产业 GDP 平减指数的吸收强度最小。对于债券市场系统性风险冲击,在 2008 年后,三大产业 GDP 平减指数的风险吸收强度保持较为一致的变动趋势。对于金融衍生品市场系统性风险冲击,第一产业和第三产业 GDP 平减指数的吸收强度相对较大,第二产业 GDP 平减指数的吸收强度较小,但这种排序关系在后来的 2014 年股价上涨阶段发生了逆转。对于国际金融市场系统性风险冲击,在金融危机期间,第三产业 GDP 平减指数的吸收强度最大,第一产业 GDP 平减指数的吸收强度次之,第二产业 GDP 平减指数的吸收强度最小,但这种关系在其他时期会发生变动。综合来看,第一产业和第三产业 GDP 平减指数的风险吸收强度较大,第二产业 GDP 平减指数的风险吸收强度最弱。

图 9-19 绘制了不同产业 GDP 平减指数的风险吸收持续期。对于股票市场和总体系统性风险冲击,在 2008 年金融危机之前,三大产业 GDP 平减指数的风险吸收持续期较为接近,而在金融危机之后,第一产业和第三产业 GDP 平减指数的吸收持续期超过第二产业。对于商品市场系统性风险冲击,第三产业 GDP 平减指数的风险吸收持续期最短,第二产业 GDP 平减指数的风险吸收持续期最长。对于债券市场系统性风险冲击,第一产业 GDP 平减指数的吸收持续期最短,第二产业 GDP 平减指数的风险吸收持续期最长。对于金融衍生品市场系统性风险冲击,第三产业 GDP 平减指数的吸收持续期最长,第一产业 GDP 平减指数的风险吸收持续期最短。对于国际金融市场系统性风险冲击,在金融危机期间,第二产业 GDP 平减指数的吸收持续期最长,第三产业 GDP 平减指数的风险吸收持续期最短。虽然第二产业 GDP 平减指数的风险吸收强度最弱,但在金融危机之后,其风险吸收持续期显著缩短,这说明第二产业物价从危机中复苏的速度有所提升。

9.4　进一步研究:中国宏观经济韧性的影响因素

本章实证结果表明系统性风险冲击下的中国经济系统韧性呈现出稳步提升的态势,同时还具有显著的时变特征,由此,一个深层次的问题自然出现:是什么因素影响了经济系统的风险吸收能力?这种影响机制是否具有区制转换特征?本节结合上文中的实证结果和相关理论分析,构建中国宏观经济韧性的计量模型。

　　从图 9-6 和图 9-7 可以看出，经济系统对系统性风险冲击的吸收能力在金融危机时期发生显著变化，这意味着金融周期和经济周期可能是中国经济韧性变化的重要影响因素。货币周期在经济复苏的过程中具有重要作用，同时也是影响金融周期和经济周期的重要变量，因此有必要考察货币周期是否对经济韧性产生影响。理论上，技术进步是经济发展的重要推动因素，在经济复苏阶段能够提高生产力，起到缓冲作用，为此，本章将反映技术进步的全要素生产率纳入考察范围。

　　基于以上分析，构建计量模型，如式（9-15）所示。

$$\text{Resilence}_t^{i,j} = c_{1,i,S_t}^j + c_{2,i,S_t}^j \text{Risk}_i^j + c_{3,i,S_t}^j \text{GDP\_gap}_t + c_{4,i,S_t}^j \text{M1\_gap}_t + c_{5,i,S_t}^j \text{TEP}_t + \tau_{i,t}^j$$

$$(9\text{-}15)$$

其中，$i=1$ 或 2，1 表示以经济系统风险吸收强度为被解释变量的方程，简称经济系统风险吸收强度方程，2 表示以经济系统风险吸收持续期为被解释变量的方程，简称经济系统风险吸收持续期方程；j 表示第 j 个金融子市场系统性风险冲击下的检验方程；Risk_i^j 表示第 j 个金融子市场系统性风险；GDP_gap_t 表示 GDP 缺口变量，用以反映经济周期状况；M1_gap_t 表示 M1 增长率的周期项，用来反映货币周期；TEP_t 表示全要素生产率[①]；$S_t=1,\cdots,k$ 表示不可观测的状态变量。本章假设 S_t 为一个具有两区制、一阶马尔可夫过程的状态变量，其转换滤波概率 $\rho_{pq} = \Pr(S_t=q\mid S_{t-1}=p)$。此外，假定扰动项 $\tau_{i,t}^j$ 服从一个依附于状态变量的正态分布，即 $\tau_{i,t}^j \sim N(0,\sigma_{i\neq j,S_t}^2)$。区制 q 的概率密度为 $f(\text{Resilence}_t^{i,j}|S_t=q,\psi_t)$，因此，模型的对数似然函数为

$$\ln L = \sum_{t=1}^T \ln\left(\sum_{q=1}^2 f(\text{Resilence}_t^{i,j}|S_t=q,\psi_t)\Pr(S_t=q,\psi_t)\right)$$。而概率的更新过程根据

方程 $\Pr(S_t=q,\psi_t) = \dfrac{f(\text{Resilence}_t^{i,j}|S_t=q,\psi_{t-1})\Pr(S_t=q,\psi_{t-1})}{\sum_{q=1}^2 f(\text{Resilence}_t^{i,j}|S_t=q,\psi_{t-1})\Pr(S_t=q,\psi_{t-1})}$ 得到。

　　图 9-20 绘制了风险吸收强度方程的状态转换滤波概率[②]。可以看出，经济系统对系统性风险冲击的吸收强度在样本期内呈现出显著的区制转换特征，并且，7 个方程的状态转换滤波概率具有较为相似的转换时点，其中，在 2007～2008 年、2012～2015 年均出现了显著的区制转换，而在 2003～2005 年，一些市场也发生了区制转换，这说明不同市场系统性风险冲击下的经济系统韧性既有共性特征，也有自身特点。

---

① 本书首先对即时拆分后的 GDP 数据进行季节调整，然后使用 H-P 滤波方法得到 GDP 缺口项；对 M1 同比增长率数据使用 H-P 滤波方法得到 M1 增长率的周期成分；使用回归方法得到全要素生产率数据。
② 本节实证分析的样本期根据测算的金融子市场系统性风险确定。

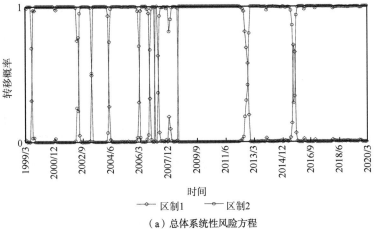

（a）总体系统性风险方程

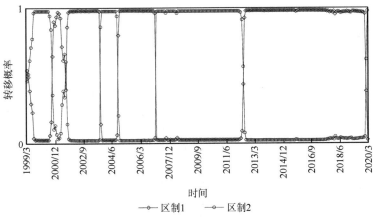

（b）股票市场系统性风险方程

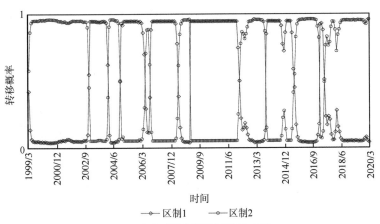

（c）商品市场系统性风险方程

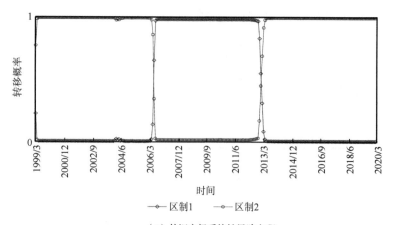

（d）外汇市场系统性风险方程

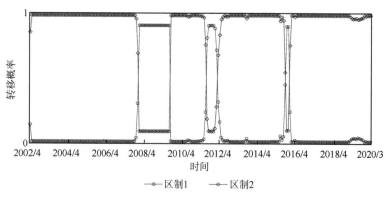

（e）债券市场系统性风险方程

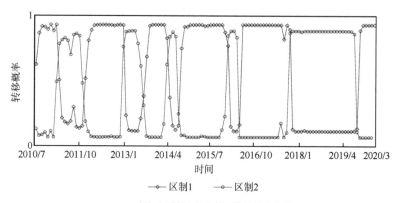

（f）金融衍生品市场系统性风险方程

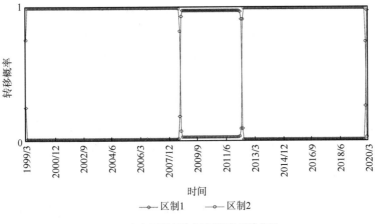

（g）国际金融市场系统性风险方程

图 9-20　风险吸收强度方程的状态转换滤波概率

表 9-3 给出了风险吸收强度方程的参数估计结果。可以看出，大多数参数估计值通过 5% 的显著性检验。转换滤波概率的估计结果表明每一个区制都具有很强的惯性。此外，所有方程的波动率估计结果在不同的区制内均具有显著差异，因此，可以按照波动率的大小定义方程的区制状态。

表 9-3　经济系统吸收强度影响因素的区制回归结果

参数	吸收强度方程（ $i=1$ ）	
	$S_t=1$	$S_t=2$
c_{1,S_t}	−0.0175	0.8432***
c_{2,S_t}	−0.0541***	−0.0002
c_{3,S_t}	2.7627***	0.1001
c_{4,S_t}	−0.0049***	−0.0018***
c_{5,S_t}	0.8655***	0.0311
σ_{τ,S_t}^2	0.0271***	0.0129***
p_{11}	0.9783***	
p_{22}	0.9834***	

注：转换滤波概率矩阵仅给出对角线元素数值

、*分别表示在 5% 和 1% 水平上显著

表 9-4 给出了经济系统吸收持续期影响因素的区制回归结果。结合 c_{1,S_t} 的估计结果，可以对总体系统性风险方程的区制进行定义：区制 1 代表风险吸收强度较低的高波动阶段，区制 2 代表风险吸收强度较高的低波动阶段。总体系统性风

险系数 c_{2,s_t} 的估计结果表明，在吸收强度较低阶段，风险大小对吸收强度的影响较大，而在吸收强度较高阶段，这种影响不显著。GDP 缺口系数的估计结果表明，在风险吸收强度较低阶段，经济状态对风险吸收能力产生正向影响，而在吸收强度较高阶段这种影响不显著。系数 c_{4,s_t} 的估计结果表明，货币周期对风险吸收强度产生负向影响，并且在吸收强度较低的阶段影响更大。此外，全要素生产率在风险吸收强度较低的阶段产生显著正向作用。股票市场系统性风险方程的区制 1 可定义为吸收强度较高的低波动阶段，区制 2 定义为吸收强度较低的高波动阶段。GDP 缺口和货币周期在区制 2 对风险吸收强度产生显著影响。全要素生产率在两个区制均产生显著的正向作用。对于商品市场系统性风险方程，区制 1 代表风险吸收强度较低的高波动阶段，区制 2 代表风险吸收强度较高的低波动阶段。商品市场风险在区制 2 对吸收强度产生负向影响。GDP 缺口在两个区制均产生负向影响。货币周期在区制 1 产生负向影响，而在区制 2 产生正向影响。全要素生产率在两个区制均产生显著正向作用。对于外汇市场系统性风险方程，区制 1 代表风险吸收强度较高的高波动阶段，区制 2 代表风险吸收强度较低的低波动阶段。在区制 2，外汇市场风险大小对吸收强度产生显著正向影响。在风险吸收强度较低阶段，经济周期对风险吸收强度产生正向影响，而在吸收强度较高阶段这种影响不显著。货币周期对风险吸收强度产生负向影响，并且在吸收强度较低的阶段影响更大。全要素生产率在两个区制对风险吸收强度产生显著负向影响。对于债券市场系统性风险方程，区制 2 代表风险吸收强度较高的高波动阶段，区制 1 代表风险吸收强度较低的低波动阶段。债券市场系统性风险及 GDP 缺口对风险吸收强度产生显著影响，并且在区制 2 更加显著。对于金融衍生品市场系统性风险方程，区制 1 代表风险吸收强度较高的高波动阶段，区制 2 代表风险吸收强度较低的低波动阶段。在区制 2，经济周期对风险吸收强度产生正向影响，而在区制 1 这种影响不显著。货币周期对风险吸收强度产生负向影响，而全要素生产率在两个区制产生相反的作用。对于国际金融市场系统性风险方程，区制 1 代表风险吸收强度较低的高波动阶段，区制 2 代表风险吸收强度较高的低波动阶段。经济周期对风险吸收强度产生负向影响，货币周期在区制 1 对风险吸收强度产生负向影响，全要素生产率在两个区制均产生正向作用。综合来看，经济系统对系统性风险冲击的吸收强度不仅受到系统性风险自身影响，还受经济周期、货币周期、全要素生产率因素影响，其中，经济周期和全要素生产率在多数情况下对风险吸收强度产生正向影响。

表 9-4　经济系统吸收持续期影响因素的区制回归结果

$i=2$	状态	总体系统性风险方程	股票市场系统性风险方程	商品市场系统性风险方程	外汇市场系统性风险方程	债券市场系统性风险方程	金融衍生品市场系统性风险方程	国际金融市场系统性风险方程
c_{1,S_t}	$S_t=1$	8.5035***	10.1443***	17.4517***	6.9153***	20.6067***	10.5950***	27.5867***
	$S_t=2$	19.8394***	15.0309***	18.7912***	−0.4043	14.0767***	12.5958***	18.7720***
c_{2,S_t}	$S_t=1$	0.9232***	−0.0710	1.2012***	−3.3262***	−2.5275***	−0.3052	2.3592***
	$S_t=2$	0.9746***	0.8726***	3.5621***	−2.6338***	−2.3637***	0.3166	−1.4580**
c_{3,S_t}	$S_t=1$	−22.9630**	25.1472***	39.3871***	4.1706**	4.4904	−3.9869	−0.6165
	$S_t=2$	0.4605	3.1814	23.4244***	25.6825***	13.3834	40.0315***	21.0109*
c_{4,S_t}	$S_t=1$	−0.0065	−0.0117	−0.0226	−0.0099	0.0755***	0.0998***	0.0834***
	$S_t=2$	0.0921***	0.0614***	0.0683***	0.0177	0.0328**	0.0030	−0.0320*
c_{5,S_t}	$S_t=1$	−3.7245***	−4.0014***	−12.2605***	−1.1280*	−12.0370***	−3.4521*	−20.1998***
	$S_t=2$	−12.9406***	−7.7230***	−12.5271***	8.0988***	−7.8905***	−7.6780***	−12.5397***
σ^2_{τ,S_t}	$S_t=1$	0.3920***	0.5342***	0.8302***	0.3693***	0.6188***	0.6833***	0.8436**
	$S_t=2$	0.7401***	0.7292***	0.4132***	0.4685***	0.5188***	0.2695***	0.6243***
p_{11}		0.9721***	0.9756***	0.9684***	0.9779***	0.9782***	0.9431***	0.9675***
p_{22}		0.9798***	0.9765***	0.9192***	0.9610***	0.9886***	0.9490***	0.9744***

注：转换滤波概率矩阵仅给出对角线元素数值

*、**、***分别表示在 10%、5%和 1%水平上显著

图 9-21 绘制了风险吸收持续期方程的转换滤波概率。可以看出，经济系统的风险吸收持续期也具有显著的状态转换特征，而 7 个方程的状态转换滤波概率也

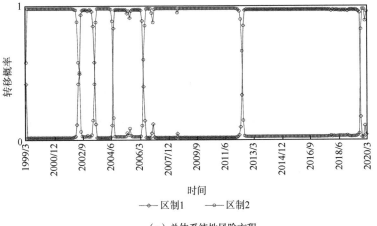

（a）总体系统性风险方程

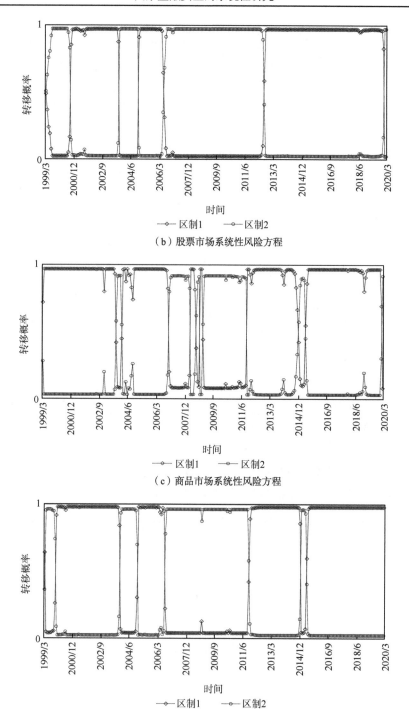

（b）股票市场系统性风险方程

（c）商品市场系统性风险方程

（d）外汇市场系统性风险方程

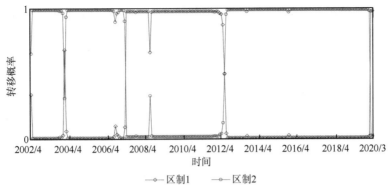

（e）债券市场系统性风险方程

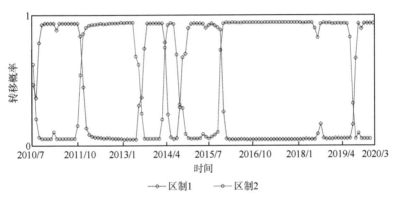

（f）金融衍生品市场系统性风险方程

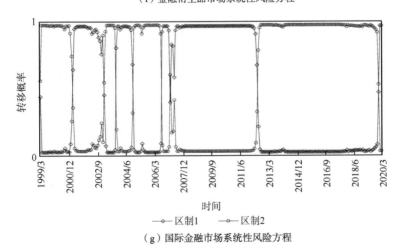

（g）国际金融市场系统性风险方程

图 9-21　吸收持续期方程的状态转换滤波概率

具有相似的转换时点，与风险吸收强度方程类似，在 2007～2008 年、2012～2015

年出现了区制转换，这意味着经济与金融系统的结构性变化会改变经济系统的风险吸收能力和吸收模式。

从表 9-4 中的参数估计结果看出，转换滤波概率的估计值均大于 0.9，这表明每个区制都具有很强的惯性。所有方程的波动率均具有显著差异，因而可以将这些区制定义为高波动区制或低波动区制。对于总体系统性风险方程，区制 1 代表吸收持续期较短的低波动阶段，区制 2 代表吸收持续期较长的高波动阶段。在区制 2，系统性风险本身对吸收持续期的影响更大，货币周期产生显著正向影响；在区制 1，GDP 缺口具有显著负向影响。全要素生产率的影响为负向，并且在区制 2 更加显著。对于股票市场系统性风险方程，区制 1 代表风险吸收持续期较短的低波动阶段，区制 2 代表风险吸收持续期较长的高波动阶段。在区制 2，系统性风险本身及货币周期对吸收持续期产生显著正向影响；在区制 1，GDP 缺口的影响为正向。全要素生产率的影响为负向，并且在区制 2 更加显著。对于商品市场系统性风险方程，区制 1 代表风险吸收持续期高波动阶段，区制 2 代表低波动阶段。在区制 2，系统性风险本身对吸收持续期的影响更加显著，货币周期产生显著正向影响。GDP 缺口产生显著正向影响，并且在区制 1 的作用更大。全要素生产率对风险吸收持续期产生显著负向影响。对于外汇市场系统性风险方程，区制 1 代表风险吸收持续期较长的低波动阶段，区制 2 代表吸收持续期较短的高波动阶段。系统性风险本身对吸收持续期产生显著负向影响，GDP 缺口产生显著正向影响，并且在区制 2 更加明显。全要素生产率在两个区制具有方向相反的作用。对于债券市场系统性风险方程，区制 1 代表风险吸收持续期较长的高波动阶段，区制 2 代表风险吸收持续期较短的低波动阶段。系统性风险本身对风险吸收持续期产生显著负向影响，货币周期的影响为正向，并且在区制 1 更加明显，全要素生产率在两个区制内均产生显著负向影响。对于金融衍生品市场系统性风险方程，区制 1 代表风险吸收持续期较短的高波动阶段，区制 2 代表吸收持续期较长的低波动阶段。GDP 缺口在区制 2 产生显著正向影响，而货币周期在区制 1 产生显著正向影响，全要素生产率在两个区制均产生显著负向影响。对于国际金融市场系统性风险方程，区制 1 代表风险吸收持续期较长的高波动阶段，区制 2 代表吸收持续期较短的低波动阶段。系统性风险本身及货币周期在两个区制对风险吸收持续期产生方向相反的作用。全要素生产率在两个区制内产生显著负向影响。综合来看，全要素生产率对经济系统的风险吸收持续期产生显著负向影响，系统性风险本身产生正向影响，而经济周期和货币周期的影响并不确定，此外，这些影响效应具有显著的区制转换特征。

9.5　结论性评述

过去几十年，中国经济在历次金融危机中展现出的强大恢复能力令人瞩目。在当前外部政治、经济等不确定性冲击加剧及内部经济增长动能转换的双重背景下，从学术视角深层次探究金融市场系统性风险冲击下的中国宏观经济韧性问题，对理解中国经济发展规律及中国经济展现出的强劲恢复能力的深层次原因和内在机制具有重要的理论价值，同时对提升中国经济抵御外部冲击的能力、构建基于"双循环"的新发展格局具有重要的实践指导意义。为此，本章深入探讨系统性风险冲击下我国宏观经济韧性定义、度量及影响因素等问题。具体来说，本章在利用 117 种金融市场价格指数测度金融市场系统性风险的基础上，运用TVP-FAVAR 模型估计经济系统中 151 种宏观经济指标对不同金融子市场系统性风险冲击的时变脉冲响应，构建风险吸收强度和风险吸收持续期两个指标刻画系统性风险冲击下的中国经济韧性大小，并运用区制转换模型实证考察中国经济韧性的影响因素。本章的结论可以总结为以下四个方面。第一，从金融市场系统性风险的边际贡献来看，股票市场与金融衍生品市场占据我国金融市场总体系统性风险的主导地位，从金融市场系统性风险的动态变化来看，我国金融市场总体系统性风险呈现下降趋势，金融市场抵御不确定性冲击的能力显著提升，金融市场韧性稳步增强。第二，经济系统对总体系统性风险的吸收能力稳步增强，财政体系、进出口体系对系统性风险的吸收能力提升幅度较大，消费体系、投资体系、产出体系、物价体系、货币和信贷体系、利率体系对系统性风险冲击的吸收能力具有周期变化特征，并且在金融危机期间发生显著变化。第三，异质性分析表明，西部地区物价和产出对金融市场总体系统性风险冲击的吸收能力大于中部地区和东部地区，农村地区物价对系统性风险冲击的吸收能力高于城市，第一产业和第三产业的系统性风险吸收能力显著强于第二产业。第四，经济系统的系统性风险吸收强度和吸收持续期受到系统性风险类别、经济周期、货币周期、全要素生产率因素影响，并呈现出显著的区制转换特征。

本章的研究过程为理解我国宏观经济韧性变化的动态特征、异质性和影响因素提供了基本思路，构建的基于时变脉冲响应函数的经济韧性测度方法为从动态视角考察我国宏观经济韧性提供了基本模式。同时，本章的研究结论具有重要的现实指导价值。首先，本章发现我国金融市场的系统性风险在最近时期呈现出明显的下降趋势，这表明我国金融市场的韧性逐渐增强，为我国金融市场改革提供了良好的环境。当前，我国股票市场的基础性制度还有待进一步改进（如现有的"T+1"交易制度和涨跌停制度），然而，制度的改变在短期均会产生不确定性，并对市场产生冲击，因此，股票市场自身的风险化解能力在基础性制度改革过程中尤为重要。本章实证结果表明股票市场和金融衍生品市场系统性风险在金融市场总体风险中占据主导地位，因此，维持股票市场和金融衍生品市场平稳运行是防范系统性金融风险的关键。这也进一步暗示，在股票市场基础性制度改革过程中要做到兼顾收益和风险。此外，本章发现债券市场具有系统性风险"抵消"能力，而这种由市场间的"跷跷板"效应产生的作用并没有得到很好的发挥，需要进一步提升债券市场发展规模和发展质量。其次，本章的研究表明，经济子系统对金融市场系统性风险冲击的吸收能力既具共性特征，也有显著的个体差异。经济子系统的风险吸收强度整体上呈现出上升趋势，风险吸收持续期呈现出下降趋势，这表明我国宏观经济韧性稳步提升。此外，本章发现进出口系统抵御金融市场风险冲击的韧性在最近几年显著增强，这为我国经济发展"大循环"+"双循环"模式提供了重要保障和经验支持。"大循环"+"双循环"发展模式是中国经济在面对当前外部环境下的一种应对策略，消费、投资、产出、财政等实际部门的韧性增强为发展"大循环"模式提供了动力，进出口系统韧性的显著提升为发展"双循环"模式提供了保障。再次，本章的研究表明系统性风险冲击下的经济系统韧性在产业、行业、区域层面存在显著的异质性。这意味着在研究中国经济韧性问题时需重视个体差异，在制定经济政策时既要统筹考虑也要因地制宜，从结构性差异视角解决经济发展过程中面临的问题。最后，本章发现我国宏观经济韧性受到诸多因素影响，并且具有显著的区制转换特征，这为提升我国经济韧性及应对系统性风险冲击下的宏观调控提供了重要的经验依据。在制定抵御金融市场风险的政策时需要进行动态考量，重视周期性因素，慎用以货币供应量钉住目标的货币政策，同时要强化技术创新能力，掌握产业核心技术，从本质上提高防范系统性风险能力，增强我国宏观经济的发展韧性。

第 10 章 金融制裁对金融安全系统的影响效应研究

20 世纪以来，尤其是第一次世界大战后，金融制裁作为经济制裁的重要形式，成为国家间实施报复措施的重要手段之一。1914～2017 年的 269 起经济制裁中，有 209 起单独使用或综合使用金融制裁（图 10-1）。美国是金融制裁的主要发起国，1945～2017 年的 303 起金融制裁案例中，有 256 起由美国发起。例如，2015 年，美国分别以侵犯人权、破坏和平、削弱政治进程等为由对委内瑞拉、也门、南苏丹等国实行金融制裁，手段主要为冻结个别领导人在美资产等。然而，金融制裁有效性尚待商榷[①]，相关研究表明，303 起金融制裁案例中，有效制裁仅

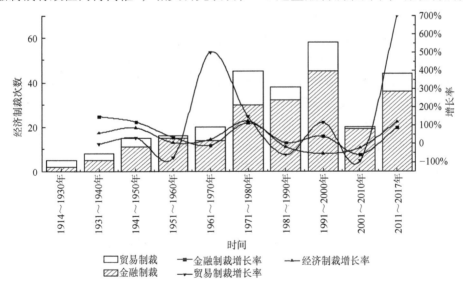

图 10-1　全球经济制裁（金融制裁和贸易制裁）发生基本情况（1914～2017 年）

资料来源：彼得森国际经济研究所（Peterson Institute for International Economics）经济制裁数据库、Nexis Uni 数据库

[①] 参考 Morgan 等（2009，2014）和 Bapat 等（2013）文献，本书将金融制裁有效性界定为目标国完全或部分改变其行为，或两国通过协商最终达成和解。

占 35%[①]。

研究金融制裁的传导机制及其有效性对于维护国家经济安全意义重大。20 世纪以来，经济全球化和信息化进程加速，经济安全在国家安全中地位凸显，金融制裁作为维护国家经济利益的重要手段，在国际社会上被广泛应用。一方面，金融制裁的使用对目标国产生重要影响。直接影响表现为限制目标国直接借入外国资本或冻结目标国资金，导致目标国外来资金减少，国内融资成本上升，投资水平下降，产业发展滞缓，从而导致 GDP 下降、财政赤字、通货膨胀甚至债务危机等一系列经济问题；间接影响表现为投资者考虑到地缘政治的紧张局势，对目标国经济风险预期增加，因此减少对该国的投资，进一步加剧直接影响（Gurvich and Prilepskiy，2015），最终迫使目标国在既定时间内改变行为，从而达到制裁目的。另一方面，金融制裁的有效性受到诸多因素的制约。制裁国与目标国间的关系、国际各国的参与及目标国内部环境等因素对金融制裁有效性产生深远影响，探讨如何制定针对性的金融制裁措施，提高金融制裁有效性，以较低成本实现对外政策目标，促使对方停止相关行为，对有效解决核扩散、政权变更、恐怖活动等各种国际争端，有力维护国家特定政治和经济利益，维护国际安全稳定发展，具有较强的现实意义。

基于此，本章从制裁国与目标国间、国际各国与目标国间及目标国内部三条路径出发，对金融制裁传导机制展开理论分析。同时，本章利用 1945～2017 年全球金融制裁数据，采用极值边界分析法（extreme bound analysis）考察影响金融制裁有效性的因素。与既有研究相比，本章在以下方面做出拓展：①既有国内外文献主要探讨金融制裁实施手段和实施条件，而本章通过分析金融制裁传导机制，集中讨论影响金融制裁有效性的因素，丰富金融制裁的理论研究；②使用威胁和实施经济制裁（Threat Imposition of Economic Sanctions，TIES）数据库与 Nexis Uni 数据库，同时考虑金融制裁威胁且实施两阶段，检验影响金融制裁有效性因素，完善金融制裁的实证研究。

10.1　理论分析与研究假设

金融制裁是使用金融手段阻碍目标国资金流动的一种政策工具，其通过精准

---

① 2000 年以来，美国联合日本、澳大利亚、韩国与联合国对朝鲜实施金融制裁，包括停止对其援助并限制与其金融交易等，然而这些制裁措施未使朝鲜改变其核武器计划，金融制裁最终失效；2006 年，美国联合新西兰、澳大利亚与欧盟对斐济实施金融制裁，暂停或撤回援助，以期推翻斐济非法政府，同样这些手段并未使斐济改变行为，非法政府依然执政，金融制裁再度失效。

打击目标国经济活动和金融体系，迫使目标国停止相关行为，最终接受制裁条件（Hufbauer et al.，2007；许文鸿，2017）。基于此，本章主要从以下三条传导路径对金融制裁进行理论分析（图 10-2）。

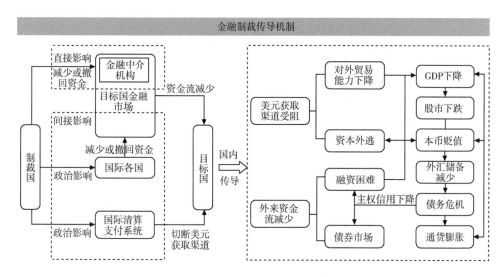

图 10-2　金融制裁传导机制

10.1.1　目标国与制裁国的传导机制：两国关系与金融制裁有效性

目标国与制裁国的关系是影响金融制裁有效性的重要因素，既有文献主要围绕两国相对实力、友好程度及贸易联系展开研究。McLean 和 Whang（2010）认为，制裁国相对实力越强，则制裁越有效，这是因为与实力较弱的贸易伙伴相比，实力较强的贸易伙伴退出将对目标国经济产生更大影响；经典制裁理论表明，当制裁国与目标国互为盟友关系时，金融制裁更有效，这是因为盟友国更倾向于恢复制裁前两国间的战略关系，为避免制裁对两国关系的损害，更易接受制裁条件（Lam，1990；Drezner，1999；Hufbauer et al.，2007）；此外，Miyagawa（1992）认为，目标国对制裁国的贸易依赖度越高，则制裁后带来的经济压力越大，更易迫使目标国接受制裁条件。

本章认为，制裁国以其强大的国家实力，一方面，采取金融手段，限制或禁止目标国进入本国金融市场，限制或禁止本国金融机构与之发生业务往来，通过银行体系冻结目标国资金或停止对其援助和贷款，导致目标国投融资渠道减少；另一方面，制裁国利用 SWIFT 和 CHIPS[①]切断目标国使用美元渠道，将金融制裁破坏力进一步传导到对外贸易领域，降低其进出口能力，对贸易联系紧密的目标国产生重大影响，从而妨碍目标国经济正常运行。由此，本章提出以下研究假设。

H1a：制裁国相对于目标国实力越强，金融制裁越有效。

H1b：若制裁国与目标国之间为联盟关系，金融制裁更有效。

H1c：制裁国与目标国之间贸易联系越紧密，金融制裁越有效。

由于美国主导当今国际金融体系，控制全球货币结算网络和主要支付货币系统，美元在国际货币金融体系中占主导地位（徐以升和马鑫，2015），因此，金融制裁存在严重不对称性。由此，本章进一步提出如下研究假设。

H1d：若金融制裁由美国发起，则金融制裁更有效。

10.1.2　国际各国与目标国的传导机制：国际合作与金融制裁有效性

国际合作是影响金融制裁有效性的重要因素，主要表现为多边制裁与国际组织的参与。既有文献关于多边制裁与金融制裁有效性的关系暂未达成一致，早期研究认为，由于各制裁参与国之间缺乏统一的制度化支持，易出现协调沟通问题，从而降低制裁有效性，因此多边制裁与金融制裁有效性负相关（Doxey，1987；Drury，1998；Drezner，2000）；然而，近年的研究表明，由于国际各国的参与，更大程度地限制目标国的国际金融合作，对其经济产生更大影响，从而使金融制裁有效性提高。Allen（2008）基于 HSE（Hufbauer，Schott and Elliott）数据库多项制裁案例的研究发现，多边制裁与金融制裁有效性显著正相关。McLean 和 Whang（2010）采用完全结构估计方法，表明制裁有效性随着制裁参与国数量的增加而显著提高。

关于国际组织参与对制裁有效性的影响，大部分学者认为国际组织具有统一的制度化支持，能减少制裁沟通成本，同时提高制裁的国际合法性，因此国际组织参与能提高金融制裁有效性（Martin，1992；Early，2011；Bapat et al.，2013）。

本章认为，理论上目标国可通过向国际组织或其他国家借款或引入他国资本

---

① SWIFT 即 Society for Worldwide Interbank Financial Telecommunications（环球银行金融电信协会），成立于 1973 年，总部设在比利时的布鲁塞尔。SWIFT 是国际银行同业间的国际合作组织，提供金融行业安全报文传输服务与相关接口软件，银行和其他金融机构通过它与同业交换电文，从而完成金融交易。CHIPS 即 Clearing House Interbank Payment System（纽约清算所银行同业支付系统），建立于 1970 年，由纽约清算所协会经营，总部设在美国纽约。CHIPS 是美国拥有的全球最大的私营支付清算系统之一，主要进行跨行美元交易的清算。

对冲被制裁的影响，然而其实际选择非常有限。由于金融制裁多有美国参与，国际组织和其他各国受美国的政治压力会共同参与金融制裁，减少对目标国的贷款及资本投资，进而影响目标国内部经济运行。由此，本章提出以下研究假设。

H2a：国际组织参与金融制裁，制裁越有效。

H2b：国际其他各国参与金融制裁，制裁越有效。

10.1.3　目标国内部的传导机制：国内环境与金融制裁有效性

传统制裁理论认为，目标国经济越脆弱，政治越不稳定，则越容易受到制裁的影响（Hufbauer et al.，1990；Lam，1990；Jing et al.，2003）。然而，Bapat 等（2013）认为，在国内经济政治极度不稳定的情况下，目标国将无法对金融制裁做出回应，而政治经济稳定的目标国为继续维持现状，更倾向于接受制裁。

本章认为，在国内稳定的政治经济环境下，目标国受到来自制裁国和国际各国两条路径的传导影响，外来资金流减少，美元获取渠道受阻。首先，外来资金流减少促使目标国资金储备缩小，国内利率上升，融资成本增加，投资者风险预期增加，国内投资水平下降，产业发展滞缓，从而引起 GDP 下降，对国内股票市场产生负面影响；其次，目标国美元获取渠道被切断，对外贸易能力下降，引起GDP 进一步下降，同时外币供应量减少促使本币贬值，目标国外汇储备减少，国际清偿能力下降，导致国家主权信用下降，对债券市场产生负面影响，由此目标国产生相应的被制裁成本。当产生的被制裁成本影响目标国经济政治稳定时，目标国易倾向于接受制裁条件（Galtung，1967；Hufbauer et al.，2007；Dizaji and van Bergeijk，2013）。然而，当目标国政治经济环境混乱时，统治者无暇顾及由上述传导产生的被制裁成本，因而不轻易改变行为，制裁有效性降低。基于此，本章提出以下研究假设。

H3a：目标国内部经济环境越稳定，金融制裁越有效。

H3b：目标国内部政治环境越稳定，金融制裁越有效。

H3c：目标国承受的被制裁成本越高，金融制裁越有效。

综上，本章研究遵循制裁国与目标国间、国际各国与目标国间、目标国内部三条金融制裁传导路径展开，利用 1945～2017 年全球金融制裁数据，采用极值边界分析法分别对金融制裁威胁阶段和实施阶段有效性的影响因素进行实证研究，以期为有效实施金融制裁和反金融制裁提供支持。

10.2　模型构建及变量选择

10.2.1　模型构建

在研究金融制裁有效性的影响因素时，由于各学者变量选择不同，模型回归结果出现较大差异，为在众多影响因素中有效选择回归变量并系统检验变量稳健性，本章采用极值边界分析（extreme bond analysis，EBA）法进行分析。

极值边界分析法最早由 Leamer 和 Leonard（1983）、Leamer（1985）针对回归分析存在的数据挖掘问题提出，后经 Hegre 和 Sambanis（2006）、Chanegriha 等（2017）深入研究和拓展，现已成为模型设定与变量稳健性检验广泛采用的方法。极值边界分析法通过对回归方程中 k 个潜在的解释变量与不同的信息集合进行遍历回归，产生 $2k-1$ 个回归方程，并分析该解释变量是否受到条件信息集合变化的影响，从而决定其是否为有效变量。具体回归方程设置如式（10-1）所示。

$$\gamma = \alpha_i + \beta_{yj} y + \beta_{zj} z + \beta_{xj} x_j + \varepsilon \tag{10-1}$$

其中，被解释变量 γ 表示金融制裁有效性；y 表示自由变量，即理论和文献达成共识的不需要通过 EBA 进行检测的重要解释变量；z 表示需要研究的解释变量；x_j 表示每次回归运行中由潜在解释变量进行组合所构成的所有条件信息集合。Sala-i-Martin 提出利用估计系数的累计分布函数（cumulative distribution function，CDF）值 CDF(0)进行判断的研究方法[①]，当所有回归方程中潜在解释变量的 CDF(0)大于 95%或小于 5%，则该变量在回归组合中显著，即为有效变量。其中，估计系数可为正态分布也可为一般分布，并采用似然函数作为权重指标，利用每一次回归得到 β_{zj} 的不同估计值计算出标准差 σ_{zj} 和似然估计量 L_{zj}，权重 ω_{zj} 的计算表达式如式（10-2）所示。

$$\omega_{zj} = \frac{L_{zj}}{\sum\limits_{i=1}^{M} L_{zi}} \tag{10-2}$$

其中，M 表示回归总次数，由此得到均值与方差的加权平均值。

$$\hat{\beta}_z = \sum_{j=1}^{M} \omega_{zj} \beta_{zj} \tag{10-3}$$

[①] 估计系数为正时，CDF(0) 代表 0 任意一侧较大部分的面积；估计系数为负时，1-CDF(0) 代表 0 任意一侧较大部分的面积。

$$\hat{\sigma}_z^2 = \sum_{j=1}^{M} \omega_{zj} \sigma_{zj}^2 \qquad (10\text{-}4)$$

由式（10-3）和式（10-4）可以计算出 β_j 的 CDF[①]。为了避免主观因素，Levine 和 Renelt（1992）提出自由变量也应进行检测，因此，本章在式（10-1）的基础上进行改进，采用式（10-5）进行金融制裁不同阶段有效性检验。

$$\gamma_i = \alpha_{ji} + \beta_{zji} z + \beta_{xji} x_{ji} + \varepsilon_i, \quad i = 0, 1, 2 \qquad (10\text{-}5)$$

其中，γ_0 表示金融制裁威胁且实施阶段有效性；γ_1 表示金融制裁威胁阶段有效性；γ_2 表示金融制裁实施阶段有效性。

10.2.2　变量选择及数据处理

本章整理了 1945～2017 年全球 303 起金融制裁案例，数据来源为 TIES 数据库和 Nexis Uni 数据库[②]，分别对金融制裁威胁案例、实施案例及威胁且实施的金融制裁案例进行实证分析。基于本章 10.1 讨论，本章选取制裁国与目标国间（两国相对实力、两国友好程度、两国贸易联系、美国作为制裁国）、国际各国与目标国间（国际组织参与、多边制裁）、目标国内部（目标国经济不稳定性、政治不稳定性、被制裁成本）共 9 个因素对金融制裁有效性进行分析（表 10-1）。

表 10-1　以往研究文献关键特征总结

传导路径	影响因素	变量名称	数据处理方法	采用数据库	文献出处
制裁国与目标国间	两国相对实力	power	主要发起国的 CINC（Composite Index of National Capability，国家实力综合指数）得分/（主要发起国 CINC 得分＋被制裁国的 CINC 得分）（Bapat et al., 2013）	National Material Capabilities1、The Cross-National Time-Series Data Archive2	Krustev（2007）；McLean 和 Whang（2010）
	两国友好程度	ally	若两国在制裁之前处于同一个联盟中，则视为友好，记为"1"；否则，为"0"（Leeds et al., 2002）	Formal Alliances3、Nexis Uni	Drezner（2000）；Early（2011）

---

① 在一般分布中，CDF 是由每个独立的加权计算得到：$\Phi_z(0) = \sum_{j=1}^{M} w_{zj} \phi_{zj}(0 \mid \hat{\beta}_{zj}, \hat{\sigma}_{zj}^2)$。

② TIES 数据库包含了 1945～2005 年所有威胁与实施的经济制裁案例，本书根据金融制裁的定义，将资产冻结和暂停对目标国的援助归为金融制裁，从中筛选出 253 个只进行金融制裁的案例，其中，威胁案例 110 个，实施案例 41 个，威胁且实施案例 102 个；Nexis Uni 数据库是一个包含了全球新闻、法律和商业的专用可搜索数据库。从 Nexis Uni 数据库整理出 2006～2017 年发生的 50 个金融制裁案例，其中，威胁案例 12 个，实施案例 17 个，威胁且实施案例 21 个。

续表

传导路径	影响因素	变量名称	数据处理方法	采用数据库	文献出处
制裁国与目标国间	两国贸易联系	trade linkage	制裁前目标国对制裁国进、出口量分别占目标国总进、出口量百分比之和的平均数（Hufbauer et al.，2007）	Trade4、UN Comtrade Database5	Miyagawa（1992）Allen（2008）
	美国作为制裁国	USA as sender	若金融制裁由美国发起，则记为"1"，否则为"0"	Threat and Imposition of Economic Sanctions、Nexis Uni	Allen（2008）Bapat 等（2013）
国际各国与目标国间	国际组织参与	IO involvement	若国际组织参与制裁，则记为"1"，否则为"0"（TIES）	Threat and Imposition of Economic Sanctions、Nexis Uni	Drezner（2000）Marinov（2005）
	多边制裁	multiple senders	若制裁国不止一个，则记为"1"，否则为"0"（TIES）	Threat and Imposition of Economic Sanctions、Nexis Uni	McLean 和 Whang（2010）
目标国内部	目标国经济不稳定性	economy instability	制裁前 5 年的平均 GDP 增长率（Hufbauer et al.，2007）	The Cross-National Time-Series Data Archive	Lam（1990）Jing 等（2003）
	目标国政治不稳定性	policy instability	冲突指数：对暗杀、罢工、游击战等8个指标发生次数加权平均计算得到（Banks and Wilson，2016）	The Cross-National Time-Series Data Archive	Hufbauer 等.（1990）；Nooruddin（2002）
	目标国的被制裁成本	target costs	若成本中等或重大则记为"1"，否则为"0"（TIES）	Threat and Imposition of Economic Sanctions、Nexis Uni	Bonetti 和 Shane（1998）Lektzian 和 Souva（2007）

注：①国家物质能力（National Material Capabilities）数据库包含了 1816~2012 年各国总人口、城市人口、钢铁生产、能源消耗、军事人员及军事支出及国家能力综合指数共 7 个指标；②跨国时间序列数据档案（The Cross-National Time-Series Data Archive）包含了 1815 年以来世界各国的政治、法律和经济数据；③同盟（Formal Alliances）数据库包含了 1816~2012 年各国之间的所有正式联盟，包括共同防御条约、非侵略条约和协议；④贸易（Trade）数据库包含了 1870~2014 年各国之间的贸易及双边贸易流量；⑤联合国商品贸易统计数据库（UN Comtrade Database），包含了自 1962 年以来全世界 130 个国家的年度商品贸易数据

10.3　实证结果及分析

本章使用开源软件 R 分阶段对影响金融制裁有效性的 9 个因素进行实证检验[①]，列出检验结果如表 10-2 所示。第一，金融制裁在威胁阶段的有效性与目标国的被制裁成本、多边制裁显著正相关，与两国友好程度显著负相关；第二，金

———————

[①] 本章使用 R 语言的 ExtremeBounds 软件包（Hlavac，2016）对数据进行极值边界分析。为消除量纲影响，本章已对所有连续性变量进行标准化处理。

融制裁在实施阶段的有效性与目标国的被制裁成本、国际组织参与、多边制裁显著正相关；第三，金融制裁在威胁且实施阶段的有效性与目标国的被制裁成本、多边制裁显著正相关，与目标国经济不稳定性和目标国政治不稳定性显著负相关。

表 10-2　金融制裁有效性影响因素 CDF 结果（威胁阶段、实施阶段、威胁且实施阶段）

传导路径	变量	威胁阶段			实施阶段			威胁且实施阶段		
		平均贝塔（Beta）	CDF（正态）	CDF（非正态）	平均贝塔（Beta）	CDF（正态）	CDF（非正态）	平均贝塔（Beta）	CDF（正态）	CDF（非正态）
制裁国与目标国间	两国相对实力	0.073	92.934%	91.638%	−0.015	37.333%	37.725%	0.040	89.890%	89.275%
	两国友好程度	−0.183	2.656%	4.255%	−0.070	24.609%	29.827%	−0.011	42.969%	43.133%
	两国贸易联系	0.037	79.173%	75.786%	0.040	82.618%	79.793%	0.021	76.722%	74.656%
	美国作为制裁国	0.174	88.024%	85.504%	−0.102	15.607%	18.696%	−0.010	45.634%	47.050%
国际各国与目标国间	国际组织参与	0.242	92.251%	82.853%	0.175	97.857%	97.615%	0.027	64.752%	58.882%
	多边制裁	0.420	98.845%	96.848%	0.424	99.999%	99.998%	0.322	99.996%	99.995%
目标国内部	目标国经济不稳定性	−0.065	6.842%	7.416%	−0.045	14.758%	15.736%	−0.048	4.460%	4.605%
	目标国政治不稳定性	−0.036	20.628%	22.519%	−0.024	29.568%	32.498%	−0.074	0.410%	0.427%
	目标国的被制裁成本	0.209	97.490%	95.358%	0.242	99.788%	99.700%	0.107	95.464%	95.239%

注：CDF 值大于 95% 或小于 5%，则该变量在回归组合中显著

第一，目标国的被制裁成本越高，则制裁越有效。这是因为目标国较大的被制裁成本造成国内较严重的经济损失，更易引发目标国经济混乱，迫使目标国最终接受制裁条件。例如，1990 年，美国对伊拉克开始实行长达 13 年金融制裁，共冻结资金 17 亿美元（Taylor，2007），造成伊拉克 2000 亿美元经济损失[①]，导致伊拉克 GDP 下降 1402.58 亿美元[②]，伊拉克货币第纳尔严重贬值，国内失业率居高不下，最终萨达姆政权被推翻，美国达成制裁目的。

第二，目标国政治、经济越稳定，则制裁越有效。目标国出于对未来制裁若持续实施造成国内混乱的担忧，为继续维护其政治地位、稳定国内经济，目标国接受制裁条件的可能性更大；反之，目标国政治经济越混乱，则金融制裁越不容易成功。例如，2010 年 4 月，美国对索马里实施金融制裁，暂停对索马里的经济援助并冻结其资金，以制裁索马里不断发生的暴力及海上武装抢劫行为。然而由于索马里经济混乱，缺乏统一货币，国内政权动荡，缺乏一个有效的中央政府，

① 制裁使伊拉克蒙受 2000 亿美元经济损失. http://news.sohu.com/65/02/news148270265.shtml[2002-03-25].
② 资料来源：世界银行。

政治和经济双重不稳定使索马里未能改变行为，致使美国金融制裁失效。

第三，制裁国联合国际组织及其他各国共同对目标国实施金融制裁，则制裁更有效。这是因为国际组织的参与有利于提高金融制裁的政治支持和国际合法性，引起国际其他各国对目标国的共同制裁，造成目标国外来资金的大量减少，更易引发国内经济混乱，迫使目标国改变行为接受制裁条件。例如，2011 年 2 月，美国与联合国、欧盟、加拿大及澳大利亚共同对利比亚实行金融制裁，冻结利比亚政府资产并禁止与其进行金融交易，制裁实施仅 8 个月后卡扎菲政权被成功推翻，美国有效达成制裁目的。

第四，相同变量在金融制裁不同阶段对有效性影响不一致，如在金融制裁威胁阶段，两国友好程度与有效性呈显著负相关，而在威胁且实施阶段其与有效性不相关。这是因为当制裁国与目标国之间呈敌对关系时，制裁国对目标国进行金融制裁威胁会使目标国相信未来极大可能对其实施金融制裁，造成国内经济混乱，因此目标国接受制裁条件的可能性更大。例如，2013 年 11 月，俄罗斯因乌克兰与欧盟商讨签署贸易协议对其进行金融制裁威胁，此时两国因格鲁吉亚领土安全问题呈敌对关系，最终乌克兰总统放弃与欧盟签署协议，金融制裁威胁有效；相反，如在此情况下实施制裁恰好证明威胁无效，此时该变量与金融制裁有效性呈负相关关系，由于"选择效应"的存在（Bapat et al., 2013），此种关系会对冲威胁阶段下两国敌对程度与金融制裁有效性的正相关关系，最终降低金融制裁有效性。

10.4　结论及政策建议

近年来，金融制裁作为各国维护国家安全的重要对外政策工具备受关注。本章从理论与实证双维度深入探讨金融制裁传导机制及其有效性，以期为我国的金融制裁与反制裁实践提供借鉴。在理论层面，本章基于制裁国与目标国间、国际各国与目标国间及目标国内部三条路径探讨金融制裁传导机制，具体结论为：①制裁国一方面采取停止援助或贷款、冻结资金、暂停金融交易等措施限制目标国投融资渠道，另一方面利用 SWIFT 与 CHIPS 组织切断目标国美元使用渠道，影响目标国经济正常运行；②国际各国迫于制裁国的政治压力会减少对目标国的贷款及资本投资，影响目标国经济正常运行；③目标国外来资金流减少促使国内利率上升，投资水平下降，同时外币供应量减少易引发本币贬值，国际清偿能力下降，最终导致 GDP 和国家主权信用下降。在实践层面，本章选取 1945～2017 年全球 303 起金融制裁案例，采用极值边界分析法对两国相对实力、目标国政治不稳定性、国际组织参与等 9 个变量进行实证检验，分析影响金融制裁有效性的因素。总体研究发现：①金融制裁有效性与目标国的被制裁成本、多边制裁等因素显著正相关，与目标国政治不稳定性和目标国经济不稳定性显著负相关。②相同变量在金融制裁的不同阶段有效性不同，在威胁阶段，两国友好程度与有效性显著负相关，但在威胁且实施阶段其与有效性不相关。

　　基于此，本章提出以下五点政策建议。第一，金融制裁是具有导向精准、相对成本低、相对效力强等优势的政策工具，我国应加快建立包含金融制裁与反制裁在内的更丰富的对外政策工具箱。第二，由于在威胁阶段多个变量与金融制裁有效性显著相关，因此在准备对某国实行金融制裁时，应将威胁阶段纳入考量范围，同时考虑两国相对实力、两国友好程度等因素，选择更有效的制裁方式。第三，由于目标国承受的被制裁成本与金融制裁各阶段有效性均显著正相关，在选择金融制裁措施时应充分评估目标国的被制裁成本，以提高金融制裁有效性。第四，由于多边制裁与金融制裁各阶段有效性呈显著正相关，在实行金融制裁时应积极争取与国际各国及国际组织的合作，以扩大制裁范围，提升制裁合法性。第五，当前世界金融体系格局和国际支付清算系统决定了只有美国有能力发动彻底的国家金融制裁，因此我国应加快推动人民币国际化，提高"一带一路"共建国家的人民币需求，进一步完善人民币跨境支付系统，削弱美元金融霸权地位及其对 CHIPS 与 SWIFT 的影响力，以主动应对未来金融制裁可能带来的冲击。

第三篇 基于系统性金融风险的国家金融安全测度研究

　　本篇包括第 11～14 章，这四章重点研究了基于系统性金融风险的国家金融安全测度。第 11 章利用 TVP-SV-VAR 模型，选取 2006～2018 年的月度数据，分析了人民币利率冲击和汇率波动对金融安全的时变效应。研究发现，三者之间的联动关系具有明显的时变特征，且不同时期和不同政策背景下的影响程度不同。利率冲击对金融安全的影响极为微弱，其与金融市场的传导机制效应不明显。汇率波动对金融安全的影响更为显著，整体上呈现出下降趋势。第 12 章基于 GVAR 模型，从关联网络的视角构建了金融压力溢出效应模型，考察信贷市场、资本市场、外汇市场、债券市场和货币市场等五个金融子市场压力在不同国家与市场间的传导及其动态演变。第 13 章利用四种风险测度指标建立我国系统性金融风险测度体系，基于模糊评价方法与基分类器构建集成分类算法，结合孤立森林对风险的分类来预警系统性金融风险，并深入分析预警指标的特征重要性及其对系统性金融风险的影响。第 14 章采用模糊综合评价法，从金融安全质量、金融安全稳定、金融安全生态、金融安全竞争力和金融安全监管五个维度构建了金融安全指数测度体系。利用马尔可夫区制转换回归模型分析了中国、美国等 21 个全球主要国家的金融安全指数和各国金融安全状态的变化情况，并进一步测度了五个维度指数的相互影响及对金融安全指数的冲击效应。

第11章　金融安全的系统宏观测度研究

2017 年 4 月 25 日，习近平在中共中央政治局集体学习会议上强调，"金融安全是国家安全的重要组成部分，是经济平稳健康发展的重要基础" [①]。利率和汇率作为货币对内对外的价格表现，容易对经济主体的决策产生影响，进而对整个宏观经济系统产生作用，影响我国的金融安全。

中国利率市场化改革以同业拆借放率为突破口，于 1996 年 6 月放开银行间同业拆借放率，迈出了具有开创意义的一步。2015 年，中国人民银行放开存款利率浮动上限，这意味着持续近 20 年的利率市场化初步完成。但是，中国的利率市场化改革还有待进一步深化。特别地，市场主体和监管机构需要相应的时间来加深对利率市场定价的理解，并且需要及时识别和处理利率市场化改革过程中积累的风险与问题，降低发生危机的可能性。在历史上，许多国家完成利率市场化后，银行业会陷入更加明显的危机中，代表性国家进行利率改革及其发生银行危机时间如表 11-1 所示。由此可见，在自由体制下的银行部门相对于抑制体制下更加脆弱，以利率市场化为代表的金融自由化被看作危机爆发的根源之一。因此，即使我国名义上完成了利率市场化进程，也应注意其引起短期失衡和危机的可能性，更加注重利率市场化后的深化改革，以有效防范系统性风险，维护国家金融安全。

表 11-1　代表性国家利率市场化与银行危机时间表

国家	利率市场化开始时间	银行危机时间	国家	利率市场化开始时间	银行危机时间
意大利	1980 年	1990～1994 年	葡萄牙	1984 年	1986～1989 年
挪威	1985 年	1987～1993 年	印度	1991 年	1991～1994 年
美国	1970 年	1986～1992 年	墨西哥	1989 年	1994～1995 年
日本	1985 年	1992～1994 年	马来西亚	1978 年	1985～1988 年
英国	1971 年	1981～1985 年	加拿大	1980 年	1983～1985 年

资料来源：IMF

与此同时，2005 年 7 月，中国放弃了固定汇率制度，进行汇率制度改革，并

---

① 习近平主持中共中央政治局第四十次集体学习. http://www.gov.cn/xinwent/2017-04/26/content_5189103.htm [2017-04-26].

开始实行以市场供求为基础、参考一篮子货币调节、有管理的浮动汇率制度。人民币汇率不再钉住单一美元，在合理均衡水平上基本保持稳定，形成更富有弹性的人民币汇率机制。"7·21"汇率改革后，人民币对美元汇率相对中间价的日浮动区间逐步扩大。2007 年美国次贷危机爆发，为了应对危机，人民币汇率改革步伐被搁置，暂时放弃参考一篮子货币并重新钉住美元。2010 年 6 月，汇率改革重启，人民币汇率双向波动日益明显。随着人民币国际化进程的发展，为方便加入特别提款权（special drawing right，SDR），2015 年 8 月 11 日，中国人民银行启动了中间价形成机制改革，汇率改革再出发。2016 年，中间价定价实际转向"上一日收盘价＋参考一篮子货币汇率变化"规则，中国人民银行对中间价的控制力度大大减弱。2017 年 5 月，在美元持续下跌的背景下，中间价报价模型中进一步引入逆周期因子，主要是为了适度对冲市场情绪的顺周期波动，反映国内经济基本面变化。

在人民币利率市场化改革不断深化和汇率形成机制不断完善的背景下，我国向高收入国家迈进，从外汇极度短缺国家变为外汇储备第一大国。随着中国加入特别提款权、英国脱欧等一系列事件的发生，全球贸易格局不断产生变动，利率汇率对金融安全的宏观传导机制可能已经发生传统 VAR 方法无法捕捉的结构性改变。本章通过构建 TVP-SV-VAR 模型，探究利率冲击、汇率波动与金融安全之间的联动关系，对维护中国金融安全、推动金融体系改革、促进经济可持续发展具有现实意义。

11.1　文　献　综　述

党的十八大以来，习近平在继承与发展马克思主义理论的基础上，提出"切实把维护金融安全作为治国理政的一件大事"[①]。目前，学术界对金融安全没有统一的定义。我国学者对金融安全的理论研究主要从以下三个角度展开。一是从国家金融安全的内涵角度。王元龙（1998）提出金融安全是货币资金融通的安全。雷家啸（2000）、卢文刚（2003）、贺力平（2007）等认为金融安全是指一国在面对内外部冲击时仍能维持金融体系正常运转的能力。二是从金融安全的系统构成方面。田新（2012）认为金融安全包括政治环境、经济环境、文化环境、技术环境。时吴华（2015）则认为金融影响涉及政治安全、网络安全等多个方面。刘锡良（2004）提出金融安全主要包括金融资产、金融机构和金融发展的安全。三

---

① 习近平：维护金融安全是治国理政的一件大事. http://www.xinhuanet.com/politics/2017-04/27/c_129576721.htm[2017-04-27].

是从金融安全的发展角度。例如，万喆（2017）认为国家金融安全与"一带一路"建设相辅相成。国外学者则更侧重研究金融风险或安全的度量，目前已建立完备的指标体系，如 IMF 的金融稳健性评价指标、美国商业环境风险情报研究所的富兰德指数等。

关于利率与金融安全之间的研究，学者持有不同的观点。逆周期的货币政策支持者认为，利率上升能减小资产价格泡沫。但是，也有部分学者得出二者之间反传统观念的结论。例如，Galí（2014）认为，在均衡状态下，理性股票价格泡沫与利率以相同速度增长。董凯和许承明（2017）则从利率扭曲的角度进行探究，认为扭曲的利率冲击会导致房价上涨，在特定水平会抑制经济主体活力，阻碍产业转型与经济增长，甚至导致监管套利和危害长期金融稳定。还有学者发现，不同时期利率对实体经济会产生不同的冲击效应。

汇率与金融安全方面的研究多是侧重汇率波动对货币危机的影响。张启阳（2008）认为汇率剧烈波动可能通过国内银行机构的外汇业务直接导致银行体系内部风险增大。孙华好和马跃（2003）通过建立货币模型，发现若外部国际收支账户冲击的规模足够大，则钉住汇率不能维持，易引发货币危机。胡小文和章上峰（2015）、李丽玲和王曦（2016）等则从资本账户开放的角度切入，认为汇率波动会减弱资本账户开放的增长效应。而在保持资本账户开放度不变的时候，汇率弹性增大有助于促进经济波动。因此，推动汇率改革进程有助于减少经济波动，增强货币政策宏观调控效果。

在利率、汇率和金融安全三者关系方面，相关研究较少。汇率与利率联动机制研究课题组等（2007）指出目前利率平价过程被扭曲，汇率政策和利率政策在经济调控上的目标往往存在冲突，造成政策效果不佳，宏观风险积累。董凯和许承明（2017）构建的 MS-VAR 模型实证表明，扭曲的利率冲击导致了房价上涨和汇率贬值同时存在。郭树华等（2009）发现中美利率和汇率存在长期协整关系，但短期联动性不足，我国应该加快利率市场化进程并完善汇率形成机制，促进宏观经济均衡发展。

通过上述文献梳理，我们可以发现，由于计量方法、样本选择及研究角度的不同，研究所得结论各异。目前，主要文献的实证研究多聚焦于 SVAR、DSGE、阈值协整和平滑转换模型。然而，中国金融发展具有复杂性和结构性，以上实证模型无法在整体样本中考虑时变影响。因此，本章参考了 Primiceri（2005）提出的 TVP-SV-VAR 模型，通过强调利率波动和汇率冲击的联动作用，在不同提前期和不同时点考察利率波动与汇率冲击对金融安全的时变影响。

11.2 模型与数据说明

11.2.1 模型设定

自从 Sims（1980）提出 VAR 模型之后，该模型作为一种基本的计量分析工具已被广泛应用于各经济领域。标准的 SVAR 模型的定义为

$$Ay_t = F_1 y_{t-1} + F_2 y_{t-2} + \cdots + F_s y_{t-s} + \mu_t \tag{11-1}$$

其中，$t=s+1,\cdots,n$；y_t 表示 k 个可观察变量组成的 $K \times 1$ 维列向量；$A, F_1, \cdots, F_s$ 表示 $K \times K$ 系数矩阵；μ_t 表示 $K \times 1$ 维的结构冲击项。假设 A 是主对角线元素为 1 的下三角形矩阵，该模型就是递归形式的 VAR 模型。式（11-1）可进一步表示为

$$y_t = B_1 y_{t-1} + B_2 y_{t-2} + \cdots + B_s y_{t-s} + A^{-1} \Sigma \varepsilon_t \tag{11-2}$$

其中，$\varepsilon_t \sim N(0, I_k)$，$B_i = A^{-1} F_i$，$i=1,2,\cdots,s$，且

$$\Sigma = \begin{bmatrix} \sigma_1 & 0 & \cdots & 0 \\ 0 & \sigma_2 & \cdots & 0 \\ \vdots & \vdots & & \vdots \\ 0 & 0 & \cdots & \sigma_k \end{bmatrix} \tag{11-3}$$

即 $y_t = X_t \beta_t + A^{-1} \Sigma \varepsilon_t$，$t = s+1,\cdots,n$，$X_t = I_k \otimes \left(y_{t-1}^{\mathrm{T}}, \cdots, y_{t-s}^{\mathrm{T}} \right)$，$\otimes$ 表示克罗内克积。

传统 VAR 模型假定其系数与扰动项方差都是固定值。但现实生活的政策法律、消费观念、宏观环境等不断变化，模型参数需要改变。因此，Primiceri（2005）将模型扩展为截距、系数和方差都随时间变动的 TVP-SV-VAR 模型。该模型通过时变系数估计准确识别经济中潜在的时变结构，还通过时变波动性解决了异方差问题。在上述模型中引入时变的系数矩阵和协方差矩阵，得到时变参数向量自回归模型，如式（11-4）所示。

$$y_t = X_t \beta_t + A^{-1} \Sigma_t \varepsilon_t, \quad t = s+1,\cdots,n \tag{11-4}$$

式（11-4）中，$\Sigma_t = \mathrm{diag}(\sigma_{1t}, \cdots, \sigma_{kt})$，$\beta_t, A_t, \Sigma_t$ 均随时间变化。参照 Nakajima（2011）和 Primiceri（2005），假设 $\alpha_t = \left(\alpha_{21}, \alpha_{31}, \alpha_{32}, \alpha_{41}, \cdots, \alpha_{k,k-1} \right)^{\mathrm{T}}$ 是 A_t 矩阵中非 0 和非 1 部分按行堆叠产生的向量。同时，令对数随机波动率矩阵 $h_t = \left(h_{1t}, \cdots, h_{kt} \right)^{\mathrm{T}}$，其中，$h_{jt} = \ln \sigma_{jt}^2$，$j=1,\cdots,k$，$t=s+1,\cdots,n$。

参照 Primiceri（2005）的观点，TVP-SV-VAR 模型中的所有参数服从随机游走过程，即

$$\beta_{t+1} = \beta_t + \mu_{\beta t} \tag{11-5}$$

$$\alpha_{t+1} = \alpha_t + \mu_{\alpha t} \tag{11-6}$$

$$h_{t+1} = h_t + \mu_{ht} \tag{11-7}$$

$$\begin{bmatrix} \varepsilon_t \\ \mu_{\beta t} \\ \mu_{\alpha t} \\ \mu_{ht} \end{bmatrix} \sim N \left(0, \begin{bmatrix} I & 0 & 0 & 0 \\ 0 & \Sigma_\beta & 0 & 0 \\ 0 & 0 & \Sigma_\alpha & 0 \\ 0 & 0 & 0 & \Sigma_h \end{bmatrix} \right) \tag{11-8}$$

其中，$\beta_{s+1} \sim N(\mu_{\beta_0}, \Sigma_{\beta_0})$，$\alpha_{s+1} \sim N(\mu_{\alpha_0}, \Sigma_{\alpha_0})$，$h_{s+1} \sim N(\mu_{h_0}, \Sigma_{h_0})$，且时变参数冲击相互独立，参数扰动项协方差矩阵 Σ_β、Σ_α 和 Σ_h 均为对角（正定）矩阵。

　　参数随机游走过程可以允许参数暂时性或永久性变动，可以同时识别经济结构中的渐变性特征和突变过程。但是随机波动的假设也存在一定缺陷，即难以处理极大似然估计过程，且容易产生过度参数化问题。Nakajima（2011）使用马尔可夫链蒙特卡罗方法对模型进行贝叶斯估计，使参数估计更加准确。我们通过人为设定确定较为合理的单调事前检验值。模型参数 β、α 和 h 服从正态分布，$\mu_{\beta_0} = \mu_{\alpha_0} = \mu_{h_0}$，$\Sigma_{\beta_0} = \Sigma_{\alpha_0} = \Sigma_{h_0} = 10I$，协方差矩阵第 i 个对角线定义为，$(\Sigma_\beta)_i^{-2} =$ Gamma$(20, 0.01)$，$(\Sigma_\alpha)_i^{-2} =$ Gamma$(2, 0.01)$，$(\Sigma_h)_i^{-2} =$ Gamma$(2, 0.01)$。

11.2.2　数据说明

　　（1）利率。参考孙焱林和张倩婷（2016）对利率的定义，本章使用我国银行间同业拆放 7 天加权平均利率作为利率的代理变量。我国银行间同业拆借市场的市场化程度较高，其利率可以快速反映市场货币的供求情况，使用该指标符合我国的现实情况。

　　（2）汇率。汇率指标选择人民币实际有效汇率（China real effective exchange rate，CREER）指数，人民币实际有效汇率指数代表了人民币对一篮子货币的汇率，同时可以消除通货膨胀的影响，更能充分体现人民币汇率的变化。

　　（3）金融安全。在金融安全指标的刻画上，其内涵的复杂性使金融安全很难用单一指标来衡量，通常都是通过一个或多个包含多个维度指标的综合指数进行度量。但多数构建综合指数的二级指标常与利率汇率有较大重合，所以参考谷寒婷（2018）的研究，基于宏观稳定的角度，考虑，经济平稳发展及金融市场稳定性两个层面：一方面，宏观经济增长是金融安全的基础，通常从总量角度使用 GDP 增长率进行刻画；另一方面，金融市场的稳定性越高，其应对各种风险的能力也就越强，所以它同样也是刻画金融安全的重要指标。金融市场的稳定性可以用资产价格波动进行测度。

　　（4）经济增长率。目前，大部分研究常选用 GDP 作为经济增长指标，但我国披露的 GDP 数据只有季度和年度数据，缺乏相应的月度数据。而我国规模以上工业增加值与 GDP 之间存在显著的正相关关系，在一定程度上可以代表 GDP（昌忠泽等，2018）。因此，考虑数据可得性和完整性，本章选用规模以上工业增加值月度同比增速代表 GDP 真实增长率（real gross domestic product，RGDP），并将其作为经济增长指标的代理变量。

（5）资产价格波动。投资者进行资产配置时涉及的资产主要包括现金、股票、债券、大宗商品及房地产这五大类。与其他大类资产相比，现金资产变动频率较低，因此，本章在考虑资产价格的代理变量时仅考虑股票、债券、房地产和大宗商品，共囊括资产价格相关变量 6 个，具体指标定义及选取依据见表 11-2。

表 11-2　资产价格相关变量

大类资产	具体指标	符号	选取依据
股票	上证综合指数	X_1	上海证券交易所代表性指数
	深证成份指数	X_2	深圳证券交易所代表性指数
债券	上证国债指数	X_3	国家为发行主体
	上证公司债指数	X_4	上市公司为发行主体
房地产	国房景气指数	X_5	反映房地产业发展景气状况的综合指数
大宗商品	大宗商品价格指数	X_6	反映有色、贵金属、煤焦矿、非金属建材、能源、化工、谷物、农副产品等商品期货走势

本章借鉴 Miguel-Dávila 等（2010）等方差加权方法构建资产价格指数（asset price index，API）。

$$\text{API}_t = \sum_{j=1}^{6} \theta_j \frac{X_{j,t} - \overline{X_j}}{\sigma_j} = \sum_{j=1}^{6} \theta_j x_j \tag{11-9}$$

其中，$X_{j,t}$ 表示 t 时刻第 j 种资产价格指数；$\overline{X_j}$、σ_j 分别表示第 j 种资产价格指数在样本期内的均值与标准差；权重 θ_j 采用主成分分析法计算得到。最终 API 计算公式为

$$\text{API} = 0.2019 x_1 + 0.2357 x_2 - 0.0751 x_3 - 0.0782 x_4 + 0.2252 x_5 + 0.1741 x_6 \tag{11-10}$$

时间序列跨度为 2006 年 6 月至 2018 年 11 月，数据主要来源于国泰安统计数据库，部分数据来自中经网统计数据库和东方财富网。除利率外，其他变量通过 X-13 方法进行季节调整，所有变量通过 H-P 滤波剔除长期趋势，变量均为平稳序列。

11.3　实证结果分析

11.3.1　参数估计结果

构建 TVP-SV-VAR 模型所需估计的参数较多，因此，大部分学者主要根据固定系数 VAR 模型的信息准则选择相应的滞后阶数。所以，本章实证部分根据施瓦茨（Schwarz）准则和汉南–奎因（Hannan-Quinn）准则设定模型为一阶滞后，并在 OxMetrics6 中进行了参数估计。马尔可夫链蒙特卡罗抽样次数设定为 50 000 次。

图 11-1 显示了模型参数估计结果。第一行显示的是样本自相关系数。通过马尔可夫链蒙特卡罗抽样，样本自相关系数稳定下降，最后都趋于 0，这说明抽样样本不存在明显自相关关系。第二行为抽样样本路径图，图中显示抽样数据围绕抽样数据样本均值上下小范围波动，这表明抽样样本无明显趋势。第三行为抽样样本分布图，可以看出后验分布密度函数比较理想，表明抽样样本是收敛的。由此可见，马尔可夫链蒙特卡罗抽样能有效地产生不相关的样本，且抽样结果可以有效地模拟各参数的分布状况。

表 11-3 显示了 TVP-SV-VAR 模型参数后验分布的各个指标数值。其中，Geweke 收敛诊断值和无效因子均是 Geweke（1992）提出的用来判断马尔可夫链蒙特卡罗模拟过程是否收敛的指标。表 11-3 中，Geweke 值都未超过 5% 的临界值，也就是说，在 5% 的显著性水平下不能拒绝模型收敛于后验分布原假设，这表明预烧期已能使马尔可夫链趋于集中。此外，无效因子（inef.）均比较小，最大值为 108.9，说明在进行的 50 000 次模拟抽样中，可以获得至少 459 个不相关样本，这意味着用上述预设参数的马尔可夫链蒙特卡罗方法抽样得到的样本个数对于模型的后验推断足够多。因此，本章通过马尔可夫链蒙特卡罗方法对 TVP-SV-VAR 模型参数的模拟估计是有效的。

表 11-3　模型参数估计结果

参数	均值	标准差	95%置信度（下限）	95%置信度（上限）	Geweke	无效因子
$s_{\beta 1}$	0.0366	0.0090	0.0236	0.0583	0.158	42.82
$s_{\beta 2}$	0.0406	0.0107	0.0253	0.0669	0.143	42.17
$s_{\alpha 1}$	0.0805	0.0320	0.0416	0.1627	0.446	70.58
$s_{\alpha 2}$	0.0876	0.0407	0.0419	0.1904	0.525	102.89
$s_{h 1}$	0.8841	0.2046	0.5124	1.3186	0.747	108.90
$s_{h 2}$	0.3758	0.0972	0.2141	0.5940	0.327	54.50

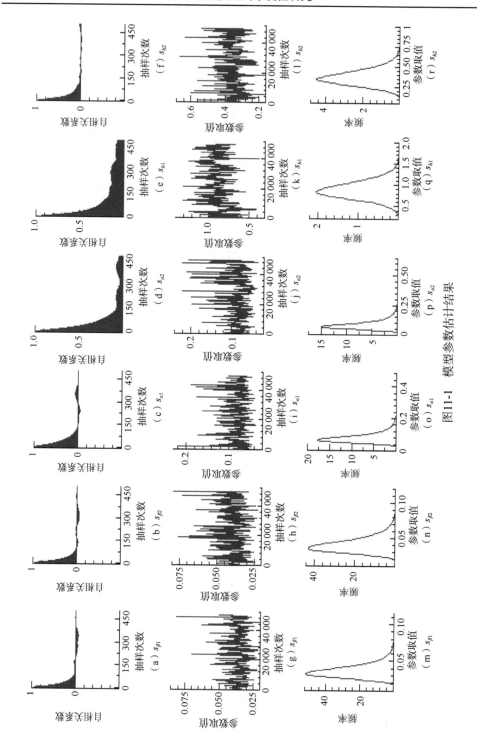

图11-1　模型参数估计结果

11.3.2　模型结构冲击的随机波动率时变特征

自 1996 年以来，中国利率市场化改革已推进了二十余年。从图 11-2 来看，人民币利率一直处于波动之中。波动区间范围较大的是 2007 年、2011 年及 2013 年。2006～2007 年，中国人民银行八次上调存贷款利率，在某些情况下会加剧利率波动。为加快利率市场化进程，2010～2011 年又五次调高存贷款利率。2012 年 6 月，中国人民银行将存款利率浮动区间上限调整为基准利率的 1.1 倍。2013 年 7 月，为进一步加快我国利率水平市场化进程，中国人民银行彻底取消对金融机构贷款利率和票据贴现率的管制，实现金融机构的自主定价。2014～2015 年，中国人民银行三次降低国内存款利率水平，扩大利率水平的波动范围。2015 年 10 月，中国不再设定存款利率浮动上限，这意味着中国名义上完成利率市场化，因此，利率在经过一段时间的波动后趋于稳定。但目前我国利率形成机制尚存短板，仍需加快与国际市场接轨，不断完善提高。

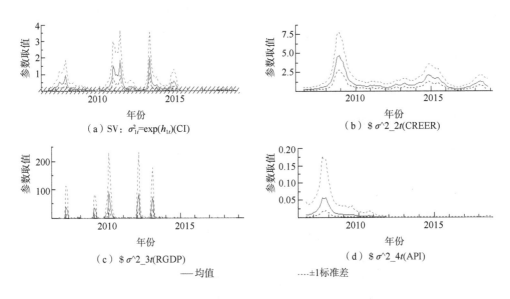

（a）SV：$\sigma_{1t}^2 = \exp(h_{1t})$(CI)

（b）σ^2_2t(CREER)

（c）σ^2_3t(RGDP)

（d）σ^2_4t(API)

——均值　　　　……±1标准差

图 11-2　各变量结构冲击的随机波动率时变特征图

经历汇率改革后，人民币汇率加速上升，2008～2010 年展现较强的随机波动。但受到金融危机影响，人民币停止升值趋势，逐渐趋于下降。而 2014 年下半年至 2016 年，人民币汇率也出现波动趋势。2015 年"8·11"汇率改革后，汇率形成机制发生变化，人民币汇率进一步市场化；中国加强供给侧结构性改革，推进"三去一降一补"（去产能、去库存、去杠杆、降成本、补短板），经济增长速度下降；同时，资本外流加快，对外投资远高于吸引外资数额，外汇储备大幅降低。

综合上述因素，人民币汇率在 2016 年年初急速贬值。英国脱欧事件使英镑暴跌，美元被动升值导致人民币继续面临贬值压力。

从 GDP 增速来看，进入 21 世纪以来，中国经济常年保持高速增长，GDP 增长速度长期保持在 10%以上。然而，突如其来的次贷危机严重打击了中国经济，全球经济增长放缓导致中国出口急剧下滑。GDP 增速从 2008 年开始呈断崖式下跌，2009 年 1 月 GDP 增长率为负，这也是样本区间内的最低点。而后，随着中国出台了如扩大信贷规模、多次下调金融机构存贷款利率等一系列刺激措施，宏观经济开始迅速恢复，GDP 增速均迅速回升。但是，由于前期扩张性的货币政策及财政政策释放的大量流动性仍无法完全消化，因此，2010 年之后 GDP 增速再次下降，并于 2014 年后回归至 8%以下。从图 11-2（c）还可以看出，相比于以往，2014 年后的经济增速趋于平稳。

从资产价格波动情况来看，2007～2008 年随机波动率较大。这是因为 2005 年 6 月 6 日至 2007 年 10 月 16 日是我国股票市场重要的大牛市，涨幅高达 513%。随后，受金融危机的影响，股票市场急剧下跌，2008 年 10 月 28 日后才重新上涨。同时，考虑到国内流动性水平及社会资金流向，这一时间段资产价格波动最大。从图 11-2（d）可以看出，2007～2008 年，资产价格的随机波动率处于最高水平，这与实际相符。

11.3.3　脉冲响应分析

1. 不同提前期冲击的脉冲响应时变特征

本章设定提前期分别为 1 个月、6 个月和 12 个月，分别反映变量响应短期、中期、长期的动态变化过程。

如图 11-3 所示，不同提前期冲击的变量脉冲响应变化趋势具有一定的相似性，所有变量脉冲响应都随时间变化。当人民币利率正向冲击时，不同提前期对汇率的响应在 2008 年 8 月之前都为负值，2008 年 9 月之后则为正值，且影响程度不断增强。与之对比，提前 6 个月和提前 12 个月的冲击对经济增速的影响在 2009 年前为正值且急剧下降，2009 年年初至 2017 年 7 月之间几乎没有影响，而在 2017 年 7 月之后，响应上升为正值。而提前 1 个月经济增速的响应一直为正值，这说明人民币利率上升短期内会导致经济增长率提高。2009 年至 2017 年 7 月，人民币利率上升，中长期内经济增长无明显影响。2008 年 8 月至 2017 年 7 月，人民币利率上升，中长期内资产价格无明显响应。当人民币利率提前 1 个月冲击时，资产价格的脉冲响应程度为正值且急剧下降，在 2013 年 5 月达到负值最大值后又趋于上升。也就是说，除 2013 年外，利率上升，短期内资产价格上升。这说明利率的提高在短期内将导致金融市场的稳定性降低，金融风险增加。

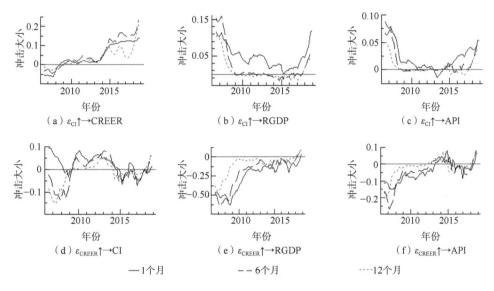

图 11-3 不同提前期冲击的脉冲响应函数

当人民币汇率正向冲击时，2008 年 8 月之前，提前 1 个月的冲击对人民币利率的影响为正且持续下降并趋于 0，提前 6 个月和提前 12 个月的冲击对人民币利率的影响则为负值，并且在下降到极值点后又急剧回升到 0。这表明 2008 年 8 月之前，人民币汇率升值，短期内利率上升，中长期内利率反而下降。之后，时间对其影响的变化不大。2008 年 8 月至 2014 年 2 月，利率对汇率一直是正向响应。在 2014 年后，利率对汇率的响应则在 0 值上下不断变化。不同提前期人民币汇率的正向冲击对经济增长和资产价格的影响大致相同，即人民币升值对金融安全的冲击不存在结构性变化，冲击方向和冲击大小都保持稳定。当人民币汇率升值时，经济增长率下降，且影响程度随年份的增加不断减小。类似地，在 2013 年之前资产价格对汇率的响应为负值且不断减小，在 2013 年之后响应则趋近于 0。

2. 不同时点冲击的脉冲响应时变特征

图 11-4 和图 11-5 分别是不同时点利率冲击和汇率冲击的脉冲响应函数图，反映了变量在不同时点的变化特征。本章选取的 2007 年 11 月、2014 年 11 月和 2017 年 9 月三个时点，分别代表了全球金融危机时期、经济新常态时期和中美贸易战时期，描述在不同时期利率和汇率与金融安全的时变效应。

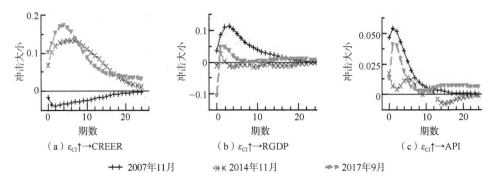

（a）$\varepsilon_{CI}\uparrow \to CREER$　　　　（b）$\varepsilon_{CI}\uparrow \to RGDP$　　　　（c）$\varepsilon_{CI}\uparrow \to API$

┼┼ 2007年11月　　　×× 2014年11月　　　▬▬ 2017年9月

图 11-4　不同时点利率冲击的脉冲响应函数

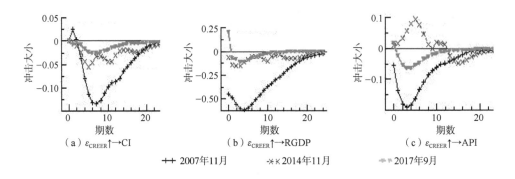

（a）$\varepsilon_{CREER}\uparrow \to CI$　　　　（b）$\varepsilon_{CREER}\uparrow \to RGDP$　　　　（c）$\varepsilon_{CREER}\uparrow \to API$

┼┼ 2007年11月　　　×× 2014年11月　　　▬▬ 2017年9月

图 11-5　不同时点汇率冲击的脉冲响应函数

1）利率冲击的脉冲响应

从图 11-4 来看，对于 2007 年 11 月全球金融危机时期的人民币利率冲击，人民币汇率的响应程度为负值，而在另外两个时点均为正值，这说明在金融危机时期，利率上升，人民币汇率贬值。其余时刻正相反。同时，在三个不同的时点对利率施加冲击，金融安全响应程度的走势具有一定的相似性。对于 2007 年 11 月的人民币利率正向冲击，经济增长的响应程度一直为正值，在第 3 期达到最大。资产价格的响应程度也为正值，且在第 2 期达到最大，即在金融危机时期，人民币利率提高会促进经济增长和资产价格的提高。对于 2014 年 11 月的人民币利率正向冲击，经济增长和资产价格的响应程度较小且趋近于 0。对于 2017 年 9 月的人民币利率正向冲击，经济增长和资产价格的响应程度与金融危机时点的响应类似。经济增长对利率冲击的响应首先表现为负值，在第 2 期变为正值的最大值，随着时间推移，大概一年后趋于稳定，即人民币利率在短期内与经济增长呈负向关系。资产价格的响应程度一直为正且在第 2 期最大，具体表现为利率上升，资产价格提高。

通过以上分析可以看出，在经济新常态时期，利率冲击对金融安全几乎无影响。而在金融危机和中美贸易战时期，利率冲击在短期内会导致 GDP 增速和资产价格的变动，影响宏观经济的平稳发展及金融市场的稳定性，从而对金融安全产生威胁。

2）汇率冲击的脉冲响应

从图 11-5 可以看出，对于 2007 年 11 月全球金融危机时期的人民币汇率冲击，利率的响应在第 1 期为正值，之后全为负值且在第 7 期达到最大。对于 2014 年 11 月和 2017 年 9 月的汇率冲击，人民币利率的响应均为负值且趋近于 0，其中，中美贸易战时期利率的响应程度更为平缓。同时，在三个不同的时点对汇率施加冲击，金融安全响应程度的走势具有一定的相似性。

对于 2007 年 11 月的人民币汇率正向冲击，经济增长的响应程度一直为负值，在第 4 期达到最大；资产价格的响应程度也为负值，且在第 3 期达到最大，即在金融危机时期，人民币汇率与经济增长和资产价格呈反向变动。对于 2014 年 11 月的人民币汇率正向冲击，经济增长响应程度较小，资产价格的响应在前 12 期为正值，之后变为负值。对于 2017 年 9 月的人民币汇率的正向冲击，经济增长和资产价格的响应趋势与金融危机时点的响应类似。经济增长和资产价格的响应波动较小，在第 3 期达到负值最大值。

通过以上分析可看出，在金融危机时期，经济增长和资产价格对汇率冲击的响应为负值且最显著，即人民币升值，经济增速放缓，资产价格下降，这说明此时汇率波动会显著影响宏观经济的发展和金融市场的稳定。在经济新常态时期和中美贸易战时期，经济增长和资产价格的响应程度则相对较小。同时，通过与图 11-4 对比，还可以看出，相对于利率冲击，金融安全对汇率冲击的响应程度更显著。

11.4　结论及政策建议

本章从宏观稳定的视角出发，通过构建 TVP-SV-VAR 模型，对利率冲击、汇率波动与金融安全之间的动态关系进行实证分析。研究结果有以下几方面：①人民币利率与金融安全的关系。利率冲击对金融安全的影响在短期和中长期均具有时变性，且短期影响相对较为平缓。人民币利率对经济增长率和资产价格表现为正向刺激，且影响程度不断变化。在经济新常态时期，利率冲击对经济增长和资产价格波动无显著影响。而在金融危机时期，经济增长和资产价格的响应程度相对较大。但是，无论是经济增长还是资产价格，受到利率正向冲击后的响应幅度极小，这主要是因为中国利率市场化结构仍未完善，与金融市场之间的传导机制效应并不显著，利率和宏观经济的作用机制的效率低下。②人民币汇率与金融安全的关系。汇率冲击对金融安全的时变影响相对利率冲击较为剧烈。在 2008 年金融危机时期和中美贸易战时期，实际有效汇率指数升高对经济增长和资产价格表现为负向刺激；在经济新常态时期，对资产价格为正向刺激，经济增长为负向刺激但是影响不明显。③人民币利率与汇率之间的关系。人民币利率和汇率之间存在互动的关联机制。由于不同时间段外汇干预和资本管制的程度不同，实际有效汇率指数对利率冲击的脉冲响应存在显著的时变特征，长期趋势相对较为平缓。其中，金融危机时期为不显著的负向作用，而中美贸易战时期呈现显著的升值趋势。汇率冲击对利率的影响也具有时变性。在金融危机时期，人民币利率对汇率冲击的脉冲响应在短期内表现为正值，长期内表现为负值。在经济新常态时期和中美贸易战时期，利率响应为负值且不显著。

针对以上结论，本章提出以下政策建议。首先，继续完善和加强我国的利率市场化改革，充分发挥利率的调节作用。积极发展货币市场交易主体，创新货币市场交易工具，推进货币市场体制改革，从而充分促进利率市场化进程，加强利率与宏观经济的联系，进一步发挥利率对宏观经济的调控作用，以期未来通过利率更好地监控我国金融安全。其次，继续推进人民币汇率改革，完善汇率形成机制。此次中美贸易战，一方面是源于中美巨额贸易逆差，另一方面也是美国霸权主义对新兴国家的遏制，进行利益敲诈。贸易战从根本上来说是一场改革战。我国应加大改革力度，增强人民币汇率双向浮动弹性，使汇率更能反映市场供需关系，在合理均衡水平上保持稳定。这对促进金融稳定、维护国家金融安全具有重要意义。最后，利率与汇率之间存在时变的互动机制。因此，我们应充分考虑利率、汇率对金融安全的联动机制，通过合理安排稳步推进市场化改革，促进经济平稳健康发展。

第12章 金融安全的系统压力测度研究

随着金融创新、金融自由化和全球金融市场一体化的加速发展，金融安全已经成为国家安全的重要组成部分，而金融压力也成为金融安全最为关注的核心问题之一。金融压力是金融体系承受风险水平的反映，受到金融体系自身脆弱性、金融市场不确定性及外部冲击等多种因素的影响。金融压力通过金融系统内各子金融市场和国际金融市场间关联网络不断传染放大，这不仅显著影响一国宏观经济运行，还给国际金融市场稳定和全球金融危机防范带来挑战（Hakkio and Keeton，2009）。合理测度金融市场压力包括识别金融系统内金融市场压力变动特征及国际金融市场间金融压力动态传染和演化路径，构建我国金融市场与国际金融市场之间风险传染的关联机制，有助于制定宏观审慎监管政策，科学防范系统性金融风险。

大量实证研究表明，金融压力指数对金融风险的测度和识别的拟合性较高。现有研究中主要关注金融压力指数构造及对宏观经济波动的影响，缺乏对各金融子市场间金融压力溢出特征及国际金融市场压力传导机制的深入研究。作为对现有研究的补充，本章基于 GVAR 模型（Chen and Semmler，2018）从关联网络的视角构建金融压力溢出效应模型，将我国各金融子市场与其他主要国家各金融子市场纳入统一模型，有效捕捉金融压力溢出过程中的结构性变化和非线性关系，考察不同金融子市场间和各国金融市场间压力溢出的关联特征与动态变化。本章模型不仅能够准确描述各金融子市场内、跨子市场间等不同层次金融压力的传染，还能够根据各金融子市场压力在国际金融市场间的溢出效应，识别我国各金融子市场在金融危机传染过程中的地位及金融压力溢出的传导渠道；同时，基于滚动窗口对 GVAR 模型进行估计并构建金融压力动态溢出模型，可以准确捕捉样本周期内各金融子市场压力溢出的动态变化，把握不同周期下金融压力溢出的动态变化特征。

本章通过构建信贷市场、资本市场、外汇市场、债券市场和货币市场 5 个金融子市场压力指数，分析了 2007～2017 年全球 12 个主要发达国家和新兴市场金融压力的动态变化，利用 GVAR 模型并基于 Diebold 和 Yilmaz（2012，2014）的研究构建金融压力溢出模型，对多个国家各金融子市场压力溢出的静态特征和动态传导效应进行刻画。研究结果表明,美国金融市场压力溢出在全球金融市场网络中占主导作用;发达经济体主要通过其资本市场和货币市场影响我国的信贷市场、资本市场与外汇市场,而新兴经济体金融压力则主要影响我国的债券市场和货币市场。同时,各金融子市场之间的压力传导特征存在明显差异,资本市场和货币市场压力的溢出效应显著高于其他市场,是不同国家和金融子市场间金融压力溢出的重要路径。动态分析则进一步说明 2014 年以来国际金融市场压力对我国金融市场的影响远远高于金融危机时期。

12.1　文　献　综　述

12.1.1　金融压力传导机制研究

金融市场面临着各种可能的损失、风险和不确定性,在外部冲击的影响下,金融市场损失、风险及不确定性的增加会加剧金融市场自身的脆弱性,加剧金融压力,最终可能演变为金融危机。在全球金融市场联系日益紧密的今天,一国金融市场压力的加剧及金融危机的出现都将迅速在不同市场间传输。当一国发生危机时,金融机构面临流动性问题,需要通过减少在其他市场的拆借头寸来满足流动性需求,将导致其他市场出现货币危机;当两国金融市场资产价格波动具有高度相关性时,金融压力则会通过跨市场的套期保值迅速传染(Jahjah et al., 2013;游家兴,2010)。

金融压力可能来自经济基本面恶化、银行体系崩溃、资产泡沫破灭及货币市场波动等(刘晓星和方磊,2012;王妍和陈守东,2012)。以 Park 和 Mercado(2014)、Louzis 和 Vouldis(2012)等为代表的研究表明,银行体系、资本市场、外汇市场、债券市场和货币市场是金融市场重要的风险来源,而金融压力则在金融系统内各子市场间相互传导,从而影响金融市场的稳定。

Kiyotaki 和 Moore(2002)发现,金融压力会通过银行信贷业务从银行体系传导至债券市场,当银行的支付活动受到影响时,与之相关的债务不能进行顺利结算,从而增加债券市场压力(王一萱和屈文洲,2005)。而债券市场则通过影响银行利率、银行资金来源和企业生产进而将债券市场压力传导至银行体系,影响信贷市场(Herz and Tong, 2008)。同时,银行体系压力的增加也会降低资本市场投资的杠杆比例,减少资本供给,从而导致融资成本上升,加剧资本市场压力(Hegerty, 2009)。资本市场上金融资产价格的强烈波动将引发资本市场急速、短暂、超周期的暴跌,资本市场压力的加剧将导致金融资产泡沫的破裂,资产价格下跌，进而使银行体系、债务市场和外汇市场的脆弱性提高（Kapadia，2011；史永东等，2013）。而当银行体系、债券市场和资本市场压力加剧时，监管机构为了增加资本供给而实施宽松性的货币政策，这将会导致本币贬值压力、外币升值压力，从而导致外汇市场压力增加（Obstfeld，1998；Gaies et al.，2019）。而当本币大幅贬值时，包括国外投资或者投机在内的资本会大量抛售资本市场和货币市场上以本币计价的金融资产，导致资本市场和货币市场压力增大（张兵等，2008），而外汇市场压力的加剧将同时使以本币衡量的外币负债上升，从而对债券市场产生压力（Bleaney et al.，2008）。

12.1.2　国内外相关研究

金融机构间及国际金融市场间压力溢出及其引发的系统性金融风险在 2008 年全球金融危机后引起了更多的关注，国内外学者和监管机构分别从金融理论和实证两个方面进行了一系列的研究。Balakrishnan 等（2011）、Forbes 和 Chinn（2004）发现国际贸易和金融市场关联是金融压力传导的主要渠道。为了有效测度金融市场稳定性，以往研究从不同角度构建了测度金融市场压力的模型。Carlson 等（2011）构造了违约距离指标测度金融市场健康水平，并发现金融市场的稳定性对宏观经济的显著性影响。Aspachs 等（2006）在 Chami 和 Cosimano（2010）局部均衡模型的基础上，引入了宏观经济状态的影响因素，结果表明，银行体系违约概率的增加阻碍了宏观经济的发展。Chen 等（2010）研究了银行和企业压力对不同经济体的影响并分析了压力的传染路径，研究发现，发展中国家对企业压力更为敏感，而发达国家经济增长对银行压力更为敏感。

但是 Čihák（2007）指出，基于违约概率构建的金融稳定测度指标未能考虑金融压力的规模大小，而 Schinasi（2005）也指出对金融稳定性的测度不仅应该包括引起金融风险和脆弱性的主体间的差异性，还要考虑金融体系各个组成部分之间的联动效应（Gadanecz and Jayaram，2008）。基于此，Illing 和 Liu（2006）首次从信贷市场、资本市场、外汇市场等不同部门中选取具有代表性指标作为变量，根据不同的加权方法将多个变量组合成一个单独的金融压力测度指标，同时使用相关调查数据对加拿大历次金融压力事件进行了检验。van den End（2006）则使用金融机构偿付能力、金融机构股价波动、股价、利率、汇率、房地产价格等一系列指标构建了金融压力指数。Misina 和 Tkacz（2009）使用信用和资产价格作为金融危机早期预期指标，并强调信用和资产价格不同条件下的组合可以作为测度金融压力的重要指标。Balakrishnan 等（2011）则重新定义了金融压力指数系统，选取与银行体系、证券市场及外汇相关的指标，然后利用等方差权重法构造了独立的金融压力指数，并利用金融压力指数对多个国家的历史压力事件进行识别。Hakkio 和 Keeton（2009）从五个方面对金融压力的特征进行了较详细的阐述，并相应结合了美国金融市场具体情况，选取了美国主要金融市场 11 个能充分反映金融压力五大特征的变量构建了堪萨斯金融压力指数。Dua 和 Tuteja（2016）以中国、欧元区、印度、日本和美国为研究对象，分析了全球金融危机和欧债危机期间资本市场与货币市场间的金融压力传染机制，并发现金融压力在发达国家资本市场和货币市场间的传染更为迅速。

近年来，国内金融压力指数相关研究主要关注指标构建，研究对象从单个金融市场逐步拓展到总体市场。在构建单个市场金融压力指标的相关研究中，沈悦和闵亮（2007）以极值理论构建中国外汇市场压力指数并利用该指标对货币危机进行识别；肖朝胜（2008）利用我国股票市场的主要特征构建了股票市场金融压力预警系统；谭福梅（2009）则主要利用离散 Logit 模型对银行危机进行识别，建立银行危机早期预警系统。在构建中国金融总体压力指标的相关研究中，赖娟和吕江林（2010）首次选择期限利差、银行业风险利差、股票市场波动性、汇率贬值和外汇储备变化等指标衡量金融压力，并构建了金融压力总指数。李良松（2011）、陈守东和王妍（2011）、刘晓星和方磊（2012）、赵进文等（2013）、沈悦等（2014）、郑桂环等（2014）等借鉴国外的相关研究，综合考虑指标体系的实效性和我国金融市场特征，通过增加代表性金融指标，分别构建反映中国系统性金融风险状态的金融压力指数。许涤龙和陈双莲（2015）在对国内相关研究进行汇总比较的基础上，基于客观权重赋权法（criteria importance through intercriteria correlation，CRITIC）构建金融压力指数，并从银行、房地产、股票市场和外部金融市场综合测度我国金融市场压力。另外，王妍和陈守东（2012）依据有代表性的金融指标的结构化特点，构建具有时效性的金融压力指数并运用 MS-VAR 研究中国金融体系压力的区制特征。

国内对金融压力的研究还涉及与实体经济的关系。刘瑞兴（2015）利用 Granger 因果检验和 VAR 模型，发现金融压力会对实体经济产生负面影响，建议在短期控制金融压力的同时关注长期效果。王妍（2015）通过研究我国不同时期的金融不稳定性状态和金融周期的一般特征，提出以金融脆弱指数和金融压力指数作为动态监测金融风险变化的综合指标。徐国祥和李波（2017）采用因子分析法首次构建每日中国金融压力指数，对我国货币政策的实施效果进行评估后发现，金融压力指数能够较好地反映我国货币政策的实施效果。邓创和赵珂（2018）基于动态 CRITIC 构建中国金融压力总指数，分析了我国金融压力变动特征在不同时期特别是金融危机前后的典型差异，以及金融压力变动对经济景气波动的时变影响。

12.2　研　究　设　计

12.2.1　金融系统压力测度

为了有效地测度金融系统压力，金融压力变量指标的选取至关重要。金融压力指标不仅要能够及时反映各个金融市场的压力状态，能够快速捕捉并反映金融系统的压力变化，而且要尽量涵盖金融领域的各个方面，指标之间相互补充，真实地反映金融压力水平。考虑到不同金融压力指标对各国金融市场的代表性、指标的及时性（样本时间周期至少应为月度数据）、数据的可获得性及样本周期的一致性等因素，本章对金融系统各子市场金融压力指数的构建包括以下几方面。

1. 信贷市场金融压力指数的构建

信贷市场的稳定性对金融市场的平稳运行至关重要。信贷市场的压力主要来源于银行利润的下降、实际利率攀升及由货币超发所引起的货币危机和银行危机等。因此，本章借鉴 Louzis 和 Vouldis（2012）、徐国祥和李波（2017）的相关研究，选取的指标包括：①银行体系 Beta 值（Beta），利用资本资产定价模型（capital asset pricing model，CAPM）基于 60 个月的滚动窗口对银行体系指数收益和市场收益进行回归分析获得，用于测度银行体系的市场风险；②银行指数波动率（bank index volatility），指银行指数的 GARCH(1,1) 波动率；③银行体系特质风险（idiosyncratic risk），指银行所承受的风险中不能被系统性风险所解释的部分，利用银行体系指数收益率对市场收益进行回归，得到模型的残差，残差的波动率即为特质波动率。信贷市场金融压力指数（credit market FSI，CFSI）的定义为

$$\text{CFSI}_{i,t} = W_{\text{Beta}} \text{Beta}_{i,t} + W_{\text{BV}} \text{bank index volatility}_{i,t} + W_{\text{IR}} \text{idiosyncratic risk} \qquad (12\text{-}1)$$

其中，W_{Beta}，W_{BV} 和 W_{IR} 分别表示各指标的权重，参考邓创和赵珂（2018）等相关研究，在各个指标条件方差相等的条件下，基于每个指标标准差倒数的比重来确定其权重[①]。

2. 资本市场金融压力指数的构建

资本市场是一国金融市场资金最为集中的市场，资本市场波动已经成为引发金融压力上升的主要原因。资本市场的压力主要来源于股票的收益率变化及市场波动。基于此，在 Park 和 Mercado（2014）相关研究的基础上，本章选取的指标包括：①股票市场负收益（inverted stock market return），利用股票市场月度负收

[①] 考虑到样本的时变特征，本节各指标标准差基于 60 个月的滚动窗口进行估计。

益进行测度；②股票市场波动（stock market volatility），利用基于股票价格指数的 GARCH(1,1)模型得到时变方差进行测度。资本市场压力指数（stock market FSI，SFSI）定义为

$$\text{SFSI}_{i,t} = W_{\text{SR}} \text{inverted stock market return}_{i,t} + W_{\text{SMV}} \text{stock market volatility}_{i,t} \quad （12\text{-}2）$$

其中，各指标权重 W_{SR} 和 W_{SMV} 计算方式与式（12-1）一致。

3. 外汇市场金融压力指数的构建

外汇市场金融压力主要由本币汇率大幅波动、外汇储备减少等因素引起。基于 Apostolakis 和 Papadopoulos、刘晓星和方磊（2012）等相关研究，本章选取的指标包括：①外汇市场波动（exchange market volatility），基于外汇汇率的 GARCH(1,1)得到的时变方差进行测度；②外汇储备变化（foreign reserves change），基于外汇总额与 GDP 比值的变化来表示外汇储备的变化。外汇市场金融压力指数（exchange market FSI，EFSI）定义为

$$\text{EFSI}_{i,t} = W_{\text{EMV}} \text{exchange market volatility}_{i,t} + W_{\text{FRC}} \text{foreign reserves change}_{i,t} \quad （12\text{-}3）$$

其中，各指标权重 W_{EMV} 和 W_{FRC} 计算方式与式（12-1）一致。

4. 债券市场金融压力指数的构建

债券市场是金融市场中不可或缺的重要组成部分，而债券收益率的变动则直接反映了投资者信心的变化，基于徐国祥和李波（2017）的相关研究，本章选取了与债券市场相关的 2 个指标：①负的期限利差（inverted term spread），即短期国债与长期国债利率之差，本章利用 1 年期国债收益率与 10 年期国债利率的利差进行测度；②公司债券收益利差（corporate bond spread），利用公司债券收益与 10 年期国债利率的利差进行测度。债券市场压力指数（bond market FSI，BFSI）定义为

$$\text{BFSI}_{i,t} = W_{\text{Inverted}} \text{invertedterm spread}_{i,t} + W_{\text{CS}} \text{corporate bond spread}_{i,t} \quad （12\text{-}4）$$

其中，指标权重 W_{Inverted} 和 W_{CS} 计算方式与式（12-1）一致。

5. 货币市场金融压力指数的构建

货币市场是资金流通与调配的场所，货币市场流动性与实体经济需求是否匹配对金融稳定具有决定意义。通常认为流动性过剩是引致通货膨胀甚至资产泡沫的重要原因，因而是货币市场风险的主要表现形式。根据 Louzis 和 Vouldis（2012），我们选取银行同业 TED 利差（treasury and Eurodouar spread），即 3 个月期银行同业拆放利率与 3 个月期短期国债利率利差，用于衡量货币市场的流动性，并测

度货币市场金融压力指数（money market FSI，MFSI），TED 利差越高，表明银行对同业间要求的风险溢价越大，资金成本的上升导致货币市场压力提高。

6. 金融市场压力总指数的构建

金融体系中各金融子市场的压力通过不断传导和扩散形成整个金融体系的压力，因此，基于对 5 个金融子市场压力的测算，金融市场压力总指数定义为

$$\mathrm{FSI}_{i,t} = W_\mathrm{C}\mathrm{CFSI}_{i,t} + W_\mathrm{S}\mathrm{SFSI}_{i,t} + W_\mathrm{E}\mathrm{EFSI}_{i,t} + W_\mathrm{B}\mathrm{BFSI}_{i,t} + W_\mathrm{M}\mathrm{MFSI}_{i,t} \qquad (12\text{-}5)$$

其中，W_C、W_S、W_E、W_B 和 W_M 分别表示各金融子市场的权重。本章根据许涤龙和陈双莲（2015）、邓创和赵珂（2018）等的研究，利用 CRITIC，基于 60 个月滚动窗口确定各金融子市场的动态权重，构造金融市场压力总指数[1]。金融子市场压力指数（CFSI、SFSI、EFSI、BFSI 和 MFSI）和金融压力总指数的数值越高，表明该市场承受的金融压力越大。

12.2.2　金融压力溢出效应模型构建

1. GVAR 模型

鉴于本章的研究目的是分析全球金融市场环境下不同国家各金融子市场金融压力，并对各金融子市场间金融压力溢出效应进行动态刻画，因此，本章参考 Chen 和 Semmler（2018）、苏治等（2017）的研究，利用 GVAR 模型刻画金融市场压力溢出效应。GVAR 模型提供了开放经济体系下的研究框架，是对传统 VAR 模型的拓展。GVAR 模型针对每个样本国家金融市场构建一个 VARX*（vector autoregression with exogenous variables，外生变量的向量自回归）模型，内生变量为本国金融市场压力指数，外生变量为其他国家金融市场压力指数。VARX* 中还包括全球外生变量。各国 VARX* 按照一定的关联规则形成 GVAR 模型。关联规则包括三种途径：内生本国金融市场变量受他国金融市场变量当期值和滞后值的影响；各国金融市场受全球外生变量的共同影响；不同国家间的当期冲击反映在误差的协方差矩阵中（Dees et al.，2007）。

假设 GVAR 模型中包含 N 个国家，第 i 个国家的 $\mathrm{VARX}^*\left(p_i, q_i^*, s_i\right)$ 模型中，本国变量表示为 k_i 维的向量 X_i，其他国家变量表示为 k_i^* 维的向量 X_i^*。其中，X_i^*

---

[1] 刘晓星和方磊（2012）、Oet 等（2015）和吴宜勇等（2016）使用 CDF-信用加总权重法对各子金融市场的权重进行赋值。为了保证结果的稳健性，本章也基于 CDF-信用加总权重法计算了金融市场压力总指数，对比两种权重赋值法下金融市场压力总指数的结果，发现两者在数值上存在一定程度的差异，但并不影响对各金融市场压力总指数的趋势性判断。

中的元素为其他国家对应变量的加权平均，全球外生变量表示为 k_i^s 维的向量 d_t，p_i、q_i^* 和 s_i 分别表示 X_i、X_i^* 和 d_t 的滞后阶数，t 表示时间趋势项。第 i 个国家的 $\mathrm{VARX}^*\left(p_i, q_i^*, s_i\right)$ 具体形式如式（12-6）所示。

$$
\begin{aligned}
X_{it} = {} & a_{i0} + a_{i1}t + \sum_{j=1}^{p_i} \varPhi_{i,j} X_{i,t-j} + \varLambda_{i0} X_{i,t}^* + \sum_{j=1}^{q_i^*} \varLambda_{i,j} X_{i,t-j}^* + \varPsi_{i0} d_t \\
& + \sum_{j=1}^{s_i} \varPsi_{i,j} d_{t-j} + \varepsilon_{it}
\end{aligned} \tag{12-6}
$$

其中，$\varPhi_{i,j}$ 表示本国变量滞后项的 $k_i \times k_i$ 维系数矩阵；$\varLambda_{i0}$ 表示其他国家变量当期项的 $k_i^* \times k_i^*$ 维系数矩阵；$\varLambda_{i,j}$ 表示其他国家变量滞后项的 $k_i^* \times k_i^*$ 维系数矩阵；$\varPsi_{i0}$ 表示全球外生变量当期项的 $k_i^s \times k_i^s$ 维系数矩阵；$\varPsi_{i,j}$ 表示全球外生变量滞后项的 $k_i^s \times k_i^s$ 维系数矩阵；ε_{it} 表示 k_i 维向量，表示各国的异质性冲击，假设冲击服从均值为 0，协方差矩阵为 Σ_{ii} 独立同分布。

在单个国家 $\mathrm{VARX}^*\left(p_i, q_i^*, s_i\right)$ 模型的基础上，将 N 个样本国家的 VARX^* 模型叠加，可以得到 GVAR 模型的表达形式[1]。

$$
GX_t = a_0 + a_1 t + H X_{i,t-1} + \varPsi_0 d_t + \varPsi_1 d_{t-1} + \varepsilon_t \tag{12-7}
$$

其中，$a_0 = \begin{pmatrix} a_{10} \\ a_{20} \\ \vdots \\ a_{N0} \end{pmatrix}$，$a_1 = \begin{pmatrix} a_{11} \\ a_{21} \\ \vdots \\ a_{N1} \end{pmatrix}$，$\varepsilon_t = \begin{pmatrix} \varepsilon_{1t} \\ \varepsilon_{2t} \\ \vdots \\ \varepsilon_{Nt} \end{pmatrix}$，$G = \begin{pmatrix} A_1 W_1 \\ A_2 W_2 \\ \vdots \\ A_N W_N \end{pmatrix}$，$H = \begin{pmatrix} B_1 W_1 \\ B_2 W_2 \\ \vdots \\ B_N W_N \end{pmatrix}$，

$\varPsi_0 = \begin{pmatrix} \varPsi_{10} \\ \varPsi_{20} \\ \vdots \\ \varPsi_{N0} \end{pmatrix}$，$\varPsi_1 = \begin{pmatrix} \varPsi_{11} \\ \varPsi_{21} \\ \vdots \\ \varPsi_{N1} \end{pmatrix}$，$A_i = \left(I_{ki}, -\varLambda_{i0}\right)$，$B_i = \left(\varPhi_i, \varLambda_{i1}\right)$。

A_i 和 B_i 为 $k_i \times \left(k_i + k_i^*\right)$ 阶的矩阵，并且 A_i 为满秩矩阵；W_i 为 $\left(k_i + k_i^*\right) \times k_i$ 矩阵，其中，元素是由贸易权重构成的系数[2]。

将式（12-7）整理后可以得到

$$
X_t = G^{-1} a_0 + G^{-1} a_1 t + G^{-1} H X_{i,t-1} + G^{-1} \varPsi_0 d_t + G^{-1} \varPsi_1 d_{t-1} + G^{-1} \varepsilon_t \tag{12-8}
$$

---

[1] GVAR 模型定义及其推导过程详见 Pesaran 等（2004）和张延群（2012）。

[2] 关于 GVAR 模型中各国贸易权重的估计，本书根据张延群（2012）的研究进行计算，由于篇幅所限，具体内容不再赘述，结果备索。

2. 基于 GVAR 模型的金融压力溢出效应测度

本章根据 Diebold 和 Yilmaz（2012，2014）构建的溢出效应模型，基于 GVAR 模型测度各金融子市场压力在不同子市场及不同国家间的溢出效应。基于式（12-6），针对第 i 个国家而言，X_t 的移动平均表达式可定义为 $X_t = \sum_{j=1}^{\infty} A_j \varepsilon_{t-j}$。其中，$A_j = \Phi_1 A_{j-1} + \Phi_2 A_{j-2} + \cdots + \Phi_p A_{j-p}$，$A_0$ 表示 $N \times N$ 的单位矩阵，并且当 $j<0$ 时，$A_j = 0$。

溢出效应测度的核心在于方程分解，溢出指数定义为在对 X_t 进行向前 H 期 $(H=1,2,\cdots)$ 预测时，由 X_j 的冲击所形成的预测误差方差的大小（殷明明等，2017）。基于 Koop 等（1996）、Pesaran 和 Shin（1998）的研究，本章使用广义预测误差方差分解的方法，使正交化的信息不依赖于 VAR 系统内各变量的排序，保证模型结果的可靠性与稳定性。向前 H 期预测误差方差分解可定义为

$$\theta_{ij}^g(H) = \frac{\sigma_{jj}^{-1} \sum_{h=0}^{H-1} \left(e_i^{\mathrm{T}} A_h \Sigma e_j\right)^2}{\sum_{h=0}^{H-1} \left(e_i^{\mathrm{T}} A_h \Sigma A_h^{\mathrm{T}} e_j\right)} \qquad (12\text{-}9)$$

其中，Σ 表示预测误差向量 ε 的方差矩阵；σ_{jj} 表示第 j 个方差误差项的标准差；e_i 表示选择向量，其第 i 个元素取值为 1，其他元素取值为 0。为利用方差分解矩阵中可用的信息计算溢出指数，需对方差分解矩阵中的每一元素进行标准化。

$$\tilde{\theta}_{ij}^g(H) = \frac{\theta_{ij}^g(H)}{\sum_{j=1}^{N} \theta_{ij}^g(H)} \qquad (12\text{-}10)$$

根据式（12-10）的定义可知，$\sum_{j=1}^{N} \tilde{\theta}_{ij}^g(H)=1$，并且 $\sum_{i=1}^{N} \sum_{j=1}^{N} \tilde{\theta}_{ij}^g(H)=N$。利用式（12-10）标准化后的方差分解矩阵，本章首先基于向前 H 期预测误差方差分解定义了总体金融压力溢出指数。

$$S^g(H) = \frac{\sum_{i=1}^{N} \sum_{j=1,j \neq i}^{N} \tilde{\theta}_{ij}^g(H)}{\sum_{i=1}^{N} \sum_{j=1}^{N} \tilde{\theta}_{ij}^g(H)} \times 100 = \frac{\sum_{i=1}^{N} \sum_{j=1,j \neq i}^{N} \tilde{\theta}_{ij}^g(H)}{N} \times 100 \qquad (12\text{-}11)$$

金融子市场 i 受到的来自其他市场 j 的直接压力溢出指数定义为

$$S_{i \leftarrow}^g(H) = \frac{\sum\limits_{i=1}^{N} \sum\limits_{j=1, j \neq i}^{N} \tilde{\theta}_{ij}^g(H)}{\sum\limits_{i=1}^{N} \sum\limits_{j=1}^{N} \tilde{\theta}_{ij}^g(H)} \times 100 = \frac{\sum\limits_{i=1}^{N} \sum\limits_{j=1, j \neq i}^{N} \tilde{\theta}_{ij}^g(H)}{N} \times 100 \qquad （12-12）$$

金融子市场 i 对其他市场 j 的直接压力溢出指数定义为

$$S_{i \rightarrow}^g(H) = \frac{\sum\limits_{i=1}^{N} \sum\limits_{j=1, j \neq i}^{N} \tilde{\theta}_{ij}^g(H)}{\sum\limits_{i=1}^{N} \sum\limits_{j=1}^{N} \tilde{\theta}_{ij}^g(H)} \times 100 = \frac{\sum\limits_{i=1}^{N} \sum\limits_{j=1, j \neq i}^{N} \tilde{\theta}_{ij}^g(H)}{N} \times 100 \qquad （12-13）$$

金融子市场 i 对其他市场 j 净压力溢出指数定义为

$$S_i^g(H) = S_{i \rightarrow}^g(H) - S_{i \leftarrow}^g(H) \qquad （12-14）$$

对于 GVAR 模型，本章分别使用两种不同的方法进行估计。首先，根据式（12-6）对各个样本国家 VARX* 模型进行分别估计，再利用贸易权重系数计算 GVAR 模型；其次，考虑到样本期间内不同国家和各金融子市场存在周期性波动等问题，本章基于杨子晖和周颖刚（2018）相关研究，利用滚动窗口的方法对各个样本国家 VARX* 模型进行估计，从动态的角度构建样本国家各金融子市场压力溢出指数，分析金融压力在不同国家和子市场间的动态传染及其演变。

12.3　样本选择及数据描述性统计

12.3.1　样本选择

为了有效分析全球主要金融市场中各金融子市场间和不同国家间金融压力的溢出效应，在保证研究样本数据完整性及指标变量选取一致的条件下，本章选取了 12 个国家作为研究样本，包括以七国集团成员国（美国、英国、德国、日本、加拿大、法国、意大利）为代表的发达国家和以金砖五国（巴西、俄罗斯、印度、中国和南非）为代表的新兴经济体。样本周期为 2007 年 1 月至 2017 年 12 月，数据来源于 Datastream 数据库。其中，为了有效利用 CAPM 估计银行体系 Beta 值和特质波动率，本章使用每日银行体系指数收益和市场收益进行估计，其余变量均为月度数据。表 12-1 给出了各金融子市场金融压力指标变量的选取、定义、数据来源及数据周期。

表 12-1　各金融系统子市场金融压力指标变量选取及定义

金融子市场	变量名称	变量定义	数据来源和周期
信贷市场	银行体系 Beta 值	基于 60 个月滚动窗口,利用 CAPM 对每日银行体系指数收益和市场收益进行回归获得	Datastream,每日数据
	银行指数波动率	银行指数的 GARCH(1,1)波动率	Datastream,每日数据
	银行体系特质波动率	基于 60 个月滚动窗口,利用 CAPM 对每日银行体系指数收益和市场收益进行回归,得到模型的残差,残差的波动率即为特质波动率	Datastream,每日数据
资本市场	股票市场负收益	股票市场月度负收益	Datastream,月度数据
	股票市场波动	股票价格指数的 GARCH(1,1)模型的时变方差	Datastream,月度数据
外汇市场	外汇市场波动	外汇汇率的 GARCH(1,1)模型的时变方差	Datastream,月度数据
	外汇储备变化	外汇总额与 GDP 比值的变化	Datastream,月度数据
债券市场	负的期限利差	1 年期国债收益率减去 10 年期国债利率	Datastream,月度数据
	公司债券收益利差	公司债券收益减去 10 年期国债利率	Datastream,月度数据
货币市场	银行同业 TED 利差	3 个月期银行同业拆放利率减去 3 个月期短期国债利率	Datastream,月度数据

12.3.2　金融压力指数统计分析

基于各金融子市场压力指数的定义,本章对 2007 年 1 月至 2017 年 12 月 12 个样本国家的各金融子市场压力指数进行了测度,并经标准化处理后,得到信贷市场、资本市场、外汇市场、债券市场和货币市场的金融压力指数,具体结果如表 12-2 所示。

表 12-2　样本国家各金融子市场压力指数时间序列的描述性统计

国家	各子市场	均值	中值	最小值	最大值	标准差	偏度	峰度	ADF
中国	信贷	0.819	0.795	−1.057	3.506	0.873	0.895	2.685	−3.207[*]
	资本	0.619	0.663	−1.616	2.660	0.959	−0.287	4.633	−3.381[**]
	外汇	−0.093	−0.135	−0.442	0.681	0.299	0.607	2.333	−3.251[*]
	债券	0.252	0.037	−0.804	2.735	0.793	1.366	4.347	−3.804[**]
	货币	0.051	0.033	−0.678	1.423	0.344	0.879	2.063	−3.202[*]
	总指数	1.647	1.528	−1.843	5.466	1.713	0.298	2.254	−3.588[**]
巴西	信贷	0.192	0.437	−2.813	2.169	1.068	−0.860	3.414	−3.243[*]
	资本	0.357	0.398	−1.581	3.585	0.892	0.416	4.085	−4.239[***]
	外汇	0.161	−0.239	−1.030	3.263	0.985	0.915	3.020	−4.096[***]
	债券	−0.130	−0.265	−2.150	6.482	1.086	3.167	18.411	−3.247[*]
	货币	0.004	−0.120	−0.963	2.049	0.506	1.574	6.476	−3.192[*]
	总指数	0.583	0.740	−5.487	5.602	2.343	−0.281	2.848	−3.302[*]

续表

国家	各子市场	均值	中值	最小值	最大值	标准差	偏度	峰度	ADF
加拿大	信贷	−0.524	−0.430	−2.629	0.605	0.652	−1.065	4.255	−3.344*
	资本	0.222	−0.071	−1.841	5.728	1.112	1.956	9.407	−3.605**
	外汇	0.303	−0.168	−0.996	3.838	1.133	1.094	3.283	−4.620***
	债券	−0.064	−0.216	−2.727	2.805	1.313	0.487	2.696	−4.089***
	货币	−0.023	−0.096	−1.841	2.922	0.678	1.179	7.635	−3.930**
	总指数	−0.087	−0.649	−8.025	9.997	3.025	0.759	4.375	−3.392*
法国	信贷	0.032	−0.119	−2.132	2.175	1.009	0.191	2.713	−0.377
	资本	0.157	−0.155	−1.211	3.576	0.975	1.380	4.712	−3.347*
	外汇	−0.108	−0.291	−1.726	2.949	1.037	0.985	3.352	−4.076***
	债券	−0.150	−0.226	−1.469	1.387	0.687	0.419	2.328	−3.345**
	货币	−0.010	−0.013	−0.781	0.679	0.238	0.049	3.634	−3.362**
	总指数	−0.078	−0.269	−3.749	6.734	2.383	0.781	3.396	−3.539**
德国	信贷	−0.814	−0.985	−2.401	1.734	0.943	0.704	3.068	−2.080
	资本	−0.025	−0.180	−2.146	2.967	0.990	0.799	3.564	−3.498**
	外汇	0.033	−0.057	−1.605	3.440	0.979	1.070	4.262	−4.310***
	债券	−0.360	−0.326	−1.661	0.981	0.522	0.011	2.706	−3.494**
	货币	0.020	0.022	−1.421	1.111	0.444	−0.368	3.948	−3.440*
	总指数	−1.145	−1.618	−5.679	5.333	2.584	0.562	2.493	−4.074**
印度	信贷	0.485	0.348	−2.541	4.788	1.370	0.325	3.353	−3.155*
	资本	0.404	0.329	−1.544	3.220	0.917	0.556	3.711	−3.889**
	外汇	0.265	−0.081	−1.062	2.987	1.001	1.018	3.014	−4.412***
	债券	0.278	0.086	−1.727	3.815	1.142	0.485	2.636	−3.389**
	货币	0.053	0.028	−1.941	1.730	0.439	0.494	9.347	−5.307***
	总指数	1.485	1.592	−2.856	7.167	2.093	0.328	2.854	−3.744**
意大利	信贷	−0.032	0.016	−1.674	1.591	0.812	−0.068	2.184	−3.197*
	资本	−0.222	−0.391	−1.367	2.750	0.820	1.325	4.730	−3.404*
	外汇	−0.130	−0.309	−1.713	2.862	1.014	0.985	3.352	−4.076***
	债券	0.150	0.226	−1.469	1.387	0.687	0.419	2.328	−4.345***
	货币	0	−0.022	−0.545	0.810	0.255	0.448	3.232	−3.396*
	总指数	−0.233	−0.791	−4.014	4.793	1.857	0.739	3.209	−3.344*
日本	信贷	−0.234	−0.391	−1.622	1.605	0.778	0.461	2.329	−3.229*
	资本	−0.253	−0.428	−1.669	3.129	0.876	1.270	4.716	−3.561**
	外汇	−0.318	−0.667	−1.502	2.126	0.887	0.907	2.776	−6.213***
	债券	0.036	0.053	−1.581	1.625	0.751	−0.042	2.063	−3.783**
	货币	−0.021	0.001	−0.968	0.707	0.333	−0.410	3.153	−4.961***
	总指数	−0.790	−1.373	−4.111	5.299	2.160	0.811	3.165	−3.148*

续表

国家	各子市场	均值	中值	最小值	最大值	标准差	偏度	峰度	ADF
俄罗斯	信贷	0.140	0	−2.473	4.168	1.382	0.654	3.493	−3.231*
	资本	0.238	0.172	−1.197	4.770	0.898	2.008	10.003	−3.756**
	外汇	0.026	−0.425	−0.787	4.149	1.032	2.106	7.259	−3.657**
	债券	0.046	0.090	−2.376	2.944	1.104	0.309	3.144	−3.481**
	货币	0.006	−0.023	−1.573	0.916	0.429	−0.460	4.264	−3.602**
	总指数	0.456	0.151	−4.226	8.016	2.570	0.336	2.670	−1.686
南非	信贷	0.257	0.387	−2.171	2.173	1.154	−0.305	2.180	−3.476**
	资本	0.311	0.172	−1.243	3.215	0.970	0.585	2.974	−3.901**
	外汇	0.128	−0.145	−1.237	2.958	0.948	0.754	2.690	−3.724**
	债券	−0.109	−0.637	−2.532	4.601	1.653	0.822	3.262	−3.466**
	货币	−0.019	0.002	−0.988	0.997	0.419	−0.034	2.310	−3.533**
	总指数	0.568	0.149	−2.695	5.969	2.145	0.384	2.063	−3.405*
英国	信贷	−0.127	−0.654	−2.281	5.784	1.761	1.361	4.700	−3.620**
	资本	0.261	0.075	−1.224	4.320	0.996	1.323	5.397	−4.404**
	外汇	0.125	−0.155	−0.973	4.951	0.993	2.903	12.864	−3.727**
	债券	−0.618	−1.191	−3.121	2.482	1.732	0.213	1.587	−3.846**
	货币	0.052	0.049	−1.613	1.046	0.515	−0.279	2.941	−3.162*
	总指数	−0.307	−0.864	−4.580	11.288	3.497	1.442	4.729	−3.742**
美国	信贷	0.236	−0.424	−1.868	7.770	1.794	2.155	8.127	−3.149*
	资本	0.231	0.049	−1.868	3.759	0.955	1.087	4.863	−3.846**
	外汇	0.094	0.129	−1.539	3.695	1.074	0.804	3.713	−3.711**
	债券	−0.609	−1.079	−3.152	2.812	1.737	0.454	1.985	−3.800**
	货币	−0.025	−0.012	−1.868	2.345	0.622	0.382	5.860	−3.598**
	总指数	−0.073	−0.752	−6.839	12.464	3.677	1.104	4.539	−3.398*

*、**、和***分别表示在 10%、5%，和 1%的置信水平上显著

表 12-2 中列出了 12 个样本国家各金融子市场压力指数时间序列的描述性统计分析结果。以我国为例，从表 12-2 中可看出，信贷市场和资本市场压力指数在整个样本期内呈现出明显的波动，而外汇市场压力指数均值小于 0，这表明我国信贷市场和资本市场风险波动较大，而外汇市场风险处于可控水平内。资本市场压力指数的标准差最大，这正与我国股票市场投机性较强、易受外部事件影响等特征相符，而外汇市场压力指数的波动则相对较小。从分布特征来看，资本市场压力指数分布呈现出尖峰厚尾特征，并且表现出明显的左偏特征。

从图 12-1 我国各金融子市场压力指数的变化情况来看，信贷市场在 2007～2009 年及 2014 年末至 2016 年呈现出较高的风险水平。受美国次贷危机冲击影响，

银行系统性风险水平在 2008 年迅速上升，信贷市场脆弱性明显提高。随着宏观经济形势回暖，以及银行业受到多项救助，2009 年 4 月信贷市场风险明显下降。但 2014 年末，信贷市场风险再次升至高位，一方面受到欧债危机对我国的冲击，另一方面危机后国内相对宽松的货币政策与持续高增长的信贷规模也扩大了信贷风险。中国经济步入新常态以来，实体经济下行压力持续，银行同业竞争加剧，影子银行业务膨胀，表外业务发展迅猛，信贷市场风险逐渐累积显现。随着中国人民银行开始专项清理表外业务，出台系列举措对影子银行业务的监管加强，限制其过度膨胀，2017 年信贷市场风险逐渐回落稳定在一定水平。

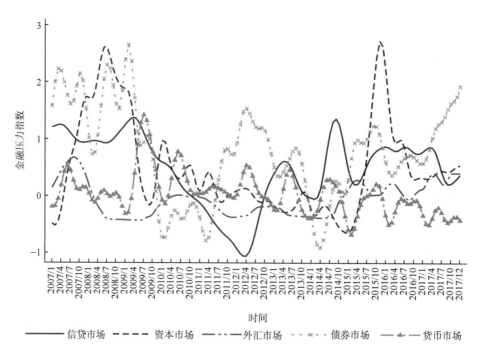

图 12-1　我国各金融子市场压力指数

从资本市场压力指数的变化情况来看，我国股票市场出现剧烈震荡的两段时期在 2007～2009 年和 2015～2016 年，资本市场的风险明显高于其他时期。2002～2005 年，股票市场压力一直处于较低水平，此后股权分置改革完成的利好消息和牛市的出现，特别是 2007 年我国资本市场繁荣时期，使资本市场投机性泡沫盛行，市场投机追涨现象严重，资本市场风险急剧增加；金融危机爆发后，泡沫破灭，股票市场进入调整阶段，市场风险处于较低水平。2015～2016 年，我国股票市场再次经历了泡沫加速形成、迅速繁荣及泡沫破灭、股指持续下跌的全过程。2017 年起，股票市场一直处于相对平稳状态，市场风险维持在较低水平。

　　2007 年前后，次贷危机的爆发导致信贷市场和资本市场压力增加，带动外汇市场压力随之增加。自 2014 年中期以来，在宏观经济增速放缓、"8·11"汇率改革及中美贸易摩擦等诸多因素的影响下，人民币贬值压力增大，外汇市场压力呈现显著增强的态势。债券市场压力指数也呈现出一定程度的周期性变化，金融危机时期（2007～2008 年），债券市场压力指数显著增加，并且呈现出较强的波动；而欧债危机期间，债券市场也表现出较强的波动和压力；新一轮货币宽松周期下，债券市场压力指数为负值，处于较低水平。

　　我国货币市场在 2009～2010 年及 2012～2013 年承受较高的市场压力。这两个时期较高的货币流动性均在一定程度上构成了随后经济过热或物价急剧上升的重要原因。从 2006 年下半年开始，我国为应对物价急剧攀升而采取了从紧的货币政策，货币流动性明显降低，受 2007 年美国次贷危机影响，货币流动性进一步收紧并降至样本期内的最低点，流动性短缺冲击实体经济，一些融资渠道单一、融资成本较高的中小民营企业纷纷陷入困境。政府采取了积极的财政政策并配合以适度宽松的货币政策积极应对金融危机，特别是随着一揽子计划的实施和国际资本流入，2009 年流动性急剧上升，货币市场风险明显增加。2010～2011 年，央行再启紧缩性货币政策，过剩的流动性得以逐步回收。进入经济新常态时期以来，我国货币政策趋于稳健，货币流动性在中低水平间徘徊波动，呈现温和收紧的趋势，货币市场风险控制在较低水平。2012 年，在美国、英国、欧元区国家和日本等发达国家实施量化宽松的国际背景下，我国央行也实施了一系列宽松化的货币政策，如降息、降准等，国际资本流入和量化宽松的货币政策带来的大量流动性使我国金融市场资产价格上涨，资产泡沫出现，同时，国际资本的大量流入也引起了通货膨胀。

　　通过以上分析可以发现，我国各金融子市场压力指数极值均出现在 2007～2009 年，即在金融危机爆发前后，这在一定程度上表明金融风险的积聚可能成为金融危机爆发的导火索，而危机对我国金融体系的冲击又可能导致各金融子市场风险的状态也随之发生不利转变。同时，在样本周期内，各金融子市场压力指数还呈现两个显著特征，第一，金融压力指数在上行区间和下行区间交替出现，呈现明显的周期性特征；第二，2015 年以来，各金融子市场（货币市场除外）压力指数呈现趋势性增强的态势，这表明近年来我国金融市场风险处于不断增加的态势。

　　从整体来看，首先，我国金融市场上各部门之间表现出一定趋同性，各金融子市场风险在经济平稳时期的变化均相对较为缓和，而在经济趋热或衰退等非平稳时期（2007～2009 年金融危机期间、2015～2017 年宏观经济增速放缓）则表现出不断积聚和集中爆发的特征。其次，各子市场风险之间也呈现出一定差异性。虽然在某些阶段金融子市场风险之间表现出较为一致的变化态势，波动的拐点和升降过程相继出现，但在某些时段其各自的风险强度、波动特征却存在较明显的差异。可见，作为金融风险的重要来源，各金融子市场压力的变动在不同时期既存在相互影响的关联性，又具有一定差异性。

图12-2描绘了样本周期内美国各金融子市场压力指数变化趋势。从总体来看，美国各金融子市场压力波动要小于我国，信贷市场和资本市场压力在样本周期内处于较高水平。2008～2009年金融危机期间，信贷市场、资本市场、外汇市场和债券市场出现显著波动，并且其压力水平远远高于其他时期。

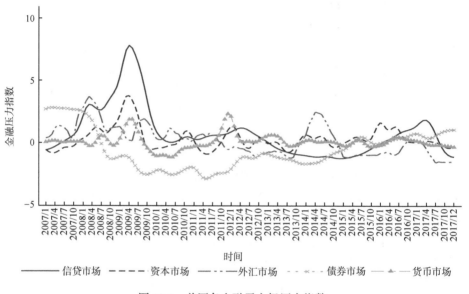

图 12-2　美国各金融子市场压力指数

图12-3给出了样本周期内12个国家金融压力总指数的变化趋势图。在12个样本国家中，金砖五国（巴西、俄罗斯、印度、中国和南非）在样本周期内面临的总体金融压力相对较大，五国金融市场压力总指数均值均大于0，这在一定程度上说明新兴经济体一直面临着较高的金融风险。而在以七国集团为代表的发达国家中，德国金融压力总指数最小，其信贷市场和债券市场压力指数均值小于0；其次为日本和英国。从金融压力总指数变化的趋势来看，样本周期内，各国金融压力总指数在全球金融危机（2007～2009年）前后均有显著增强的趋势，并且在此期间达到极值，这印证了金融危机的传染性及其对全球经济影响的严重性。同时，从不同金融子市场来看，信贷市场压力指数的波动较其他市场更为显著（图12-4）。

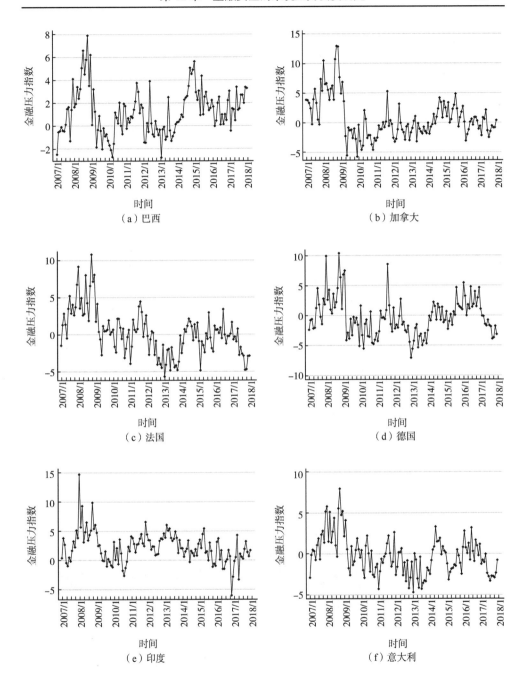

（a）巴西　　　　　　　　　　　　（b）加拿大

（c）法国　　　　　　　　　　　　（d）德国

（e）印度　　　　　　　　　　　　（f）意大利

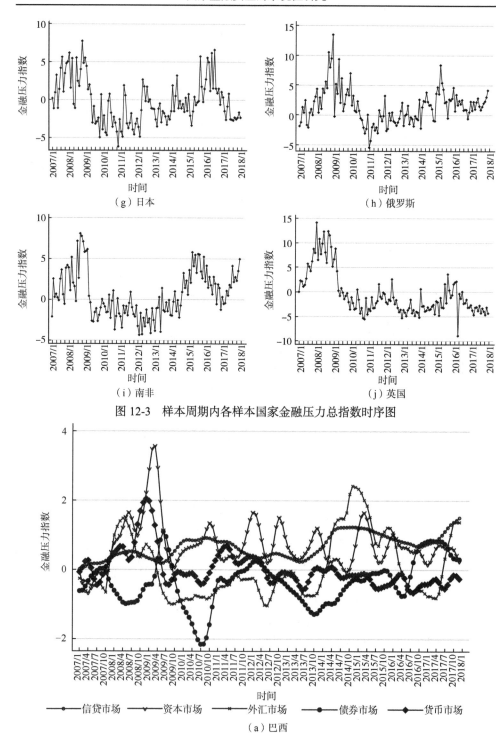

图 12-3　样本周期内各样本国家金融压力总指数时序图

（a）巴西

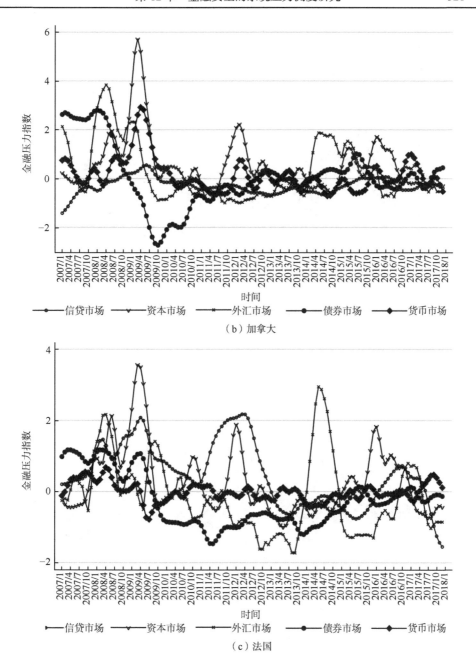

（b）加拿大

（c）法国

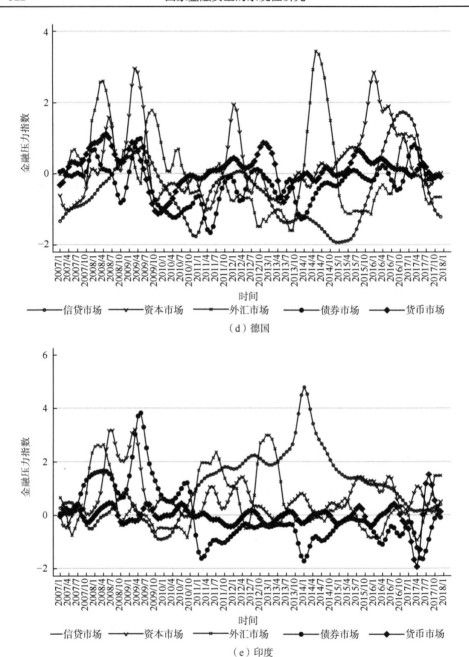

（d）德国

（e）印度

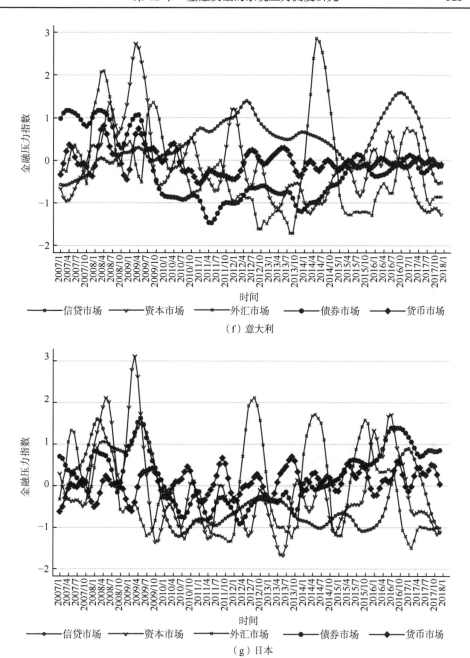

（f）意大利

（g）日本

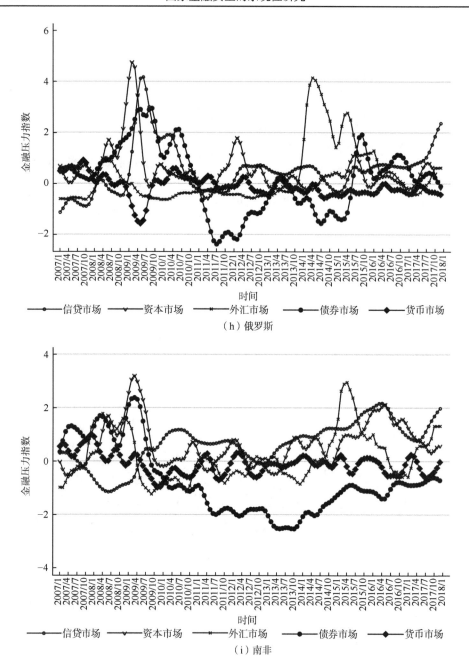

（h）俄罗斯

（i）南非

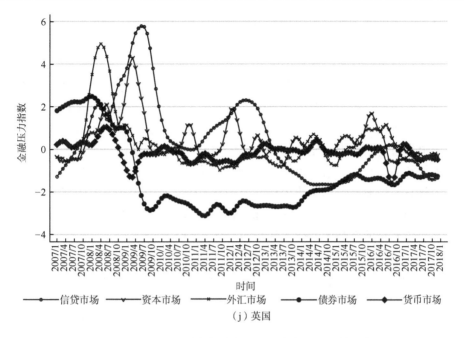

（j）英国

图 12-4　样本周期内其他国家各金融子市场压力指数时序图

12.4　金融市场压力溢出效应测度及实证分析

12.4.1　金融压力指数单位根检验和 Granger 因果关系检验

在使用 GVAR 模型测度各金融子市场间的溢出效应前，为了保证样本国家各金融子市场压力指数的时间序列满足平稳性要求，本章首先使用 ADF 单位根检验方法对金融压力指数进行单位根检验，结果如表 12-2 所示。各国金融子市场压力指数序列的 ADF 统计量大部分在 10%以上的置信水平上显著，拒绝存在单位根的假设，这表明各金融子市场压力指数均为平稳的时间序列，可直接进行溢出效应的估计。

其次，本章对样本国家各金融子市场压力指数进行 Granger 因果关系检验（表12-3），以验证金融子市场压力指数的变动对其他市场的变动是否存在预测作用[①]。检验结果表明，巴西信贷市场压力指数变动，巴西、印度资本市场和债券市场压力变动，加拿大、法国、意大利、日本等国家外汇市场压力指数变动，以及意大

---

① 根据 AIC、施瓦茨准则（Schwarz criterion，SC）等，VAR 模型的最优滞后结构为 2 阶。为节约篇幅，书中未报告相关检验过程和模型参数估计结果。

利、日本、英国等国家货币市场压力指数变动是引起我国信贷市场压力指数变动的 Granger 原因；加拿大、法国、德国、日本、英国、美国等国家信贷市场和资本市场压力指数变动是引起我国资本市场压力指数变动的 Granger 原因；加拿大、德国、印度、意大利、日本、美国等国家债券市场压力指数变动，以及法国和德国等国家货币市场压力指数变动是引起我国外汇市场压力指数变动的 Granger 原因；巴西、德国、意大利、俄罗斯等国家债券市场和货币市场压力指数变动是引起我国债券市场压力指数变动的 Granger 原因；巴西、法国、日本、俄罗斯、南非、英国和美国等国家信贷市场压力指数变动，巴西、加拿大、法国、印度、意大利、日本、俄罗斯等国家货币市场压力指数变动是引起我国货币市场压力指数变动的 Granger 原因[①]。从我国金融市场内部来看，资本市场和外汇市场压力指数的变动是引起其他市场压力指数变动的 Granger 原因。

表 12-3　Granger 因果关系检验

国家	金融子市场	中国各金融子市场				
		信贷	资本	外汇	债券	货币
巴西	信贷	5.945[*]	3.496	6.698[**]	2.476	8.370[*]
	资本	6.975[**]	3.551	5.905[*]	6.997[**]	2.985
	外汇	0.232	3.876	2.143	1.096	8.536[**]
	债券	8.765[**]	1.409	0.398	6.320[**]	0.911
	货币	4.280	8.441[**]	3.662	5.202[*]	20.950[***]
加拿大	信贷	1.235	4.848[*]	2.835	3.029	1.653
	资本	0.464	5.428[*]	6.371[**]	8.316[**]	7.369[**]
	外汇	8.349[**]	2.173	4.345	2.284	3.614
	债券	4.986[*]	4.513	12.010[***]	2.187	10.082[***]
	货币	0.630	9.993[***]	2.090	9.015[**]	10.328[**]
中国	信贷	—	0.503	1.556	0.988	4.383
	资本	0.503	—	8.986[**]	1.735	0.653
	外汇	1.556	8.986[**]	—	6.644[**]	5.296[*]
	债券	0.988	1.735	6.644[**]	—	5.065[*]
	货币	4.525	0.746	4.357	4.396	—
法国	信贷	3.204	8.917[**]	2.427	12.337[***]	8.359[**]
	资本	2.407	7.849[**]	2.591	4.076	2.174
	外汇	5.557[*]	1.397	3.087	2.654	1.720
	债券	5.936[*]	5.981[**]	2.413	3.365	3.169
	货币	2.737	4.147	17.139[***]	9.182[***]	29.590[***]

　① 由于篇幅所限，本节只给出了其他国家各金融子市场对中国各金融子市场的 Granger 因果关系检验结果。

续表

国家	金融子市场	中国各金融子市场				
		信贷	资本	外汇	债券	货币
德国	信贷	4.215	7.134**	11.576***	10.379***	1.291
	资本	4.238	8.466**	5.900*	1.056	2.049
	外汇	4.030	1.252	3.511	3.308	2.226
	债券	2.635	6.562**	7.010**	5.231*	3.627
	货币	0.634	10.044***	8.747**	5.464*	4.496
印度	信贷	3.978	5.937*	0.402	0.887	3.668
	资本	6.554**	13.934***	9.092**	6.615**	1.516
	外汇	1.440	3.363	7.924**	5.976**	3.690
	债券	19.205***	2.031	5.333*	2.484	19.883***
	货币	2.186	2.198	0.651	0.880	5.250*
意大利	信贷	4.036	11.881***	5.161*	3.817	2.475
	资本	2.664	7.468**	2.858	4.857*	1.524
	外汇	5.557*	1.396	3.087	2.654	1.721
	债券	2.147	3.525	7.821**	5.141*	1.721
	货币	5.847*	4.894*	2.765	5.862*	12.049***
日本	信贷	1.858	5.773*	3.402	1.493	12..923***
	资本	0.827	11.933***	4.994*	7.331**	2.256
	外汇	5.609*	8.928**	0.121	3.929	2.698
	债券	4.440	2.423	6.524**	0.293	1.004
	货币	6.151**	2.161	1.170	5.308**	13.569***
俄罗斯	信贷	2.501	6.470**	1.956	10.922***	11.599***
	资本	1.915	3.560	0.980	6.956**	2.273
	外汇	10.467***	0.997	3.358	0.962	5.141*
	债券	2.120	6.995**	0.858	10.083***	6.751**
	货币	7.727**	2.383	0.935	6.170**	5.758*
南非	信贷	3.433	0.419	5.374*	1.063	8.404**
	资本	3.303	3.244	9.356***	4.610*	4.395
	外汇	5.445*	4.300	3.136	0.803	3.891
	债券	17.675***	0.834	1.969	3.161	12.063***
	货币	5.828*	1.806	1.458	3.429	5.629*
英国	信贷	0.273	12.900***	2.939	7.086**	15.309***
	资本	0.989	7.289**	4.267	6.172**	3.316
	外汇	0.767	7.547**	7.083**	4.052	1.116
	债券	3.844	8.486**	2.866	12.209***	1.936

续表

国家	金融子市场	中国各金融子市场				
		信贷	资本	外汇	债券	货币
英国	货币	16.001***	1.304	2.415	3.847	2.486
美国	信贷	2.687	19.763***	2.015	8.135**	13.868***
	资本	0.501	7.714**	4.175	3.826	1.611
	外汇	2.787	3.729	2.359	9.987***	3.747
	债券	3.344	9.209***	6.692**	3.645	5.011*
	货币	2.599	1.475	2.327	10.256***	4.993**

*、**、和***分别表示在 10%、5%和 1%的显著水平下存在 Granger 因果关系

12.4.2　金融市场压力溢出的静态分析

根据式（12-7）～式（12-10），本章对样本国家各金融子市场在样本期间内的溢出效应进行估计，预测期限选择向前 10 个月。表 12-4 给出了样本国家各子金融市场间压力溢出指数，其中，第 i 行 j 列的数值表示子市场 i 对子市场 j 的压力溢出指数，同时也对每个金融子市场对其他市场的压力溢出指数、其他市场对该子市场的压力溢出指数及净压力溢出指数进行了分析[①]。在 12 个样本国家中，美国和英国各金融子市场总体溢出效应最强，而巴西金融市场总体溢出效应最小。在不同金融子市场间，货币市场和资本市场总体溢出效应最强。受其他国家金融市场压力溢出效应影响最为显著的为俄罗斯外汇市场和印度外汇市场，而相对较小的则为英国外汇市场和美国外汇市场。而针对各个金融子市场的净溢出效应，美国货币市场净溢出效应最高，为 108.55，俄罗斯外汇市场净溢出效应最低，为 −67.03。

表 12-4　不同国家各金融子市场压力对中国各金融子市场压力溢出指数及总体溢出指数特征

国家	金融子市场	中国各金融子市场					样本总体溢出效应		
		信贷	资本	外汇	债券	货币	对其他市场压力溢出指数总和	其他市场对其压力溢出指数总和	净压力溢出指数
巴西	信贷	0.13	1.04	0.04	0.26	0.69	36.58	96.35	−59.77
	资本	1.74	0.74	3.90	2.06	2.00	78.00	90.10	−12.10
	外汇	0.02	0.69	0.06	1.02	1.30	30.91	96.58	−65.67
	债券	1.76	0.07	1.50	1.72	1.98	49.05	95.77	−46.72
	货币	1.33	1.61	0.11	1.16	1.86	82.54	86.06	−3.52

① 由于篇幅所限，表 12-4 仅给出了样本国家各金融子市场对中国信贷市场、资本市场、外汇市场、债券市场和货币市场的压力溢出效应。

续表

国家	金融子市场	中国各金融子市场					样本总体溢出效应		
		信贷	资本	外汇	债券	货币	对其他市场压力溢出指数总和	其他市场对其压力溢出指数总和	净压力溢出指数
加拿大	信贷	0.25	0.82	0.12	1.14	1.80	50.31	93.37	−43.07
	资本	1.23	1.03	4.63	2.46	2.00	105.04	90.52	14.53
	外汇	0.04	0.04	0.38	0.97	1.69	29.77	95.57	−65.81
	债券	0.98	0.15	2.72	1.68	2.00	54.40	94.90	−40.50
	货币	9.61	5.65	1.21	2.71	1.29	108.98	74.77	34.21
中国	信贷	1.73	0.70	0.04	1.14	1.28	35.47	95.11	−59.63
	资本	0.51	2.57	5.30	2.46	1.99	74.02	87.17	−13.15
	外汇	0.38	3.55	0.57	0.97	0.18	66.76	94.36	−27.60
	债券	0.98	0.13	4.93	1.68	2.00	68.71	90.29	−21.58
	货币	1.25	1.62	0.25	2.71	1.94	117.03	84.23	2.80
法国	信贷	0.05	0.48	0.49	1.14	1.76	48.29	94.22	−45.93
	资本	2.32	1.30	5.68	2.46	2.00	112.24	91.38	20.85
	外汇	0.04	0.17	0.18	0.97	1.70	37.67	95.62	−57.94
	债券	0.30	0.38	0.67	1.68	1.98	49.68	95.05	−45.37
	货币	3.50	5.56	0.06	2.71	0.46	93.86	80.17	13.69
德国	信贷	0.09	1.09	0.73	1.14	0.89	46.55	92.94	−46.40
	资本	0.80	1.46	5.27	2.46	2.00	106.51	89.71	16.81
	外汇	0.04	0.20	0.21	0.97	1.70	33.72	95.58	−61.87
	债券	1.00	0.48	1.77	1.68	2.00	67.50	94.45	−26.95
	货币	8.23	5.64	0.40	2.71	1.87	117.49	73.96	43.53
印度	信贷	0.47	0.22	0.20	1.14	1.88	41.29	96.04	−54.75
	资本	1.96	1.79	1.35	1.46	2.00	105.46	90.27	15.19
	外汇	0.02	0.16	0.76	1.97	1.31	32.06	97.66	−65.60
	债券	1.67	0.14	1.26	1.68	2.00	56.80	94.78	−37.97
	货币	1.20	1.22	0.12	1.71	1.89	106.15	83.28	22.87
意大利	信贷	0.03	0.90	0.18	1.14	0.77	49.03	94.25	−45.21
	资本	1.92	0.97	5.46	2.46	2.00	104.20	89.18	15.02
	外汇	0.04	0.18	0.17	0.97	1.69	38.68	95.95	−57.27
	债券	0.30	0.38	0.67	1.68	1.98	49.31	94.68	−45.37
	货币	1.87	5.58	0.07	2.71	1.04	101.57	84.13	17.44
日本	信贷	0.05	0.90	0.31	1.14	1.70	37.71	94.96	−57.25
	资本	2.62	1.25	5.80	2.46	2.00	108.22	90.06	18.16
	外汇	0.03	0.07	0.13	0.97	0.89	26.71	91.18	−64.47
	债券	1.26	0.18	3.37	1.68	1.99	59.35	95.42	−36.07

国家	金融子市场	中国各金融子市场					样本总体溢出效应		
		信贷	资本	外汇	债券	货币	对其他市场压力溢出指数总和	其他市场对其压力溢出指数总和	净压力溢出指数
日本	货币	8.15	5.64	1.21	2.71	1.26	108.10	72.15	35.95
俄罗斯	信贷	0.11	0.28	0.18	1.14	1.96	40.89	95.39	−54.50
	资本	1.11	0.56	1.18	2.46	2.00	82.47	90.74	−8.28
	外汇	0.06	0.43	0.06	0.97	1.09	29.86	96.89	−67.03
	债券	1.05	0.37	1.73	1.68	2.00	69.49	93.21	−23.72
	货币	0.47	1.48	0.01	2.71	1.97	145.95	83.03	62.92
南非	信贷	0.06	1.45	0.05	1.14	1.09	35.94	95.85	−59.91
	资本	1.93	0.65	1.63	2.46	2.00	80.14	90.41	−10.26
	外汇	0.02	0.61	0.39	0.97	1.49	36.89	96.52	−59.63
	债券	1.11	0.07	0.53	1.68	1.99	54.42	94.77	−40.36
	货币	1.53	1.63	0.08	2.71	1.75	95.89	84.64	11.25
英国	信贷	0.11	0.25	1.53	1.14	1.95	94.58	47.54	47.04
	资本	2.01	1.48	5.73	2.46	2.00	118.38	91.27	27.11
	外汇	0.01	0.35	0.60	0.97	1.30	94.79	33.87	60.92
	债券	0.15	0.46	1.28	1.68	1.98	48.34	95.92	−47.57
	货币	9.18	5.65	0.77	2.71	1.57	176.98	74.27	102.71
美国	信贷	0.32	0.25	3.40	1.14	1.99	94.33	59.60	34.73
	资本	2.37	0.91	4.99	2.46	2.00	108.04	92.84	15.21
	外汇	0.03	0.24	0.50	0.97	1.88	95.27	38.08	57.19
	债券	0.21	0.46	2.61	1.68	1.98	49.84	95.97	−46.13
	货币	9.29	5.65	0.44	2.71	1.26	183.40	74.85	108.55

从其他国家对中国各金融子市场的溢出效应来看，加拿大、德国、英国、美国、日本等国家货币市场压力对我国信贷市场和资本市场的溢出效应较强；加拿大、法国、德国、意大利、日本和英国等国家资本市场对我国外汇市场的溢出效应较强；巴西、印度、俄罗斯和南非等国家金融市场对我国债券市场和货币市场的溢出效应较强。由此可见，从其他国家对我国金融市场压力溢出效应来看，不同类型的经济体压力溢出的传导路径存在显著差异，发达经济体主要通过资本市场和货币市场影响我国的信贷市场、资本市场和外汇市场，而新兴经济体金融市场压力则主要影响我国债券市场和货币市场。

图 12-5 描述了总体样本中各金融子市场间压力溢出网络结构图。由图 12-5 可以看出，各金融子市场间压力的溢出水平存在显著差异，资本市场和货币市场压力溢出效应要显著高于其他金融子市场。由此可见，资本市场和货币市场是不

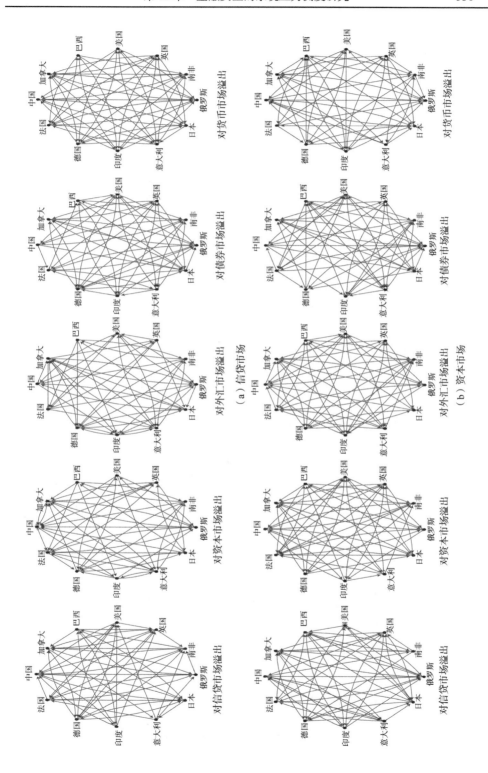

（a）信贷市场　　　　　　（b）资本市场

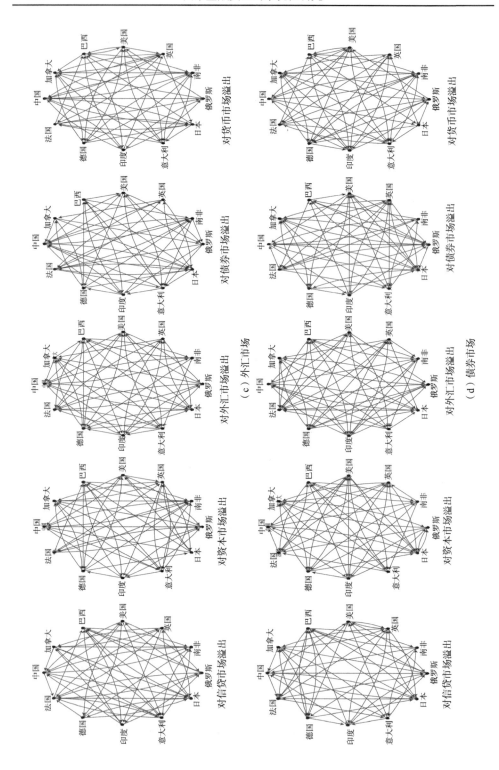

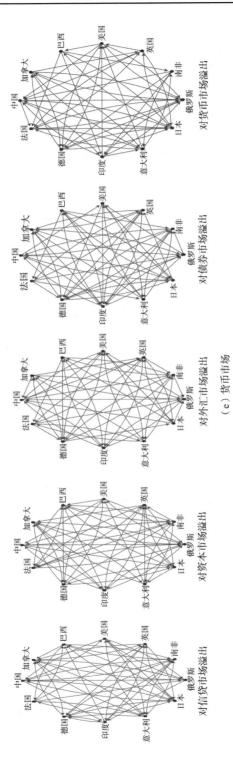

图 12-5　样本国家各金融子市场压力溢出网络结构图

同国家和金融子市场金融压力传染的重要路径。

12.4.3　金融市场压力溢出效应分析：动态溢出指数

在样本期间内，由于全球经济和各国经济都经历了不同的经济周期，并且涵盖了多个经济危机时期，虽然基于总体样本的静态溢出指数能够概括反映不同国家各金融子市场间的相互影响及不同金融子市场间的差异，但是却难以反映各金融子市场压力溢出水平的动态变动趋势。本章利用滚动回归的方法构造金融压力动态溢出效应模型，计算各金融子市场的动态溢出指数，以期准确描述样本期间内各金融子市场间压力溢出的动态变化特征。鉴于本章使用的数据为月度数据，本章将预测期设为向前 10 个月，滚动窗口设为 12 个月①。图 12-6 首先给出了样本周期内美国各金融子市场压力对中国金融市场的溢出效应及其动态变化。在动态分析的样本周期内，美国信贷市场金融压力溢出效应高于其他金融子市场。2008年 9～10 月，由于雷曼兄弟公司破产、美林银行被美国银行收购、美国政府对美国国际集团进行援助等一系列事件的发生，美国股票市场在 2008 年 10 月 15 日经历了 1987 年以后的单日最大跌幅，市场流动性也受到了严重影响。2008 年 10 月前后，美国资本市场金融压力溢出达到了局部极值。2010 年 5 月 6 日，美国股票市场经历了闪崩，最大跌幅达到了 9%，并引发债券市场和外汇市场的巨大波动。2011 年，利比亚危机（2011 年 2 月）、日本地震及核危机（2011 年 4 月）、国际评级机构下调美国主权信用评级（2011 年 8 月）及欧债危机恶化（2011 年 9 月）等一系列事件导致美国资本市场金融压力溢出迅速攀升。2012～2013 年，美国经济处于稳定复苏阶段，各金融子市场压力溢出没有出现显著性变化。2014 年 3 月，受乌克兰局势的影响，全球股票市场出现大跌，美国资本市场压力溢出显著提高。2015 年 8 月，全球股票市场遭遇了重大股灾，美国信贷市场和资本市场的风险溢出效应显著增加。2016 年 6 月，由于英国进行全面公投并决定正式脱欧，美国外汇市场金融压力溢出急速增加，并在样本周期内达到极值。2017 年，美联储连续加息使信贷市场金融压力溢出不断攀升。

---

① 为进一步验证分析结果的鲁棒性，本章同时将预测期设为 15 个月，滚动窗口设为 24 个月并进行动态分析，虽然动态溢出指数取值与预测期为 10 个月、滚动窗口为 12 个月的结果存在差异，但样本周期内动态溢出指数的变化趋势基本一致，结果稳健。

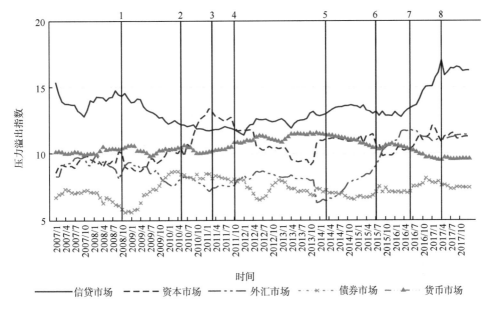

图 12-6　美国各金融子市场压力对中国金融市场动态溢出

图 12-7 显示了七国集团中除美国以外的其他六个国家各金融子市场压力对中国金融市场动态溢出情况。从各国金融压力溢出变化可以看出，美国金融市场压力的变化对其他发达国家金融市场压力存在显著影响，如 2008 年 10 月美股单日最大跌幅、2015 年 8 月全球股灾及 2017 年持续加息等。区域和国家重大事件的发生，也是引发金融市场压力溢出效应增强的原因，如日本地震及核危机引发日本、英国、德国资本市场金融压力溢出效应明显上升，而英国脱欧公投引发英国、德国、法国和日本资本市场及加拿大信贷市场金融压力呈现上扬趋势。

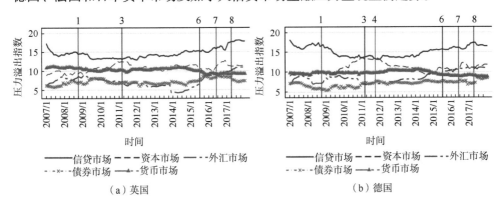

（a）英国　　　　　　　　　　　　　　　（b）德国

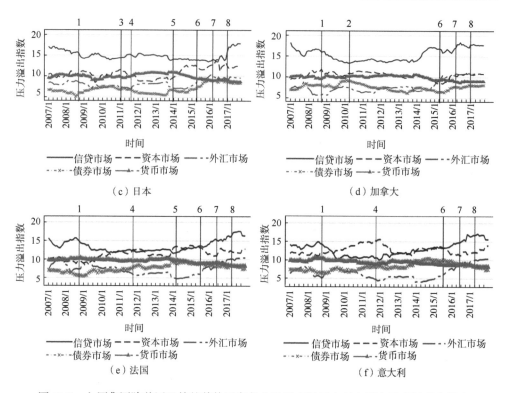

图 12-7　七国集团除美国以外的其他国家各金融子市场压力对中国金融市场动态溢出

从新兴经济体各金融子市场压力对中国金融市场动态溢出情况来看（图12-8），新兴经济体各金融子市场对我国金融市场压力溢出效应的变化也主要受美国及其他主要发达国家金融市场变化的影响。例如，2008年10月美股单日暴跌致使印度、俄罗斯信贷市场压力溢出呈现上升趋势，2016年6月英国脱欧公投

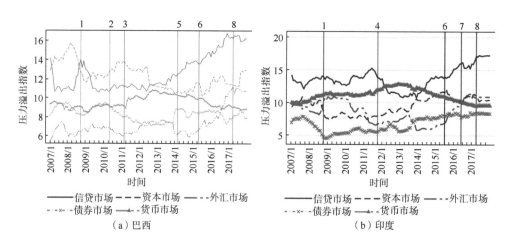

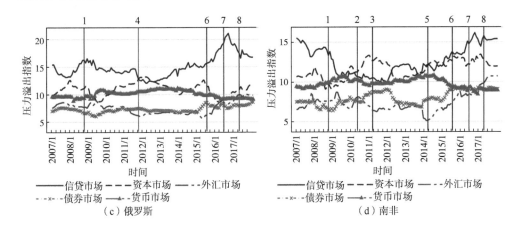

图 12-8　其他金砖国家各金融子市场压力对中国金融市场动态溢出

导致三国信贷市场压力溢出急速攀升,而 2017 年美国持续加息则使四国信贷市场金融压力溢出一直维持在较高的水平。

通过图 12-8 可以看出,发达国家和新兴经济体主要通过信贷市场与资本市场压力溢出影响我国金融市场,2017 年以来,受美国持续加息的影响,各国信贷市场压力溢出始终处于较高水平。样本周期内,美国金融市场压力溢出的变化不仅受到本国金融市场变化(如 2008 年股票市场暴跌、2011 年主权信用评级下调、2015 年全球股灾、2017 年连续加息等)的影响,还受国际金融市场波动(日本地震及核危机、欧债危机恶化、乌克兰局势及英国脱欧公投等)的影响。美国金融市场压力溢出的显著增加则进一步加剧了危机事件对全球金融市场的影响,而美国金融市场也成为引发全球系统性金融危机的主要因素之一。

图 12-9~图 12-11 分别刻画了样本期间我国各金融子市场压力对其他样本国家的动态溢出指数。从我国各金融子市场压力对美国金融市场动态溢出情况来看,我国金融市场压力溢出在一定程度上也受国际环境和美国金融市场变化的影响。例如,2008 年金融危机后,我国货币市场、外汇市场和债券市场金融压力溢出都呈现明显的上升趋势,并在 2010 年 5 月前后(美国股票市场出现闪崩)达到最高水平。2011 年,一系列事件的爆发(日本核危机、美国主权信用降级、欧债危机持续恶化)导致我国货币市场、外汇市场和债券市场压力溢出出现明显波动。2017 年,由于美国持续加息,我国面临着人民币贬值和资本外流的压力,货币市场、外汇市场、债券市场和信贷市场压力溢出急速增加。

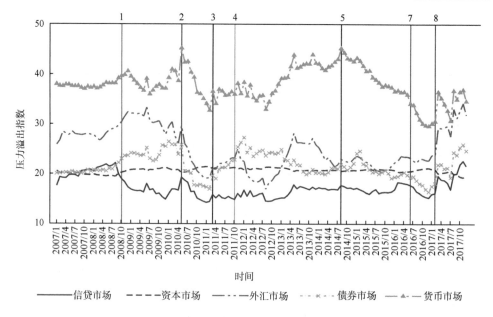

图 12-9　中国各金融子市场压力对美国金融市场动态溢出

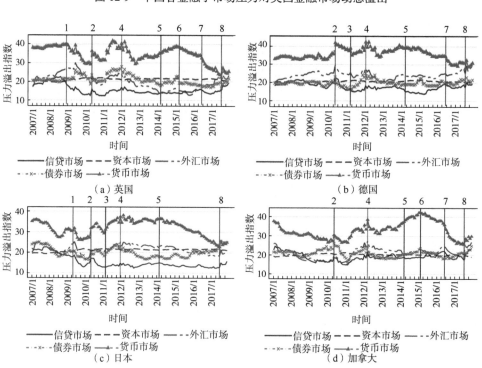

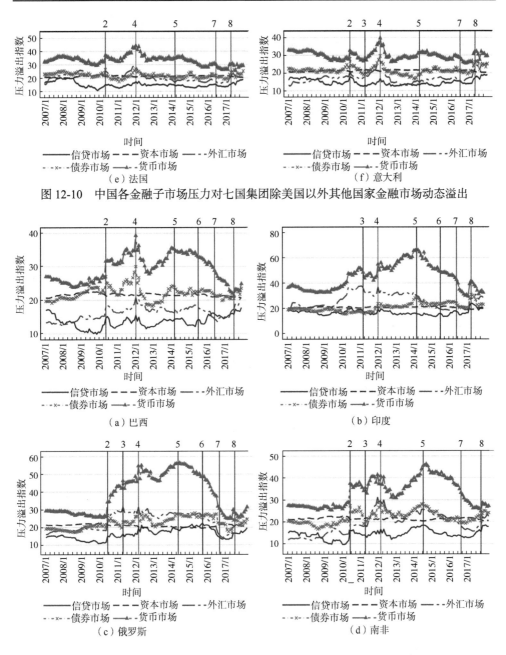

图 12-10　中国各金融子市场压力对七国集团除美国以外其他国家金融市场动态溢出

图 12-11　中国各金融子市场压力对其他金砖国家各金融子市场动态溢出

针对其他发达国家和新兴经济体而言（图 12-10 和图 12-11），我国各金融子市场压力溢出除呈现出与对美国金融市场压力溢出基本一致的特征外，也呈现自身独有特征。例如，2012 年和 2014 年两次汇率改革后人民币汇率波动幅度增加，双向波动明显；同时，由于 2012 年后，我国经济增速放缓，经济发展步入新常态，资本市场监管和银行业也做出了系列重大调整，因此，2012～2014 年，外汇市场压力溢出明显上升。英国脱欧公投（2016 年 6 月）后，我国外汇市场压力溢出对英国、欧元区国家（德国、法国、意大利）和加拿大有呈现增强的趋势。2015 年 8 月，我国资本市场在经过暴涨暴跌后，外汇市场对巴西和俄罗斯的压力溢出呈现上升趋势。

从我国各金融子市场压力溢出的变化特征来看，我国金融市场压力不仅受我国国内货币周期、汇率改革、金融监管和资本市场变化的影响，还受到如日本核危机与英国脱欧公投等外部事件的冲击，同时，我国金融市场与美国金融市场密切相连，美国金融市场的变化，如次贷危机、股票市场闪崩、下调主权信用评级等，均会引发我国金融市场压力的变化，加剧溢出效应。

最后，本章对样本期间其他样本国家对我国各金融子市场压力溢出的总体水平和我国各金融子市场压力溢出的总体水平进行了描述与分析，具体动态变化分别如图 12-12 和图 12-13 所示。从其他样本国家对我国各金融子市场压力溢出的动态变化来看（图 12-12），2007～2008 年，其他国家金融市场压力对我国各金融子市场的溢出水平处于较为稳定的水平，其中，对货币市场溢出水平最高，其次为资本市场和债券市场。2010 年后，各国金融市场和宏观经济趋于稳定，其他国家金融市场压力对我国信贷市场和外汇市场溢出的总体水平显著下降。2014 年以来，其他各国金融市场压力对我国金融市场的总体溢出效应呈现显著上升的趋势，而且要远远高于金融危机时期的水平，其中，对货币市场和信贷市场总体溢

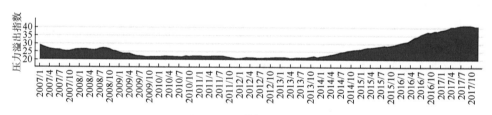

时间

（a）信贷市场

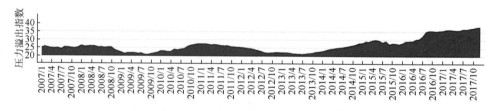

时间

（b）资本市场

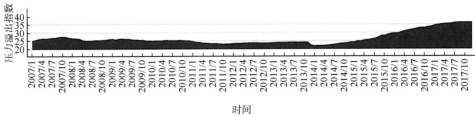

（c）外汇市场

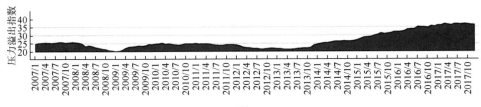

（d）债券市场

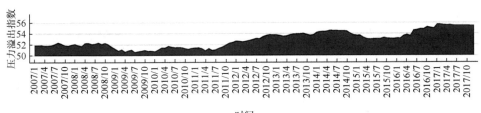

（e）货币市场

图 12-12　其他样本国家对中国各金融子市场压力溢出总体水平

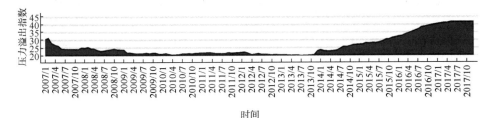

（a）信贷市场

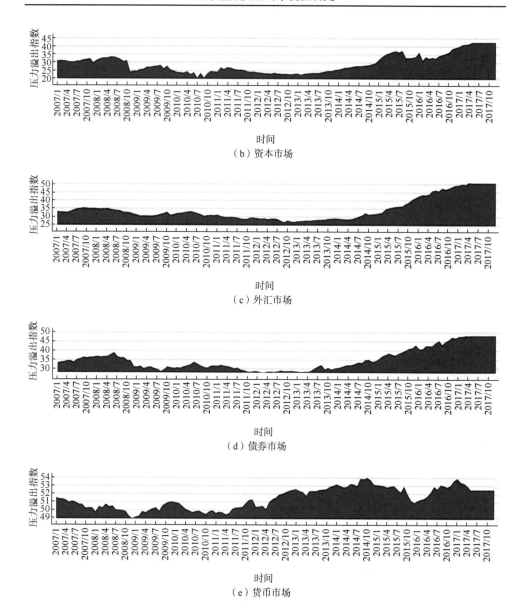

图 12-13　中国各金融子市场对其他样本国家压力溢出指数总体水平

出效应要显著高于其他子市场。从我国各金融子市场总体溢出水平的变动来看（图
12-13），2007~2008 年，信贷市场、资本市场和外汇市场压力溢出处于较为稳定
的水平；2009~2013 年，信贷市场和外汇市场压力溢出效应呈现显著下降趋势，
在整个样本期间内处于最低水平；2014 年开始，由于宽松货币政策的实施，房地

产行业泡沫不断增大，经济增速逐步放缓，货币市场和资本市场波动性增加，压力总体溢出水平呈现显著上升趋势，并且显著高于样本期间内的其他时期。与2007 年相比，2015 年以来我国信贷市场资本市场、债券市场和外汇市场压力溢出明显攀升，虽然货币市场的溢出效应总体处于较高水平，但其总体波动性较小。

　　通过我国各金融子市场压力净溢出的动态变化可以发现（图 12-14），我国资本市场、债券市场和货币市场金融压力净溢出指数在绝大部分样本周期内均为负值，这说明在样本周期内我国资本市场、债券市场和货币市场是全球金融系统中金融压力的净输入者；而由于我国实行有管理的浮动汇率制度并且拥有大量的外汇储备，我国外汇市场受其他市场压力的影响较小，在绝大多数样本周期内为金融压力的净输出者。2015 年，由于宽松货币政策的实施，信贷市场由金融压力净接收者变为净输出者。

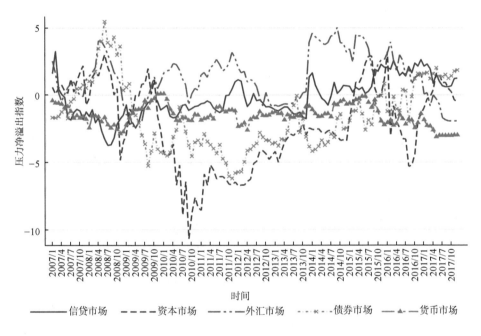

图 12-14　中国各金融子市场压力净溢出效应

12.5　结　　论

　　本章利用 GVAR 模型，基于关联网络的视角分析了 2007～2017 年七国集团和金砖五国 12 个国家各金融子市场（信贷市场、资本市场、外汇市场、债券市场和货币市场）压力在不同子市场和国家间的溢出效应；同时，基于滚动回归，从动态分析的角度刻画了金融市场压力在各金融子市场和不同国家间的动态传导及其演化规律。

研究结果表明,我国货币市场压力在 2009~2010 年和 2012~2013 年两个时期处于较高水平,而在此期间货币流动性水平的提高则成为引发经济过热或物价急剧上升的重要诱因。在全球金融市场压力传导的关联网络中,美国金融市场压力溢出在全球金融市场中起主导作用;发达经济体主要通过资本市场和货币市场影响我国的信贷市场、资本市场和外汇市场,而新兴经济体金融市场压力则主要影响我国债券市场和货币市场。金融子市场压力的产生与传导呈现出明显的非线性波动特征,一方面,各金融子市场压力均表现出经济平稳时期的较缓和变化、非平稳时期快速积聚与集中爆发的非线性特征;另一方面,各金融子市场之间的风险传递关系也表现出显著的差异,资本市场和货币市场压力的溢出效应要显著高于其他子市场,是不同国家和金融子市场金融压力传染的重要路径。

动态分析结果显示,在 2008 年 10 月美国股票市场暴跌、2011 年 8 月美国主权信用评级下调及 2015 年 8 月全球股灾中,美国金融市场压力溢出指数出现了急速攀升,而其他国家金融市场压力溢出指数也在同时期迅速增加,这进一步表明全球金融市场压力变化受美国金融市场的影响,而美国金融市场也成为引发全球系统性金融危机的主要因素之一。我国金融市场则为金融压力净输入者,2014 年以来,国际金融市场压力溢出对我国金融市场的影响远远高于金融危机时期,其中资本市场和外汇市场所受影响更为显著,并对国际金融市场的变化更为敏感。

当前,我国宏观经济和金融市场结构均处于转型阶段,国内外环境较为复杂,虽然金融体系的风险总体可控,但是防范系统性金融风险、加强金融监管和宏观审慎调控仍是未来金融工作的重点。而基于 GVAR 模型的关联网络分析则进一步说明,全球金融市场具有显著的网络关联和周期性特征,而关联网络的存在导致重大事件的冲击不仅会引起本国金融压力增加及金融危机的发生,还会引起其他国家和地区金融市场的动荡,最终形成全球性金融危机。因此,监管机构应把握各金融子市场金融压力的周期性特征并加强风险监管,对潜在金融压力进行提前识别和化解。同时,考虑到金融压力在各金融子市场和国际金融市场中的传导路径及其演化规律,监管机构还可以根据金融压力溢出的关联网络特征及其动态演化制定精准的宏观审慎政策,防范金融市场关联水平上升引发系统性金融风险的可能性。最后,各金融子市场压力来源及其变化特征呈现出一定的相关性和特殊性,基于宏观审慎管理的金融压力测试应考虑到各金融子市场压力的特殊性和内在关联,分析不同情景下各金融子市场和国际金融市场压力突变对我国金融系统的冲击,这对监测金融体系整体的脆弱性和防范系统性金融风险有着重要作用。

第 13 章　金融安全的市场风险测度研究

2008 年金融危机对世界经济造成了重创。作为此次危机的重要诱因，系统性金融风险在此之后成为各方关注的焦点。对我国而言，随着银行、证券等金融机构的加速融合，系统性金融风险交叉传染可能性大幅上升，同时，近年来股灾等事件对我国经济社会已然造成了巨大损失，因此，如何有效防范和化解系统性金融风险也是我国当前面临的重要课题。

党的十九大报告明确指出要"健全金融监管体系，守住不发生系统性金融风险的底线"[①]。监管的关键则在于对系统性金融风险的精准测度和有效预警，现有关于系统性金融风险测度的研究已较为成熟，但针对系统性金融风险预警的研究仍相对较少，因此，为防范和化解重大风险，有必要进一步完善系统性金融风险预警研究。鉴于此，本章构建了一套相对完善的涵盖系统性金融风险测度、极端系统性风险预警及预警指标特征重要性分析的预警体系。

与既有研究相比，本章的主要贡献体现在三个方面。第一，我们将孤立森林算法引入系统性金融风险的分类，相较于过往文献常用的历史数据法和均值标准差法，该方法并不依赖于主观判断或数据的分布特征，从而在系统性金融风险序列分类方面具有更好的适用性。第二，假设条件的严苛性和模型的单一性是制约当前系统性金融风险预警研究的两大关键因素。本章则尝试通过对机器学习方法的运用突破假设条件的限制，通过对分类算法的集成克服单一算法的局限性，从而更好地实现预警效果。第三，本章从指标特征重要性的角度为如何具体防范系统性金融风险提供了指引。与以往研究相比，从单个指标对预警结果的贡献程度大小去分析系统性金融风险的影响因素是一个全新的视角。

13.1　文　献　综　述

与本章相关的文献有两类，一是与系统性金融风险测度及影响因素相关的文

---

① 习近平：决胜全面建成小康社会 夺取新时代中国特色社会主义伟大胜利——在中国共产党第十九次全国代表大会上的报告. http://www.gov.cn/zhuanti/2017-10/27/content_5234876.htm[2017-10-27].

献，二是与系统性金融风险预警相关的文献。

13.1.1 系统性金融风险的测度及影响因素

Hart 和 Zingales（2009）认为，金融机构由于衍生产品等形成了高度的关联性，而系统性金融风险是指一家机构违约使得多家机构相继违约，进而威胁系统正常运行并造成严重损失的风险。据此定义，多数研究从机构关联的角度来测度系统性金融风险，其中代表性方法包括 CoVaR 方法和 MES 方法。前者自下而上，主要用于度量一家机构处于极端情形时给其他机构或整个金融体系带来的负外部溢出（Adrian and Brunnermeier，2016）；后者则自上而下，以估算出的整体风险为基准通过某种分配方式将总体风险分配给单个金融机构，其度量了当金融机构损失超过阈值时所遭受的平均损失（Acharya et al.，2016）。

基于上述测度方法，国内外学者展开了大量研究。杨子晖等（2018）在综合运用 CoVaR 和 MES 方法后发现，其在测度我国系统性金融风险方面均是有效且可靠的。Adrian 和 Brunnermeier（2016）、López-Espinosa 等（2012）则在 CoVaR 基础上分别提出了条件期望损失（conditional expected shortfall，CoES）及不对称 CoVaR 思想。基于此，张冰洁等（2018）研究发现，相比 CoES，CoVaR 可能低估了金融机构的系统性金融风险。陈国进等（2017）认为，鉴于我国金融市场的不成熟和间接金融占据的主导地位，在我国更适于采用不对称 CoVaR 方法。另外，Brownlees 和 Engle（2017）在 MES 的基础上进一步考虑杠杆和规模因素，构建了系统性风险指数，该指数也被认为更适于测度我国微观机构的系统性金融风险（陈湘鹏等，2019）。除了对 CoVaR 和 MES 方法的优化，近年来还有一类研究主要通过降维等方法构建合成指标，其中代表性研究包括 Giglio 等（2016）、Varotto 和 Zhao（2018）及何青等（2018），这些合成指标在测度系统性金融风险方面也均表现出了很好的适用性。

此外，相关研究也从多个不同角度探究了系统性金融风险的影响因素。在宏观因素方面，Karimalis 和 Nomikos（2018）认为市场波动性、融资流动性、信用利差等宏观因素在解释系统性金融风险方面具有重要意义。宫晓莉等（2020）研究发现，通货膨胀水平及债务杠杆水平会明显地抬高系统性金融风险。在微观因素方面，个体规模则是相关研究的主要切入点。Laeven 等（2016）、Varotto 和 Zhao（2018）的研究均表明，系统性金融风险会随着银行规模增大而增大，"大而不能倒"始终应是监管的重点。这一结论在我国市场中同样被证实，杨子晖和李东承（2018）在测度我国 177 家银行系统性金融风险后发现，规模较大的银行是我国银行系统中最主要的系统性金融风险来源。李绍芳和刘晓星（2018）则进一步认为，由于与其他机构间存在高度关联性，一些小规模金融机构也可能成为诱发系统性金融风险的重要因素。另外，有研究表明一些微观行为也会激增系统性金融风险，其中具有代表性的行为包括金融衍生工具的使用（张肖飞和徐龙炳，2020）、金融机构的监管套利（陈国进等，2021）等。

13.1.2　系统性金融风险的预警研究文献

与系统性金融风险预警相关的文献主要分为三类。第一类是基于早期预警技术展开的研究。其中最具代表性的方法包括 FR 概率模型（Frankel and Rose，1996）、横截面回归模型（Sachs et al.，1996）及 KLR 信号模型（Kaminsky et al.，1998）。这类方法主要通过比较历次金融危机，选择能够表征金融危机的因变量及能够影响该因变量的自变量，以构建的拟合方程来实现对未来危机的预警。但是，上述模型严重依赖历史危机数据且并不考虑国别差异，而我国从未发生过严格意义上的金融危机，这使得模型在我国的适用性大打折扣。

第二类是基于系统性金融风险测度方法的拓展。例如，基于 ΔCoVaR 概念，Adrian 和 Brunnermeier（2016）进一步提出了 Forward-ΔCoVaR 思想，他们通过在回归模型中引入滞后项以预判系统性金融风险的大小。李政等（2019a）则进一步提出了上行和下行 ΔCoES 指标，其研究发现下行 ΔCoES 可作为系统性金融风险的实时监测指标，而上行 ΔCoES 则可作为系统性金融风险的前瞻预警指标。再如，基于 CCA 模型，张立华和丁建臣（2016）在 CCA 模型中引入高阶项后发现，拓展后的高阶矩或有权益分析（higer-moments contingent claims analysis，HCCA）模型可以预判金融危机的到来，其在预测危机方面具有前瞻性。唐文进和苏帆（2017）则在传统的 CCA 方法中引入了跳跃扩散假设，其研究发现跳跃 CCA 模型可比传统方法提前 3～6 个月预警系统性金融风险。然而，上述研究更多的是对系统性金融风险大小的预测，对多少数值水平下的系统性金融风险需要进行预警并未涉及，且相关模型的构建也建立在一定的假设上。

第三类则主要基于机器学习方法，尤其是分类算法。Filippopoulou 等（2020）运用二元 Logit 模型检验了欧洲央行宏观审慎数据库中风险指标的预测有效性，其研究发现基于 Logit 模型，大多数指标均能有效预测银行业危机状态下的系统性金融风险。宫晓莉等（2020）运用 SVM 拓展模型，在将同业拆借放率等指标作为输入参数后发现，该算法的输出结果能够较好地拟合实际的系统性金融风险水平。Li 等（2013）、赵丹丹和丁建臣（2019）则比较了 SVM 算法、前馈（back propagation，BP）神经网络及 Logit 模型在我国银行业系统性金融风险预警上的适用性，他们均研究发现，SVM 在系统性金融风险预警方面具有较高的准确性。

分类算法对数据分布等并没有严格的要求，因而有效克服了前两类模型的固有弊端，同时能对系统性金融风险做出正常或异常的直观预警。但这类研究还存在不足，一是在风险的分类方面，常用的方法包括均值标准差法和历史数据法，但前者是建立在系统性金融风险序列正态分布的前提上，而金融数据尖峰厚尾的特征并不满足此要求；后者则将过往危机爆发期间的数据归为异常类，但这种方法对时点的确定往往具有主观性。二是在分类算法的选择上，相关研究主要运用单一的分类算法，这会使预警结果充分受限于单一算法的固有缺陷。三是在数据处理等方面还相对粗糙，尤其是会忽略数据的时序特征，从而将交叉验证等方法误用于参数的选择上。

综上所述，现有研究对系统性金融风险的度量已经比较成熟，但在系统性金融风险预警方面仍有很大的拓展空间。基于此，本章首先利用 $\Delta CoVaR$ 及 MES 等多种方法构建系统性金融风险测度体系，进而结合孤立森林算法识别系统性金融风险异常点，并将其分为正常和异常两类。其次，选取七种主流分类算法作为基分类器，结合模糊评价方法和集成分类算法对系统性金融风险进行预警，同时利用自适应核人工合成过采样（synthetic minority oversampling technique Tomek link，SMOTETomek）及网格搜索等方法进一步优化模型设定。另外，本章还基于预警过程中具有较高特征重要性的指标，进一步分析了其对系统性金融风险的影响。

13.2　研　究　设　计

13.2.1　样本选择及数据来源

本章所选样本区间为 2008～2020 年，该时间段内既包含了 2008 年金融危机、2015 年股灾等极端风险事件，又包含了 2013 年的银行"钱荒"等一般风险事件，能够为相关算法提供一定的训练样本。本章涉及的数据包括两部分，一是预警数据集中的各预警指标，二是系统性金融风险计算过程中的收益率数据。以上数据中，除预警指标中的宏观数据来源于国家统计局官网外，其余数据均来自 Wind 数据库。

13.2.2　预警数据集的构建

借鉴刘晓星等（2021）的研究，本章将涵盖银行体系、股票市场、债券市场、金融衍生品市场、房地产市场、外部市场、宏观经济等状况的 52 个指标纳入预警数据集。

为保证系统性金融风险预警的时效性,同时考虑到各预警指标频率上的差异,本章将所有预警数据统一调整为月频。其中,对于季频数据,将季频数据拆分后,会使得该季度对应的月频数据包含了下一个季度的信息,从而夸大预警的效果,因而本章对季频数据不做调整,仅以每个时点的最新已知季频数据作为实际使用数据;对于国房景气指数等缺失一月数据的指标,统一取上月值作为填充;对于日频数据,则统一取月度均值。另外,对于各总量性指标,实际采用同比增长率。各指标的具体选取情况如表 13-1 所示。

表 13-1　预警指标选取

类型	指标
银行体系	TED 利差,不良贷款率,存贷比
股票市场	A 股波动率(GARCH 模型计算的沪深 300 波动率),上证市盈率,深证市盈率,A 股市值/GDP,上证 50 指数,中小板指数,全指金融指数,高市盈率指数,中市盈率指数,低市盈率指数,亏损股价指数,新股指数,银行指数,券商指数,保险指数
债券市场	期限利差,信用利差,中债综合指数,国债总指数,地方债总指数,信用债指数
金融衍生品市场	中证 500 股指当月连续,上证当月连续,沪深当月连续,国债期货,沪深 300 交易所基金指数,上证 50 交易所基金指数
房地产市场	国房景气指数
外部市场	无本金交割远期合约(non-deliverable forwards,NDF)报价,恐慌指数(CBOE volatility index,VIX index),隔夜拆借利差,长期利差(中美 10 年期国债收益率之差),中美汇率(直接标价法),黄金现货价格,日经 225 指数,道琼斯指数,纳斯达克指数,斯托克 50 指数
宏观经济	采购经理人指数(purchasing managers' index,PMI),CPI–PPI,外国直接投资(foreign direct investment,FDI)增长率,新增信贷增长率,M2 增长率,PPI 增长率,CPI 增长率,RPI 增长率,消费者信心指数,消费者满意指数,消费者预期指数

13.2.3　系统性金融风险的度量

银行及证券在我国金融系统中处于支柱地位,发源于这些金融机构的尾部风险,具有极强的传染性和不稳定性,且极易通过机构间的关联关系向整个金融系统扩散(宫晓莉等,2020;刘晓东和欧阳红兵,2019),因此,本章以我国上市金融机构为样本考察系统性金融风险,这一做法也符合 Hart 和 Zingales(2009)对系统性金融风险的定义。考虑到单一方法在测度系统性金融风险方面具有局限性,为后续能够准确对系统性金融风险的异常状态进行识别,本章沿用杨子晖等(2018)的测度体系,分别利用 VaR 、ΔCoVaR 及 MES 方法刻画系统性金融风险,并将 ΔCoVaR 进一步区分为 DCC-GARCH 模型下的测度和分位数回归方法下的测度。

1. ΔCoVaR 测度指标

Adrian 和 Brunnermeier（2016）将 $\text{CoVaR}_{\text{system}|i,q}$、$\text{CoVaR}_{\text{system}|i,\text{median}}$ 分别定义为金融机构 i 陷入危机（q 分位数水平）及处于正常状态时（中位数水平）系统遭受的最大损失，其用公式可表示为

$$P\left(r_m \leqslant \text{CoVaR}_{\text{system}|i,q} \,\middle|\, r_i = \text{VaR}_{i,q}\right) = q \tag{13-1}$$

$$P\left(r_m \leqslant \text{CoVaR}_{\text{system}|i,\text{median}} \,\middle|\, r_i = \text{median}\right) = q_{\text{median}} \tag{13-2}$$

其中，r_m、r_i 分别表示市场和机构 i 的收益率，$\text{VaR}_{i,q}$ 表示在险价值，其可由式（13-3）定义。

$$P\left(r_i \leqslant \text{VaR}_{i,q}\right) = q \tag{13-3}$$

进一步，$\Delta\text{CoVaR}_{i,q}$ 可表示为

$$\Delta\text{CoVaR}_{i,q} = \text{CoVaR}_{\text{system}|i,q} - \text{CoVaR}_{\text{system}|i,\text{median}} \tag{13-4}$$

该指标自下而上反映了单个机构 i 陷入危机时对整个系统的负外部性溢出，我们在书中将其用绝对值表示，该值越大，则系统性金融风险越大。

2. MES 测度指标

与 ΔCoVaR 不同的是，MES 是从自上而下的角度刻画系统性金融风险。假设系统由 N 家金融机构组成，w_i 表示机构 i 的市场份额，则期望损失可用公式表示为

$$\text{ES}_{\text{system}}(C) = E\left(r_m \middle| r_m < C\right) = \sum_{i=1}^{N} w_i E\left(r_i \middle| r_m < C\right) \tag{13-5}$$

ES 反映了市场收益率低于临界值 C 条件下的期望损失，将该值对个体权重求一阶导后可得 MES，即

$$\text{MES}_i(C) = \frac{\partial \text{ES}_{\text{system}}(C)}{\partial w_i} \tag{13-6}$$

该值刻画了单个机构 i 对整体系统性金融风险的边际贡献。

3. ΔCoVaR 及 MES 的具体计算

本章首先在 Brownlees 和 Engle（2017）建立的 DCC-GARCH 分析框架下分别计算 ΔCoVaR 及 MES。该分框架假定 $r_{m,t}$ 和 $r_{i,t}$ 服从以下过程。

$$r_{m,t} = \sigma_{m,t}\varepsilon_{m,t} \tag{13-7}$$

$$r_{i,t} = \sigma_{i,t}\varepsilon_{i,t} = \sigma_{i,t}\rho_{i,t}\varepsilon_{m,t} + \sigma_{i,t}\sqrt{1-\rho_{i,t}^2}\,\xi_{i,t} \tag{13-8}$$

$$v_t \triangleq \left(\varepsilon_{m,t}, \xi_{i,t} \right) \sim F \tag{13-9}$$

其中，v_t 表示均值协方差均为 0 的独立同分布序列；F 表示一个未指定形式的二变量分布。则在上述假定下，ΔCoVaR 及 MES 可分别表示为

$$\Delta\text{CoVaR} \, R_{i,q} = \rho_{i,t} \sigma_{m,t} / \sigma_{m,t} \left(\text{VaR}_{i,q,t} - \text{VaR}_{i,\text{median},t} \right) \tag{13-10}$$

$$\text{MES}_i(C) = \sigma_{i,t} \rho_{i,t} E_{t-1} \left(\varepsilon_{m,t} | \varepsilon_{m,t} < C / \sigma_{m,t} \right)$$
$$+ \sigma_{i,t} \sqrt{1 - \rho_{i,t}^2} E_{t-1} \left(\varepsilon_{i,t} | \varepsilon_{m,t} < C / \sigma_{m,t} \right) \tag{13-11}$$

其次，考虑到基于 GARCH 模型得到的 ΔCoVaR 指标可能缺乏稳健性（朱南军和汪欣怡，2017），我们利用分位数回归方法再次计算 ΔCoVaR。分位数回归的步骤如下所示。

对 $r_{i,t}$、$r_{m,t}$ 进行 q 分位数水平的分位数回归（以下公式中均省略了分位数下标，本章研究中，q 分位数统一取 5%）。

$$r_{i,t} = \alpha_i + \gamma_i M_{i,t-1} + \varepsilon_i \tag{13-12}$$

$$r_{m,t} = \alpha_{\text{system}|i} + \beta_{\text{system}|i} r_{i,t} + \gamma_i M_{i,t-1} + \varepsilon_{\text{system}|i} \tag{13-13}$$

其中，$M_{i,t-1}$ 表示滞后一期的状态变量，其具体设定如表 13-2 所示。

表 13-2　状态变量定义及计算方法

变量	名称	计算方法
M_1	流动性利差	半年期 Shibor−半年期国债收益率
M_2	期限利差	10 年期国债收益率−1 年期国债收益率
M_3	信用利差	1 年期企业债收益率−1 年期国债收益率

进而，将分位数回归参数代入式（13-5）、式（13-6）可得

$$\text{VaR}_{i,t} = \hat{\alpha}_i + \hat{\gamma}_i M_{i,t-1} \tag{13-14}$$

$$\text{CoVaR}_{\text{system}|i,q} = \hat{\alpha}_{\text{system}|i} + \hat{\beta}_{\text{system}|i} \text{VaR}_{i,t} + \hat{\gamma}_{\text{system}|i} M_{i,t-1} \tag{13-15}$$

同理，参照上述方法进行中位数水平的分位数回归可得 $\text{CoVaR}_{\text{system}|i,\text{median}}$，则 ΔCoVaR 可由式（13-4）计算得到。在本书中，我们将分位数回归得到的测度简记为 $\Delta\text{CoVaR\_Q}$，将 GARCH 模型得到的测度记为 CoVaR_G。

最后，本章对上述计算过程中涉及的收益率数据做以下设定。我们将金融机构整体视作系统内的一个个体，利用中证内地金融指数反映我国金融机构的总体状况，利用沪深 300 指数反映系统整体情况。选取中证内地金融指数的理由在于，一方面，该指数标的涵盖了银行、证券、保险等各类型金融机构，其在综合反映我国金融机构整体情况方面具有良好的代表性（沈悦等，2014）；另一方面，由于该指数标的是动态调整的，基于该指数，我们无须再手动调整金融机构样本，

因此也能更加便捷且准确地刻画我国系统性金融风险。设 $p_{m,t}$ 和 $p_{i,t}$ 分别为沪深 300 指数及中证内地金融指数在 t 时刻的收盘价，则收益率计算公式为

$$r_{m,t} = 100 \times \ln\left(p_{m,t}/p_{m,t-1}\right) \qquad (13\text{-}16)$$

$$r_{i,t} = 100 \times \ln\left(p_{i,t}/p_{i,t-1}\right) \qquad (13\text{-}17)$$

13.2.4　基于集成分类算法对系统性金融风险的预警

1. 系统性金融风险的分类

在利用集成分类算法对系统性金融风险进行预警之前，本章首先利用孤立森林算法对系统性金融风险进行分类。该算法主要通过对数据集的随机切割寻找容易被孤立的样本点，进而分离异常值。相较于均值标准差法，该算法并不依赖于数据的分布特征，因而在对系统性金融风险序列分类方面具有更好的适用性，其主要涉及以下几个步骤。

（1）在数据集中随机选择 m 个样本作为子样本。

（2）在子样本的最大值和最小值之间随机选取一个值作为节点，通过将各样本值与该节点值进行比较从而生成二叉树，即当样本值小于节点值时位于树的左侧，反之位于树的右侧。

（3）在树的左右两侧重复步骤（2），直至数据已经无法分割。

（4）重复（1）～（3）的步骤，生成多个二叉树组成孤立森林。

（5）对每一个样本 x，计算其路径长度 $h(x)$，即该样本点从二叉树的根节点到子节点的边数，进而定义

$$S(x,m) = 2^{-E(h(x)/c(m))} \qquad (13\text{-}18)$$

其中，$Eh(x)$ 表示该样本在所有二叉树中的平均路径长度；$c(m)$ 表示所有样本的平均路径长度。则对于那些离群的异常点而言，其往往只需要几次分割就能被"孤立"出来，从而具有较短的路径长度。因而当 $E\left(h(x)/c(m)\right) \rightarrow 0$，即 $S(x,m) \rightarrow 0$ 时，该样本会被认为是异常点。

基于上述步骤，我们对系统性金融风险较大的异常点进行了识别，并按照识别结果将系统性金融风险序列分成正常和异常两类。另外，考虑到单一风险测度指标的度量偏差，本章同时对四种测度指标利用孤立森林算法进行异常值识别，进而根据多数投票原则，将两种以上测度同时出现异常值的时间点划分为异常类，同时，将这类样本视为极端系统性金融风险。

2. 集成分类算法的构建

进一步，我们引入集成分类算法对系统性金融风险进行预警。集成分类算法是一种调用多种分类算法（基分类器）共同决策的综合性算法，以该算法预警系统性金融风险的基本原理是：首先在训练集上调用各基分类器，使其学习预警数据与系统性金融风险的对应关系，进而在测试集上根据预警数据判别风险类别，并最终按照某种方式对结果进行集成。Bagnall 等（2018）以各基分类器在训练集上的精度为权重，构建了基于多算法投票的基于转换的集成的集合（collective of transformation-based ensembles，COTE）算法，并且在时间序列分类方面获得了比任一基分类器更高的精度。借鉴这一思路，我们结合模糊评价法，构建了以下基于多算法投票的集成分类算法。

首先，我们选取 7 种主流的分类算法作为基分类器，即 k 近邻（k-nearest neighbor，KNN）算法、logistic 回归（logistic regression，LR）、核支持向量机（kernelized support vector machine，KSVM）、决策树分类器（decision tree classifier，DTC）、随机森林（random forest，RF）、极端梯度提升（eXtreme gradient boosting，XGBoost）算法及多层感知机（multilayer perceptron，MLP），并根据各基分类器在训练集上的训练精度确定权重。其中，训练精度由二分类评价指标 f 分数（f_{score}）确定。设样本由正反两类构成，f_1 为所有被预测为正类的样本中真正的正类样本所占的比例，f_2 为真正的正类样本中被预测为正类的样本所占的比例，则 f 分数是上述两种比率的调和平均，其中，f 分数的值越接近 1 则表明预警准确性越高。

$$f_{\text{score}} = \frac{2(f_1 \times f_2)}{f_1 + f_2} \qquad (13\text{-}19)$$

接着，设 $W = \{w_1, w_2, \cdots, w_7\}$，$w_i$ 为基分类器 i 的权重，它由该分类器在训练集上的训练精度 α_i 得到。

$$w_i = \alpha_i \Big/ \sum_{i=1}^{7} \alpha_i \qquad (13\text{-}20)$$

然后，建立模糊关系矩阵，如式（13-21）所示。

$$R = (r_{ij}) = \begin{pmatrix} r_{11} & r_{12} \\ \vdots & \vdots \\ r_{71} & r_{72} \end{pmatrix} \qquad (13\text{-}21)$$

其中，r_{ij} 表示对测试集上的某一样本第 i 个基分类器在多次迭代中将其归为 j 类的占比。在本章研究中，迭代次数设定为 100，$j=1$ 表示正常类，$j=2$ 表示异常类，

且 $\sum_{j=1}^{2} r_{ij} = 1$ 。

最后，我们进行模糊变换以获得在基分类器共同决策后的最终分类。令模糊评价矩阵 $C = W \times R = (c_1, c_2)$ ，则 c_i 值对应各类别的隶属度。我们根据隶属度最大原则确定最终分类，而当 $c_1 = c_2$ 时，则由权重最高的算法决定最终结果。

在本章研究中，为实现对极端系统性金融风险的前瞻预警，我们将分类标签做滞后一期处理（lag=1），即将上一期的预警数据与本期的分类标签相对应。另外，考虑到在预警数据与分类标签同期对应时（lag=0），集成分类算法的输出结果仍可帮助我们对当前系统性金融风险状态做出判断，因而本章同时汇报了 lag=1 和 lag=0 时的分类结果。此外，在预警过程中，各预警指标的特征重要性定义为各单一预警指标对预警结果的贡献程度。当一个指标对预警结果具有较高的贡献度时，则认为该指标具有较高的特征重要性。通常而言，具有较高特征重要性的指标，其数值的变化会对预警结果产生明显影响。

3. 算法的进一步优化

为了进一步提升预警性能，本章还对上述流程做了两部分优化。第一，为避免数据取值差异及数据分类不平衡对学习结果的影响，在运用分类算法前，我们对数据做了归一化及综合采样处理。其中，归一化处理这里选用(0,1)标准化方法，综合采样处理则选用 SMOTETomek 算法。SMOTETomek 算法旨在解决数据分类的不平衡问题。由于极端系统性金融风险在所有样本中占比较小，因而即便我们对所有异常类样本错误分类，而只要对大部分正常类样本正确分类，依然可以获得较高的预警精度。因此，需要对这种分类不平衡问题进行处理，从而获得更为可靠的结果。SMOTETomek 是一种结合了 SMOTE 和 Tomek 欠采样的综合算法。SMOTE 过采样旨在增加少数类样本数量，其首先在少数类样本中，针对其中一个样本 x_i 找出它的多个近邻，进而在这些近邻中随机选取一个样本 $x_{i(n)}$ ，通过式（13-22）的线性插值合成一个新样本 x_i 。

$$x_i = x_i + k \times \left(x_i - x_{i(n)} \right), \quad k \in (0,1) \qquad （13-22）$$

Tomek 欠采样方法的目的则是减少多数类样本数量。对于一些取值较为接近但属于不同类别的系统性金融风险样本，该算法会优先将这些多数类样本删除，从而使两类样本具有较为明显的边界。本章采用的 SMOTETomek 方法是对上述两种方法的综合，即首先利用 SMOTE 方法增加少数类样本，进而再利用 Tomek 方法将处于边界的多数类样本删除，以此实现两类样本的平衡。

第二，通过网格搜索方法确定各基分类器的最优参数组合，进而将具有最优参数的基分类器用于测试集的预警。具体地，为保证各子数据集上均有异常类样本，首先，我们将 2008 年 1 月至 2014 年 2 月的样本作为初始训练集用于构建模型；其次，将 2014 年 3 月至 2015 年 5 月的数据作为备用训练集通过网格搜索方法选择模型参数，即通过遍历各参数的所有取值组合，分别评估各组合在该训练集上的预警精度，从而将具有最高精度的参数组合视为最优参数；再次，将初始训练集和备用训练集合并以共同训练具有最优参数的分类模型；最后，将剩余数据集作为测试集以评估模型预警性能。

13.2.5　TVP-SV-VAR 模型构建

为进一步分析预警过程中具有较高特征重要性的指标对系统性金融风险的时变影响，本章引入了 TVP-SV-VAR 模型。该模型可表示为

$$y_t = c_t + B_{1t}y_{t-1} + \cdots + B_{st}y_{t-s} + \mu_t, \quad \mu_t \sim N(0, \Omega_t) \tag{13-23}$$

其中，y_t 表示一个 $k \times 1$ 维的可观测变量；$B_{1t}, \cdots, B_{st}$ 表示 $k \times k$ 维的时变系数矩阵；Ω_t 表示一个 $k \times k$ 的时变协方差矩阵，它可进一步被分解为 $\Omega_t = A_t^{-1}\Sigma_t\Sigma_t A_t'^{-1}$（$A_t$ 是一个主对角为 1 的下三角矩阵）。定义 β_t 是 $B_{1t}, \cdots, B_{st}$ 的堆积行向量，$\alpha_t = (\alpha_{it}, \cdots, \alpha_{kt})^T$ 是 A_t 下三角元素的堆积行向量，$h_t = (h_{it}, \cdots, h_{kt})^T$，且假定上述参数服从以下随机游走过程。

$$\beta_{t+1} = \beta_t + \varepsilon_{\beta t}, \quad \alpha_{t+1} = \alpha_t + \varepsilon_{\alpha t}, \quad h_{t+1} = h_t + \varepsilon_{ht} \tag{13-24}$$

$$\begin{pmatrix} \varepsilon_t \\ \varepsilon_{\beta t} \\ \varepsilon_{\alpha t} \\ \varepsilon_{ht} \end{pmatrix} \sim N\left(0, \begin{pmatrix} 1 & 0 & 0 & 0 \\ 0 & \Sigma_\beta & 0 & 0 \\ 0 & 0 & \Sigma_\alpha & 0 \\ 0 & 0 & 0 & \Sigma_h \end{pmatrix}\right) \tag{13-25}$$

在上述设定下，模型的参数可随时间而变动，因而可用于研究变量间的时变影响。在具体参数设计方面，首先，我们根据准似然信息准则（quasi-likelihood information criterion，QIC）和贝叶斯信息准则（Bayesian information criterion，BIC）选择最优滞后期数，经检验，本章选择设定滞后期为滞后一期。其次，本章使用马尔可夫链蒙特卡罗模拟方法进行参数估计，并将抽样次数设定为 10 000 次。

综上，我们构建了一套相对完善的涵盖系统性金融风险测度、极端系统性金融风险预警及指标特征重要性分析的预警体系。总结而言，建立该预警体系的关键步骤包括：①通过多种测度方法刻画系统性金融风险；②基于孤立森林算法的识别结果和多数投票原则，识别异常风险，并以此为依据对系统性金融风险序列进行分类；③在训练集上调用 7 个基分类器以确定各分类器的最优参数组合和在集成中的权重占比，进而基于此构造集成分类算法，并在测试集上进行预警测试；

④对具有较高特征重要性的预警指标展开分析。上述步骤中的第①步和第②步的结果详见 13.3.1 节，第③步和第④步的结果详见 13.3.2 节。以上涉及的具体技术路线图如图 13-1 所示。

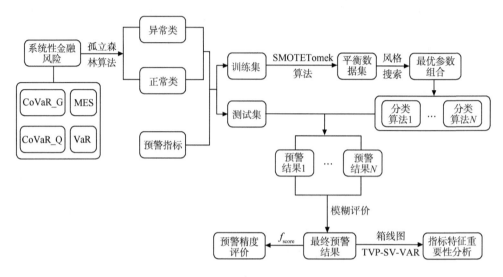

图 13-1　系统性金融风险预警的技术路线图

13.3　实证结果分析

13.3.1　系统性金融风险测度结果分析

图 13-2 为系统性金融风险的测度结果。总体来看，四种风险测度呈现了较为一致的变化性，并且均能准确刻画出 2008 年全国金融危机、2015 年股灾等标志性事件，这证实了上述测度在刻画系统性金融风险方面的有效性。就系统性金融风险变化趋势而言，样本区间可大致分为五个阶段。第一阶段为 2008 年 1 月至 2009 年 12 月。此阶段，受金融危机及欧债危机影响，我国金融机构系统性金融风险持续处于高位。同时，受美国雷曼兄弟公司破产及两大房贷巨头被接管影响，四种测度在 2008 年 10 月同时达到了历史峰值。第二阶段为 2010 年 1 月至 2012 年 12 月。此时，伴随着经济的全面复苏，系统性金融风险经历了一段较长时间的下行通道。第三阶段为 2013 年 1 月至 2016 年 1 月。此阶段风险事件频繁爆发，标志性事件包括 2013 年年中的银行"钱荒"事件、2015 年年初的 A 股踩踏事件、2015 年年中的股灾事件及 2016 年年初由熔断机制引发的千股跌停。如图 13-2 所

示，在上述事件期间，系统性金融风险均达到了阶段性峰值，尤其是在 2015 年 6 月 15 日股灾爆发后，系统性金融风险急剧攀升。第四阶段为 2016 年 2 月至 2017 年 12 月。在经历了股票市场动荡后，系统性金融风险在此阶段逐步释放，并且在 2017 年年中回落至近十年来历史低点。第五阶段为 2018 年 1 月至今。伴随着去杠杆及对银行体系的穿透式监管和刚性兑付的打破，以包商银行事件为代表的一些风险事件开始集中暴露，系统性金融风险在此阶段出现了小幅攀升。

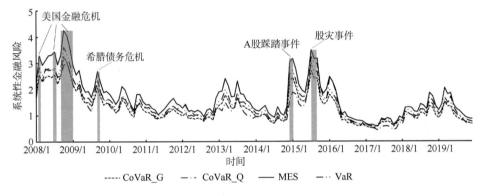

图 13-2　系统性金融风险变化趋势图

进一步，基于上述四种风险测度，图 13-2 的阴影部分显示了孤立森林算法标记的异常风险点，阴影的宽度则代表了极端系统性金融风险的持续期。如图 13-2 所示，该算法准确标记了包括美国金融危机在内的四个事件，体现了孤立森林算法在识别极端系统性金融风险方面的有效性。从持续期看，在美国金融危机影响下极端风险持续期最长，2015 年股灾时期次之，这也说明内外部环境的变化都可能成为诱发极端系统性金融风险的因素。此外，我们发现仅基于单一风险测度时，一些系统性金融风险的阶段性峰值并不能被准确标记。例如，仅基于 CoVaR_Q 无法标记 2015 年初的 A 股踩踏事件，仅基于 CoVaR_G 则无法标记 2015 年 8 月股灾时期迅速攀升的系统性金融风险，以上也体现了利用多种风险测度建立系统性金融风险测度体系的必要性。

13.3.2　系统性金融风险预警结果分析

表 13-3 列示了在 lag=1 时各基分类器的参数优化结果，其中，KNN 算法涉及 $n\_neighbors$ 参数，即邻居个数，其值越小则对应越高的模型复杂度；LR 及 SVM 算法中，C 为正则化参数，较小的 C 值更强调算法对数据点的适应性；SVM 还涉及伽马（gamma）参数，gamma 越大，则模型越复杂，但也可能造成模型的过度拟

合；DTC、RF 及 XGBoost 算法中，主要涉及最大深度（max_depth）参数，其限制了树的最大深度，另外，RF 中涉及的 n_estimators 参数还决定了随机森林中包含的树的个数，XGBoost 算法中的两个采样参数则主要用来控制对每棵树随机采样的比例；MLP 算法涉及隐层数及隐单元个数，这里选择双隐层及四个节点。

表 13-3　基分类器参数优化结果

基分类器	最优参数	权重占比
KNN	n_neighbors=1	15.83%
LR	C=0.001	9.71%
SVM	gamma=1，C=0.001	22.56%
DTC	max_depth=1	9.69%
RF	n_estimators=10，max_depth=16	15.35%
XGBoost	max_depth=2, subsample=0.8, colsample_bytree=0.9	16.30%
MLP	hidden_layer_sizes=[2,2]	10.55%

基于上述优化后的基分类器，我们将各分类器进行集成。集成过程中各基分类器的权重占比如表 13-3 所示。总体来看，在权重占比上，非线性的分类算法（SVM）优于线性分类算法（LR），综合性算法（RF、XGBoost）优于简单决策树算法（DTC）。这一结果与各算法的特性是相符的。对于 LR 和 SVM 而言，由于前者是在平面上对数据进行线性分割，因而受低维空间的限制，直线型的决策边界可能难以很好地划分数据集；而后者则通过将数据映射在更高维度，从而更便于形成决策边界，因而其预警精度相对较高，所占权重也相应提高。对于 DTC、RF 及 XGBoost 而言，由于后两者相对前者均包含了更多的决策树，因而可以在一定程度上修正单棵树的学习误差，故也占据了更高的权重。

图 13-3 为该集成分类算法的可视化结果。我们发现，该算法在极端系统性金融风险预警方面呈现了较好的适用性。如图 13-3 所示，在 lag=1 时，2015 年 7 月至 2015 年 9 月股灾期间，所有真实的异常类样本均被正确预警，预警结果中不存在假正例。这表明，借助该算法可以在 2015 年 6 月 A 股跌幅尚在可控范围时，即对接下来急剧攀升的系统性金融风险进行预警。而对于所有被误划分为异常类的样本，我们发现这些假反例所处的时间点与一些风险事件的发生是吻合的，A 区域（2015 年 9~12 月）可视为股灾事件的延续，在这一时期，A 股虽在一定程度上触底反弹，但仍远低于股灾前的水平，系统性金融风险在这一时期也远高于历史平均水平；B 区域（2016 年 1~4 月）对应 2016 年初熔断机制推出后股票市场的动荡；C 区域（2019 年 1~7 月）则涵盖包商银行破产事件。因此，这种误预警仍具有一定的指导性，其可以为提前防范一般风险事件提供指引。此外，相

比 lag=1, lag=0 时的精度明显上升, f 分数从 0.8409 变成 0.9485, 从图中我们也能看出, 其在预警 2016 年初阶段性攀升的系统性金融风险时也更具精确性。我们认为, 这种精确性的提高主要是由于预警指标中包含的当期系统性金融风险信息量会随着滞后期减少而增加。这一结果也启示我们, 可以借助当期的分类结果对当前的系统性金融风险状态做出相对准确的判断。

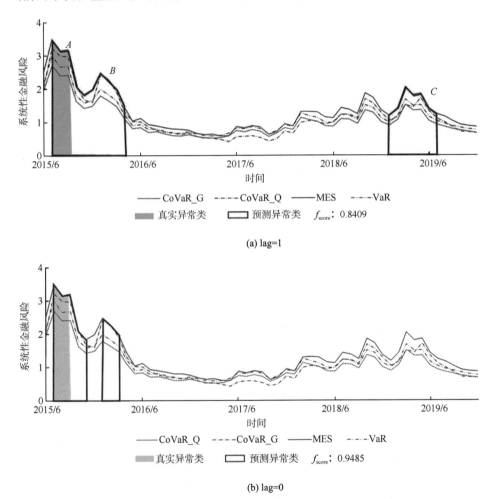

(a) lag=1

(b) lag=0

图 13-3　系统性金融风险的预警结果

进一步, 我们通过对预警指标特征重要性的分析深入揭示极端系统性金融风险爆发背后的经济金融学逻辑。表 13-4 列示了预警过程中特征重要性排名前十位的预警指标, 该重要性排名衡量了单个指标对预警结果的贡献程度大小。由于 IC 及 IF 均为股指期货, 我们在这里也将其视为股票市场指标, 则如表 13-4 所示,对于系统性金融风险的预警而言，贡献程度较高的指标主要来自股票市场（A 股波动率、IC 当月连续、IF 当月连续）、银行体系（不良贷款率、存贷比）及外部市场（隔夜拆借利差、中美汇率、长期利差）。以上结果表明，我国系统性金融风险对内主要受股票市场及银行体系影响，对外主要受美国经济环境影响，上述市场与系统性金融风险之间存在紧密关联，其指标的微小变化均会对系统性金融风险的预警结果产生影响。

表 13-4　指标特征重要性排名

指标	排名	指标	排名
A 股波动率	1	中美汇率	6
不良贷款率	2	消费者满意指数	7
存贷比	3	国房景气指数	8
隔夜拆借利差	4	IF 当月连续	9
IC 当月连续	5	长期利差	10

接着，我们分别从静态和动态的视角研究这些具有较高特征重要性的指标与系统性金融风险的关系。具体地，我们利用箱线图从静态角度比较这些指标在危机期间的数值水平与总体水平的差异，利用 TVP-SV-VAR 模型从动态角度讨论这些指标对系统性金融风险的时变影响。

图 13-4 为各具有较高特征重要性的指标归一化处理后的箱线图，其中虚线部分标识了各指标在系统性金融风险异常时期的平均值。如图 13-4 所示，首先，对于股票市场，系统性金融风险爆发期间，股票市场呈现高波动及高增长特征，A 股波动率及 IC 和 IF 指数增长率均远高于全样本的上四分位数水平。这可以从三方面解释，第一，在股票市场繁荣期间，高涨的投资者情绪和活跃的股票市场交易极易催生资产价格泡沫，而泡沫的不稳定性使其易在突然的冲击面前发生破裂，并引发投资者的一致性抛售行为，从而成为诱发极端系统性金融风险的导火索（Cifuentes et al., 2005）。第二，在牛市期间，金融机构间资金往来频繁，机构间的实际关联程度加深、共同风险敞口扩大，这会加快系统性金融风险的传播速度（李政等，2019a）。第三，股票市场是我国系统性金融风险传导的重要桥梁，股票市场的高波动会使其成为风险源头并呈现较强的外溢效应（杨子晖等，2020a），从而使风险向金融机构涉及的各项业务蔓延。以上也启示我们，股票市场在高位的波动是诱发极端系统性金融风险的一个潜在隐患，因此，从防范和化解重大风险的角度看，当 A 股投资过热且出现大幅波动时，需警惕。

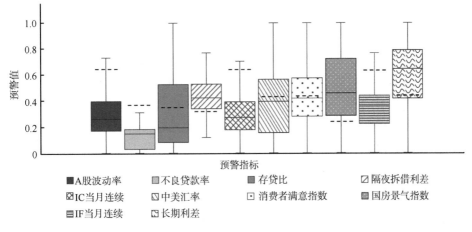

图 13-4　重要预警指标箱线图

其次，对于银行体系，异常时期不良贷款率远大于全样本的上四分位数，存贷比略高于全样本中位数。我们认为，这一结果一方面与特殊的历史背景相关，2008 年金融危机期间正值我国银行业不良贷款率与存贷比双高时期。另一方面也可由银行在金融系统中的地位解释。由于银行在我国金融系统中占据支配地位，且其是影响整个系统稳定的主体（宫晓莉等，2020），因此，当银行承担较高的信贷风险时，一方面会迫使银行收缩流动性，并将风险向其他金融机构转嫁；另一方面也会引发公众对银行资产质量的担忧并导致恐慌情绪的蔓延，从而导致整体系统性金融风险承压。

最后，对于外部市场，我们发现隔夜拆借利差及长期利差均接近下四分位数，同时，直接标价法下的人民币对美元汇率高于中位数水平。这表明我国系统性金融风险爆发时期会以利差的收窄及美元的走强为主要表现。由于利差的收窄及美元的走强均关系到跨境资本的规模，因而这一结果进一步说明外资流入动能的减弱及大量资金从国内市场的撤出会加剧我国系统性金融风险。

图 13-5 为 TVP-SV-VAR 模型下系统性金融风险对具有较高特征重要性的指标的时变脉冲响应。这里我们选择了股票市场及外部市场中特征重要性最高的 A 股波动率及隔夜拆借利差指标。如图 13-5 所示，A 股波动率对系统性金融风险具有明显的正向冲击作用，且这种冲击强度在 2008 年金融危机及 2015 年股灾期间显著增加。尤其是 2015 年股灾期间，系统性金融风险的飙升主要受股票市场动荡影响，脉冲响应值在该时期也达到了历史峰值。另外，这种冲击作用随着滞后期的增加还具有明显的衰减性，表明股票市场对系统性金融风险更多的是即时性影响。我们认为，这主要与我国股票市场中的投资者结构相关。在一个以散户投资者占

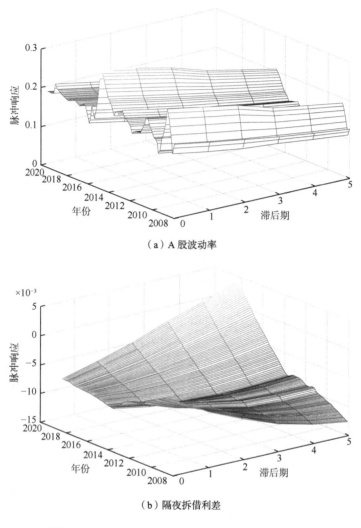

（a）A 股波动率

（b）隔夜拆借利差

图 13-5　系统性金融风险对 A 股波动率及隔夜拆借利差的时变脉冲响应

据绝对比重的市场，股价波动引发的风险往往是投资者的过度反应和羊群效应造成的，而投资者的上述非理性行为具有快速消散特点，因而这使系统性金融风险对股票市场波动的脉冲响应会迅速衰减。隔夜拆借利差对系统性金融风险的冲击作用则相对复杂。总体来看，这种冲击方向为负，与对图 13-4 的分析结果一致，即利差的收窄导致的外资流出等会加剧我国系统性金融风险，但相比股票市场波动，该冲击强度的变化则较为平缓。从时序角度，这种冲击在 2015 年股灾期间较为强烈，但随着滞后期增加迅速减弱，在金融危机期间则先弱后强。一方面，我们认为这种现象根源于两次极端系统性金融风险的不同诱因，相比 2008 年全球金融市场的动荡，2015 年风险的爆发则主要由我国股票市场动荡引起，因而资本在短期内会迅速流出，使系统性金融风险承压。另一方面，孙天琦和王笑笑（2020）证实，近年来利差对跨境资本流动的影响正在不断减弱，同时得益于 2015 年的"8·11"汇率改革，报价机制的市场化有效增强了人民币对美元汇率的弹性，并且缓解了跨境资本流出压力，因而利差的滞后冲击效应在 2015 年以后明显减弱。

13.3.3 稳健性检验

前文证实了集成分类算法在系统性金融风险预警方面的适用性，同时揭示了系统性金融风险与股票市场、银行体系及外部市场存在的密切关联。但考虑到该结论主要依赖于孤立森林算法的分类结果，则为增强结论的稳健性，本节分别基于以下两种分类方法对上述结论进行重新检验，一是取系统性金融风险序列第 9 个十分位数为阈值，将超过该阈值的样本划分为异常类；二是参考宫晓莉等（2020），取 2008~2009 年系统性金融风险的平均值作为阈值，超过该阈值则划分为异常类。同样地，考虑到单一测度的度量偏差，与前文类似，考虑到单一测度的度量偏差，这里也只将两种以上系统性金融风险测度同时超过各自阈值的时间点视为发生极端系统性金融风险，同时，将超过各自阈值的时间点视为发生极端系统性金融风险。

经检验，在不同的分类方法下，基于集成分类算法均能对系统性金融风险做出相对准确的预警，同时，特征重要性排名前十的预警指标仅在具体位次上发生了改变，其仍主要源于股票市场、银行体系及外部市场，因而我们认为前文得出的结论是稳健的。

13.3.4 进一步讨论

前文基于预警数据集，对系统性金融风险进行了二分类预警。本节从以下两方面对该预警模型进行进一步拓展，一是对预警数据进行降维，以考察预警指标间存在的多重共线性问题是否会对预警结果产生影响；二是将阶段性攀升的系统性金融风险纳入分类口径，从而将模型拓展成一个三分类预警模型。具体地，在降维方法上，我们选用核主成分分析法（kernel principal component analysis，KPCA），相比传统的主成分分析，该方法通过向高维空间的映射能够更为有效地处理数据间的非线性关系。在三分类方面，参考图 13-2 和图 13-3 的结果，我们将 2013 年 6~7 月银行"钱荒"时期、2016 年 1~2 月熔断机制出台后的股票市场动荡时期及 2019 年 5~6 月包商银行事件时期的样本标记为"关注类"，从而不仅关注对极端系统性金融风险的预警，也将这些在一般风险事件下达到阶段性峰值的系统性金融风险纳入考虑。此外，对于多分类问题而言，其评价指标 f 分数通常表示为所有二分类 f 分数的平均值，计算平均值的方式包括宏平均、微平均及加权平均。由于前两者分别强调的是对样本或类别的同等看待，这并不适用于本章的非平衡数据集，因此这里汇报的是加权平均的 f 分数，即以每个类别的支持作为权重计算总体的平均值。

降维后的结果表明，相比降维前全覆盖式的分类倾向，信息的提纯使算法对极端系统性金融风险的预警更加精准，不同滞后期下的 f 分数均有所提升。这一结果进一步启示我们，降维前后的预警模型可适用于不同的应用场景，对于系统性金融风险的常态化监管，可以直接运用原始预警数据；对于极端尾部事件的预警，则适合采用降维后的预警数据。基于三分类的结果表明，各滞后期下的预警精确性出现了明显下降。关注类样本的分类误差则是使该分数下降的首要原因，尤其是在 lag=1 时，所有的关注类样本均未能被正确标记。一方面，我们认为这一结果与可供训练的样本较少有关，关注类及异常类样本的稀缺性极大增加了三分类预警的难度；另一方面，或许也源于这两类样本本身的差异性较小，从而多数关注类样本仍被归为异常类。

13.4　研究结论与建议

本章采用 ΔCoVaR_Q、CoVaR_G、MES、VaR 四种方法综合测度我国系统性金融风险，结合孤立森林算法识别极端系统性金融风险。进而基于涵盖 7 个体系的 52 个预警指标，结合模糊评价方法构建集成分类算法对极端系统性金融风险进行预警，并分别基于箱线图和 TVP-SV-VAR 模型从静态与动态两个视角对具有较高特征重要性的指标做出分析。最后，本章还考察了数据降维和分类数目对预警结果的影响。

本章研究结论主要包括四个方面，第一，四种风险测度均能有效刻画我国系统性金融风险，且其在变化趋势上具有一致性。第二，孤立森林算法能够很好地适用于系统性金融风险分类，极端系统性金融风险的持续期在金融危机时期最长，在股灾时期次之。第三，本章构建的集成分类算法是系统性金融风险预警的有效技术手段，借助该算法可以准确地对极端系统性金融风险做出预警。数据降维能够进一步提升预警精度且更适用于对极端尾部事件的预警，而滞后期及分类数目的增加则会明显降低预警准确性。第四，系统性金融风险与股票市场、银行体系及外部市场存在密切关联，股价在高位的波动、银行的高信贷风险及跨境资本的大规模流出是引发极端系统性金融风险的潜在动因。同时，股票市场波动对系统性金融风险具有逐渐衰减的正向冲击效应，利差变化对系统性金融风险的负向滞后冲击在 2015 年汇率改革之后明显减弱。

基于上述结论，本章得到以下两点启示。首先，有必要重视机器学习算法在系统性金融风险预警方面的作用，并重视算法的集成在提升预警精度上的优势。为防范化解系统性金融风险，党中央提出了"分类施策、精准拆弹"的方针，则基于相关算法不仅能够及早预警极端系统性金融风险以便做好前瞻性布控，还有助于监管层根据预警指标特征重要性的变化及时调整监管重心，从而为"精准拆弹"提供导向。其次，股票市场及外部市场的稳定对防范我国系统性金融风险至关重要。2022 年以来，中国股票市场大幅下挫，在当前背景下，除维护股票市场稳定、推进 A 股估值修复外，也要防范在估值修复过程中由利好政策提振、投资者信心恢复等可能带来的非理性繁荣。此外，对于外部市场，一方面，在我国构建基于"双循环"的新发展格局下，基于"大循环"的相对韧性和我国经济的长期优势，人民币在全球疫情背景下呈现配置需求；另一方面，外部不确定性的增加也使全球避险情绪提升、部分资金从新兴市场国家撤出，可以预见跨境资本的大规模流入流出将成为未来影响我国系统性金融风险的关键。因此，有必要加强对跨境资金的动态监管及建立我国金融体系与外部市场间的风险缓冲带，减弱资本的跨境流动对我国金融体系的冲击。同时，也要密切关注伦敦同业拆放利率和美元指数的变化，谨防由利差、汇率等变化诱发的系统性金融风险。

第14章　金融安全的指数化测度研究

随着我国经济发展进入新常态，经济体制改革不断深化，我国的金融安全面临日益严峻的挑战。习近平指出，"金融安全是国家安全的重要组成部分，是经济平稳健康发展的重要基础。维护金融安全，是关系我国经济社会发展全局的一件带有战略性、根本性的大事。金融活，经济活；金融稳，经济稳"[①]。由此可见，金融安全是保障国家核心竞争力的重要组成部分，是事关我国经济发展全局稳定的重要战略支撑。在新形势下，科学、有效地测度各国的金融安全指数，对维护我国和世界的经济发展具有重要意义。

近年来，金融安全问题引起广泛关注，无论是政府还是学术界都对此展开了广泛而深入的研究。中国人民银行为检测和评估我国的金融风险状况，于 2005 年起开始发布《中国金融稳定报告》，从宏观经济运行情况、金融业稳健性评估及宏观审慎管理等方面分析我国的金融安全状况。美联储也于 2018 年 11 月 28 日首次发布金融稳定报告，向社会发布预警。此外，《世界投资报告》中的综合风险指数、欧洲货币国家风险等级表、IMF 的金融稳健性评价指标等也都对金融安全问题做出了说明。学术界也针对金融安全问题发布过多篇报告，如《中国金融安全报告》、《金融安全概论》和《中国金融中心指数》等。但更多学者则是通过研究系统性金融风险、经济政策不确定性等问题，来分析我国的金融安全问题。

世界各国对金融安全的高度重视，既显示出维护国家金融安全的重要性，也对金融安全问题的研究提出了更高的要求。21 世纪初，就有学者呼吁创建金融安全区（谢庆健，2001），但目前学者对金融安全的概念界定不一。微观层面上，有的学者认为金融安全主要体现在维持本币汇率的稳定和应对国际资本流动性冲击两个方面（朱孟楠和段洪俊，2019），需要考察金融机构是否能正常履行提供流动性、降低交易成本等功能（刘锡良，2004）。宏观层面上，学者认为金融安全是指一国保持经济政策的独立性并维持金融运行的动态稳定（卢文刚和刘沛，2001），或是金融体系的风险承受能力既可以应对系统自身内部风险的积累，还

[①] 习近平主持中共中央政治局第四十次集体学习. http://www.gov.cn/xinwen/2017-04/26/content_5189103.htm [2017-04-26].

足以抵御来自国际金融风险的冲击（吴婷婷，2011）。由此可见，影响金融安全的因素复杂多样，有宏观因素和微观因素、内部因素和外部因素、结构性因素和非结构性因素等。金融安全与经济、政治、生态、社会和科技等因素密切相关，综合考虑各方面因素，构建科学、全面、合理的金融安全指标体系是发布金融安全指数的有效前提。

14.1　文　献　综　述

金融安全是指国家在运用国家主权的前提下，维护国家金融体系安全运行和稳定发展的能力，同时能够应对来自内外部的经济安全、政治安全、生态安全、社会安全、科技安全等问题对金融安全体系的冲击。针对金融安全问题，学者展开了大量而深入的研究。

14.1.1　关于金融安全风险的研究综述

系统性金融风险是引发金融安全问题的重要因素之一，许多学者从研究系统性金融风险着手，探索金融安全问题。有研究表明，多元化可能对单个金融机构有利，但过度多元化会引发系统性风险，导致金融安全危机（Caccioli et al. , 2014）。面临较少竞争的银行更有可能从事风险活动并面临监管干预（Akins et al. , 2016），如果一个国家放开银行业务但加强银行公司治理，银行业的稳定性会大大提高（Fang et al.，2014）。加强监管、合理限制金融机构的相互联系有助于提高金融的稳定性，但在金融危机期间，银行间的紧密协作有利于提高流动性，有助于提高金融稳定性（Gofman，2017）。此外，金融机构各部门之间存在着显著的非线性的风险传染效应，多元金融业等易受到其他部门风险的显著冲击（杨子晖等，2019）。也有学者分析了金融杠杆和金融周期对金融安全的影响，发现去杠杆及金融杠杆波动加大会对金融体系的稳定性产生负面影响（马勇等，2016），在金融高涨期和衰退期，爆发金融危机的概率增大（陈雨露等，2016）。

14.1.2　关于金融安全指数研究的综述

构建金融安全指标评价体系是研究金融安全问题的另一方向，与研究具体的风险类型不同，指标体系更能全面、科学地反映金融安全状态及变化情况。

从指数的指标选取角度来看，国内外学者构建了众多金融安全指标体系。第一种，从宏观经济、金融部门的角度。唐旭和张伟（2002）选择了 46 个指标，从货币、银行和股票市场 3 个角度，构建了中国金融安全指标体系。杨淼和雷家骕（2019）从宏观经济运行、货币发行和供应、商业银行经营管理等 3 个维度，构建了我国金融安全指数。何德旭和娄峰（2012）从宏观经济安全、中观经济安全、微观金融市场机构和国际外部风险冲击 4 个方面考虑，选择 22 个基础指标，构建了我国金融安全指数。梁琪等（2018）从宏观角度构建了我国总体和分维度的金融安全状态指数，并利用区制转换分析对我国的金融安全状态展开分析。与其他学者不同，顾海兵和张安军（2012）认为国家经济安全受区域差异的影响，并依据经济区域分解法对指标进行划分，对影响我国经济安全的重点区域进行了一次全面动态的监测评估。郭娜等（2018）选择从区域金融业指标、区域固定资产投资指标等角度，分区域构建了我国区域金融安全指数。第二种，从金融安全运行、金融安全预警角度。Kaminsky 等（1998）选取了 15 个发展中国家和 5 个发达国家的月度数据，构建了货币危机预警体系。聂富强和周玉琴（2017）从融资和产出角度考虑，建立金融和实体经济指标体系，运用功效系数法将协调度指标转化为金融安全指数。沈悦等（2007）在参照国际标准和中国具体实际的基础上，筛选出能够反映我国金融安全运行状况的 20 个指标，得出反映我国金融安全程度的指数。张安军（2015）从先导性、免疫性与总体警情三大维度入手，对 1992~2011 年我国的金融安全状态进行了动态、定量的测算分析。刘晓星和方磊（2012）构建了包括银行、股票、外汇、保险四大市场在内的我国金融压力指数，通过金融压力指数评估潜在风险来临时我国可能承受的金融压力水平。肖斌卿等（2015a）测算了金融系统及其 7 个子系统的安全状况，并在此基础上建立中国金融安全预警系统。张安军（2014）构建的金融安全指数包括金融安全条件与金融安全能力两大维度，并在此基础之上确定指标警限区间与安全等级。

　　从指数的方法选择角度来看，许多学者采用主成分分析法、主观赋权法、综合指数法、功效系数法等构建金融安全指数。例如，采用主观赋权法与主成分分析法确定各指标权重，测度我国金融安全指数（蒋海和苏立维，2009；Hakkio and Keeton，2009），但主成分的含义较为模糊，难以直接反映出影响因素。许多研究利用综合指数法构建金融压力指数来研究金融安全问题（Das et al.，2004），也有学者采用功效系数法构建相关指数。之前的研究所选取的方法大多存在方法较为主观、成分含义模糊等问题，难以客观、科学地测度真实的金融指数。

　　由此可见，目前的金融安全指数研究存在以下不足。第一，部分指数只涉及部分的风险、机构和国家，难以综合衡量整体的金融安全状态，对金融安全的状态转化分析较少涉及。第二，金融安全指数的构建方法较为主观，难以客观测度出真实的金融安全状态。第三，虽然关于金融安全的指标体系众多，但是目前为止尚无一套成熟的金融安全指标体系用于衡量一国的金融安全状态。本章的主要贡献在于：①选取世界 21 个主要经济体为研究对象并构建各国和世界金融安全指数，可以全面地反映各国和世界的金融安全状态。②运用改进的模糊综合评价模型，解决了模型主观性、熵值法无法处理更新数据等问题，从金融安全质量、金融安全稳定、金融安全生态、金融安全竞争力、金融安全监管 5 个维度构建金融安全指数，可以客观地反映金融安全状态。③利用马尔可夫区制转换回归模型分析各国金融安全状态的变化情况，通过 SVAR 模型研究各维度指数间的相互影响，完善了金融安全状态转换研究。

14.2　研　究　设　计

14.2.1　指标与数据说明

中国、美国等 21 国作为对世界经济具有较大影响力的经济体，各国的金融安全对自身及世界经济的稳定发展至关重要。本章在参考众多学者研究的基础上，将涉及金融安全的相关指标划分为金融安全质量指数（financial security quality index，FSQI）、金融安全稳定指数（financial security stability index，FSSI）、金融安全生态指数（financial security ecology index，FSEI）、金融安全竞争力指数（financial security competition index，FSCI）、金融安全监管指数（financial security regulation index，FSRI）5 个一级指标，其中包括 15 个二级指标、33 个三级指标，并在此基础上构建金融安全指数，具体见表 14-1。

表 14-1　金融安全指标汇总

一级指标	二级指标	三级指标
金融安全质量指数	应对内外部冲击能力	实际有效汇率指数
		利率
	金融深化程度	利率市场化程度（M1/M2）
		M2/GDP
	企业生产盈利能力	工业生产指数
		公司利润
金融安全稳定指数	金融稳定维护能力	外汇储备
		储蓄存款
	金融稳定变动因素	资产负债率
		工业企业流动资产周转率
		存贷比

续表

一级指标	二级指标	三级指标
金融安全生态指数	外部生态	全球经济政策不确定性指数
		美元指数
		贸易差额/GDP
	内部生态	GDP 增长率
		社会固定资产投资
		消费者信心指数
		经济景气指数
金融安全竞争力指数	保险市场	保险公司资产
		保险公司净收入
	股票市场	股价指数
		股票市值/GDP
	债券市场	国债发行额
		企业债券发行额
	房地产市场	房屋价格指数
	银行业市场	金融深度（存款余额/GDP）
		金融宽度（贷款余额/GDP）
金融安全监管指数	负债水平	赤字率
		国家负债率
	资产质量	不良贷款率
		资本流入流出差额
	宏观因素	失业率
		通货膨胀率

（1）金融安全质量指数。该指数综合考虑应对内外部冲击能力、金融深化程度及企业生产盈利能力，选取了 6 个三级指标衡量金融安全质量。实际有效汇率指数与利率的变化对进出口、资本流动、借贷成本等有重大影响，影响金融安全的各个环节。利率市场化使银行系统面临更加严重的不确定性。M2/GDP 是常用的衡量金融深化的指标，反映了一个经济体的金融深度。工业生产指数和公司利润反映了企业的生产和盈利能力，能够衡量实体经济的发展状态。

（2）金融安全稳定指数。主要从金融稳定维护能力和金融稳定变动因素角度考虑，外汇储备和储蓄存款是应对内外部冲击的重要资源，资产负债率、工业企业流动资产周转率、存贷比是用来衡量金融安全稳定的常见指标。

（3）金融安全生态指数。从外部生态和内部生态两个角度考虑，选择全球经济政策不确定性指数、美元指数、贸易差额/GDP 衡量外部生态，选择 GDP 增长率、社会固定资产投资、消费者信心指数、经济景气指数衡量内部生态。

（4）金融安全竞争力指数。保险市场、股票市场、债券市场、房地产市场、银行业市场是金融体系的重要组成部分，能够反映出金融安全整体竞争能力，此处选取保险公司资产、股价指数、房屋价格指数等 9 个指标。

（5）金融安全监管指数。从负债水平、资产质量、宏观因素三个方面考虑，选取赤字率、国家负债率、不良贷款率、资本流入流出差额、失业率、通货膨胀率构建金融安全监管指数。

综合考虑指标和数据的可得性，本章选取中国、美国、法国、德国、英国、意大利、加拿大、日本、韩国、印度尼西亚、马来西亚、巴西、俄罗斯、阿根廷、墨西哥、南非、澳大利亚、土耳其、沙特阿拉伯、新加坡、印度的 1999 年第二季度至 2018 年第四季度相关指标的季度数据，数据来源于司尔亚司数据库、Wind 数据库、中经网统计数据库、东方财富网、中国人民银行、国家统计局、世界银行、IMF、OECD 数据库等[①]。

14.2.2　方法模型介绍

1. 模糊综合评价模型

模糊综合评价模型采用模糊集与模糊关系的基本理论与相关性质，对某一事物构建评价因素集、各因素权重集、评价集、各因素对评价的模糊隶属度集，选用合成算子进行运算，最终得到模糊综合评价。模糊综合评价能对模糊性信息做出比较科学、合理、贴近实际的量化评价，评价结果是一个矢量，包含较为丰富的信息，可以较为精确地刻画被评价对象，因此该方法在相关领域得到了广泛应用（李俊玲等，2019；王力，2018）。本章在参考其他学者的研究基础上，对模糊综合评价模型加以改进，并利用该模型测度金融安全指数。模糊综合评价的基本步骤如下。

（1）确定评价因素集 $U=\{u_1,u_2,\cdots,u_m\}$，$u_i(i=1,2,\cdots,m)$ 为评价指标。

（2）确定评价等级集 $V=\{v_1,v_2,\cdots,v_m\}$，$v_i(i=1,2,\cdots,m)$ 为第 i 级评语。

（3）确定评价指标体系的权重集 $A=\{a_1,a_2,\cdots,a_m\}$，权重表示每个指标在指标体系中的重要程度，满足 $a_i\geqslant 0(i=1,2,\cdots,m)$，$\sum_{i=1}^{m}a_i=1$。指标权重的分配是模糊综合评价体系构建的重点问题，通常用加权统计法、专家评分法、层次分析

---

① 根据 WTO 资料，在样本周期内，我们将中国、俄罗斯、印度、巴西和南非归为金砖国家，阿根廷、韩国、马来西亚、墨西哥、沙特阿拉伯、土耳其、新加坡、印度尼西亚归为其他发展中国家，其余样本归为发达国家。

法等方法确定权重。本章结合利用滚动窗口改进的具有客观性质的熵值法,对金融安全指标生成动态权重。

(4)计算隶属度矩阵 R。对于第 i 个指标 u_i 的评价 $R_i = \{r_{i1}, r_{i2}, \cdots, r_{im}\}$,$R_i$ 为 u_i 在指标评价等级集 V 上的模糊子集,r_{ij} 为 u_i 对第 j 级评语的隶属度。指标评价向量 $R_i (i = 1, 2, \cdots, m)$ 合并构成隶属度评价矩阵 R。

(5)利用模糊矩阵的合成算子运算得到模糊综合评价模型 $B = A \circ R = \{b_1, b_2, \cdots, b_n\}$。合成算子的选择种类较多,考虑到指标体系中各指标均起作用,需要对所有的指标依权重大小均衡考量,本章采用加权隶属度合成算子进行运算。

信息熵的基本原则是一个系统的无序程度越高,对应的信息熵越大。熵值法是一种客观赋值法,利用各项指标信息熵的差异程度,计算出指标对应的权重,由它得出的指标权重值与利用主观赋权法得到的结果相比,具有更高的可信度与精确度。本章在熵值法的基础上,采用滚动窗口方法进行创新,使原先静态的客观权重具有动态性,指标评价体系的原始数据矩阵 $X = (x_{ij})_{p \times m}$ 一共具有 p 期样本 $X = [X_1, X_2, \cdots, X_p]^T$,每一期样本由 m 个指标组成,即 $X_i = [x_{i1}, x_{i2}, \cdots, x_{im}]^T$。对原始数据矩阵以给定宽度 k 定义滚动窗口矩阵,第 1 个滚动窗口矩阵 $M_1 = [X_1, X_2, \cdots, X_k]^T$,第 i 个滚动窗口矩阵 $M_i = [X_i, X_{i+1}, \cdots, X_{i+k-1}]^T$,容易计算出原始数据矩阵,可以得到 $p - k + 1$ 个滚动窗口矩阵。利用每个滚动窗口矩阵的数据信息计算该矩阵最后 1 期样本的指标权重,因此每期的指标权重由过去 k 期的数据决定,不再是固定数据。该种改进方法也弥补了熵值法无法处理更新数据的问题。本章选取滚动窗口宽度为 6 个季度。

使用熵值法前,对各个滚动窗口矩阵的数据进行无量纲化处理,对于第 l 个滚动窗口矩阵 $M_l = [X_l, X_{l+1}, \cdots, X_{l+k-1}]^T$,将矩阵中的指标值 $x_{ij} (l \leq i \leq l+k-1, 1 \leq j \leq m)$ 转化为无量纲的相对数 $x_{ij}^{(l)}$,数值大小规范在 $[0,1]$ 中,对于正向指标,

$$x_{ij}^{(l)} = \frac{x_{ij} - \min_{l \leq i \leq l+k-1}(x_{ij})}{\max_{l \leq i \leq l+k-1}(x_{ij}) - \min_{l \leq i \leq l+k-1}(x_{ij})}; 对于负向指标, x_{ij}^{(l)} = \frac{\max_{l \leq i \leq l+k-1}(x_{ij}) - x_{ij}}{\max_{l \leq i \leq l+k-1}(x_{ij}) - \min_{l \leq i \leq l+k-1}(x_{ij})}。利$$

用处理后的数据计算概率矩阵,$p_{ij}^{(l)} = x_{ij}^{(l)} / \sum_{i=1}^{l+k-1} x_{ij}^{(l)}$,得到概率矩阵 $p^{(l)} = (p_{ij}^{(l)})_{k \times m}$。指标 j 在滚动窗口矩阵 M_l 的信息熵值为 $e_j^{(l)} = -C \sum_{i=1}^{l+k-1} p_{ij}^{(l)} \ln p_{ij}^{(l)}$,常数 C 受滚动窗口宽度 k 决定,$C = \frac{1}{\ln k}$。指标 j 在 M_l 中的信息效用值 $d_j^{(l)} = 1 - e_j^{(l)}$。

熵值法计算指标权重,实质是利用指标的信息效用值进行计算,信息效用值越高,

指标 j 在第 l 期的权重 $w_j^{(l)}$ 越大，$w_j^{(l)} = \dfrac{d_j^{(l-k+1)}}{\sum_{j=1}^{m} d_j^{(l-k+1)}}$，$k \leqslant l \leqslant p$。

指标评价系统具有多层次，利用信息熵的可加性，计算三级指标在各期的信息效用值，对一级指标所包含的三级指标的信息效用值求和，得到各一级指标的效用值 $D_s^{(l)}(s=1,2,\cdots,5)$，进而得到总指标的信息效用值之和 $D^{(l)} = \sum_{s=1}^{5} D_s^{(l)}$。第 s 个一级指标在第 l 期的权重 $W_s^{(l)} = \dfrac{d_s^{(l-k+1)}}{D^{(l-k+1)}}$，$k \leqslant l \leqslant p$，第 j 个三级指标在第 l 期中对应总指标的权重为 $w_j^{(l)} = \dfrac{d_j^{(l-k+1)}}{D^{(l-k+1)}}$，$k \leqslant l \leqslant p$，第 j 个三级指标在第 l 期中对应其所属的第 s 个一级指标的权重为 $w_{1j}^{(l)} = \dfrac{d_j^{(l-k+1)}}{D_s^{(l-k+1)}}$，$k \leqslant l \leqslant p$。

将各指标划分为正向指标与负向指标，计算指标在各个滚动窗口中的平均值及标准差，指标 j 在滚动窗口矩阵 M_l 的样本均值为 $\mu_j^{(l)}$，样本标准差为 $\delta_j^{(l)}$。评价指标被分为 5 个不同的等级，因此这 5 个等级分别为指标取值的模糊子集。采用线性模糊隶属度函数。正向指标在各等级的隶属度分别为

$$r_{j1}^{(l)} = \begin{cases} 0, & x \leqslant \mu_j^{(l)} + \delta_j^{(l)} \\ \dfrac{1}{\delta_j^{(l)}}\left(x - \left(\mu_j^{(l)} + \delta_j^{(l)}\right)\right), & \mu_j^{(l)} + \delta_j^{(l)} < x < \mu_j^{(l)} + 2\delta_j^{(l)} \\ 1, & x \geqslant \mu_j^{(l)} + 2\delta_j^{(l)} \end{cases} \tag{14-1}$$

$$r_{j2}^{(l)} = \begin{cases} \dfrac{1}{\delta_j^{(l)}}\left(x - \mu_j^{(l)}\right), & \mu_j^{(l)} \leqslant x \leqslant \mu_j^{(l)} + \delta_j^{(l)} \\ -\dfrac{1}{\delta_j^{(l)}}\left(x - \left(\mu_j^{(l)} + 2\delta_j^{(l)}\right)\right), & \mu_j^{(l)} + \delta_j^{(l)} < x \leqslant \mu_j^{(l)} + 2\delta_j^{(l)} \\ 0, & 其他 \end{cases} \tag{14-2}$$

$$r_{j3}^{(l)} = \begin{cases} \dfrac{1}{\delta_j^{(l)}}\left(x - \left(\mu_j^{(l)} - \delta_j^{(l)}\right)\right), & \mu_j^{(l)} - \delta_j^{(l)} \leqslant x \leqslant \mu_j^{(l)} \\ -\dfrac{1}{\delta_j^{(l)}}\left(x - \left(\mu_j^{(l)} + \delta_j^{(l)}\right)\right), & \mu_j^{(l)} < x \leqslant \mu_j^{(l)} + \delta_j^{(l)} \\ 0, & 其他 \end{cases} \tag{14-3}$$

$$r_{j4}^{(l)} = \begin{cases} \dfrac{1}{\delta_j^{(l)}}\left(x - \left(\mu_j^{(l)} - 2\delta_j^{(l)}\right)\right), & \mu_j^{(l)} - 2\delta_j^{(l)} \leqslant x \leqslant \mu_j^{(l)} - \delta_j^{(l)} \\[3mm] -\dfrac{1}{\delta_j^{(l)}}\left(x - \mu_j^{(l)}\right), & \mu_j^{(l)} - \delta_j^{(l)} < x \leqslant \mu_j^{(l)} \\[3mm] 0, & \text{其他} \end{cases} \quad (14\text{-}4)$$

$$r_{j5}^{(l)} = \begin{cases} 1, & x \leqslant \mu_j^{(l)} - 2\delta_j^{(l)} \\[3mm] -\dfrac{1}{\delta_j^{(l)}}\left(x - \left(\mu_j^{(l)} - \delta_j^{(l)}\right)\right), & \mu_j^{(l)} - 2\delta_j^{(l)} < x < \mu_j^{(l)} - \delta_j^{(l)} \\[3mm] 0, & x \geqslant \mu_j^{(l)} - \delta_j^{(l)} \end{cases} \quad (14\text{-}5)$$

计算正向指标在各层次中的模糊隶属度,同理可以得到负向指标在各层次中的模糊隶属度。采用上述隶属度确认方法,可以有效地对数据进行利用,避免主观赋权法的认识局限性,保证客观性。第 $l-k+1$ 个滚动窗口矩阵得到第 l 期的所有指标的权重矩阵 $w^{(l)} = \left[w_1^{(l)}, w_2^{(l)}, \cdots, w_n^{(l)}\right]$ 和任意指标 j 的模糊隶属度矩阵 $\left(R_j^{(l-k+1)}\right)^{\mathrm{T}} = \left[r_{j1}^{(l-k+1)}, \cdots, r_{j5}^{(l-k+1)}\right]$ 后,根据式(14-6)计算出第 l 期数据构成的总指标的模糊隶属度矩阵 $B^{(l)}$。

$$B^{(l)} = w^{(l)}\left(R^{(l-k+1)}\right)^{\mathrm{T}} \quad (14\text{-}6)$$

$B^{(l)} = \left(b_1^{(l)}, b_2^{(l)}, \cdots, b_5^{(l)}\right)$,$R^{(l-k+1)} = \left[R_1^{(l-k+1)}, R_2^{(l-k+1)}, \cdots, R_n^{(l-k+1)}\right]$,其中,$b_r^{(l)}$ 为第 l 期的数据构成的总指标在第 r 个等级中的隶属度。同理,根据各三级指标在第 l 期的数据 X_l 中对应所属一级指标的权重,计算出一级指标在第 l 期的模糊隶属度矩阵 $B_s^{(l)}(s = 1, 2, 3, 4, 5;\ k \leqslant l \leqslant p)$。

采用赋值法对总指标与一级指标进行量化评估,给定分数矩阵 $f = [100, 80, 60, 40, 20]^{\mathrm{T}}$,即赋予 1 等级 100 分,2 等级 80 分,3 等级 60 分,4 等级 40 分,5 等级 20 分。

$$F^{(l)} = B^{(l)} f \quad (14\text{-}7)$$

$$F_s^{(l)} = B_s^{(l)} f,\ s = 1, 2, 3, 4, 5 \quad (14\text{-}8)$$

$F^{(l)}$、$F_s^{(l)}$($s = 1, 2, 3, 4, 5$,$k \leqslant l \leqslant p$)分别为总指标与一级指标在第 l 期下的模糊综合评价值。评价值的值域为 $[20, 100]$,评价值越高,该期的金融安全状态越好。

2. 马尔可夫区制转换回归模型

本节使用 MS-VAR 模型对各国的金融安全指数进行分析，识别并判断金融安全状态与拐点，并提供金融安全指标状态转换的预警信息。许多学者也利用该模型进行非线性时间序列问题的研究，如陈守东等（2009）应用 MS-VAR 模型，构建货币危机、银行危机和资产泡沫危机三个金融风险预警模型，并描述我国近年来金融风险变化的区制特征。陶玲和朱迎（2016）采用 MS-VAR 模型对构建的系统性金融风险综合指数进行分析，识别和判断风险指标的状态与拐点，并度量和预警综合指数状态转换的信息。

在 MS-VAR 模型中，假设 y_t 为时刻 t 所观测的时间序列向量，$S_t \in \{1, 2, \cdots, M\}$ 为时刻 t 时间序列的区制，MS-VAR 模型的形式为

$$y_t - \mu(S_t) = A_1(S_t)(y_{t-1} - \mu(S_{t-1})) + \cdots + A_p(S_t)(y_{t-p} - \mu(S_{t-p})) + \varepsilon_t \quad (14\text{-}9)$$

随机误差项服从正态分布，$\varepsilon_t | S_t \sim N(0, \sum(S_t))$。式（14-9）表示滞后 p 期，具有 M 个区制的 MS-VAR 模型。式（14-9）中，参数 $\mu(S_t), A_1(S_t), \cdots, A_p(S_t), \sum(S_t)$ 均随区制的不同而发生变化，自回归参数依赖该时刻 t 的区制 S_t。模型中的 M 个区制相互转换时，时刻 t 位于区制 j 的概率依赖于上一期的区制 i，概率如式（14-10）、式（14-11）所示。

$$p_{ij} = \Pr(S_t = j | S_{t-1} = i), \quad \forall i, j \in \{1, 2, \cdots, M\} \quad (14\text{-}10)$$

$$\sum_{j=1}^{M} p_{ij} = 1, \quad \forall i, j \in \{1, 2, \cdots, M\} \quad (14\text{-}11)$$

14.3 实 证 分 析

14.3.1 中美金融安全状态分析

1. 中美金融安全指数分析

表 14-2 反映了中国、美国两国的金融安全指数及五个维度指数的数据特征。从表 14-2 可以看出，中国金融安全指数均值与美国相近，但波动性更大，我国的金融安全状态略显不稳定。五个维度指数中，中国的金融安全质量指数、金融安全竞争力指数均值小于美国，且方差更大，这表明我国的金融安全质量和竞争力与美国相比仍有差距。尽管我国的金融安全稳定指数、金融安全监管指数均值大幅高于美国，反映出我国维护金融安全稳定与金融安全监管的能力更强，但两个

指数的方差更大，稳定性不足。与美国相比，我国金融安全生态指数均值较低，表明我国面临的金融安全生态不佳。

表 14-2　中美金融安全及各维度指数描述性统计

统计值	中国						美国					
	金融安全指数	金融安全质量指数	金融安全稳定指数	金融安全生态指数	金融安全竞争力指数	金融安全监管指数	金融安全指数	金融安全质量指数	金融安全稳定指数	金融安全生态指数	金融安全竞争力指数	金融安全监管指数
均值	63.75	58.23	73.18	60.37	64.02	64.26	63.36	65.97	63.24	64.06	65.95	55.05
中位数	64.89	58.03	73.56	60.70	63.11	64.78	63.00	67.77	63.37	65.02	65.09	54.64
最大值	76.56	80.34	87.70	84.13	82.54	84.94	73.88	85.24	82.80	84.15	82.31	73.60
最小值	49.35	37.65	52.16	36.59	51.61	40.71	53.45	44.40	45.77	38.03	51.78	30.41
方差	5.59	10.25	10.25	10.67	6.94	9.50	4.23	9.66	10.17	11.31	6.29	8.78

　　中美两国的金融安全指数均值相近，我国指数波动的幅度较大。中国金融安全指数在 2006 年第四季度达到最高点 76.56，在 2012 年第二季度跌到最低值 49.35。美国金融安全指数在 2006 年第四季度取得最大值 73.88，在 2008 年第三季度取得最低值 53.45。21 世纪初，受互联网泡沫危机的影响，美国经济持续减速，金融安全指数呈现出显著下降趋势。我国的金融安全指数虽然高于美国，但在世界经济出现衰退的背景下，许多国家和地区的贸易增长率普遍大幅下跌，跨国直接投资呈下降趋势，我国经济也受到波及，金融安全指数在后期也出现了明显下降，之后，中美金融安全指数开始回升。2004 年后，美国失业率仍维持在较高水平，贸易逆差上升，储蓄水平降低，金融安全指数再次下降。2008 年金融危机爆发，中美两国金融安全指数骤降，金融安全形势急剧恶化，美国金融安全指数更是在此期间降至近些年来的历史最低点。金融危机后，得益于各自的经济刺激计划，中美金融安全指数有所回升，但我国金融安全状态的恢复速度更快。2010~2012 年，全球经济危机由发达国家进一步向新兴市场国家蔓延，我国季度 GDP 同比增长速度放缓。与此同时，金融危机后，我国的产业结构并未得到优化升级，企业的盈利能力有所下降，金融安全质量指数出现下滑。在此期间，受欧债危机影响，我国的金融安全生态指数下降。我国地方债务问题也开始显现，金融安全监管指数也呈现下跌。总体而言，在此期间，我国金融安全指数持续下滑且显著低于美国，金融安全状态较差。2013~2015 年，我国传统产业产能过剩、房地产市场风险集中暴露、银行不良贷款率上升，我国的金融安全指数再次下滑，而美国金融安全指数在此期间表现较好。2018 年，中美贸易摩擦升级，对两国的金融安全局势都产生了十分显著的负面影响，金融安全指数均再次出现大幅度下降，但我国金融安全指数在年末回升并高于美国，具体如图 14-1 所示。

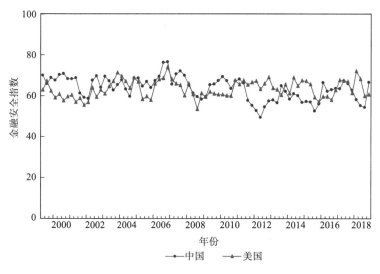

图 14-1　中美金融安全指数

　　如图 14-2 所示，美国的金融安全质量指数在大部分时间内高于我国，2000～2002 年，美国实际有效汇率指数走低，美元走弱，利率维持在较低水平。M1/M2 显著下降，金融深化程度减弱。此外，工业生产指数下滑，企业盈利能力维持在较低水平。在此期间，我国经济高速增长，有效汇率指数较为稳定，人民币价值波动较小，工业生产指数攀升，企业盈利能力增强。受 2005 年人民币汇率改革影响，我国的金融安全质量指数出现下滑趋势。2008 年的金融危机对中美两国的金融安全质量都产生了显著的负面影响，对我国的影响程度更大。受金融危机影响，美国有效汇率指数走低，美元疲软，工业生产指数和公司利润大幅下降，导致美国的金融安全质量指数迅速下降。我国的利率水平在此期间出现大幅下降，M1/M2 降幅明显，工业生产指数、公司利润出现断崖式下跌。应对内外部冲击能力、金融深化程度、企业生产盈利能力均表现不佳，导致我国的金融安全质量指数骤降。为减轻金融危机的负面影响，政府采取一系列经济刺激计划，使我国的金融安全质量指数迅速回升，但随着金融危机向新兴市场国家的深入蔓延，金融安全质量指数在 2010～2014 年又呈现出下降趋势，大幅低于美国的平均水平。另一层次的原因，金融危机后，美国进行产业结构升级，大力发展高端制造业，使美国企业的生产和盈利能力得到较好的发展，金融安全质量指数维持在较高水平。而我国的大量资金流入房地产市场，造成资金沉淀，工业企业的生产和盈利能力并未得到提高，反而出现下滑趋势，技术进步、生产效率提高带来的边际收益相对较小（范小云等，2015）。2014 年，受美联储宣布退出量化宽松政策的影响，美国实际有效汇率指数上升，工业生产指数与企业盈利水平下降，导致美国的金融安全质量指数呈现显著下降趋势。2014 年，由于我国利率水平的降低，大量资金涌入股票市场和房地产市场，工业企业的生产和盈利能力并未得到发展，我国的金融安全质量指数走低。2018 年，中美贸易摩擦对美国的金融安全质量指数也产生较大影响，下降趋势明显，我国的金融安全质量指数在后期有所回升。

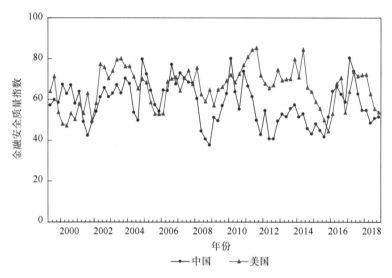

图 14-2　中美金融安全质量指数

如图 14-3 所示，总体而言，我国的金融安全稳定水平高于美国。2000～2002年，美国经济增速远低于预期，衰退趋势明显，储蓄存款也出现大幅度下滑。为缓解经济下行压力，布什政府实施扩张性的货币政策和财政政策，外汇储备维持在低位，金融稳定维护能力减弱。此外，2000 年 8 月以后，美国企业盈利不佳，资产负债率较高，企业的流动资产周转率明显下滑，企业资产的质量和利用效率不佳，成为扰动金融稳定的重要因素。因此，在此期间，美国的金融安全稳定指数颓势明显。随着我国加入 WTO，并实行适度扩张的财政、货币政策，我国的外汇储备、储蓄存款迅速上升，维护金融安全稳定的能力大幅提升。资产负债率迅速降低，企业的流动资产周转率持续攀升，影响金融安全稳定的因素表现良好，我国的金融安全稳定指数较高且较为稳定。2006 年以前，我国金融安全稳定指数明显高于美国。2008 年金融危机期间，美国的外汇储备虽有所增长，但储蓄存款剧烈下跌，维护金融安全稳定能力减弱。由于美国的金融机构滥发次级抵押贷款，使美国的资产负债率和存贷比在 2008 年期间瞬间攀升，影响金融安全稳定的不确定性因素增加，金融安全稳定指数在金融危机爆发后下跌。尽管我国的外汇储备和储蓄存款稳定增长，但我国企业的流动资产周转率下降，企业资产状况不佳。存贷比维持在较高水平，金融安全稳定指数出现了下降趋势。随着政府采取一系列的经济刺激计划,金融安全稳定指数有所回升。2012~2014 年,我国的金融安全稳定指数整体远高于美国。在此期间,我国的外汇储备和储蓄存款持续增长,维护金融安全稳定能力增强。受经济刺激政策影响,我国经济的通货膨胀压力较大,政府加强和改善宏观调控,遏制物价过快上涨。此外,银行部门的存贷比稳定。同时,加快产业结构优化升级,企业的资产负债率降低,金融安全稳定基本面趋好。美国政府为避免坠入"财政悬崖",削减财政赤字,外汇储备有所下降。受欧债危机影响,世界经济放缓,美元升值,出口减少,资产负债率上升,美国的金融安全稳定形势变差,金融安全稳定指数下滑。2018 年,受中美贸易摩擦影响,中美两国的金融安全稳定指数均下滑,后期有所回升,我国的回升幅度更大。

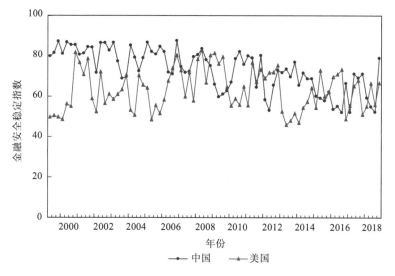

图 14-3 中美金融安全稳定指数

金融安全生态指数主要由内部生态和外部生态两部分构成,指数具体走势见图 14-4。2000~2002 年,美国的金融安全生态指数呈现显著波动。就外部生态而言,全球经济政策不确定性指数两度攀升,经济政策不确定性加大。美元指数在此期间走高,美元升值,使贸易逆差进一步拉大,对外贸易形势不容乐观。内部生态表现较差,由于互联网泡沫的破灭,美国 GDP 同比增速放缓,不及预期。消费者信心进一步受挫,经济形势不乐观,社会固定资产投资并未取得明显改善,金融安全生态表现不佳。我国的经济不确定性指数虽然有上升趋势,但受美元升值影响,我国对外贸易形势改善。在此期间,我国的经济增速不断上升,消费者对未来有良好预期,经济景气指数明显上升,社会固定资产投资逐年增加。总体而言,我国的金融安全生态好于美国。2004 年,受世界经济下行影响,国际市场需求疲软,贸易差额骤减导致金融安全生态指数下滑。2008 年金融危机期间,美国的经济政策不确定性指数再次攀升。美元指数开始下跌，美元贬值使美国的贸易逆差有所缓解。受金融危机影响，大量金融机构倒闭，经济景气指数由危机前的高位迅速下跌。GDP 同比增速也呈现巨幅下跌，进一步打击消费者信心，市场避险情绪高涨，社会固定资产投资减少，美国的金融安全生态指数下跌。此次金融危机对我国的金融安全生态也造成了十分严重的影响，全球经济政策的不确定性加大、美元贬值等因素，都恶化了我国的金融安全的外部生态环境。金融危机导致国际经济遭受重创，市场需求疲软，我国对外贸易形势严峻。我国的 GDP 同比增速放缓，消费者信心不足，社会固定资产投资持续下滑，我国金融安全生态指数下降明显。但从图 14-4 可以看出，我国金融安全生态指数先于美国回升，这表明我国金融安全生态的修复更为迅速。2010～2012 年，中美两国金融安全生态指数再次下滑，我国金融安全生态指数下降幅度更加明显。受欧债危机影响，我国的对外贸易差额回落，GDP 同比增速维持在较低水平。虽然消费者信心指数稳定，但经济景气指数下降迅速，社会固定资产投资继续放缓。美国因政府债务问题难以解决，全球经济政策不确定性指数有所上升。但美元指数的回落导致美国贸易逆差进一步缩小，同时，消费者信心恢复，社会固定资产投资逐步增长，美国经济增速趋稳。2014 年，金融安全生态指数再次出现衰退趋势。我国进入经济新常态，从高速增长转为中高速增长，经济结构不断优化升级，以及从要素驱动、投资驱动转向创新驱动，经济增速经历短暂低谷期。但 2014 年末股票市场的暴跌使消费者对未来

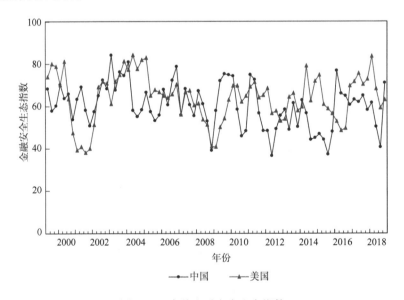

图 14-4　中美金融安全生态指数

经济的预期更加悲观，导致指数出现大幅度下跌。由于 2014 年美联储退出量化宽松政策、2015 年美国经济增速放缓、"垃圾债券"危机显现及美联储加息等问题，美国的金融安全生态指数回落。2018 年中美贸易摩擦给中美两国乃至世界的经济蒙上阴影，两国金融安全生态环境都遭遇不同程度的挑战，指数下滑，后期均有所回升。

图 14-5 反映了中美两国金融安全竞争力指数在 50～85 波动，总体较为平稳。21 世纪初，互联网泡沫的破灭导致美国股票价格大跌，股票市值大幅度蒸发。市场避险情绪较强，企业债券成交量较低，国债购买量逐渐增加。与此同时，保险公司资产与保费收入也有较大幅度下跌，保险业竞争力也出现一定幅度下滑。房地产业则迎来向上发展的时期，房屋价格指数逐渐上升，银行业表现较为稳定。美国的金融安全竞争力指数在 2002 年略有下跌。我国的保险公司资产和保费收入虽有所增长，但总量仍处于较低水平。受美国股票市场下跌影响，我国股价指数和股票市值均下跌，国债发行额和企业债券发行额较低，股票市场和债券市场竞争力较弱。与美国类似，我国房屋价格指数上升，银行业表现稳定。从 2006 年开始，美国的金融安全竞争力指数就出现下降趋势，直至 2008 年第三季度金融危机爆发，跌至最低点。金融危机导致美国保险业资产和收入大幅萎缩，股票市场指数遭遇断崖式下跌。债券市场上，国债规模迅速上涨，企业债暴跌。房屋价格指数回落，房地产市场也遭受打击。银行业的保险宽度即贷款余额/GDP 迅速回落，表明金融机构放贷能力减弱，银行业受此次金融危机波及程度较大。与美国类似，

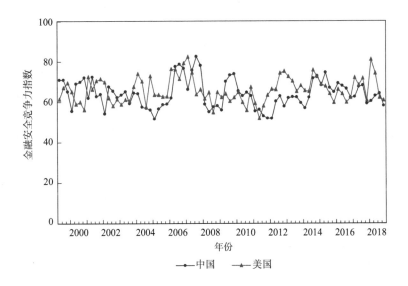

图 14-5 中美金融安全竞争力指数

中国的股票市场、债券市场和房地产市场也遭受严重打击，但银行业市场、保险业市场增长平稳。值得注意的是，金融危机期间，我国的金融安全竞争力指数下降时间滞后于美国。2014 年，中美两国股票市场都经历了下跌时期，两国金融安全竞争力指数有所回落。2018 年，中美贸易摩擦对两国股票市场造成剧烈波动，受此影响，金融安全竞争力指数再次下跌，美国金融安全竞争力指数下降幅度高于我国。

由图 14-6 可见，我国的金融安全监管指数总体表现优于美国。2000~2002年，美国的经济形势下滑，失业率和通货膨胀率上升。此外，受互联网泡沫破灭影响，资本流出规模扩大，银行不良贷款率、政府赤字率和国家负债率上升，金融安全监管指数下降。我国以积极的财政政策支持国内经济稳定快速增长，在对冲国际环境恶化影响的同时也使财政负担明显加重，财政支付的风险逐渐加大。国家负债率和赤字率迅速攀升，甚至达到国际警戒线标准。我国政府采取连续下调人民币利率、两次下调法定存款准备金率、取消国有银行贷款的规模限制、扩大公开市场操作等措施，对国民经济的健康稳定发展起到了积极的促进作用，但也导致通货膨胀率略有上升。虽然我国的金融安全监管指数高于美国，但也出现明显的下降趋势。2008 年，由于美国金融监管的缺失，金融机构滥用金融衍生产品，导致次级抵押贷款机构破产、股票市场剧烈震荡，从而引发金融危机。金融危机爆发后，银行的不良贷款率迅速攀升，大量资本流出美国。失业率、通货膨胀率等经济指标也迅速上升。为缓解金融危机带来的负面影响，美国政府采取了大量的刺激政策。例如，布什签署了总额约为 1680 亿美元的法案，拟通过大幅退税刺激消费和投资，刺激经济增长，以避免经济衰退。这些措施导致政府的赤字率和国家负债率增加，金融监管的风险更大，金融安全监管指数下跌。与美国不同，我国在金融危机期间的金融安全监管指数迅速上升。为应对金融危机，我国采取宽松的财政政策，减少税收、扩大政府支出及促进对外贸易等。采取宽松的货币政策，2008 年 9 月、10 月、11 月、12 月连续下调基准利率，下调存款准备金率、贷款基准利率，增加市场货币供应量，扩大投资消费；调减公开市场对冲力度，引导中央银行票据发行利率适当下行，保证流动性供应；不良贷款率和资本流入流出规模稳定，失业率和通货膨胀率也未出现大幅度波动，赤字率和国家负债率减小，金融安全监管指数上升。2014 年，美国经济复苏势头较好，失业率下降，通货膨胀率稳定，不良贷款率等指标降低，美国的金融安全监管状态有所恢复。我国的政府赤字率和失业率较为稳定，不良贷款率持续下降，资本流入规模变大，但通货膨胀率和国家负债率上升，我国的金融安全监管指数下降明显。2015 年 11 月，《国务院办公厅关于加强金融消费者权益保护工作的指导意见》的出台对加强和完善我国的金融安全监管具有重要意义，我国的金融安全监管指数回升。2018 年，在中美贸易摩擦背景下，我国的金融安全监管指数上升，美国表现出相反趋势。美国资本流出规模增加，通胀水平、政府赤字率继续上升。不可忽视的是，我国也面临通货膨胀压力加大、政府赤字率上升等问题。

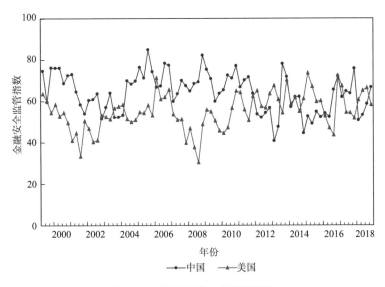

图 14-6　中美金融安全监管指数

2. 金融安全状态转换分析

根据 AIC 和 SC，针对中国金融安全指数，本章选择 VAR 的滞后项为 3，美国金融安全指数选取的 VAR 的滞后项为 4；区制数量根据 MS-VAR 分析过程中的 AIC 和 SC 信息标准，选择为两区制。从图 14-7 的区制分布特征和对实证结果的分析可知，区制 1 对应金融安全低区制，区制 2 对应金融安全高区制。我国金融安全两区制分布的整体特征如下，2002 年前，我国金融安全基本上都处于高区制，安全程度较高。在此阶段，我国经济保持中高速增长，经济总体效益不断改善，市场物价基本稳定，国际收支状况良好，经济结构调整取得明显成效。2003 年，受世界经济下行的影响，我国经济也被波及，金融安全状态较差。

2008 年，世界金融危机爆发，我国金融安全状态进入低区制，金融安全指数迅速下降。在此阶段，我国对外出口量下滑，经济增长趋缓、就业形势严峻，经济下行压力加大。此外，由于我国经济的高速增长，在 2007 年出现了显著的通货膨胀，外资大量涌入，房地产价格连年暴涨，严重威胁到我国的金融安全。为应对金融危机，政府迅速把宏观调控的首要任务设定为"保持经济平稳较快发展、控制物价过快上涨"，采取包括一揽子计划在内的一系列措施，使我国金融安全在 2009 年后进入高区制，金融安全指数上升。

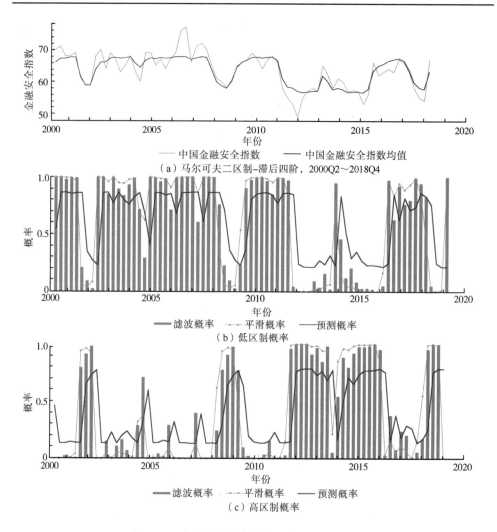

图 14-7　中国金融安全指数及其滤波平滑概率

　　2012～2015 年，我国金融安全处于低区制，金融安全状态再次处于较差状态。在此期间，欧债危机的爆发，使我国面临的外部环境恶化。我国内部存在产业过剩、地方债、房地产泡沫、银行不良贷款增加、A 股持续大幅度下跌等问题，这些因素共同导致我国金融安全状态的恶化。2016 年后，我国经济保持稳中向好，供给侧结构性改革见成效、"营改增"全面推开及人民币被正式纳入 IMF 特别提款权货币篮子等，使我国金融安全进入高区制。2018 年，受中美贸易摩擦影响，我国金融安全在短暂进入低区制后，恢复至高区制。

　　美国金融安全的区制划分与中国相同，两区制分布的整体特征如图 14-8 所示。21 世纪初，美国经济增速大幅低于预期，衰退迹象明显。互联网泡沫的破灭使美国经济雪上加霜，复苏进程缓慢，并最终出现负增长。金融安全状态长时间处于低区制，金融安全问题较为严重。美国政府采取降息、减税等刺激措施，经济有所复苏，金融安全逐渐进入高区制。2005 年，国际石油价格迅猛上涨、房地产泡沫持续膨胀等因素再次导致美国的金融安全状态的恶化。

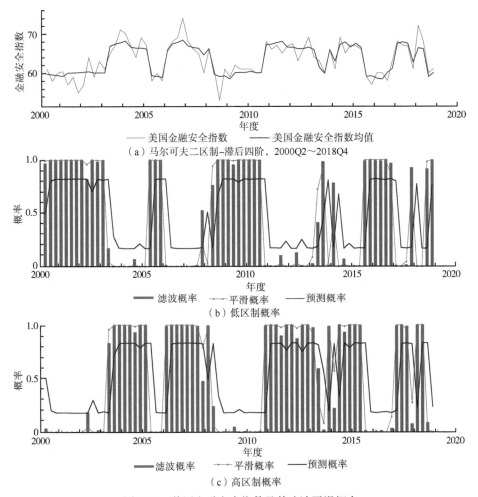

图 14-8　美国金融安全指数及其滤波平滑概率

2007 年，美国次贷危机爆发，并迅速通过实体经济渗透，向全球蔓延，发展成全球性金融危机。在此期间，大量金融机构破产，股票市场剧烈震荡，失业率上升，美国经济形势严峻，金融安全问题十分突出，金融安全状态落入低区制，直至 2010 年左右。但美国经济基本面强健，科技实力较强，不缺乏经济复苏的基础。美联储采取了公开市场操作、下调联邦基金基准利率、降低贴现率等传统的货币政策工具。与此同时，美国借助科技优势，大力发展高端制造业，优化产业结构，使美国 2011～2015 年的金融安全状态维持在较高水平。2018 年，美国主动制造中美贸易摩擦，美国金融安全再次落入低区制，金融安全状态较差。

我们对中美金融安全区制的概率分布和区制转换概率进行了分析。在研究时段内，中国金融安全低水平与金融安全高水平的概率分布如表 14-3 所示，中国金融安全低水平区制状态具有较强的持续性特征，在金融安全低水平状态中，金融安全指数在下一期保持低水平状态的概率为 84.74%；中国金融安全高水平区制状态的持续性特征体现得不够明显，在金融安全高水平状态中，金融安全指数在下一期保持高水平状态的概率只有 79.93%。相对地，金融安全由高水平状态转换到低水平状态的概率较高，为 20.07%，比金融安全由低水平状态转换到高水平状态的概率高 4.81 个百分点。中国金融安全低区制的平均持续期约为 7 个季度，明显多于高区制的约 5 个季度的平均持续期。中国金融安全低区制的稳态概率为 0.5680，远高于高区制的稳态概率 0.4320，这表明在研究时段内，中国有较长时间处于金融安全低区制。美国各区制状态均表现出很强的持续性特征，在金融安全低水平状态中，金融安全指数在下一期保持低水平状态的概率为 84.39%；在金融安全高水平状态中，金融安全指数在下一期保持高水平状态的概率为 90.83%。美国金融安全高区制的平均持续期约为 11 个季度，明显多于低区制的约 6 个季度的平均持续期。美国金融安全低区制的稳态概率为 0.3700，低于高区制的稳态概率 0.6300，这表明在研究时段内，美国有较长时间处于金融安全高区制。

表 14-3　中美金融安全区制估计结果

国家	分类	参数	估计值	标准差	t 值	转移概率		平均持续期	稳态概率
						低区制	高区制		
中国	低区制	μ_t (S_t=1)	60.2291***	22.7885	2.6430	0.8474	0.1526	6.5500	0.5680
	高区制	μ_t (S_t=2)	67.4159***	22.6484	2.9766	0.2007	0.7993	4.9800	0.4320
美国	低区制	μ_t (S_t=1)	58.9886***	8.1115	7.2722	0.8439	0.6300	6.4000	0.3700
	高区制	μ_t (S_t=2)	66.0393***	8.6226	7.6588	0.0917	0.9083	10.9100	0.6300

***表示在 1%的置信水平下显著

综合比较中美两国的金融安全区制估计结果，在研究时段内，中国金融安全区制处于高水平的概率明显低于美国的对应概率。主要区别在于中国维持金融安全高水平状态的能力明显弱于美国，这导致中国金融安全高水平区制的平均持续期远低于美国，进一步导致了中美金融安全高水平的稳态概率的差异。

此外，SVAR 结果表明，中美两国金融安全指数及各个维度指数之间的相互影响较为复杂，且不尽相同。需要注意的是，金融安全质量指数对两国金融安全指数的冲击持续期均为 5 年左右，但我国金融安全指数受金融安全质量指数的影响程度更大，美国金融安全指数在后期会导致我国金融安全指数的回落。就金融安全稳定指数而言，两国金融安全稳定指数对自身的影响程度较大。金融安全生态指数对我国金融安全指数在短期内略有负向影响，这是因为内外部生态环境的改善并不能促使金融安全指数立即提高，只有当构成金融安全生态的各要素达到平衡时，才能达到真正意义上的金融安全（陈娜和杜娟，2009）。美国金融安全生态指数对金融安全指数的前期影响为正向，在脉冲周期的后期表现出负向反应。我国金融安全竞争力指数对金融安全质量指数的影响十分明显，而美国却不显著，这表明提升我国金融安全竞争力对提高我国金融安全质量水平具有重要推动作用。我国金融安全监管指数对金融安全指数在短期内略有负向影响，之后变为正向，而美国则为正向，即美国加强金融安全监管有助于提升其金融安全水平。加强监管会在短期内对我国金融安全产生负向影响，监管部门应注意防控加强监管后金融安全的短期波动。

14.3.2　其他国家金融安全指数分析

1. 各类指数比较

由表 14-4 可知，不同类型国家的金融安全指数均值相近，其中，金砖国家的金融安全指数均值最高，其次为其他发展中国家，最后为发达国家，世界总体金融安全指数均值为 63.52。就金融安全指数中位数而言，金砖国家明显高于其他类型的国家，为 64.25；其次为发达国家；其他发展中国家金融安全指数中位数最小；世界金融安全指数中位数为 63.83。就金融安全指数最大值而言，金砖国家同样遥遥领先，以 2006 年第四季度的 71.58 位列各类型国家之首，其他发展中国家金融安全指数在此时段达到最大值 69.80，而发达国家则是在 1999 年第四季度达到最大值 69.54，世界金融安全指数在 2003 年第四季度达到最大值 69.16。受 2008 年全球金融危机的影响，发达国家金融安全指数的最小值为四者中最低，为 2008 年第四季度的 54.10；同样在此年度的第三季度，金砖国家金融安全指数达到最小值 56.08；世界金融安全指数的最小值为 2008 年第四季度的 56.26；其他发展中国家金融安全指数最小值略高于其他三者。通过对方差的分析可以得出，金砖国家金融安全指数波动幅度最大，其次是发达国家，而其他发展中国家金融安全指数的波动幅度小于前两者，综合表明其他发展中国家的金融安全指数较为稳定。

表 14-4　各类金融安全指数描述性统计

统计值	世界金融安全指数	发达国家金融安全指数	其他发展中国家金融安全指数	金砖国家金融安全指数
均值	63.52	63.32	63.63	63.97
中位数	63.83	63.96	63.61	64.25
最大值	69.16	69.54	69.80	71.58
最小值	56.26	54.10	56.34	56.08
方差	9.83	12.22	11.62	14.50

　　图 14-9 反映了各类金融安全指数在不同阶段的表现。2000~2003 年,由于东南亚金融危机余波未平及其他地缘政治事件,世界金融安全指数有较大幅度下降,其中,发达国家金融安全指数波动幅度最大,由最高点 70 下降至 55;金砖国家金融安全指数波动幅度最小,由 67 下降至约 60。2004~2006 年,各类金融安全指数回升并稳定波动。金砖国家的金融安全指数较其他指数高一些,而发达国家金融安全指数则较其他国家金融安全指数低一些。2007~2009 年,由于次贷危机爆发引发全球金融危机,世界金融安全指数下降至历史最低点,其中,金砖国家金融安全指数于 2008 年下降至 56,而发达国家金融安全指数于 2008 年后半年已跌破 55,金融危机对发达国家的金融安全造成了十分重大的负面影响。2010~2016 年,由于次贷危机、英国脱欧等事件,世界金融安全指数不断震荡,分别在 2012 年和 2015 年都有小幅下降。在此阶段,发达国家金融安全指数有

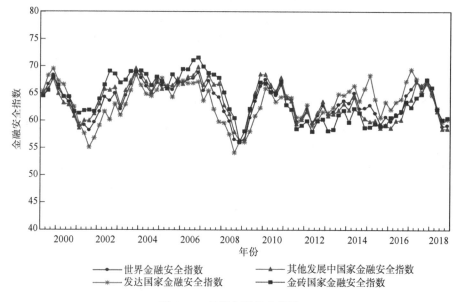

图 14-9　各类金融安全指数

较大提升，总体水平高于其他发展中国家及金砖国家的金融安全指数，在 2015 年更上升至约 68 的最高点。金砖国家的金融安全指数在 2010～2016 年表现低迷，总体水平低于其他发展中国家和发达国家。2017～2018 年，由于中美贸易摩擦等问题，世界金融安全指数出现大幅下降，降至大约 58，其中，其他发展中国家受到影响最大，其他发展中国家金融安全指数下降幅度最大。总体而言，2008 年金融危机期间，世界金融安全指数骤降，发达国家金融安全状态最差，金砖国家金融安全状态表现较好。金融危机后期，发达国家金融安全状态显著改善，并逐渐超过金砖国家和世界平均水平。

2. 发达国家指数比较

由图 14-10 可知，21 世纪初，受美国的互联网泡沫影响，发达国家的金融安全指数普遍下滑，从 1999 年第四季度最高点 69.54 下滑至 2001 年第三季度最低点 55.08。虽然世界的金融安全指数受到危机影响有所下滑，但在此期间，世界的金融安全指数高于发达国家的金融安全指数。2000 年，美国的金融安全指数在发达国家中最低，在 2000 年第三季度达到最低点 57.64，而与此相反，法国、英国、意大利的金融安全指数则相对较高。2001 年，危机扩散给欧洲国家的金融安全状态带来冲击。德国的金融安全指数在发达国家中垫底，在 2001 年第三季度达到降至最小值 48.80。相对地，澳大利亚和意大利的金融安全状态较好，基本稳定在 60 以上。

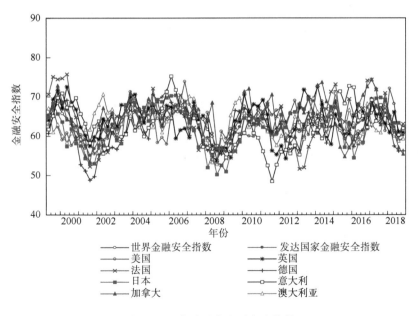

图 14-10　发达国家金融安全指数

2008 年，美国次贷危机爆发，发达国家的金融安全指数迅速恶化，在 2008 年第三季度达到最低点 54.10，低于世界金融安全指数。2008 年，日本的金融安全状态最差，最小值为 50.20。与之相反，美国、意大利、加拿大的金融安全状态相对较好。其中，加拿大的金融安全指数在 2008 年第二季度最大值为 68.46。为减轻金融危机的负面影响，各国政府采取一系列经济刺激计划，使金融安全指数迅速回升，但同时也加大了政府的财政负担。2010 年，欧债危机的爆发使金融安全指数再次下滑。2010 年前三季度中，美国的金融安全状况较差，金融安全指数在 60 左右，而加拿大的金融安全指数达到 72.02，在发达国家中表现最好；同时，英国的金融安全状况也不错，金融安全指数在发达国家中处于较高水平。从 2010 年第三季度开始，意大利的金融安全指数处于低位，金融形势恶化，在 2011 年第三季度达到最低点 48.50 左右。2018 年，中美贸易摩擦对世界和发达国家的金融安全也产生较大影响，金融安全指数下降趋势明显。其中，美国的金融安全指数在 2018 年第一季度达到最大值 72.09，而加拿大在 2018 年第四季度最小值为 55.38。发达国家的金融指数后期有望回升。表 14-5 为发达国家金融安全指数的区制转换结果，实证结果表明，发达国家维持金融安全高区制的能力普遍较高，但意大利、日本一旦陷入金融安全变差的状态，下一季度依旧处于低区制的概率较高，且持续期较长。美国、德国、法国、英国、日本、加拿大的高区制持续期均大于低区制，表明其金融安全维护能力相对较好。值得注意的是，澳大利亚的金融安全高区制的维护能力较弱，概率仅为 43.49%，低区制的持续概率达到 78.55%，容易陷入金融安全低区制的"泥潭"，该国金融安全低区制的持续期显著高于高区制持续期，金融安全高区制的稳态概率也远低于其他发达国家，金融安全指数较低。

表 14-5　发达国家金融安全区制估计结果

国家	区制转换概率				稳态概率		区制持续期（季度）	
	高区制—高区制	低区制—低区制	高区制—低区制	低区制—高区制	高区制	低区制	高区制持续期	低区制持续期
美国	0.9083	0.8439	0.0917	0.1561	0.6300	0.3700	11	6
德国	0.8847	0.7497	0.1153	0.2503	0.6846	0.3154	9	4
法国	0.9076	0.8087	0.0924	0.1913	0.6742	0.3258	10	5
意大利	0.9122	0.9261	0.0878	0.0739	0.4572	0.5428	11	14
英国	0.8903	0.6509	0.1097	0.3491	0.7609	0.2391	9	3
日本	0.9793	0.8972	0.0207	0.1028	0.8322	0.1678	48	10
加拿大	0.8455	0.6606	0.1545	0.3394	0.8322	0.1678	6	3
澳大利亚	0.4349	0.7855	0.5651	0.2145	0.2751	0.7249	2	5

　　SVAR 实证结果表明，德国金融安全监管状况的提高在短期内可能会对整体金融安全和金融安全稳定起反向作用。但法国金融安全监管能力的提高有助于提升整体金融安全，且对金融安全生态、金融安全竞争力及金融安全稳定都有一定程度的促进作用。金融安全生态指数和金融安全竞争力指数对意大利金融安全指数影响较大，应注重改善金融安全生态和提高金融安全竞争力。对英国金融安全指数影响最大的是金融安全竞争力指数，提高金融安全竞争力水平有助于大幅改善英国金融安全状态。日本的金融安全质量指数与金融安全监管指数对其金融安全指数的正向影响较大。长期提升金融安全质量、短期加强金融安全监管对改善加拿大金融安全状态的意义显著。此外，金融安全生态的变化对澳大利亚金融安全的短期影响十分显著，澳大利亚应当更加注重本国经济面临的内外部环境，相比较而言，金融安全竞争力的影响更加持久。

3. 金砖国家指数比较

　　图 14-11 反映了金砖国家金融安全指数在 1999～2018 年的表现。受 1997 年东南亚金融危机的影响，亚洲国家的股票市场大幅波动并逐步扩散至全球，世界金融安全指数急剧下降，金融安全形势恶化。2008 年金融危机爆发，世界金融安全指数再次下降至低点。1999～2010 年，金砖国家的金融安全指数始终高于世界金融安全指数，金砖国家的金融安全状态较好。欧债危机发生后，金砖国家的金融安全指数低于世界金融安全指数，呈下降趋势，但波动较为稳定。总的来说，在研究期间，世界金融安全指数和金砖国家金融安全指数变化趋势基本相同。此外，发展中国家的金融安全指数基本上与世界金融安全指数保持相近，同步变化。东南亚金融危机通过出口贸易、外资等方式对中国、印度等金砖国家的经济和金融产生影响，但并未直接冲击，所以作用并不深远。21 世纪初，俄罗斯和印度的金融安全指数明显高于其他金砖国家，金融安全局势相对较好。俄罗斯的金融安全指数上升趋势比较明显，于 2000 年第三季度达到最高点 75.7，之后一直保持在较高水平。从 2003 年第二季度开始，印度的金融安全指数逐渐高于俄罗斯，金融安全局势好于其他金砖国家，2006～2008 年俄罗斯金融安全指数偶有上升，一直持续到 2008 年美国次贷危机的发生。

　　2008 年金融危机的爆发使各个国家的金融安全状况均受到冲击，金融安全指数急剧下降。在此期间，俄罗斯的金融安全局势恶化最为严重，在 2008 年第四季度，金融安全指数一度降至历史最低点 50.5。金融危机之后，金砖各国的金融安全恢复，其中俄罗斯的恢复速度较快。受欧债危机的影响，金砖各国金融安全指数再次下降，特别是中国，在 2012 年第二季度下降至 49.3。从 2015 年开始，金砖各国的金融安全指数变化趋势保持一致。

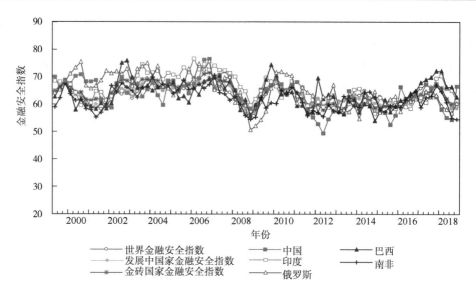

图 14-11　金砖国家金融安全指数

金砖国家金融安全指数区制转换结果见表 14-6。金砖国家维持金融安全高区制的概率普遍低于发达国家，且高区制的稳态概率也逊色于发达国家，低区制持续期普遍高于高区制持续期，这表明金砖国家的金融安全维护能力相对较弱，仍需进一步加强。就金砖国家内部而言，中国、巴西、南非的金融安全高区制稳态概率相对较好。虽然印度和俄罗斯保持高区制的概率较高，但高区制的稳态概率较低，即研究时期内，两国保持金融安全高水平时间较短，且低区制的持续期远高于高区制持续期，这表明其金融安全维护能力略显不足。

表 14-6　金砖国家金融安全区制估计结果

国家	区制转换概率				稳态概率		区制持续期（季度）	
	高区制—高区制	低区制—低区制	高区制—低区制	低区制—高区制	高区制	低区制	高区制持续期	低区制持续期
中国	0.7993	0.8474	0.2007	0.1526	0.4320	0.5680	5	7
印度	0.8498	0.2530	0.1502	0.0747	0.3321	0.6679	7	13
巴西	0.8055	0.8442	0.1945	0.1558	0.4446	0.5540	5	6
俄罗斯	0.9444	0.9705	0.0556	0.0395	0.3469	0.6531	18	34
南非	0.7872	0.7210	0.2128	0.2790	0.5673	0.4327	5	4

此外，脉冲响应分析结果表明，金融安全质量指数对中国、印度金融安全指数的影响显著，且中国金融安全指数受影响程度更大，这表明提升我国金融安全质量对改善我国金融安全状态具有重要作用。巴西、俄罗斯的金融安全指数则是

受金融安全生态指数、金融安全竞争力指数和金融安全监管指数的正向影响较大，且影响程度相近。金融安全生态指数对南非金融安全指数的正向冲击最大，金融安全稳定指数则是在短期有负向影响，所以应当注重维护金融稳定时对金融安全的短期冲击。

4. 其他发展中国家指数比较

如图 14-12 所示，其他发展中国家的金融安全指数与世界水平和发达国家水平的变动时点保持一致，但波动幅度则显著较大。由于其他发展中国家大多依赖出口及发达国家的外资投入，受 2001 年美国互联网泡沫破裂、2008 年国际金融危机和 2011 年欧债危机蔓延影响，绝大部分其他发展中国家金融安全指数在当时都大幅下降。具体来看，在这三次危机中，新加坡的金融安全指数下降至 50 左右，明显低于其他发展中国家的金融安全指数，这主要是由于新加坡经济与美国经济挂钩程度高，其国内金融机构持有众多跨国金融产品，容易受到国际金融市场的较大冲击；另外，新加坡高度依赖国际转口贸易，一旦发生金融危机导致国际贸易减少，新加坡国内的经济增长就会受到影响，基础设施投资减少，通货膨胀率上升，经济金融处于整体衰退中。因此，在本组 8 个国家中，新加坡金融安全指

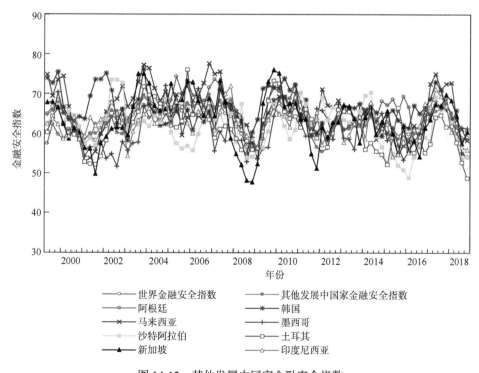

图 14-12　其他发展中国家金融安全指数

数最易受到国际金融市场的影响。阿根廷的金融安全指数在 2015 年有明显提升，这是因为阿根廷新政府于 2015 年开始执政，在经济政策上采取了一系列重大调整，使阿根廷比索汇率由市场决定，且重新进入国际金融市场，与国际债权人达成偿债协议，跨国企业对阿根廷的投资意愿也明显上升，金融安全生态明显改善。与之形成明显反差的是沙特阿拉伯，其金融安全指数从 2014 年起大幅下跌，最低值甚至低于 2008 年国际金融危机时的金融安全指数，这主要是因为 2014 年下半年全球经济增长明显低于预期，而利比亚、加拿大、巴西等国石油大量增产，国际原油市场出现供过于求的状态；美国页岩油开发进展顺利，使石油输出国组织（Organization of the Petroleum Exporting Countries，OPEC）逐渐丧失对国际石油市场的定价权；第三季度美国退出量化宽松政策，美元进入强势升值周期打压油价走势；金融市场监管加强，投资者对市场的扰动作用减弱，多项因素叠加导致全球石油价格暴跌近 50%，远低于沙特阿拉伯制定国家年度预算时预测的石油价格，导致沙特阿拉伯金融安全指数大幅下降。土耳其的金融安全指数在 2018 年快速下降，下降幅度和速度远超本组其他发展中国家，这主要是因为美国由于地缘政治因素，与土耳其的关系全面恶化，美国翻倍征收由土耳其进口的钢铝关税，而钢铝出口是土耳其外汇收入的重要来源，因此，土耳其里拉开始暴跌，金融安全指数再次大幅下跌，下跌程度甚至比 2001 年美国互联网泡沫破裂和 2008 年国际金融危机时更为严重。

其他发展中国家金融安全区制转换结果如表 14-7 所示，各国金融安全状态差异明显。新加坡保持金融安全高区制的概率最高，金融安全高区制持续期远高于低区制持续期，高区制的稳态概率最高，这表明新加坡的金融安全状态较好。阿根廷和沙特阿拉伯维持高区制的概率和高区制稳态概率较高。韩国和土耳其维持金融安全高区制的概率相对较低且低区制持续期远高于高区制持续期，这表明其一旦陷入金融安全低水平状态，有可能长期陷入金融安全不佳的局面。

表 14-7　其他发展中国家金融安全区制估计结果

国家	区制转换概率				稳态概率		区制持续期（季度）	
	高区制–高区制	低区制–低区制	高区制–低区制	低区制–高区制	高区制	低区制	高区制持续期	低区制持续期
阿根廷	0.8621	0.5602	0.1379	0.4398	0.7613	0.2387	7	2
韩国	0.7131	0.9435	0.3879	0.0575	0.1664	0.8336	3	17
马来西亚	0.6977	0.7454	0.3023	0.2546	0.4572	0.5428	3	4
墨西哥	0.8362	0.7993	0.1638	0.2407	0.5506	0.4494	6	5
沙特阿拉伯	0.9032	0. 7883	0.0968	0.2117	0.6863	0.3137	10	5

续表

国家	区制转换概率				稳态概率		区制持续期（季度）	
	高区制–高区制	低区制–低区制	高区制–低区制	低区制–高区制	高区制	低区制	高区制持续期	低区制持续期
土耳其	0.5177	0.8297	0.4823	0.1703	0.2610	0.7390	2	6
新加坡	0.9173	0.4347	0.0827	0.5653	0.8724	0.1276	12	2
印度尼西亚	0.5848	0.5897	0.4152	0.4103	0.4970	0.5030	2	2

SVAR 结果表明，其他发展中国家金融安全指数受金融安全质量指数、金融安全生态指数、金融安全竞争力指数、金融安全监管指数影响较大，这表明提高金融安全质量、改善金融安全生态、提升金融安全竞争力、加强金融监管可以帮助其他发展中国家提升本国的金融安全状态。金融安全稳定指数的冲击效果有所差异，如改善金融安全稳定状态，有助于提升阿根廷、马来西亚、墨西哥、新加坡、印度尼西亚的金融安全状态，但短期内会对韩国、沙特阿拉伯、土耳其的金融安全指数造成反向影响。

14.4　结论与政策建议

本章采用模糊综合评价法，从五个维度构建中国金融安全指标体系，利用马尔可夫区制转换回归模型分析了我国金融安全状态的变化情况，并结合 SVAR 模型分析了各维度指标间的相互关系。结果表明，中美两国的金融安全平均水平相近，但我国的金融安全状态波动幅度较大；我国的金融安全稳定指数、金融安全监管指数表现较为稳定且优于美国，但金融安全竞争力总体水平不如美国。金融危机期间，世界金融安全指数骤降，发达国家的金融安全状态最差，金砖国家的金融安全状态表现较好。金融危机后期，发达国家的金融安全状态显著改善，并逐渐超过金砖国家和世界平均水平。金砖国家和其他发展中国家保持金融安全高水平的概率低于发达国家，更容易引发金融安全问题，且恢复周期较长。基于以上实证结论，提出以下政策建议。

大力发展高端制造业，优化产业结构，从质量端提升我国金融安全水平。金融服务于实体经济，企业的生产和盈利能力是影响金融安全质量的重要因素，实体经济健康发展是防范化解风险的基础。发展高端制造业，提高我国企业的生产和盈利能力，提升我国制造业的国际竞争力，对提升我国金融安全质量水平、加强维护金融安全能力具有重要意义。拓展金融稳定维护方式，建立金融稳定协调机制，从稳定端提升我国金融安全水平。金融稳定的协调工作涉及面宽、范围广，要充分利用好货币政策、财政政策，从外汇储备等角度考虑，多维度、多层次拓展维护金融稳定方式，提高维护金融稳定能力。同时，针对影响金融安全稳定的因素，要加强监测和评估，化解相关风险，提升金融安全水平。优化全球经济合作布局，加强经济融合，从生态端提升我国金融安全水平。金融安全是金融生态的建设目标，金融生态是为了更好地实现金融安全。当前，我国面临的内外部环境正在发生深刻变化，国际金融危机的深层次影响继续显现，世界经济复苏动力不足、发展分化，单边主义、贸易保护主义抬头，国际经济格局多变，贸易规则正经历深刻调整。推进"一带一路"建设，加强国际经济合作，有助于升级我国经济全方位对外开放水平。发展高端制造业，打造核心产品，凭借"一带一路"倡议拓展国际市场，优化我国外部金融生态，提升我国金融安全水平。深化金融体制改革，提高金融业全球竞争能力，从竞争力端提升我国金融安全水平。当前我国金融服务业明显存在结构不均衡的问题，银行业处于绝对主导地位，而证券经纪与交易业、保险业、信托投资业则相对弱势。要注重金融服务业各部门均衡协调发展，进一步完善与实体经济体系需要相适应的金融服务体系，加强金融服务业资源配置功能，提高金融资源配置效率和金融服务质量，提升我国金融安全竞争力水平。同时，金融行业内部应当加强金融基础设施建设，提升业务创新能力，为社会提供经济发展所需要的金融服务产品。加强现代化经济体系制度建设，协调改革与监管，从监管端提升我国金融安全水平。深化经济体制改革，加强顶层设计，从制度层面推进现代化经济体系建设，推动经济高质量、高效率发展。同时，应加强监管，历史经验告诉我们，每一次金融危机的背后都存在监管缺失的问题。要健全金融安全监管体系，坚决守住不发生系统性金融风险底线。

第四篇　基于系统性金融风险的新时代国家金融安全体系构建

　　金融是现代经济的制高点，金融安全是国家安全的重要组成部分。值此百年未有之大变局，大国博弈竞争加剧，并且扩展到非传统的经济金融安全领域。近年来，美西方利用货币霸权和长臂管辖等金融工具和手段对我国施加影响，已严重危害我国金融发展安全和金融主权利益，我国亟须构建与时俱进的国家金融安全体系，维护国家安全。本篇包括第 15～17 章，通过深入分析我国金融安全面临的问题和挑战，比较借鉴美国等西方主要发达国家的金融安全体系构建经验，提出了新时代国家金融安全体系构建原则，构建了包含金融安全法制系统、监测预警系统、运行系统和反制系统的架构体系，并给出了对应的政策建议。

第 15 章　新时代我国金融安全面临的问题与挑战

随着金融科技和金融创新的不断发展，大国博弈竞争日益金融化，金融安全已经成为国家安全体系最重要的组成部分之一。当前，我国经济和社会发展正在进入新的历史时期，面临的国内外环境更加复杂多变。从国内视角来看，我国社会主要矛盾已经转化为人民日益增长的美好生活需要和不平衡不充分的发展之间的矛盾，贯彻新发展理念，着力提升发展质量与效益，促进全面发展，实现社会共同富裕，是亟须解决的紧迫问题。当前，中国经济处于由高速增长向高质量发展的转型与结构调整过程中，一些"灰犀牛"性质的金融风险随时可能发生，实体经济与金融虚拟经济结构失衡，经济周期的相对控制能力较弱，企业杠杆率仍较高，金融体系关联度和复杂性增加，这些都是我国面临的较大的风险隐患，也是制约我国经济社会发展的症结所在。从国际视角来看，政治多极化、经济全球化和社会信息化趋势日益增强，地缘竞争加剧，国际政治经济形势更加波诡云谲，大国博弈愈发激烈，我国正面临百年未有之大变局。2008 年美国次贷危机、2011 年欧美主权债务危机、2015 年股票市场大幅波动、2018 年中美贸易摩擦、2020 年新冠疫情、2022 年俄乌冲突等系列极端风险事件充分表明，金融越来越显现出政治化、武器化的特质，国际金融环境变得凶险。在此背景下，现有的金融安全体系难以有效应对国内外新型挑战与压力，需要以坚定的决心、全面的动员、系统的智慧和破釜沉舟的意志，解决痛点，激浊扬清，以中国式现代化目标为指引，构建并完善新时代国家金融安全理论与实践体系，坚决维护国家金融主权和国家利益，全力支持中华民族伟大复兴的历史进程。

完善国家金融安全体系，防范化解系统性风险，一直是党和国家工作的重中之重。2015 年，《中华人民共和国国家安全法》进一步强调了国家金融安全的重要性，并指出工作目标是健全金融宏观审慎管理和金融风险防范、处置机制，加强金融基础设施和基础能力建设，防范和化解系统性、区域性金融风险，防范和抵御外部金融风险的冲击。2017 年，在全国金融工作会议上，习近平强调了防范金融风险对于国家安全的重要性，并指出"金融是实体经济的血脉，为实体经济服务是金融的天职""防止发生系统性金融风险是金融工作的永恒主题"[1]。2022年，党的二十大报告提出，"深化金融体制改革，建设现代中央银行制度，加强和完善现代金融监管，强化金融稳定保障体系，依法将各类金融活动全部纳入监管，守住不发生系统性风险底线"[2]。2023年，习近平在第二十届中央国家安全委员会第一次会议指出，"坚持并不断发展总体国家安全观""加快建设国家安全风险监测预警体系"[3]。2023年7月1日起施行的《中华人民共和国对外关系法》标志着中国对外关系进入制度化、法治化的新阶段，面对危害我国金融安全的行为，我国将采取有力的反制措施。

金融安全贯穿了总体国家安全的全过程，坚持风险底线思维，居安思危、未雨绸缪，维护国家金融安全，是我国取得百年奋斗伟大成就的重要保障。展望未来，为实现有效化解系统性金融风险，抵御和应对国外金融冲击，保障本国金融体系正常运行和可持续发展，维护本国金融制度和金融利益不受侵害等工作目标，首先需要充分理解认识新时代金融安全所面临的问题与挑战。

15.1　统筹发展和安全，亟须高度重视国家金融安全工作

中国特色社会主义进入新时代以来，党和国家政府一直坚持贯彻落实统筹发展与安全的国家发展纲要，把国家安全和社会稳定作为改革发展的前提，为推动社会主义现代化建设营造稳定的环境。新冠疫情冲击后，国民经济持续恢复，高质量发展扎实推进，产业升级厚积薄发，经济总体上呈现出长期向好的趋势。"明者防祸于未萌，智者图患于将来"，我们必须清醒认识到，经济恢复与发展是一个波浪式发展、曲折式前进的过程，在百年未有之大变局中，我国正面临诸多威胁与挑战，深刻影响国家主权利益与金融稳定。有鉴于此，亟须高度重视国家金融安全工作，未雨绸缪，见微知著，有力应对、处置和化解国家金融安全所面临的新威胁、新挑战。

首先，做好国家金融安全工作，必须在思想上高度重视。随着全球经济下行压力加剧，美西方国家面临通胀持续加剧、制造业负债过高、劳动人口失业严重、家庭消费降级等众多问题。中国经济持续向好发展，市场需求稳定恢复，产业结构不断优化升级，极易成为西方国家打压、制裁、吸血的对象。一方面，美国等

① 全国金融工作会议在京召开. http://www.gov.cn/xinwen/2017-07/15/content_5210774.htm[2017-07-15].
② 习近平：高举中国特色社会主义伟大旗帜 为全面建设社会主义现代化国家而团结奋斗——在中国共产党第二十次全国代表大会上的报告. https://www.rmzxb.com.cn/c/2022-10-25/3229500_3.shtml[2022-10-25].
③ 习近平主持召开二十届中央国家安全委员会第一次会议强调 加快推进国家安全体系和能力现代化 以新安全格局保障新发展格局 李强赵乐际蔡奇出席. http://jhsjk.people.cn/article/40002769[2023-05-31].

资本主义国家企图通过武器化、政治化的手段，如贸易保护、技术封锁、出口保护，抑制我国跨国贸易、科技发展，以实现遏制中国快速崛起的目的。另一方面，美国持续加息，意图通过资本回流的"虹吸效应"攫取他国财富，以缓解全球去美元化趋势下的流动性危机。在当前全球经济增速放缓的背景下，我国经济面临全新挑战，如消费需求不足、部分民营企业经营困难、重点领域存在风险隐患等。同时，各类矛盾风险挑战点相互交织、相互作用，如果防范不及、应对不力，这些风险可能会交叉传染、扩散蔓延，发展为威胁国家安全的系统性风险。"安而不忘危，存而不忘亡，治而不忘乱"。面对全新的国内外复杂形势，我们必须高度重视国家金融安全工作，保持清醒头脑，强化底线思维，有效防范、管理、处置国家金融安全风险。

其次，做好国家金融安全工作，需要在行动上坚决落实。坚持党中央对国家金融安全工作的集中统一领导，在实践中不断增强驾驭风险、处置风险的能力，并在风险的预判、处置和预防方面多下苦功。预判风险是防范化解重大系统性风险的重要前提，也是把握风险演化趋势谋求战略主动的关键因素。只有做好防范风险的先手工作，才能打好抵御未来极端风险冲击的有准备之战，打好化险为夷、转危为机的战略主动战。新时代各类风险更具复杂性、隐蔽性，如果处置不当，可能会传导、叠加、演变、升级。当前亟须基于国家安全观的思想架构，厘清各类风险的内在机理，构建全新风险防范应对机制、处置系统。长期而言，维护国家金融安全，需要尽快通过推动金融业向高质量转型发展、构建维护金融安全的法律体系、推动人民币国际化进程等方式，不断增强国家整体金融能力与韧性，保证国家安全大局稳定。此外，还需要发挥好人民的主体作用、促进作用。为了人民而改革，改革才有意义；依靠人民而改革，改革才有动力。

最后，做好国家金融安全工作，需要在效果上科学判断。判断国家金融安全现状，有助于汲取既往经验、发现不足、指导未来工作。因此，迫切需要尽快明晰新时代国家金融安全边界的概念与特征，从风险度量、风险评估、风险预警、风险防范等角度出发，构建全方位、多层次、宽领域的金融安全指标体系，有效评估风险隐患，科学判断风险防范工作效果，支持风险管理机制不断优化。

15.2　大国博弈竞争日益转向现代金融领域，金融武器化趋势明显

随着大国博弈的愈发激烈，国际金融政治化、武器化特征逐步凸显，成为霸权主义国家金融制裁的重要工具。不同于传统军事干预，金融战能"兵不血刃"

地破坏目标国金融市场，影响宏观经济的正常运行，甚至激化社会矛盾带来政治动荡，从而达到削弱其综合国力的目的。例如，2023 年 3 月，美国通过《台湾冲突阻遏法》，即"544 号法案"，允许美国财政部在台海危机爆发时对中国官员、富豪及其家属在美国的资产进行调查和处置。这与针对俄罗斯个人的制裁如出一辙，严重违背了国际法中平等对待的原则，危害了国家的核心利益和民族尊严。近年来，美国数次加息，试图通过美元霸权地位收割全球财富，使我国面临美元债务负担加剧、外部融资环境恶化、资本外流等诸多风险隐患。2023 年 5 月，七国集团财长和央行行长举行会议，商议制定全新供应链机制，抑制中国在全球供应链中日渐凸显的主导地位。有鉴于此，充分理解新时代金融环境，发掘潜在问题与风险点，对于顺应趋势，以大安全观投身全球博弈，坚决维护我国金融主权与国家利益，具有重要理论与现实意义。

为遏制中国经济的快速崛起，维护美国领导地位的核心利益，2018 年，特朗普政府通过 301 条款，多次对我国钢铁、铝等千余种输美商品，加收高达 25%的关税。此类加征关税的行为违反了 WTO 规则，严重侵犯我国合法权益，威胁我国发展利益。美国对我国涉及"重要工业技术"的商品加征高额关税，意图打压我国技术、资金密集型等高端产业发展，抑制我国产业结构优化升级，以实现其继续在产业链顶端独享巨额红利的目的。拜登上台以来，美国对华经济贸易制裁更加无底线、无原则，通过"史上最严"的半导体技术管制法案，对出口芯片实施禁令管控，给中兴通讯、华为等高科技公司带来毁灭性打击。此外，中美贸易摩擦严重冲击我国出口行业，这可能带来劳动力失业、居民消费降级、社会不稳定因素增加等问题。因此，亟须尽快畅通国内经济大循环，充分拉动内需；同时，积极融入全球金融治理体系，通过中国方案坚定维护国家主权与利益。

布雷顿森林体系崩溃后，黄金产量不足导致美元币值稳定和各国经济增长之间存在矛盾，即特里芬难题。为维持美元霸权地位，美国将美元与石油挂钩，构造石油-美元体系。美元基于其独有的霸权地位享有诸多特权，对我国的金融安全造成巨大威胁。其一，美国向世界征收铸币税，且通过货币互换取得西方国家对其霸权地位的支持。美元的铸币税不仅可以将其国内的通货膨胀转嫁至我国，还给维持人民币币值稳定带来巨大压力。其二，美元霸权使美国得以征收理财税，通过我国购买的巨额美债，以较低成本回流美元，赚取更高的投资回报，并进一步流向美国政府、军队，形成闭环。其三，美元霸权地位使其具有武器化属性，如冻结俄罗斯在美国的资产，严重阻碍他国经济活动正常进行。针对美元霸权地位，我国亟须加快推动人民币国际化进程，以人民币抗衡美元，降低对主流货币（如美元和欧元）的依赖，使国内金融市场在面临外部风险冲击时更具韧性。尽管随着"一带一路"倡议的持续稳步推进，人民币国际化取得可观进展，但仍面临挑战。一方面,人民币国际化深度不足。与当前国际主流货币相比,人民币在债券、股票、期货等市场上的金融产品与金融工具缺乏多样性,特别是在衍生品市场方面的发展相对滞后。另一方面,人民币国际化的认可度有待进一步提升。当前,人民币的国际信任度与声誉还面临挑战,国际投资者可能对中国金融体系稳定性、政策预期、监管透明度等问题存在疑虑,并因此制约人民币在全球金融市场中的流动性与活力。

21 世纪以来,美国借助对国际资金清算系统 SWIFT 的掌控,基于纽约清算所银行同业支付系统,逐步形成完善的金融制裁体系。近年来,美国实施金融制裁的范围日益增加,制裁法律法规境外适用情形不断拓展,严重影响全球产业链、供应链的稳定及正常的多边金融和贸易市场运行,对我国金融安全造成巨大威胁。2019 年,美国将中国列为汇率操纵国,认为中国进行政策操纵促使货币贬值,同时保有大量外汇储备。直到 2020 年初,美国才取消对中国汇率操纵国的认定,但中国仍被列入观察名单。使用汇率手段打击中国,美国一方面可以据此采取限制中国实体融资、限制贸易、加征关税等制裁措施;另一方面,可以此为谈判筹码,在中美经贸磋商中向中国施压。2022 年 2 月 7 日,美国宣布将 33 家中国企业和机构列入美国商务部所谓的“未经核实名单”,限制其国际贸易活动。2022 年 3 月 11 日,美国证券交易委员会(United States Securities and Exchange Commission,SEC)依据《外国公司问责法案》(Holding Foreign Company Accountable Act,HFCAA)将 5 家在美上市的中国公司认定为有退市风险的相关发行人。除此之外,美国还在全球金融治理中对中国进行金融制裁,在消极应对中国和其他新兴市场国家提出的国际金融制度改革诉求的同时,利用其金融霸主地位持续向中国金融制度的创新行为施加压力,限制中国参与全球治理、发挥国际影响力。

多年来,美国热衷于跨越国界肆意进行长臂管辖,严重危害中国和世界的正常经济秩序。在实施长臂管辖时,美国政府引用《出口管制条例》《以制裁反击美国敌人法案》等法律,对与美国有关的产品进出口进行管制和打击。近年来,美国政府不断降低长臂管辖的使用门槛,其霸道逻辑在于,即使被制裁的企业与美国几乎不存在业务往来,但都可以被美国政府随意解释、肆意打压。2017 年起制裁中兴通讯,2018 年非法扣押孟晚舟,中美贸易摩擦期间多次对华发起“301调查”,美国政府频繁以莫须有的罪名对中国高新技术企业加以制裁。鉴于此,亟须完善“阻断法”等法律法规,坚定维护境内企业的合法利益。

2018 年 8 月,特朗普政府的首席策略师史蒂夫·班农重提“脱钩”来形容美国政府的对华政策,大力宣扬中国和美国之间应有意识减少对彼此的经济依赖程度。美国实施资本脱钩,对国际经济秩序产生了严重危害,特别是美方对中国施行的诸多贸易限制条款,在扰乱市场秩序的同时,也对全球产业供应链产生了较大的负面影响。通过资本脱钩，美国表面上主动减少与中国资本市场的联系，更深层次的是要求抑制中国核心技术的发展、打压中国高端制造业，从而巩固自身在全球产业链分工中的猎食者位置，使中国只能局限于中低端制造业，成为美国仅付出较低成本就能获得所需商品的廉价工厂。

自 20 世纪以来，美国凭借其国内法在汇率攻击方面的模糊界定，以及执法中蕴含的单边主义和保护主义，扰乱国际秩序，严重危害全球金融市场的安全稳定。当前，我国还存在部分可能成为汇率攻击的风险点。其一，人民币汇率形成机制不完善，在岸与离岸人民币存在价差并形成套利空间，使离岸外汇市场频频受到游资冲击。离岸人民币市场由于受央行政策干预影响较小、不设限价、参与者结构复杂的特质，拥有更大的汇率波动幅度。在遭受汇率攻击时，汇率波动导致资本短时间内快进快出，对国内经济造成冲击。其二，人民币国际化仍在推进中，其国际地位相对美元较弱，在境外支付、流通、结算中存在限制，容易成为汇率攻击的对象。其三，我国金融市场虽经历数十年的快速发展，但其结构仍存在脆弱性，尤其是新冠疫情之后，商业银行的不良资产风险可能持续暴露。而银行资金来源相对较少，存在资金缺口，导致资本充足率较低，加上内部监管薄弱，银行的抗风险能力面临严峻的考验。在证券业方面，证券市场发展较晚带来的先天性缺陷使中国股票市场较难保持稳定的走势。我国股票市场受政策影响较大，政策的不确定性和信息不对称导致股票市场的追涨杀跌情况仍时有发生。这些风险点都可能成为西方国家汇率攻击的关键靶点。

美国的市场做空主要以其专业做空机构为主力军，如浑水公司（Muddy Waters Research）、香橼研究公司（Citron Research）等，其在证券市场的主要手段在于为市场提供做空信息，打压股票价格，进而通过高卖低买的方式赚取其中巨额差价。1997 年，索罗斯量子基金大量抛售港币，迫使香港金融管理局提高利率，引发证券资产价格下跌，从而使西方资本炒家能以较低价格获得香港证券。经过中央政府的全力支持和香港特别行政区政府的尽力应对，最终打好香港金融保卫战。但美国等西方资本主义炒家做空中国的野心不死，2010 年起，数十家中概股公司被海外机构做空，多家公司股价面临崩盘风险，甚至遭遇退市危机，损失高达百亿美元。建立维护中概股免遭恶意做空的应对机制、法律规范，对保持中概股价格稳定、维护中国企业境外合法利益具有重要意义。

随着大国间政治博弈的愈发激烈，以美国为首的西方国家对中国的金融攻击手段将更加极端而无底线，而我国金融安全所面临的风险与挑战也远不止上述几种。中国式现代化发展的进程对构建好全方位、多层次的金融安全体系提出了更高要求，期望建立抵御外部风险冲击、强化实现主权利益的金融安全体系。

15.3　我国面临经济转型关键时期，金融安全风险隐患较为突出

党的十八大以来，我国在防范化解系统性风险方面已经取得阶段性成果，如宏观杠杆率得到有效降低、金融资产"脱实向虚"及资本"无序扩张"现象得到有效解决。但在新形势下，我国经济结构正处于转型升级的关键时期，面临国际复杂形势的巨大压力，维护国家金融安全仍然面临诸多挑战。正如党的二十大报告指出的，"我国发展进入战略机遇和风险挑战并存、不确定难预料因素增多的时期，各种'黑天鹅'、'灰犀牛'事件随时可能发生"①。伴随着经济社会的快速发展，以及国内外的诸多风险诱因，局部风险隐患可能快速发育，进而演化为影响整体的重大系统性风险。

大国博弈竞争加剧，加大国内系统性风险隐患。为遏制中国经济快速发展，以美国为首的西方国家以自身核心利益为出发点，持续对我国进行无底线的政治打压、金融制裁。新冠疫情后期，美元开始持续加息，不断加剧我国外汇压力，为中国人民银行维持汇率稳定制造挑战；美元加息还会改变国际资金流动方向，加剧中国资本外流，影响国内流动性水平。为稳定汇率，获得美元流动性，我国持有大量美债，但因此也会成为美债危机影响国内金融稳定的关键渠道。美债危机将直接导致我国持有的美债资产价值下降，使外汇储备缩水、国际收支失衡。美债作为全球最安全的资产之一，如果其出现违约，将带来国际金融市场动荡、世界经济增长放缓、全球金融投资者信心下降等诸多严重问题，进而造成我国经济下行压力加大、失业人口增加和国际贸易受阻等不利情况。

既有经济结构难以支持新时代发展需要，亟须全面贯彻、落实新发展理念。党的十九大报告指出，"我国经济已由高速增长阶段转向高质量发展阶段"②；党的二十大报告强调要"推动经济实现质的有效提升和量的合理增长"①。推动经济高质量发展，需要在以下几方面多下功夫。其一，民营企业在新冠疫情期间遭受较大冲击，部分中小企业面临财务困境，民营企业家信心受到较大负面影响，其生产经营规模的萎缩也带来就业问题。其二，传统生产关系制约现代生产力发展，部分企业受制于资金、技术等壁垒，难以实现既有生产方式的有效变革，以至于生产效率低、成本高，更容易陷入经营困境。其三，高科技企业遭受境外"卡脖

---

① 高举中国特色社会主义伟大旗帜　为全面建设社会主义现代化国家而团结奋斗——在中国共产党第二十次全国代表大会上的报告. http://cpc.people.com.cn/n1/2022/1026/c64094-32551700.html[2022-10-26].

② 习近平：决胜全面建成小康社会　夺取新时代中国特色社会主义伟大胜利——在中国共产党第十九次全国代表大会上的报告. http://www.xinhuanet.com//politics/19cpcnc/2017-10/27/c_1121867529.htm[2017-10-27].

子"威胁，生产经营面临层层挑战，技术突围任重而道远。其四，现有工业体系对能源依赖度依然较高，碳密集型行业亟须加快推进绿色转型，以实现国家"双碳"目标。其五，随着金融业态的不断涌现和金融科技的快速发展，传统商业银行如何在安全边界内保证流动性创造功能服务实体经济发展，也是迫切需要被妥善考虑的命题。

经济结构转型中，我国所面临的问题远不止于此，各种传统安全与非传统安全问题快速演化，风险点更难被精准解决。具体地，我国国内所面临的系统性金融风险隐患有以下几方面。

（1）房地产行业带来的高负债高杠杆风险。从房地产市场的角度看，由于新冠疫情对经济的巨大冲击，社会经济增速放缓，居民购买力下降，加之我国居民基本住房需求已得到满足，人口老龄化加剧，人口城市化放缓，使房产交易市场出现供大于求的现象。同时，随着人们对优质住宅的追求，尤其是大城市房产呈现出分化现象，部分外围板块房价大幅下跌，加剧风险隐患。从房地产企业的角度看，房地产行业存在高杠杆率的问题依然存在。从金融机构贷款投向结构看，房地产企业贷款占比较高，在面临新冠疫情等风险事件带来的经济下行压力时，更容易出现债务违约现象，从而影响银行流动性创造水平。房地产行业的危机也会向供应链上游传染，影响钢铁、水泥、砂浆等原材料产业。

（2）地方城投债存在违约风险。作为我国债券市场的关键环节，城投债发行体量巨大，余额持续居于高位，存在众多风险隐患。首先，城投债可能面临债务违约风险。城投债通常由地方政府背书，但并非直接负有担保责任。因此，当地方政府经济状况恶化或不愿承担偿债责任时，可能出现债务违约情况。其次，地方政府可能通过城投平台进行隐性负债，且并未列入官方债务统计，从而对城投债的偿还能力带来隐患。再次，城投债的大规模发行可能导致地方政府负债过重，进而增加其不良资产积累及债务偿还的风险。这种情况如果得不到妥善解决，可能对地方经济稳定和金融体系造成较大冲击。最后，城投债通常用于基础设施建设等长期项目，因此与地方经济密切相关。如果地方经济处于下行周期，投资回报率不及预期，则会影响偿债能力，增加城投债违约风险。

（3）大数据和金融科技发展带来全新挑战。金融科技和通信技术的发展，使支付宝（中国）网络技术有限公司、微信科技有限公司、北京字节跳动科技有限公司等大型互联网企业快速发展，但也给维护国家金融安全带来挑战，具体体现有以下几点：①加速风险传染。互联网平台的快速发展使金融活动与技术更加紧密结合，客观上加速了金融风险的传播速度。互联网金融平台的信用风险、流动性风险和操作风险等将更快向系统扩散。②威胁信息安全。互联网金融依靠大数据运行，但这也意味着对信息安全的威胁增加。黑客攻击、网络病毒、个人信息泄露等问题可能给金融系统和资金安全带来威胁。③增加跨境资金流动监管难度。互联网平台打破了地域限制，促进了跨境资金流动。然而，由于各国金融监管体系不同，监管跨境交易变得更加复杂和困难，相关风险和挑战也会随之增加。④加剧洗钱风险。互联网金融作为一种相对开放的金融形式，非法资金更容易通过虚假身份、网络支付和其他方式进入金融市场，从而增加洗钱活动的风险，给国家金融安全带来威胁。

除此之外，当前风险隐患不仅局限于单个领域，还呈现出多领域联动的特征，牵一发而动全身，并随外部环境的不确定性而不断裂变、演化，更具复杂性和危害性。有鉴于此，我们必须深入理解各类风险形成的原因、发展方式及危害后果，并在全新理论体系下分析应对策略。"明者防祸于未萌，智者图患于将来"，正如习近平所言，"提高底线思维能力，必须增强忧患意识，凡事从最坏处着眼、向最好目标努力"[1]。因此，我们要不断增强忧患意识，树立好底线思维，尽量从最坏处着眼，把问题和风险预想得严重一些，把措施和办法制定得更全面一些，争取最好的结果。

15.4　值此百年未有之大变局，亟须建立健全国家金融安全体系

随着大国博弈的愈发激烈，全球地缘政治矛盾越来越尖锐，安全形势急剧恶化，金融风险持续上升，对全球金融安全与稳定造成巨大威胁。尽管我国一直以来倡导形成新型国际关系，推动构建人类命运共同体，但部分西方国家依然坚持霸权主义、强权政治，坚持冷战思维与零和博弈的旧理念，公然干涉别国内政，以谋得自身的霸权主义利益。2017 年，特朗普上台后，为抑制中国经济快速崛起态势，巩固自身霸权主义地位，美国一改冷战后长期坚持的对华"接触"政策，第一次将中国定义为位列俄罗斯之前的"最大战略竞争对手"，以全方位打压中国为外交和安全战略的重点。2017 年至今，美国通过一系列无底线的金融打压手段，对我国发起攻击，包括但不限于金融制裁、市场做空、资本脱钩、汇率攻击、出口管制、贸易摩擦、货币霸权、资本外逃、长臂管辖、恐怖融资、侵蚀金融主权、操纵信用主权评级、攻击金融基础设施、控制战略资源和舆情攻击等，这些金融攻击手段严重威胁我国金融安全制度，侵害我国金融利益。在此百年未有之大变局之下，维护总体国家安全，为推进中国式现代化营造稳定环境，亟须建立

---

[1] 增强忧患意识，做到居安思危（人民观点）——推进党和国家各项事业的科学思想方法. http://paper.people.com.cn/rmrb/html/2023-09/25/nw.D110000renmrb_20230925_1-05.htm[2023-09-25].

全新国家金融安全体系，切实有效防范化解各类风险冲击。

维护国家金融安全，亟须尽快明晰我国当前面临的新形势、新任务，加快建立集中统一、高效权威的国家安全体制，加强党的领导，统筹协调各方优势，充分发挥金融系统功能。20 世纪末，《中共中央关于完善金融系统党的领导体制，加强和改进金融系统党的工作有关问题的通知》决定设立中共中央金融工作委员会，强化党对国家金融工作的集中统一领导。2023 年，《党和国家机构改革方案》决定"组建中央金融工作委员会。统一领导金融系统党的工作，指导金融系统党的政治建设、思想建设、组织建设、作风建设、纪律建设等"。此外，该方案还决定在中国银行保险监督管理委员会的基础上"组建国家金融监督管理总局""国家金融监督管理总局在中国银行保险监督管理委员会基础上组建""将中国人民银行对金融控股公司等金融集团的日常监管职责、有关金融消费者保护职责，中国证券监督管理委员会的投资者保护职责划入国家金融监督管理总局"。当前我国金融安全制度正顺应时代需要，快速完善优化，但仍需关注以下几方面。

（1）党对国家安全工作的集中统一领导有待进一步强化。正如习近平在第二十届中央纪律检查委员会上所指出的，我们党如此强调党中央权威和集中统一领导，根本目的就是要在错综复杂的国内外形势中维护党的团结统一，把全党的思想和行动统一到党中央精神上来，把党的理论和路线方针政策、党中央的决策部署坚决贯彻下去[①]。当前，在大国博弈的百年未有之大变局中，面对国内潜在发展梗阻与国外霸权主义兴起的惊涛骇浪，国家金融安全相关责任单位与个人更要以前所未有的凝聚力，紧紧围绕党中央的各项政策安排开展工作。组织体系上，要求不断巩固提高党中央集中统一领导的核心地位，发挥好党中央统筹兼顾、安排各项工作的领导作用，促进各项金融安全工作稳步开展、协调推进。

（2）完善国家金融安全制度，需要更加重视人民的历史主体作用。我国百年革命、建设及改革的伟大实践充分证明，人民是历史伟业的创造者，战胜前进道路上的种种风险挑战，与全体人民的共同奋斗密不可分。正所谓"是故大鹏之动，非一羽之轻也；骐骥之速，非一足之力也"（汉代王符《潜夫论·释难》）。在新时代，更要不断优化开展专题教育，提升群众金融基本素养；引导金融从业人员合规执业，维护正常市场秩序，督促金融监管干部履职尽责，恪尽职守；培育群众的国家安全意识与家国情怀，增强国家金融安全制度自信与文化自信，理性配置海内外资产，防范抵制资本外流行为；增强保密意识，提高敌情意识，注重保护国家机密数据，自觉维护国家安全，抵御西方潜在渗透。此外，倾听人民建议的关键意义不容忽视。习近平曾多次强调，"必须始终坚持人民立场，坚持人

[①] 电视专题片《持续发力 纵深推进》第二集《政治监督保障》. https://v.ccdi.gov.cn/2024/01/07/VIDECBq7N2hbH7IGy9MuAX3h240107.shtml[2024-01-07].

民主体地位，虚心向人民学习，倾听人民呼声，汲取人民智慧"①。要求同时明确国家政府、金融专业人才及社会公众在与金融安全相关的公共决策中的不同作用，确立公众参与政策制定的可能方式，以达到有效治理金融风险的目的。

（3）根据金融发展动态更新组织设计需求紧迫。当前金融科技快速发展，金融格局加速演变，既有金融安全体系难以适应新时代金融安全维护需要。一方面，这要求及时、准确理解金融新产品、新业态，尽快妥善处置潜在风险点，防止局部风险交叉传染、扩散蔓延，演化为影响金融系统稳定性的全局风险。另一方面，在充分认识风险现状的基础上，合理预测未来金融发展趋势，制定合理制度规划，未雨绸缪，以从容应对未来极端风险冲击。

（4）尽快借鉴吸收美欧西方发达国家经验。美国、英国等西方资本主义国家，其国内金融市场发展已有百年历史，金融监管经验较为充足，且与我国具体国情存在差异，其金融安全体系设置与调整存在借鉴意义。因此，借鉴吸收西方发达国家金融安全体系，丰富我国既有制度安排，具有较强理论与现实价值。此外，还需对西方自由主义金融理论实践体系进行系统科学的完善矫正，进行符合我国国情的制度改良，更好地服务我国金融安全事业。

15.5　金融风险日益复杂多变，急需加快建设国家金融安全风险监测预警体系

追溯到 2007～2008 年的金融危机，次贷风险引发的全球性冲击使发达经济体金融体系几近崩溃，自经济大萧条以来，全球经济也陷入了严重的衰退期。金融危机揭示了新自由主义经济的主要缺陷，即单方面寻求实现金融效率而忽视安全和稳定，但它也开启了宏观审慎金融监管政策和侧重于预防系统风险政策的新时代，成为推动全球金融安全体系改革的催化剂。党的二十大报告指出，"深化金融体制改革，建设现代中央银行制度，加强和完善现代金融监管，强化金融稳定保障体系，依法将各类金融活动全部纳入监管，守住不发生系统性风险底线"②。2018 年，我国"一委一行两会"（国务院金融稳定发展委员会、中国人民银行、中国证券监督管理委员会、中国银行保险监督管理委员会）监管格局建立，体现金融监管机构"整合"发展的新思路；2023 年 3 月，组建中央金融委员会并设立办公室，同时组建中央金融工作委员会，加强党中央对金融工作的集中统一领导。

---

① 习近平在第十三届全国人民代表大会第一次会议上的讲话. http://jhsjk.people.cn/article/29879544[2018-03-20].
② 习近平：高举中国特色社会主义伟大旗帜　为全面建设社会主义现代化国家而团结奋斗——在中国共产党第二十次全国代表大会上的报告. https://www.rmzxb.com.cn/c/2022-10-25/3229500_3.shtml[2022-10-25].

2023 年 5 月，中央国家安全委员会第一次会议强调，"国家安全工作要贯彻落实党的二十大决策部署，切实做好维护政治安全、提升网络数据人工智能安全治理水平、加快建设国家安全风险监测预警体系"①。经过数十年的探索与实践，中国金融监管协调机制得到了进一步发展，国家金融安全体系得到进一步完善，但也仍面临诸多问题和挑战。

当前我国金融安全工作正面临风高浪急，甚至惊涛骇浪的重大考验，我国所面临的金融安全问题复杂程度、艰巨程度明显加大。尤其是在第二个百年历史进程中，统筹发展与安全任务艰巨，风险矛盾挑战众多，不确定难预料事件急剧增多，对金融监管的考验之大前所未有。这要求根据风险与挑战的现状，及时改善与提高现有金融监管制度，以系统的智慧、彻底的决心做好变革，基于总体国家安全战略的需要进行机构变革。党的领导制度在中国特色社会主义制度体系中居统领地位。中国特色社会主义制度的优势能不能发挥好，关键在于党的领导制度能不能执行好。有鉴于此，亟须不断加强党中央对金融工作的集中统一领导，并由其下设的中央金融委员会负责金融稳定和发展的顶层设计、统筹协调、整体推进、督促落实及研究审议重大政策、重大问题等；由中央金融工作委员会负责指导金融系统党的政治建设、思想建设、组织建设、作风建设、纪律建设等。在执行层面上，构建有别于西方的金融监管体制，即将直接融资与间接融资的监管分开，分别由中国证券监督管理委员会和国家金融监督管理总局负责，以发挥好两者降低融资成本和提升规模效益的优势。

随着金融科技与现代信息技术的实践应用，金融创新快速发展，新型金融产品不断推出，新型金融业态不断出现。金融业态多样性意味着其融资需求、资本结构、运行方式等方面与传统业态存在差异，既有传统监管范式虽能应对传统风险，但非传统风险防范问题依然突出。例如，平台经济存在突出的市场垄断和资本无序扩张问题，这会破坏正常市场竞争秩序，损害消费者合法利益，积累风险隐患。现有监管能力与手段难以紧跟金融业态的新变化，时间上存在滞后性，仍有较大的改善与提高空间。

金融混业经营趋势极易滋生监管空白地带。在现代金融体系创新发展进程中，银行、证券和保险等行业业务愈发趋同，金融控股公司及金融集团进一步推进金融混业经营进程。金融混业经营可以发挥协同效应，实现规模经济，但给分业监管模式带来了严峻的挑战，容易产生监管空白问题。

金融监管体系的央地权责和协同性有待加强。从纵向看，中央与地方金融监管机构的统筹协调对确保金融安全及稳定发展具有重要意义。但从中央与地方的

---

① 习近平主持召开二十届中央国家安全委员会第一次会议. https://www.gov.cn/yaowen/liebiao/202305/content_6883803.htm?eqid=aad7ce7a00112f3000000006647dcd24[2023-05-30].

金融事权看，中央的垂直监管模式与地方的属地监管模式之间存在冲突，同时，中央监管与地方发展间也存在矛盾。不同于中央的集中监管，地方监管机构侧重发挥地方金融业的监督管理和风险处置职能。由于地方政府发展经济的诉求，以及地方金融机构金融创新的需要，地方金融监管部门常面临防范风险与鼓励发展的取舍问题，因此易产生监管空白和模糊地带，造成监管缺位。2018 年，各省区市金融办公室加设地方金融监督管理局；2023 年，建立以中央金融管理部门地方派出机构为主的地方金融监管体制，实现了由传统双层监管向垂直监管转化，但处理好中央和地方金融监管的协同联动关系，切实维护地方金融稳定，依然任重而道远。

金融模式创新和产品创新对金融监管提出新要求。随着信息技术与金融工具的快速发展，中国金融业正经历从传统金融向金融科技的转变，数字化的现代化趋势正在彻底改变和重塑金融行业。这一转型是一场广泛而深远的历史性变革，不仅给金融行业的业态和运营方式带来了重大影响，还对金融监管提出了全新要求。如何处理好金融创新与金融监管的辩证关系，在合理的监管框架下实现平衡和协调，对新时代统筹兼顾发展与安全具有重要意义。

既有监管指标体系难以适应金融风险的复杂变化。监管治理指标数字化有利于简化目标，方便考核和任务分配，但我国传统以行政区划作为风险责任划分的依据，没有考虑金融风险的流动性、随机性和外溢性等特征，其刚性化、单一化的治理模式导致灵活性不足，在一定程度上影响了指标考核的公平性与合理性。在应对复杂的金融风险问题时，指标体系内部的弹性空间较小，不可避免地出现治理疲态化现象，难以适应地方复杂的执行环境。此外，新型金融风险更具隐蔽性、复杂性，要求不断更新完善风险测度工具，捕捉潜在风险，防微杜渐，维护金融系统稳定。

15.6　需要积极主动作为，打造有效应对金融安全风险的反制体系

长期以来，我国基于公平情怀和公平意识的考量，在国际争端处理上以谈判、防守为主，但这并没有给中国带来稳定的和平发展环境，反而助长了美国等西方国家的霸权主义行为，使用更加无底线、无原则的极端手段，对我国进行全方位、多层次的金融打压。由此可见，一味的防守、谈判并不能免遭强权政治的侵害，让是让不出来的，国家主权应在剑锋之上。在推进中国式现代化伟大进程的新时代，我们需要改变战略方向，调整角色定位，变被动为主动，积极作为，认真排

查霸权主义国家的弱点所在，形成具有强大杀伤力的撒手锏。在此基础上不断研究、积累，形成保障金融安全的反制工具箱、武器库，形成包含资本市场、货币市场、外汇市场、大宗商品市场的特定市场反制系统，甚至可以建立包含舆情反制、产业反制、人物反制、科技反制、贸易反制的特定目标反制系统，主动出击，进攻是最好的防守。

从法律层面看，党的二十大报告强调，"强化国家安全工作协调机制，完善国家安全法治体系""健全反制裁、反干涉、反'长臂管辖'机制，构建全域联动、立体高效的国家安全防护体系"①。作为金融系统运行的底层逻辑，金融安全法律规范体系是国家金融安全的重要保障。我国金融安全法律规范体系以全国人民代表大会为立法机构，以国家安全部、国家金融监督管理总局、国务院、中国人民银行等国家机关为执行机构，以《中华人民共和国商业银行法》《中华人民共和国公司法》《中华人民共和国证券法》《中华人民共和国保险法》《中华人民共和国证券投资基金法》等诸多法律为主体，能在诸多方面有效抑制各类违法犯罪行为，维护金融市场的稳定性。尽管我国现有金融安全法律体系已较为完备，但面对新时代金融风险多元化、复杂化、隐蔽化的趋势，以及美国等西方国家愈发极端的金融制裁，需要紧扣现实需要，从国家安全观的角度，不断发展新时代金融安全法律规范理论体系，不断完善新时代金融安全法律法规制度框架，通过法制手段维护国家金融稳定。例如，不断完善《中华人民共和国反外国制裁法》《中华人民共和国金融稳定法（草案）》《中华人民共和国对外关系法》等反制裁法律，构建中国特色金融反制法律规范体系，使其成为坚定维护我国主权利益免受侵害的有力武器。

现存问题，一是缺乏系统性的全局把握，当前我国金融立法侧重于解决当前面临的重大问题，具有临时性、应急性的特点，各项法律法规较为分散而不成体系。而威胁金融安全的风险因素加速演化，传统法律制度难以准确捕捉并处置风险隐患，需要从整体出发，构建金融安全法律规范体系，并加以排列组合，针对各类风险事件组建金融安全法律规范子体系，更有针对性地防范化解各类风险。二是当前立法过程有待进一步提升效率，以更及时地解决现实需要。针对重大现实问题，需经提出立法议案、审议立法议案、表决和通过立法议案、实施法律四个阶段，从发现问题到颁布法律的转化过程较慢。党的政策主张通过立法流程实施的进程有待进一步优化，以便更快出台法律规范，约束新型危害金融安全的行为。三是法律框架应突破传统侧重于国内金融监管的范畴，更多考虑对外部风险的防范。随着金融武器化、政治化的不断演进，金融已成为美国等西方国家制裁

---

① 习近平：高举中国特色社会主义伟大旗帜 为全面建设社会主义现代化国家而团结奋斗——在中国共产党第二十次全国代表大会上的报告. https://www.rmzxb.com.cn/c/2022-10-25/3229500_3.shtml[2022-10-25].

中国的重要手段。因此，需要不断完善涉及国际金融的法律，坚定维护国际主权利益，保护人民币币值稳定，并指导相应反制策略。

从金融工具层面看，缺乏应对金融制裁的策略工具集。从冻结俄罗斯的黄金及外汇储备，到截断俄罗斯与 SWIFT 的联系，美国通过一系列极端的惩罚性金融及经济制裁措施，将金融武器化，使之成为其进行国际政治博弈的新手段。当前我国正快速崛起，是美国等西方霸权主义国家金融博弈的重点对象。面对西方可能的破坏性金融制裁，我国缺少较为科学、完备的能够有效应对境外金融制裁的策略工具集。传统零散的、片面的、孤立的应对策略难以应对新型金融制裁，难以应对复杂经济金融后果，甚至可能面临缺乏足够工具可用的困境。应对策略工具集的缺失会加剧金融系统的脆弱性，使境外金融制裁更具破坏力，甚至暴露出国家金融系统的痛点，使其更容易成为金融攻击的目标。进一步地，缺乏有效反制策略工具集，意味着霸权主义国家进行金融制裁的成本更低，若不能积极及时采取反制及限制措施，会使国家陷入被动局面。

具体地，涉及金融科技等新业态和维护货币主权的法律规范有待进一步明确与加强。随着金融科技的快速发展，新型金融产品不断出现，金融业态不断演化发展，金融业正处于历史性重大变革时期，这对国家金融安全法律体系提出更高要求，需与时俱进，针对新型金融产品与业态更新既有范式，提高法律有效性。重点从维护金融数据安全、保障金融技术安全、优化金融风险管理与升级金融监管方式四方面入手，构建紧扣时代需要的全新金融安全法律体系。另外，从国际金融体系的角度看，货币主权是国家金融安全的重要组成部分，也是国家主权在金融领域的重要体现。货币主权体现在诸多方面，如控制货币政策的自主性、拥有国际货币价值的定价权、保证货币的兑付能力与稳定性、支持国际贸易及保护外汇储备等。当前，霸权主义国家为抑制人民币国际化进程，主张我国存在操纵汇率等不当行为，打压我国货币主权。尽管依据现有国际准则（WTO 框架或 IMF框架），我国货币主权行为如汇率政策都符合规定，即不存在操纵汇率、国际货币体系导致国际收支失衡等不公平竞争行为，但仅依据国际准则存在诸多弊端，如 WTO、IMF 等国际组织受西方政治思想主导、审判存在诸多不确定性等。基于有关维护货币主权的具体法律，从法理的角度论证人民币货币主权的合法性，有助于突破国际公约"软法"的局限性，坚定维护自身利益，保证国家金融安全。

15.7　小　　结

坚决防范化解重大系统性风险，维护国家金融安全，是我国近年来工作的重点之一，与时俱进的金融制度改革使国家金融安全体系不断完善。但在大国博弈加剧、地缘冲突不断的百年未有之大变局中，我国正面临影响国家主权利益、金融稳定的国内外众多威胁与挑战。在此关键历史时期，亟须高度重视国家金融安全工作，未雨绸缪，见微知著，有力应对、处置和化解国家金融安全所面临的新威胁、新挑战。

结合既往的金融安全工作经验与不足，我们需要根据国际国内金融新格局，建立健全金融安全框架体系，提升金融风险防范处置能力，增强国家金融安全韧性，全力支持中国式现代化伟大历史进程。本书将在第 16 章介绍可供参考借鉴的发达国家经验，在第 17 章围绕我国风险现状和中国式现代化的宏伟目标，提出构建新时代我国金融安全体系的新思路。

第 16 章　金融安全体系构建的国际经验与借鉴

纵观全球，美国、英国、日本、加拿大、新西兰和澳大利亚等发达国家市场经济体系相对成熟完善。通过吸取多次金融经济危机的经验教训，各自已经构建了相对完备的金融安全管理系统。通过比较分析发达国家各自建立的金融安全体系，吸收借鉴各国的先进经验，对我国构建新时代金融安全体系具有重要的理论现实意义。

16.1　美国金融安全体系

美国金融安全体系主要包括对外金融安全保障体系、对内金融监管体系及美国国家金融安全法律保障体系，发挥金融安全职能的机构主要包括国会、财政部、美国联邦政府和中央情报局等关键职能部门，如图 16-1 所示。各机构之间相互配合，当本国金融安全受到冲击时，及时发挥事前预警、事中救助及事后减震的重要作用，各部门明确分工、高效协同，使冲击的负面影响最小化。

美国对外金融安全保障体系主要由财政部和中央情报局的部分下设机构及一系列非政府组织构成，其主要职能包括收集并分析金融情报，切断洗钱、恐怖融资渠道，帮助美国政府实现海外霸权、长臂管辖和人才霸权等目标。其中，财政部设立恐怖主义和金融情报办公室（Office of Terrorism and Financial Intelligence，TFI），负责统筹财政部的政策、执法、监管和情报职能，切断向国际恐怖分子、大规模杀伤性武器扩散者、贩毒分子、洗钱者等威胁美国国家安全的个人和组织提供资金支持的渠道。恐怖主义融资和金融犯罪办公室（Office of Terrorist Financing and Financial Crimes，TFFC）是恐怖主义和金融情报办公室的政策与外展机构，2004 年成立的情报与分析办公室（Office of Intelligence and Analysis，OIA）负责恐怖主义和金融情报办公室的情报职能，将财政部整合到更高级别的情报界中，并为财政部领导层和情报界提供情报资源。

恐怖主义和金融情报办公室还下设以下相关机构：①海外资产控制办公室（Office of Foreign Assets Control，OFAC）负责管理和执行经济制裁项目，主体

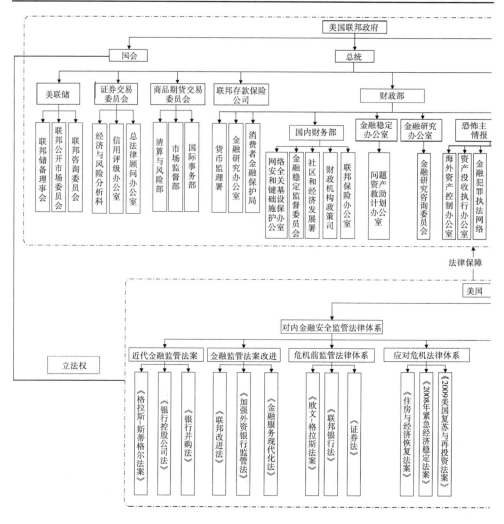

图16-1　美国金

包括国家和个人团体,如恐怖分子和毒品贩运者;②资产没收执行办公室(Treasury Executive Office for Asset Forfeiture, TEOAF ）负责管理国库没收基金（Treasury Forfeiture Fund, TFF）, 这是一个非税收没收存款账户;③金融犯罪执法网络（Treasury's Financial Crimes Enforcement Network, FinCEN）的任务是保护金融体系免受非法打击, 减少洗钱、恐怖主义融资及其相关金融犯罪, 同时收集、分析和传播金融情报来促进国家安全。恐怖主义和金融情报办公室还与美国国税局刑事调查部（About Criminal Investigation, ACI）密切合作, 执行打击恐怖主义融资和洗钱的法律, 包括《银行保密法》等。

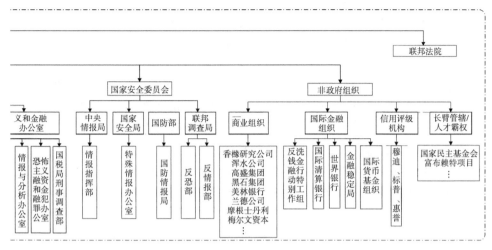

障体系

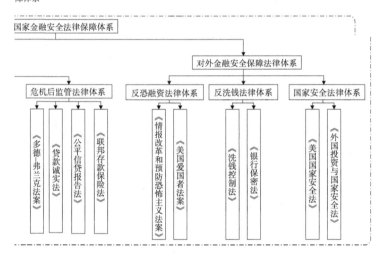

融安全体系

　　一系列非政府组织也是美国对外金融安全保障体系的重要组成部分。例如，香橼研究公司、浑水公司等做空机构，常常按照国家意志，通过虚假交易、操纵市场等行为，扭曲资产价格，针对性地恶意做空海外资产，以此实现国家利益。国际信用评级巨头穆迪（Moody）、标普（Standard & Poor's）和惠誉（Fitch）等为了维护美国金融霸权主义，滥用评级霸权，肆意降低一国国家主权信用评级，助推金融危机，损害全球投资者的合法权益。

　　美国金融安全体系也服务于美国政府的长臂管辖和人才霸权，所涉及机构有国家民主基金会（National Endowment for Democracy，NED）和富布赖特项目（Fulbright Program）等。作为非政府机构，国家民主基金会于 1983 年依据"民主计划"设立，主要资金来源于美国国会年度财政拨款。自成立以来，国家民主基金会一直充当美国政府的"白手套"，打着"促进民主"的幌子，颠覆他国合法政府，为各国反政府组织提供资金支持，培植亲美傀儡势力。近年来，国家民主基金会与美国中央情报局协同工作，一直扮演着美国情报部门的前线单位角色，同时也向多个组织提供大额资金援助，暗中煽动多起颠覆他国政府的运动。富布赖特项目的资金主要来自美国国会拨款，项目从合作国政府、研究机构、基金会和其他来源获得现金资助或非现金形式的支持，为各领域学生、学者及专业人士提供在海外学习交流的资金，是美国在全世界范围内实现人才霸权的重要手段。

　　在金融监管方面，美国长期存在着双线多头的金融监管体系，监管真空、监管重叠、监管套利、监管竞争并存。2008 年全球金融危机使美国政府意识到这种金融监管体系的局限性，随后做出了系列金融监管改革，强化了美联储的监管权。当前美国金融安全体系中对内监管体系主要由美联储、财政部、联邦政府和国会的下属机构构成。财政部的金融监管部门包括国内财务部、金融研究办公室（Office of Financial Research, OFR）和金融稳定办公室（Office of Financial Stability, OFS）等。其中，国内财务部负责为国内金融、银行和其他相关经济事务方面提供建议和协助，同时为财政部在金融机构、联邦债务融资、金融监管和资本市场领域的活动制定政策与指导方针。其下属机构网络安全和关键基础设施保护办公室（Office of Cybersecurity and Critical Infrastructure Protection, OCCIP）主要负责金融服务部门关键基础设施维护，降低运营风险。该办公室与金融部门公司、行业团体和政府合作密切，共享有关网络安全、物理威胁和漏洞情报。金融研究办公室是国会设立在财政部的办公室，其职责是为金融稳定监督委员会（Financial Stability Oversight Council, FSOC）提供高质量、高透明度和可访问性的金融数据，同时开展与金融稳定相关的研究，推广风险管理实践方案。金融稳定办公室负责明确威胁金融稳定的风险，维护市场纪律，同时监督问题资产救助计划办公室（Troubled Assets Relief Program, TARP）。金融稳定监督委员会由财务部长、联邦储备系统理事会主席、联邦住房金融局（Federal Housing Finance Agency, FHFA）局长、证券交易委员会主席及住房和城市发展部（Housing and Urban Development, HUD）部长组成。根据金融稳定监督委员会的章程，每一成员指定一名同一机构的官员担任该成员在金融稳定监督委员会的代表。

　　联邦存款保险公司（Federal Deposit Insurance Corporation, FDIC）是由国会设立的一个独立机构，目的是维护国家金融体系的稳定和公众信心。联邦存款保险公司为存款提供保险、检查，同时也对金融机构实施监管。按照美国法律规定，所有属于美联储体系的存款性金融机构都必须参加存款保险；其他金融机构可以自愿参加，但是美国大多数州都以参加存款保险作为获得许可证的前提条件。实际上，包括外资金融机构在内的美国大多数金融机构都参与了存款保险。这一改革扩大了保险基金的规模，大大弥补过去保险基金的损失，并最终提高联邦存款保险公司的清偿能力。总的来说，存款保险制度是美国金融安全网不可或缺的一部分，可以有效地保持公众对银行体系的信任度，增强金融体系的稳定性。

作为独立机构，联邦政府设立的证券交易委员会（Securities and Exchange Commission，SEC）、商品期货交易委员会（Commodity Futures Trading Commission，CFTC）、消费者金融保护局（Consumer Financial Protection Bureau，CFPB）、货币监理署（Office of the Comptroller of the Currency，OCC）也是美国金融监管体系的重要组成部分。证券交易委员会的主要目的是执行反对市场操纵的法律。商品期货交易委员会的使命是通过健全的监管提高美国衍生品市场的完整性、弹性和活力。消费者金融保护局致力于确保金融消费者受到银行、贷款机构和其他金融机构的公平对待。货币监理署审查其监管银行的状况及遵守法律法规的情况。

与对外金融安全保障体系和对内金融安全监管体系相匹配的是美国国家金融安全法律保障体系。美国国家金融安全法律保障体系同样由对内金融安全监管法律体系和对外金融安全保障法律体系构成。美国颁布了大量金融监管法律法规，形成了世界上最全面的金融监管法制体系。在过去数十年中，美国政府对金融监督法进行重新核查和修改，以确保法案能够及时反映当前的金融市场环境，从而保证金融行业的稳定和发展，同时也使美国能够维持全球金融服务的优势地位。尤其是在 2008 年金融危机后，美国政府针对性出台了《住房与经济恢复法案》《2008 年紧急经济稳定法案》《2009 美国复苏与再投资法案》以应对金融危机，通过了《多德-弗兰克法案》《贷款诚实法》《公平信贷报告法》《联邦存款保险法》。美国对外金融安全保障法律体系主要包括国家安全法律体系、反恐融资法律体系、反洗钱法律体系等，具体包括《美国国家安全法》《外国投资与国家安全法》《情报改革和预防恐怖主义法案》《美国爱国者法案》《银行保密法》《洗钱控制法》等，目的是为维护美国国家安全提供法律保障。

与此同时，美国建立了较为成熟的金融预警系统，系统主要包括联邦存款保险公司预警系统、联邦住宅贷款理事会预警系统、国民信用合作社管理局预警系统、美国财政部货币监理署预警系统，子系统相互独立又紧密联系。为了让五个子系统协调合作正常运行，当局和子系统之间会借助各种财务分析方法与系统学理论对金融机构现有的风险进行量化评估，并结合相关财务报表及与金融机构有关的其他业绩表现。

16.2　英国金融安全体系

英国金融安全体系由对外金融安全保障体系和对内"双峰"金融监管体系构成。财政部负责金融体系的机构设置和立法工作；英格兰银行负责实施货币政策，维护英国金融体系稳定。目前，结合历史经验，经过两次法案改革后，英国形成了金融安全体系，如图 16-2 所示。

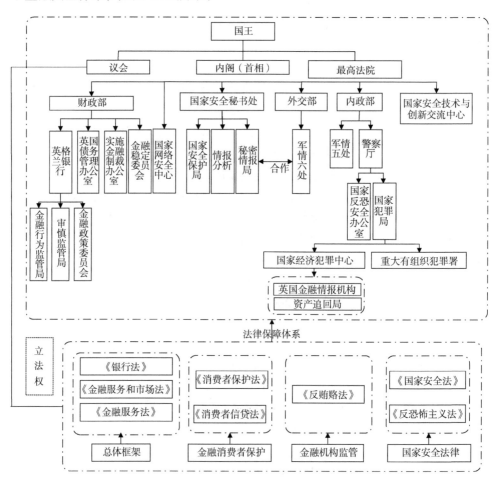

图 16-2　英国金融安全体系

英国对外金融安全工作主要涵盖反洗钱、反恐融资、金融情报收集与分析，因此，对外金融安全保障体系主要由反洗钱机构、金融情报收集与分析机构及反恐融资机构组成。在金融情报收集与分析方面，2005 年，重大有组织犯罪署

（Serious Organised Crime Agency，SOCA）通过英国金融情报部门接管了处理可疑活动报告（Suspicious Activity Reports，SAR）工作。进一步地，2006 年 4 月，英国成立重案及有组织犯罪局，将原来重大有组织犯罪署搜集、分析、提供金融情报和协助调查的职能并入该局，并在其下设立英国金融情报机构（UK Financial Intelligence Unit，UKFIU）。从 2008 年 4 月起，资产追回局（Assets Recovery Agency，ARA）也成为英国国家打击犯罪局的一部分。此外，情报分析和联合情报组织是协助进行金融情报分析与整理的重要部门，国家安全秘书处负责协调全国具有战略重要性的安全和情报问题。

在反洗钱方面，金融情报中心与其他情报机构共同构建了信息共享平台，在全球范围内接收和分享反洗钱信息，并与主要国际组织密切合作，打击洗钱和恐怖融资活动。2018 年，英国在国家犯罪局（National Crime Agency，NCA）下增设反洗钱专门机构——国家经济犯罪中心（National Economic Crime Centre，NECC），将执法、司法机构、政府部门、监管机构和私营部门等部门集中，主要职责是搜集分析与犯罪收益和恐怖融资有关的可疑活动报告、识别犯罪资产、向有执法职能的部门提供线索、协助打击洗钱和恐怖融资活动等。此外，反洗钱政策的制定与国际合作主要由财政部和内政部负责，财政部负责行政事务，内政部负责刑事事务。

在金融监管方面，针对 2008 年全球金融危机中出现的诸多问题，《2012 年金融服务法案》对监管框架进行大刀阔斧的改革，构建了"超级央行+双峰监管"的监管架构。第一，英格兰银行（Bank of England）内部设立金融政策委员会（Financial Policy Committee，FPC）。金融政策委员会可以直接向审慎监管局（Prudential Regulation Authority，PRA）和金融行为监管局（Financial Conduct Authority，FCA）发出行动指示，还可以向英国议会、财政部提出建议。第二，金融服务局改组新设为英格兰银行独立的附属机构审慎监管局。审慎监管局可以独立开展日常监管工作，负责微观审慎监管，尤其是对重要金融机构进行审查。第三，增设金融行为监管局。金融行为监管局负责增强市场信心，重点关注对金融消费者的行为保护，促进市场有效竞争。金融政策委员会、审慎监管局、金融行为监管局等机构强化了英格兰银行的对系统性基础设施进行调控和宏微观审慎监管等职能，使其成为名副其实的超级央行。

在法律保障体系方面，20 世纪 80 年代后，英国建立了一套完备的法律体系保障金融安全。2000 年 6 月，英国出台了《金融服务和市场法》，进一步明确了金融服务局的监管职能，将英格兰银行、证券和期货监管局、投资管理监管组织、私人投资监管局等机构的监管权全部集中到金融服务局。次贷危机以来，英国通过一系列的法律来调整金融监管机构分工和职能，以实现金融稳定。例如，《2009

年银行法》提出设立金融稳定委员会，《2012 年金融服务法》提出金融稳定的监管目标。2013 年 4 月 1 日正式生效的《2012 年金融服务法》撤销了曾经作为英国银行业、证券业和保险业单一监管者的金融服务局，代之以新设立的审慎监管局和金融行为监管局。同时，在英格兰银行内部设立金融政策委员会，负责宏观审慎监管，专注于识别、监测和管理系统性风险，以帮助英格兰银行实现保护和强化金融系统稳定性的目标。

英国脱欧之后，鼓励金融自由化，力图创造"金融大爆炸 2.0"，通过进一步放松监管来鼓励金融和科技行业大举创新。2022 年 12 月 9 日，英国公布金融"爱丁堡改革"计划，总体思路是把握脱欧带来的制度改革机遇，放松管制，激发行业动力，使英国成为世界上最开放、最有活力和竞争力的金融服务中心之一。2023 年 6 月 29 日，《2023 年金融服务和市场法》获得查尔斯三世国王批准，标志着英国金融服务业进入了新时代。新法律将加密货币交易纳入英国受监管的金融活动。该法案旨在调整金融服务监管，以满足英国市场的独特需求，旨在增强英国作为全球金融中心的竞争力。

金融消费者保护立法方面，英国除了《消费者保护法》《消费者信贷法》等单行法，还通过在监管机构职能立法中赋予监管机构金融消费者保护职责的方式，为金融消费者保护提供法律保障。金融机构的合规监管制度方面，以刑事合规与行政合规为主，由两个部分构成，一是在多部法案中创设与"预防失职"有关的罪名，并针对《反贿赂法》发布内部实施指南；在刑事诉讼制度中引入暂缓起诉制度并制定实施细则。二是在两部内部实施指南的基础上，总结法案与制度实施经验，公布了《合规计划评价操作手册》，将"充分程序"六项原则作为评估所有合规计划有效性的标准。在国家安全立法方面，主要有《国家安全法》和《反恐怖主义法》。

16.3　日本金融安全体系

日本金融安全体系从分管业务上看，可以划分为两个主要体系：以金融情报工作和反洗钱工作为主的对外金融安全保障体系及以日本存款保险公司（Deposit Insurance Corporation of Japan，DICJ）、金融厅（Financial Services Agency，FSA）、日本银行（Bank of Japan）为主体的国内金融安全监管体系，如图 16-3 所示。这两个体系互相协调，相互配合，保障日本不同时期的经济社会安全和金融稳定。

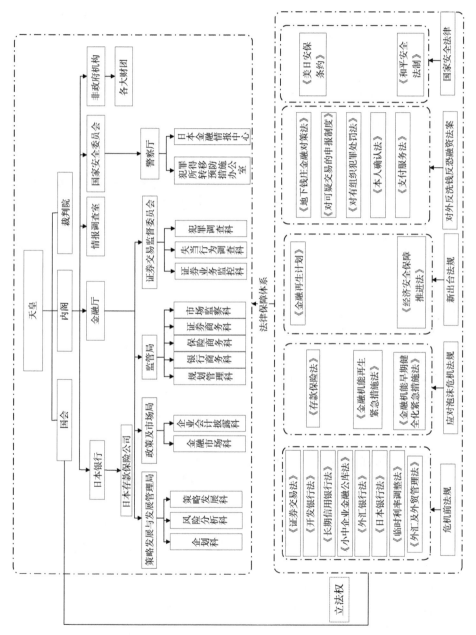

图16-3　日本金融安全体系

在对外金融安全保障体系方面，日本外部金融安全保障工作主要涉及收集并分析金融情报，监控国内外资本流动，对应机构有日本金融情报中心（Japan Financial Intelligence Center，JAFIC）和犯罪所得转移预防措施办公室。日本金融情报中心负责收集和分析威胁日本国家安全的金融情报；犯罪所得转移预防措施办公室主要负责调查和研究非正常跨境资本流动，提供其年度报告。此外，上述两个部门与内阁情报调查室有密切合作关系，内阁情报调查室是日本主要的情报机关，由国内情报部门、国外情报部门等机构组成。

在金融监管方面，日本国内金融监管机构主要有日本银行、金融厅和日本存款保险公司。三部门之间相互配合，当本国经济受到外部打击遭遇震荡时，及时发挥事前预警、事中救助及事后减震的重要作用，各部门明确分工、高效协同，最小化冲击的负面影响。在事前预防方面，实施主体金融厅同时进行宏观和微观的预防性监管，以现场和非现场检查要求金融机构提高风险防范能力，自上而下地保证金融体制稳定，减少破产发生率。金融厅及日本银行要求金融机构维持一定的资本充足率，及时控制不良贷款规模，保证商业银行拥有较大空间应对金融风险，维护存款人的正当权益，实现银行体系和金融机制的稳健运行与健康有序发展。

在事中救助方面，当由于内外部打击引发一家或几家金融机构经营困境时，日本存款保险公司会及时介入并启动存款保险基金，防止金融风险扩散。完善有效的存款保险制度可以对金融机构的经营行为进行有效的约束，促进金融机构及行业间的良性互动和竞争，达到审慎的监管目标。日本存款保险公司介入风险事件后，日本银行会发挥最后贷款人的职能并向日本存款保险公司提供援助。在日本银行的充足信用的保障下，储户会对银行和金融机构的信用能力更加信任，存款保险制度将发挥其更大的保障作用。在事后管理方面，当大型金融机构破产时，仅日本存款保险公司的资金救助将无法填补巨大漏洞，作为监管核心的日本银行将注入资金以纾困。良好运作的存款保险市场化机制促使形成合理利率价格，为日本央行的财政和货币政策提供了良好补充。

2008年国际金融危机对全球诸多大型保险集团产生负面影响，促使日本金融厅将保险业也纳入金融监管的范围，并起草相关金融法律以预防未来的金融危机对保险业的冲击。日本金融厅采取了很多有效办法来实施金融监管改革，其金融改革以"增强日本金融市场的竞争力"并"改善金融监管"为核心出发点。"提高日本金融市场竞争力"的改革内容有以下几方面。第一，根据日本国内的实际情况规范国内金融市场，逐步建立起一个高效透明的金融市场机制，满足国内外投资者的多样化需求。第二，鼓励金融机构开展良性竞争，金融机构通过提供更好的金融服务来获得更大的回报，因此，多家金融机构在开放市场条件下的多头竞争，有利于提高企业绩效和经营管理水平。第三，改善监管环境，整合监管资源，实现多方协调的监管新架构。第四，注重员工培训，并提高日本金融市场的国际地位。另外，"改进金融监管"计划主要包括"四个支柱、五项举措"，四个支柱是指协调中央监管和市场相机抉择、立足当前风险、加强激励、消除信息不对称；五项举措包括加强金融机构沟通、提高信息透明度、加强金融监管国际合作、研究动态金融市场、加强人才培养。

在法律保障体系方面，受 20 世纪 70 年代英美金融自由化的影响，日本在 20 世纪 70 年代末期进入渐进金融自由化阶段，推动金融安全体制的改革，由此带动金融领域竞争监管制度的改革，形成了相对协调的金融监管和竞争监管体系。1949 年出台了《外汇及外贸管理法》，1993 年实施了《金融制度改革法》，1995 年修订《保险业法》。

20 世纪 90 年代，泡沫经济崩溃，《存款保险法》的修订、《金融机能再生紧急措施法》和《金融机能早期健全化紧急措施法》的出台，强化了事后安全网中的危机处理机制。这些措施作为急需的"武器"或"弹药"，在处理泡沫经济崩溃后日本金融危机过程中发挥了重要作用。尽管资产泡沫破裂后，日本政府出台了一系列政策试图解决不良债权问题，但其不良贷款规模仍在不断增长。1998～2001 年，虽然日本政府对存量不良债权的处置取得了一些进展，但土地价格的持续下跌及亚洲金融危机的爆发使不良资产"前清后溢"，不良贷款规模继续增长。2002 年，日本政府制定了《金融再生计划》，尝试通过更大力度的改革措施解决银行的不良贷款问题，以振兴日本经济。

作为反洗钱金融行动特别工作组（Financial Action Task Force on Money Laundering，FATF）的成员之一，日本严格按照反洗钱金融行动特别工作组的规定立法并遵照执行。日本政府针对性地制定了《地下钱庄金融对策法》，该法针对危害巨大的证券地下融资洗钱现象在制度上给予严格监管。除此之外，日本政府提出的反洗钱法规主要还包括《对可疑交易的申报制度》《对有组织犯罪处罚法》《本人确认法》《对有组织犯罪处罚法的修正》等，均体现了日本细密立法的反洗钱机制。此外，日本金融服务管理局于 2018 年 2 月发布了《反洗钱/反恐融资指南》，指南要求金融机构对所有产品和服务、客户类型、渠道、地域因素、客户及客户群开展风险识别/评估，参考日本《国家风险评估》报告，采取相应的风险缓释措施。目前，日本金融服务管理局与金融机构、相关协会和政府部门进行合作，完善日本的反洗钱/反恐融资制度，争取符合反洗钱金融行动特别工作组制定的要求、建议和标准。

为应对信息通信技术发展环境变化对金融相关法律的影响，2016 年 5 月 25 日，日本参议院全体会议通过了修订后的《支付服务法》。该法第 63 条之后增加了"虚拟货币"一章，新增章节引进登记制度，监管从事比特币等数字资产交易的平台。

近年来，日本对总体经济安全观的重视愈发加强。2022 年 5 月 11 日，日本通过了《经济安全保障推进法》，该法案主要包括四个部分，即确保特定重要物资供应稳定、重要基础设施设备安全管理、尖端技术研发的官民合作及对涉及威胁国家安全的专利实行非公开。在当前中美科技竞争日趋加剧及俄乌冲突导致地缘政治风险提升的背景下，日本快速推动出台《经济安全保障推进法》，在经济领域加强国家对民间企业的干预。这是日本政府在强化本国的独立性、降低对外依赖及维护本国经济金融安全方面做出的重要战略部署。

16.4　加拿大金融安全体系

从法律保障体系的角度，加拿大法律系统中普通法和民法在司法体系中共存。加拿大现行法律以 1982 年颁布的《加拿大权利与自由宪章》为最高法律准则，其为加拿大的最高法律，即宪法。本节将加拿大金融法律制度分为银行法律、金融机构法律与国家安全法律三个角度进行了梳理，具体详见图 16-4。

加拿大金融安全体系以银行部门为中心，在金融系统中银行业占绝对主导地位，有超过 70% 的金融业资产是来自银行部门。所以，加拿大金融安全工作主要围绕银行业进行，其银行监管体系多次被 IMF 评为国际金融监管实践最好的几个体系之一。

从国家安全机构看，加拿大核心的国家安全部门包括加拿大安全情报局（Canadian Security Intelligence Service，CSIS）和加拿大通信安全局（Communications Security Establishment，CSE）。其中，加拿大安全情报局隶属于加拿大联邦政府的公共安全部，主要负责对加拿大国家安全造成影响的可疑活动进行调查并报告给相关政府部门，通过各种手段降低个体或团体对加拿大国家安全可能造成的威胁。加拿大通信安全局隶属于加拿大联邦政府的国防部，是五眼联盟的重要组成部分，主要负责保护加拿大政府电子信息和通信网络。

从金融安全机构看，数十年来，加拿大通过制定并不断完善金融法律法规体系，形成了较为科学完备的金融安全系统。从国家层面看，加拿大内阁领导全国金融工作，下设七大职能机构，分别为金融机构监督办公室（Office of the Superintendent of Financial Institutions，OSFI）、加拿大银行（Bank of Canada，BC）、加拿大财政部（Department of Finance Canada，DFC）、加拿大存款保险公司（Canada Deposit Insurance Corporation，CDIC）、加拿大金融消费者管理局

（Financial Consumer Agency of Canada，FCAC）、加拿大隐私专员办公室（Office of the Privacy Commissioner of Canada，OPC）及加拿大金融交易和报告分析中心（Financial Transactions and Reports Analysis Centre of Canada，FINTRAC）。

上述机构组成金融机构监督委员会（Financial Institutions Supervisory Committee）、高级咨询委员会（Senior Advisory Committee）和金融基础设施决议委员会（Financial Market Infrastructures Resolution Committee）。其中，金融机构监督委员会致力于促进各金融监管机构之间的沟通与协调，通常由加拿大财政部分管副部长、金融机构监督办公室主任、加拿大银行行长和加拿大存款保险公司负责人存款保险局局长组成，每季度分享关于受到联邦金融监管的金融机构的相关事项。高级咨询委员会由财政部副部长担任主席，成员与金融机构监督委员会相同，主要负责探讨如金融系统稳定性、脆弱性等金融部门政策问题，并向财政部部长反馈意见。金融基础设施决议委员会由加拿大央行行长担任主席，成员包括金融机构监管办公室、加拿大存款保险公司和加拿大财政部。金融基础设施决议委员会旨在提升加拿大金融市场基础设施，并就解决相关事宜进行联邦级磋商和信息共享，加拿大财政部主要支持财政部部长在金融领域内的各项事务。财政部具有联邦金融的立法权，包括管理各个联邦金融部门监管机构的立法事项。财政部下设的各分支机构具有明确、相互独立的职责，共同维护金融稳定。财政部通过以下渠道发挥职能，即提出立法或监管改革建议，以完善金融安全框架、签订规章以保障金融系统的稳定并保持其运行效率；建立由政府背书的抵押贷款违约担保规则；向议会反映金融部门机构工作情况、制定联邦预算。

金融机构监督办公室通过财务状况、监管指标等要素，对银行、保险公司和个人养老金计划进行动态监管，以确保银行有能力正常开展存贷业务，保险公司有能力向投保人提供赔偿，养老金能够继续支付给退休人员。金融机构监督办公室的主要政策工具有国内稳定性风险缓冲机制、金融指导指标（如资本充足指标、流动性指标、会计类指标等）、行政干预和行业公告。加拿大银行是加拿大的中央银行，履行《加拿大银行法》的各项规定，主要任务是促进加拿大经济金融发展。加拿大银行有四项主要职责，分别为：通过适当的货币政策保持低通胀率、币值稳定和走势可预测性；构建安全、完备、高效的宏观金融体系；设计、发行加拿大法定货币；作为加拿大政府的财政代理人。为实现上述职责，加拿大银行可采取的工具有政策利率、向金融系统与金融机构提供流动性、监管并完善金融市场基础设施、分析金融稳定性、与七国集团央行等国际政策制定者共商对策。此外，加拿大银行每年进行两次金融体系调查，征求金融安全与风险管理专家的意见，包括探讨加拿大金融体系面临的风险和从风险中复苏的能力，以及致力于支持安全、稳定和有韧性的金融安全体系基础设施建设等。

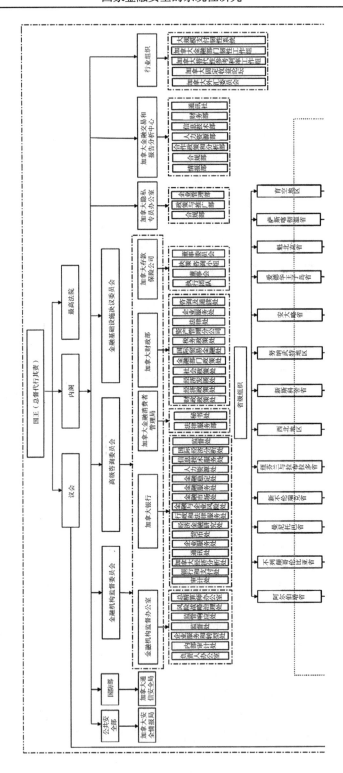

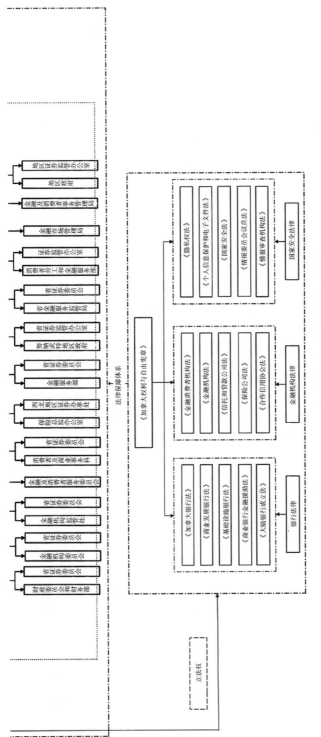

图16-4　加拿大国家金融安全体系构成

加拿大存款保险公司成立于 1967 年，旨在保障加拿大国民储蓄安全，其会员机构包括银行、信用合作社、借贷公司、信托公司及相关协会。加拿大存款保险公司的资金来源于会员机构支付的保费，而并非公共资金。除保护国民储蓄安全外，加拿大存款保险公司还有责任处置会员机构的破产事宜，以及进行提高存款保险意识的投资者教育等。

加拿大金融消费者管理局的职责为保护消费者，负责监督银行和其他联邦金融机构，以确保其遵守法律法规、履行社会责任，并积极开展消费者教育，引导消费者在金融活动中关注自身的合法权益。

加拿大隐私专员办公室独立于政府，直接对加拿大议会负责，其职责在于保护并提升个人的信息权。加拿大隐私专员办公室于 1983 年根据《隐私权法》成立，负责监督联邦部门和机构对涉及个人信息权事件的处置。2021 年后，加拿大隐私专员办公室的职责有所扩大，包括受加拿大联邦私营部门隐私法即《个人信息保护和电子文件法》约束的私营部门企业。

加拿大金融交易和报告分析中心是加拿大重要的金融情报机构与反洗钱和反恐融资的监管机构，其任务是促进侦查、预防和威慑洗钱与资助恐怖活动，以致力于投资者的个人信息保护。

除政府组织外，加拿大在联邦层面还拥有以下行业组织：加拿大外汇委员会（Canadian Foreign Exchange Committee, CFEC）、加拿大固定收益论坛（Canadian Fixed-Income Forum, CFIF）、加拿大替代性参考利率工作组（Canadian Alternative Reference Rate Working Group, CARR）、加拿大金融部门韧性工作组（Canadian Financial Sector Resiliency Group, CFRG）和大规模支付韧性系统（Resiliency of the Wholesale Payment System, RWPS）。具体地，加拿大外汇委员会由参与加拿大外汇市场和全球加元市场的金融机构的高级官员组成，他们定期讨论外汇市场相关问题和汇率发展问题；加拿大固定收益论坛是加拿大银行成立的一个全行业高级委员会，旨在讨论固定收益市场结构和运作、市场实践及相关政策问题的发展；加拿大替代性参考利率工作组的职责在于制定一个新的无风险加元利率基准；加拿大金融部门韧性工作组是一个公私合作的伙伴关系，致力于强化加拿大金融部门在面临商业运营风险（包括网络攻击）时的抵御能力；大规模支付韧性系统是由加拿大银行领导的公私合作的伙伴关系，旨在促进加拿大金融体系的稳定。

国家层面的联邦金融安全机构在监管分工上主要集中在风险体系方面，而省级金融安全机构在监管分工上则集中在金融服务方面。具体地，省级层面金融安全机构主要有证券委员会、金融服务委员会两类。从政府机构角度看，由于加拿大证券发展的特殊性，其证券机构的监管工作由各省分别设置的证券委员会负责。同时，加拿大各省设立金融委员会，关注金融服务实体经济的情况与消费者权益的维护工作。

在加拿大金融安全体系的演变方面，自 1929 年金融危机之后，加拿大推进金融监管体系从分业监管转向功能监管。加拿大金融监管体系最早由金融机构监督办公室负责统筹监管，后逐渐形成了金融机构监督办公室、加拿大存款保险公司和加拿大金融消费者管理局。它们分别在金融主体（金融机构自身运行）、金融产品（银行存款和养老保险安全性）和消费者意识（金融知识水平和维权意识）三个层次对金融体系进行监管。金融机构监督办公室保留了功能型监管结构，保证了金融机构的稳定。从 1987 年金融机构监督办公室成立至今的 30 多年，整个金融监管机构没有出现大规模和根本性重组，避免了机构变动造成的资源浪费，维护了监管法令和程序的一致性和稳定性，保证了监管机构的权威和政策声望。

加拿大银行致力于构建并维持金融安全体系的安全性与稳定性，因此制定并实施了金融犯罪风险管理计划。加拿大银行使用最新的数据分析与互联网金融技术，及时跟进最前沿的反洗钱和反恐怖主义融资趋势。加拿大的金融犯罪风险管理计划包括：高级管理层监督；对员工进行反洗钱、反恐怖主义融资和反制裁意识培训；对客户关系进行基于风险的尽职调查和评估；对各项经营活动的持续监控；评估洗钱、恐怖主义融资和金融制裁风险等，以期实现金融体系的安全与稳定。

16.5　新西兰金融安全体系

新西兰国家情报体系（New Zealand Intelligence Community，NZIC）由政府通信安全局（Government Communications Security Bureau，GCSB）、新西兰安全情报局（New Zealand Security Intelligence Service，NZSIS）、国家评估局（National Assessments Bureau，NAB）和国家安全小组（National Security Group，NSG）构成。此外，作为五眼联盟的成员国之一，新西兰还通过五眼联盟网络获取更多有关全球安全的有用信息。

在上述机构中，政府通信安全局致力于电子通信情报工作，是新西兰信号情报（Signals Intelligence，SIGINT）的牵头组织，其根据《2017 年情报与安全法》开展各项情报工作，包括网络安全咨询、信息保护、网络安全维护，以及与公共机构、实体企业合作共同面对网络风险。

新西兰安全情报局负责保护新西兰国家安全，根据政府的优先事项收集和分析情报，为决策者提供合理的国家安全建议。同时，还为其他政府机构提供一系列保护性安全服务，具体包括打击间谍活动、防范外国干涉、打击恐怖主义、评估国家安全等。

国家评估局和国家安全小组隶属于新西兰总理和内阁部，其中，国家评估局负责对与新西兰国家安全和国际关系有关的事件与发展提供独立及公正的评估，为政府决策提供信息；国家安全小组负责为政府的国家安全优先事项和风险提供领导、咨询、支持及协调。

从新西兰的金融监管架构来看，新西兰对金融体系的监管主要由以下机构负责。

（1）新西兰储备银行（Reserve Bank of New Zealand，RBNZ）：执行货币政策，并且确保支付系统的安全和稳定运作；核准并监督各商业银行，维护金融市场稳定性。新西兰政府于1989年颁布《储备银行法》，授予新西兰储备银行独立执行货币政策的权利，所有商业银行都要在储备银行登记注册并受其监督管理，以维护该国银行体系的稳定。

（2）金融市场管理局（Financial Markets Authority，FMA）：推动和促进公平、有效、透明的金融市场，帮助其健康发展，同时，负责监管证券交易所、财务顾问和经纪商、信托机构和承销机构。金融市场管理局下设两个子委员会，其中，审计和风险委员会负责考虑内部控制、会计政策和风险管理，批准财务报表，帮助确定外部和内部审计的范围、目标和职能。绩效和薪酬委员会负责监督金融市场管理局的绩效、薪酬、发展和参与系统，包括制定首席执行官的薪酬和关键绩效指标。

（3）金融监管委员会（Council of Financial Regulators）：成员包括储备银行、金融市场管理局、财政部及经济发展部门。金融监管委员会下设三个分委员会，分别为银行业委员会、保险业委员会和监管委员会。银行业委员会负责协调多个监管银行的政府机构的工作；保险业委员会旨在通过提供讨论风险问题和相关问题的空间，为保险业监管的效率和协调做出贡献；监管委员会的目的是通过更多地共享信息和监测意见来提高监管效率，协调监测活动、合理安排监管优先顺序。

在金融安全相关法律方面，新西兰现行法律有两个主要来源：成文法（议会通过的法律）和普通法。在数十年的司法实践中，普通法由法官不断发展完善，法院可以根据不断变化的情况进行修订和发展。议会可以通过成文法废除、修改或发展普通法。新西兰并没有严格意义上的宪法，而是参考于1990年颁布的《新西兰权利法案》。虽然《新西兰权利法案》不是所有其他法律都必须遵守的上级法律，但法官必须尽可能解释其他法规以使其保持一致。如果不一致，总检察长必须通知议会。新西兰国家金融安全体系构成如图16-5所示。

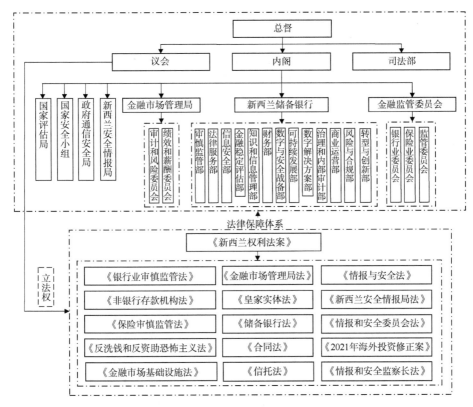

图 16-5　新西兰国家金融安全体系构成

16.6　澳大利亚金融安全体系

作为五眼联盟的重要成员，澳大利亚拥有较为成熟完备的金融安全体系，具体由安全情报体系和金融监管体系两部分构成。

澳大利亚安全情报体系由以澳大利亚安全情报组织（Australian Security Intelligence Organization，ASIO）和澳大利亚秘密情报局（Australian Secret Intelligence Service，ASIS）为关键机构的国家情报共同体（National Intelligence Community，NIC）构成。其中，澳大利亚安全情报组织由澳大利亚安全局局长领导、内政部（Department of Home Affairs）部长负责（内政部部长隶属于内阁，内阁为澳大利亚政府的最高决策机关），依据 1979 年《澳大利亚安全情报组织法》（Australian Security Intelligence Organisation Act）运行，负责收集和评估安全情报。澳大利亚秘密情报局隶属于澳大利亚政府，负责收集和传递境外情报。2001年《情报服务法》（Intelligence Services Act）规定，澳大利亚秘密情报局的职能包括获取境外组织、个人的活动情报，传递情报；开展反间谍活动，联系其他国家的情报或安全部门等。

澳大利亚国家情报共同体还包括国家情报办公室（Office of National Intelligence，ONI）、澳大利亚信号局（Australian Signals Directorate，ASD）、澳大利亚地理空间情报组织（Australian Geospatial-Intelligence Organization，AGO）、国防情报组织（Defence Intelligence Organization，DIO）、澳大利亚刑事情报委员会（Australian Criminal Intelligence Commission，ACIC）、澳大利亚联邦警察局（Australian Federal Police，AFP）、澳大利亚交易报告和分析中心（Australian Transaction Reports and Analysis Centre，AUSTRAC）及内政部。

在国家安全立法方面，在过去数十年，澳大利亚紧密围绕国家主权利益与机要情报获得，出台众多法律，以《国家安全法》（Australia National Security Laws）为核心，具体包括《情报服务法》、《外国影响力透明化法》（Foreign Influence Transparency Scheme）、《间谍活动及外国干预法案》（Espionage and Foreign Interference Act）、《国家安全立法修正案》及《澳大利亚安全情报组织法》等。

澳大利亚现有的金融监管体制主要包括三家监管机构，分别为澳大利亚证券和投资委员会（Australian Securities and Investments Commission）、澳大利亚审慎监管局（Australian Prudential Regulatory Authority）及澳大利亚储备银行（Reserve Bank of Australia），三家监管部门各司其职，共同组成金融监管理事会，进行机构之间的沟通与协调，共同维持金融体系的高效性、竞争性与稳定性。

澳大利亚证券和投资委员会于2001年根据议会审核通过的澳大利亚《证券和投资委员会法》成立，主要负责金融机构及非金融机构的金融服务和信息披露等法律问题，即依法对公司、投资行为、金融产品和服务行使监管职能，保证不同金融产品在信息披露标准方面具有一致性和可比性。2011年，澳大利亚政府进一步修订《证券和投资委员会法》，澳大利亚证券和投资委员会的监管范围扩大到零售外汇交易市场，对银行、证券、保险等金融行业进行统一监管。作为消费信贷监管机构，2009年，《国家消费者信用保护法》授权澳大利亚证券和投资委员会监管消费信贷活动（包括银行、信用合作社、金融机构等）。

澳大利亚证券和投资委员会主要包括监管与监督部门、市场部门、执行与合规部门、法律服务部门等，其中，监管与监督部门的主要监管范围包括对证券公司进行审慎监管，并负责监管改革和具体实施等；市场部门主要对各类市场交易进行监管，并对市场交易中的主体进行审核；执行与合规部门主要负责制定并执行各类法规；法律服务部门主要负责法律顾问工作、给予日常经营的法规建议、打击违法犯罪行为等。

澳大利亚审慎监管局专门负责银行和非银行金融机构的审慎监管与金融安

全。澳大利亚审慎监管局下设审慎政策委员会、决策与执行委员会、监督查漏委员会、执行委员会四个部门，负责监督银行、信用合作社、建房互助会、友好协会、一般保险公司、健康保险公司、再保险公司和人寿保险公司等机构，资金主要来源于对其监管的金融机构征收税费。

作为澳大利亚的中央银行，澳大利亚储备银行主要负责货币政策制定和保障金融体系安全。澳大利亚储备银行根据《储备银行法（1959 年）》履行其央行职责，即保持货币的稳定性、维持充分就业水平等。《支付体系（管理）法（1998年）》［Payment Systems（Regulation）Act 1998］赋予澳大利亚储备银行对支付系统的监管权，并可以为支付系统的安全和性能制定具有约束力的规则。如果支付系统的成员在市场风险、准入、安全和竞争等问题上存在分歧，澳大利亚储备银行可以在相关各方同意的情况下进行仲裁。澳大利亚储备银行下设分管委员会，包括审计委员会、薪酬委员会、执行委员会及风险管理委员会。其中，执行委员会是澳大利亚储备银行的关键决策委员会，负责战略性、全行范围的事务工作；风险管理委员会主要负责确保根据风险管理政策，正确识别、评估和管理金融机构的运营风险与财务风险（图 16-6）。

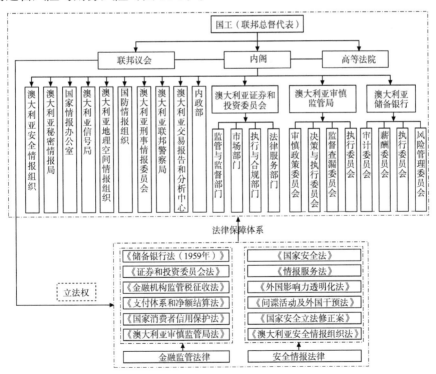

图 16-6　澳大利亚国家金融安全体系构成

16.7　金融安全体系建设的国际经验

　　从发达国家维护金融安全的实践看，金融科技的广泛应用和系统关联程度的提高及金融业所处的经营环境变化，已经给一国金融安全体系建设带来深远影响。为了维护一国金融系统安全，防止出现市场系统风险，保持金融体系稳定，发达国家普遍采用先立法再进行组织机构设计的制度安排。考虑到金融安全在国家安全中的重要地位，世界各国的金融安全系统基本都由政府主导，并由负责宏观审慎政策的专门机构依法对金融体系运行实施监管，强化金融系统稳定。发达国家在金融安全组织架构设计方面主要包括对内金融体系的风险监管和对外国家金融主权利益的维护两类部门，在金融安全理论技术方面注重与金融科技和金融创新的与时俱进，打造国家间的金融安全联盟体系。

　　从国外经验可以看出，我国需要寻找人民币国际化与金融安全之间的均衡点，应根据国家金融安全、国家利益和企业利益面临的风险挑战，制定专门的法律法规，保障金融安全有法可依。我们不仅要对本国的金融风险进行监管和防范，还要建立基于金融市场开放的保护性系统。

　　新型金融安全体系既要监督和防范国家金融风险，又要保持安全稳步的金融开放，在某些领域构建"监管沙盒"以实施预防性金融开放。逐步的金融开放是建立在全球经济一体化、"一带一路"和人民币国际化进程的基础之上的，实现安全的金融开放，以新安全格局保障新发展格局。

第17章　新时代我国金融安全体系构建

维护国家金融安全是一项多主体、多阶段的系统工程，单一的政府监管部门、金融机构、金融行业自律组织和社会监督部门都难以做到全面的统筹管理，这就要求我们构建一个多元监管主体相互协调、相互作用的金融安全体系，即一个由多个主体相互制约和协同组成的金融安全体系，在合规要求的基础上协调各监管主体和职能部门以制定与实施金融安全目标。

17.1　我国金融安全体系构建的原则和目标

针对新时代面临的国家金融安全形势，结合统筹发展和安全的国家纲要，贯彻落实总体国家安全观，主要围绕以下几个原则构建新型的国家金融安全体系。

（1）坚持党对金融安全工作的集中统一领导，统筹发展和安全，实现经济高质量发展与有效应对金融安全风险相互促进，保障金融体系稳健运行，维护国家金融安全。

（2）坚持问题导向和系统思维，着力完善金融风险事前防范、事中化解和事后处置全流程全链条制度安排，明确相关职责和措施，并与现行法律制度做好衔接。

（3）坚持依法依规，总结我国金融安全实践过程中的经验，借鉴国外相关成熟做法，健全金融安全重点领域的法律法规，提高依法管控风险和应对挑战的能力。

（4）坚持权责一致，立足我国金融安全面临的现实国情，充分发挥金融安全体系中各职能部门的专业优势，依法合理界定职责分工，健全协调配合的工作机制。

构建国家金融安全体系的目标包括四个层面的内容。

（1）维护金融体系本身的稳健运行。

（2）坚持金融服务实体经济，提升国家竞争力，促进经济安全，保障科技安全、生物安全、文化安全、社会安全、军事安全等。

（3）以金融手段捍卫政治安全，维护社会主义核心价值观。

（4）以金融手段维护海外利益和国家利益。

17.2　国家金融安全体系的组织设计

金融安全系统是一套维护国家金融安全的机构和制度的集合。除了保障国民经济系统稳健运行的国家金融安全网以外，建立国家金融安全体系还应该在合理确定金融安全范围的情况下，主动规划一套政策目标和金融安全工具体系，保障金融安全系统中各环节的合规性和有效性。金融安全体系组织建设应由上而下，全面整合当前已有资源体系，协调分工和相互补充，形成多维度、多层面、复合目标的国家金融安全体系。如图 17-1 所示，金融安全体系涉及金融监管、法制、外交、国家安全等多个部门，不同部门及其相互联系构成了金融监管体制、金融监管协调机制、货币政策机制、金融安全评估机制等。

17.2.1　部门职责的构成

我国金融安全体系在中央金融委员会的统筹指导下，在国务院下设金融安全委员会，以构建金融监管协同机制为工作抓手，依托金融监管小组、金融监管协调小组、货币政策小组和金融安全评估小组，围绕金融体系有序运行和可持续发展构建新型的国家金融安全体系。具体部门的构成建议如下。

成立金融监管小组，统筹国家金融监督管理总局、中国证券监督管理委员会和国家外汇管理局的监管职能，从微观层面维护和保障金融市场的安全。具体的职能部门包括系统性重要金融机构部、风险处置部、偿付能力监管部、上市部、险资运用监管部、银行监管部、金融市场部、期货监管部、金融科技部、国际市场部、资本项目管理部、外汇市场监管部等部门。其中，系统性重要金融机构部主要针对货币市场、信贷市场和资本市场安全开展工作；风险处置部主要保障货币市场、资本市场、担保市场和保险市场的安全，防止风险的传染和蔓延，对突发情况进行应急处置；偿付能力监管部主要针对货币市场、信贷市场、担保市场和保险市场的金融机构开展工作，防范系统性金融风险；上市部主要针对资本市场可能衍生出的风险进行管控；险资运用监管部主要负责从险资运用监管维度维护保险市场的安全；银行监管部主要负责银行机构的日常运营监管；金融市场部主要针对担保市场，同时透过市场对金融机构进行监管，和人民银行的监管构成网络结构，防止政策套利；期货监管部主要负责监督和管控衍生品市场的风险；金融科技部负责分析和管控金融科技发展带来的风险冲击与挑战；国际市场部主要对资本市场和衍生品市场进行风险防控，在这两个"杠杆密集型"市场开展预警、运行、应急等管控工作；资本项目管理部主要针对资本市场，防范内外部的冲击，保障资本市场处于一个合理的运行区间；外汇市场监管部主要对外，密切

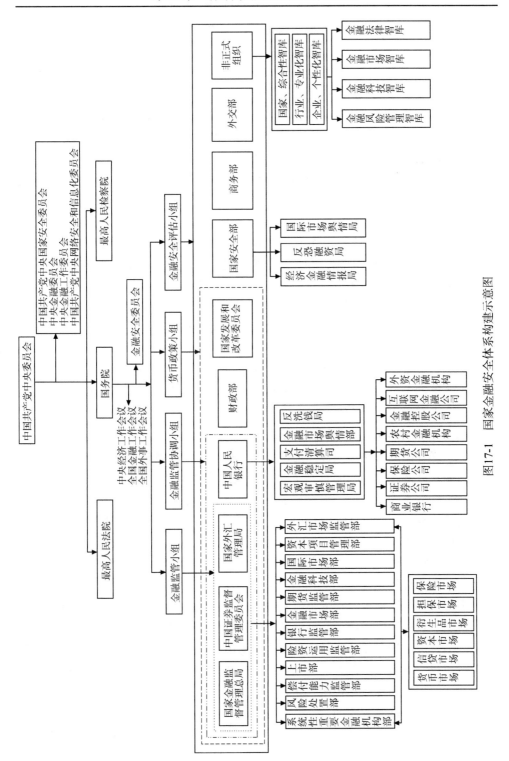

图17-1　国家金融安全体系构建示意图

关注境外非法资金和热钱对我国金融市场产生的冲击，保障人民币币值稳定，提升人民币竞争力。

统筹中国人民银行、国家金融监督管理总局、中国证券监督管理委员会和国家外汇管理局的职能，成立金融监管协调小组。中国人民银行在履行当前职责的基础上，整合成立宏观审慎管理局、金融稳定局、支付清算司、金融市场舆情部和反洗钱局等部门，对商业银行、证券公司、保险公司、期货公司、农村金融机构、金融控股公司、互联网金融公司和外资金融机构等实施政策层面的监管，主要从宏观视角把握和调控货币政策及金融机构的经营顶层设计，并通过金融机构将政策效应传递到金融市场，与国家金融监督管理总局、中国证券监督管理委员会和国家外汇管理局的监管工作进行交叉，填补监管漏洞，防范系统性金融风险。

建立由中国人民银行等金融监管机构、财政部及国家发展和改革委员会等核心部门构成的货币政策小组，在综合分析宏观经济形势的基础上，依据国家宏观调控目标，讨论货币政策的制定和调整、一定时期内的货币政策控制目标、货币政策工具的运用、有关货币政策的重要措施、货币政策与其他宏观经济政策的协调等涉及货币政策等重大事项，保障货币政策的有效性、货币安全和金融稳定。

建立由中国人民银行、商务部、外交部、国家安全部等核心部门和专业智库构成的金融安全评估小组。中国人民银行等金融监管机构针对金融系统安全进行评估，外交部等外事部门负责涉外金融安全及金融制裁和反制裁等决策，商务部等部门负责贸易和外资安全。

同时，充分发挥国家安全部在金融安全体系中的作用，成立经济金融情报局、反恐融资局和国际市场舆情局。经济金融情报局主要收集相关情报，防范外界的主动攻击及外部金融风险的有方向性传导，预判外界的冲击方向并提供相关信息，使金融安全体系中其他部门能够提前布置防范；反恐融资局主要负责打击非法资金的跨境流动，对来源非法、转移路径非法和用途非法的资金进行监控，并配合其他部门进行管理和打击，保障我国资金跨境的安全；国际市场舆情局与国家外汇管理局业务有所交叉，主要通过对外舆情的判断来有针对性地稳定我国金融市场，特别是外汇市场的金融预期，防止货币的过大波动，保障货币的公信力和竞争力。

高校、科研院所和国有企业构建国家智库，形成"国家队"，形成定位明晰、特色鲜明、规模适度、布局合理的中国特色新型智库体系，重点建设一批具有较大影响力和国际知名度的高端智库，为金融市场安全建言献策，必要时可直接参加金融市场"维稳"操作。对应起来，高校和科研院所智库是国家层面的综合性智库及行业层面的专业化智库，国有企业的智库建设更多从企业视角出发，打造个性化的智库。针对具体的分类，智库建设应当包括金融风险管理智库、金融科技智库、金融市场智库和金融法律智库等，并且要随着内外部形势的发展和演化进行内容的动态调整。

17.2.2　方案实施保障

近年来，随着我国经济金融的快速发展，出现了一系列的金融监管的灰色地带，影子银行、场外配资、房地产炒作、资产管理体外循环、互联网金融风险不断，这些都进一步表明对金融体系进行统一监管的必要性。在我国金融安全体系实施的过程中，同样也要求各部门在中央金融委员会的统筹指导下，坚持问题导向、法治化和国际化，最大程度保障金融体系安全。

金融安全体系功能的顺利实现，需要改革现有的金融监管和保障机制。近年来，金融监管体系滞后于金融市场的快速发展，出现监管不到位的情形。因此，必须坚持问题导向，不能出现"放任不管"的情况，也不能通过"管死"的方式实现"一劳永逸"，加强制度建设，在保障金融安全的前提下鼓励金融创新，不断提升我国金融体系的竞争力。此外，问题导向可以有效防止监管套利，通过大数据、人工智能等手段实现各部门之间的信息快速共享，及时发现可疑问题，优化政策管控流程，缩短响应时间，提高维护金融体系安全的效率。

在实施过程中要重视金融安全体系的法治化建设。从全面落实总体国家安全观、统筹推进国家金融安全工作的实际需求看，金融安全涉及的重点领域还存在一些立法"空白"和体制机制"短板"，相关法律法规的协调性、融贯性较差。随着我国金融市场的全面开放，外资金融机构的进入及大国金融博弈，金融武器化日益明显，加强金融安全体系法治化建设成为我国金融市场对外开放过程中保障国家利益和企业利益的压舱石，需尽快完善保障金融安全的法律体系。

金融安全是一个内保稳定、外防冲击的系统性工程，提高我国金融体系的国际竞争力，积极参与国际竞争是金融安全体系实施的关键保障。近年来，我国金融市场开放程度不断提升，从取消外资银行业务限制、"沪伦通"再到取消合格境外投资者限制，我国金融市场与国际市场的紧密度在不断加强，但同时风险暴露也不断增多。只有"防守"是不够的，要"做大做强"，主动同国际接轨，参与规则制定，参与全球交易，通过学习和借鉴发达国家的经验，从管理、运行、监管等方面不断提升自身维护金融安全的能力，并将金融安全体系建设和融入全球金融体系的目标统一起来。

17.2.3　国际协调与合作

在全球金融自由化和金融科技发展背景下，国家、金融市场、金融机构间的联系日趋紧密，国际协调与合作是我国金融安全工作开展和可持续发展不可或缺的一个重要环节。当前，我国参与金融监管的国际协调与合作程度不高，还存在一定的短板。同发达国家相比，我国并未经历过一个"完整"的金融危机，虽然在 2015 年股灾、2018 年股权质押等金融风险事件中积累了一定的经验，但我们的危机预警体系尚在形成之中，金融危机应急机制也不完善。从国际方面来看，当前的协调与合作也存在着诸多制约。国际机构（如世界银行、IMF 等）和各国都有自身的金融安全制度与规则，但不同制度与规则间存在着相互重叠和冲突。大多数金融安全制度以规章为主，缺乏法律的强制性，并且国家之间的法律体系存在着不兼容的情况。从国际范围内各国的"反洗钱、反恐怖融资"合作实践来看，金融安全相关法律盲区还广泛存在。

当前，我国已经完善了金融安全监管和应急处置等方面的政策保障体系，如《中华人民共和国金融稳定法（草案）》《中华人民共和国反外国制裁法》等，初步构建了金融安全网。但"走出去"仍然需要一个完善可行的路径。第一，要由中央金融委员会牵头协调国内各金融监管主体和关键职能部门，设定共同目标，推动国际合作；第二，确定各"对外"部门的职责和权限，以国家金融安全为目标，以工作实践为指引，从区域的多边合作入手，以新兴市场经济体之间的协调与合作为起点，以国际合作来优化和填补制度漏洞，深化多维度和多层次金融安全的国际合作；第三，明确国际协调和合作的方向与机制，对各类金融安全风险进行动态的识别、预警和管控，建立金融安全合作的联动机制；第四，强化我国在国际金融安全事务合作中的主体和责任意识，主动出击，提高我国在金融安全领域的国际话语权；第五，以提升人民币国际竞争力为抓手，从国家利益视角出发制定国际监管规则和制度体系，通过"一带一路"倡议等推动友好各方金融秩序的稳定，阻断影响我国金融安全的外部风险来源。

17.3　国家金融安全体系的系统设计

国家金融安全体系构建的关键是在完善金融安全风险防控体系的基础上，优化风险处置模式，构建严密的金融安全网络，通过适当的金融功能手段维护国家金融安全，具体措施包括构建完善的法律法规体系，并进行动态预警、日常监控、金融反制等。本节在前文构建金融安全体系的基础上，基于金融安全体系的功能需要，进一步构建了金融安全法制系统、风险监测预警系统、运行系统、反制系统等子系统。

17.3.1　法制系统

"健全金融法治，保障国家金融安全"①是贯彻落实总体国家安全观、推进中国式现代化建设的必然要求。国家金融安全法制系统的建立和完善为加强国家金融安全的综合治理能力，促进金融业的可持续、高质量发展提供了坚实的基础。目前，我国在国家金融安全的法治建设方面已取得了一定的成果，但依然未能完全满足新时代国家金融安全的现实需求。例如，如何反击西方国家对我国实施的长臂管辖、金融制裁等措施，我国当前的法制系统中关于该类问题的法律法规仍需要进一步完善。在国家金融安全的法制系统中，不仅要包含传统的影响金融安全的风险因素，还要将新出现的风险因素囊括其中。借鉴前文关于美西方金融安全法律体系的分析，并结合我国新发展格局和金融安全体系的现实要求，我国金融安全法制系统构建如图 17-2 所示。

国家金融安全法制系统的构建应秉承服务于中国式现代化建设、保障国家金融安全的基本原则。在金融立法方面，国家金融安全法制系统的构建首先需要立法机构结合各方意见，统筹金融发展与安全，制定相关的法律法规。全国人民代表大会和全国人民代表大会常务委员会颁布了多部金融法律，国务院及国务院各机构主要制定与金融安全相关的各项法规，同时，最高人民法院和最高人民检察院对有关金融安全类的司法解释进行具体阐述。我国法律赋予金融监督管理者合法行使金融监管权和行政执法权，对金融机构的违法违规行为进行处罚的权利。我国主要金融监督管理机构包括中国人民银行、国家金融监督管理总局、中国证券监督管理委员会、国家外汇管理局等。中央金融委员会主要负责金融安全体系的顶层设计。除此之外，金融安全法制系统中应包含金融安全监督委员会，可借鉴美国建立的金融稳定监督委员会（Financial Stability Oversight Council, FSOC），考虑设立统一、规范的监督委员会，对市场、机构、企业等威胁到金融安全的行为进行及时、有效的监督，以保障国家的金融主权和金融安全。

针对国家金融安全法制系统中具体的法律法规，《中华人民共和国国家安全法》于 2015 年 7 月 1 日生效，该法律是国家金融安全领域的基本法律，以总体国家安全观为纲领，将总体国家安全观法律化、制度化，逐步构建统一、权威、高效的国家金融安全法律系统。由中国人民银行印发的《中华人民共和国金融稳定法（草案征求意见稿）》统筹规范金融稳定体系中的相关法律法规，进一步落实了国家金融安全法制系统的构建和完善。在我国目前已有的法律基础上，应制定专门针对国家金融安全的法律"国家金融安全法"，在该部法律中统筹金融安全

---

① 新时代中国金融发展的根本遵循. http://www.qstheory.cn/qshyjx/2022-06/23/c_1128767359.htm[2022-06-23].

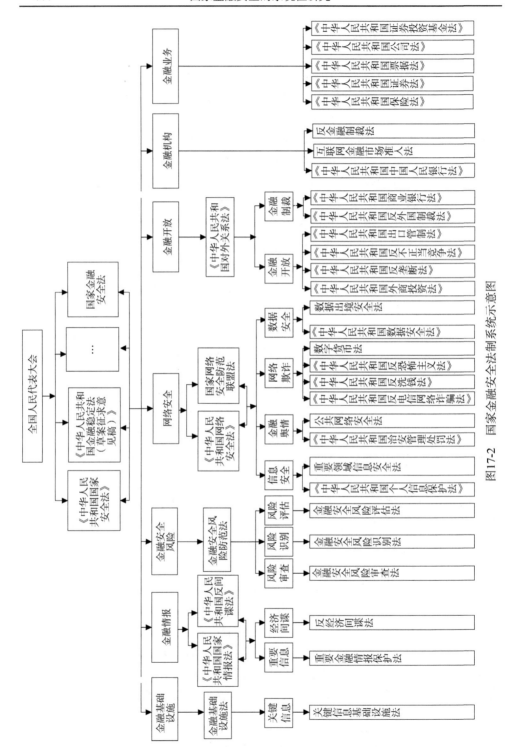

图17-2 国家金融安全法制系统示意图

和金融发展，以立法形式维护国家的金融主权和金融系统的稳定性。

针对特定的金融市场、金融机构、金融业务等，也应有具体的法律法规进行规范约束。伴随科技的进步和互联网技术的日新月异，金融网络安全和信息化成为保障国家金融安全与金融发展的重大战略问题。《中华人民共和国网络安全法》作为规范网络空间安全管理的法律应运而生，其紧密贴合网络空间安全化、法治化的发展需求，在对国家内部的网络环境进行约束的同时，也为中国在国际社会中面临的金融网络安全威胁提供了应对策略。为更好地促进互联网金融网络环境的健康发展，在国家金融安全法制系统中应制定"国家网络安全防范联盟法"，该法案借鉴拜登政府发布的《国家网络安全防范联盟法案》，该部法律的制定旨在建立国家网络安全防范联盟，该联盟中包含高校、科研院所等机构，促进各个金融机构与该联盟之间的深度合作和交流，同时，国家网络安全防范联盟提供对各个机构的网络安全演习、网络安全技术指导，加强对威胁金融网络安全内因和外因的监测、预防与应对。

对网络安全领域进行进一步划分，其法制系统中应包含关于信息安全、金融舆情、网络欺诈和数据安全等方面的法律法规。在信息安全方面，对个人信息来说，在用户进行网上信息浏览、应用程序（Application，App）使用等环节中对个人隐私数据的保护尤为重要。《中华人民共和国个人信息保护法》对侵犯企业、App 用户等隐私，泄露用户信息的行为进行规定，保障我国人民的隐私数据安全。对于与金融相关的个人信息，目前我国制定了《个人金融信息保护技术规范》对其进行保护。《App 违法违规收集使用个人信息行为认定方法》《常见类型移动互联网应用程序必要个人信息范围规定》等规章中对 App 过度、违规收集用户个人信息的行为进行了细致阐述。为进一步防止个人隐私信息的泄露、维护国家的金融安全，在中国当今的法律体系中应进一步细化关于个人隐私数据的鉴定范围及判断准则，因此应制定"个人隐私数据判断准则办法"，对涉及个人隐私的敏感数据进行细分。其制定可借鉴美国发布的《2018 年外国投资风险审查现代化法案》，其中规定了敏感的个人信息的属性、识别方法及判断标准。对于与金融安全相关的某些重要领域，应增加"重要领域信息安全法"，对特定领域中的信息安全保护进行具体规定。

在金融舆情方面，网络技术的蓬勃发展也会引发在网络上散布虚假信息、造谣等破坏网络安全的行为。在这个信息爆炸的时代，若通过网络散布有关不利于市场、机构、企业等主体的虚假信息，可能对国家的金融安全体系造成影响。因此，需要专门的法律加强对金融舆情的管理，促进信息的公开和透明。在我国目前的法律系统中，在《中华人民共和国治安管理处罚法》中对网络环境下虚假信息的传播进行了规定，但仍需要一部统一的法律完善关于金融舆情内容的管理与保护。借鉴美国为针对网络舆情制定的《公共网络安全法案》，在我国金融安全法制系统中增加"公共网络安全法"，对在网络环境下的金融舆情传播进行明确界定，判断其属于正常的金融舆情或是违法的金融舆情，并制定相关惩治措施规范网民的行为，优化网络环境。

在网络欺诈方面，近年来借助网络工具实施金融诈骗的案件频繁发生，《中华人民共和国反电信网络诈骗法》对相关违法行为进行了约束。同时，数字货币的出现使货币的发行和流通成本大大降低，然而若对数字货币的监管不当，会导致金融安全受到威胁。《中华人民共和国反电信网络诈骗法》中对使用虚拟货币进行洗钱等违法行为进行了规定，针对"三反"（反洗钱、反恐怖融资、反逃税），国家也出台了《中华人民共和国反洗钱法》《中华人民共和国反恐怖主义法》等法律，并发布了《国务院办公厅关于完善反洗钱、反恐怖融资、反逃税监管体制机制的意见》。在国家金融安全法制系统中，应借鉴西方发达国家经验，建立"数字货币法"，完善对数字货币的发行和交易中的监管。

在数据安全方面，伴随数字化改革的不断推进，数字经济的蓬勃、健康发展逐渐成为中国式现代化建设道路中的重要一环。在推动政府、经济、企业数字化的进程中，数据安全始终是核心，其在保障国家金融安全中扮演着主要角色。因此，在国家金融安全法制系统中对于数据安全的规定必不可少。2021 年 6 月 10日，《中华人民共和国数据安全法》由第十三届全国人民代表大会常务委员会第二十九次会议通过，该法律对加快数据安全建设的具体细则，以及对数据进行管理和使用的组织或个人在保护数据安全方面的职责进行了明确规定。《网络数据安全管理条例（征求意见稿）》《网络安全审查办法》等对《中华人民共和国数据安全法》中重要数据的审查、风险评估内容及期限进行了细致说明。在大国博弈的背景下，非法的数据出境活动可能会对国家金融安全造成威胁，目前我国有《数据出境安全评估办法》、《信息安全技术 重要数据识别指南（征求意见稿）》、《信息安全技术 数据出境安全评估指南（草案）》以及由中国人民银行发布的《金融数据安全数据 安全分级指南》等相关规定对数据出境进行审查并对重要数据的范围进行界定。因此，在国家金融安全法制系统中仍需要添加"数据出境安全法"，为整治数据违法出境行为提供法律保障。

近年来，一些新型金融安全风险的出现使保障国家金融安全的工作更具挑战性。新型的金融安全风险包括金融制裁风险、金融战风险、汇率攻击风险、资本脱钩风险、恐怖融资风险等，因此在国家金融安全法制系统中应增加"金融安全风险防范法"，为传统金融安全风险提供立法保障的同时，着重制定有关新型的金融安全风险方面的相关法律法规。同时，以"金融安全风险防范法"为总领，针对金融安全风险防范的各个阶段，如风险审查、风险识别和风险评估等，分别制定"金融安全风险审查法""金融安全风险识别法""金融安全风险评估法"，完善防范国家金融安全风险的法律体系。

在金融开放的背景下，如何制定相关法律法规维护本国的金融安全，避免其他国家对本国的金融制裁甚至对本国发起金融战，是当今中国金融发展的重要课题。《中华人民共和国对外关系法》于 2023 年 7 月 1 日正式实施，《中华人民共和国对外关系法》的实施为中方反对美国滥用长臂管辖的行为提供了强有力的法治手段。在反制裁方面，《中华人民共和国反外国制裁法》为反对西方霸权主义和强权政治提供了法律保障。在此基础上，仍需制定"反金融制裁法"，针对外国的金融制裁行为进行明确规定。在金融开放领域，早在 2001 年国务院颁布的《中华人民共和国外资金融机构管理条例》中就提出要明确界定申请者的主体资格。《中华人民共和国外资金融机构管理条例》明确规定了想要进入我国进行金融投资的外资金融机构所应具备的限制与条件以及所能开展的业务范围，同时制定了一套专门的监督管理制度以明确外资金融机构承担的相应法律责任。各国对银行种类和资格的不同划分，可能导致其他国家商业银行对我国金融市场产生进入壁垒，不利于我国金融市场的开放。因此，可以推进银行所在国对该机构的界定，并且该机构申请人必须提供在中国境外的注册证明和在其所在国家或地区的母行的资格证明。应仔细审查外资金融机构的业务经营范围和内部组织结构，细化准入审查标准。2019 年，全国人民代表大会第二次会议通过了《中华人民共和国外商投资法》，这部法律首次就加强对外商投资合法权益的保护提出了法律方面的规范。除此之外，为营造公平的金融外交环境，我国还制定了《中华人民共和国反垄断法》《中华人民共和国反不正当竞争法》《中华人民共和国出口管制法》等法律。

在金融情报方面，我国现有的法律主要包括《中华人民共和国国家情报法》和《中华人民共和国反间谍法》，这两部法律对加强情报工作进行了大致规定，在具体的实施中，除上述我国已经存在的法律法规之外，需要制定"反经济间谍法"，对与国外势力勾结、泄露我国经济隐私数据的企业或个人实施惩罚，防范经济间谍罪与国家的金融安全息息相关，应制定相关的法律法规具体阐述"反经济间谍法"的实施范围，维护本国的经济情报和商业机密。同时，对某些重要的金融情报信息应立法进行规定，并视违法严重程度进行惩罚，因此需要制定"重要金融情报保护法"。

金融基础设施对维护金融安全具有特殊的重要性，我国于 2021 年 9 月 1 日实施的《关键信息基础设施安全保护条例》及 2023 年 5 月 1 日发布的《信息安全技术 关键信息基础设施安全保护要求》对关键信息基础设施的保护进行了规定，除此之外，还需要一部完善的法律对金融基础设施进行全面的规定，借鉴美国和瑞士的相关经验，建立"金融基础设施法"，对防范金融风险、维护金融安全有重大意义。对影响金融基础设施的关键领域，颁布"关键信息基础设施法"，突出金融基础设施的保护重点。

个人投资者、专业投资者、金融服务中介、金融机构和金融管理者都是国家金融安全法的保护主体。对这些金融主体的合理保护，是金融法规制度重构的根本立足点。当前的金融立法不断与时俱进，全国人民代表大会修正了《中华人民共和国中国人民银行法》，增加和补充了防范化解系统性金融风险、保持金融稳定和反洗钱等内容。在金融机构中，《中华人民共和国商业银行法》对商业银行的行为进行了规范，保障了客户的权益。针对互联网金融市场，应建立"互联网金融市场准入法"，对在互联网市场中的交易行为进行明确、细致的规定。我国在金融业务中也出台诸如《中华人民共和国保险法》《中华人民共和国证券法》《中华人民共和国票据法》《中华人民共和国公司法》《中华人民共和国证券投资基金法》等众多专门法律，并且都做了相应的修订或修正，这些限制性的补充条例都从更深层次的角度完善了我国金融安全防护网和金融基础设施的稳固性，保障了国家的金融安全。完善国家金融安全法制系统，促进国家金融安全相关领域的科学立法、严格执法、公正司法、全民守法，对提升国家金融治理能力、保障金融安全、促进金融业可持续发展具有重要意义。

17.3.2　风险监测预警系统

伴随经济全球化的不断深入，各国间的金融联系不断加深，然而大国之间的对抗性也随之增加，我国国家金融安全的风险累积和蔓延问题突出。加之国际和国内都有经济下行压力，国际金融风险持续存在，且一些新型的金融安全风险不断涌现。一个国家遭受的金融安全风险不仅会对本国的经济造成较大影响，甚至还可能扩散至全球，损害本国和全球的金融安全。由于金融业的特殊性和脆弱性，其受到的打击将通过金融系统本身进行传导，使金融体系面临崩溃的风险，使金融资产的安全性也受到威胁，因此，这决定着构建金融安全风险监测预警系统的必要性。习近平在二十届中央国家安全委员会第一次会议强调，要"加快建设国家安全风险监测预警体系"，对风险进行"实时监测、及时预警"[1]。在当前的大国博弈背景下，亟须构建适合我国的金融安全风险监测预警系统，该系统的建设应坚持总体国家安全观，实现对金融安全风险的"早识别、早预警、早发现、早处置"，并针对各维度、各区域、各种类型的风险进行准确的监测和预警，制定应对策略库。1997年东南亚金融危机后，各国提升了对国际资本流动的监测和管

---

[1] 加快推进国家安全体系和能力现代化 以新安全格局保障新发展格局. http://politics.people.com.cn/n1/2023/0531/c1024-40002528.html[2023-05-31].

理。2007 年美国次贷危机及 2010 年的欧债危机对全球经济的影响，使主要大国意识到加快金融安全风险监测预警系统改革的重要性。当前世界经济正朝着金融创新、市场化和对外开放方向发展，进一步扩大金融开放，对我国发展金融市场的多元化和资本多样性有着重要的作用。因此，对中国目前外资流入和对外资需求的分析表明，我国国际金融治理依然面临着由游资风险引起的直接冲击、操纵或垄断一国的外汇和股票市场等问题。从外商的角度来看，由于各种投机活动往往选择证券商品或金融衍生商品，这类资产具有高杠杆、高风险性特征，过快的游资进出容易导致一国的汇率快速变化的恶性循环，往往成为现代金融动荡的重要原因。同时，以美国为首的西方国家为维护自身利益和塑造国际秩序，试图通过金融手段对我国发起一系列攻击，损害了我国的金融安全。这些国内外的挑战无疑表明了金融开放仍然需要健全的风险监测预警系统作为重要的安全保障。我们要形成自上而下的金融安全风险监测预警系统，积极运用法律和政策手段加之大数据挖掘、人工智能技术，建立既符合中国国情，又与国际接轨的体系。监测预警系统的灵敏性和准确性决定了国家金融安全风险的前瞻防御能力。同以往注重于内部环境不同，外部的冲击在金融安全风险识别中的地位日趋重要。

国家金融安全风险监测预警系统主要包括金融安全风险识别、金融安全风险测度、金融安全风险评估和金融安全风险应对四个部分，必须统筹传统的金融安全风险和新型的金融安全风险，增强对金融安全风险防范的认识，采取应对措施，密切监测危机的发生，并进行有效的预防，促进国家金融安全风险的治理由被动应对向主动预防转变。国家金融安全风险监测预警系统示意图如图 17-3 所示。

国家金融安全风险监测预警系统的建立需要考虑以下因素。首先，金融体系在经济发展中变得越来越重要，其对实体经济的支持也越来越突出，但若风险累积，对实体经济的破坏也是毁灭性的。其次，金融业自身的发展已进入成熟阶段，要摒弃个体和微观思想来解决金融风险，以宏观和工程学思想建立系统性模型来判断政策实施方案，预测经济指标走向。同时，国际频繁流通的大规模游资以追逐利率差额收益、汇率变动收益并逃避资本管制，形成了对东道国的资本市场稳定性的巨大威胁，尤其是对资本市场并不是十分完善的发展中国家更是如此。因此，对金融安全进行预警的需求表明了发展中国家的迫切需求。在风险监测预警系统中应充分考虑新时代背景下，我国可能遇到的来自其他国家的金融安全风险冲击，如金融制裁风险、汇率攻击风险等。最后，在分工明确和相互协调等方面，要同时强调规范性和等级性要求，以便全面识别和监测来自不同市场、不同主体的多元经济活动，以实现宏观角度的组织管理需要。另外，风险监测预警系统必须包含大量信息，满足日常监测和预警的需求，并且具有易于获取信息的实际可行性。

基于此，在国家金融安全风险监测预警系统中，要在保持与国际金融安全风险监测预警系统相协调的基础上，充分遵守《维也纳条约法公约》《巴勒莫公约》

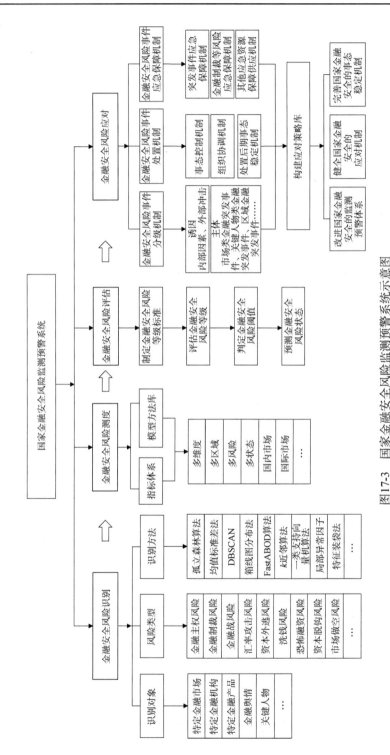

图17-3　国家金融安全风险监测预警系统示意图

DBSCAN表示density-based spatial clustering of applications with noise（基于密度的聚类算法）

等在内的多项国际公约和双边协定。近年来，金融科技、加密货币为国际资本的隐匿流动提供了便利，但相关的监测和预警的方式方法相对落后于现实。基于系统工程理论、协同工作理论、复杂网络理论及动态网络理论、人工智能、舆情分析、神经网络等新技术为基础的创新性监测预警方法被学术界和实务界所关注，并逐渐用于抑制异常经济行为在国内和国际范围内的肆意传播。

（1）实现对金融安全风险的精准识别。准确识别出存在的金融安全风险是提升国家金融安全风险监测预警工作效率的基础。首先，需要明确识别的对象，金融安全风险识别的对象应贯穿特定金融市场、特定金融机构、特定金融产品、关键人物及金融舆情等，对在上述对象中可能存在的金融安全风险进行实时、精确的识别。贯穿各个识别对象的同质性要素是数据，围绕大数据建立信息获取、存储和分析平台是金融安全风险识别工作的基础。当前，我国已有的市场总体情况统计及各大类运作的分类信息统计比较粗糙，对精细化的金融安全风险监测及准确预警的贡献相对有限。因此，我们还需要加强行业间和地区间的联系与协作，结合微观、中观和宏观的金融安全风险监测信息，提高辐散效用，将信息传导到货币市场、借贷市场和信贷市场在内的各个金融子市场中，提高金融安全风险识别能力和信息流动效率，引入大数据分析框架和人工智能技术来降低金融安全风险识别成本，提高金融安全风险识别效率。其次，对金融安全风险类型的识别不应局限于传统的风险划分机制，应结合中国式现代化发展背景，秉承维护国家金融安全的原则，充分考虑国家金融主权风险、金融制裁风险、金融战风险、汇率攻击风险、资本外逃风险、洗钱风险、恐怖融资风险、资本脱钩风险和市场做空风险等，对潜在的风险进行分类选择，厘清各种类型风险在不同市场中的扩散机制，以针对不同风险制定不同的应对策略。最后，对金融安全风险点的识别，可借助孤立森林算法、均值标准差法、DBSCAN 等方法，判断其属于正常还是异常状态，从而识别出金融安全风险的异常点。

（2）有效测度金融安全风险。金融安全风险测度的精确性在很大程度上决定了金融安全风险监测预警系统的有效性。应从全局、系统的视角对金融安全风险进行测度，指标体系的选取至关重要。国家金融安全风险测度指标体系的建立必须符合科学性、有效性和定量性的原则，制定严格的指标数据收集程序和方法以保障所获得数据完整与真实。在构建指标体系时，需要考虑多维度和多种类型的风险，同时需要包含国内市场和国际市场相关的指标。在此基础上，针对不同的国家和不同的地区，影响国家金融安全的因素并不相同，因此，在指标体系设计时也应体现出差异性。同时，随着金融安全风险类型的增加、形式的多样化，指标体系也应保持更新状态。之后构建国家金融安全风险指数，测度金融安全风险，对风险进行量化处理。在构建指数的过程中，应考虑不同的指标对金融安全风指数的贡献不同，故采用动态权重进行赋权，实现对金融安全风险的连续动态测度。指数构建不仅要考虑静态金融安全风险，还要通过动态变化的指标体系来实时监测金融体系的资产运作和风险控制情况。在金融安全风险的测度中，采用如马尔可夫区制转换模型等分析国家金融安全的风险状态转换情况。最后，构建国家金融安全风险测度的模型方法库，针对不同的情形，在模型方法库中直接调用相应的测度模型和方法。

（3）评估金融安全风险。合理、有效应对金融安全风险的前提是精确评估金融安全风险的状态，利用现代化的技术完善金融安全风险的评估模型。首先需要划分风险等级，制定金融安全风险等级标准，以对测度到的金融安全风险进行合理评估。在划分风险等级时，应细致划分层级，不能简单包含正常和异常两种状态。随后需要进一步评估国家金融安全的风险等级、判定金融安全风险阈值、预测金融安全风险状态，以实现对金融安全风险的实时、动态评估。利用经济、政治及社会等多角度分析金融安全风险变化对金融体系的可能影响并实时追踪及时反馈，实现实时数据处理和风险准确评估并及时采取相应措施，防止金融安全风险的扩散。

（4）应对化解国家金融安全风险。社会信用体系的崩塌、金融机构的财务危机、其他国家对我国发起的金融制裁等现象都可能会引起突发性的金融安全风险。在应对系统中，首先需要从风险诱因和风险主体两个角度将金融安全风险事件进行分级，在诱因中既要考虑内部因素的影响，也要结合国际市场分析外部冲击，在主体中需要结合新型金融安全风险，充分考虑市场类金融突发事件、关键人物类金融突发事件和区域金融突发事件，从而形成多个层次的分级机制以解释不同市场或不同领域之间的传导与扩散过程，短期内采取一致的行动遏制金融安全风险。当出现个别金融安全风险时，为阻止风险扩散，建立金融安全风险处置机制，类似美国的《2008 年紧急经济稳定法案》，对事态进行控制并组织协调各个机制，旨在及时切断其贸易和金融渠道的传导。在处置机制中，也需要考虑在金融安全风险事件发生之后，如何完善事件发生后事态稳定机制来进行有效的救助，减少金融安全风险事件对整个金融系统造成的破坏，并挽救事件后的机构和市场，已成为建立国家金融安全应对系统的实质。对突发的金融安全风险事件，应急保障机制的建立必不可少。在保障机制中，需要建立突发事件应急保障机制、金融制裁等风险应急保障机制，以及其他应急资源保障供应机制。后续根据金融安全风险事件的分级机制、处置机制、应急保障机制，并结合新时代的金融发展背景构建应对策略库，以完善国家金融安全风险监测预警系统。

17.3.3　运行系统

随着大国博弈的日益加剧和金融市场发展日趋复杂，如何保障我国金融市场稳定有序运行，守住不发生系统性金融风险的底线，仍然是当前金融安全工作中需要优化和改进的环节。因此，完善金融安全运作系统，形成统一监管制度，消除金融风险诱因，是中国完善金融安全体系的最有效、最直接的措施。本书对我国金融安全运行系统的设计如图 17-4 所示。

金融安全运行系统中，各部门职能具体如下。

中央金融委员会体现党中央对金融工作的集中统一领导，负责金融稳定和发展的顶层设计、统筹协调、整体推进、督促落实以及研究审议重大政策、重大问题等。作为金融监管体系的顶层，接续之前国务院及其附属机构的职能，进一步增强不同金融行业的统一监管与协调统筹能力，以及中央与地方在金融领域的统一监管与协调统筹能力等。

同时，为进一步统一领导金融系统党的工作，新组建的中央金融工作委员会主要负责指导金融系统党的政治建设、思想建设、组织建设、作风建设、纪律建设等。

国务院统一领导作为金融安全运行系统的核心监管部门——"一行一局一会"（中国人民银行、国家金融监督管理总局、中国证券监督管理委员会）。中国人民银行主要负责货币政策执行和宏观审慎监管，国家金融监督管理总局主要负责微观审慎监管和消费者权益保护，中国证券监督管理委员会主要负责资本市场监管。这有利于加强信息交流和监管协调，强化审慎监管和金融行为监管，完善金融系统基础设施建设。遇到重大或突发的金融风险问题，监管机构要及时协商并主动向国务院、中央金融委员会报告，合理使用否决权、指令权和建议权。

国务院统一指挥海关总署、外交部、国家安全部、商务部、财政部等机构协同配合"一行一局一会"的金融安全相关的监测预警、应对处理工作。例如，作为我国最大的情报机构，国家安全部负责收集国际情报，维护我国安全。未来应适应新时期发展的需要，应加强金融反间谍和反恐工作，保障国家金融安全。

海关总署贯彻落实国门安全的职能，以风险管理为主线，加快建立风险信息集聚、统一分析研判和集中指挥处置的风险管理防控机制，监管范围从口岸通关环节向出入境全链条、宽领域拓展延伸，监管方式从分别作业向整体集约转变，进一步提高监管的智能化和精准度，配合其他金融安全运行系统主体的金融反制裁行为，切实保障金融安全。

商务部拟订国内国际金融合作的发展战略、政策，起草国内外商投资、对外援助、对外投资和对外经济合作的法律法规草案及制定部门规章，提出我国与国际经贸条约、协定之间的衔接意见，研究经济全球化、区域经济合作、现代流通方式的发展趋势和流通体制改革并提出建议，维护我国金融安全。

财政部拟订财税发展战略、规划、政策和改革方案并组织实施，分析预测宏观经济形势，参与制定各项宏观经济政策、货币政策等。

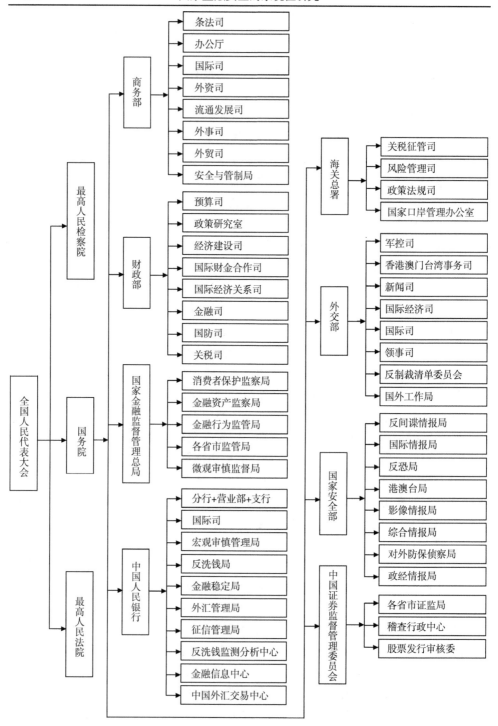

图 17-4　国家金融安全运行系统示意图

此外，为了从内而外地协调管理、动态监督我国的金融市场，维护我国金融安全，我国基层管理部门还组建了以各省市监督管理局、证券监督管理委员会为代表的微观金融监管体系，形成了多方位、多层次、宽领域的动态协调运行、管理、监督机制，维护我国金融安全系统的正常运行。

17.3.4　反制系统

2023 年，美国提出对华综合威慑，对中国全面战略围堵的步伐在加快。截至 2023 年 5 月 16 日，美国针对中国的压制行动大概有 24 项，体现在经贸、金融、意识形态、军事科技、地缘政治等领域。美国对华战略竞争逐步呈现全方位、多层次的特点，在经贸、金融等领域连续对华施压的基础上更多地融入了意识形态层面的因素，名为综合威慑，实则开启大围剿之势。

当前的美国对华战略竞争格局可概述为五点，即加紧构建对华围堵的印太经贸小圈子，多空并举、金融施压中国企业，在意识形态领域对华攻击污蔑，以切香肠方式挑动中国台湾问题，在军事科技领域不断压制中国发展。为应对拜登对中国的全面竞争攻势，中国应全力防范高烈度军事对抗的最后摊牌可能性，也要在适应中美关系紧张新常态的同时主动塑造中美关系。在中美两国竞争的基础上，中国通过体现大国担当，寻求中美合作的可能性，树立人类命运共同体的意识，在关键问题上形成合作共识，推动全球治理尤其是全球数据治理的有效开展，共同创造人类美好未来。尤其在金融领域，中国需要建设国家金融安全反制系统。在美方发起的金融战面前，我方并不占优，对此要有清醒认识，做好提前防范。国家金融安全事关国家安全，必须将金融战上升到国家安全的战略高度，守住不发生系统性金融风险的底线，做到防御与反制并行，改革与坚守并重。

金融制裁通常指国际组织或主权国家根据国际组织或自身法律条文的制裁决议，针对特定的个人、组织、实体或他国所采取的一系列金融惩罚性措施。第二次世界大战后，美国凭借其主导的国际金融体系和美元在跨境业务中的核心地位，形成了一套涵盖完整法律法规及专门的决策、执行与监督机构等在内的金融制裁运作体系，并对伊朗、朝鲜、俄罗斯等多个国家和地区发起不同程度的金融制裁。随着全球经济金融的深度融合，金融制裁已成为美国实现其对外政策目的的常见工具。作为一种高强度的经济制裁，金融制裁的目的在于限制被制裁方的资金融通活动，从而迫使被制裁方停止相关行动并最终接受制裁条件。

图 17-5 展示了以美国、欧盟为代表的经济体系对其他国家的金融制裁，不难发现，当前金融制裁已逐渐演变成美国、欧盟的重要对外政策手段之一，并在外交关系中扮演越来越重要的作用。其中，美欧对古巴等国实施的金融制裁已经成

为对这些国家的一种日常外交手段；在对伊朗愈演愈烈的金融制裁中，关闭伊朗美元支付结算通道的措施成为遏制伊朗的重要撒手锏。美国、欧盟等经济体的金融制裁在长期的演变和发展中，逐渐具备了一系列特征，这些特征不仅突出了金融制裁的优势、金融制裁的内涵，更表现出金融制裁在制定和实施时对制裁发起者诸多领域的客观要求。一是以不对称性为核心特征，实施成本低且破坏性大。二是作为外交活动的延展，单边主义色彩不断增强。三是以雄厚金融实力为支撑，打击对象和制裁方式更为精确。金融制裁作为一种打击被制裁国金融业务，限制其金融活动的方式，需要以制裁发起国强大的金融实力作为支持，一方面，需要完善的金融体系、健全的金融制度、完备的法律体系等为支撑；另一方面，需要在国际金融体系中拥有重要且不可替代的地位。

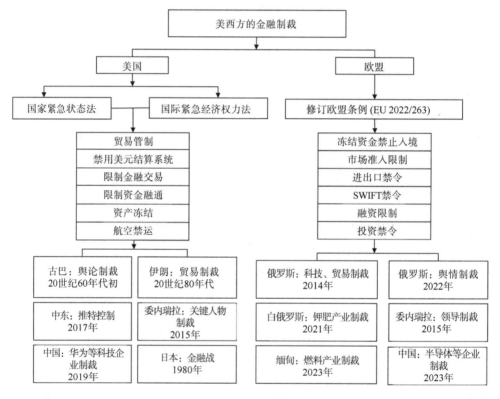

图 17-5　美国、欧盟经济体系制裁案例示意图

因此，构建我国的金融安全反制系统对维护金融安全、保障经济发展新格局具有重要意义。结合当前全球主要金融体系中使用的三类典型金融制裁，我国金融安全反制系统如图 17-6 所示。

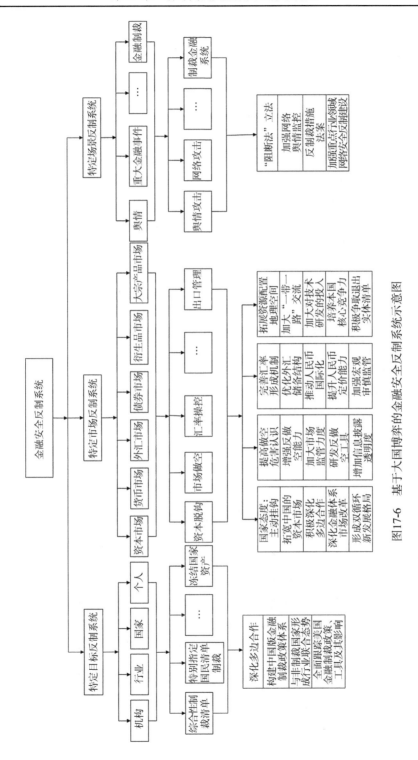

图17-6　基于大国博弈的金融安全反制系统示意图

一是针对特定目标的金融安全的反制系统。第二次世界大战之后，依靠强大的政治和经济实力，美国是经济制裁的主要实施国。美国对外经济制裁举措具有长臂管辖、次级制裁和倚重金融制裁三个主要特征。因此，针对特定目标的反制措施包括：完善细化我国反制裁法律制度；探索与实体清单制度相配套的金融制裁举措；建设以人民币为核心的国际支付体系；持续加强与世界的经贸联系。

二是针对特定市场的金融安全的反制系统。以外汇市场为例，2019 年 8 月 5 日，美国正式将我国列为汇率操纵国。美国表示，根据其所谓的《1988 年综合贸易与竞争法》[①]，中国情况符合"汇率操纵国利用回避有效的贸易顺差来获得不公平的一种竞争优势"的标准。针对外汇市场的反制措施包括：完善汇率形成机制，优化外汇储备结构；提升科技硬实力，加快产业结构调整；持续推进人民币国际化，提升人民币定价能力；提高金融开放水平，加强金融机构宏观审慎监管。

三是针对特定场景的金融安全的反制系统，主要有舆情反制、产业反制、人物反制等。例如，2022 年 10 月，美国祭出的最新一轮制裁围堵了中国对人工智能、超级计算领域的高阶芯片的获取途径，同时限制芯片制造设备的对华出口，让中国难以进口先进的芯片和芯片制造工具，在研发和制造芯片设备方面也面临技术和零部件贸易管制。针对此种场景下的反制措施主要包括：中国应该对日本、韩国及欧洲企业采取联合态势，瓦解美国的芯片联盟；依托自己的市场优势，组建以中国为中心的芯片产业供应链体系；借鉴欧美的产业刺激路径，调整国家芯片产业发展思路；实施芯片行业阻断立法。

17.4　新时代建立健全国家金融安全体系的政策建议

17.4.1　以总体国际安全观指导金融安全风险防控

总体国家安全观以人民安全为宗旨、以政治安全为根本、以经济安全为基础，突出"大安全"理念，强调统筹发展和安全，统筹传统安全和非传统安全，统筹自身安全和共同安全，把安全发展理念贯穿到国家发展的各领域和全过程，坚持把防范化解金融安全风险摆在国家治理的突出位置，为从战略高度和事业全局谋划与推进金融风险防控工作指明了方向。作为现代社会能够迅速将国家利益最大

---

① 美国前总统里根于 1988 年 8 月 23 日正式签署了美国《1988 年综合贸易与竞争法》，该法案带有浓厚的贸易保护主义色彩，体现了美国政府为扩大美国出口和增强对美国公司的保护，使其免受进口之影响所作的努力，标志着美国贸易将开始从第二次世界大战后的自由主义调整为保护主义的重大政策性转折，在美国对外贸易立法中占有非常重要的地位。

化的有效手段，金融不仅是国家安全的一个子系统，更是贯穿于实现总体国家安全各层面和全过程协调运行的重要支撑与有效手段。金融安全是经济社会平稳健康发展的基础，是关系国家发展全局的战略性、根本性的大事。要深刻认识总体国家安全观在金融安全领域的重要指导意义，以高度的政治自觉和强烈的责任担当做好金融安全管理和风险防控，切实管好防住金融风险，加快转变金融发展方式，健全金融法治，保障国家金融安全，促进经济和金融良性循环、健康发展。

17.4.2　健全完善国家金融安全法治体系建设

新发展格局下，我国金融安全面临外扰内患的双重考验，统筹国内国际两个大局、发展安全两件大事的任务更加艰巨，国家维护金融安全的成本显著增大。从全面落实总体国家安全观、统筹推进国家安全工作的实际需求看，国家金融安全涉及的各重点领域还存在一些立法"空白"和体制机制"短板"，相关法律法规的协调性、融贯性较差。因此，亟须适应国家金融安全面临的新形势新挑战，进一步加强国家金融安全理论研究，坚持多种立法手段并用，有计划有步骤推进国家金融安全立法的立改废释纂，推动建设高效的金融安全法治实施体系、严密的金融安全法治监督体系和有力的金融安全法治保障体系，统筹推进国内金融安全和涉外金融安全法治工作，健全完善国家金融安全法律规范体系。

17.4.3　加强国家金融安全治理体系和治理能力建设

在百年未有之大变局和我国金融安全边界发生重大变化的形势下，要进一步增强国家金融安全战略防御能力，加强金融治理体系和治理能力建设。坚强有力的领导决策机制为金融发展提供明确的战略指引和行动方案；稳健清晰的法律框架为金融安全稳定运行划定明确的权责归属；现代化的金融监管体制为及时有效防控和处置风险提供强大的制度保证。经过多年发展，我国金融领域逐步形成了具有自身鲜明特色的金融领导决策体系、法律体系、监管体系、机构体系、市场体系。未来，应提高金融安全治理体系与市场体系之间的适配度，不断提升高水平金融安全对高质量金融发展的支撑和保障能力。第一，应进一步完善与加强金融领导决策机制，夯实金融稳定职责现有框架。第二，在即将颁布的金融稳定法的基础上，健全与金融发展趋势和风险特点相适应、保障金融安全稳定运行的法律体系，织密织紧金融安全网。第三，改革监管体制，提高监管能力，包括建立健全金融风险预防、预警、处置、问责制度体系；广泛运用大数据等金融科技手段，建立全面、完备、强力的信息搜集和风险预警系统，使宏观审慎监管措施真正落实到位；针对方兴未艾的数字金融、金融科技等新业态、新模式，建立健全"创新友好型"的监管框架；重点关注系统重要性金融机构、创新金融业态和金融体系的薄弱环节，守住不发生系统性金融风险的底线。第四，以国家金融安全审查机制建设强化国家金融安全防御边界，将关键基础设施、金融关键技术和金融数据安全作为国家金融安全的审查重点，全面客观评估审查其对国家金融安全的影响。

17.4.4　强化国家金融安全风险监测预警系统建设

在国内外各种因素的影响下，我国国家金融安全形势愈加复杂而严峻，建立健全国家金融安全风险监测预警系统以应对各种挑战尤为必要。国家金融安全风险监测预警系统建设、完善的前提和基础是坚持总体国家安全观，并将系统的建设贯穿于国家金融安全工作的各方面和全过程。在当前和今后一个时期，国际形势不确定、不稳定因素将显著增加，国家金融安全在多个方面多个维度受到明显的挑战。要以系统性思路构建国家金融安全风险监测预警系统，加强国家金融安全总体风险及国家重点领域金融安全风险的监测预警能力建设，补齐国家金融安全重点领域的风险监测预警能力短板，提升金融安全保障能力，推动国家金融安全风险治理由被动应对转向主动预防，由事件驱动转向源头治理。

17.4.5　稳步推进我国金融业高质量开放，积极参与全球经济金融治理

金融开放可能会带来风险，但封闭的金融体系更不安全。深化金融高水平对外开放，拓展平等、开放、合作的全球伙伴关系，致力于扩大同各国利益的汇合点，不仅是推动高质量发展的需要，也有助于保障国家金融安全。一是以金融开放推动金融改革向精细化发展，通过高水平开放引进国际金融资源参与"双循环"。坚持市场化、法治化、国际化原则，推动全面落实准入前国民待遇加负面清单制度，实现制度性、系统性开放。二是建设性参与全球经济金融治理和国际金融合作，全方位、多层次、务实灵活地参与全球经济治理和政策协调，共同促进全球经济增长，维护国际金融稳定。三是有序推进人民币国际化。坚持市场驱动和企业自主选择，进一步完善人民币跨境使用的政策支持体系和基础设施安排，推动金融市场双向开放，发展离岸人民币市场，为市场主体使用人民币营造更加便利的环境，同时，进一步健全跨境资金流动的审慎管理框架，守住不发生系统性金融风险的底线。

参 考 文 献

巴曙松，王璟怡，杜婧. 2010. 从微观审慎到宏观审慎：危机下的银行监管启示[J]. 国际金融研究，（5）：83-89.

巴曙松，严敏. 2010. 如何通过金融创新化解我国金融市场风险[J]. 南方金融，（4）：59-63，86.

巴曙松，杨现领. 2011. 货币锚的选择与退出：对最优货币规则的再考察[J]. 国际经济评论，（1）：6，141-154.

保建云. 2016. 大数据金融生态系统、社会超群博弈与中国大数据金融战略[J]. 江苏行政学院学报，（4）：42-49.

卜林，李政. 2016. 金融系统性风险的度量与监测研究[J]. 南开学报（哲学社会科学版），（4）：150-160.

卜林，王雪杰，刘志强. 2020. 全球股票市场系统性风险传递网络研究[J]. 国际金融研究，（3）：87-96.

昌忠泽. 2010. 流动性冲击、货币政策失误与金融危机：对美国金融危机的反思[J]. 金融研究，（7）：18-34.

昌忠泽，毛培，张杰. 2018. 中国工业投资与工业结构优化实证研究[J]. 河北经贸大学学报，39（6）：31-44.

陈菲. 2016. 大数据时代背景下的国家安全治理[J]. 国际观察，（3）：42-52.

陈国进，蒋晓宇，刘彦臻，等. 2021. 资产透明度、监管套利与银行系统性风险[J]. 金融研究，（3）：18-37.

陈国进，钟灵，张宇. 2017. 我国银行体系的系统性关联度分析：基于不对称 CoVaR[J]. 系统工程理论与实践，37（1）：61-79.

陈建青，王擎，许韶辉. 2015. 金融行业间的系统性金融风险溢出效应研究[J]. 数量经济技术经济研究，32（9）：89-100.

陈靖. 2014. 银行业反洗钱资金监测体系选择研究[J]. 福建金融，（S1）：14-19.

陈娜，杜娟. 2009. 中国国际收支双顺差成因分析[J]. 金融经济，（2）：100-101.

陈诗一. 2008. 非参数支持向量回归和分类理论及其在金融市场预测中的应用[M]. 北京：北京大学出版社.

陈守东. 2007. 金融资产波动模型与风险度量[M]. 北京：经济科学出版社.

陈守东，康晶，林思涵. 2020. 金融机构尾部系统风险与行业风险关联效应研究：基于尾部相依性视角[J]. 金融论坛，25（11）：17-28.

陈守东，马辉，穆春舟. 2009. 中国金融风险预警的 MS-VAR 模型与区制状态研究[J]. 吉林大学社会科学学报，49（1）：110-119，160.

陈守东，王妍. 2011. 金融压力指数与工业一致合成指数的动态关联研究[J]. 财经问题研究，（10）：39-46.

陈松男. 2014. 金融风险管理：避险策略与风险值[M]. 北京：机械工业出版社.

陈湘鹏，周皓，金涛，等. 2019. 微观层面系统性金融风险指标的比较与适用性分析：基于中国金融系统的研究[J]. 金融研究，（5）：17-36.

陈雨露，马勇. 2013. 大金融论纲[M]. 北京：中国人民大学出版社.

陈雨露，马勇，阮卓阳. 2016. 金融周期和金融波动如何影响经济增长与金融稳定?[J]. 金融研究，（2）：1-22.

成力为，张东辉，李双宁. 2018. 多元化对商业银行盈利能力及风险的影响：基于系统 GMM 方法的 159 家银行的跨国比较分析[J]. 大连理工大学学报（社会科学版），39（6）：9-16.

戴淑庚，余博. 2020. 资本账户开放会加剧我国的系统性金融风险吗：基于 TVP-FAVAR 和 SV-TVP-VAR 模型的实证研究[J]. 国际贸易问题，（1）：159-174.

邓创，徐曼. 2014. 中国的金融周期波动及其宏观经济效应的时变特征研究[J]. 数量经济技术经济研究，31（9）：75-91.

邓创，赵珂. 2018. 中国的金融压力及其对宏观经济景气的影响动态[J]. 财经研究，44（7）：86-98，113.

丁庄荣. 2010. 基于资金流行为模式的银行反洗钱监测系统研究与实现[D]. 上海：复旦大学.

董兵兵，徐慧伦，谭小芬. 2021. 货币政策能够兼顾稳增长与防风险吗?——基于动态随机一般均衡模型的分析[J]. 金融研究，（4）：19-37.

董纪昌，焦丹晓，张欣，等. 2014. 大数据金融背景下商业银行客户信息保护研究[J]. 工程研究——跨学科视野中的工程，6（3）：307-318.

董凯，许承明. 2017. 利率扭曲、房产价格与汇率波动[J]. 世界经济研究，（10）：111-122，137.

杜翔宇，杨洋，尹为. 2015. 基于动态监测的可疑金融交易识别体系重构[J]. 管理学刊，28（6）：46-53.

杜一帆，薛耀文. 2014. 资金异常流动监测中资金流速与特征研究[J]. 财务与金融，（2）：67-71.

多德 K. 2011. 市场风险测度[M]. 2 版. 李雪译. 北京：中国财政经济出版社.

范小云. 2006. 繁荣的背后：金融系统性风险的本质、测度与管理[M]. 北京：中国金融出版社.

范小云，王道平，方意. 2011. 我国金融机构的系统性风险贡献测度与监管：基于边际风险贡献与杠杆率的研究[J]. 南开经济研究，（4）：3-20.

范小云，王道平，刘澜飚. 2012. 规模、关联性与中国系统重要性银行的衡量[J]. 金融研究，（11）：16-30.

范小云，张景松，王博. 2015. 金融危机及其应对政策对我国宏观经济的影响：基于金融 CGE 模型的模拟分析[J]. 金融研究，（9）：50-65.

方琳. 2014. 流动性状态转换冲击全球金融稳定：以次贷危机和欧债危机为例[J]. 时代金融，（11）：58-59.

方先明. 2010. 金融危机解析：基于非线性经济学[M]. 南京：南京大学出版社.

方意. 2016. 系统性风险的传染渠道与度量研究：兼论宏观审慎政策实施[J]. 管理世界，（8）：32-57，187.

方意，和文佳，荆中博. 2019. 中美贸易摩擦对中国金融市场的溢出效应研究[J]. 财贸经济，40（6）：55-69.

方意，邵稚权，黄昌利. 2021. 资本市场开放与跨境风险传染防控：基于沪港通的经验证据[J]. 国际金融研究，（9）：65-75.

方意，宋佳馨，谭小芬. 2020. 中国金融市场之间风险溢出的时空特征及机理分析：兼论中美贸易摩擦对金融市场的影响[J]. 金融评论，12（6）：20-43，121-122.

方意，赵胜民，王道平. 2012. 我国金融机构系统性风险测度：基于DGC-GARCH模型的研究[J]. 金融监管研究，（11）：26-42.

费兆奇，刘康. 2020. 金融开放条件下国债市场的波动溢出和风险定价研究[J]. 经济研究，55（9）：25-41.

冯普超，邵春翡，黄忠东，等. 2013. 基于D-Ocean的金融风险监控系统[J]. 计算机研究与发展，50（S1）：384-388.

冯芸，吴冲锋. 2002. 货币危机早期预警系统[J]. 系统工程理论方法应用，（1）：8-11.

弗雷克萨斯 X，莱文 L，佩德罗 J L. 2017. 系统性风险、危机与宏观审慎监管[M]. 王擎，等译. 北京：中国金融出版社.

高波，任若恩. 2013. 基于Granger因果网络模型的金融机构系统重要性评估[J]. 管理评论，25（6）：3-10，58.

葛奇. 2016. 金融稳定与央行货币政策目标：对"杰克逊霍尔共识"的再认识[J]. 国际金融研究，（6）：3-12.

宫晓莉，熊熊，张维. 2020. 我国金融机构系统性风险度量与外溢效应研究[J]. 管理世界，36（8）：65-83.

宫晓琳. 2012. 未定权益分析方法与中国宏观金融风险的测度分析[J]. 经济研究，47（3）：76-87.

龚朴，邹冬. 2018. 我国上市金融机构尾部风险关联网络研究[J]. 中国金融学，（1）：45-60.

苟文均，袁鹰，漆鑫. 2016. 债务杠杆与系统性风险传染机制：基于CCA模型的分析[J]. 金融研究，（3）：74-91.

谷寒婷. 2018. 宏观稳定性视角下的金融杠杆与金融安全[D]. 杭州：浙江大学.

顾海兵，张安军. 2012. 国家经济安全中的金融安全地位研究[J]. 学习与探索，（4）：91-94.

顾海兵，张安军，薛珊珊. 2012. 美国对中国经济安全影响的动态监测分析[J]. 经济学家，（5）：98-104.

管涛. 2017. 发展是金融安全的最大保障[J]. 中国金融，（15）：38-39.

贵斌威. 2014. 成本有效性分析与中国监管制度改革[J]. 经济研究导刊，（34）：254-256.

郭晨. 2012. 银行间市场的风险传染与免疫[M]. 北京：经济管理出版社.

郭娜，葛传凯，祁帆. 2018. 我国区域金融安全指数构建及状态识别研究[J]. 中央财经大学学报，（8）：37-48.

郭娜，祁帆，李金胜. 2020. 中国系统性金融风险度量与货币政策影响机制分析[J]. 金融论坛，
　　25（4）：49-60.

郭世泽，陆哲明. 2012. 复杂网络基础理论[M]. 北京：科学出版社.

郭树华，王华，王俐娴. 2009. 中美利率与汇率联动关系的实证研究：2005—2008[J]. 国际金融
　　研究，（4）：17-24.

郭豫媚，戴赜，彭俞超. 2018. 中国货币政策利率传导效率研究：2008—2017[J]. 金融研究，（12）：
　　37-54.

郝毅，梁琪，李政. 2017. 境内外人民币外汇市场极端风险溢出研究[J]. 国际金融研究，（9）：
　　76-85.

何德旭，娄峰. 2012. 中国金融安全指数的构建及实证分析[J]. 金融评论，4（5）：1-14，122.

何德旭，饶云清，王智杰. 2011. 金融安全网：基于信息空间理论的分析[J]. 经济理论与经济管
　　理，（2）：69-78.

何德旭，史晓琳，饶云清. 2010. 金融安全网：内在联系与运行机理[J]. 当代财经，（5）：40-50.

何国华，彭意. 2014. 美、日货币政策对中国产出的溢出效应研究[J]. 国际金融研究，（2）：
　　19-28.

何建敏，李守伟，周伟. 2012. 金融市场中传染风险建模与分析[M]. 北京：科学出版社.

何青，钱宗鑫，刘伟. 2018. 中国系统性金融风险的度量：基于实体经济的视角[J]. 金融研究，
　　（4）：53-70.

贺力平. 2007. 从国际和历史角度看国际资本流动与金融安全问题[J]. 国际经济评论，（6）：
　　20-24.

胡伟. 2017-07-25. 从维护国家安全的高度维护金融安全[N]. 文汇报，(5).

胡文涛，张理，李宵宵，等. 2019. 商业银行金融创新、风险承受能力与盈利能力[J]. 金融论坛，
　　24（3）：31-47.

胡小文，章上峰. 2015. 利率市场化、汇率制度改革与资本账户开放顺序安排：基于 NOEM-DSGE
　　模型的模拟[J]. 国际金融研究，（11）：14-23.

胡莹，仲伟周. 2010. 资本充足率、存款准备金率与货币政策银行信贷传导：基于银行业市场结
　　构的分析[J]. 南开经济研究，（1）：128-139.

滑冬玲. 2019. 系统性金融风险隐患及其防范：基于新时代金融安全观分析[J]. 中国特色社会主
　　义研究，（6）：28-36.

黄国桥. 2013. 金融监管绩效审计问题研究[J]. 武汉金融，（3）：29-30.

黄琪轩. 2016. 资本项目自由化与金融安全的政治[J]. 东北亚论坛，25（5）：28-39，127.

黄益平. 2018. 完善金融监管框架，在创新与稳定间找到平衡[J]. 金融经济，（3）：21-22.

黄莺. 2022. 中国的金融安全：理论构建、时代挑战和应对思考[J]. 国家安全研究，（5）：100-116，
　　163.

汇率与利率联动机制研究课题组，郭庆平，王爱俭. 2007. 名义汇率与名义利率相互影响的实证
　　分析：1979.1～2005.12——兼论我国的汇率利率政策[J]. 华北金融，（1）：4-14，21.

贾晓俊，李孟刚. 2015. 中国金融安全指数合成实证分析[J]. 当代财经，（1）：55-65.

江红莉，刘丽娟，程思婧. 2018. 系统性金融风险成因、测度及传导机制：基于文献综述视角[J].
　　金融理论与实践，（11）：49-55.

蒋海，苏立维. 2009. 中国金融安全指数的估算与实证分析：1998—2007[J]. 当代财经，（10）：
　　47-53.

蒋海，吴文洋，韦施威. 2021. 新冠肺炎疫情对全球股市风险的影响研究：基于 ESA 方法的跨
　　市场检验[J]. 国际金融研究，（3）：3-13.

蒋涛，吴卫星，王天一，等. 2014. 金融业系统性风险度量：基于尾部依赖视角[J]. 系统工程理
　　论与实践，34（S1）：40-47.

康立，龚六堂. 2014. 金融摩擦、银行净资产与国际经济危机传导：基于多部门 DSGE 模型分析
　　[J]. 经济研究，49（5）：147-159.

赖娟，吕江林. 2010. 基于金融压力指数的金融系统性风险的测度[J]. 统计与决策，（19）：
　　128-131.

雷家骕. 2000. 国家经济安全导论[M]. 西安：陕西人民出版社.

李翀. 2000. 论国家金融风险与国家金融安全[J]. 中国经济问题，（1）：10-15.

李冬，王要武，宋晖，等. 2013. 基于协同理论的政府投资项目跟踪审计模式[J]. 系统工程理论
　　与实践，33（2）：405-412.

李俊玲，戴朝忠，吕斌，等. 2019. 新时代背景下金融高质量发展的内涵与评价：基于省际面板
　　数据的实证研究[J]. 金融监管研究，（1）：15-30.

李力，温来成，唐遥，等. 2020. 货币政策与宏观审慎政策双支柱调控下的地方政府债务风险治
　　理[J]. 经济研究，55（11）：36-49.

李丽玲，王曦. 2016. 资本账户开放、汇率波动与经济增长：国际经验与启示[J]. 国际金融研究，
　　（11）：24-35.

李良松. 2011. 构建中国金融压力指数探析[J]. 上海金融，（8）：47，64-67.

李萌，宁薛平. 2020. 防范化解债务风险维护金融安全的路径研究[J]. 甘肃社会科学，（2）：
　　200-206.

李若杨. 2019. 主权信用评级对国家金融安全的影响研究[J]. 西南金融，（10）：13-20.

李绍芳，李方圆，刘晓星. 2022. 新冠肺炎疫情冲击下全球金融市场系统性风险跨市场传染研究：
　　基于 G20 国家的经验证据[J]. 金融评论，14（3）：1-38，124.

李绍芳，刘晓星. 2018. 中国金融机构关联网络与系统性金融风险[J]. 金融经济学研究，33（5）：
　　34-48.

李绍芳，刘晓星. 2020. 金融系统压力：指数化测度及其溢出效应研究[J]. 系统工程理论与实践，
　　40（5）：1089-1112.

李绍芳，刘晓星. 2022. 货币政策对金融市场压力溢出的影响机制研究：基于 G20 国家的经验
　　证据[J]. 现代经济探讨，（7）：57-79.

李守伟，何建敏，隋新，等. 2016. 基于网络理论的银行业系统性风险研究[M]. 北京：科学出
　　版社.

李守伟，王磊，龚晨. 2020a. 复杂金融系统的研究方法：多层网络理论[J]. 系统科学学报，28

（1）：40-44.

李守伟，文世航，王磊.2018. 基于多层网络视角的企业担保结构研究[J]. 复杂系统与复杂性科
　　学，15（4）：10-16，49.

李守伟，文世航，王磊，等.2020b. 多层网络视角下金融机构关联性的演化特征研究[J]. 中国
　　管理科学，28（12）：35-43.

李守伟，解一苇，杨坤，等.2019. 商业银行多层网络结构对系统性风险影响研究[J]. 东南大学
　　学报（哲学社会科学版），21（4）：77-84，147.

李文泓.2009. 关于宏观审慎监管框架下逆周期政策的探讨[J]. 金融研究，（7）：7-24.

李文良.2014. 中国国家安全体制研究[J]. 国际安全研究，32（5）：40-52，156-157.

李政，梁琪，方意.2019a. 中国金融部门间系统性风险溢出的监测预警研究：基于下行和上行
　　ΔCoES 指标的实现与优化[J]. 金融研究，（2）：40-58.

李政，梁琪，涂晓枫.2016. 我国上市金融机构关联性研究：基于网络分析法[J]. 金融研究，（8）：
　　95-110.

李政，刘淇，梁琪.2019b. 基于经济金融关联网络的中国系统性风险防范研究[J]. 统计研究，
　　36（2）：23-37.

李志辉，李源，李政.2016. 中国银行业系统性风险监测研究：基于 SCCA 技术的实现与优化[J].
　　金融研究，（3）：92-106.

梁琪，包世鹏，郭娜.2018. 我国金融安全状态识别及转换机制研究[J]. 南开学报（哲学社会科
　　学版），（4）：12-21.

梁琪，李政.2014. 系统重要性、审慎工具与我国银行业监管[J]. 金融研究，（8）：32-46.

梁琪，李政，郝项超.2013. 我国系统重要性金融机构的识别与监管：基于系统性风险指数 SRISK
　　方法的分析[J]. 金融研究，（9）：56-70.

梁勇.1999. 开放的难题：发展中国家的金融安全[M]. 北京：高等教育出版社.

廖君沛，等.2009. 宏观与开放视角下的金融风险[M]. 北京：高等教育出版社.

林木材，牛霖琳.2020. 基于高频收益率曲线的中国货币政策传导分析[J]. 经济研究，55（2）：
　　101-116.

刘超，陈彦.2013. 协同理论视角下的金融监管[J]. 财经科学，（11）：12-23.

刘超，徐君慧，周文文.2017. 中国金融市场的风险溢出效应研究：基于溢出指数和复杂网络方
　　法[J]. 系统工程理论与实践，37（4）：831-842.

刘成.2017. 影子银行信用创造：一个分析思路[J]. 经济研究参考，（25）：3-11.

刘程程，苏治，宋鹏.2020. 全球股票市场间风险传染的测度、监管及预警[J]. 金融研究，（11）：
　　94-112.

刘春航.2020. 大数据、监管科技与银行监管[J]. 金融监管研究，（9）：1-14.

刘德林.2015. 美国众筹融资反洗钱经验及对我国的启示[J]. 金融与经济，（12）：48-51.

刘红忠，赵玉洁，周冬华.2011 公允价值会计能否放大银行体系的系统性风险[J]. 金融研究，
　　（4）：82-99.

刘瑾.2019. 稳定币研究：以 USDT 为例[J]. 清华金融评论，（7）：107-110.

刘骏斌，刘晓星. 2018. 开放式基金投资组合重叠的网络效应研究[J]. 金融经济学研究，33（6）：79-93.

刘兰芬，韩立岩. 2014. 量化宽松货币政策对新兴市场的溢出效应分析：基于中国和巴西的经验研究[J]. 管理评论，26（6）：13-22.

刘磊. 2019. 从货币起源到现代货币理论：经济学研究范式的转变[J]. 政治经济学评论，10（5）：181-203.

刘吕科，张定胜，邹恒甫. 2012. 金融系统性风险衡量研究最新进展述评[J]. 金融研究，（11）：31-43.

刘宁. 2018. 东亚金融区域主义的兴起及其地缘安全影响[J]. 国际安全研究，36（6）：62-84，154.

刘清江，张晓田. 2001. 金融安全区问题研究[J]. 财经理论与实践，（1）：9-12.

刘瑞兴. 2015. 金融压力对中国实体经济冲击研究[J]. 数量经济技术经济研究，32（6）：147-160.

刘锡良. 2004. 论金融发展与经济发展的关系：金融与经济关系的总体考察[C]. "世界经济格局的变化与中国金融的发展和创新"研讨会暨第二届中国金融论坛.

刘锡良，等. 2012. 中国金融国际化中的风险防范与金融安全研究[M]. 北京：经济科学出版社.

刘晓东，欧阳红兵. 2019. 中国金融机构的系统性风险贡献度研究[J]. 经济学（季刊），18（4）：1239-1266.

刘晓星. 2007. 基于 VaR 的商业银行风险管理[M]. 北京：中国社会科学出版社.

刘晓星. 2015. 全球化条件下中国新型金融监管体系构建研究[M]. 北京：中国金融出版社.

刘晓星. 2017a. 从国家战略高度把控金融安全[J]. 群众，（12）：11-12.

刘晓星. 2017b. 流动性与金融系统稳定：传导机制及其监控研究[M]. 北京：科学出版社.

刘晓星，段斌，谢福座. 2011. 股票市场风险溢出效应研究：基于 EVT-Copula-CoVaR 模型的分析[J]. 世界经济，（11）：145-159.

刘晓星，方磊. 2012. 金融压力指数构建及其有效性检验：基于中国数据的实证分析[J]. 管理工程学报，26（3）：1-6.

刘晓星，何建敏，刘庆富. 2005. 基于 VaR-EGARCH-GED 模型的深圳股票市场波动性分析[J]. 南开管理评论，（5）：11-15.

刘晓星，李琳璐. 2019. 货币流动性与经济增长：时变影响及门限效应[J]. 现代经济探讨，（8）：51-62.

刘晓星，夏丹. 2014. 基于复杂网络的银企间信贷风险传染机制研究[J]. 金融监管研究，（12）：37-53.

刘晓星，许从宝. 2019. 沪港通、投资者情绪与股价互动：基于 SV-TVP-SVAR 模型的实证研究[J]. 东南大学学报（哲学社会科学版），21（4）：58-68，146.

刘晓星，张旭. 2018. 中央银行的实时时变偏好行为研究[J]. 经济研究，53（10）：33-49.

刘晓星，张旭，李守伟. 2021. 中国宏观经济韧性测度：基于系统性风险的视角[J]. 中国社会科学，（1）：12-32，204.

刘志强. 1999. 金融危机预警指标体系研究[J]. 世界经济，（4）：17-23.

卢文刚. 2003. 论国际金融安全对未来国际关系的影响[J]. 暨南学报（哲学社会科学版），（1）：11-17.

卢文刚，刘沛. 2001. 中国金融安全战略思路探析[J]. 经济前沿，（6）：42-44.

陆金根，王超. 2019. 基于同业拆借和共同贷款的银行风险传染研究[J]. 现代经济探讨，（12）：41-48.

陆前进，杨槐. 2002. 开放经济下宏观金融风险管理（上下卷）[M]. 上海：上海财经大学出版社.

罗慧英，南旭光. 2007. 突变理论在金融安全评价中的应用研究[J]. 海南金融，（3）：51-53.

罗萍. 2020. 商业银行金融创新与系统性风险[J]. 金融发展研究，（2）：85-89.

罗素梅，周光友，曾瑶. 2017. 金融安全、国家利益与外汇储备优化管理[J]. 管理科学学报，20（12）：1-18.

吕喜明. 2017. 大数据背景下互联网金融风险评价研究：基于广义 DEA 模型及 P2P 网贷视角[J]. 会计与经济研究，31（4）：91-110.

马长林. 2008. 民国时期的货币政策：金圆券发行和币制改革的失败[J]. 中国金融，（9）：84-85.

马君潞，范小云，曹元涛. 2007. 中国银行间市场双边传染的风险估测及其系统性特征分析[J]. 经济研究，（1）：68-78，142.

马勇，田拓，阮卓阳，等. 2016. 金融杠杆、经济增长与金融稳定[J]. 金融研究，（6）：37-51.

苗文龙，闫娟娟. 2020. 系统性金融风险研究述评：基于宏观审慎监管视角[J]. 金融监管研究，（2）：85-101.

聂富强，周玉琴. 2017. 基于行业融资结构协调的我国金融安全状态评估[J]. 当代经济科学，39（2）：53-61，126.

宁薛平，何德旭. 2018. 新时代我国的金融安全风险防范[J]. 甘肃社会科学，（5）：206-212.

欧阳红兵，刘晓东. 2015. 中国金融机构的系统重要性及系统性风险传染机制分析：基于复杂网络的视角[J]. 中国管理科学，23（10）：30-37.

欧阳资生，李虹宣，刘凤根. 2019. 中国系统性金融风险对宏观经济的影响研究[J]. 统计研究，36（8）：19-31.

潘开灵，白列湖，程奇. 2007. 管理协同倍增效应的系统思考[J]. 系统科学学报，15（1）：70-73.

彭兴韵. 2009. 金融危机管理中的货币政策操作：美联储的若干工具创新及货币政策的国际协调[J]. 金融研究，（4）：20-35.

沈悦，戴士伟，罗希. 2014. 中国金融业系统性风险溢出效应测度：基于 GARCH-Copula-CoVaR 模型的研究[J]. 当代经济科学，36（6）：30-38，123.

沈悦，董鹏刚，李善燊. 2013. 人民币国际化的金融风险预警体系研究[J]. 经济纵横，（8）：88-93.

沈悦，闵亮. 2007. 基于外汇市场压力指数的货币危机界定与识别[J]. 上海金融，（12）：69-72.

沈悦，闵亮，徐有俊. 2009. 基于金融自由化的中国金融安全预警研究[J]. 金融发展研究，（6）：3-6.

沈悦，谢勇，田嫄. 2007. 基于 FSI 的中国金融安全实证分析[J]. 金融论坛，（10）：14-18.

石广平，刘晓星，姚登宝. 2020. 市场流动性与资产价格的非线性关系：基于 MS-AR 和 TVP-SV-SVAR 模型的时变分析[J]. 数理统计与管理，39（2）：308-322.

石建勋. 2017. 全球性制度危机及中国改革探索对世界的贡献[J]. 新疆师范大学学报（哲学社会科学版），38（5）：14-20.

时吴华. 2015. 金融国策论[M]. 北京：社会科学文献出版社.

史永东，丁伟，袁绍锋. 2013. 市场互联、风险溢出与金融稳定：基于股票市场与债券市场溢出效应分析的视角[J]. 金融研究，（3）：170-180.

宋媚，张朋柱，薛耀文，等. 2011. 反洗钱跨组织多层次监测体系构建及其仿真验证[J]. 系统工程理论与实践，31（1）：1-7.

宋清华，李志辉. 2003. 金融风险管理[M]. 北京：中国金融出版社.

宋爽，刘朋辉，陈晓. 2020. 金融安全视角下的欧盟数字资产监管策略[J]. 欧洲研究，38（2）：6，61-80.

苏木亚. 2017. 基于关联网络的系统性风险度量方法及其应用[M]. 北京：中国经济出版社.

苏治，方彤，尹力博. 2017. 中国虚拟经济与实体经济的关联性：基于规模和周期视角的实证研究[J]. 中国社会科学，（8）：87-109，205-206.

孙华好，马跃. 2003. 资本账户和经常账户负面冲击与钉住汇率制度危机的理论分析[J]. 世界经济，（10）：3-9，80.

孙久文，孙翔宇. 2017. 区域经济韧性研究进展和在中国应用的探索[J]. 经济地理，37（10）：1-9.

孙天琦，王笑笑. 2020. 内外部金融周期差异如何影响中国跨境资本流动？[J]. 金融研究，（3）：1-20.

孙秀峰，冯浩天，王华夏. 2018. 非利息收入对中国商业银行风险的影响研究：基于面板门限回归模型的实证分析[J]. 大连理工大学学报（社会科学版），39（2）：12-18.

孙焱林，张倩婷. 2016. 时变、美联储加息与中国产出：基于 TVP-VAR 模型的实证分析[J]. 国际金融研究，（4）：26-36.

谭福梅. 2009. 系统性银行危机早期预警系统有效吗?——基于 Logit 模型的实证分析(1980—2007)[J]. 当代财经，（12）：49-54.

汤凌霄. 2010. 产业安全评估与治理研究述评[J]. 长沙理工大学学报(社会科学版),25(4):17-22.

唐文进，苏帆. 2017. 极端金融事件对系统性风险的影响分析：以中国银行部门为例[J]. 经济研究，52（4）：17-33.

唐旭，张伟. 2002. 论建立中国金融危机预警系统[J]. 经济学动态，（6）：7-12.

唐永胜，李冬伟. 2014. 国际体系变迁与中国国家安全战略筹划[J]. 世界经济与政治，（12）：27-36，155.

陶玲，朱迎. 2016. 系统性金融风险的监测和度量:基于中国金融体系的研究[J]. 金融研究,（6）：18-36.

田婧倩，刘晓星. 2019. 金融科技的社交网络关注:理论模型及其实证分析[J]. 金融论坛,24(1)：67-80.

万喆. 2017. "一带一路"建设和国家金融安全的共赢[J]. 金融论坛，22（6）：3-6，49.

汪可，吴青，李计. 2017. 金融科技与商业银行风险承担：基于中国银行业的实证分析[J]. 管理现代化，37（6）：100-104.

汪祖杰，吴江. 2006. 区域金融安全指标体系及其计量模型的构建[J]. 经济理论与经济管理，（3）：42-48.

王斌，方晨曦. 2012. 金融全球化条件下的国家金融安全研究[J]. 经济导刊，（3）：26-27.

王春峰. 2001. 金融市场风险管理[M]. 天津：天津大学出版社.

王春丽，胡玲. 2014. 基于马尔科夫区制转移模型的中国金融风险预警研究[J]. 金融研究，（9）：99-114.

王广谦. 2003. 20世纪西方货币金融理论研究：进展与述评[M]. 北京：经济科学出版社.

王桂虎，郭金龙. 2019. 宏观杠杆率与系统性金融风险的门槛效应：基于跨国面板数据的经验研究[J]. 金融评论，11（1）：112-122，126.

王国刚. 2019. 马克思的货币理论及其实践价值[J]. 金融评论，11（1）：1-14，123.

王锦阳，刘锡良. 2017. 影子银行体系：信用创造机制、内在不稳定性与宏观审慎监管[J]. 当代经济科学，39（4）：11-18，124.

王力. 2018. 中国金融中心城市金融竞争力评价研究[J]. 金融评论，10（4）：95-109，122.

王明涛. 2008. 金融风险计量与管理[M]. 上海：上海财经大学出版社.

王擎，田娇. 2016. 银行资本监管与系统性金融风险传递：基于DSGE模型的分析[J]. 中国社会科学，（3）：99-122，206-207.

王仁东. 2013. 基于数据挖掘技术的反洗钱监测研究[D]. 哈尔滨：哈尔滨工程大学.

王淑慧，张爱琳，张艺冉. 2014. 基于协同理论的信托公司双重资本监管研究[J]. 中央财经大学学报，（11）：46-51.

王婷，张晨，王娜. 2018. 货币政策的阶级性与"人民的QE"[J]. 马克思主义研究，（3）：77-89.

王巍. 2019. 中国当代金融的三次启蒙[J]. 中国金融，（19）：125-126.

王曦，朱立挺，王凯立. 2017. 我国货币政策是否关注资产价格?——基于马尔科夫区制转换BEKK多元GARCH模型[J]. 金融研究，（11）：1-17.

王小丁. 2012. 基于违约相依的信用风险度量与传染效应研究[M]. 北京：经济科学出版社.

王妍. 2015. 金融不稳定性能够预测未来的宏观经济表现吗?[J]. 数量经济研究，6（1）：51-63.

王妍，陈守东. 2012. 中国金融压力与经济增长的动态关联研究[J]. 金融论坛，17（2）：16-23.

王一萱，屈文洲. 2005. 我国货币市场和资本市场连通程度的动态分析[J]. 金融研究，（8）：112-122.

王永利. 2017. 区块链金融应用探讨[J]. 金融电子化，（2）：6，11-13.

王勇，隋鹏达，关晶奇. 2014. 金融风险管理[M]. 北京：机械工业出版社.

王元龙. 1998. 我国对外开放中的金融安全问题研究[J]. 国际金融研究，（5）：33-39.

王宗润. 2014. 金融风险测度与集成研究：基于Copula理论与方法[M]. 北京：科学出版社.

王作功，韩壮飞. 2019. 新中国成立70年来人民币国际化的成就与前景：兼论数字货币视角下国际货币体系的发展[J]. 企业经济，（8）：28-38.

魏国雄. 2010. 系统性金融风险的识别与防范[J]. 金融论坛, 15（12）: 5-10, 49.

魏宇, 黄登仕. 2005. 基于多标度分形理论的金融风险测度指标研究[J]. 管理科学学报, 8（4）: 50-59.

魏宇, 卢方元, 黄登仕. 2010. 基于多标度分形理论的金融风险管理方法研究[M]. 北京: 科学出版社.

温红梅, 姚凤阁. 2007. 金融风险系统混沌效应的分析与控制[J]. 中国管理科学, 15（z1）: 286-290.

吴朝平. 2011. 综合评价在反洗钱监测分析中的应用: 对提高反洗钱客户风险等级分类准确性的思考[J]. 业务管理, 19（4）: 99-101.

吴朝平. 2016. 论"互联网+"时代反洗钱措施之变革: "互联网+"背景下国家反洗钱的脆弱性及其应对[J]. 征信, 34（3）: 1-6.

吴锦顺. 2020. 货币政策对金融压力的非对称性反应: 基于 FA-DPT 模型的分析[J]. 国际金融研究, （5）: 34-44.

吴婷婷. 2011. 后危机时代中国金融国际化发展趋向展望: 基于金融安全的视角[J]. 技术经济与管理研究, （9）: 54-58.

吴宜勇, 胡日东, 袁正中. 2016. 基于 MSBVAR 模型的中国金融风险预警研究[J]. 金融经济学研究, 31（5）: 13-23.

吴正光. 2009. 金融风险顺周期效应的实证研究[J]. 金融理论与实践, （9）: 27-31.

武长海. 2020. 我国国家金融安全的审查机构和范围[J]. 法学杂志, 41（3）: 2, 18-29.

希勒 R J. 2007. 市场波动[M]. 文忠桥, 卞东, 译. 北京: 中国人民大学出版社.

项卫星, 王冠楠. 2014. "金融恐怖平衡"视角下的中美金融相互依赖关系分析[J]. 国际金融研究, （1）: 44-54.

肖斌卿, 颜建晔, 杨旸, 等. 2015a. 金融安全预警系统的建模与实证研究: 基于中国数据的检验[J]. 国际商务（对外经济贸易大学学报）, （6）: 97-106.

肖斌卿, 杨旸, 李心丹, 等. 2015b. 基于 GA-ANN 的中国金融安全预警系统设计及实证分析[J]. 系统工程理论与实践, 35（8）: 1928-1937.

肖朝胜. 2008. 股市危机预警系统研究[D]. 成都: 西南交通大学.

肖曼君, 代雨杭. 2017. 中国央行流动性便利操作的抵押品"折损率"研究[J]. 财经理论与实践, 38（5）: 2-6, 132.

肖璞, 刘轶, 杨苏梅. 2012. 相互关联性、风险溢出与系统重要性银行识别[J]. 金融研究, （12）: 96-106.

谢端纯. 2010. 房地产行业反洗钱可疑资金监测模型研究[J]. 南方金融, （1）: 25-30.

谢平, 邹传伟. 2010. 金融危机后有关金融监管改革的理论综述[J]. 金融研究, （2）: 1-17.

谢庆健. 2001. 对创建金融安全区的思考[J]. 金融研究, （1）: 62-68.

徐道宣, 石璋铭. 2007. 一种改进的 KLR 信号分析法应用研究[J]. 数量经济技术经济研究, （11）: 124-132.

徐国祥, 李波. 2017. 中国金融压力指数的构建及动态传导效应研究[J]. 统计研究, 34（4）:

　　59-71.

徐宏, 蒲红霞. 2021. 新冠疫情对中国股票市场的影响: 基于事件研究法的研究[J]. 金融论坛,
　　26 (7): 70-80.

徐涛, 何建敏, 李守伟. 2017. 银行间市场风险传染与网络结构演化研究[J]. 大连理工大学学报
　　(社会科学版), 38 (4): 56-63.

徐以升, 马鑫. 2015. 美国金融制裁的法律、执行、手段与特征[J]. 国际经济评论, (1): 8,
　　131-153.

徐圆, 张林玲. 2019. 中国城市的经济韧性及由来: 产业结构多样化视角[J]. 财贸经济, 40 (7):
　　110-126.

徐忠, 贾彦东. 2019. 自然利率与中国宏观政策选择[J]. 经济研究, 54 (6): 22-39.

许涤龙, 陈双莲. 2015. 基于金融压力指数的系统性金融风险测度研究[J]. 经济学动态, (4):
　　69-78.

许启发, 王侠英, 蒋翠侠, 等. 2018. 基于藤 copula-CAViaR 方法的股市风险溢出效应研究[J]. 系
　　统工程理论与实践, 38 (11): 2738-2749.

许文鸿. 2017. 美欧对俄金融制裁的影响及若干思考[J]. 俄罗斯学刊, 7 (5): 37-43.

薛永明, 王鹏飞. 2017. 中美反洗钱监管比较以及对我国银行业的启示[J]. 浙江金融, (1):
　　20-24.

闫建军. 2002. 试论我国金融风险的识别及其监管[J]. 山西财经大学学报, (S2): 121.

严海波. 2018. 金融开放与发展中国家的金融安全[J]. 现代国际关系, 9: 18-26, 62-63.

杨飞. 2014. 次贷危机和欧债危机对新兴市场的传染效应研究: 基于 DCC-MVGARCH 模型的检
　　验[J]. 国际金融研究, (6): 40-49.

杨虎, 易丹辉, 肖宏伟. 2014. 基于大数据分析的互联网金融风险预警研究[J]. 现代管理科学,
　　(4): 3-5.

杨丽荣, 沈悦, 张珍. 2008. 金融安全预警指标的权重确定及其实证[J]. 统计与决策, (4):
　　59-61.

杨森, 雷家骕. 2019. 基于风险防范的中国宏观金融安全指数测度与分析[J]. 经济纵横, (8):
　　2, 89-107.

杨涛. 2016. 高度关注国家金融安全[J]. 中国金融, (24): 42-44.

杨廷干, 等. 2012. 宏观金融风险管理: 识别、测度与监管[M]. 北京: 中国财政经济出版社.

杨雪峰. 2014. 从流动性过剩到流动性危机[J]. 世界经济研究, (5): 16-19, 26, 87.

杨子晖. 2008. 财政政策与货币政策对私人投资的影响研究: 基于有向无环图的应用分析[J]. 经
　　济研究, (5): 81-93.

杨子晖, 陈里璇, 陈雨恬. 2020a. 经济政策不确定性与系统性金融风险的跨市场传染: 基于非
　　线性网络关联的研究[J]. 经济研究, 55 (1): 65-81.

杨子晖, 陈雨恬, 陈里璇. 2019. 极端金融风险的有效测度与非线性传染[J]. 经济研究, 54 (5):
　　63-80.

杨子晖, 陈雨恬, 谢锐楷. 2018. 我国金融机构系统性金融风险度量与跨部门风险溢出效应研究

[J]. 金融研究，（10）：19-37.

杨子晖，陈雨恬，张平淼. 2020b. 股票与外汇市场尾部风险的跨市场传染研究[J]. 管理科学学报，23（8）：54-77.

杨子晖，陈雨恬，张平淼. 2020c. 重大突发公共事件下的宏观经济冲击、金融风险传导与治理应对[J]. 管理世界，36（5）：7，13-35.

杨子晖，李东承. 2018. 我国银行系统性金融风险研究：基于"去一法"的应用分析[J]. 经济研究，53（8）：36-51.

杨子晖，王姝黛. 2021. 突发公共卫生事件下的全球股市系统性金融风险传染：来自新冠疫情的证据[J]. 经济研究，56（8）：22-38.

杨子晖，周颖刚. 2018. 全球系统性金融风险溢出与外部冲击[J]. 中国社会科学，（12）：69-90，200-201.

姚前. 2018. 共识规则下的货币演化逻辑与法定数字货币的人工智能发行[J]. 金融研究，（9）：37-55.

殷剑峰. 2018. 中国资金存量表的统计和分析[J]. 中国社会科学，（3）：146-161，208-209.

殷明明，陈平，王伟. 2017. 第三方市场竞争效应、投资效应与人民币有效汇率指数测算[J]. 金融研究，（12）：33-47.

游家兴. 2010. 经济一体化进程会放大金融危机传染效应吗?——以中国为样本[J]. 国际金融研究，（1）：89-96.

于志强. 2017. 国家金融安全需求分析范式构建：基于马斯洛个体心理需求理论[J]. 生产力研究，（9）：15-19，161.

余建干，吴冲锋. 2017. 金融冲击、货币政策规则的选择与中国经济波动[J]. 系统工程理论与实践，37（2）：273-287.

蔚立柱，赵越强，张凡，等. 2021. 新冠肺炎疫情前后人民币与非美货币溢出效应特征的变化：来自30分钟高频数据的证据[J]. 世界经济研究，（4）：56-69，135.

袁梦怡，胡迪. 2021. 疫情冲击下全球股市的风险溢出效应研究[J]. 金融论坛，26（9）：36-48.

袁薇，王培辉. 2020. 中美金融市场信息溢出效应检验[J]. 金融论坛，25（7）：43-52.

曾令美. 2013. 对外开放条件下的中国银行业控制力评估[J]. 上海金融，（8）：37-42，117.

张安军. 2014. 国家金融安全动态监测分析（1992—2012 年）[J]. 国际金融研究，（9）：89-96.

张安军. 2015. 国家金融安全动态预警比较分析（1992—2011 年）[J]. 世界经济研究，（4）：3-12，127.

张冰洁，汪寿阳，魏云捷，等. 2018. 基于 CoES 模型的我国金融系统性风险度量[J]. 系统工程理论与实践，38（3）：565-575.

张兵，封思贤，李心丹，等. 2008. 汇率与股价变动关系：基于汇改后数据的实证研究[J]. 经济研究，43（9）：70-81，135.

张发林，姚远，崔阳. 2022. 金融制裁与中国应对策略：国际金融权力的视角[J]. 当代亚太，（6）：4-34，165.

张发林，张巍. 2018. 均衡困境与金融安全：国际货币制度变迁及问题[J]. 国际安全研究，36（6）：

40-61，153.

张怀清，刘明. 2009. 国际货币金融格局、货币政策和金融危机[J]. 金融研究，（12）：72-80.

张建平，张伟. 2011. 基于综合分类方法的金融风险识别与控制模式研究[J]. 太原理工大学学报（社会科学版），29（2）：45-48.

张杰. 2019. 中国金融结构性改革的逻辑起点与实施路径[J]. 探索与争鸣，（7）：125-135，159-160.

张立华，丁建臣. 2016. 高阶矩、HCCA 模型与银行系统风险前瞻预判[J]. 统计研究，33（1）：70-77.

张萌萌，叶耀明. 2017. 中国金融监管的宏观审慎程度的实证研究[J]. 金融经济学研究，32（3）：35-45.

张启阳. 2008. 论金融稳定与中央银行职能[D]. 大连：东北财经大学.

张维. 2004. 论系统性金融风险的识别与控制[J]. 金融理论与实践，（3）：9-12.

张维. 2017. 国家审计维护金融安全的新形势与对策[J]. 审计与经济研究，32（1）：8-14.

张肖飞，徐龙炳. 2020. 金融衍生工具与银行系统性风险[J]. 国际金融研究，（1）：76-85.

张晓玫，毛亚琪. 2014. 我国上市商业银行系统性风险与非利息收入研究：基于 LRMES 方法的创新探讨[J]. 国际金融研究，（11）：23-35.

张雪兰，何德旭. 2012. 货币政策立场与银行风险承担：基于中国银行业的实证研究（2000—2010）[J]. 经济研究，47（5）：31-44.

张延群. 2012. 全球向量自回归模型的理论、方法及其应用[J]. 数量经济技术经济研究，29（4）：136-149.

张伊丽. 2020. 日本的"异次元"宽松货币政策变化及其对东亚新兴经济体股票市场的溢出效应[J]. 世界经济研究，（5）：59-72，136.

张颖，刘晓星，柴璐鉴. 2020. 金融制裁传导机制及其有效性：基于全球金融制裁数据的实证分析（1945—2017）[J]. 金融论坛，25（1）：49-57.

张勇，彭礼杰，莫嘉浩. 2017. 中国金融压力的度量及其宏观经济的非线性效应[J]. 统计研究，34（1）：67-79.

张玉喜. 2004. 金融风险管理理论和方法的演变及其借鉴意义[J]. 管理评论，（6）：16-21，63.

张元萍，孙刚. 2003. 金融危机预警系统的理论透析与实证分析[J]. 国际金融研究，（10）：32-38.

张卓群，张涛. 2018. 全球主要股市风险相关性测度：基于半参数 C-Vine Copula 模型[J]. 金融评论，10（3）：23-34，122-123.

赵丹丹，丁建臣. 2019. 中国银行业系统性风险预警研究：基于 SVM 模型的建模分析[J]. 国际商务（对外经济贸易大学学报），（4）：100-113.

赵进文，张胜保，韦文彬. 2013. 系统性金融风险度量方法的比较与应用[J]. 统计研究，30（10）：46-53.

赵胜民，申创. 2016. 发展非利息业务对银行收益和风险的影响：基于我国 49 家商业银行的实证研究[J]. 经济理论与经济管理，（2）：83-97.

赵莹. 2020. 我国法定数字货币的金融监管制度构建[J]. 重庆社会科学，（5）：74-83.

郑桂环，徐红芬，刘小辉. 2014. 金融压力指数的构建及应用[J]. 金融发展评论，（8）：50-62.

郑挺国，刘堂勇. 2018. 股市波动溢出效应及其影响因素分析[J]. 经济学（季刊），17（2）：669-692.

郑通汉. 1999. 经济全球化中的国家经济安全问题[M]. 北京：国防大学出版社.

郑振龙. 1998. 构建金融危机预警系统[J]. 金融研究，（8）：29-33.

周婧. 2013. 银行反洗钱内部控制效率评价体系研究[D]. 成都：西南财经大学.

周开国，季苏楠，杨海生. 2021. 系统性金融风险跨市场传染机制研究：基于金融协调监管视角[J]. 管理科学学报，24（7）：1-20.

周铭，郑智. 2007. 房地产金融风险识别体系的构建[J]. 统计与决策，（5）：59-60.

周素红，李凌. 2016. 对民间借贷领域建立反洗钱资金监测体系的考量：以福建省南平市为例[J]. 福建金融，（10）：46-49.

朱波. 2014. 中国金融体系系统性风险研究[M]. 成都：西南财经大学出版社.

朱波，马永谈. 2018. 行业特征、货币政策与系统性风险：基于“经济金融”关联网络的分析[J]. 国际金融研究，（4）：22-32.

朱波，杨文华，邓叶峰. 2016. 非利息收入降低了银行的系统性风险吗？——基于规模异质的视角[J]. 国际金融研究，（4）：62-73.

朱孟楠，段洪俊. 2019. 金融安全、流动性与中国外汇储备风险管理：基于交易价差估计的主权债市场流动性及其风险分析[J]. 金融论坛，24（3）：3-15.

朱南军，汪欣怡. 2017. 中国金融市场系统性风险的度量：基于分位数回归的 CoVaR 模型[J]. 上海金融，（5）：50-55.

朱毅峰. 2004. 我国银行业的市场竞争、金融创新与风险防范[J]. 金融论坛，（3）：22-26，62.

Abad P, Chuliá H, Gómez-Puig M. 2010. EMU and European government bond market integration[J]. Journal of Banking & Finance, 34（12）：2851-2860.

Abiad A D. 2003. Early warning systems: a survey and a regime-switching approach[R]. International Monetary Fund Working Paper WP/03/32.

Acharya V V, Engle R, Pierret D. 2014. Testing macroprudential stress tests: the risk of regulatory risk weights[J]. Journal of Monetary Economics, 65：36-53.

Acharya V V, Engle R, Richardson M. 2012. Capital shortfall: a new approach to ranking and regulating systemic risks[J]. American Economic Review, 102（3）：59-64.

Acharya V V, Mehran H, Thakor A V. 2016. Caught between *Scylla* and *Charybdis*? Regulating bank leverage when there is rent seeking and risk shifting[J]. The Review of Corporate Finance Studies, 5（1）：36-75.

Acharya V V, Pedersen L H, Philippon T, et al. 2017. Measuring systemic risk[J]. Review of Financial Studies, 30（1）：2-47.

Acharya V V, Yorulmazer T. 2008. Information contagion and bank herding[J]. Journal of Money, Credit and Banking, 40（1）：215-231.

Adams Z, Füss R, Gropp R. 2014. Spillover effects among financial institutions: a state-dependent sensitivity value-at-risk approach[J]. Journal of Financial and Quantitative Analysis, 49（3）: 575-598.

Adrian T, Brunnermeier M K. 2016. CoVaR[J]. American Economic Review, 106（7）: 1705-1741.

Adrian T, Kiff J, Shin H S. 2018. Liquidity, leverage, and regulation 10 years after the global financial crisis[J]. Annual Review of Financial Economics, 10（1）: 1-24.

Adrian T, Shin H S. 2008. Financial intermediaries, financial stability, and monetary policy[R]. Federal Reserve Bank of New York Staff Report, No. 346.

Aghion P, Bolton P, Dewatripont M. 2000. Contagious bank failures in a free banking system[J]. European Economic Review, 44（4/5/6）: 713-718.

Akins B, Li L, Ng J, et al. 2016. Bank competition and financial stability: evidence from the financial crisis[J]. Journal of Financial and Quantitative Analysis, 51（1）: 1-28.

Albagli E, Ceballos L, Claro S, et al. 2019. Channels of US monetary policy spillovers to international bond markets[J]. Journal of Financial Economics, 134（2）: 447-473.

Alfaro R, Drehmann M. 2009. Macro stress tests and crises: what can we learn?[J]. BIS Quarterly Review, 29-41.

Allen F, Babus A. 2008. Networks in finance[R]. Wharton Financial Institutions Center Working Paper, No. 7-8.

Allen F, Gale D. 2000. Financial contagion[J]. Journal of Political Economy, 108（1）: 1-33.

Allen S H. 2008. The domestic political costs of economic sanctions[J]. Journal of Conflict Resolution, 52（6）: 916-944.

Ammer J, Vega C, Wongswan J. 2010. International transmission of U.S. monetary policy shocks: evidence from stock prices[J]. Journal of Money, Credit and Banking, 42（s1）: 179-198.

Amstad M, Cornelli G, Gambacorta L, et al. 2020. Investors' risk attitudes in the pandemic and the stock market: new evidence based on Internet searches[R]. BIS Bulletins, No. 25.

Andersen T G, Bollerslev T, Christoffersen P F, et al. 2013. Financial risk measurement for financial risk management[M]// Constantinides G M, Harris M, Stulz R M. Handbook of the Economics of Finance. Amsterdam: Elsevier: 1127-1220.

Angeloni I, Faia E, Lo Duca M. 2015. Monetary policy and risk taking[J]. Journal of Economic Dynamics and Control, 52: 285-307.

Anginer D, Demirguc-Kunt A, Huizinga H, et al. 2018. Corporate governance of banks and financial stability[J]. Journal of Financial Economics, 130（2）: 327-346.

Apergis N. 2014. The long-term role of non-traditional banking in profitability and risk profiles: evidence from a panel of U.S. banking institutions[J]. Journal of International Money and Finance, 45: 61-73.

Apostolakis G, Papadopoulos A P. 2015. Financial stress spillovers across the banking, securities and foreign exchange markets[J]. Journal of Financial Stability, 19: 1-21.

Aspachs O, Goodhart C, Segoviano M, et al. 2006. Searching for a metric for financial stability[R].

Economics Series Working Papers 2006-FE-09, University of Oxford, Department of Economics.

Azizpour S, Giesecke K. 2008. Self-exciting corporate defaults: contagion vs. frailty[R]. Working paper, Stanford University.

Bagnall A, Flynn M, Large J, et al. 2020. On the usage and performance of the hierarchical vote collective of transformation-based ensembles version 1.0 (HIVE-COTE v1.0) [M]//Lemaire V, Malinowski S, Bagnall A, et al. Advanced Analytics and Learning on Temporal Data. Cham: Springer International Publishing: 3-18.

Baily M N, Litan R E, Johnson M S. 2008. The origins of the financial crisis[J]. The Initiative on Business and Public Policy at Brookings, Fixing Finance Series-Paper 3.

Balakrishnan R, Danninger S, Elekdag S, et al. 2011. The transmission of financial stress from advanced to emerging economies[J]. Emerging Markets Finance and Trade, 47: 40-68.

Banulescu G D, Dumitrescu E I. 2015. Which are the SIFIs? A *Component Expected Shortfall approach* to systemic risk[J]. Journal of Banking & Finance, 50: 575-588.

Bapat N A, Heinrich T, Kobayashi Y, et al. 2013. Determinants of sanctions effectiveness: sensitivity analysis using new data[J]. International Interactions, 39 (1): 79-98.

Battiston S, Farmer J D, Flache A, et al. 2016. Complexity theory and financial regulation[J]. Science, 351 (6275): 818-819.

Baxa J, Horváth R, Vašíček B. 2013. Time-varying monetary-policy rules and financial stress: does financial instability matter for monetary policy?[J]. Journal of Financial Stability, 9(1): 117-138.

Benoit S, Colliard J E, Hurlin C, et al. 2017. Where the risks lie: a survey on systemic risk[J]. Review of Finance, 21 (1): 109-152.

Bernanke B S. 2012. Fostering financial stability[R]. 2012 Financial Markets Conference Sponsored by Federal Reserve Bank of Atlanta.

Bernanke B S, Boivin J, Eliasz P. 2005. Measuring the effects of monetary policy: a factor-augmented vector autoregressive (FAVAR) approach[J]. The Quarterly Journal of Economics, 120 (1): 387-422.

Bernanke B S, Gertler M. 2001. Should central banks respond to movements in asset prices?[J]. American Economic Review, 91 (2): 253-257.

Billio M, Getmansky M, Lo A W, et al. 2012. Econometric measures of connectedness and systemic risk in the finance and insurance sectors[J]. Journal of Financial Economics, 104 (3): 535-559.

Binder M, Gross M. 2013. Regime-switching global vector autoregressive models[R]. European Central Bank Working Paper Series No. 1569.

Bleaney M, Bougheas S, Skamnelos I. 2008. A model of the interactions between banking crises and currency crises[J]. Journal of International Money and Finance, 27 (5): 695-706.

Bodin Ö, Sandström A, Crona B. 2017. Collaborative networks for effective ecosystem-based management: a set of working hypotheses[J]. Policy Studies Journal, 45 (2): 289-314.

Bondonio D, Greenbaum R T. 2018. Natural disasters and relief assistance: empirical evidence on the resilience of U.S. counties using dynamic propensity score matching[J]. Journal of Regional Science, 58（3）: 659-680.

Boschma R. 2015. Towards an evolutionary perspective on regional resilience[J]. Regional Studies, 49（5）: 733-751.

Brave S A, Butters R A. 2011. Monitoring financial stability: a financial conditions index approach[J]. Economic Perspectives, 35: 22-43.

Bristow G, Healy A. 2018. Innovation and regional economic resilience: an exploratory analysis[J]. The Annals of Regional Science, 60（2）: 265-284.

Brown L, Greenbaum R T. 2017. The role of industrial diversity in economic resilience: an empirical examination across 35 years[J]. Urban Studies, 54（6）: 1347-1366.

Brownlees C, Engle R F. 2017. SRISK: a conditional capital shortfall measure of systemic risk[J]. Review of Financial Studies, 30（1）: 48-79.

Brunnermeier M, Crockett A, Goodhar C, et al. 2009. The Fundamental Principles of Financial Regulation[M]. Geneva: International Center for Monetary and Banking Studies.

Brunnermeier M K, Dong G, Palia D. 2020. Banks' noninterest income and systemic risk: a theory of systemic risk and design of prudential bank regulation[J]. A Review of Corporate Finance Studies, 9（2）: 229-255.

Bruno V, Shim I, Shin H S. 2017. Comparative assessment of macroprudential policies[J]. Journal of Financial Stability, 28: 183-202.

Caccioli F, Shrestha M, Moore C, et al. 2014. Stability analysis of financial contagion due to overlapping portfolios[J]. Journal of Banking & Finance, 46: 233-245.

Caggiano G, Calice P, Leonida L. 2014. Early warning systems and systemic banking crises in low income countries: a multinomial logit approach[J]. Journal of Banking & Finance, 47: 258-269.

Cao J, Chollete L. 2017. Monetary policy and financial stability in the long run: a simple game-theoretic approach[J]. Journal of Financial Stability, 28: 125-142.

Cardarelli R, Elekdag S, Lall S. 2009. Financial stress, downturns, and recoveries[R]. IMF Working Papers, No. 2009/100.

Carlson M A, King T, Lewis K. 2011. Distress in the financial sector and economic activity[J]. The B.E. Journal of Economic Analysis & Policy, 11（1）: 1-31.

Catte P, Cova P, Pagano P, et al. 2011. The role of macroeconomic policies in the global crisis[J]. Journal of Policy Modeling, 33（6）: 787-803.

Cerutti E, Claessens S, Laeven L. 2017. The use and effectiveness of macroprudential policies: new evidence[J]. Journal of Financial Stability, 28: 203-224.

Chakravorti S. 2000. Analysis of systemic risk in multilateral net settlement systems[J]. Journal of International Financial Markets, Institutions and Money, 10（1）: 9-30.

Chami R, Cosimano T F. 2010. Monetary policy with a touch of Basel[J]. Journal of Economics and Business, 62（3）: 161-175.

Chanegriha M, Stewart C, Tsoukis C. 2017. Identifying the robust economic, geographical and political determinants of FDI: an extreme bounds analysis[J]. Empirical Economics, 52: 759-776.

Chao S K, Härdle W K, Wang W N. 2014. Quantile regression in risk calibration[M]//Lee C F, Lee J C. Handbook of Financial Econometrics and Statistics. New York: Springer: 1467-1489.

Chaudhary R, Bakhshi P, Gupta H. 2020. Volatility in international stock markets: an empirical study during COVID-19[J]. Journal of Risk and Financial Management, 13 (9) : 208.

Chen C X, Rhee S G. 2010. Short sales and speed of price adjustment: evidence from the Hong Kong stock market[J]. Journal of Banking & Finance, 34 (2) : 471-483.

Chen J D, Tao Y, Wang H R, et al. 2015. Big data based fraud risk management at Alibaba[J]. The Journal of Finance and Data Science, 1 (1) : 1-10.

Chen P, Semmler W. 2018. Financial stress, regime switching and spillover effects: evidence from a multi-regime global VAR model[J]. Journal of Economic Dynamics and Control, 91: 318-348.

Chevallier J. 2020. COVID-19 pandemic and financial contagion[J]. Journal of Risk and Financial Management, 13 (12) : 309.

Christiano L J, Motto R, Rostagno M. 2010. Financial factors in economic fluctuations[R]. European Central Bank Working Paper, No. 1192.

Christoffersen P F. 2012. Elements of Financial Risk Management[M]. 2nd ed . New York: Academic Press.

Cifuentes R, Ferrucci G, Shin H S. 2005. Liquidity risk and contagion[J]. Journal of the European Economic Association, 3 (2/3) : 556-566.

Čihák M. 2007. Systemic loss: a measure of financial stability[J]. Czech Journal of Economics and Finance, 57 (1/2) : 5-26.

Collard F, Dellas H, Diba B, et al. 2017. Optimal monetary and prudential policies[J]. American Economic Journal: Macroeconomics, 9 (1) : 40-87.

Comelli F. 2014. Comparing the performance of logit and probit early warning systems for currency crises in emerging market economies[R]. IMF Working Paper, WP/14/65.

Corsetti G, Pesenti P, Roubini N. 1999. What caused the Asian currency and financial crisis?[J]. Japan and the World Economy, 11 (3) : 305-373.

Das U S, Quintyn M, Chenard K. 2004. Does regulatory governance matter for financial system stability? An empirical analysis[R]. IMF Working Paper, No. 2004/089.

Davis E P, Karim D. 2008. Comparing early warning systems for banking crises[J]. Journal of Financial Stability, 4 (2) : 89-120.

Dedola L, Karadi P, Lombardo G. 2013. Global implications of national unconventional policies[J]. Journal of Monetary Economics, 60 (1) : 66-85.

Dees S, di Mauro F D, Pesaran M H, et al. 2007. Exploring the international linkages of the euro area: a global VAR analysis[J]. Journal of Applied Econometrics, 22 (1) : 1-38.

Deku S Y, Kara A, Zhou Y F. 2019. Securitization, bank behaviour and financial stability: a systematic review of the recent empirical literature[J]. International Review of Financial Analysis, 61: 245-254.

Delas V, Nosova E, Yafinovych O. 2015. Financial security of enterprises[J]. Procedia Economics and Finance, 27: 248-266.

Devereux M B, Yu C H. 2019. Evaluating the role of capital controls and monetary policy in emerging market crises[J]. Journal of International Money and Finance, 95: 189-211.

Devereux M B, Yu C H. 2020. International financial integration and crisis contagion[J]. The Review of Economic Studies, 87（3）: 1174-1212.

DeYoung R, Torna G. 2013. Nontraditional banking activities and bank failures during the financial crisis[J]. Journal of Financial Intermediation, 22（3）: 397-421.

Diamond D W, Dybvig P H. 1983. Bank runs, deposit insurance, and liquidity[J]. Journal of Political Economy, 91（3）: 401-419.

Diebold F X, Doherty N A, Herring R J. 2010. The Known, the Unknown, and the Unknowable in Financial Risk Management: Measurement and Theory Advancing Practice[M]. Princeton: Princeton University Press.

Diebold F X, Yilmaz K. 2012. Better to give than to receive: predictive directional measurement of volatility spillovers[J]. International Journal of Forecasting, 28（1）: 57-66.

Diebold F X, Yilmaz K. 2014. On the network topology of variance decompositions: measuring the connectedness of financial firms[J]. Journal of Econometrics, 182（1）: 119-134.

Dizaji S F, van Bergeijk P A. 2013. Potential early phase success and ultimate failure of economic sanctions: a VAR approach with an application to Iran[J]. Journal of Peace Research, 50（6）: 721-736.

Doxey M P. 1987. International Sanctions in Contemporary Perspective[M]. New York: Palgrave Macmillan.

Drehmann M, Tarashev N. 2011. Systemic importance: some simple indicators[J]. BIS Quarterly Review, 3: 25-37.

Drezner D W. 1999. The Sanctions Paradox: Economic Statecraft and International Relations[M]. Cambridge: Cambridge University Press.

Drezner D W. 2000. Bargaining, enforcement, and multilateral sanctions: when is cooperation counterproductive?[J]. International Organization, 54（1）: 73-102.

Drury A C. 1998. Revisiting economic sanctions reconsidered[J]. Journal of Peace Research, 35（4）: 497-509.

Dua P, Tuteja D. 2016. Financial crises and dynamic linkages across international stock and currency markets[J]. Economic Modelling, 59: 249-261.

Duffie D. 2014. Systemic risk exposures: a 10-by-10-by-10 approach[M]//Brunnermeier M, Krishnamurthy A. Risk Topography: Systemic Risk and Macro Modeling. Chicago: University of Chicago Press: 47-56.

Duffie D, Singleton K J. 2003. Credit Risk: Pricing, Measurement, and Management[M]. New Jersey: Princeton University Press.

Early B R. 2011. Unmasking the black knights: sanctions busters and their effects on the success of economic sanctions[J]. Foreign Policy Analysis, 7（4）: 381-402.

Elliott M, Golub B, Jackson M O. 2014. Financial networks and contagion[J]. American Economic Review, 104（10）: 3115-3153.

Engle R F, Manganelli S. 2004. CAViaR: conditional autoregressive value at risk by regression quantiles[J]. Journal of Business & Economic Statistics, 22（4）: 367-381.

Fang L, Ivashina V, Lerner J. 2013. Combining banking with private equity investing[J]. Review of Financial Studies, 26（9）: 2139-2173.

Fang L B, Sun B Y, Li H J, et al. 2018. Systemic risk network of Chinese financial institutions[J]. Emerging Markets Review, 35: 190-206.

Fang Y W, Hasan I, Marton K. 2014. Institutional development and bank stability: evidence from transition countries[J]. Journal of Banking & Finance, 39: 160-176.

Feyen E, Gispert T A, Kliatskova T, et al. 2021. Financial sector policy response to COVID-19 in emerging markets and developing economies[J]. Journal of Banking & Finance, 133: 106184.

Filippopoulou C, Galariotis E, Spyrou S. 2020. An early warning system for predicting systemic banking crises in the Eurozone: a logit regression approach[J]. Journal of Economic Behavior & Organization, 172: 344-363.

Forbes K J, Chinn M D. 2004. A decomposition of global linkages in financial markets over time[J]. The Review of Economics and Statistics, 86（3）: 705-722.

Fouejieu A, Popescu A, Villieu P. 2019. Trade-offs between macroeconomic and financial stability objectives[J]. Economic Modelling, 81: 621-639.

Frankel J A, Rose A K. 1996. Currency crashes in emerging markets: an empirical treatment[J]. Journal of International Economics, 41（3/4）: 351-366.

Fratzscher M. 2003. On currency crises and contagion[J]. International Journal of Finance & Economics, 8（2）: 109-129.

Freeman L C. 1978. Centrality in social networks conceptual clarification[J]. Social Networks, 1（3）: 215-239.

Freixas X, Laeven L, Peydró J L. 2015. Systemic Risk, Crises, and Macroprudential Regulation[M]. Cambridge: MIT Press.

Freixas X, Lóránth G, Morrison A D. 2007. Regulating financial conglomerates[J]. Journal of Financial Intermediation, 16（4）: 479-514.

Freixas X, Parigi B M, Rochet J C. 2000. Systemic risk, interbank relations, and liquidity provision by the central bank[J]. Journal of Money, Credit and Banking, 32（3）: 611-638.

FSB. 2009. Guidance to assess the systemic importance of financial institutions, markets and instruments: initial considerations-background paper[R]. G-20 Finance Ministers and Central

Bank Governors.

FSB. 2011. Shadow banking: strengthening oversight and regulation[R]. Basel: The Financial Stability Board (FSB).

FSB. 2012. Strengthening the oversight and regulation of shadow banking[R]. G20 Ministers and Governors.

FSB. 2017. List of global systemically important banks (G-SIBs)[R]. Basel: The Financial Stability Board (FSB).

G20. 2008. Declaration of the summit on financial markets and the world economy[R]. Washington DC.

Gadanecz B, Jayaram K. 2008. Measures of financial stability - A review[J]. Irving Fisher Committee Bulletin, 31 (1): 365-380.

Gaies B, Goutte S, Guesmi K. 2019. What interactions between financial globalization and instability? Growth in developing countries[J]. Journal of International Development, 31 (1): 39-79.

Galí J. 2014. Monetary policy and rational asset price bubbles[J]. American Economic Review, 104 (3): 721-752.

Galtung J. 1967. On the effects of international economic sanctions, with examples from the case of *Rhodesia*[J]. World Politics, 19 (3): 378-416.

Gauthier C, Lehar A, Souissi M. 2012. Macroprudential capital requirements and systemic risk[J]. Journal of Financial Intermediation, 21 (4): 594-618.

Ge X Y, Li X L, Zheng L. 2020. The transmission of financial shocks in an estimated DSGE model with housing and banking[J]. Economic Modelling, 89: 215-231.

Gertler M, Karadi P. 2011. A model of unconventional monetary policy[J]. Journal of Monetary Economics, 58 (1): 17-34.

Gertler M, Karadi P. 2013. QE 1 vs. 2 vs. 3… : a framework for analyzing large-scale asset purchases as a monetary policy tool[J]. International Journal of Central Banking, 9 (1): 5-53.

Gertler M, Kiyotaki N. 2010. Financial intermediation and credit policy in business cycle analysis[M]//Friedman B M, Hahn F H. Handbook of Monetary Economics. Amsterdam: Elsevier: 547-599.

Geweke J. 1992. Evaluating the accuracy of sampling-based approaches to the calculation of posterior moments[J]. Bayesian Statistics, 4: 169-193.

Giglio S, Kelly B, Pruitt S. 2016. Systemic risk and the macroeconomy: an empirical evaluation[J]. Journal of Financial Economics, 119 (3): 457-471.

Girardi G, Ergün A T. 2013. Systemic risk measurement: multivariate GARCH estimation of CoVaR[J]. Journal of Banking & Finance, 37 (8): 3169-3180.

Gofman M. 2017. Efficiency and stability of a financial architecture with too-interconnected-to-fail institutions[J]. Journal of Financial Economics, 124 (1): 113-146.

González L O, Gil L L R, Cunill O M, et al. 2016. The effect of financial innovation on European banks' risk[J]. Journal of Business Research, 69 (11): 4781-4786.

Goodhart C. 1988. The Evolution of Central Banks[M]. Cambridge, MA: MIT Press.

Gramlich D, Miller G, Oet M V, et al. 2010. Early warning systems for systemic banking risk:critical review and modeling implications[J]. Banks and Bank Systems, 5 (2): 199-211.

Gray D F, Jobst A A. 2010. Systemic CCA-a model approach to systemic risk[R]. Deutsche Bundesbank/Technische Universität Dresden Conference: Beyond the Financial Crisis: Systemic Risk, Spillovers and Regulation, Dresden.

Gunay S, Bakry W, Al-Mohamad S. 2021. The Australian stock market's reaction to the first wave of the COVID-19 pandemic and black summer bushfires: a sectoral analysis[J]. Journal of Risk and Financial Management, 14 (4): 175.

Gurvich E, Prilepskiy I. 2015. The impact of financial sanctions on the Russian economy[J]. Russian Journal of Economics, 1 (4): 359-385.

Ha S, Kim H. 2021. The relation between innovation and cost of debt capital: high-tech vs·non-high-tech industries and pay equality[J]. Asian Review of Financial Research, 34 (2): 105-131.

Hakkio C S, Keeton W R. 2009. Financial stress: what is it, how can it be measured, and why does it matter?[J]. Economic Review, 94 (2): 5-50.

Hamilton J D. 1994. Time Series Analysis[M]. Princeton: Princeton University Press.

Härdle W K, Wang W N, Yu L N. 2016. TENET: tail-event driven NETwork risk[J]. Journal of Econometrics, 192 (2): 499-513.

Hart O, Zingales L. 2009. How to avoid a new financial crisis[R]. Yale University Working Paper.

Hart P, Estrin D. 1990. Inter-organization computer networks – indications of shifts in interdependence[R]. Proceedings of the ACM SIGOIS and IEEE CS TC-OA Conference on Office Information Systems.

Hegerty S W. 2009. Capital inflows, exchange market pressure, and credit growth in four transition economies with fixed exchange rates[J]. Economic Systems, 33 (2): 155-167.

Hegre H, Sambanis N. 2006. Sensitivity analysis of empirical results on civil war onset[J]. Journal of Conflict Resolution, 50 (4): 508-535.

Herz B, Tong H. 2008. Debt and currency crises: complements or substitutes?[J]. Review of International Economics, 16 (5): 955-970.

Hirtle B, Schuermann T, Stiroh K. 2009. Macroprudential supervision of financial institutions: lessons from the SCAP[R]. Federal Reserve Bank of New York Staff Report, No. 409.

Hlavac M. 2016. ExtremeBounds: extreme bounds analysis in R[J]. Journal of Statistical Software, 72 (9): 1-22.

Hollo D, Kremer M, Lo Duca M. 2012. CISS - a composite indicator of systemic stress in the financial system[R]. European Central Bank Working Paper Series, No.1426.

Huang X, Zhou H, Zhu H B. 2009. A framework for assessing the systemic risk of major financial institutions[J]. Journal of Banking & Finance, 33（11）: 2036-2049.

Huang W Q, Zhuang X T, Yao S, et al. 2016. A financial network perspective of financial institutions' systemic risk contributions[J]. Physica A: Statistical Mechanics and Its Applications, 456: 183-196.

Hufbauer G C, Schott J J, Elliott K A. 1990. Economic Sanctions Reconsidered: History and Current Policy[M]. Washington D C: Peterson Institute for International Economics.

Hufbauer G C, Schott J J, Elliott K A, et al. 2007. Economic sanctions reconsidered[M]. 3rd ed. Washington D C: Peterson Institute for International Economics.

Illing M, Liu Y. 2003. An index of financial stress for Canada[R]. Bank of Canada Working Paper 2003-14.

Illing M, Liu Y. 2006. Measuring financial stress in a developed country: an application to Canada[J]. Journal of Financial Stability, 2（3）: 243-265.

IMF. 2006. Financial Soundness Indicators: Compilation Guide[M]. Washington D C: International Monetary Fund.

IMF. 2009. Global Financial Stability Report: Responding to the Financial Crisis and Measuring Systemic Risk[M]. Washington D C: International Monetary Fund.

IMF. 2010. The IMF-FSB early warning exercise: design and methodological toolkit[R]. IMF Occasional Paper.

IMF, BIS, FSB. 2009. Guidance to assess the systemic importance of financial institutions, markets and instruments: initial considerations-background paper[R]. G-20 Finance Ministers and Central Bank Governors.

Jahjah S, Wei B, Yue V Z. 2013. Exchange rate policy and sovereign bond spreads in developing countries[J]. Journal of Money, Credit and Banking, 45（7）: 1275-1300.

Jan B, Farman H, Khan M, et al. 2019. Deep learning in big data analytics: a comparative study[J]. Computers & Electrical Engineering, 75: 275-287.

Jeanne O, Masson P. 2000. Currency crises, sunspots and Markov-switching regimes[J]. Journal of International Economics, 50（2）: 327-350.

Jin H, Xiong C. 2021. Fiscal stress and monetary policy stance in oil-exporting countries[J]. Journal of International Money and Finance, 111: 102302.

Jin Y, Zeng Z X. 2014. Banking risk and macroeconomic fluctuations[J]. Journal of Banking & Finance, 48（11）: 350-360.

Jing C, Kaempfer W H, Lowenberg A D. 2003. Instrument choice and the effectiveness of international sanctions: a simultaneous equations approach[J]. Journal of Peace Research, 40（5）: 519-535.

Kaminsky G, Lizondo S, Reinhart C M. 1998. Leading indicators of currency crises[J]. IMF Staff Papers, 45（1）: 1-48.

Kapadia N. 2011. Tracking down distress risk[J]. Journal of Financial Economics, 102（1）: 167-182.

Karimalis E N, Nomikos N K. 2018. Measuring systemic risk in the European banking sector: a *copula CoVaR* approach[J]. The European Journal of Finance, 24（11）: 944-975.

Kazi I A, Wagan H, Akbar F. 2013. The changing international transmission of U.S. monetary policy shocks: is there evidence of contagion effect on OECD countries[J]. Economic Modelling, 30: 90-116.

Kero A. 2013. Banks' Risk taking, financial innovation and macroeconomic risk[J]. The Quarterly Review of Economics and Finance, 53（2）: 112-124.

Kim H, Batten J A, Ryu D. 2020. Financial crisis, bank diversification, and financial stability: OECD countries[J]. International Review of Economics & Finance, 65: 94-104.

Kiyotaki N, Moore J. 2002. Balance-sheet contagion[J]. American Economic Review, 92（2）: 46-50.

Klingelhöfer J, Sun R R. 2019. Macroprudential policy, central banks and financial stability: evidence from China[J]. Journal of International Money and Finance, 93: 19-41.

Knight F H. 1921. Risk, Uncertainty and Profit[M]. New York: Houghton Mifflin.

Koop G, Korobilis D. 2014. A new index of financial conditions[J]. European Economic Review, 71: 101-116.

Koop G, Pesaran M H, Potter S M. 1996. Impulse response analysis in nonlinear multivariate models[J]. Journal of Econometrics, 74（1）: 119-147.

Korobilis D. 2013. Assessing the transmission of monetary policy using time-varying parameter dynamic factor models[J]. Oxford Bulletin of Economics and Statistics, 75（2）: 157-179.

Kregel J A. 1997. Margins of safety and weight of the argument in generating financial fragility[J]. Journal of Economic Issues, 31（2）: 543-548.

Kritzman M, Li Y Z, Page S, et al. 2011. Principal components as a measure of systemic risk[J]. The Journal of Portfolio Management, 37（4）: 112-126.

Krkoska L. 2001. Assessing macroeconomic vulnerability in central Europe[J]. Post-Communist Economies, 13（1）: 41-55.

Krustev V L. 2007. Bargaining and economic coercion: the use and effectiveness of sanctions[D]. Houston: Rice University.

Kubinschi M, Barnea D. 2016. Systemic risk impact on economic growth - the case of the CEE countries[J]. Journal for Economic Forecasting, 19（4）: 79-94.

Kumar M, Moorthy U, Perraudin W. 2003. Predicting emerging market currency crashes[J]. Journal of Empirical Finance, 10（4）: 427-454.

Laeven L, Ratnovski L, Tong H. 2016. Bank size, capital, and systemic risk: some international evidence[J]. Journal of Banking & Finance, 69: S25-S34.

Lam S L. 1990. Economic sanctions and the success of foreign policy goals: a critical evaluation[J]. Japan and the World Economy, 2（3）: 239-248.

Lau L J, Park J. 1995. Is there a next Mexico in East Asia?[R]. Stanford, CA: Department of

Economics, Stanford University.

Leamer E E. 1985. Sensitivity analyses would help[J]. American Economic Review, 75(3): 308-313.

Leamer E E, Leonard H. 1983. Reporting the fragility of regression estimates[J]. The Review of Economics and Statistics, 65 (2): 306-317.

Lee C C, Chen P F, Zeng J H. 2020a. Bank income diversification, asset correlation and systemic risk[J]. South African Journal of Economics, 88 (1): 71-89.

Lee C C, Wang C W, Ho S J. 2020b. Financial innovation and bank growth: the role of institutional environments[J]. The North American Journal of Economics and Finance, 53: 101195.

Lee C C, Yang S J, Chang C H. 2014. Non-interest income, profitability, and risk in banking industry: a cross-country analysis[J]. The North American Journal of Economics and Finance, 27: 48-67.

Lee S, Bowdler C. 2020. US monetary policy and global banking flows[J]. Journal of International Money and Finance, 103: 102118.

Lektzian D, Souva M. 2007. An institutional theory of sanctions onset and success[J]. Journal of Conflict Resolution, 51 (6): 848-871.

Levieuge G, Lucotte Y, Pradines-Jobet F. 2021. The cost of banking crises: does the policy framework matter?[J]. Journal of International Money and Finance, 110: 102290.

Levine R, Renelt D. 1992. A sensitivity analysis of cross-country growth regressions[J]. American Economic Review, 82 (4): 942-963.

Levy-Carciente S, Kenett D Y, Avakian A, et al. 2015. Dynamical macroprudential stress testing using network theory[J]. Journal of Banking & Finance, 59: 164-181.

Li B X, Liu X X, Wang C. 2019. The topology of indirect correlation networks formed by common assets[J]. Physica A: Statistical Mechanics and Its Applications, 528: 121496.

Li S, Wang J. 2019. The stress intensity factors of multiple inclined cracks in a composite laminate subjected to in-plane loading[J]. Physical Mesomechanics, 22: 473-487.

Li S F. 2019. Banking sector reform, competition, and bank stability: an empirical analysis of transition countries[J]. Emerging Markets Finance and Trade, 55 (13): 3069-3093.

Li S W, Wang M L, He J M. 2013. Prediction of banking systemic risk based on support vector machine[J]. Mathematical Problems in Engineering, 136030.

Lin W Y, Hu Y H, Tsai C F. 2012. Machine learning in financial crisis prediction: a survey[J]. IEEE Transactions on Systems, Man, and Cybernetics, Part C （Applications and Reviews）, 42 (4): 421-436.

Lippmann W. 1943. U.S. Foreign Policy: Shield of the Republic[M]. Boston: Little, Brown and Company.

Liu C, Zheng Y, Zhao Q, et al. 2020. Financial stability and real estate price fluctuation in China[J]. Physica A: Statistical Mechanics and Its Applications, 540: 122980.

López-Espinosa G, Moreno A, Rubia A, et al. 2012. Short-term wholesale funding and systemic risk:

a global CoVaR approach[J]. Journal of Banking & Finance, 36（12）: 3150-3162.

Louzis D P, Vouldis A T. 2012. A methodology for constructing a financial systemic stress index: an application to Greece[J]. Economic Modelling, 29（4）: 1228-1241.

Lu J G, Chen X H, Liu X X. 2018. Stock market information flow: explanations from market status and information-related behavior[J]. Physica A: Statistical Mechanics and Its Applications, 512: 837-848.

Maćkowiak B. 2007. External shocks, U.S. monetary policy and macroeconomic fluctuations in emerging markets[J]. Journal of Monetary Economics, 54（8）: 2512-2520.

Marfatia H A. 2015. Monetary policy's time-varying impact on the US bond markets: role of financial stress and risks[J]. The North American Journal of Economics and Finance, 34: 103-123.

Marinov N. 2005. Do economic sanctions destabilize country leaders?[J]. American Journal of Political Science, 49（3）: 564-576.

Marrison C. 2002. The Fundamentals of Risk Measurement[M]. New York: The McGraw Hill Companies.

Martin L L. 1992. Institutions and cooperation: sanctions during the Falkland Islands conflict[J]. International Security, 16（4）: 143-178.

Masciandaro D. 1999. Money laundering: the economics of regulation[J]. European Journal of Law and Economics, 7: 225-240.

Masciandaro D, Filotto U. 2001. Money laundering regulation and bank compliance costs: What do your customers know? Economics and Italian experience[J]. Journal of Money Laundering Control, 5（2）: 133-145.

Matilla-García M, Argüello C. 2005. A hybrid approach based on neural networks and genetic algorithms to the study of profitability in the Spanish stock market[J]. Applied Economics Letters, 12（5）: 303-308.

McLean E V, Whang T. 2010. Friends or foes? Major trading partners and the success of economic sanctions[J]. International Studies Quarterly, 54（2）: 427-447.

McNeil A J, Frey R, Embrechts P. 2010. Quantitative Risk Management: Concepts, Techniques, and Tools[M]. 2nd ed. Princeton: Princeton University Press.

Merton R C, Bodie Z. 1993. Deposit insurance reform: a functional approach[J]. Carnegie-Rochester Conference Series on Public Policy, 38: 1-34.

Miguel-Dávila J Á, Cabeza-García L, Valdunciel L, et al. 2010. Operations in banking: the service quality and effects on satisfaction and loyalty[J]. The Service Industries Journal, 30（13）: 2163-2182.

Miller J I, Ratti R A. 2009. Crude oil and stock markets: stability, instability, and bubbles[J]. Energy Economics, 31（4）: 559-568.

Minsky H P. 1978. The financial instability hypothesis: a restatement[C]. Hyman P. Minsky Archive, Paper 180.

Minsky H P. 1992. Profits, Deficits and Instability: A Policy Discussion[M]. London: Palgrave Macmillan.

Misina M, Tkacz G. 2009. Credit, asset prices, and financial stress[J]. International Journal of Central Banking, 5 (4): 95-122.

Mistrulli P E. 2011. Assessing financial contagion in the interbank market: maximum entropy versus observed interbank lending patterns[J]. Journal of Banking & Finance, 35 (5): 1114-1127.

Miyagawa M. 1992. Do Economic Sanctions Work?[M]. New York: Palgrave Macmillan Books.

Morgan T C, Bapat N, Kobayashi Y. 2014. Threat and imposition of economic sanctions 1945–2005: updating the TIES dataset[J]. Conflict Management and Peace Science, 31 (5): 541-558.

Morgan T C, Bapat N, Krustev V. 2009. The threat and imposition of economic sanctions, 1971—2000[J]. Conflict Management and Peace Science, 26 (1): 92-110.

Morrison A D. 2011. Systemic risks and the 'too-big-to-fail' problem'[J]. Oxford Review of Economic Policy, 27 (3): 498-516.

Nag K. 1999. Application of finite element analysis in the modification of civil and structural works[R]. The 7th International Conference on Civil and Structural Engineering/5th International Conference on the Applications of Artificial Intelligence to Civil and Structural Engineering, Oxford, England.

Nair A R, Anand B. 2020. Monetary policy and financial stability: should central bank lean against the wind?[J]. Central Bank Review, 20 (3): 133-142.

Nakajima J. 2011. Monetary policy transmission under zero interest rates: an extended time-varying parameter vector autoregression approach[J]. The B E Journal of Macroeconomics, 11 (1): 743-768.

Nakamura L. 2015. Durable financial regulation: monitoring financial instruments as a counterpart to regulating financial institutions[C]//Hulten C R, Reinsdorf M B. Measuring Wealth and Financial Intermediation and Their Links to the Real Economy[A]. University of Chicago Press.

Nier E, Yang J, Yorulmazer T, et al. 2007. Network models and financial stability[J]. Journal of Economic Dynamics and Control, 31 (6): 2033-2060.

Nooruddin I. 2002. Modeling selection bias in studies of sanctions efficacy[J]. International Interactions, 28 (1): 59-75.

Obstfeld M. 1998. The global capital market: benefactor or menace?[J]. Journal of Economic Perspectives, 12 (4): 9-30.

Oet M V, Bianco T, Gramlich D, et al. 2013. SAFE: an early warning system for systemic banking risk[J]. Journal of Banking & Finance, 37 (11): 4510-4533.

Oet M V, Dooley J M, Ong S J. 2015. The financial stress index: identification of systemic risk conditions[J]. Risks, 3 (3): 420-444.

Or N H K, Aranda-Jan A C. 2017. The dynamic role of state and nonstate actors: governance after global financial crisis[J]. Policy Studies Journal, 45 (S1): S67-S81.

Osina N. 2019. Global liquidity, market sentiment, and financial stability indices[J]. Journal of Multinational Financial Management, 52/53: 100606.

Park C Y, Mercado R V. 2014. Determinants of financial stress in emerging market economies[J]. Journal of Banking & Finance, 45: 199-224.

Patro D K, Qi M, Sun X. 2013. A simple indicator of systemic risk[J]. Journal of Financial Stability, 9 (1): 105-116.

Peng W. 2021. The transmission of default risk between banks and countries based on CAViaR models[J]. International Review of Economics & Finance, 72: 500-509.

Peng Y, Kou G, Wang G X, et al. 2011. FAMCDM: a fusion approach of MCDM methods to rank multiclass classification algorithms[J]. Omega, 39 (6): 677-689.

Pesaran M H, Schuermann T, Weiner S M. 2004. Modeling regional interdependencies using a global error-correcting macroeconometric model[J]. Journal of Business & Economic Statistics, 22(2): 129-162.

Pesaran M H, Shin Y. 1998. Generalized impulse response analysis in linear multivariate models[J]. Economics Letters, 58 (1): 17-29.

Phan D H B, Iyke B N, Sharma S S, et al. 2021. Economic policy uncertainty and financial stability–Is there a relation?[J]. Economic Modelling, 94: 1018-1029.

Primiceri G E. 2005. Time varying structural vector autoregressions and monetary policy[J]. The Review of Economic Studies, 72 (3): 821-852.

Rauf A, Liu X X, Amin W, et al. 2018a. Energy and ecological sustainability: challenges and panoramas in Belt and Road initiative countries[J]. Sustainability, 10 (8): 1-21.

Rauf A, Liu X X, Amin W, et al. 2018b. Testing EKC hypothesis with energy and sustainable development challenges: a fresh evidence from Belt and Road initiative economies[J]. Environmental Science and Pollution Research, 25 (32): 32066-32080.

Reggiani A, De Graaff T, Nijkamp P. 2002. Resilience: an evolutionary approach to spatial economic systems[J]. Networks and Spatial Economics, 2: 211-229.

Reilly F K, Brown K C. 2012. Investment Analysis and Portfolio Management[M]. Chula Vista: South-Western College Pub.

Reinhart C M, Rogoff K S. 2009. This Time Is Different: Eight Centuries of Financial Folly[M]. Princeton: Princeton University Press.

Rubin D, Lynch K, Escaravage J, et al. 2014. Harnessing data for national security[J]. SAIS Review of International Affairs, 34 (1): 121-128.

Rubio M, Yao F. 2020. Bank capital, financial stability and Basel regulation in a low interest-rate environment[J]. International Review of Economics & Finance, 67: 378-392.

Sachs J, Tornell A, Velasco A. 1996. Financial crises in emerging markets: the lessons from 1995[R]. National Bureau of Economic Research Working Papers, No. 5576.

Sarno L, Taylor M P. 1999. Moral hazard, asset price bubbles, capital flows, and the East Asian crisis: the first tests[J]. Journal of International Money and Finance, 18 (4): 637-657.

Saunders A, Allen L. 2010. Credit Risk Management In and Out of the Financial Crisis: New Approaches to Value at Risk and Other Paradigms[M]. 3rd ed. Hoboken, New Jersey: John Wiley & Sons, Inc.

Scheubel B, Stracca L. 2019. What do we know about the global financial safety net? A new comprehensive data set[J]. Journal of International Money and Finance, 99, 102058.

Schinasi M G J. 2005. Safeguarding financial stability: theory and practice[R]. International Monetary Fund Working Papers.

Schumacher L B, Bléjer M I. 1998. Central bank vulnerability and the credibility of commitments: a value-at-risk approach to currency crises[R]. IMF Working Papers.

Segoviano M A, Goodhart C A E. 2009. Banking stability measures[R]. International Monetary Fund Working Papers.

Sims C A. 1980. Macroeconomics and Reality[J]. Econometrica, 48 (1): 1-48.

Smets F. 2014. Financial stability and monetary policy: how closely interlinked?[J]. International Journal of Central Banking, 10 (2): 263-300.

Smithson C W, Smith C W, Wilford D S. 1998. Managing Financial Risk: A Guide to Derivative Products, Financial Engineering, and Value Maximization[M]. 3rd ed. New York: McGraw-Hill.

Song Q, Chan S H, Wright A M. 2017. The efficacy of a decision support system in enhancing risk assessment performance[J]. Decision Sciences, 48 (2): 307-335.

Stein J C. 2012. Monetary policy as financial stability regulation[J]. The Quarterly Journal of Economics, 127 (1): 57-95.

Stiglitz J E, Weiss A. 1981. Credit rationing in markets with imperfect information[J]. American Economic Review, 71 (3): 393-410.

Su C W, Wang X Q, Tao R, et al. 2019. Does money supply drive housing prices in China?[J]. International Review of Economics & Finance, 60: 85-94.

Taylor J B. 2007. Global Financial Warriors: The Untold Story of International Finance in the Post-9/11 World[M]. New York: W. W. Norton & Company.

Taylor J B. 2009. The financial crisis and the policy responses: an empirical analysis of what went wrong[R]. National Bureau of Economic Research Working Paper.

Taylor J B. 2010. Defining systemic risk operationally[M]//Scott K E, Shultz G P, Taylor J B. Ending Government Bailouts As We Know Them. Stanford: Stanford University Press: 33-57.

Tian X H, Han R, Wang L, et al. 2015. Latency critical big data computing in finance[J]. The Journal of Finance and Data Science, 1 (1): 33-41.

Toma A, Dedu S. 2014. Quantitative techniques for financial risk assessment: a comparative approach using different risk measures and estimation methods[J]. Procedia Economics and Finance, 8: 712-719.

Tonzer L. 2015. Cross-border interbank networks, banking risk and contagion[J]. Journal of Financial

Stability, 18: 19-32.

Topcu M, Gulal O S. 2020. The impact of COVID-19 on emerging stock markets[J]. Finance Research Letters, 36: 101691.

Upper C. 2011. Simulation methods to assess the danger of contagion in interbank markets[J]. Journal of Financial Stability, 7 (3): 111-125.

van den End J W. 2006. Indicator and boundaries of financial stability[R]. Netherlands Central Bank, Research Department.

van den End J W, Tabbae M. 2005. Measuring financial stability: applying the MfRisk model to the Netherlands[R]. Netherlands Central Bank, Research Department.

van Deventer D R, Imai K, Mesler M. 2013. Advanced Financial Risk Management: Tools and Techniques for Integrated Credit Risk and Interest Rate Risk Management[M]. 2nd ed. Hoboken, New Jersey: John Wiley & Sons, Inc.

Varotto S, Zhao L. 2018. Systemic risk and bank size[J]. Journal of International Money and Finance, 82: 45-70.

Vitek F. 2017. Policy, risk and spillover analysis in the world economy: a panel dynamic stochastic general equilibrium approach[R]. IMF Working Papers, 17/89.

Wang G J, Xie C, He K J, et al. 2017. Extreme risk spillover network: application to financial institutions[J]. Quantitative Finance, 17 (9): 1417-1433.

Wang G J, Xie C, Stanley H E. 2018. Correlation structure and evolution of world stock markets: evidence from pearson and partial correlation-based networks[J]. Computational Economics, 51 (3): 607-635.

White L H. 2008. How did we get into this financial mess[R]. Cato Institute Briefing Papers Series, No.110.

Williams B, Prather L. 2010. Bank risk and return: the impact of bank non-interest income[J]. International Journal of Managerial Finance, 6 (3): 220-244.

Wu D Y. 2020. CAViaR and the empirical study on China's stock market[J]. Journal of Physics: Conference Series, 1634: 012096.

Yamai Y, Yoshiba T. 2005. Value-at-risk versus expected shortfall: a practical perspective[J]. Journal of Banking & Finance, 29 (4): 997-1015.

Yin W, Liu X X. 2019. The choice between bank loans, affiliated loans, and non-affiliated loans: evidence from Chinese listed firms[J]. Applied Economics Letters, 26 (15): 1224-1227.

Yu H H, Chu W Y, Ding Y A, et al. 2021. Risk contagion of global stock markets under COVID-19: a network connectedness method[J]. Accounting and Finance, 61 (4): 5745-5782.

Zhang A L, Pan M M, Liu B, et al. 2020a. Systemic risk: the coordination of macroprudential and monetary policies in China[J]. Economic Modelling, 93: 415-429.

Zhang H W, Wang P J. 2021. Does bitcoin or gold react to financial stress alike? Evidence from the U.S. and China[J]. International Review of Economics & Finance, 71: 629-648.

Zhang W P, Zhuang X T, Lu Y. 2020b. Spatial spillover effects and risk contagion around G20 stock markets based on volatility network[J]. The North American Journal of Economics and Finance, 51: 101064.

Zhang W P, Zhuang X T, Lu Y, et al. 2020c. Spatial linkage of volatility spillovers and its explanation across G20 stock markets: a network framework[J]. International Review of Financial Analysis, 71: 101454.

Zhou C. 2010. Are banks too big to fail? Measuring systemic importance of financial institutions[J]. International Journal of Central Banking, 6 (34): 205-250.

Zhou K, Liu B Y, Fan J. 2020. Post-earthquake economic resilience and recovery efficiency in the border areas of the Tibetan Plateau: a case study of areas affected by the Wenchuan Ms 8.0 earthquake in Sichuan, China in 2008[J]. Journal of Geographical Sciences, 30: 1363-1381.

Zhu J X, Huang Z. 2014. Banks' micro enterprises loan credit risk decision-making model innovation in the era of big data and Internet finance[J]. Journal of Management and Strategy, 5 (2): 63-69.

Zingales L, Cochrane J H. 2009-09-15. "Lehman and the financial crisis" The lesson is that institutions that take trading risks must be allowed to fail[N]. The Wall Street Journal, (5).

彩　　图

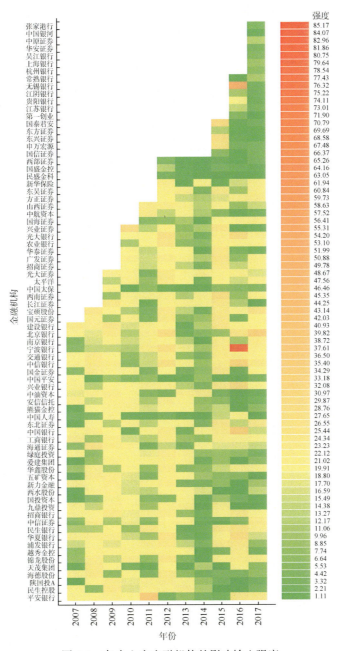

图 6-5　各个上市金融机构的影响输入强度

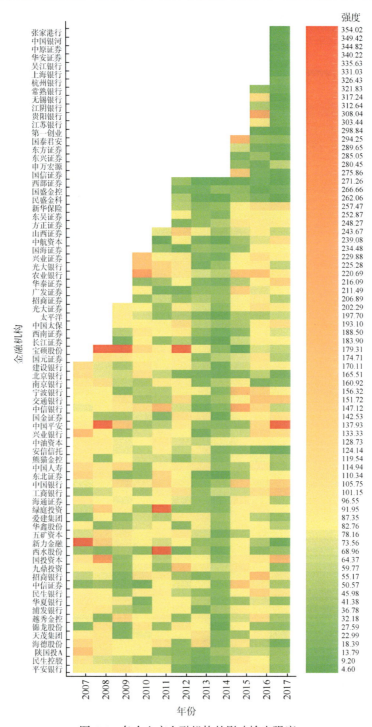

图 6-6 各个上市金融机构的影响输出强度

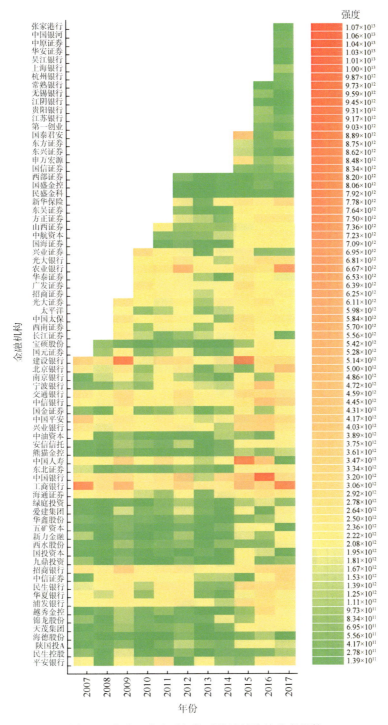

图 6-7　各个上市金融机构系统性风险接收者指数

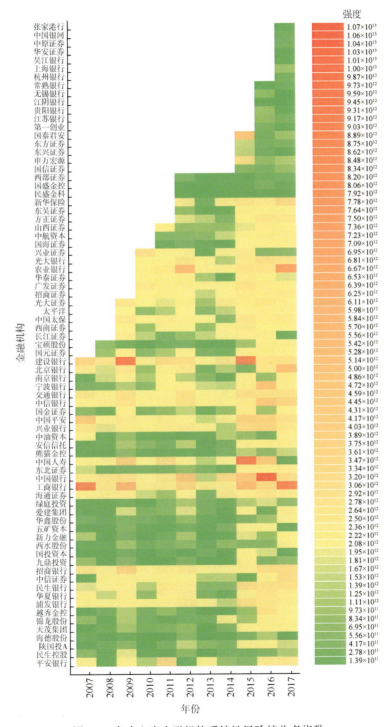

图 6-7　各个上市金融机构系统性风险接收者指数

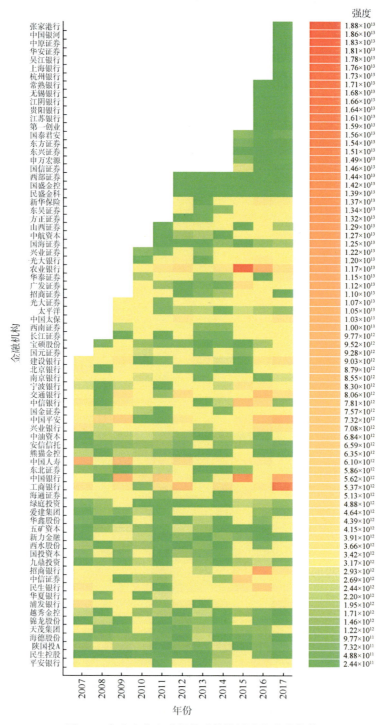

图 6-8　各个上市金融机构系统性风险发送者指数